北京大學《儒藏》編纂與研究中心　編

《儒藏》精華編選刊

國語正義（上）

〔清〕董增齡　撰
金曉東　校點

北京大學出版社
PEKING UNIVERSITY PRESS

圖書在版編目(CIP)數據

國語正義：上下册/（清）董增齡撰；北京大學《儒藏》編纂與研究中心編. —北京：北京大學出版社，2023.8

（《儒藏》精華編選刊）

ISBN 978-7-301-33953-4

Ⅰ. ①國… Ⅱ. ①董…②北… Ⅲ. ①《國語》－注釋 Ⅳ. ①K225.04

中國國家版本館CIP數據核字（2023）第083293號

書　　名　國語正義
GUOYU ZHENGYI

著作責任者　〔清〕董增齡 撰
金曉東 校點
北京大學《儒藏》編纂與研究中心 編

策劃統籌　馬辛民

責任編輯　周 粟

標準書號　ISBN 978-7-301-33953-4

出版發行　北京大學出版社

地　　址　北京市海淀區成府路205號　100871

網　　址　http://www.pup.cn　新浪微博：@北京大學出版社

電子郵箱　編輯部 dj@pup.cn　總編室 zpup@pup.cn

電　　話　郵購部 010-62752015　發行部 010-62750672
編輯部 010-62756449

印 刷 者　三河市北燕印裝有限公司

經 銷 者　新華書店
650毫米×980毫米　16開本　48印張　510千字
2023年8月第1版　2023年8月第1次印刷

定　　價　188.00元（上下册）

目録

上册

下册

校點説明

《國語正義》二十一卷，清董增齡撰。

董增齡（生卒年不詳），字慶千，號壽群，浙江烏程（今屬湖州）人。《國語正義》外，尚有《規杜繹義》、《論語雅言》等著作，均未刊世。董增齡的平生事跡，文獻很少。據王欣夫考證，董氏「與徐新田（養原）爲中表，以學問相切磋。而遺書晚出，流傳又不廣，故論者罕及」（王欣夫《蛾術軒篋存善本書録》）。董氏自序云「歲在閼逢閹茂始具簡編，時經五稔，草創初成」，可知《國語正義》於嘉慶十九年（一八一四）至二十三年間完稿。六十年後，即光緒六年（一八八〇），方由章氏式訓堂刊世。

《國語》是中國第一部國別體史書著作，記録周朝及魯、齊、晉、鄭、楚、吴、越等諸侯國歷史。上起周穆王十二年西征犬戎，下至智伯被滅（前四五三年）。内容包括各國貴族間朝聘、宴饗、諷諫、辯説、應對之辭以及部分歷史事件與傳説。歷代多視《左傳》爲《春秋内傳》，《國語》爲《春秋外傳》。從《史記》開始，以至《論衡》、《漢書》諸家，均以爲兩書同屬左丘明所著，至晉、隋間傅玄、劉炫等學者始提出異議。注釋《國語》之作，以三國吴韋昭注保存最爲完整且最早。

《國語正義》是董增齡採用傳統注疏體形式研究《國語》韋注之著作。《國語》正文以宋公序補音本爲主，韋注加「解」字，正義加「疏」字別之，屬於補注性質（王樹民《國語集解》前言）。董氏自序云「韋解孤行天壤間，已千五百餘年，未有爲之疏者」。清乾嘉年間樸學發展極盛，《國語》既是《春秋外傳》，必然進入治經者視野，然清光緒元年張之洞撰《書目答問》時，僅知《國語》韋注新疏有三家：洪亮吉《國語韋昭注疏》、龔麗正《國語韋昭注疏》、董斯垣《國語正義》。稍後，光緒六年，董增齡《國語正義》方行世，應是清代第一部正式刊行的《國語》注疏本。董氏治學宗漢，支持漢儒《國語》爲《春秋外傳》之説，奉鄭玄、許慎爲圭臬，於清代學説，則取惠氏（惠士奇、惠棟）吴中漢學一派。董氏不滿韋昭注，認爲韋氏「生於江南擾攘之秋，抱闕守殘，視東漢諸儒已非其時矣。其所解固援經義，而與許、鄭諸君有未翕合者」，且過於簡略，「體崇簡潔，多闕而不釋」。董增齡除進一步詮釋韋注外，將漢儒相關舊説儘量蒐集列出，爲《國語》及韋注找到漢代學説根源。董增齡自言處理漢儒與韋注關係之態度云「同者可助其證佐，異者宜博其旨歸，並采兼收，以匯古義」，實際取捨則從漢不從韋。古人著述，講究「疏不破注」，董氏以「檢楊氏《穀梁正義》間與范氏之注語具抑揚，則知疏不破注之例，古人亦所不拘」爲由，公開揚漢駁韋。對此，徐養原評價云：「既依注作疏，則注義不可輕駁。劉光伯規杜三百事，孔沖遠一一闢之，疏例固當如是。惟楊士勳《穀梁疏》頗糾范氏之失，然亦微文見意，不顯攻也。尊著攻詰韋注，詞氣有過峻處，似宜斟酌。」（《蛾術軒篋存善本書録》）徐氏觀點在清代學林當具有一定代表性。

董氏《正義》之編纂，曾受到同時代學者王引之的關注，王氏論《國語正義》云：「引援該備，自先儒傳注及近世通人之説，無弗徵引，又於發明韋注之中，時加是正，可謂語之詳而擇之精矣。」（《續修四庫全書》四二二册）董氏雖獨著先鞭，因條件所限，未能遍採菁華，較之後出吴曾祺《國語韋解補正》、徐元誥《國語集解》，難稱最善。譚獻《復堂日記補録》評價《國語正義》云：「規模平正，僅守通行本，所見稍隘。」（《叢書集成續編》二一八册譚獻《復堂日記補録》）章太炎《檢論·清儒》篇一及之，亦無評斷，聊以備數而已。

《國語正義》存有諸多不足，如書中引文存在以轉引代直引、引文出處錯誤、有意隱栝等現象。董氏引用人名、年代、字形等，錯訛之處亦屢有出現。推測其原因有三：一、章氏刊書所依爲董氏手稿而非謄清定稿，如章氏《敘》注曰「寫本失載」，或可爲證（王樹民《國語集解》前言）。與著者相隔六十年，無以質詢。二、魯魚帝虎，刻工所致。三、董氏著述條件有限，未能參考更多書籍。董氏亦自云「不獲闚秘府鴻章，廣資見聞」。譚獻評價當屬公允。

董氏《國語正義》傳世刻本，僅光緒六年章氏式訓堂刻本一種。此本今國内有兩種影印本：一爲一九八五年成都巴蜀書社據王利器先生舊藏影印，一爲二〇〇二年上海古籍出版社《續修四庫全書》（史部第四二二册）據上海圖書館藏影印。此次整理，即以式訓堂刻本爲底本。

《國語》韋昭注，傳世有宋公序補音本、天聖明道本。董增齡《國語正義序》自言「今兼收二家之長而用《補音》本者十之七八」，是以宋公序本爲主，因此在校《國語》正文與韋昭注時，主要依照宋公序本，其與天聖明道本之字句存在差異者，以保持《國語正義》原貌爲原則；若《國語》正文或韋昭注因缺字而影響文意，則適當參照天聖明道本進行補充。由於《國語正義》僅有一種刻本，故校點以他校、本校爲主，對所涉及書名、引文、正文進行校勘，並識校語。進行他校主要參考書籍有：

《十三經注疏》，清嘉慶二十年江西南昌府學重刊宋本《十三經注疏》本。

《周易集解》，清道光刻本。

《尚書大傳》，《四部叢刊》影印清刻《左海文集》本。

《禮説》，清乾隆刻本。

《大戴禮記》，《四部叢刊》影印明袁氏嘉趣堂刊本。

《大戴禮記補注》，清嘉慶顨軒孔氏所著書本。
《禮書綱目》，清廣雅書局本。
《韓詩外傳》，明沈氏野竹齋本。
《白虎通義》，清《抱經堂叢書》本。
《五禮通考》，清江蘇書局刻本。
《春秋釋例》，影印文淵閣《四庫全書》本。
《春秋左傳小疏》，清刻《皇清經解》本。
《春秋繁露》，清《武英殿聚珍版叢書》本。
《爾雅正義》，清乾隆刻本。
《五經異義疏證》，清刻《皇清經解》本。
《六經天文編》，元刻本。
《四書釋地》，清刻《皇清經解》本。
《樂律表微》，影印文淵閣《四庫全書》本。
《説文解字》，清陳昌治本。
《廣韻》，《四部叢刊》影印宋本。

《廣雅》，明嘉靖本。

《方言》，《四部叢刊》影印宋本。

《急就篇》，《四部叢刊續編》影印明鈔本。

《史記》、《漢書》、《後漢書》、《三國志》、《晉書》、《旧唐書》、《新唐書》、《宋史》，清武英殿刻本。

《繹史》，清康熙刻本。

《山海經》，清經訓堂本。

《逸周書》，《四部叢刊》影印明嘉靖二十二年本。

《竹書紀年》，《四部叢刊》影印明天一閣本、明《古今逸史》本。

《路史》，影印文淵閣《四庫全書》本。

《元和郡縣志》，清《武英殿聚珍版叢書》本、清《畿輔叢書》本。

《汲冢紀年存真》，清歸硯齋刻本。

《水經注》，清《武英殿聚珍版叢書》本、明嘉靖十三年刻本。

《通典》，清武英殿刻本、北宋刻本。

《荀子》，清乾隆《抱經堂叢書》本。

《韓非子》，《四部叢刊》影印清景宋鈔校本、明正統《道藏》本。
《管子》，《四部叢刊》影印宋本。
《晏子春秋》，《四部叢刊》影印明活字本、《古書叢刊》影印清顧廣圻校刻本。
《淮南鴻烈解》，《四部叢刊》影印影鈔北宋本。
《吕氏春秋》，《四部叢刊》影印明刊本。
《獨斷》，《四部叢刊三編》影印明弘治本。
《本草綱目》，影印文淵閣《四庫全書》本。
《訂譌雜録》，影印文淵閣《四庫全書》本。
《太平御覽》，《四部叢刊三編》影印宋本。
《朱子語類》，明成化九年刻本。
《風俗通義》，明萬曆兩京遺編本。
《北堂書鈔》，影印文淵閣《四庫全書》本。
《玉海》，元至元慶元路儒學刻明遞修本。
《文選》，清胡克家本。
《潛研堂集》，清嘉慶十一年刻本。

《全謝山先生經史問答》，清乾隆三十年刻本。

點校過程中，還參考北京大學出版社《十三經注疏》、中華書局《二十四史》、《清人十三經注疏》等整理本。利用的電子資源有《文淵閣四庫全書》、《四部叢刊》、《中國基本古籍庫》、《搜神索引》等。

本次工作，我獲得山東大學劉曉東先生悉心指導，同門田吉、何燦博士無私支援，同門馮先思、林振岳博士提供電子資源，在此均深表感謝。

校點者　金曉東

國語正義序

歸安董增齡撰

《太史公自序》：「左丘失明，厥有《國語》。」《漢書·藝文志》：「《國語》二十一篇，左丘明著。」漢儒之説彰矣。隋劉光伯、唐陸淳、柳宗元始有異議，摭拾異同，毛舉細故。後人遂指《魯語》《皇華》「五善」語、言「六德」文，與《左》違；《内傳》謂魯哀十七年「楚滅陳」，魯哀二十二年「越滅吴」；《外傳》謂吴既滅之後，尚有陳、蔡之君執玉朝越；黄池之會，《内傳》先晉人，《外傳》先吴人；《周語》自穆王至幽王，《鄭語》獨載桓、武，而莊公以下無聞，皆春秋以前事，以傅會劉、柳之説。然弘嗣明言《國語》之作，❶其文不主於經，則固不必以經爲限矣。至内、外《傳》同出一人，而文有異同。試以《史記》例之。《鄭世家》以友爲宣王庶弟，《年表》又以友爲宣王母弟；黄池之會，《晉世家》謂長吴，《吴世家》又謂長晉，遷一人之説，其不

❶「弘」，原避乾隆諱作「宏」，今回改，下仿此，不再出校。

同如此。至《內傳》則成十六年苗賁皇曰：「請分良以擊其左右，而三軍萃于王族。」❶襄二十六年聲子述苗賁皇曰：「吾乃四萃於其王族。」是左氏各承晉、楚兩史舊文，慎以闕疑，不敢參以臆斷也。又成十六年「塞井夷竈」二語，屬之士匄；襄二十六年又屬之苗賁皇。《內傳》一書如此，又何疑《外傳》、《內傳》之有參差乎？班氏《藝文志》言《公羊傳》十一卷、《公羊外傳》五十篇，《穀梁傳》十一卷，《穀梁外傳》二十篇，則作「傳」者必有《外傳》，以曲暢其支派。《國語》之爲《左氏外傳》正同一例。《公》、《穀》二家《外傳》已逸，安知彼之《外傳》不與其《內傳》亦有牴牾乎？故弘嗣斷以爲出左氏之手。《內傳》之出，獻自北平侯張蒼，《外傳》不知何時始出。賈子《新書·禮容》下篇載單靖公、單襄公事，皆采《國語》，則《國語》之出亦當在漢文帝之世。《儒林傳》載賈生治《春秋左氏傳》，今又兼述《國語》，則賈生亦以《內傳》、《外傳》之同出左氏也。班氏《藝文志》既載《國語》二十一篇，又載《新國語》五十四篇，劉向所分，則漢時《國語》有兩本，今所傳二十一篇，與班《志》合。然《公羊疏》第六卷引《國語》曰「懿始受譖而烹哀公」，《公羊疏》第二十一卷引《國語》曰「專諸膳宰，僚嗜炙魚，因進魚而刺之」，《史記·夏本紀》裴駰集解引《國語》曰：「敷淺原，一名博陽山，在豫

❶「族」，《春秋左傳正義》作「卒」。

章。」《水經・河水》注引《國語》曰：「華岳，本一山當河，河水過而曲行，河神巨靈，手盪腳蹋，開而爲兩，今掌足之跡仍存。」《水經・瓠子河》注引《國語》曰：「曹沫挾匕首刼齊桓公，返，遂邑。」《史記・補三皇本紀》索隱引《國語》曰：「伏羲，風姓。」《夏本紀》正義引《國語》曰：「滿於巢湖。」《鄒魯列傳》索隱引《國語》曰：「楚人卞和得玉璞。」《禮・祭法》疏引《國語》曰：「神農之子名柱，作農官，因名農。」《文選・東京賦》注引《國語》曰：「分魯公以少帛綪茷。」《文選》盧諶《贈劉琨詩》注引《國語》曰：「齊大夫子高適魯，見孔子曰：『而今而後知泰山之爲高，淵海之爲大也。』」今本皆無之，則逸者不少矣。然裴駰引「敷淺原」一條，酈道元引「華岳」一條，《文選注》引「子高」一條，其文與《國語》絶不類，議者疑之。《齊語》一篇，皆《管子・小匡》篇之辭，管子遠出左氏之前，必不預知《國語》之文而襲之。竊疑《齊語》全亡，而後人采《小匡》以補之與？説者又謂《越語》下卷疑非《國語》本文，其與他卷不類。又《國語》敘事雖不盡有年月，然未嘗越次。今上卷已書「越滅吴」，下卷復從句踐即位三年起，他國無此例。《内傳》無范蠡姓名，《外傳》止《吴語》一見，在五大夫之列，旅進旅退而已。至此卷乃專載蠡策，若滅吴之事，蠡獨任之者，殊非事實。《藝文志・兵・權謀》有《范蠡》二篇，此殆其一，但攙入當在劉向以前。齡案：孔晁本二十卷，則第二十一卷孔博士已不信其《國語》真文矣。宋公序《補音》本及天聖本兩家並行，近曲阜孔氏所刻用《補音》本。

今兼收二家之長而用《補音》本者十之七八。云爲之注音，有漢鄭衆、賈逵，魏王肅，吴虞翻、唐固、韋昭，晉孔晁七家，今唯韋解尚存。然已間有逸者，如《禹貢》疏引韋解云：「以文武侯衛爲安，王賓之，因以爲名。」《文選·東京賦》注引韋解云：「綪茷，大赤也。」今本皆無之。鄭注則他書徵引者，僅有數條，其餘四家賈、王、虞、唐除韋所引外，則《史記集解》《索隱》《正義》、《詩疏》、《周禮疏》、《春秋左傳疏》、《公羊疏》徵引爲多，孔出韋後，亦見於諸疏及《史記》注，今皆采掇以補弘嗣之義。韋解孤行天壤間，已千五百餘年，未有爲之疏者。竊意許叔重、鄭康成兩君爲漢儒宗主，自三國分疆而儒學爲之一變。弘嗣生於江南擾攘之秋，抱闕守殘，視東漢諸儒已非其時矣。其所解固援經義，而與許、鄭諸君有未翕合者。依文順釋，義有難安，況墨守一家之説，殊非實事求是之心。用是采擷諸經舊説，間下己意，非求争勝于青藍，不敢面諛夫鹿馬。檢楊氏《穀梁正義》間與范氏之注語具抑揚，則知疏不破注之例，古人亦所不拘。今銓釋韋解之外，仍援許、鄭諸君舊詁，備載其後，以俟辯章。譬導水而窮其源，非落葉而離其根也。韋解體崇簡潔，多闕而不釋，《史記集解》《索隱》《正義》及應劭、如淳、晉灼、蘇林、顔師古等家《漢書》注，章懷太子《後漢書》注，凡於馬、班正文采取《國語》者，各有發揮，或與韋解兩岐，或與韋解符合，同者可助其證佐，異者宜博其旨歸，並采兼收，以匯古義，錞鼓不同音，而皆悦耳；荼火不同色，而皆美觀也。國邑水道以

《漢·地理志》、《後漢·續郡國志》爲主，而參以《水經注》、《元和郡縣志》、杜氏《通典》諸家，并列我朝所定府、廳、州、縣之名，庶覽者瞭然。至於宫室、器皿、衣裳之制度，則孔、賈諸疏具存，止擷簡要，不事詳敘。唯是賦性顓愚，疎于搜討，況草茅孤陋，既不獲闚秘府鴻章廣資聞見，又不獲交四方碩彦共得切磋，固蔽是虞，未敢自信。今年踰四十，平日所聞于師友者，恐漸遺忘，是以就已撰集者寫録成編。奮螗蜋之臂，未克當車；矢精衛之誠，不忘填海。歲在閼逢閹茂，始具簡編，時經五稔，草創初成，勉出所業，就正君子。儻披其榛蕪，匡其繆誤，俾得自知其非，庶免飽食終日，無所用心之責，則重拜大貺，感且不朽矣。

王引之序❶

歸安董文學增齡，博雅士也。所箸《國語正義》援據該備，自先儒傳注及近世通人之説無弗徵引，又於發明韋注之中時加是正，可謂語之詳而擇之精矣。屬余爲《經義述聞》一書，謹志家公之説附以鄙見，其中亦有攷證《國語》者，他日寫定，當以就正於董君。高郵王引之。寫本失載，兹於《南潯鎮志》録出。

❶ 此標題原無，今據文後提名補。

國語正義

歸安董增齡撰

國語　敘

疏《國語》首以周，殿以越，周何以稱國？穆王時周道始衰，《書》言「荒度作刑」，《史記》言「王道衰缺」，❶蓋已兆《黍離》、《國風》之漸。迨平王，周、鄭交質，直言結二國之信。雖號令止行于畿内，而爲天下共主，故首列焉。次魯，重周公之後，秉禮之邦也。次齊，美桓公一匡之烈也。次晉，見其主盟十一世，有夾輔之勳，且文之伯繼乎桓也。次鄭，鄭出厲王，於諸姬爲近，又與晉同定王室也。次楚，次吴，以其爲重黎之後，泰伯之裔，不使其迹之湮没弗彰焉。終之以越，見閩蠻强而中夏無伯主，《春秋》亦于是終矣。漢儒言《國語》、《左氏》之《外傳》，蓋《内傳》與經相隸，故謂之「傳」。《釋名》：「傳，傳也。以傳示後人也。」《外傳》與《内傳》相補，故謂之「語」。《説文解字》：「語，論也。」《説文繫傳》：「論難曰語。語者，午也，言交午也。」吾言爲語，吾語辭也。言者直言，語者相應答。《國語》載列國君臣、朋友相論語，故謂之「語」。爲之解者，漢大司

❶「缺」，《史記》作「微」。

農鄭衆作《國語章句》，漢侍中賈逵作《國語解詁》二十一篇，魏中領軍王肅作《國語章句》一卷，吴侍御史虞翻注《國語》二十一卷，吴尚書僕射唐固注《國語》二十一卷，吴中書僕射侍中高陵亭侯韋昭《國語解》二十一卷，晉五經博士孔晁注《國語》二十卷。在弘嗣前者，鄭司農等五家，在弘嗣後者，孔晁一家。自司農以下諸詁訓並散逸。《國語》注之存于今者，唯韋解爲最古。黄東發稱其簡潔有體，而先儒舊訓亦往往散見其中。弘嗣自言兼采鄭衆、賈逵、唐固、虞翻之注。今考所引鄭説、虞説，寥寥數條，唯賈説、唐説援據駁正爲多。今大體依韋解爲正。敘者，《釋名》曰：「敘者，杼也。杼敘其實，宣見之也。」《公羊傳疏》：「敘者，舒也。舒展己意，以次第經傳之義。」弘嗣述己作解之意，故謂之敘也。

昔孔子發憤於舊史，垂法於素王。 **疏** 此推《國語》與《左傳》同源于《春秋》而溯其宗於孔子也。杜預《春秋序》：「春秋者，魯史記之名也。《周禮》有外史『掌邦國四方之事，達四方之志』。❶諸侯亦各有國史。❷韓宣子適魯，見《易象》與《魯春秋》，曰『周禮盡在魯矣。吾乃今知周之德與周之所以王』。韓宣子所見，蓋周之舊典《禮經》也。周德既衰，官失其守，上之人不能使春秋昭明，❸赴告策書諸所記注，多違舊章。

---

❶「外史」，《春秋左傳正義》作「史官」。

❷「諸」，原作「候」，今據《春秋左傳正義》改。

❸「能」，原脱，今據《春秋左傳正義》補。

仲尼因魯史策書成文，考其真僞而志其典禮。上以遵周公之遺制，下以明將來之法，其教之所存，文之所害，則刊而正之，以示勸戒。其餘則即用舊史。史有文質，辭有詳略，不必改也。」憒，《説文》：「懣也。」《周語》：「陽癉憒盈。」孔子憒昭、定以降，臣子道喪也。《周禮》之法，制自周公。隱七年「書名例」云「謂之禮經」；十一年「不告例」云「不書於策」，明書於策必有常禮。孔穎達謂五十發凡，「正是周公舊制」。天災無牲，卒哭作主，諸侯薨于朝會加一等，夫人不薨于寢則不致，豈孔子始造此言乎？又公女嫁之送人尊卑，哭諸侯之親疏等殺，二分二至之書雲物，❶皆經無其事，《傳》亦發凡者。若左氏以意作《傳》，❷主説孔子之經，何須發《傳》」？定四年《傳》「備物典策以賜伯禽」，典策則史官記事之法也。董仲舒《對策》：「孔子作《春秋》，先正王而繫以萬事，是素王之文焉。」賈逵《春秋序》云：「孔子覽史記，就是非之説，立素王之法。」鄭康成《六藝論》：「孔子既西狩獲麟，自號素王，爲後世受命之君，制明王之法。」《孔子家語》稱齊太史子餘曰：「天其素王之乎？」孔穎達謂：「素，空也。無位而空王之也。子餘美孔子而深原天意，非孔子自號爲素王也。」此弘嗣謂孔子秉周公五十發凡之義而著萬世之軌也。**左丘明因聖言以攄意，託王義以流藻，其淵源深大，沈懿雅麗，可謂命世之才、博物善作者也。** **疏**此又明丘明爲素臣，受經於聖人而作《傳》，以闡彰其義也。嚴彭祖謂：「孔子將修《春秋》，與左丘明乘如周，觀書於周史；歸而修《春秋》之經，丘

---

❶ 「二分二至之書雲物」，《春秋左傳正義》作「王喪之稱小童分至之書雲物」。

❷ 「左氏」，《春秋左傳正義》作「丘明」。

明爲之傳。」劉歆謂：「左丘明親見夫子，好惡與聖人同。」班固謂：「仲尼與丘明觀《魯史記》，有所褒貶，口授弟子，退而異言。丘明恐弟子各安其意，以失其真，故論本事而作《傳》。」荀崧謂：「孔子作《春秋》，丘明、子夏造膝親受。」劉知幾謂：「丘明躬爲魯史，受經於仲尼。」權德輿謂：「仲尼因周公之志而修經，丘明受孔子之經而爲《傳》。」攄，舒也。班固《答賓戲》：「猶攄意乎宇宙。」服虔曰：「孔子作《春秋》，於春每月書『王』，以統三王之正。經與《傳》並託始于此。」班固《東都賦》「鋪鴻藻」，陸機《文賦》「述先士之盛藻」，注：「《尚書》孔傳『藻，水草之有文者』。」以喻文焉。**其明識高遠，雅思未盡，故復采録前世穆王以來，下訖魯悼智伯之誅，邦國成敗、嘉言善語、陰陽律吕、天時人事逆順之數，以爲《國語》。** **疏**上既言作《内傳》，此言《内傳》所未著，復作《國語》以經緯之也。采者，擇也。《秦始皇本紀》：「采上古帝位號，號曰皇帝。」班固《西都賦》：「奚斯《魯頌》，同見采于孔氏。」録者，記也。隱十年《公羊傳》：「《春秋》録内而略外。」言左氏擇而記之，以爲《國語》。《周本紀》「昭王南巡守不返，立昭王子滿，是爲穆王。穆王即位，春秋已五十矣」。《汲郡古文》：「穆王十二年，王北巡守，遂征犬戎。」《國語》託始于此年，上包穆、共、懿、孝、夷、厲、宣、幽八王，至平王方入春秋。春秋後二十七年爲魯悼公十四年，智伯帥韓康子、魏桓子圍趙襄子於晉陽，韓、魏反，與趙氏謀，殺智伯于晉陽之下，事具《晉語》及《戰國策》。**其文不主於經，故號曰「外傳」。所以包羅天地，探測禍福，發起幽微，章表善惡者，昭然甚明。** **疏**《史記·太史公自序》：「左丘失明，厥有《國語》。」班固《司馬遷傳贊》：「左丘明論輯其本事，以爲之《傳》，又纂異同爲《國語》。」《漢書·藝文志》：「《國語》二十一篇，左丘明作。」然上包八王，下汔三家分晉，與經文不相鈐鍵，中復有與《内傳》傳聞異辭者，猶《説苑》、《新序》同出劉向而時復牴牾。蓋古人著書，各據所見舊文，疑以傳疑，不似後人輕改也。《漢書·律曆志》稱曰《春秋外傳》。王充《論衡》云：「《國語》，左氏之《外傳》也。《内傳》詞語有詳亦有略，故復選録《國語》之辭以補之。」劉熙《釋名》云：「《國語》亦曰《外傳》。」漢人所説最爲近古。劉熙又謂：「《春秋》以魯爲内，以諸侯爲外。外國所傳之事。」考書中明有《魯語》而以爲外國所傳，且《周語》可以稱外乎？其説非也。包羅天地者，如伶州鳩論三位五所，伯陽父論三川震之等。探測禍福者，如内史過論夷吾，内史興論重耳之等。發起幽微者，如敬姜方績之等。章表善惡，如驪姬伏辜，王孫圉稱觀射父、左史倚相之等，皆足補《内傳》之未詳也。**實與經藝並陳，非特諸子之倫也。** **疏**《禮》有《經解》篇，始有經名。《離騷》王逸注：「經，徑也。」劉熙《釋名》：「如徑路，無不通，可常行也。」王延壽《魯靈光殿賦》「觀藝于魯」，注「六經也」。《漢書·藝文志》：「凡六藝一百三家，三千一百三十三篇。《樂》以和神，《詩》以正言，《禮》以明體，《書》以廣聽，《春秋》以斷事。五者蓋五常之道，相須而備，而《易》爲之源。」《國語》源出于《春秋》，故《漢·藝文志》列之《公羊》之次。諸子之在弘嗣以前者，儒、道、陰陽、法、墨、縱横、雜、農、小説、賦、歌詩、兵、天文、五行、蓍龜、雜占、形家、醫家、經方、房中、神仙、方技共四百八十五家。《曲禮》「儗人必以其倫」，倫訓類也。言其超于子而晉于經者也。**遭秦之亂，幽而復光，賈生、史遷頗綜述焉。** **疏**此序列漢以來傳《國語》之人也。《秦始皇本紀》：三十四年，李斯請史官非秦紀皆燒之，非博士官所職，天下敢有藏《詩》、《書》、百家語者，悉詣守尉雜燒之。令下三十日不燒，黥爲城旦。《漢書·藝文志》：「漢興，改秦之敗，大收篇籍，廣開獻書之路。」賈誼，洛陽人，年十八以能誦《詩》《書》、屬文，稱于郡中。河南守吴公聞其秀材，召置門下。文帝初立，聞河南守吴公治平爲天下第一，徵以爲廷尉。乃言誼年少，頗通諸家之書，文帝乃召以爲博士。《太史公自序》：「遷生龍門，年十歲則誦古文。」《索隱》曰：「遷及事伏生，是學誦古文《尚書》。劉氏以爲《左傳》、《國語》、《系本》等書是亦名之古文也。」《五帝本紀》：「予觀《春秋》、《國語》，其發明《五帝德》、《帝系姓》彰矣。」是賈生及遷皆能綜而述之。綜，推而往，引而來也。《漢書·宣帝紀》「綜核名實」。述，《説文》「循也」。《儀禮·士喪禮》注：「既受命而申言曰述。」

及劉光禄於漢成世始更考校，是正疑謬。

疏《漢書·楚元王傳》：「劉向字子政，本名更生。宣帝循武帝故事，招選名儒俊材置左右，更生以通達能屬文，與王褒、張子僑等並進對，獻賦、頌凡數十篇。」成帝即位，更名向，數奏封事，遷光禄大夫。詔向領校中五經祕書。《藝文志》：「成帝使謁者陳農求遺書于天下，詔光禄大夫劉向校經傳、諸子、詩賦；步兵校尉任宏校兵書；太史令尹咸校數術；侍醫李柱國校方技。每一書已，向輒條其篇目，撮其指意，録而奏之。」

至於章帝，鄭大司農爲之訓注，解疑釋滯，昭晰可觀，至於細碎，有所闕略。侍中賈君敷而衍之，其所發明大義略舉，爲已憭矣，然於文間，時有遺忘。

疏《後漢書·鄭興傳》：「子衆，字仲師，從父受《左氏春秋》。精力於學，明《三統曆》，作《春秋難記條例》。建初六年，代鄧彪爲大司農，其後受詔作《春秋删》十九篇。」訓，釋也。《漢書·揚雄傳》顔師古注：「訓者，釋所言之理也。」郭璞《爾雅序》：「《爾雅》者，所以通訓詁之指歸。」注，《玉篇》「疏也，解也」。《儀禮·士冠禮》注言：「注者，注義於經下，若水之注物。」《毛詩序》疏：「注者，著也。言爲之解釋，使義著明也。」鄭司農之訓注《國語》，傳不言在于何歲。兩漢以《國語》隸《春秋》，衆承父興之學，故《國語》得兼通之。《後漢·賈逵傳》：「逵字景伯，九世祖誼，文帝時爲梁王太傅。父徽，從劉歆授《左氏春秋》，兼習《國語》、《周官》，作《左傳條例》二十一篇。逵悉傳父業，弱冠能誦《左氏傳》及五經本文，以大夏侯《尚書》教授，雖爲古學，兼通五家、《穀梁》之説，尤明《左氏傳》、《國語》，爲之《解詁》五十一篇。永平中，上疏獻之，顯宗重其書，寫藏秘館。」章懷太子注：「《左氏》三十篇，《國語》二十一篇也。」**建安、黄武之間，故侍御史會稽虞君、尚書僕射丹陽唐君皆英才碩儒、洽聞之士也，采摭所見，因賈爲主而損益之。觀其辭義，信多善者，然所理釋，猶有異同。****疏**建安，漢獻帝年號。黄武，吴大帝年號。《吴志》：「虞翻字仲翔，會稽餘姚人。出爲富春長。舉茂才，漢召爲侍御史。曹公爲司空，辟皆不就。大帝時爲騎都尉。翻徙交州，雖處罪放，而講學不倦。門徒常數百人。又爲《老子》、《論語》、《國語》訓注，皆傳於世。」唐固，字子正，《闞澤傳》：「澤州先輩丹陽唐固亦修身積學，稱爲儒者。著《國語》、《公羊》《穀梁傳》注，講授常數十人。黄武四年爲尚書僕射，卒。」**昭以末學，淺闇寡聞，階數君之成訓，思事義之是非，愚心頗有所覺。今諸家並行，是非相貿，雖聰明疏達識機之士，知所去就，然淺聞初學，猶或未能祛過。切不自料，復爲之解。****疏**《吴志·韋曜傳》：「曜，字弘嗣，吴郡雲陽人。」裴松之注：「曜本名昭，《晉史》改之。」傳又言少好學，能屬文，從丞相掾，除西安令，還爲尚書郎，遷太子中庶子。太子和廢後，爲黄門侍郎。孫亮即位，曜爲太史令，譔《吴書》。孫休踐阼，爲中書郎、博士祭酒。命昭依劉向故事，校定衆書。孫皓即位，封爲高陵亭侯，❶遷中書僕射，職省，爲侍中，常

❶「高」，原脱，今據《三國志》補。

領左國史。皓欲爲父和作紀，昭執以和不登帝位，宜名爲傳。積前後嫌忿收獄，是歲鳳皇二年也。華覈救之，❶不聽，卒誅昭。**因賈君之精實，采唐、虞之信善，亦以所覺，增潤補綴。參之以五經，檢之以《内傳》，以《世本》考其流，以《爾雅》齊其訓，**疏此弘嗣論諸家之注，因自明其作解之由也。檢之以《内傳》者，《漢書·司馬遷傳贊》：「孔子因魯史記而作《春秋》。丘明論輯其本事以爲之傳。又纂異同爲《國語》。」弘嗣就兩書同異而互爲鉤核，故云檢也。以《世本》考其流者，班固又言《世本》録黄帝以來至春秋時帝王、公侯、卿大夫祖世所出。司馬遷據《左氏》、《國語》采《世本》、《戰國策》，述《楚漢春秋》接其後事，訖于天漢。蓋遷本《左傳》、《國語》、《世本》之等以成史。弘嗣祖遷意，據《内傳》、《世本》以作《國語解》也。以《爾雅》齊其訓者，鄭康成《駁五經異義》：「《爾雅》，孔子門人所作，以釋六藝之言。」劉熙《釋名》：「《爾雅》，爾，昵也。昵，近也。雅，義也。義，正也。」張晏《漢書注》亦云：「爾，近也。雅，正也。」王充《論衡·是應篇》：「《爾雅》之書，五經之訓。」劉勰《宗經》篇：「書實紀言，而訓詁茫昧，通乎《爾雅》，則文義曉然。」齊，同也。《爾雅》誠九流之津涉，故必折衷于是，始協于同也。**去非要，存事實，凡所發正三百七事。又諸家紛錯，載述爲煩，是以時有所見，庶幾頗近事情。裁有補益，猶恐人之多言，未詳其故，欲世覽者，必察之也。**疏謹按《四庫全書總目》：「昭自序稱兼采鄭衆、賈逵、虞翻、唐固之注，今考所引鄭説、虞説，寥寥數條，唯賈、唐二家援據駁正爲多。序又稱『凡所發正三百七事』，今考注文之中昭自立義者，《周

❶「覈」，原作「覆」，今據《三國志》改。

語》凡服數一條、國子一條、虢文公一條、《常棣》一條、鄭武莊一條、仲任一條、叔妘一條、鄭伯南也一條、請隧一條、黷姓一條、楚子入陳一條、晉成公一條、共工一條、大錢一條、無射一條，《魯語》朝聘一條、刻桷一條、命祀一條、郊禘一條、祖文宗武一條、官寮一條，《齊語》凡二十一鄉一條、士鄉十五一條、良人一條、使海以有蔽一條、八百乘一條、反胙一條、大路龍旂一條，《晉語》凡伯氏一條、不懼不得一條、聚居異情一條、貞之無報一條、轅田一條、二十五宗一條、少典一條、十月一條、嬴氏一條、觀狀一條、三德一條、上軍一條、蒲城伯一條、三軍一條、錞于一條、呂錡佐上軍一條、新軍一條、韓無忌一條、女樂一條、張老一條，《鄭語》凡十數一條、億事一條、秦景襄一條，《楚語》聲子一條、懿戒一條、武丁作書一條、屏攝一條，《吴語》官師一條、錞于一條、自剄一條、王總百執事一條、兄弟之國一條、來告一條、向檐一條，《越語》乘車一條、宰一條、德虐一條、解骨一條、重禄一條，不過六十七事。合於所正譌字、衍文、錯簡，亦不足三百七事之數，其傳爲有誤以六十爲三百與？」嗣有晉五經博士孔晁注《春秋國語外傳》二十卷，《唐志》二十一卷，今未見單行之本，而《左傳正義》及各經正義援引者大略與韋解相同，宋庠摭唐人舊音作《補音》三卷，其書全仿陸德明《經典釋文》之例，此皆踵弘嗣之後而引申其緒者也。

國語正義卷第一

歸安董增齡撰集

周語上

穆王將征犬戎，解穆王，周康王之孫，昭王之子，穆王滿也。征，正也，上討下之稱。犬戎，西戎之別名，在荒服。**疏**解「穆王」至「王滿」〇《史記·周本紀》：「昭王南巡守，不返，卒於江上。立昭王子滿，是謂穆王。穆王即位，春秋已五十矣。」〇解「犬戎」至「荒服」〇犬戎，《史記》、《漢書》作「畎」。《史記索隱》：「小顔云『即昆夷也』。《山海經》：『黄帝生苗，苗生龍，龍生融，融生吾，吾生并明，并明生白，白生犬。』犬有二，是爲犬戎。《山海經》有人面獸身名犬夷。賈逵云：『犬夷，戎之别種。』」《吕氏春秋·壹行》篇高誘注：「犬戎，西戎之別。」《周書·王會解》：「犬戎駮馬。」《王制》：「西方曰戎。」故知爲西戎之别名。《水經·河水》注引《穆天子傳》「壬戌，天子至於雷首。犬戎觴天子於雷首之阿」，下即引「趙盾田于首山」，謂即此地。則雷首在晉境，與荒服之説悖矣。**祭公謀父諫曰：「不可。**解祭，畿内之國，周公之後，爲王卿士。謀父，字也。《傳》曰：「凡、蔣、邢、茅、胙、祭，周公之胤也。」❶**疏**「祭公謀父」○桓八年《公羊傳》注：「祭者，采也。天子三公氏采稱爵。」《穀梁傳》注：「祭公，寰内諸侯爲天子三公者。」則謀父當是其先人。《汲郡古文》「穆王征犬戎，祭公帥師從王西征，次于陽紆」是也。○解「祭畿内之國」○《史記正義》引《括地志》：「故祭城在鄭州管城縣東北十五里。鄭大夫祭仲邑也。《釋例》云：『祭城在河南，上有敖倉，周公後所封也。』」案今開封府東北十五里有祭伯城。**先王燿德不觀兵。** **解**燿，明也。觀，示也。明德，尚道化也。不示兵者，有大罪惡然後致誅，不以小小而示威武。**疏**解「觀示也」○《穀梁》隱五年傳：「非常曰觀。」《説文》：「示，所以示人也。」**夫兵戢而時動，動則威，** **解**戢，聚也。威，畏也。時動，謂三時務農，一時講武，守則有財，征則有威。**觀則玩，玩則不震。** **解**玩，黷也。震，懼也。**是故周文公之《頌》曰：** **解**文公，周公旦之謚也。《頌》，《時邁》之詩。武王既伐紂，周公爲作此詩，巡守告祭之樂歌。**疏**「周文」至「頌曰」○鄭康成《詩譜》：「《周頌》者，周室成功，致太平德洽之詩。其作在周公攝政，成王即位之初。頌之言容。天子之德，光被四表，格于上下，無不覆幬，無不持載，此之謂容。於是和樂興焉，頌聲乃作。」《詩疏》引《中侯擿雒戒》云：「曰若稽古，周公旦欽惟皇天，順踐阼，即攝七年，鸞鳳見，蓂莢生，青龍銜甲，玄龜背書。」❷此説文公作《頌》時事。《頌》自民之歌謠，而言周公之《頌》者，以周公攝政歸功成王，歌其先人之功事，由不涉于己，故得自爲

❶「胤」，原避雍正諱作「允」，今回改，下仿此，不再出校。

❷「玄」，原避康熙諱作「元」，今回改，下仿此，不再出校。

風雅也。○解「文公」至「之謚」○《史記索隱》：「周，地名，在岐山之陽，本太王所居。後以爲周公之采邑，故曰周公。即今之扶風雍東北故周城也。謚曰周文公。」**『載戢干戈，載櫜弓矢。** **解**載，則也。干，盾也。戈，戟也。櫜，韜也。言天下已定，聚斂其干戈，韜藏其弓矢，示不復用。**疏**「載戢」至「弓矢」○《詩·周頌》毛傳：「戢，聚也。」隱五年《傳》：「夫兵猶火也，弗戢，將自焚也。」昭二十五年《公羊傳》注：「干，盾也。以朱飾盾。」《爾雅·釋言》「干，扞也」。孫炎注：「干，盾，所以自扞蔽。」《方言》：「楯，自關而東謂之楯，❶或謂之干。」是干、盾一也。《淮南·時則訓》：「孟夏其兵戟。」高注：「戟，有枝幹，象陽布散也。」《禮説》云：「三鋒戟，《方言》謂之三刃枝。單枝曰戈，雙枝曰戟。南楚宛、郢謂之匽戟。《廣雅》所謂雄戟。張楫曰『胡中有鮔者』。《春秋疏》：『孑有上刺之刃，❷有下鉤之刃。』謂胡如鉤，內利。《禮圖》畫戟兩旁有枝，胡中無鮔，三鋒向上而下無鉤。此聶氏臆造也。」《詩疏》：「櫜者，弓衣，一名韜，故納弓于衣謂之韜弓。」昭元年《傳》：「請垂韜而入。」《荀子·解蔽篇》：「倕作弓，浮游作矢。」楊倞引《世本》云：「夷牟作矢。」《周官》：「司弓矢掌六弓、四弩、八矢之法。」《爾雅》：「弓有緣者謂之弓。無緣者謂之弭。」《方言》：「箭，自關而東謂之矢，江淮之間謂之鍭，關西曰箭。」《釋名》：「矢，指也，言其有所指而迅疾也。」**求我懿德，肆于時《夏》。** **解**懿，美也。肆，陳也。于，於也。時，是也。夏，大也。言武王常求美德，故陳其功，於是夏而歌之。樂章大者曰夏。**允王**

❶「楯」，《方言》作「瞂」。

❷「孑有上刺之刃」，《春秋左傳正義》及《禮説》作「孑者擊刺之兵有上刺之刃」。

保之。』解允，信也。信哉武王能保此時夏之美也。**疏**「我求」至「保之」○《詩疏》：「肆者，張設之言，故爲陳也。言求，是自此求彼之辭，故知求美德之士而用之謂。『式序在位』，是武王求而得之也。以言陳之於夏，故知《夏》爲樂名。又解名爲夏之意，以夏者大也。樂歌之大者稱《夏》也。《思文》箋云『夏之屬有九』，與此意相足。言由《周禮》有《九夏》，知此夏爲樂歌也。《春官・鐘師》『凡樂事，以鐘鼓奏《九夏》：《王夏》、《肆夏》、《昭夏》、《納夏》、《章夏》、《齊夏》、《族夏》、《祴夏》、《驁夏》』。注云：『夏，大也。樂之大歌有九，是《九夏》之名也。』彼注引吕叔玉云：『《肆夏》、《繁遏》、《渠》，皆《周頌》也。《肆夏》，《時邁》也。《繁遏》，《執競》也。《渠》，《思文》也。』玄謂：『以《文王》、《鹿鳴》言之，則《九夏》皆詩篇名，《頌》之族類也。此歌之大者，載在樂章，樂崩亦從而亡，是以《頌》不能具。』然則鄭以《九夏》別有樂歌之篇，非《頌》也，但以歌之大者皆稱耳。」○解「夏大也」○《樂記》云：「夏，大也。」襄二十九年《傳》：「能夏則大。」○解「樂章大者名夏」○《周禮》杜子春注：「王出入奏《王夏》，尸出入奏《肆夏》，牲出入奏《昭夏》，四方賓來奏《納夏》，臣有功奏《章夏》，夫人祭奏《齊夏》，族人侍奏《族夏》，客醉而出奏《祴夏》，公出入奏《驁夏》。」孔穎達曰：「《王夏》天子所用。其餘八夏，諸侯皆得用之。其《祴夏》，卿大夫亦得用之，故《鄉飲酒》客醉而出奏《祴夏》也。」**先王之於民也，茂正其德而厚其性，**解茂，勉也。性，情性也。**阜其財求**解阜，大也。大其財求，不鄣壅也。**而利其器用，**解器，兵甲也。用，耒耜之屬。**明利害之鄉，**解示之以好惡。鄉，方也。**以文修之，**解文，禮法也。**使務利而避害，懷德而畏威，故能保世以滋大。**解保，守也。滋，益也。**昔我先世后稷，**解后，君也。稷，官也。父子相繼曰世。謂棄與不窋。**疏**「昔我」至「后稷」○宋公序本「昔我先世后稷」，天聖本「先」下有「王」字。錢敏求、黄丕烈並從天聖本。梁玉繩曰：「《周本紀》有『王』字，而譙周引此無『王』字。」許宗彦云：「韋解于下『先王不窋』始釋『王』字，則此唯云『先世』可知。」齡案：許説是。《周本紀》有「王」字者，後人所加也。襄二十九年《傳》孔疏曰：「《月令》『首種不入』。鄭注：『首種爲稷也。』《國語》虢文公曰『民之大事在農』。是故稷爲大官。然則百穀稷爲其長，遂以稷名爲農官之長。」《漢書·百官公卿表》：「棄作后稷。」應劭注：「棄，臣名。后，主也。爲此稷官之主。」○解「后君也」○「后，君」，《釋詁》文。《説文》：「后，繼體君也。象人之形，施令以告四方，故厂之，从一口。發號者，君也。」《易》姤卦《象傳》云：「后以施命誥四方。」**以服事虞、夏。**解謂棄爲舜后稷，不窋繼之於夏啓也。**及夏之衰也，棄稷弗務，**解棄，廢也。衰謂啓子太康也。廢稷之官，不復務農。《夏書序》曰「太康失國，昆弟五人，須於洛汭」是也。**我先王不窋用失其官，**解失稷官也。不窋，棄之子。周之禘祫文、武，必先不窋，故通謂之王。《商頌》亦以契爲玄王。疏「我先王不窋」○《史記索隱》曰：「《帝王世紀》后稷納姞氏生不窋，而譙周案：《國語》云：『世后稷以服事虞、夏。』言世稷官，失其代數也。若不窋親棄之子，至文王千有餘載，唯十四代，亦不合事情。」《路史·後紀》：「棄世爲后稷。及夏之衰，有不窋者失其官守，竄居于尉李。」注：「不窋非稷子。」《路史發揮》：「帝俊生稷，稷生台璽，台璽生叔均，叔均爲田祖。帝俊者帝嚳之名，而台，邰也。后稷封台，故其後有台璽，有叔均，既有台璽、叔均，則知稷之後世多矣，不窋不得爲稷子明矣。」案：稷之孫叔均尚爲田祖，豈不窋爲稷子而先已失官。弘嗣以不窋爲稷子，亦承《史記》之説耳。**而自竄於戎翟之間，**解竄，匿也。堯封棄於邰，至不窋失官，去夏而遷於邠，邠西接戎，北近翟。疏解「堯封棄於邰」○《生民》毛傳：「邰，姜嫄之國。堯見天因邰而生后稷，故國后稷于邰。」毛奇齡曰：「古無封國母家之理。若疏所言，或滅或遷，則其後太王又娶有邰氏女名太姜矣。」案：邰地有二，姜姓之邰邑在琅琊。襄十二年經：「莒人伐我東鄙，圍台。」杜注：「琅琊費縣南有邰亭。」哀公時，齊遷景公子于駘，則入齊矣。在今山東沂州費縣境内。稷封之邰國在武功。昭九年《傳》「魏、駘、芮、岐、畢，吾西土」。杜注：「駘在始平武功縣所治釐城。后稷受此五國。」駘即邰也。武功隸今陝西乾州。○解「邠西接戎北近翟」○《詩・公劉》疏謂：「鄭箋言：『夏人迫逐，蓋是王朝之人，以時衰政亂，疾惡有道，故逐之也。』太康之後有羿浞之亂，比至少康之立，幾將百年。蓋太康始衰之時，不窋失官，少康未立之前，而公劉見逐。」案：不窋之當太康，經無明文。孔疏亦因承史遷之説也。孔疏又言：「《公劉》之篇説公劉避亂適豳，其言甚詳，蓋不窋之時已嘗失官，逃竄于邠，猶尚往來邰國，未即定居于邠，至公劉而盡以邰之民往居焉。」《漢書・地理志》右扶風栒邑縣有豳鄉。杜預曰：「豳在新平漆縣東北。」《史記正義》引《括地志》：「甯、原、慶三州，秦北地郡，戰國及春秋時爲義渠，戎國之地。周先公劉、不窋居之，古西戎也。」《詩疏》又言：「經云『豳居允荒』，《本紀》稱公劉在戎、翟間，知豳是戎、狄之地名。至太王又避狄人之難，入處岐陽，故云西近戎，北近狄。」**不敢怠業，時序其德，纂修其緒，****解**纂，繼也。緒，事也。**修其訓典，****解**訓，教也。典，法也。**朝夕恪勤，守以惇篤，奉以忠信，奕世載德，不忝前人。****解**奕，亦前人也。載，成也。忝，辱也。**疏**奕世載德○《爾雅・釋詁》：「奕，大也。」《文選注》引《韓詩》云：「奕奕，盛貌。」《周頌・噫嘻》鄭箋：「亦，大也。」傳言周家恢大前人之業而成其功也。**至於武王，昭前之光明而加之以慈和，事神保民，莫不欣喜。****解**保，養也。**商王帝辛，大惡於民。****解**商，殷之本號。

辛，紂名。**大惡**，大爲民所惡。**疏**「商王帝辛」○《史記·殷本紀》：「帝乙長子微子啓，啓母賤，不得立嗣。少子辛，辛母正后，辛爲嗣。帝乙崩，子辛立。是謂帝辛。天下謂之紂。」集解：「《謚法》曰：『殘義損善曰紂。』」《書》言「獨夫受」。受、紂聲相近，紂爲謚，故知辛爲名。**庶民弗忍，欣戴武王，以致戎於商牧。****解**戴，奉也。戎，兵也。牧，商郊牧野。**疏**解「牧商郊牧野」○《史記正義》：「《括地志》云：『衛州城，故老云周武王伐紂，至于商郊牧野，乃築此城。』酈元注《水經》云：『自朝歌南至清水，土地平衍，據臯跨澤，悉牧野也。』《括地志》又云：『紂都朝歌在衛州東北七十三里朝歌故城是也。本妹邑，殷王武丁始都之。』《帝王世紀》云：『帝乙復濟河北，徙朝歌，其子紂仍都焉。』」**是先王非務武也，勤恤民隱而除其害也。****解**恤，憂也。隱，痛也。**夫先王之制：邦内甸服，****解**邦内，謂天子畿内千里之地。《商頌》曰：「邦畿千里，惟民所止。」《王制》曰：「千里之内曰甸。」京邑在其中央，故《夏書》曰：「五百里甸服。」則古今同矣。甸，王田也。服，服其職業也。自商以前，并畿内爲五服。武王克殷，周公致太平，因禹所弼，除畿内，更制天下爲九服。千里之内謂之王畿，王畿之外曰侯服，侯服之外曰甸服。今謀父諫穆王，稱先王之制，猶以王畿爲甸服者，甸，古名，世俗所習也。故周襄王謂晉文公曰「昔我先王之有天下也，規方千里以爲甸服」是也。《周禮》亦以蠻服爲要服，足以相況矣。**疏**「邦内甸服」○《周禮·職方氏》：「乃辨九服之邦國，方千里曰王畿。」《史記·夏本紀》：「五百里甸服。」集解：❶「孔安國曰：『爲天子服治田，去王城面五百里内。』」是夏之甸服即

❶「集解」，原作「正義」，今據《史記》改。

周之王畿。故《漢書·嚴助傳》顏注：「封内謂封圻千里之内。甸服主治王田，以共祭祀也。」《周禮·甸師氏》：「帥其屬而耕耨王籍，故以公邑甸地之義名官。」孔、顏之義殆本諸此。○解「武王」至「九服」○《詩·殷武》疏：「《禹貢》『五百里甸服』。每言五百里一服者，是堯舊服；每服之外更言三百里、二百里者，是禹所弼之殘數也。堯之五服，服五百里耳。禹平水土之後，每服更以五百里輔之，是五服服別千里。故一面而爲差，至于五千也。王肅難鄭曰：『禹功在平治山川，不在拓境廣土。土地之廣三倍于堯，《書傳》無稱焉。』不知經言『弼成五服至于五千』，若五服之廣猶是堯之舊制，何弼成之有乎？凡言『至于』者，皆從此到彼之辭。明是自京師至于四境爲五千耳。若其四面相距爲五千，則經文從何而往而言『至于』哉？」王鳴盛曰：「禹弼成五服至于面各五千里，四面相距爲方萬里。湯承夏衰，更制中國方三千里之界亦分爲九州，而建千七百七十三國焉。故鄭以《王制》所言爲殷制，迨周公輔成王致太平復禹之舊。考禹制，去王城五百里曰甸服，于周爲王畿，其弼當侯服；其外五百里爲侯服，當甸服，其弼當男服；其外五百里爲綏服，當采服，其弼當衛服；其外五百里爲要服，與周要服相當，去王城三千五百里，四面相距方七千里，是九州之内也。要服之弼，當周夷服；又其外方五百里，曰荒服，當周鎮服，其弼當周藩服，去王城五千里。四面相距方萬里，是周九服，即禹弼成之五服而分之者也。」**邦外侯服，****解**邦外，邦畿之外。方五百里之地謂之侯服。侯服，侯圻也。言諸侯之近者歲一來見。**疏**「邦外侯服」○《史記·夏本紀》：「甸服外五百里侯服。」集解：❶「孔安

❶ 「集解」，原作「正義」，今據《史記》改。

國曰『侯，候也。斥候而服事』也。」《漢書・嚴助傳》顔注：「侯，候也，爲王者斥候。」《周禮・職方氏》鄭注：「服，服事天子也。《詩》云：『侯服于周。』」**侯、衛賓服**，**解**此總言之也。侯，侯圻也。衛，衛圻也。言自侯圻至衛圻，其間凡五圻，圻五百里，五五二千五百里，中國之界也。謂之賓服，常以服貢賓見于王。五圻者，侯圻之外曰甸圻，甸圻之外曰男圻，男圻之外曰采圻，采圻之外曰衛圻，《周書・康誥》曰「侯、甸、男、采、衛」是也。凡此服數，諸家之説皆紛錯不同，唯賈君近之。**疏**「侯衛賓服」〇《禹貢》疏引韋昭注：「以文武侯衛爲安，王賓之，因以名服。」《漢書・嚴助傳》服虔注：「侯服之外又有衛服。賓，賓見于王也。侯、衛二服同爲賓也。」服氏之意，内舉侯，外舉衛，以包五圻也。《周禮》賈疏言：「甸者，甸之言田，爲王治田出税。言男者，男之言任也，爲王供其職理。采者，事也，爲王事民以供上。言衛者，爲王衛禦。」謂之賓服者，《秋官・大行人》「掌大賓之禮，與大客之儀」注云：「大賓，要服以内諸侯。大客，謂其孤卿。」孔穎達曰：「天子之於諸侯謂之爲賓。賓者，敵主之辭。」此則天子與諸侯之義耳。若諸侯與天子皆純臣矣。又《儀禮・覲禮》鄭《目録》云「覲于五禮屬賓」，雖賓服不專秋見，且覲時不止賓服五圻，然以《覲禮》推之，則天子有賓諸侯之義矣。**蠻夷要服**，**解**蠻，蠻圻也。夷，夷圻也。《周禮》衛圻之外曰蠻圻，去王城三千五百里，九州之界也。夷圻去王城四千里。《周禮・行人》職衛圻之外謂之要服。此言蠻夷要服，則夷圻朝貢或與蠻圻同也。要者，要結好信而服從之。**疏**「蠻夷要服」〇《後漢書》：「昔高辛氏有犬戎之寇，乃訪募天下有能得犬戎之將吴將軍頭者，妻以少女。時帝有畜狗，其毛五采，名曰槃瓠。槃瓠遂銜人頭造闕下，診之，乃吴將軍首。槃瓠得女，負而走，入南山，經三年，生子一十二人，六男六女。槃瓠死後，因自相夫妻。其後滋蔓，號曰蠻夷。

其在唐、虞，與之要質，故曰要服。《風俗通義》：『君臣同川而浴，極爲簡慢。蠻者，慢也。』《王制》曰『東方曰夷』，夷者，柢也。言仁而好生，萬物柢地而出，故天性柔順，易以道御。至有君子、不死之國焉。夷有九種，曰畎夷、于夷、方夷、黄夷、白夷、赤夷、玄夷、風夷、陽夷。」《尚書》孔傳：「要，束以文教也。」《漢書・嚴助傳》顔注：「又在侯衛之外而居九州之地也。要，言以文德要來之耳。」**戎翟荒服。** **解**戎狄，去王城四千五百里至五千里也，四千五百里爲鎮圻，五千里爲蕃圻，在九州之外，荒裔之地，與戎翟同俗，故謂之荒，荒忽無常之言也。**疏**「戎翟荒服」○《風俗通義》：「斬伐殺生不得其中。戎者，兇也。」《後漢書》：「西羌之本，出自三苗，姜姓之別。其國近南岳，及舜流四凶，徙之三危。河關之西南，羌地是也。濱於賜支，至於河首，綿地千里。賜支者，《禹貢》所謂析支者也。南接蜀、漢徼外蠻夷，西北鄯善、車師諸國。」❶是羌即戎也。《史記索隱》：「張晏云：『淳維以殷時奔北邊。』又樂彦《括地譜》云：『夏桀無道，湯放之于鳴條，三年而死。其子獯粥妻桀之衆妾，避居北野，隨畜移徙，中國謂之匈奴。』」《左傳》莊三十年冬「齊人伐山戎」，杜預云：「山戎、北狄，無終三名。」是狄亦得名戎。《風俗通義》：「狄者，辟也，其行邪辟。」《尚書》馬融注：「政教荒忽，因其故俗而治之。」是説荒服之義也。○解「四千」至「蕃服」○《周禮疏》言：「鎮者，以其入夷狄深，故須鎮守之。言蕃者，以其最在外爲蕃籬，故以蕃爲稱。蠻服，《大司馬》謂之要服，言要，亦是要束爲義。自侯服以下，各舉一邊爲號，皆互而通也。其夷狄三服亦自互而相通。」**甸服者祭，** **解**供日祭也。此采地之君，其見

❶「西北」下，當有「接」字。

無數。**侯服者祀，**解供月祀也。堯舜及周，侯服皆歲見。**賓服者享，**解供時享也。享，獻也。《周禮》甸圻二歲而見，男圻三歲而見，采圻四歲而見，衛圻五歲而見。其見也，皆所以貢助祭于廟，《孝經》所謂「四海之内，各以其職來祭」。**要服者貢，**解供歲貢也。要服六歲而見。**荒服者王。**解王，王事天子也。《周禮》九州之外謂之蕃國，世一見。各以其所貴寶爲摯。《詩》曰：「自彼氐羌，莫敢不來王。」**日祭，**解日祭，祭于祖、考，謂上食也。近漢亦然。疏「日祭」〇《尚書大傳》：「祭者，薦也。薦之爲言在也。」《漢書・韋玄成傳》：「日祭于寢，寢日四上食。」以下皆約漢制言之，周亦當近是。**月祀，**解月祀于曾、高。疏「月祀」〇《漢書・韋玄成傳》：「月祭于廟，廟歲二十五祠。」如淳曰：「月祭，朔望加臘爲二十五。」晉灼曰：「《漢儀注》宗廟一歲十二祠。五月嘗麥，六月、七月三伏、立秋又嘗粢，八月先夕、饋飧，一太牢。酎祭，用九太牢。十月嘗稻，又飲烝，二太牢。十一月嘗，❶十二月臘，二太牢。又每月一太牢，如閏加一祀，與此上十二爲二十五祠。」顔師古韙晉説，然周制則未詳也。**時享，**解時享于二祧。疏「時享」〇蔡邕《獨斷》：「周祧，文、武爲祧，四時祭之而已。」《漢書・韋玄成傳》：「時祭於便殿，便殿歲四祠。」**歲貢，**解歲貢于壇、墠。疏解「歲貢于壇墠」〇《漢書》張晏注：「去祧爲壇，墠，掃地而祭也。」顔師古注：「築土爲壇，除地爲墠。」**終王，**解終，謂終世也。朝嗣王及即位而來見。疏「終王」〇《漢書・韋玄成傳》：「大禘則終王。」服虔注：「蠻夷終王迺入助祭，各以其珍貢以供大禘之祭也。」顔師古注：「每一王終，新王即位，乃來助祭。」案：下文言「大畢、伯仕之

---

❶「十一」，原作「十」，今據《漢書》改。

終」，則蠻夷新即位亦有朝王之典。先王之訓也。有不祭則修意，解意，志意也。謂邦甸之內有違闕不供日祭者，先修意以自責。畿內近，知王意也。有不祀則修言，解言，號令也。有不享則修文，解文，典法也。有不貢則修名，解名，謂尊卑職貢之名號。《晉語》曰：「信於民則上下不干。」有不王則修德，解遠人不服，則修文德以來之。序成而有不至則修刑。解序成，謂上五者次第也已成，而有不至，則有刑誅。於是有刑不祭，伐不祀，征不享，讓不貢，解讓，譴責也。告不王。解謂以文辭告曉之。地遠者辠輕也。於是乎有刑罰之辟，解刑不祭也。有攻伐之兵，解伐不祀也。有征討之備，解征不享也。有威讓之令，解讓不貢也。有文告之辭解告不王也。布令陳辭而又不至，則又增修於德無勤民於遠，解勤，勞也。是以近無不聽，遠無不服。今自大畢、伯仕之終也。解大畢、伯仕，犬戎氏之二君。終，卒也。犬戎氏以其職來王，解以其職，謂其嗣子以其貴寶來見王也。天子曰：『予必以不享征之，且觀之兵。』解享，賓服之禮。以責犬戎，而示之兵，非也。其無乃廢先王之訓而王幾頓乎？解幾，危也。頓，敗也。疏解「頓敗也」○《漢書·嚴助傳》顏注：「頓，壞也。」物壞則有敗義。吾聞夫犬戎樹惇，解樹，立也。言犬戎立性惇樸。疏「犬戎樹惇」○《爾雅·釋詁》：「惇，厚也。」《舜典》「惇德允元」，《史記》作「厚德允元」，言犬戎惇篤而堅樸也。能帥舊德而守終純固，解帥，循也。純，專也。固，一也。言犬戎氏循先王之舊德，奉其常職，天性專一，終身不移，不聽穆王責其享也。其有以禦我矣。」解禦，猶應也，距也。王不聽，遂征之，得四白狼、四白鹿以歸。解白狼、白鹿，犬戎所貢。疏

「遂征」至「以歸」〇《太平御覽》引《尚書璇機鈐》：「湯受金符帝籙，白狼銜鉤入殷朝。」《水經注》：「灅水又東北，逕白狼堆南，魏烈祖道武皇帝于是遇白狼之瑞。」《後漢書》：「滕撫稍遷涿令，太守以其能，委任郡職。行春雨，白鹿隨車，挾轂而行。」《水經注》：「洭水又逕含洭縣西。咸康中，郡民張魴爲縣，有善政，有白鹿來游。」則白狼、白鹿古以爲瑞，故貢之。《傳》言是役所得止此，以示戒後世。《後漢・西羌傳》曰：「穆王西征犬戎，獲其五王，又得四白狼、四白鹿。」即其事也。**自是荒服者不至。** **解**穆王責犬戎以非禮，暴兵露師，傷威毀信，故荒服者不至。

恭王游於涇上，密康公從， **解**恭王，穆王之子，恭王伊扈也。涇，水名。康公，密國之君，姬姓。**疏**解「恭王」至「伊扈」〇《周本紀》：「穆王立五十五年崩，子共王繄扈立。」索隱曰：「《世本》作伊扈。」〇解「涇水名」〇《漢書・地理志》安定郡涇陽：「幵頭山在西。《禹貢》涇水所出，東南至陽陵入渭，過郡三，行千六十里，雍州川。」〇解「康公」至「姬姓」〇《漢書・地理志》安定郡陰密縣：「即《詩》所云『密人不恭』。」王伯厚《詩考》引《括地志》：「陰密故城在涇州鶉觚縣西，其東接縣城，即古密國。」其地在今甘肅涇州靈臺縣西五十里。」《吕氏春秋》「密須之民自縛其主以與文王」，則密即密須。《内傳》杜注：「密須，姞姓國。」今弘嗣言姬姓，大抵文王時被伐之後，其國尚在，共王時方滅。抑周初滅姞姓之密而封姬姓之裔，如成王滅唐而封太叔，其國仍號曰唐之例。則密即密須也。**有三女奔之。** **解**奔，不由媒氏也。三女同姓。**疏**解「奔不」至「同姓」〇《内則》：「奔則爲妾。」鄭注：「妾之爲言接也。聞彼有禮，走而往焉，以得接見于君子也。」《周官・媒氏》：「中春之月，令會男女，奔者不禁。」疏謂：「若有父母不嫁不娶之者，自相奔就，亦不禁之。」蓋媒氏謀合兩家之男女，使異類得爲伉儷。故鄭康成謂齊人名麴麩曰媒，猶和合得成酒醴。不由媒則六禮不備也。《内傳》「泉丘人有女奔孟僖子，其僚從之」。僚有友義，其非一姓可知。此《傳》總言三女，而不言同僚，知此是同一姓也。**其母曰：「必致之王。**解康公之母欲使進于王。疏「其母曰」○《列女傳》曰：「康公母姓隗氏。」**夫獸三爲羣，**解自三以上爲羣。**人三爲衆，女三爲粲。**解粲，美貌。疏「女三爲粲」○《太平御覽》三百引賈逵注「粲，美也」。韋本賈義。《説文》：「三女爲奻，从女，奻省聲。」《字林》从女，奻不省。《詩·鄭風》毛傳：「粲，餐也。」今河北人呼食爲餐，則餐當作粲。《詩·唐風》「見此粲者」，毛傳：「大夫一妻二妾。」彼雖失時而爲昏禮之正，故有適庶之名。此則越禮而來，唯知伯姑爲三女中之一人。其二不必爲娣姪也。**王田不取羣，**解不盡羣也。《易》曰：「王用三驅，失前禽也。」疏「王田不取羣」○《史記正義》：「曹大家云：田獵得三獸，王不盡收，以其害深也。」○解「易曰」至「前禽」○《釋文》引馬融曰：「三驅者，一曰乾豆，二曰賓客，三曰君庖。」《春秋疏》引鄭康成曰：「王者習兵於蒐狩，驅禽而射之，三則已，法軍禮也。失前禽者，謂禽在前者，不逆而射之。旁去又不射。唯背走者，順而射之，不中則已，是其所以失之。」虞翻謂：「坎五稱王。三驅，謂驅下三陰，不及於初，故失前禽。初已變成震，震爲鹿，爲驚走，鹿之斯奔，則失前禽也。」皆古義之足述者。若《周易疏》所引褚氏之説，謂「三面使人驅禽」，則驅之使入圍矣，又何有前禽之失邪？**公行下衆，**解公，諸侯也。下衆，不敢誣衆也。禮：國君下卿位，遇衆則式，禮之也。疏「公行下衆」○《史記正義》：「曹大家云：公之行與衆共議之也。」○解「國君下卿位」○「下卿位」，《曲禮》文。鄭注：「尊賢也。卿位，卿之朝位。君出，過之而上車；入，未至而下車。」**王御不參一族。**解御，婦官也。參，三也。一族，一父子也。故取姪娣以備三，不參一族之女。**疏**「王御不參一族」〇「一族，一父子也」者，子指女子子言之，謂一父所生之女也。《文選注》引《春秋》説：「天子娶十二女。」《大雅・韓奕》毛傳：「諸侯一娶九女，二國媵之。」莊十九年《公羊傳》注：「姪者何？兄之子也。娣者何？弟也。」案先言姪而後言娣，重其不同父也。隱元年《公羊傳》注：「適夫人無子，立右媵；右媵無子，立左媵；左媵無子，立適姪娣；適姪娣無子，立右媵姪娣；右媵無子，立左媵姪娣。」據此，不特嫡與兩媵異國，即一國之中亦各異父，此殊氣脈而廣似續也。**夫粲，美之物也。衆以美物歸女，而何德以堪之？**解堪，任也。**王猶不堪，況爾小醜？**解醜，類也。王者至尊，且猶不堪，况女小人之類乎？**小醜備物終必亡。」**解言德小而物備，終取之必以亡。**康公弗獻。一年，王滅密。**解密，今安定陰密縣，近涇。

厲王虐，國人謗王。解厲王，恭王之曾孫，夷王之子厲王胡也。謗，誹也。**疏**解「厲王」至「王胡」〇《周本紀》：「共王崩，子懿王囏立。懿王崩，共王弟辟方立，是爲孝王。孝王崩，諸侯復立懿王太子燮，是爲夷王。夷王崩，子厲王胡立。」是厲王爲共王曾孫也。**召公告王曰：「民不堪命矣！」**解召公，召康公之後，穆公虎也，爲王卿士。言民不堪暴虐之政令。**疏**解「召公」至「卿士」〇《詩正義》依《世本》，穆公是康公十六世孫。案召康公當康王時尚在，康王至厲王止七世，而召公乃傳十六世。又《燕世家》自召公以下九世至惠侯，燕惠侯當厲王奔彘共和之時，其封燕之一支止九世，而留王朝之一支乃傳十六世乎？《世本》之言莫可詳也。〇解「言民」至「政令」〇《荀子・成相篇》：「任用讒夫不能制，孰公長父之難，厲王流于彘。」是不堪暴虐之政令也。**王怒，得衛巫，使監謗者。**解衛巫，衛國之巫也。監，察也。以巫有神靈，有謗必知之。**疏**解「衛巫」至「知之」〇《周禮》：「司巫掌巫降之禮。」司巫與神通，故掌下神之禮。楚人名巫爲靈子，言靈降其身也。《離騷》、《九歌》皆歌其事，是巫有神靈也。《傳》言：「國將亡，聽于神。」衛巫既得，而流彘之禍成矣。**以告則殺之。****解**巫言謗王，王則殺之。**國人莫敢言，道路以目。****解**不敢發言，以目相眄而已。**疏**「國人」至「以目」〇《呂氏春秋·不廣》篇：「太公對武王曰：百姓不敢怨誹，命曰刑勝。」此莫敢言之事也。**王喜，告召公曰：「吾能弭謗矣，乃不敢言。」****解**弭，止也。**召公曰：「是鄣之也。****解**鄣，防也。**防民之口，甚於防川。****解**流者曰川。言川不可防，而口又甚也。**川壅而潰，傷人必多，****解**川之潰决，害於人也。**民亦如之。****解**民之敗亂，害於上也。**是故爲川者决之使導，****解**爲，治也。導，通也。**爲民者宣之使言。****解**宣，猶放也。觀民所言，以知其得失。**故天子聽政，使公卿至於列士獻詩，****解**獻詩以風也。列士，上士也。**疏**「使公」至「獻詩」〇襄十四年《春秋》疏引韋氏注：「公以下至上士，各獻諷諫之詩。」《毛詩·卷阿》傳：「明王使公卿獻詩以陳其志。」又《公劉序》：「召康公戒成王也。成王將莅政，戒以民事。美公劉之厚於民，而獻是詩。」孔穎達曰：「獻者，卑奏於尊之辭。」《漢書·食貨志》：❶「八歲入小學，十五入大學，其有秀異者，移鄉學于庠序；庠序之異者，移國學于少學；諸侯歲貢少學之異者于天子，學于大學，命曰造士，然後爵命焉。孟春之月，羣居者將散，行人振木鐸狥于路，以采詩，獻之太師，比其音律，以聞于天子。」言公卿列士則大夫可知。**瞽獻曲，****解**無目曰瞽。瞽，樂師。曲，樂曲也。**疏**「瞽獻曲」

❶「食貨志」，原作「藝文志」，今據《漢書》改。

○襄十四年《春秋》疏引韋氏注：「瞽陳樂曲，獻之于王。」襄四年《傳》：「金奏《肆夏》之三。」杜預曰：「《肆夏》，樂曲名。蓋擊鐘而奏此三《夏》曲。」宋玉對楚襄王，是其曲彌高而和彌寡。《漢・藝文志》有《河南周歌聲曲折》七篇，《周謡歌詩聲曲折》七十五篇，《琴操》有古琴五曲。則曲之重，由來久矣。獻之以導和平之德也。**史獻書，**解史，外史也。《周官》：「外史掌三皇五帝之書。」疏解「史外」至「之書」○《周官》：「外史上士四人，中士八人，下士十有六人。」疏引：「《孝經緯》云：『三皇無文，五帝畫象。』又《世本》云：『蒼頡造文字。』蒼頡，黄帝之史，則文字起于黄帝。三皇雖無文，以有文字之後，仰録三皇時事，故云掌三皇之書。」昭十二年《傳》「是能讀《三墳》、《五典》」，賈逵注：「《三墳》，三皇之書。《五典》，五帝之典。」《周易集解》伏曼容《易注》引《尚書大傳》：「乃命五史以書五帝之蠱事。」古今之法戒在書，故獻之。**師箴，**解師，小師。箴，箴刺王闕，以正得失也。疏「師箴」○《周官》「小師，上士四人」。注：「凡樂之歌，必使瞽矇爲焉。命其賢知者以爲太師、小師。」《詩・庭燎序》：「美宣王也，因以箴之。」疏言：「王雖可美，猶有所失。此失須治，若病之須箴。」《文選》李善注：「箴以譏刺得失，故頓挫清壯。」是箴兼勸勉、諫諍二義也。**瞍賦，**解無眸子曰瞍。賦，賦公卿列士所獻詩也。疏「瞍賦」○《文選注》引《韓詩》説：「無珠子曰矇，珠子具而無見曰瞍。」與韋解互異。案矇有蒙義，黑白不分，《洪範》曰「蒙」。《史記正義》引鄭注「雺者，氣不釋，鬱冥冥也」。瞍有叟義。《内經》言「五藏六府之精，上注于目而爲睛」。年老精衰則神竭。瞍者似老人，故珠子尚在也。《漢・藝文志》：「不歌而誦謂之賦。登高能賦，可以爲大夫。」《鄭志》答趙商云「凡賦詩者，或造篇，或誦古」，此云「賦公卿列士所獻詩」，則誦古爲多也。**矇誦，**解有眸子而無見曰矇。《周禮》矇主弦歌、風誦，誦謂陳箴諫之語也。**疏**「矇誦」○《周官》:「瞽矇諷誦詩,世奠繫。」鄭注:「諷誦詩,謂闇讀之,不依詠也。鄭司農云『諷誦詩,主誦詩以刺君過』。❶杜子春云:『瞽矇主誦詩,并誦世系,以戒勸人君也。』玄謂:諷誦詩,主謂『廞作柩謚』時也。」韋不從康成解者,《傳》明言「天子聽政」,則非作謚時也。**百工諫。****解**百工,執技以事上者。諫者,執藝事以諫,謂若匠師慶諫魯莊公丹楹刻桷者。**庶人傳語,****解**庶人卑賤,見時得失,不得達,傳以語王也。**疏**「庶人傳語」○《吕氏春秋》高誘注:「庶人無官者不得見王,故傳語,因人以通。」《史記正義》:「庶人微賤,見時得失,不得上言,乃在街巷相傳語。」案:高説是。**近臣盡規。****解**近臣,謂驂僕之屬也。盡規,盡其規以告王也。**疏**解「近臣」至「之屬」○《周官》:「戎右,下大夫二人,上士二人。」注:「古者參乘。此充戎路之右,田獵亦爲之右,爲太僕,下大夫二人。」注:「僕,侍御於尊者之名,太僕其長也。」言『之屬』,則包諸馭、諸僕也。」○解「盡規」至「告王」○《詩·沔水序》鄭箋:「規者,正圓之器也。規王仁恩也。以恩親正君曰規。」孔疏:「規之使圓,則外無廉隅,猶人之爲恩,貌不嚴肅。故五行規主東方。《援神契》云『春執規』。」近臣知王意向,故得獻其規也。**親戚補察。****解**補,補過。察,察改也。《傳》曰:「自王以下,各有父兄子弟,以補察其過。」**疏**「親戚補察」○《史記·宋世家》:「箕子者,紂親戚也。王子比干者,亦紂之親戚也。」索隱:「馬融、王肅以箕子爲紂之諸父,服虔、杜預以爲紂之庶兄。」《漢書·吴王濞傳》:「吴王弟子德侯爲宗正,輔親戚,使至吴。」張守節曰:「言親戚補王過失,及察是非也。」則親戚爲王同宗諸臣,故得補衮職而察庶政也。

❶「主」下,原有「詩」字,今據《周禮注疏》删。

瞽、史教誨，解瞽，樂大師。史，太史也，掌陰陽、天時、禮法之書，以相教誨者。單襄公曰：「吾非瞽、史，焉知天道？」疏解「瞽樂」至「誨者」〇《周官》：「大師，下大夫二人。」疏：「就瞽之中，命大賢知爲大師。」《荀子・王制篇》：「修憲命，審詩商，禁淫聲，以時順修，大師之事也。」「太史，下大夫二人，上士四人。」注：「太史，史官之長。」疏：「其職云『讀禮書，祭之日，執書以次位常』，是禮書及鬼神之事也。」《詩・鶴鳴》箋：「誨，教也。」孔疏：「誨謂教所未知。」**耆艾修之，**解耆艾，師傅也。修，修理瞽、史之教，以聞于王。疏解「耆艾師傅」〇《曲禮》疏：「賀瑒云：『耆，至也，至老之境也。』鄭注《射義》云：『耆、耄，皆老也。』」疏又言：「四十九以前通曰强。年至五十，氣力已衰，髮蒼白如艾。《中侯準纖哲》注又言『七十曰艾』。」案：五十髮已蒼白，則七十可知。知耆艾爲師傅者，古者五十命爲大夫。《周官》：「師氏，中大夫；保氏，下大夫。」必耆艾而後居此任也。**而後王斟酌焉，**解斟，取也。酌，行也。疏解「斟取」至「行也」〇《吕氏春秋・召類》篇高誘注：「斟酌，取其善而行。」**是以事行而不悖。**解悖，逆也。**民之有口也，猶土之有山川也，財用於是乎出，**解猶，若也。山川所以宣地氣而出財用，口亦以宣人心而言善敗。**猶其有原隰衍沃也，衣食於是乎生。**解廣平曰原，下溼曰隰，下平曰衍，有溉曰沃。疏解「廣平曰原」〇《説文》：「邍，高平之野，❶人所登。」《春秋疏》引李巡《爾雅注》：「土地寬博而平正，名之曰原。」《釋名》：「原，元也，如元氣廣大也。」《水經注》引《春秋説題辭》：「高平曰太原。原，端也。平而有度。」〇解「下溼曰隰」〇《詩疏》引李巡《爾雅

---

❶「高」，原作「廣」，今據《説文解字》改。

注》：「下溼謂土地窊下，常沮洳，名謂隰也。」《説文》：「隰，阪下溼也。」「溼，幽溼也。从水一，所以覆也。覆而有土，故溼也。」《釋名》：「隰，蟄也，蟄溼意也。」○解「下平曰衍」○《周官》：「大司徒以土會之法辨五地之物生，四曰墳衍。」《左傳》孔疏曰：「衍是高平而美者。」案：賈逵《左傳注》：「下平曰衍。」《淮南·墬形訓》：「衍氣多仁。」高誘注：「下而污者爲衍。」孔説非是。○解「有溉曰沃」○成四年《傳》：「諸大夫曰：『郇瑕氏之地沃饒。』韓獻子曰：『郇瑕氏土薄水淺。』」則郇瑕有水可溉也。孔穎達曰：「沃是底平而美者。」**口之宣言也，善敗於是乎興，行善而備敗，**解民所善者行之，其所惡者備之。**所以阜財用、衣食者也。**解阜，厚也。**夫民慮之於心而宣之於口，成而行之，胡可壅也？若壅其口，其與能幾何？」**解與，辭也。能幾何，言不久也。**王弗聽，於是國人莫敢出言。三年，乃流王於彘。**解流，放也。彘，晉地，漢爲彘縣，屬河東，今曰永安。疏解「彘晉」至「永安」○《漢·地理志》河東郡彘：「霍太山在東，冀州山，周厲王所奔。」《水經》：「汾水又南入河東界，又南過永安縣西。」酈《注》：「故彘縣也。漢順帝陽嘉三年改曰永安縣。霍伯之都也。」《後漢·郡國志》引：❶「《史記》曰：『周穆王封造父趙城。』徐廣曰：『在永安。』杜預曰：『縣東北有彘城。』」案：彘在今山西霍州趙城縣境。

厲王説榮夷公，解説，好也。榮，國名。夷，謚也。疏解「榮國」至「夷謚」○《史記·周本紀》：「成王

❶「後」，原無，今據《後漢書》補。

既伐東夷，息慎來賀。❶ 王賜榮伯，作《賄息慎之命》。」集解：「馬融曰：榮伯，周同姓，畿内諸侯，爲卿大夫。」則夷公當是榮伯後人。《謚法》：「安人好静曰夷。」《吕氏春秋・情欲》篇：「厲王染於虢公長父、榮夷終。」此説之事也。**芮良夫曰：**解芮良夫，周大夫芮伯也。疏「芮良夫曰」○《詩・桑柔》箋：「芮伯，畿内諸侯，王卿士也。良夫，字。」《尚書序》云：「巢伯來朝，芮伯作《旅巢命》。」武王時也。《顧命》同召六卿，芮伯在焉，成王時也。桓九年「王使虢仲、芮伯伐曲沃」，桓王時也。此又厲王之時。世在王朝，常爲卿士。《書敘》注：「芮伯，周同姓國。」杜預云：「芮國在馮翊臨晉縣。」則在西都畿内。案：《地理志》：「臨晉芮鄉，故芮國。」**「王室其將卑乎！**解卑，微也。**夫榮公好專利而不知大難。**解專，擅也。疏「榮公」至「大難」○《周易・屯卦》音義引賈逵注：「難，畏憚也。」**夫利，百物之所生也，**解利，生於物也。專利，是專百物也。**天地之所載也，**解載，成也。地受天氣以成百物。**而或專之，其害多矣。**解害，謂惡害榮公者多也。孔子曰：「放於利而行，多怨。」**天地百物，皆將取焉，胡可專也？**解天地成百物，民皆將取用之，何可專其利。**所怒甚多，而不備大難，以是教王，王能久乎？夫王人者，將導利而布之上下者也。**解導，開也。布，賦也。上謂天神，下謂人物。**使神人百物無不得其極，**解極，中也。疏解「極中也」○《禮説》：「極者，度也，中也。」天生民而予之度，布指知寸，布手知尺，舒肘知尋。聖人因之而制

---

❶「慎」，原脱，今據《史記》補。

其數，權輕重，量大小，以立度；明本末，建終始，以立中，是爲極。」猶日怵惕，懼怨之來也。解怵惕，恐懼也。故《頌》曰：『思文后稷，克配彼天。立我烝民，莫匪爾極。』解《頌》，《周頌》也。《思文》謂郊祀后稷以配天之樂歌。經緯天地曰文。克，能也。烝，衆也。莫，無也。匪，不也。爾，女也。極，中也。言周公思有文德者后稷，其功乃能配于天。謂堯時洪水，稷播百穀，立我衆民之道，無不於女時得其中者，功至大也。疏「立我」至「爾極」〇《詩》鄭箋：「立，當作粒。后稷播殖百穀，烝民乃粒。」或謂《尚書》「烝民乃粒」，顯有明文，況帝以播時百穀屬之稷，孟子亦以樹藝五穀屬之稷，則稷之大功專在養民。「莫匪爾極」，亦因人民之育連及之。弘嗣訓「立」爲「立民之道」，與鄭義異矣。《大雅》曰：『陳錫載周。』解《大雅·文王》之二章。陳，布也。錫，賜也。言文王布賜施利，以載成周道。疏「大雅」至「載周」〇鄭康成《詩譜》：「《小雅》、《大雅》者，周室居西都豐鎬之時詩也。《大雅》之初起自《文王》，至于《文王有聲》，據盛隆而推原天命，上述祖考之美。」載，《毛詩》作「哉」。毛傳：「哉，載也。」鄭箋：「哉，始也。乃由能敷恩惠之施于受命，造始周國。」宣十五年《傳》引「陳錫載周」，杜注：「言文王布陳大利以賜天下，故能載行周道，福流子孫。」韋解本鄭箋，杜亦與韋同。昭十年《傳》亦引「陳錫載周」，杜注：「文王布陳大利以賜天下，行之周徧。」彼因陳桓子施與羣公子惠無弗及，斷章取義，與此《傳》意異。《爾雅》：「哉，始也。」《周頌·載見》毛傳「載，始也」。則「哉」即「載」也，載成周道也。言周道之成始于文王也。是不布利而懼難乎？解言后稷、文王既布利，又懼難也。故能載周，以至於今。今王學專利，其可乎？解言不可也。匹夫專利，猶謂之盜，王而行之，其歸鮮矣。解鮮，寡也。歸附周者寡也。榮公若用，周必敗。」既，榮公爲卿士，解既，已也。卿士，卿之有事者。**諸侯不享，王流於彘。**解享，獻也。

彘之亂，宣王在召公之宮，解宣王，厲王之子宣王靖也。在召公宮者，避難奔召公。**國人圍之。召公曰：「昔吾驟諫王，**疏「昔吾驟諫王」〇驟，數也。襄十一年《傳》：「晉能驟來。」**王不從，以及此難。**解及，至也。**今殺王子，王其以我爲懟而怒乎！**解殺王子，令國人得殺之也。**夫事君者險而不懟，**解君，諸侯也。在危險之中不當懟。懟，謂若晉慶鄭怨惠公愎諫違卜，棄而不載。**怨而不怒，况事王乎？」**解怨，怨望也。怒，作氣也。**乃以其子代宣王，宣王長而立之。**解彘之亂，公卿相與和而修政事，號曰「共和」，凡十四年而宣王立。疏「宣王」至「立之」〇《通鑑外紀》：「厲王五十一年崩于彘。周公、召公奉太子靖即位。」昭二十六年《傳》：「宣王有志而後效官。」惠棟曰：「鄭康成《周禮注》：『志，古文識。』有志謂長而有知識也。王伯厚以爲『有撥亂之志』，似非。彘之亂，宣王尚幼，至始有知識乃授之政。」〇解「公卿」至「四年」〇《莊子》：「共伯得乎共首。」司馬彪曰：「共伯名和。諸侯知其賢，請以爲天子，即王位。十有四年，大旱，屋焚。卜曰：厲王爲祟，乃立宣王。共伯復歸于宗，逍遥得意于共山之首。」《呂氏春秋》：「共伯和其行，❶好賢仁。厲王之難，天子曠絶，而天下皆來請矣。」案：祟既見于卜，則必厲王已崩。厲王崩即應立宣王。設使不旱不焚，共伯必久居王位不去矣，何異莽之居攝乎？則《莊子》、《呂覽》之説非也。《魯連子》云：「衛州共城縣，本周共伯國。共伯名和，厲王奔彘，諸侯奉和行天子事，號曰共和元年。十四

---

❶「和」下，《呂氏春秋》有「修」字。

年，厲王崩，共伯使諸侯奉王子靖爲宣王。共伯復歸國于衛。」《史記正義》引《世家》駁之曰：「釐侯十三年，厲王奔彘，共和行政，二十八年，宣王立。四十二年，釐侯卒。太子共伯餘立。共伯弟和攻共伯于墓上，共伯自殺，和爲衛侯。」據《正義》所引，則共伯之弟名和，顯是兩人，非共伯名和也。況釐侯之薨，宣王在位已十五年，前此二十九年爲流彘之歲。共伯安得爲諸侯而入輔王朝乎？則《魯連》説非也。《漢書·人表》承《莊子》、《吕覽》、《魯連》之説，列共伯和于厲王之後，顔師古尊《漢書》，因注共音恭，但《莊子》半屬寓言，《魯連》亦多横議，未可據也，則班固之説非也。《汲冢古文》：「厲王十二年出奔彘。十三年共伯和攝行天子事。二十六年王陟于彘，周定公、召穆公立太子靖爲王，共伯和復歸其國。」案：厲王三十七年己未王流于彘，三十八年庚申共和攝政，五十一年癸酉王崩于彘，灼然可徵。乃訛三十八年爲十二年，訛五十一年爲二十六年，年歲已多繆誤，則事跡更屬荒唐。故《資治通鑑》棄而不采，則《汲冢》之説非也。《水經·清水》注：「重門城在共縣故城西北二十里。漢高帝八年，封盧龍師爲共侯，❶國即共伯之故國也。共伯既歸帝政，逍遥于共山之上。山在國北，所謂共北山也。」此影射《莊子》之説而爲之者。隱元年「鄭叔段出奔共」，杜注：「今汲郡共縣。」則共似即共伯國。但僖二十四年《傳》富辰言文昭十六國，❷武穆四國，周公之胤六國，而共無聞焉。《鄭語》史伯言當成周者，南北東西各國，又及己姓、董姓、彭姓、秃姓、妘姓、曹姓之封，而

❶「龍」，《水經注》作「罷」。
❷「僖二十四年傳」，原作「襄二十二年傳」，今據《春秋左傳正義》改。

共無聞焉。既非勳戚之邦，又非神聖之胄，而令其總攝萬幾乎？則酈氏之説非也。《路史》引向秀、郭象謂：「共和者，周王之孫。懷道抱德，食封于共。厲王之難，諸侯立之，宣王立乃廢。」案：鄭子儀在位十四年，原繁尚不敢召突，共和既爲王孫而且賢，即位已十四年之久，諸侯何事廢之。且傳言召公以其子代王，則國人謂是宣王。孔穎達曰：「《國語》雖不言殺，必殺之矣。」于王之子尚攻殺之，何愛于王之孫而舍之乎？則向秀、郭象之説非也。《史記》「周公、召公二相行政，號曰共和」，其説至當。周、召以三公而兼六卿，故曰公卿，此韋解從《史記》之義。昭二十六年《傳》「諸侯釋位以間王政」，疏云：「周、召二相行政，號曰共和，是其釋位以治王政之事。」則孔亦從《史記》也。

宣王即位，不籍千畝。 **解**籍，借也。借民力以爲之。天子田籍千畝，諸侯百畝。自厲王之流，籍田禮廢，宣王即位不復遵古。**疏**「不籍千畝」○《尚書大傳》：「王者躬耕，所以供粢盛。」《東都賦》薛綜注：「必須親耕者，爲敬其祖考。」《周頌·載芟》箋：「籍田甸師氏所掌，王載耒耜所耕之田。天子千畝，諸侯百畝。籍之言借也。借民力治之，故謂之籍田。」孔疏：「《周官》甸師下士一人，徒三百人。庶人謂徒三百人。王一耕之，而使庶人芸芓終之。王者役人，自是常事，而謂之借者，言此田耕耨皆當王親爲之。但以聽政治民，有所不暇，故借人之力，以爲己功，故謂之借。」是韋解用鄭箋之訓。《漢書·文帝紀》注：「應劭曰：『籍田千畝，爲天下先。籍者，帝王典籍之常。』臣瓚曰：『景帝詔曰，朕親耕，后親桑，爲天下先。本以躬親爲義，不得以假借爲稱。籍謂蹈藉也。』師古曰：『瓚説是也。』」孔穎達謂：「凡言典籍，追述前言，號爲典法。此籍田在于公地，歲歲耕墾，此乃當時之事，何必以籍爲名。若以事載典籍，即名籍田，則天下事無非籍矣。

何獨於此偏得籍名？瓚見親耕之言，即云不得假借。豈千畝，皆天子親耕乎？」是孔意亦同韋解。《史記集解》「宣王不修親耕之禮」。❶《詩·雲漢》疏：「皇甫謐以爲宣王元年不籍千畝，虢文公諫而不聽，天下大旱三年，不雨，至六年乃雨。以爲二年始旱，旱積五年。謐之此言無所憑據，不可依信。」**虢文公諫曰：**解賈侍中云：「文公，文王母弟虢仲之後，爲王卿士。」昭謂：虢叔之後，西虢也。宣王都鎬，在圻内。疏解「虢叔」至「西虢」〇《君奭》篇之虢叔封虢，其後爲晉獻公所滅。隱元年《傳》杜注：「虢，西虢國。弘農陝縣東南有虢城。」**「不可。夫民之大事在農，**解穀，民之命，故農爲大事。**上帝之粢盛於是乎出，**解出於農也。器實曰粢，在器曰盛。疏「上帝之粢盛」〇《禮記·月令》鄭注：「孟春之月，祈穀于上帝。上帝，太微之帝也。」疏「太微爲天庭中五帝座，蒼曰靈威仰，赤曰赤熛怒，黄曰含樞紐，白曰白招拒，黑曰汁光紀。郊天各祭所感帝。鄭意以冬至祀于圜丘，以帝嚳配者皇天也。孟春祀于南郊，以稷配者上帝也。皇天得兼稱上帝，上帝不得兼稱皇天耳」。《周官·小宗伯》注：「齍讀爲粢，六粢謂六穀，黍、稷、稻、粱、麥、苽，甸師以共齍盛。」注謂：「黍、稷、稻、粱之屬，可盛簠簋者。」**民之蕃庶於是乎生，**解蕃，息也。庶，衆也。**事之共給於是乎在，**解共，具也。給，足也。**和協輯睦於是乎興，**解協，合也。輯，聚也。睦，親也。**財用蕃殖於是乎始，**解殖，長也。**敦厖純固於是乎成，**解敦，厚也。厖，大也。**是故稷爲大官。**解民之大事在農，故稷之職爲大官。疏「稷爲大官」〇昭二十九年《傳》：「稷，田正也。」疏：「《月令》『孟春行冬令，則首種

❶「集解」，原作「正義」，今據《史記》改。

不入』。鄭玄云首種爲稷也。」引《國語》「稷爲大官」，「然則百穀稷爲其長，遂以稷名爲農官之長」。大官，長也。**古者，太史順時覛土，**解覛，視也。**陽癉憤盈，土氣震發，**解癉，厚也。憤，積也。盈，滿也。震，動也。發，起也。**農祥晨正，**解農祥，房星也。晨正，謂立春之日，晨中於午也。農事之候，故曰農祥也。

疏「農正晨祥」❶〇《太平御覽》二十引唐固注：「農祥，房星也。晨正，謂晨見東方，立春之日也。」韋即用唐義。《說文》：「辰者，農之時也。故房星爲辰，田候也。」《史記集解》張晏曰：「龍星左角曰天田，則農祥也。晨見而祭。」《正義》：「《漢舊儀》云：『龍星左角爲天田，右角爲大庭，❷天田爲司馬，教人種百穀爲稷。辰之神爲靈星，故于壬辰日祀靈星于東南。』」《東京賦》薛綜注：❸「農祥，天駟，即房星也。晨時，正中也，謂正月初也。」張銑注：「房星正月中，晨見南方，農祥之候。」**日月底於天廟，**解底，至也。天廟，營室也。孟春之月，日月皆在營室。

疏解「天廟」至「營室」〇天廟，營室也。《史記·天官書》：「營室爲清廟。」司馬貞引《元命包》曰：「營室十星，埏陶精類，始立紀綱，包物爲室。」張守節曰：「營室七星，天子之宮亦爲玄宮，亦爲清廟，主上公亦天子離宮別館也。」《漢書·外戚傳》：「營室，天之後宮也，又謂之定。」《鄘風·定之方中》、❹《爾雅·釋天》：「營室謂之定。」孟春之月，日月皆在營室者。《月令》鄭注：「孟，長也。日月之行，一歲十二

---

❶「農正晨祥」，據上下文當作「農祥晨正」。

❷「大」，《史記》作「天」，似确。

❸「京」，原作「都」，今據《文選》改。

❹「中」下，據文義當有「釋文引」三字。

會。聖人因其會而分之，以爲大數焉。觀斗所建，命其四時，此云孟春者，日月會于娵訾而斗建寅之辰也。」《爾雅·釋天》：「娵訾之口，營室、東壁也。」《詩疏》引李巡《爾雅注》：「娵訾，玄武宿也。營室，東壁也，北方宿名。是營室在娵訾之次也。」孔穎達曰：「案：《三統曆》立春日在危十六度，正月中日在室十四度。《元嘉曆》立春日在危三度，正月中日在室一度。日行遲，一月行二十九度半餘。月行疾，一月行天一帀三百六十五度四分度之一，過帀更行二十九度半餘，逐及于日，而與日會。所會之處，❶謂之爲辰。娵訾，亥次之號。立春之日，日在危十六度，月半，雨水之時，日在營室十四度。」《月令》獨言日而不言月，方慤謂：「陽以成歲爲事而陰特從之。故以日爲主，與《書》言出日、納日而不及月同意。」然弘嗣釋《傳》文並言日、月，蓋本《月令》鄭注義。**土乃脈發。****解**脈，理也。《農書》曰：「春土冒橛，陳根可拔，耕者急發。」**疏**解「農書」至「急發」○引「《農書》曰」下者，《禮記·月令》鄭注文。《月令》疏「《漢書·藝文志》農書有九家，百一十四篇」，內《氾勝》之十八篇，「鄭所引農書，先師以爲《氾勝之書》」。《漢書注》：「氾音汎。成帝時爲侍郎，使教田三輔。」「土長冒橛」者，橛，杙也。孔穎達曰：「以冬土定，故稼橛于地，與地平。孟春土氣升長，而冒覆于橛，則陳根朽爛，拔而去之，耕者急速開發其地也。」**先時九日，****解**先，先立春日也。**大史告稷曰：『自今至於初吉，****解**初吉，二月朔日也。《詩》云：「二月初吉。」**陽氣俱烝，土膏其動。****解**烝，升也。膏，土潤也。其動，潤澤欲行。**弗震弗渝，脈其滿眚，穀乃不殖。****解**震，動也。渝，變也。眚，災也。言陽俱升，土膏欲動，

❶「所會之處」，原作「所謂之次」，今據《禮記正義》改。

當即發動變寫其氣。不然，則脈滿氣結，更爲災病，穀乃不殖。**稷以告。』**解以大史之言告王。**王曰：『史帥陽官以命我司事，**解史，大史。陽官，春官。司事，主農事官也。**曰距今九日，土其俱動，**解距，去也。**王其祗祓，監農不易。』**解祗，敬也。祓，齊戒、祓除也。不易，不易物土之宜。**疏**「王其祗祓」○《周官》：「女巫掌歲時祓除釁浴。」《漢書·郊祀志》「天子祓」，孟康曰：「崇絜自除祓。」劉楨《魯都賦》「素秋二七，人胥祓除」。**王乃使司徒咸戒公卿百吏庶民，**解百吏，百官也。庶民，甸師氏所掌之民。主耕耨王之籍田者。**疏**解「庶民」至「籍田」○《周官》：「甸師氏徒三百人。」疏：「徒三百人，特多者，天子籍田千畝，籍借此三百人耕耨，故多也。」此即甸師所掌也。**司空除壇於籍，**解司空，掌地也。**疏**「司空」至「於籍」○《荀子·王制》篇：「修隄梁，通溝澮，行水潦，安水藏，以時決塞。歲雖水旱凶敗，使民有所芸艾，司空事也。」《淮南·時則訓》：「正月官司空。」高注：「司空主土，春土受嘉穡，故官司空。」《大戴禮·盛德》篇：「司空之官以成禮。」潘安仁《籍田賦》：「青壇蔚其嶽立兮，翠幕黓以雲布。❶結崇基之靈祉兮，啓四塗之廣阼。」呂延濟注：「春上青，故用青壇。」李善注：「崇基謂壇也。」○解「司空掌地」○《漢書·百官公卿表》顔注：「空，穴也。古人穴居，主穿土爲穴以居人也。」**命農大夫咸戒農用。**解農大夫，田畯也。農用，田器也。**疏**解「農大夫田畯」○《爾雅·釋言》：「畯，農夫也。」謂《詩·七月》毛傳：「田畯，田大夫。」疏引孫炎《爾雅注》：「畯，農官也。」案田畯亦謂之田。《淮南·時則訓》：「四月官田。」《呂氏春秋·孟春紀》「命田舍東郊」。

---

❶「黓」，《文選》作「黕」，似确。

高注：「命農大夫舍止東郊。」又謂之治田。《荀子・王制篇》：「相高下，視肥墝，序五種，省農功，謹畜藏，以時順修，使農夫樸力而寡能，❶治田之事。」楊倞注：「治田，田畯也。」又謂之「農率」，《夏小正》「農率均田」；❷又謂之「嗇夫」，《儀禮・覲禮》「嗇夫承命」。《周禮・載師》鄭注六遂餘地，❸自二百里以外，天子使大夫治之。或農時特命主其田農之事。案：田畯不見于《周官》，以其無正職也。猶之宋時牧民之官，加内勸農，使之名之意。**先時五日，**解先耕時也。**瞽告有協風至，**解瞽，樂太師，知風聲者。協，和也。風氣和、時候至也。立春日融風。**疏**解「瞽樂」至「融風」〇《周禮疏》「命瞽之賢知者以爲太師」。《荀子・王制篇》：「修憲命，審詩商，禁淫聲，以時順修，太師之事也。」「協，和也」者，《吕氏春秋・上農》篇高注：「和風所以成穀也。」《禮説》曰：「康成謂十二辰皆有風，❹吹律以知和否。其道亡矣。」古人制管候氣，所以候風，風出乎土，故候風必于土。古有候風地動儀，蓋保章之術也。虞幕能聽協風以成樂，物生所謂察天地之和。**王即齊宮，**解先齊之宮。**百官御事，各即其齊三日。**解御，治也。**王乃淳濯饗醴，**解淳，沃也。濯，洗也。饗，飲也。謂王沐浴飲醴酒。**及期，**解期，耕日也。**鬱人薦鬯，**解鬱，鬱金香艸，宜以和鬯酒也。《周禮》：

---

❶「樸」，原作「僕」，今據《荀子》改。
❷「夏」，原作「周」，今據《大戴禮記》改。
❸「遂」，原作「鄉」，今據《周禮注疏》改。
❹「二」，原脱，今據《禮説》補。

「鬱人掌裸器，凡祭祀賓客，和鬱鬯以實彝而陳之。共王之齊鬯。」疏「鬱人薦鬯」○《禮説》曰：「鄭司農云：『鬱十葉爲貫，百二十貫爲築。』許叔重云：『十葉爲貫，百廿貫築，以煮之爲鬱，其文从鬯，彡其飾也。明鬯皆和鬱。』應劭曰：鬱，芳艸也。百艸之華煮以合釀黑黍。或説今鬱金香。」《説文》：「皀，穀之馨香也。象嘉穀在裹中之形。匕所以扱之。鬯，以秬釀鬱艸芬芳攸服以降神。从凵，爲器。中象米，匕所以扱之。」**犧人薦醴，**解犧人司尊也。掌共酒醴者。疏「犧人薦醴」○《周官》：「司尊彝下士二人。」鄭注：「彝亦尊也。」犧尊飾以翡翠，與《魯頌》毛傳「犧尊有沙飾」之訓同。但阮諶《禮圖》：「犧尊飾以牛，尊腹之上畫爲牛形。」王肅云：「魯郡於地中得齊大夫子尾送女器。有犧尊，如牛，而背上負尊。」司尊彝兼司六尊，而以犧人目之者，農用莫重于牛，故舉犧尊以統包六尊也。**王裸鬯，饗醴乃行，**解裸，灌也。灌鬯、飲醴，皆所以自香潔。疏「王裸」至「乃行」○《大戴禮・夏小正》篇：「初歲祭耒，始用暢也。」孔廣森補注：「以鬯灌地而祭耒。」《南都賦》李善注引《韓詩》説曰：「醴，甜而不泲也。」《漢書・楚元王傳》顔注：「醴，甘酒也。少麴多米，一宿而熟。」案：裸鬯用以祭耒，飲醴所以助氣，皆取其香潔也。**百吏庶民畢從。及籍，后稷監之，**解監，察也。**膳夫、農正陳籍禮，**解膳夫，上士也，掌王之飲食膳羞之饋食。農正，田大夫，主敷陳籍禮而祭其神，爲農祈也。疏解「膳夫上士」○《周禮》：「膳夫上士二人，中士四人，下士八人。」注：「膳之爲言善也。今時美物曰珍膳。膳夫，❶食官之長。」案：食以穀爲主，凡王之饋食用六穀，愛農所以重穀。亦曰膳宰。《荀

❶「膳」，原脱，今據《周禮注疏》補。

子・王制篇》：「宰爵知賓客、祭祀、饗食、犧牲牢之數。」故與農正同主籍禮也。**太史贊王，**解贊，導也。**王敬從之。王耕一撥，**解一撥，一耜之撥也。王無耦，以一耜耕。疏解「一撥」至「耜耕」○撥，宋公序補音引《切韻》有「戔」、「伐」二音。又作「垡」。《考工記・匠人》「耜廣五寸，二耜爲耦，一耦之伐，廣尺深尺謂之甽」，是匠人之伐即撥也。鄭注：「古者耜一金，兩人併發之。其壟中曰甽，甽上曰伐。伐之言發也。今之耜，岐頭兩金，象古之耦也。」孔疏：「耜謂耒頭金，金廣五寸。耒面謂之庛，庛亦當廣五寸。二耜爲耦者，二人各執一耜，若長沮、桀溺耦而耕。此兩人耕爲耦，共一尺，一尺深者謂之甽。甽上高土謂之伐，發土于上故名伐。」案：兩人並頭，各執一耜發土，故曰耦。王者尊，無與敵，故用一耜而獨發之，而所發之土仍是廣尺深尺。《詩・載芟》疏、《文選・籍田賦》所載李善注，並引作「一耜之發」，而不言「一耦之發」也。**班三之，**解班，次也。王以下各三其上也。王一撥、公三、卿九、大夫二十七也。疏解「班次」至「十七」○《吕氏春秋・孟春紀》：「天子三推，三公五推，卿諸侯大夫九推。」高注：「禮以三爲文，故天子三推，謂一發也。班，次也，謂公卿、大夫各三其上。公三發，卿九發，大夫二十七發。」如高注所言，以三推爲一發例之，則公當九推，卿諸侯、大夫當八十一推，安得以五推爲三發，九推爲二十七發邪？蓋發與推異義。虢文公言西周之制，吕氏言秦制，故韋解不用吕氏説也。**庶人終於千畝。**解終，盡耕也。疏「庶人」至「千畝」○《月令》疏：「貴賤耕發相三之數，不云士者，士賤不與耕也。」案：庶人即甸師屬徒三百人，徧墾千畝，終王之功也。**其后稷省功，大史監之；司徒省民，大師監之；畢，宰夫陳饗，膳宰監之。**解宰夫，下大夫也。膳宰，膳夫也。**膳夫贊王，王歆太牢，**解歆，饗也。**班嘗之，**解公、卿、大夫也。疏「班嘗之」○《月令》：

「反，執爵于大寢，三公、九卿、諸侯皆御，名曰勞酒。」燕禮在寢，「執爵于大寢」則是燕禮。此云「饗」者，孔疏謂「用饗之饌具而行燕禮，以勞羣臣也」。此周制而秦沿用之者。**庶人終食。**解終，畢也。**是日也，瞽帥音官以省風土。**解音官，樂官也。風土，以音律省土風，風氣和則土氣養。疏解「風土」至「氣養」〇《吕氏春秋·季夏紀》：❶「天地之氣，合而生風，日至則月鍾其風，以生十二律。」《禮説》：「管以候十二月之氣，氣至則風動，風動則吹灰不出爲衰，至出爲猛，半出爲和，風出乎土，故候風必以土。」漢官靈臺待詔，有候風十二人；又星官有風隅，占四隅之風。《内經》六氣之位，土位之下風氣承之。康成據《五行傳》，風爲土氣，土乃木妃，東方之木合于中央之土，而爲夫妻。案：《洪範》「土爰稼穡」，言土之用莫大于稼穡，而稼穡屬木，故合占之，以驗其和否也。**廩於籍東南，鍾而藏之，**解廩，御廩，一名神倉。東南，生長之處。鍾，聚也。謂爲廩以藏王所籍田，以奉齍盛。疏「廩於籍東南」〇《淮南·時則訓》：「藏帝籍之收于神倉。」高注：「籍田所收之穀也。神倉，倉也。」《時則訓》又曰：「二月官倉。」穀梁子曰：「向粟而内之三宫，三宫米而藏之御廩。」此不言三宫米，文不具。**而時布之於農。**解布，賦也。**稷則徧戒百姓，紀農協功，**解紀，猶綜理也。協，同也。**曰：『陰陽分布，震雷出滯。』**解陰陽分，日夜同也。滯，蟄蟲也。《明堂月令》曰：「日夜分，雷乃發聲，始電，蟄蟲咸動，啓户始出。」疏解「陰陽」至「夜同」〇馬融、王肅注《尚書》，日永則晝漏六十刻，夜漏四十刻；日短則晝漏四十刻，夜漏六十刻。日中、宵中則晝夜各五十刻。《尚書》鄭注：

---

❶「季夏」，原作「六月」，今據《吕氏春秋》改。

「日中、宵中者，日見之漏與不見者齊也。」《詩疏》謂：「冬至則晝四十五，夜五十五。夏至則晝六十五，夜三十五。春秋分則晝五十五半，夜四十五半。」案：諸家皆以晝夜爲百刻，今法分晝夜爲九十六刻，當春秋二分晝得四十八，夜得四十八也。○解「滯蟄」至「始出」○《説文》：「震，劈歷震物者。」《釋名》：「震，戰也，所擊輒破，若攻戰也。」《淮南·天文訓》：「陰陽相薄爲雷。」《釋名》：「雷，硠也，如轉物有所硠雷之聲也。」《穀梁》隱九年傳：「震，雷也。」則震、雷可通名。《月令》疏：「户，穴也。謂發所蟄之穴，蟄蟲早者孟春乃出。《左傳》『啓蟄而郊』是也。蟄蟲晚者則二月始出，故此云蟄蟲咸動，則正月未皆動也。」**土不備墾，辟在司寇。****解**墾，發也。辟，辠也。在司寇，司寇行其辠。**疏**「辟在司寇」○《大戴禮·盛德》篇：「司寇之官以成義，故辠其不備墾者。」**乃命其旅曰：『徇，****解**旅，衆也。徇，行也。**農師一之，****解**一之，先往也。農師，上士。**農正再之，****解**農正，后稷之佐田畯也，故次農師。**后稷三之，****解**后稷，農官之君，故次農正。**司空四之，****解**司空，主道路溝洫，故次后稷。**司徒五之，****解**司徒省民，故次司空。**大保六之，大師七之，****解**大保、大師，天子三公，佐王論道，汎濫衆官，不特掌事，故次司徒。**大史八之，****解**大史，掌達官府之治，故次大師。**宗伯九之，****解**宗伯，卿官，掌相王之大禮，若王不與祭則攝位，故次大史。**王則大徇。****解**大徇，帥公、卿、大夫親行農也。**耨穫亦如之。』****解**如之，如耕時也。**民用莫不震動，恪恭於農。****解**用，謂田器也。**修其疆畔，日服其鎛，不解於時，****解**疆，境也。畔，界也。鎛，鉏屬。**疏**解「鎛鉏屬」○《周頌》：「其鎛斯趙。」毛傳以鎛爲耨。《廣雅》：「定謂之耨。」《爾雅》：「斪斸謂之定。」郭璞注：「鋤屬。」《釋名》云：

「鋤，助也，去穢助苗長也。」**財用不乏，民用和同。是時也，王事唯農是務，無有求利於其宮，以干農功，**解求利，謂變易役使，以亂農功。**三時務農而一時講武，**解三時，春、夏、秋；一時，冬也。講，習也。**故征則有威，守則有財。若是，乃能媚於神，**解媚，説也。**而和於民矣，則享祀時至，而布施優裕也。**解優，饒也。裕，緩也。**今天子欲修先王之緒而棄其大功，匱神之祀而困民之財，**解匱神之祀，不耕籍也。困民之財，取於民也。**將何以求福用民？」王弗聽。三十九年，戰於千畝。王師敗績於姜氏之戎。**解姜氏之戎，西戎之別種，四嶽之後也。《傳》曰：「我諸戎，四嶽之裔胄。」言宣王不納諫務農，無以事神使民，以致弱敗之咎。疏「戰于千畝」◯《史記・趙世家》：「造父六世孫奄父，周宣王時伐戎爲御，及千畝戰，奄父脱宣王。」正義引《括地志》：「千畝原在晉州岳陽縣北九十里。」《詩疏》引孔晁《國語注》：「宣王不耕籍田，神怒民困，爲戎所伐，戰于近郊。則晁意天子籍田千畝，還在籍田而戰，則千畝在王之近郊，非是晉地。」晁語未知何據。至桓二年《傳》杜注：「西河界休縣南有地名千畝。」則顧炎武已糾其誤。◯解「姜氏」至「裔胄」◯襄十四年《傳》：「范宣子曰：『來，姜戎氏。昔秦人迫逐乃祖吾離于瓜州。』」杜預注：「瓜州，地在今燉煌。」案：《地理志》敦煌有白龍堆沙，有蒲昌海。其地近酒泉、張掖，故云西戎之別種。《春秋疏》：「《周語》稱堯遭洪水，使禹治之，『共之從孫四嶽佐之。胙四嶽國，命爲侯伯，賜姓曰姜。』『姜，炎帝之姓，❶其後變易，至于四嶽，帝復賜之祖姓，以紹炎帝之後。』是四嶽爲姜姓也。下《傳》云『謂我諸戎，四

---

❶「姓」，原作「後」，今據《春秋左傳正義》改。

嶽之裔胄』，是姜戎爲四嶽之後。」案：四嶽本建國受姓，列爲侯伯，其後衰微，竄居西垂而相習成戎俗也。

魯武公以括與戲見王，解武公伯禽之玄孫，獻公之子武公敖也。括，武公長子伯御也。戲，括弟，懿公也。**疏**解「武公」至「公敖」○《史記·魯世家》：「魯公伯禽卒，子考公酋立。卒，立弟熙，是謂煬公。卒，子幽公宰立。幽公弟濆殺幽公而自立，是爲魏公。卒，子厲公擢立。卒，魯人立其弟具，是爲獻公。卒，子真公濞立。卒，弟敖立，是爲武公。」是獻公爲伯禽玄孫，而武公則獻公之子。○解「括武」至「懿公」○《世家》又言：「宣王立戲爲魯太子。夏，武公歸而卒，戲立，是爲懿公。九年，懿公兄括之子伯御與魯人攻殺懿公，而立伯御。」則伯御乃括之子，非即括也。《漢書·人表》亦言伯御懿公兄子。宋公序據《史記》、《漢書》以糾韋解之謬。宋説是。**王立戲，**解以爲太子。**樊仲山父諫曰：「不可立也。**解仲山父，王卿士，食采于樊。**疏**「樊仲山父」○《孔子閒居》引《大雅》「維申及甫」，鄭注以甫爲仲山父，是以山父爲四嶽之後，或依《韓詩》説也。《漢書·杜欽傳》：「仲山甫，異姓之臣，無親于宣，出封于齊。」鄧展、晉灼並謂《韓詩》誤。而欽引之以阿附權貴，則山甫爲周異姓之説非也。權德輿曰「魯獻公仲子曰仲山甫，入輔于周，食采于樊」，以山甫爲姬姓。僖二十五年杜注：「樊，一名陽樊，野王縣西南有陽城。」《周本紀》正義引《括地志》：「漢樊縣城在兖州瑕丘縣西南三十五里，古樊國，仲山甫所封。」**不順必犯，**解不順，立少也。犯，魯必犯王命而不從。**犯王命必誅，故出令不可不順也。令之不行，政之不立，**解令不行，即政不立。**行而不順，民將棄上。**解使長事少，故民必棄上。**夫下事上，少事長，所以爲順也。今天子立諸侯而建其少，是教逆也。若魯從之而諸侯傚之，王命將有所壅，**解言先王立長之命將壅塞不行。**若不**

從而誅之，是自誅王命也。解誅王命者，先王之命立長，今魯亦立長，若誅之，是自誅王命也。**是事也，誅亦失，不誅亦失，**解誅之則誅王命，不誅則王命廢。**天子其圖之！」王卒立之。魯侯歸而卒，及魯人殺懿公**解懿公，戲也。**而立伯御。**解伯御，括也。**三十二年，宣王伐魯，立孝公，**解孝公，懿公之弟稱也。疏「立孝公」○《史記・魯世家》：「伯御即位十一年，周宣王伐魯，殺其君伯御，魯懿公弟稱立，是爲孝公。」**諸侯從是而不睦。**解不睦，不親睦於王。

宣王欲得國子之能導訓諸侯者，解賈侍中云：「國子，諸侯之嗣子。」或云：「國子，諸侯之子，欲使訓導諸侯子也。」唐尚書云：「國子，謂諸侯能治國，子養百姓者。」昭謂：國子，同姓諸姬也。凡王之子弟，謂之國子。導訓諸侯，謂爲州伯者也。疏解「導訓」至「州伯」○《王制》鄭注：「殷之州長曰伯，虞夏及周皆曰牧。」正義：「州，猶聚也。因其州内賢侯，非州外別取州伯，則知以賢侯爲之。故下《曲禮》以侯爲牧。周制牧下有二伯，則侯、伯皆得爲之。故『《詩・旄丘》，責衛伯也。』衛是侯爵，而爲州伯，張逸疑而問鄭，鄭答云：『侯德適任之。』謂衛侯之德適可任伯也。然則伯之賢者亦可進爲牧，故《周禮》『宗伯八命作牧』，注謂：『侯伯有功德者，加命，得專征伐。』是伯得爲牧也。」《傳》文明言魯侯孝，則在既立之後。訓、順古字雖通，而《史記》謂宣王擇魯公子以爲魯後，敘此事于未立之前，非也。**樊穆仲曰：「魯侯孝。」**解穆仲，仲山父之謚也，猶魯叔孫穆子謂之穆叔。**王曰：「何以知之？」對曰：「肅恭明神而敬事耉老，**解耉，凍黎也。**賦事行刑，必問以遺訓**解遺訓，先王之教。**而咨於故實，**解咨，謀也。故實，故事之是者。**不干所**

問，不犯所咨。」王曰：「然則能訓治其民矣。」乃命魯侯於夷宮。**解**命爲侯伯也。夷宮者，宣王祖父夷王之廟。古者，爵命必於祖廟。**疏**解「夷宮」至「之廟」〇隱五年《傳》「考仲子之宮」，僖二十四年《傳》「朝于武宮」，是廟稱宮也。

宣王既喪南國之師，**解**喪，亡也，敗於姜戎時所亡也。南國，江、漢之間也。《詩》曰：「滔滔江漢，南國之紀。」**疏**「宣王」至「之師」〇古者六師之移，諸侯各以兵從，下迨桓王伐鄭，尚有陳、蔡、衛三國。《鄭語》「當成周者，南有荆蠻、申、呂、應、鄧、陳、蔡、隨、唐」，蓋宣王伐姜戎時，起南國之師，以佐兵威。及敗，而南國之人衂焉。「喪亡也」者，昭十九年《傳》鄭子産曰：「今又喪我寡大夫偃。」乃料民於大原。**解**料，數也。大原，地名。**疏**解「大原地名」〇《禹貢》「既修大原」，《鄭志》引《地理志》：「太原，今以爲郡名。」《班志》、《續漢志》太原郡屬并州。并州，《禹貢》冀州。《春秋》晉敗狄于大鹵，三傳皆作「太原」。又《左傳》「遷實沈于大夏」，又「唐叔受分器以處參虛」，又「趙鞅入于晉陽以叛」，皆即太原也。然其地在河東，非宣王料民之地。若料民之太原，即《詩》所言「薄伐玁狁，至于太原」是也。《詩》先言「至于涇陽」，則太原當鄰涇陽。《後漢書·靈帝紀》：「段熲破先零于涇陽。」注：「涇陽屬安定郡，在原州。」《郡縣志》：「原州平涼縣，本漢涇陽地。」問人之禦玁狁必在涇、原之間。❶若河東之太原，則在鎬京東千五百里，豈有寇從西來而兵乃東出邪？料民當亦爲禦戎之備，則料民之太原，即今之平涼。《後漢·西羌傳》「穆王遷戎于太原」，又云「夷王

---

❶「問」，疑當作「周」。

命伐太原之戎」，又云「宣王遣兵伐太原之戎，不克」，皆平涼之太原，而非河東之太原也。**仲山父諫曰：「民不可料也。夫古者不料民而知其少多，司民協孤終，**解司民，掌登萬民之數，自生齒以上皆書於版。協，合也。無父曰孤。終，死也。合其名籍，以登于王。**疏**解「司民」至「於版」〇《周官》：「司民中士六人。」注：「登，上也。男八月，女七月而生齒。版，今户籍。」**司商協名姓，**解司商，掌賜族受姓之官。商，金聲，清。謂人始生，吹律合之，定其姓名。**疏**「司商協名姓」〇《禮説》：「司商者，大司樂。協名姓者，同姓合族，異姓主名，故《昏禮》問名。太師掌同律以合陰陽。陰柔陽剛，殷之德陽，以子爲姓；周之德陰，以姬爲姓；殷王以男書子，周王以女書姬。姓有陰陽，出於律吕。《天問》『啓棘《賓商》』，《荀子》『審詩商』，古樂皆名『商』，故大司樂一名司商。」〇解「謂人」至「姓名」〇《太平御覽》引《春秋元命苞》：「律之爲言率也，所以率氣令達也。」案：古者世子生，太師聽其泣聲，持銅而吹之，曰聲中某律。《漢書·京房傳》「房本姓李，推律自定爲京氏」，則吹律定姓之法，至漢時尚有習之者。**司徒協旅，**解司徒，掌合師旅之衆。**司寇協姦，**解司寇，刑官也，掌合姦民以知死刑之數。**疏**解「司寇」至「之數」〇《周官·小司寇》：「歲終則令羣士計獄弊訟。」是知死刑之數。**牧協職，**解《周禮》牧人掌牧養犧牲，合其物色之數。**疏**解「周官」至「之數」〇《周官》：「牧人下士六人。」注：「牧人，養牲于田野者。」其職曰「掌牧六牲而阜蕃其物」，則六畜皆牧人主養。《詩·無羊》篇疏：❶「唯言牛羊者，以祭祀爲重。」案：祭祀爲民祈福，故合其物色以告民力之普存也。**工**

---

❶「疏」，原無，今據引文補。

協革，解工，百工之官。革，更也。更制度者，合其數也。疏解「工百」至「其數」○《易·雜卦傳》：「革，去故也。」故革以更易爲義。《西都賦》「工用高曾之規矩」，謂因時損益而不戾先王之法度也。**場協入**，解場人掌場圃，委積之珍物，斂而藏之。疏「場協入」。○《吕氏春秋·仲秋紀》：「乃命有司趣民收斂。」高注：「有司于《周禮》爲場人，『場協入』也。」❶○解「場人」至「珍物」○《周官注》：「珍異，蒲萄、枇杷之屬。」**廩協出**，解廩人掌九穀出用之數。疏「廩協出」○《周官》：「廩人下大夫二人，上士四人，中士八人，下士十有六人，以歲之上下數邦用以知足否，以詔國用，以治年之凶豐。」《文選》李善注引蔡邕《月令章句》：「穀藏曰倉，米藏曰廩。」○解「廩人掌九穀」○《周官·大宰》鄭司農注：「九穀，黍、稷、秫、稻、麻、大小豆、大小麥。」鄭康成注：「九穀無秫、大麥而有粱、苽。」**是則少多、死生、出入、往來者，皆可知也。於是乎又審之以事**，解事，謂因籍田與民狩以簡知其數也。**王治農於籍**，解籍，籍于千畝田也。**蒐於農隙**，解春田曰蒐。蒐，擇也。禽獸懷妊未著，搜而取之也。農隙，仲春既耕之後。隙，間。疏解「春田」至「取之」○隱五年《傳》杜注：「蒐索擇取不孕者。」**耨穫亦於籍**，解言王亦至於籍考課之。**獮於既烝**，解秋田曰獮。獮，殺也。順時始殺也。烝，升也。《月令》：「孟秋乃升穀，天子嘗新。」既升，謂仲秋也。疏解「秋田」至「始穀」○《説文》：「**𤢺**，秋田也。或作**禰**，宗廟之田也。」《周官》鄭注：「秋田主用罔，中殺者多也，皆殺而後止。」❷隱五年

❶「人場」二字，原無，今據《吕氏春秋》補。

❷「後」，《周禮注疏》作「罔」。

《傳》杜注：「以殺爲名，順秋氣也。」**狩於畢時，**解冬田曰狩，圍守而取之。畢時，時務畢也。疏解「冬田」至「取之」〇《説文》：「狩，犬田也。」冬日艸枯，故田犬便于逐利也。《詩疏》引李巡《爾雅注》：「圍守取之，無所擇也。」隱五年《傳》注：「冬物畢成，獲則取之，無所擇也。」**是皆習民數者也，又何料焉？**解習，簡習也。**不謂其少而大料之，是示少而惡事也。**解言王不謂其衆少而大料數之，是示以寡少，又厭惡政事，不能修之意也。**臨政示少，諸侯避之。**解示天下以寡弱，諸侯將避遠也，言不親附也。**治民惡事，無以賦令。**解言厭惡政事，無以賦令也。**且無故而料民，天之所惡也。**解故，事也。天道清浄也。**害於政而妨於後嗣。」**解害政，敗爲政之道也。妨後嗣，謂將有禍亂也。**王卒料之，及幽王乃廢滅。**解幽王，宣王之子幽王宫涅也。❶滅，謂滅西周也。

幽王二年，西周三川皆震。解西周，鎬京也，幽王在焉，蓋岐之所近也。三川，涇、渭、洛，出於岐山也。震，動也。地震，故三川亦動也，川竭也。疏解「三川」至「岐山」〇涇水，《漢·地理志》：「出安定涇陽縣开頭山東南，至京兆陽陵縣入渭。」渭水，《漢·地理志》：「出隴西郡西南鳥鼠山西北南谷山，東至京兆船司空縣入河。」洛水，《括地志》：「一名漆沮水，源出慶州洛源縣白於山，東南流鄜、丹、同三州，至華陰北南流入渭。」王伯厚《詩考》引：「《寰宇記》：漆水自耀州同官縣東北界來，經華陰縣，合沮水。沮水，《地志》

---

❶「涅」，據《史記·周本紀》當是「湦」之訛。

出北地郡直路縣東，今坊州宜君縣西北境。《寰宇記》沮水自坊州昇平縣北子午嶺出，❶下合榆谷、慈馬等川，遂爲沮水，至耀州華原合漆水，至同州朝邑縣東南入渭。」齡謂：漆沮合流，至同州已與洛會，然後入渭。《寰宇記》不言合洛者，略也。《職方氏》：「雍州其浸渭、洛。」《水經注》：「渭水又東過華陰縣，洛水入焉。闞駰以爲即漆沮水是也。」《淮南·墬形訓》：「洛出獵山。」注：「獵山，在北地西北夷中。洛東南流入渭。」《説文》：「洛，水，出左馮翊歸德北夷中，東南入渭。」全祖望據程泰之説，謂「漆在沮東，至華原而西，合于沮。沮在漆西，受漆而南，❷遂東合于洛，洛又在漆沮之東，至同州而始合」。杜君卿亦謂「漆、沮爲洛者，三水合流也」。王伯厚謂：「北條荆山在襃德縣西，正洛水之源。」齡案：《地理志》「《禹貢》北條荆山在襃德縣南，下有彊梁原，洛水東南入渭，雍州寖」，則襃德荆山是洛入渭之地，非洛水發源之地矣。至《禹貢》「導洛自熊耳」之洛，即《水經注》「洛水至成皋西入河」，此入河之洛與伯陽父所言三川之洛迥别，後漢改「洛」爲「雒」者，即熊耳之洛也。三川所出之山，涇水，據《地理志》出笄頭山，《淮南》一名薄洛山，故涇亦曰薄洛水；渭水，《水經注》「出首陽縣首陽山渭首亭南谷山，在鳥鼠山西北。縣有高城嶺，❸嶺上有城，號渭源城，渭水出焉」；洛即漆沮，出洛源縣白於山，皆非岐山也。韋解謂涇、渭、洛出于岐山，❹蓋因《淮南·本經訓》：「江河

---

❶「出」，原作「北」，今據《詩地理考》及《太平寰宇記》改。

❷「漆」，原作「沮」，今據《全謝山先生經史問答》改。

❸「城」，原脱，今據《水經注》補。

❹「渭」，原作「謂」，今據前文韋解改。

三川絶而不流。」高注：「三川，涇、渭、汧也，出于岐山。」又《淮南·俶真訓》亦云「三川涸」，注亦謂涇、渭、汧，不知上文言「醢鬼侯之女，葅梅伯之骸」，則涇、渭、汧者，商紂時所竭之三川；涇、渭、洛者，周幽時所竭之三川也。三川均非發源岐山，弘嗣尚沿《淮南注》之説耳。○解「震動」至「川竭」○《漢書·五行志》應劭注：「震，地震，三川竭也。」顔師古注：「川自震耳。故將壅塞，非地震也。」案：韋解本應注，其義爲長。**伯陽父曰：「周將亡矣！** 解伯陽父，周大夫。疏「伯陽父」○《周本紀》：「幽王褒姒爲后，以伯服爲太子。伯陽父曰：『禍成矣。』」集解引唐固曰：「伯陽父，周柱下史老子也。」司馬貞曰：「幽王元年至孔子卒三百餘年，老子當孔子時。唐固説非也。」案：《漢·五行志》服虔注「伯陽父，周太史」，得之。**夫天地之氣，不失其序；** 解序，次也。**若過其序，民亂之也。** 解過，失也。言民者，不敢斥王也。**陽伏而不能出，陰迫而不能烝，** 解烝，升也。陽氣在下，陰氣迫之，使不能升也。疏解「烝升」至「能升」○《春秋》文九年疏引孔晁注與弘嗣同。賈誼《鵩鳥賦》：「雲烝雨降兮。」李善注引《素問》「地氣上爲雲」，是「烝」有「升」義。《漢·五行志》應劭注：「迫陰迫陽，使不能升也。」**於是有地震。** 解陰陽相迫，氣動于下，故地震也。**今三川實震，是陽失其所而鎮陰也。** 解鎮，爲陰所鎮笮也。疏解「爲陰所鎮笮」○鎮，《史記·周本紀》、《漢書·五行志》並作「填」。《漢書》應劭注：「失其所，失其道也。填陰爲陰，所填不得升也。」**陽失而在陰，** 解在陰，在陰下也。**川源必塞；** 解地動則泉源塞。疏「川源必塞」○《漢·五行志》顔注：「原謂水原之本也。」**源塞，國必亡。** 解國依山川，今源塞，故國將亡也。**夫水土演而民用也。** 解水土氣通爲演，演猶潤也。演則生物，民得用也。**疏**解「水土」至「猶潤」○《説文》：「演，水脈行地中。」《漢・五行志》應劭注：「演，引也，所以引出土氣者也。」**水土無演，民乏財用，不亡何待。****解**水氣不潤，土枯不養，故乏財用。**昔伊、洛竭而夏亡，****解**伊洛竭，涸也。伊出熊耳，洛出冢嶺。禹都陽城，伊、洛所近。**疏**解「伊出」至「冢嶺」○《漢・地理志》：「弘農郡盧氏，熊耳山在東，伊水出，東北入雒，過郡一，行四百五十里。」《水經・伊水》注：「伊水出南陽魯陽縣西蔓渠山。」酈注：「《山海經》『蔓渠之山，伊水出焉』，《淮南子》伊水出上魏山，《地理志》曰『出熊耳山』，即麓大同，陵、巒互別爾。」《夏本紀》正義引《括地志》：「伊水出虢州盧氏縣東巒山東北，流入洛。」《地理志》又云：「《禹貢》雒水出雒上冢嶺山東北，至鞏入河，過郡二，行千七十里，豫州川。」《水經》：「洛水出京兆上洛縣讙舉山。」酈注引《山海經》：「出上洛西山。」《夏本紀》正義引《括地志》亦言：「洛水出商州洛南縣冢嶺山東，流經洛州郭內，又合伊水。」是弘嗣從《地理志》也。**河竭而商亡，****解**商人都衛，河水所經。**疏**解「商人」至「所經」○《水經》「河水過黎陽縣南，又東北過衛縣南，又東北過濮陽縣北」。**今周德若二代之季矣，****解**二代之季，謂桀、紂也。**其川源又塞，塞必竭。夫國必依山川，****解**依其精氣利澤也。**山崩川竭，亡之徵也。川竭山必崩。****解**水泉不潤，枯朽而崩。**若國亡，不過十年，數之紀也。****解**數起于一，終于十，十則更，故曰紀。**夫天之所棄，不過其紀。」是歲也，三川竭，岐山崩。****疏**「三川」至「山崩」○《漢・五行志》：「《京房易傳》『君臣相背，厥異名水絶』。」顔注：「有名之水。」案：申侯已畜叛心，是君臣相背也。《漢・五行志》又言：「劉向以爲陽失在陰者，謂火氣來煎枯水，故川竭也。山川連體，下竭上崩，事埶然也。」此川竭致山崩之義。**十一年，幽王乃滅，周乃東遷。****解**東遷，謂平王遷於洛邑。疏「幽王」至「東遷」〇《史記・周本紀》：「幽王三年，褒姒爲后，褒姒不好笑，幽王欲其笑，萬方故不笑。幽王爲烽燧大鼓，有寇至則舉烽火。諸侯悉至，至而無寇。褒姒乃大笑。幽王説之，爲數舉烽火。其後不信，諸侯益不至。又廢申后，去太子。申侯怒，與繒、西夷、犬戎攻幽王。舉烽火徵兵，兵莫至。遂殺幽王驪山下，虜褒姒，盡取周賂而去。于是諸侯乃即申侯共立故幽王太子宜臼，是爲平王，以奉周祀。平王立後，東遷於雒邑。」

惠王三年，解惠王，周莊王之孫，釐王之子惠王毋涼也。三年，魯莊十九年。疏解「惠王」至「毋涼」〇《史記・周本紀》：「釐王五年崩，子惠王閬立。」索隱曰：「《世本》名毋涼。」是弘嗣從《世本》。**邊伯、石遫、蔿國出王而立王子穨。**解三子，周大夫。穨，莊王之少子，王姚之子。王姚嬖于莊王，生子穨。子穨有寵，蔿國爲之師。及惠王即位，取蔿國之圃及邊伯之宫，又收石遫之秩，故三子出王而立子穨。**王處於鄭三年。子穨飲三大夫酒，子國爲客，**解子國，蔿國也。客，上客也。**樂及徧舞。**解徧舞，六代之樂也。謂黄帝曰《雲門》，堯曰《咸池》，舜曰《蕭韶》，禹曰《大夏》，殷曰《大濩》，周曰《大武》。一曰：「諸大夫徧舞也。」疏解「謂黄」至「大武」〇《周官・大司樂》「舞《雲門》」，鄭注：「黄帝曰《雲門》。黄帝能成名，萬物以明，民共財，言其德如雲之所出。」《吕氏春秋・仲夏紀》：「黄帝又命伶倫與榮將鑄十二鐘，以和五音，以施英韶，命之曰《咸池》。」《樂記》「《咸池》備矣」，鄭注：「黄帝所作樂名，堯增修而用之。咸，皆也。池之言施也。言德之無不施也。」《漢書・禮樂志》顔注：「池，言其包容浸潤也。」《吕氏春秋・仲夏紀》：「舜立，仰延乃拌瞽史之所爲瑟，益之八弦，以爲二十三弦之瑟。帝舜乃令質修《九招》、《六列》、《六英》以明帝德。」

《大司樂》鄭注：「《大磬》，舜樂也。言其德能紹堯之道。」《呂氏春秋·仲夏紀》：「禹立，降通漻水以導河，疏三江五湖，注之東海，以利黔首。命皋陶作爲《夏籥》、《九成》以昭其功。」《大司樂》鄭注：「《大夏》，禹樂也。禹治水傅土，❶言其德能大中國也。」《樂記》「夏，大也」，鄭注：「言禹能大堯舜之德。」《呂氏春秋·仲秋紀》：「湯率六州以討桀罪，功名大成，黔首安甯。湯乃命伊尹作爲《大濩》。」《大司樂》鄭注：「《大濩》，湯樂也。湯以寬治民而除其邪言，其德能使天下得其所也。」《漢書·禮樂志》：「濩言救民也。」《呂氏春秋·仲夏紀》：「武王以六師伐殷，六師未至，以鋭兵克之于牧野。乃薦俘馘于京太室，命周公爲作《大武》。」《大司樂》鄭注：「《大武》，武王樂也。武王伐紂以除其害，言其德能成武功也。」○解「一曰」至「徧舞」○《内則》：「十三舞《勺》，二十舞《大夏》。」大司樂以樂舞教國子，鄉大夫賓興賢能，曰和容。是皆士大夫親舞。襄十六年《傳》：「晉侯與諸侯宴于温，❷使諸大夫舞，曰『歌詩必類』。」杜注：「謂使諸大夫起舞以助宴飲。」王子頽享三子則徧舞，自指三子起舞，若六代之樂，則《雲門》以祀天神，《咸池》以祭地示，《大磬》以祀四望，《大夏》以祭山川，《大濩》以享先妣，《大武》以享先祖，于享臣無當也。**鄭厲公見虢叔，**解厲公，鄭莊公之子厲公突。虢叔，王卿士，虢公林父也。**曰：「吾聞之，司寇行戮，君爲之不舉，**解不舉，不舉樂也。**而況敢樂禍乎？今吾聞子頽歌舞不思憂。夫出王而代其位，禍孰大焉！臨禍忘憂，是謂樂禍，**

---

❶「土」，原作「士」，今據《周禮注疏》改。

❷下「侯」字，原作「大夫」，今據《春秋左傳正義》改。

禍必及之。盍納王乎？」虢叔許諾。鄭伯將王自圉門入，虢叔自北門入，解二門，王城門也。殺子穨及三大夫，王乃入。

十五年，有神降於莘。解惠王十五年，魯莊三十二年。降，下也。下者，言自上而下，有聲象以接人。莘，虢地。疏解「降下」至「虢地」○莊三十二年《春秋》疏：「《易》稱：『神也者，妙萬物而爲言者也。』雖復鬼神之神，亦無形象可見。今言神降，則人皆聞知，故知有神謂神有聲以接人也。吴孫權時，有神自稱王表，言語與人無異，而形不可見。今此神降于莘，蓋亦王表之類。神者，氣也，當在人上，❶今下接人，故稱降也。」莘在陝縣硤石鎮西十五里。隱元《傳》注：「弘農陝縣東南有虢城。」故知莘爲西虢地也。《路史》指爲文王妃母家之莘，非也。王問於内史過，解内史，周大夫。過，其名。掌爵禄廢置及策命諸侯、孤、卿、大夫。疏解「内史周大夫」○《周官》：「内史中大夫一人，下大夫二人。」過之爵未知爲中爲下也。曰：「是何故？固有之乎？」解故，事也。固，猶嘗也。對曰：「有之。國之將興，其君齊明中正，解齊，一也。中，衷也。精潔惠和，其德足以昭其馨香，解惠，愛也。馨香，芳香之升聞者。其惠足以同其民人。解同，猶一也。神饗而民聽，民神無怨，故明神降之，觀其德政，而均布福焉。國之將亡，其君貪冒辟邪。解冒，抵冒也。淫佚荒怠，麤穢暴虐，其政腥臊，馨香不登，解腥臊，臭惡也。

---

❶「上」，原作「土」，今據《春秋左傳正義》改。

登，上也。芳馨不上聞于神，神不饗也。《傳》曰：「黍稷非馨，明德惟馨。」**其刑矯誣，**解以詐用法曰矯，加誅無辜曰誣。**百姓攜貳。**解攜，離也。貳，二心也。**明神弗蠲，**解蠲，潔也。**而民有遠志，**解欲叛也。**明神怨痛，無所依懷，**解懷，歸也。**故神亦往焉，觀其苛慝，而降之禍。**解苛，煩也。慝，惡也。**是以或見神以興，亦或以亡。昔夏之興也，融降於崇山；**解融，祝融也。崇，崇高山也。夏居陽城，崇高所近。疏解「融祝融也」○司馬相如《大人賦》張揖注：「祝融，南方炎帝之佐。獸身人面，乘兩龍。」○解「崇崇」至「近之」○《說文繫傳》引《國語》韋解「嵩，古通用崇字」。邵晉涵曰：「《史記集解》引劉熙《孟子注》：『益辟禹之子，在崈高之北。』是『崇』亦作『崈』，或體作『嵩』。」《漢書》元封元年：「令祠官加增太室祠，以山下户三百爲之奉邑，名曰『崇高』。」弘嗣指「嵩」爲「崇高」，據漢制也。《漢・郡國志》「潁川郡陽城嵩高山」注云：「《山海經》謂爲太室之山。《禹貢》有外方山。《毛詩譜》『外方之山即嵩』。」《水經》「嵩高爲中岳，在潁川陽城縣西北」，酈注：「西南有少室，東北有太室也。」**其亡也，回禄信於聆遂。**解回禄，火神。再宿爲信。聆遂，地名。疏解「回禄」至「地名」○昭十八年《傳》鄭災，「禳火于玄冥回禄」，知回禄爲火神。疏：「楚之先吴回爲祝融，或云回禄即吴回也。」《說文解字》引作「回禄信于聆遂闕」。**商之興也，檮杌次於丕山；**解檮杌，鯀也。過信曰次。丕，大邳山，在河東。疏解「檮杌」至「河東」○文十八年《傳》賈逵注：「檮杌，頑凶無疇匹之貌，謂鯀也。」《漢書・溝洫志》「大伾」下引《尚書》鄭注：「在修武、武德之界。」張揖、顔師古云：在成皋。《爾雅》：「山一成曰伾。」山止一成，不必指最高之山以當之也。《水經注》：「洛水東逕成皋北，又東逕大伾下，又東，合汜水。」汜水爲成皋所屬，而修武故城在今獲嘉縣北，地在城皋之東南。武德故城在今武陟縣，地在成皋之東。《漢書》臣瓚注《尚書》僞孔傳獨創爲大伾在黎陽之説。❶《括地志》因言：「大伾山，今名黎陽東山，又曰青壇山，在衞州黎陽南七里。」果如瓚等及《括地志》所言，則黎陽地近冀而居北，《禹貢》「東過洛汭」之下，必云「北至大伾」，何以云「至于大伾」乎？ 則大伾之在洛汭東明矣。《地理志》顏注：「洛汭，洛入河處。」故曰山在河東。**其亡也，夷羊在牧。** **解**夷羊，神獸。牧，商郊牧野。 **疏**解「夷羊神獸」〇徐廣《史記音義》：「夷羊，怪物也。」《淮南·本經訓》高注：「夷羊，土神。」今云「神獸」，自別有據。

周之興也，鸑鷟鳴於岐山； **解**三君云：「鸑鷟，鳳之別名也。《詩》云：『鳳凰鳴矣，于彼高岡。』其在岐山之脊乎？」**疏**解「鸑鷟」至「之脊」〇《説文解字》：「鸑鷟，鳳屬，神鳥也。江中有鸑鷟，似鳧而大，赤目。」案：江中之鸑鷟自是常有，與神鳥同名異實。猶牝鹿大者曰麟，非西狩所獲之麟也。且《説文》雖言「鳳屬」，而非與鳳爲一。若果鳳之別名，是即鳳矣。《後漢·郡國志》「美陽有岐山」注引《左傳》椒舉曰：「成王有岐山之蒐。」《山海經》曰：「其上多白金，其下多鐵。」《漢·地理志》顏注：「岐山在美陽，即今之岐州岐山縣箭括嶺。」《卷阿》詩作於成王十年，成王都鎬，岐山不在鎬郊，故毛傳、鄭箋均不指高岡爲岐山。今引《卷阿》之高岡以釋岐山，亦未知其何據也。**其衰也，杜伯射王於鄗。** **解**鄗，鄗京也。杜，國，伯，爵，陶唐氏之後。《周春秋》曰：「宣王殺杜伯而無辜，後三年，宣會諸侯田於圃，日中杜伯起於道左，朱衣、朱冠，操朱弓、朱矢

❶ 案：《尚書》僞孔傳無此説。

射宣王中心，折脊而死。」**疏**「杜伯」至「於鄗」〇《水經・渭水》注：「泬水西北流逕杜縣之杜京西，❶西北流逕杜伯冢南。杜伯與其友左儒事宣王，儒無罪見害，杜伯死之。」范宣子曰：「自虞以上爲陶唐氏，在夏爲御龍氏，在商爲豕韋氏，在周爲唐杜氏。」杜伯子隰叔奔晉，傳至范武子，雖食采于范，猶稱士會，故知杜伯陶唐後。《史記・封禪書》、《漢書・郊祀志》並云：「杜主，故周之右將軍，其在秦中，最小鬼之神者。」索隱引《墨子》「宣王殺杜伯不以罪，後宣王田於圃，見杜伯執弓矢射，宣王伏弢而死」，即此事也。《後漢・郡國志》：「鎬，在上林苑中。」孟康曰「長安西南有鎬池」。《古史考》：「武王遷鎬，長安豐亭鎬池也。」《皇覽》：「文王、周公冢皆在鎬聚東杜中。」《水經注》：「渭水又東北與鄗水合，水上承鄗池于昆明池北。❷自漢武帝穿昆明池于是地，基構淪褫，❸今無可究。」**是皆明神之志者也。」****解**志，記也。見記録在史籍者。**王曰：「今是何神也？」對曰：「昔昭王娶於房，曰房后，****解**昭王，周成王之孫，康王之子，昭王遐也。房，國名。**疏**解「房國名」〇昭十三年《傳》杜注：「汝南有吴房縣，即房國。」今河南汝甯府遂平縣西有吴房城。《漢書・地理志》：「汝南郡吴房本房子國。」**實有爽德，協於丹朱。****解**爽，貳也。協，合也。丹朱，堯子。**疏**解「丹朱堯子」〇《史記・五帝本紀》：「放齊曰：『嗣子丹朱開明。』」正義曰：「《汲冢紀年》：『后稷放帝子丹朱。』」

---

❶ 下「杜」，原作「社」，今據《水經注》改。
❷ 「北」，原脱，今據《水經注》補。
❸ 「褫」，原作「禠」，今據《水經注》改。

范注《荆州記》：『丹水縣在丹川，堯子朱之所封。』《括地志》：『丹水故城在鄧州内鄉縣西南百三十里。』」❶

丹朱馮身以儀之，生穆王焉。 解馮，依也。儀，匹也。《詩》曰：「實惟我儀。」言房后之行有似丹朱。丹朱馮依其身，而匹偶以生穆王。疏「丹朱」至「儀之」〇《爾雅・釋詁》：「儀，匹也。」邵氏疏引《益稷》云：「鳳凰來儀。」《詩疏》引《書》鄭注云：『儀，匹也。言其相乘匹。』」**實臨照周之子孫而禍福之。夫神壹，不遠徙遷焉。** 解言神一心依馮於人，不遠徙遷焉。**若由是觀之，其丹朱乎？」王曰：「其誰受之？」對曰：「在虢土。」** 解言神在虢，虢其受之。**王曰：「然則何爲？」** 解何爲在虢？**對曰：「臣聞之，道而得神，是謂逢福。** 解逢，迎也。**淫而得神，是謂貪禍。** 解以貪取禍。**今虢少荒，其亡乎？」王曰：「吾其若之何？」對曰：「使大宰以祝、史帥貍姓，奉犧牲、粢盛、玉帛往獻焉。** 解大宰，王卿，掌祭祀之式，玉帛之事。祝，太祝，掌祈福祥。大史，掌次主位。貍姓，丹朱之後。神不歆非類，故帥以往也。純色曰犧。**無有祈也。」** 解祈，求也。勿有求請，禮之而已。**王曰：「虢其幾何？」曰：「昔堯臨民以五，** 解五年一巡守。**今其胄見，** 解胄，後也。謂丹朱之神。**神之見也，不過其物。** 解物，物數也。**若由是觀之，不過五年。」王使大宰忌父** 解周公忌父也。**帥傅氏及祝、史** 解傅氏，貍姓也，在周爲傅氏。疏解「傅氏貍姓」〇《路史・後紀》：「貍氏裔子大繇，夏后氏封之傳，爲傳氏。」**奉犧牲、玉鬯往**

---

❶「水」，原作「朱」，今據《史記・五帝本紀》正義改。

獻焉。 **解**玉鬯，鬯酒之圭，長尺二寸，有瓚，所以灌地降神之器。**疏**解「玉鬯」至「之器」〇《詩・旱麓》箋：「圭瓚之狀，以圭爲柄，黄金爲勺，青金爲外，朱中央。」案：鬯圭尺二寸，《冬官・玉人》文。《春官・典瑞》注引《漢禮》：「瓚槃大五升，口徑八寸，下有槃，口徑一尺。」則瓚如勺爲槃以承之也。**内史過從至虢，** **解**從，從大宰而往也。内史不掌祭祀，王以其賢，使聽之。**虢公亦使祝、史請土焉。** **解**祝、史，虢之祝、史，祝應、史嚚也。**内史過歸，告王曰：「虢必亡矣，不禋於神而求福焉，神必禍之。** **解**潔祀曰禋。**不親於民而求用焉，民必違之。** **解**用，用其財力也。**精意以享，禋也。** **解**享，獻也。**疏**「精意」至「禋也」〇《詩疏》引袁準曰：「禋者，煙氣烟熅也。天之體遠，不可得就，聖人思盡其心而不知所由，故因煙氣之上，以致其誠。夫名有轉相因者，《周禮》『禋于上帝』，辨其本言烟熅之禮也。《書》曰『禋於文武』，取其辨精意以享也。凡祭祀無不潔，而不可謂皆精。然則精意以享，宜施燔燎，精誠以假煙氣之升，以達其誠故也。」**慈保庶民，親也。** **解**慈，愛也。保，養也。**今虢公動匱百姓以逞其違，** **解**逞，快也。違，邪也。**離民怒神而求利焉，不亦難乎！」** **解**求利，謂請土。**十九年，晉取虢。** **解**惠王十九年，魯僖之五年。

襄王使召公過及内史過賜晉惠公命。 **解**襄王，周僖王之孫，惠王之子襄王鄭也。召公過，召穆公之後，召武公也，爲王卿士。惠公，晉獻公之庶子惠公夷吾也。命，瑞命。諸侯即位，天子賜之命圭以爲瑞節。**疏**「襄王」至「公命」〇此《傳》解云：「命，瑞命也。諸侯即位，天子賜之命圭以爲瑞節。」下《傳》「太宰、文公及内史過賜晉文公命」解又云「命，命服也」，兩《傳》同文，兩解異訓，推弘嗣之意，因賜惠公命，内史過因執玉卑，故以「命圭」釋之。齡謂：賜惠公者，亦是命服，非圭也。文元年「天王使毛伯來錫公命」，杜注：「諸侯即位，天子賜以命圭。」惠士奇曰：「此臆説也。《白虎通義》謂『諸侯薨，使人歸瑞玉于天子，諒闇三年之後，更爵命嗣子而還之』。」果如其言，則三年之後，必待天子先來錫命而後答之以朝，否則未受賜以前，將用何物爲摯而見天子乎？《大雅》「韓侯入覲，以其介圭」，❶唯其受之於父，故攜之入覲。下言「王錫韓侯，玄衮赤舄」，即所謂賜之命服也。《無衣》一詩，可以證下《傳》賜命服之説。且《無衣》兩章，均不言圭，則武公承哀鄂之圭可知。此《傳》言車服，言旗章，言幣，言節，未嘗指定摯圭一事也。**呂甥、郤芮相晉侯不敬，****解**呂甥，瑕呂飴甥也。郤芮，冀芮。皆晉大夫。相，詔相禮儀。不敬，慢惰也。**疏**解「呂甥」至「大夫」○顧炎武《杜注補正》：「呂，氏也。瑕，其邑名。成元年『瑕嘉』之『瑕』，蓋兼食瑕、陰二邑。」僖三十三年《傳》芮子缺爲下軍大夫，文公復與之冀，則芮食冀，故謂爲冀芮。**晉侯執玉卑，拜不稽首。****解**玉，信圭，侯所執，長七寸。卑，下也。禮，執天子器則上衡。稽首，首至地也。**疏**解「不稽首」○《周禮・太祝》：「辨九拜，一曰稽首。」鄭注：「稽首，拜頭至地也。」孔穎達曰：「稽首，臣拜君也。此爲敬之極。」惠士奇曰：「《荀子・大略篇》『平衡曰拜，下衡曰稽首』，蓋平衡謂頭與腰平，下衡謂頭下於腰，《説文》所謂『下首』。則稽首頭至手而不至地。❷賈誼《容經》『拜以磬折之容，吉事上左，凶事上右，隨前以舉，項衡以下』，所謂『項衡以

---

❶「大」，原作「小」，今據《毛詩正義》改。

❷「稽首」，《禮説》作「䭫首頓首皆」。

下』者，稽首也。《商書》：『拜手稽首。』孔傳：『拜手，首至手。』然則手先據地，首乃至手，是首與手俱至地，其實手在地，首在手，故『拜手』與『稽首』連言，是一事，非兩事也。」拜不稽首，是平衡而非下衡矣。**内史過歸以告王曰：「晉不亡，其君必無後。**解後，後嗣也。**且呂、郤將不免。」王曰：「何故？」對曰：「《夏書》有之曰：『衆非元后，何戴？**解《夏書》，逸書也。元，善也。后，君也。戴，奉也。**后非衆，無與守邦。』**解邦，國也。疏「夏書」至「守邦」〇《書傳》：「衆戴君以自存，君恃衆以守國，相須而立。」〇解「夏書逸書」〇今所傳《大禹謨》篇至東晉始出，近儒謂非孔壁真古文。弘嗣生三國時，未見其書，故曰逸《書》。且内史過但言《夏書》而不言《禹謨》，則此四語不知在何篇。晉人采之入《禹謨》耳。**在《湯誓》曰：『余一人有辠，無以萬夫。**解《湯誓》，《商書》伐桀之誓也。今《湯誓》無此言，則已散亡矣。天子自稱曰「余一人」。余一人有辠，無辠萬夫。**萬夫有辠，在余一人。』**解在余一人，乃我教導之過。疏解「湯誓」至「萬夫」〇《論語・堯曰》篇引此孔安國注：「無以萬方，萬方不與也。❶萬方有罪，我身之過。」錢大昕曰：「《論語》孔注此伐桀告天之文。《墨子》引《湯誓》其辭若此，然《墨子》引湯説不云《湯誓》，且係禱旱告天之辭，非伐桀告天之辭。孔殆誤矣。東晉古文《尚書》出，又以此文竄入《湯誥》，使孔壁果有『予小子履』諸語見于《湯誥》，則孔安國注《論語》何故舍《湯誥》之正文而别引《墨子》乎？」齡案：此《傳》明稱《湯誓》是告衆之辭，决非禱旱之辭。弘嗣故不從《墨子》及《尸子》、《吕覽》、《韓詩》也。《論語》孔注引《墨子》而不引

❶「萬方」，原重，今據《論語注疏》删其一。

此《傳》，疏矣。在《般庚》曰：『國之臧，則維女衆。解般庚，殷王祖乙之子，今《商書》般庚是也。臧，善也。國俗之善，則維女衆，歸功于下。國之不臧，則維余一人是有逸罰。』解逸，過也。罰，猶辠也。國俗之不善，則維余一人是我有過也。其罪當在我。疏「國之」至「逸罰」○《尚書傳》：「有善，則衆臣之功。佚，失也。是己失政之罰。罪己之義。」是僞《書傳》即用韋解義。如是則長衆使民，不可不慎也。民之所急在於大事，解大事，戎事也。先王知大事之必以衆濟也，故祓除其心以和惠民，解祓，猶拂也。疏解「祓猶拂也」○《釋詁》：「祓，福也。」孫炎注：「祓除之福。」《周官》：「女巫祓除釁浴。」定四年《傳》「祓社釁鼓」，《檀弓》「巫先祓柩」者，皆祓除凶惡，義取拂去，故「祓」近「拂」訓。考中度衷以涖之，解涖，臨也。考中，考省己之中心以度人之忠心，恕以臨之。昭明物則以訓之，解物，事也。則，法也。制義庶孚以行之。解義，宜也。庶，衆也。孚，信也。當制立事宜，爲衆所信而行之。祓除其心，精也。解精，潔也。考中度衷，忠也。解忠，恕也。昭明物則，禮也。制義庶孚，信也。然則長衆使民之道，非精不和，非忠不立，非禮不順，非信不行。今晉侯即位而背外內之賂；解背外，不予秦地。背內，不予里、丕之田。虐其處者，棄其信也；解虐其處者，殺里、丕之黨。不敬王命，棄其禮也；施其所惡，棄其忠也；解己所不欲，勿施於人。所惡於下，不以事上。今晉侯皆施之於人，故曰「棄其忠也」。以惡實心，棄其精也，解實，滿也。四者皆棄，則遠不至而近不和矣，解四者，精、忠、禮、信也。將何以守國？古者，先王既有天下，又崇立上帝、明神而敬事之，解崇，尊也。立，立其祀也。上帝，天也。明神，日月也。**於是乎有朝日、夕月，以教民事君。** 解 禮，天子以春分朝日，以秋分夕月。拜日於東門之外，然則夕月在西門之外必矣。疏「於是」至「事君」○《周官・典瑞》鄭注：「王朝日者，示有所尊，訓民事君也。」賈公彦曰：「王者父天、母地、兄日、姊月，故春分朝日，秋分夕月。以王者至尊，猶朝日夕月，况民得不事君乎？是『訓民事君』也。」○解「禮天」至「必矣」○《尚書大傳》：「即春迎日東郊，所以萬物先而尊事天也。」《迎日之辭》曰：「維某年某月上日，明光于上下，勤施于四方，旁作穆穆，維予一人某敬拜迎日于郊。」《大戴禮・保傅》篇：「天子春朝朝日，秋暮夕月。」孔廣森補注：「舊説春分朝日，秋分夕月。《公冠》篇云：『于正月朔日迎日于東郊。』《春秋》莊十八年，迎日于東郊。❶《穀梁傳》曰：『王者朝日。』由此言之，朝日以朔，夕月以望與？顔師古曰：『朝日以朝，夕月以暮。』皆迎其初出也。」賈公彦曰：「《祭義》云：『祭日於東，祭月於西。』《玉藻》云『玄端而朝日于東門之外』，《覲禮》：『春拜日於東門之外，既春，拜日于東。明秋夕月于西。』」賈疏之義與韋訓同。惠士奇曰：「《玉藻》『朝日於東，聽朔于南』，❷此天子每月視朔必先朝日，古之禮也。後世朝日以春分，而視朔之禮廢矣。」**諸侯春秋受職於王，以臨其民。** 解 言不敢專也。**大夫、士日恪位箸，以儆其官。** 解 中廷之左右曰位，門屏之間曰箸。疏 解「中廷」至「曰箸」○「中廷之左右曰位」者，《釋宫》文。《聘禮》：「公揖入，立于中廷。」又云：「擯者進中廷。」又云：「宰

---

❶「迎日于東郊」，今《春秋》三傳皆無此語，孔書作「春王三月日有食之」。

❷「南」，原作「西」，今據《禮説》改。

夫受幣于中廷。」又云：「大夫降中廷。」舉中以見左右也。江永曰：「廷，庭中也。《曾子問》『諸侯旅見天子，雨霑服失容則廢』，明在庭中也。」邵晉涵曰：「『位』，古通作『立』。《論語》『束帶立於朝』，即《左傳》所謂『有位於朝也』。」「門屏之間曰宁」者，亦《釋宫》文。《曲禮》：「天子當宁而立。」邵晉涵曰「天子外屏，屏在路門之外，是門以外，屏以内，其間謂之宁。『宁』通作『著』。❶昭十一年《傳》『朝有著定』」是也。**庶人、工、商各守其業，以共其上。猶恐有墜失也，故爲車服旗章以旌之，**解旌，表也。車服、旗章，上下有等，所以章明貴賤，爲之表識。疏解「旌表」至「表識」〇《周官》「巾車掌公車之政令，辨其用，以其旗物而等敘之」。《管子》：「先王制軒冕，足以著貴賤。」《周官》：「司常掌九旗之物名，各有屬，以待國事。」《禮記·月令》：「以爲旗章，以別貴賤等級之度。」鄭注：「章，幟也。」**爲摯幣瑞節以鎮之，**解鎮，重也。摯，六摯也，謂孤執皮帛，卿執羔，大夫執雁，士執雉，庶人執鶩，工、商執雞。幣，六幣也。圭以馬，璋以皮，璧以帛，琮以錦，琥以繡，璜以黼。瑞，六瑞也。王執鎮圭尺二寸，公執桓圭九寸，侯執信圭七寸，伯執躬圭亦七寸，子執穀璧，男執蒲璧，皆五寸。節，六節也。山國有虎節，土國用人節，澤國有龍節，皆以金爲之。道路用旌節，門關用符節，都鄙用管節，皆以竹爲之。疏解「摯六」至「執雞」〇《大戴禮·朝事》篇：「公之孤四命，以皮帛，視小國之君。」孔廣森補注：「鄭司農曰：『九命上公得置孤卿一人。』帛者，玄纁束帛也。《書》『三帛』孔傳：『公之孤執玄。』鄭康成《大宗伯》注：『束帛而表以皮爲之飾。天子之孤飾摯以虎皮，公之孤飾摯以豹皮

---

❶「著」，原作「箸」，今據《爾雅正義》改。

與。』」《春秋繁露・執贄》篇：「羔有角而不任，設備而不用，類好仁者。執之不鳴，殺之不諦，類死義者。羔食於其母，必跪而受之，類知禮者。故羊之爲言猶祥與！故卿以爲贄。」《大宗伯》鄭注：「羔，小羊，取其羣而不失其類。」《大戴禮・夏小正》注：「羔羊，腹時也。」《春秋繁露・執贄》篇：「大夫用雁，雁乃有類于長者，長者在民上，必施然有先後之隨，必俶然有行例之治，故大夫以贄。」《太平御覽・羽族部》引《春秋説題辭》：「雁之言雁，雁起聖以招期，知晚蚤，故雁南北以陽動也。」《禮記疏》引李巡《爾雅注》：「野曰雁，家曰鵞。」《周官・大宗伯》鄭注：「雉取其守介而死，不失其節。」《説文》：「鶩，赤雉也。」《釋名》：「鶩，憋也，性急憋，不可生服，必自殺，象人執耿介之節也。」是十四雉中，士贄用鶩也。《大宗伯》鄭注：「鶩取其不飛遷。」賈公彦曰：「庶人府史胥徒新升之時執鶩，象庶人安土重遷也。」《爾雅・釋鳥》：「舒鳧鶩。」郭注：「鴨也。」《大宗伯》鄭注：「雞取其守時而動。」賈公彦曰：「工或爲君興其巧作，❶商或爲君興販來去，故執雞。」《初學記・鳥部》引《春秋説題辭》：「雞之爲言佳也，佳而起爲人期，莫寶也。」《大宗伯》鄭注：「《曲禮》『飾羔雁者以繢』，謂衣之以布而又畫之者。自雉以下執之無飾。」〇解「幣六」至「以黼」〇《周官・小行人》疏：「此六者之中，有圭以馬，璋以皮，二者本非幣，云『六幣』者，二者雖非幣帛，以用之當幣處，故總號爲幣。」惠士奇曰：「《周書》：諸侯奉圭，當其朝而皆布乘黄。《覲禮》：侯氏奠圭，及其享而亦陳匹卓。此朝覲也，皆先以圭致命，然後陳馬於庭，而享禮行焉。諸侯之賵亦如之。《雜記》曰：『上介賵，執圭將命。陳乘黄大路于中

❶「君」，原作「召」，今據《周禮注疏》改。

庭。』此非『圭以馬』與？」《白虎通》：「半圭曰璋。」「『璋以皮』者，亦以璋先之，故曰『圭璋特』，謂皮馬不上堂。『璧以帛，琮以錦』謂帛錦之上以璧琮加之。」「方中圓外曰璧，圓中、牙身玄外曰琮。」「《儀禮·士昏禮》鄭注：『古文錦皆作帛。蓋古錦、帛通，故不曰錦而皆曰帛。璧、琮九寸，諸侯以享天子，而諸侯自相享則以瑑。璧琮享諸侯，束帛加璧；享夫人束帛加琮，此享禮之璧琮曰加也。」琥刻玉爲虎形，半璧曰「璜」。「天子饗諸侯，諸侯自相享，酬以繡黼，而將以琥璜。《終南》諸侯受顯服曰『黻衣繡裳』。《采菽》天子命諸侯曰『玄衮及黼』，此王錫繡黼之文。其錫之也，王拜送爵，以琥璜將之，故曰『琥璜爵』。」○解「瑞六」至「五寸」○《爾雅·釋器》：「圭大尺二寸謂之玠。」《玉人》之鎮圭也，「天子守之」。《周官·大宗伯》鄭注：「鎮，安也，所以安四方。鎮圭者，蓋以四鎮之山爲瑑飾。❶圭長尺有二寸。公，二王之後及王之上公。雙植謂之桓。桓，宫室之象，所以安其上也。桓圭，蓋亦以桓爲瑑飾，圭長九寸。『信』當爲『身』，聲之誤也。身圭、躬圭蓋皆象以人形爲瑑飾，文有麤縟耳，欲其慎行以保身，❷圭皆長七寸。穀所以養人。蒲爲席，所以安人。二玉蓋或以穀爲飾，或以蒲爲瑑飾，皆徑五寸。」惠士奇曰：「四方象鎮，雙植象桓，玉之體也。直身象信，曲身象躬，玉之形也。粟文象穀，藻文象蒲，玉之采也。其瑑飾則無聞焉。❸瑑者，頫聘之圭璧，卿大夫執之，以頫聘天子及聘問諸侯，故加瑑飾以别之，六瑞則不瑑也。故曰『大圭不瑑，美其質也』。康成依漢禮而言，遂謂

---

❶「山」，原作「圭」，今據《周禮注疏》改。

❷「慎」下，原衍「言」字，今據《周禮注疏》删。

❸「聞」，原作「文」，今據《禮説》改。

六瑞皆瑑。如其說，則與頫聘之圭璧何異乎？《西山經》曰：『峚山之玉，堅粟精密。』郭璞云：『玉有粟文，所謂穀璧。』唐代宗即位，楚州獻定國寶十有二，其三曰穀璧白玉也，如粟粒無彫鐫之跡。又泰冒之山多藻玉。《說文》云：『璪，如水藻之文。』粟謂之穀，藻謂之蒲，文理出於天然，非關彫琢，養人、安人，其說安矣。」《曲禮》：「凡摯，天子鬯，諸侯圭。」不別言子、男璧，是子、男同執圭。《雜記》引《贊大行》曰：「圭，公九寸，侯、伯七寸，子、男五寸。」是子、男不執璧，先儒謂《曲禮》不言璧，略也。案：《曲禮》言贄，自天子、諸侯、卿、大夫、士、庶人以迨婦人、童子，野外、軍中，何獨子、男而略之。《覲禮》「天子當依南面立，諸侯入廟門右，坐，奠圭玉，再拜」，言諸侯則子、男在其中。言奠圭而不言璧，則子、男執圭可知。《玉人》云：「天子執冒，以朝諸侯。」說者謂冒方四寸，邪刻之，以冒諸侯之圭璧。夫圭銳而璧圜，冒可冒圭，而不可以冒璧。且未聞天子有兩冒也。亦必無舍子、男而不冒也。或引《左傳》許僖公「面縛銜璧」以證男之執璧。不知韓厥奉觴加璧，僖負羈饋飧置璧，大夫亦用璧，豈子、男以爲最貴之贄乎？《周禮》晚出，宜其與《曲禮·雜記》岐矣。〇解「節六」至「爲之」〇《周官·掌節》鄭注：「土，平地也。山多虎，平地多人，澤多龍。以金爲節，鑄象焉。必自以其國所多者，於以相別，爲信明也。今漢有銅虎符。」疏謂：「引『漢有銅虎符』者，證周時節用銅之意。」鄭注又言：「門關，司門、司關也。道路者，主治五涂之官，謂鄉遂大夫也。凡民遠出至于邦國，邦國之民若來，入由門者司門爲之節，由關者司關爲之節，其於徵令及家徒，❶則鄉遂大夫爲之節。符節者，如今

❶「徒」，原作「徙」，今據《周禮注疏》改。下同。

宮中諸官詔符也。旌節，今使所擁節是也。」又《小行人》鄭注：「都鄙者，公之子弟及卿大夫采地之吏也。以徵令及家徒，采地吏爲之節。管節，如今之竹使符也。」賈公彦引《史記・本紀》：「漢文帝二年九月初，與郡國守相爲銅虎符、竹使符。」應劭曰：「竹使符者，皆以竹箭五枝，長五寸，鐫刻篆書『第一』至『第五』。」張晏曰：「符以代古之圭璋，從簡易也。」**爲班爵貴賤以列之。**解班，次也。**爲令聞嘉譽以聲之，**解謂有功德者，則以策命述其功美，進爵加錫以聲之。**猶有散遷解慢，而著在刑辟，流在裔土。**解言爲之法制備悉如此，尚有放散、轉移、解慢於事，不奉職業者，故加之刑辟，流之荒裔也。**於是有夷蠻之國，**解遂謂夷蠻之國民。**有斧鉞、刀墨之民，**解斧鉞，大刑也。刀墨，謂以刀刻其額而墨窒之。疏解「斧鉞」至「窒之」○昭十五年《傳》「鏚鉞秬鬯」。杜注：「鏚，斧也。鉞，金鉞。」疏：「《廣雅》曰：『鏚、鉞，斧也。』俱是斧也。蓋鉞大而斧小。《尚書・牧誓》：『王左仗黄鉞。』孔傳：『以黄金飾斧。』是鉞以金飾也。」《王制》：「諸侯錫鈇鉞然後殺。」《周官・司刑》：「墨罪五百。」❶鄭注：「墨，黥也。先刻其面，以墨窒之。非事而事之，出入不以道義，而誦不祥之辭者，其刑墨。」**而況可以淫縱其身乎？夫晉侯非嗣也，而得其位，**解嗣，適嗣也。**亹亹怵惕，保任戒懼，猶曰未也。**解亹亹，勉勉也。保，守也。任，職也。居非其位，雖守職戒懼，猶未足也。**若將廣其心**解廣其心，放情欲也。**而遠其鄰，**解背秦賂也。**陵其民**解虐處者也。**而卑其**

❶「罪」，原作「刑」，今據《周禮注疏》改。

上，解不敬王命。**將何以固守？**解守，守位也。**夫執玉卑，替其摯也。**解替，廢也，廢其執摯之禮。疏「執玉」至「其摯」○定十五年《傳》：「公受玉卑，❶其容俯。子貢曰：『卑俯，替也。』」蓋晉侯無守氣而將廢其位也。**拜不稽首，誣其王也。**解誣，罔也。**替摯無鎮，**解鎮，重也，無以自重。**誣王無民。**解民亦將誣之。**夫天事恒象，**解恒，常也。事善象吉，事惡象凶。**任重享大者必速及。**解速及於禍。**故晉侯誣王，人亦將誣之，欲替其鎮，人亦將替之。大臣享其祿，弗諫而阿之，亦必及焉。」**解大臣，呂、郤也。享，食也。阿，隨也。**襄王三年而立晉侯，**解襄王三年，魯僖之十年。錫瑞命在十一年。**八年而隕於韓。**解八年，魯僖之十五年。秦怨惠公背施忘德，舉兵伐之，戰於韓原，獲晉侯以歸，隕其師徒，三月而復之。**十六年而晉人殺懷公，無胄。**解胄，後也。襄王十六年，魯僖之二十四年。懷公，惠公之子子圉也。惠公卒，子圉嗣立，秦穆公納公子重耳，晉人刺懷公于高梁。**秦人殺子金、子公。**解子金，呂甥。子公，郤芮之字也。二子悔納重耳，欲焚公宮而殺公。寺人披以告公，公潛會秦伯於王城。二子焚公宮，求公不獲，遂如河上，秦伯誘而殺之。

襄王使大宰文公及内史興賜晉文公命。解大宰文公，王卿士王子虎也。内史興，周内史叔興父。晉文公，獻公之子、惠公異母兄重耳也。命，命服也。諸侯七命，冕服七章。**上卿逆於境，**解逆，迎

❶「玉」，原脱，今據《春秋左傳正義》補。

也。**晉侯郊勞，**解郊迎，用辭勞也。**館諸宗廟，**解館，舍也。舍於宗廟，尊王命也。**饋九牢，**解牛羊豕爲一牢，上公饔餼九牢。疏解「牛羊」至「九牢」○《儀禮・聘禮》：「有司入陳。饔，飪一牢，鼎九，設於西階前。陪鼎當内廉，東面北上，上當碑，南陳。牛、羊、豕、魚、腊、腸胃同鼎，膚，鮮魚，鮮腊，設扃鼏。膷、臐、膮，蓋陪牛、羊、豕。腥二牢，鼎二七，無鮮魚，無鮮腊，設于阼階前，西面，南陳，如飪鼎，二列。餼二牢，陳于門西，北面東上。牛，以西羊豕，豕西牛羊豕。」《周禮・掌客》：諸侯之禮，上公饔餼九牢。又云「三公視上公之禮」，《聘禮》言主國待來聘之卿，故五牢。此傳言九牢，是晉以上公禮尊大宰文公、内史興也。**設庭燎，**解設大燭于庭謂之庭燎。**及期，命於武宮。**解期，將事之日也。武宮，❶文公之祖武公之廟也。命，受王之命。疏解「武宮」至「之廟」○《穀梁》文十三年傳：「羣公曰宮。」是諸侯廟稱宮。僖二十四年《傳》：「朝于武宮。」以武公始并晉，故奉之以爲太祖也。**設桑主，布几筵，**解主，獻公之主也。練主用栗，虞主用桑。禮，既葬而虞，虞而作主，天子於是爵命世子，世子即位，受命服也。獻公死已久，於此設之者，文公不欲繼于惠、懷。故立獻公之主，自以子繼父之位，行未踰年之禮。筵，席也。疏「設桑」至「几筵」○《五經異義》：「《公羊説》：『虞而作主。』古《春秋左氏説》：『既葬反虞。天子九虞，九虞者以柔日，❷九虞，十六日也。諸侯七虞，十二日也。大夫五虞，八日也。士三虞，四日也。既虞，然後祔死者於先死者。祔而作主，

---

❶「宮」，原作「公」，今據明道本《國語》改。
❷「柔日」，原作「桑主」，今據《五經異義》改。

謂桑主也。期年，然後作栗主。』」《公羊傳》注：「用桑者取其名與其麤觕，所以副孝子之心。」《禮・士虞記》曰：「桑主不文。」《周官・司几筵》：「諸侯祭祀席蒲筵繢純，加莞席紛純，右彫几。昨席莞筵紛純，加藻席畫純。筵國賓于牖前亦如之，左彤几。」鄭康成注：「國賓，諸侯來朝，孤卿大夫來聘。朝者，彫几。聘者，彤几。」是晉布蒲、莞二席及彤几也。**大宰涖之，晉侯端委以入。** **解**説云：「衣玄端，冠委貌，諸侯祭服也。」昭謂：此士服也。諸侯之子未受爵命，服士服也。**疏**解「説云」至「士服」〇禮服，正幅爲端，朝祭之服，端正無殺。惠士奇曰：「康成謂士服則然，大夫以上侈袂，其服遂不復端乎？非也。袂屬于服，袂之侈，何害于服之端？且端不徒言服，兼言冠，其冠冕則曰端冕，其冠章甫則曰端章甫，其冠委貌則曰委端，亦曰端委。《穀梁傳》『委端搢笏』，《左傳》『弁冕端委』，服虔以爲『端委者衣尚褒長，其長委地，故曰委』。」案：此自國君至於士皆得用之。而晉文之服此則取于未受命服士服之義。**大宰以王命命冕服，** **解**冕，大冠也。服，鷩衣也。**疏**解「冕大」至「鷩衣」〇《淮南・主術訓》高注：「冕，王者冠也，前後垂珠飾，天子玉縣十二，公侯挂珠九，卿點珠六，伯、子、男各應隨其命數。」《周官・司服》鄭康成注：「鷩畫以雉，謂華蟲也。其衣三章，裳四章，凡七也。」案：衣三章：華蟲、火、宗彝。裳四章：藻、粉米、黼、黻。以鷩爲首，故曰鷩衣。鄭康成曰：「鷩畫以雉，兼取其耿介而有文章。」《釋名》：「鷩，雉之憋惡者，性急憋，不可生服，必自殺，故畫其形于衣，以象人執耿介之節。」邵晉涵曰：「劉成國此説誤耳。繪象以觀德，不取其憋惡也。」**內史贊之，** **疏**「內史贊之」〇《周官・內史》：「凡命諸侯及公卿大夫，則策命之。」案：大宰以八枋詔王，內史又居中貳之，故奉命命晉侯，亦以內史贊大宰也。**三命而後即冕服。** **解**贊，道也。三命，三以王命命文公，文公三讓而後就也。**既畢。賓、饗、贈、餞，如公命侯伯之禮，而加之以宴好。****解**賓者，主人所以接賓、致餐饔之屬。饗，饗食之禮。贈，致贈賄之禮。餞，謂郊送飲酒之禮。如公命侯伯之禮者，如公受王命，以侯伯待之之禮，而又加之以宴好也。大宰，上卿也，而言公者，兼之也。**内史興歸，以告王曰：「晉不可不善也，其君必霸，逆王命敬，****解**謂上卿逆於境，晉侯郊勞。**奉禮義成，****解**謂三讓、賓、饗之屬皆如禮。**敬王命，順之道也。成義禮，德之則也。則德以道諸侯，諸侯必歸之。****解**道，訓也。**且禮，所以觀忠、信、仁、義也。****解**言能行禮，則有此四者。**忠所以分也，****解**心中則不偏。**仁所以行也，****解**仁行則有恩。**信所以守也，****解**信守則不貳。**義所以節也。****解**制事之節。**忠分則均，仁行則報，信守則固，義節則度。****解**得其度也。**分均無怨，行報無匱，守固不偷，****解**偷，苟且也。**節度不攜。****解**攜，離也。**若民不怨而財不匱，令不偷而動不攜，其何事不濟！中能應外，忠也。施三服義，仁也。****解**賈侍中云：「三，謂忠、信、仁也。」昭謂：施三，謂三讓也；服義，義，宜也，服得其宜，謂端委也。**守禮不淫，信也。行禮不疚，義也。****解**疚，病也。**臣入晉境，四者不失，****解**四者，忠、信、仁、義。**臣故曰：晉侯其能禮矣，王其善之。樹於有禮，艾人必豐。」****解**樹，種也。艾，報也。豐，厚也。**王從之，使於晉者，道相逮也。****解**逮，及也。**及惠后之難，王出在鄭，****解**惠后，周惠王之后，襄王繼母陳嬀也。陳嬀有寵，生子帶，將立，未及而卒。子帶奔齊，王復之，又通于襄王之后隗氏。王廢隗氏，周大夫頹叔、桃子奉帶以翟師伐周，王出適鄭，處於氾。在魯僖二十四年。**疏**「王出在鄭」○杜預曰：「鄭南氾也。在襄城縣南。」孔穎達曰：「鄭之西南之境，南近於楚，西近於周。」《太平御覽・咎徵部》引《孝經鉤命決》曰：「周襄王不能事其母弟，彗入斗，亡其度。」即此事也。**晉侯納之。** **解**納王於周而殺子帶，在魯僖二十五年。**襄王十六年，立晉文公。** **解**襄王十六年，魯僖二十四年。**二十一年，以諸侯朝於衡雝，且獻楚捷，** **疏**「且獻楚捷」〇成二年《傳》：「蠻夷戎狄，不率王命。淫湎毁常，王命伐之，則有獻捷。」楚自戍穀圍宋，憑陵中夏，晉勝之於城濮，故舉獻捷之典。**遂爲踐土之盟，** **解**襄王二十一年，魯僖二十八年也。衡雝、踐土皆鄭地，在今河内温地。捷，勝也，勝楚所獲兵衆。文公於僖二十八年夏四月敗楚師于城濮。城濮，衛地也。旋至衡雝，天子臨之。晉侯以諸侯朝王，且獻所得楚兵駟介百乘，徒兵千也。王命尹氏及王子虎、内史叔興父策命晉侯爲侯伯，賜之大輅之服，戎輅之服，彤弓一，彤矢百，玈弓十，玈矢千，秬鬯一卣，虎奔三百人。**疏**解「衡雝」至「温地」〇《後漢・郡國志》：「雒陽卷縣有垣雝城，或曰古衡雍。」《史記》「無忌謂魏王曰『王有鄭地，❶得垣雝』」者也。杜預云：「即是衡雍。又今縣所治城。」案：今河南懷慶府原武縣西北五里有衡雝城。《周本紀》集解引賈逵曰：「河陽，晉之温也。踐土，鄭地名，在河内。」正義引：「《括地志》：『故王宮在鄭州滎澤縣西北十五里王宮城中。』王城，則所作在踐土，城内東北隅有踐土臺，東去衡雝三十餘里。」〇解「城濮衛地」〇僖二十八年《經》書「戰於城濮」，《傳》言「晉師陳於莘北」。杜注：「有莘，古國名。」案：《元和郡縣志》：「故莘城在汴州陳留縣東北三十五里。」則莘北即城濮地。**於是乎始霸。**

---

❶「地」，原作「城」，今據《史記・魏世家》改。

國語正義卷第二

歸安董增齡撰集

周語中

襄王十三年，解襄王十三年，魯僖之二十年也。下事見二十四年。**鄭人伐滑。**解滑，姬姓小國也。先是鄭伐滑，滑人聽命。鄭師還，又即衛，故鄭公子士泄、堵俞彌帥師伐滑。疏解「滑姬姓小國」○莊十六年，同盟于幽，滑伯見于《經》。僖三十三年《傳》：「秦師滅滑。」然滑在晉東，秦雖滅之，不能有其地。故昭二十六年「王次于滑」，杜注：「周地。」杜謂滑在河南緱氏縣。案：今河南河南府偃師縣南二十里有緱氏故城，即古滑地。知滑爲姬姓者，以襄二十九年《傳》女叔侯語知之。**王使游孫伯請滑，**解游孫伯，周大夫。**鄭人執之。**解鄭人，文公捷也。鄭怨惠王之入而不與厲公爵，又怨襄王之與衛滑，故不聽王命而執王使。**王怒，將以翟伐鄭。**解翟，隗姓之國也。疏解「翟隗姓之國」○宣十五年《傳》：「荀林父敗赤翟于曲梁。」劉昭案：「《上黨記》曰：『潞，濁漳也，縣城臨潞，林父伐曲梁，在城西十里。』」《史記·匈奴傳》正義引《括地志》：「潞州本赤翟地。」杜預謂：「廧咎、皋落、潞子、甲氏、留吁並赤狄別種。」**富辰諫曰：「不可。**

解富辰，周大夫也。**人有言曰：『兄弟讒鬩，侮人百里。』**解鬩，很也。兄弟雖以讒言相違很，猶禁禦他人侵侮己者。百里，諭遠也。疏解「鬩很也」〇《爾雅・釋言》：「鬩，很也。」疏引孫炎注：「相戾很。」《酒誥》：「厥心疾很。」杜預《左傳》注：「鬩，訟争貌。」**周文公之詩曰：『兄弟鬩於牆，外禦其侮。』**解文公之詩者，周公旦之所作《常棣》之篇是也，所以閔管、蔡而親兄弟。此二句，其四章也。禦，禁也。言雖相與很於牆室之内，然能外禦異族侮害己者。其後周室既衰，厲王無道，骨肉恩闕，親親禮廢，宴兄弟之樂絶，故召穆公思周德之不類，而合其宗族於成周，復修作《常棣》之歌以親之。鄭、唐二君以爲《常棣》穆公所作，失之矣，唯賈君得之。穆公，召康公之後，穆公虎也，去周公歷九王矣。疏解「文公」至「得之」〇《常棣》鄭箋：「禦，禁。務，侮也。兄弟雖内鬩而外禦侮也。」僖二十四年《傳》疏：「召穆公，厲王、宣王之臣。」《詩・江漢》序：「命召公平淮夷。」《經》曰「王命召虎」是也。思周德之不善，故知是厲王之時，周德衰微，兄弟道缺也。召穆公于東都會宗族，蓋當宣王之時。若當厲王之時，天子疎之，召公雖則聚會，不能使之親也。于會之上作此周公之樂歌，欲感切宗族，使相親也。劉光伯曰：「杜云《常棣》詩屬《小雅》，明是周公所作也。」**若是，則鬩乃内侮，而雖鬩不敗親也。**解雖内相很，外禦他人，故不敗親。**鄭在天子，兄弟也。**解言與襄王有兄弟之親。**鄭武、莊有大勳力於平、桓，**解武，鄭桓公之子武公滑突也。莊，武公之子莊公寤生也。王功曰勳。平，幽王之子平王宜臼也。桓，平王之孫，太子泄父之子桓王林也。幽王既滅，鄭武公以卿士夾輔平王，東遷洛邑。桓王即位，鄭莊爲之卿士，以王命討不庭，伐宋，入郕，在魯隱十年。唐尚書云：「王奪鄭伯政，鄭伯不朝，王伐鄭，鄭祝聃射王中肩，豈得爲功？『桓』當爲『惠』。《傳》曰：『鄭有平、惠之勳。』」昭謂：鄭世有功而桓王不賞，又奪其政，聃雖射王，非莊公意。又《詩敘》云：「桓王失信，諸侯皆叛。」明桓王之非也。下富辰又曰：「平、桓、莊、惠皆受鄭勞。」明各異人，不爲誤也。凡我周之東遷，晉、鄭是依；解東遷，謂平王也。《晉語》曰「鄭先君武公與晉文侯戮力同心，股肱周室，夾輔平王」是也。子頽之亂，又鄭之由定。解子頽，周莊王之子，惠王叔父也，篡位而立，惠王出居鄭，厲公殺子頽而納之，事在《周語上》。今以小忿棄之，是以小怨置大德也。無乃不可乎！解置，猶廢也。《詩》云：「忘我大德，思我小怨。」且夫兄弟之怨，不徵於它，解徵，召也。它，謂翟人。徵於它，利乃外矣。解外利在翟。章怨外利，不義；解章，明也。棄親即翟，不祥；解祥，善也。棄親，出翟師以伐鄭。以怨報德，不仁。解言鄭有德于王，王怨而伐之，是爲不仁。夫義所以生利也，祥所以事神也，仁所以保民也。解保，養也。不義則利不阜，解阜，厚也。不祥則福不降，不仁則民不至。古之明王不失此三德者，解三德，仁、義、祥也。故能光有天下，解光，大也。而龢甯百姓，令聞不忘。解不忘，言德及後代也。王其不可以棄之。」王不聽。十七年，王降翟師以伐鄭。解降，下也。王德翟人，將以其女爲后。富辰諫曰：「不可。夫婚姻，禍福之階也。解階，梯也。利内則福由之，利外則取禍。今王外利矣，解樹利于翟。其無乃階禍乎？昔摯、疇之國也由太任，解摯、疇，二國，任姓，奚仲、仲虺之後，太任之家也。太任，王季之妃，文王之母。《詩》云：「摯仲氏任。」又曰：「思齊太任，文王之母。」**疏**「摯疇」至「太任」〇《路史·後紀》：「黄帝次妃嫫母生禺陽生，封于任。禺生偘梁，偘梁生番禺，番禺生奚仲，奚仲生吉光，建侯于薛。又十二世，仲虺爲湯左相，始分任。祖己七世成遷爲摯，有女歸周，是誕文王。」王應麟曰：「仲虺居薛，臣扈、祖己皆其後裔。」《淮南・本經訓》：「堯乃使羿誅鑿齒於疇華之野。」高注：「疇華，南方澤名。」則疇華即疇國與？《周本紀》正義：「太任摯，任氏之中女，王季娶以爲妃。太任之性端壹誠莊，維德之行。及其有身，目不視惡色，耳不聽淫聲，口不出傲言，能以胎教子，而生文王。」**杞、繒由太姒，解**杞、繒，二國，姒姓，夏禹之後，太姒之家也。太姒，文王之妃，武王之母。**疏**「杞繒由太姒」○《漢・地理志》：「陳留郡雍丘，故杞國也，周武王封禹後東樓公，先春秋時徙魯東北，二十一世簡公爲楚所滅。」案：隱四年《經》杜注：「杞都陳留雍丘縣。」今河南開封府杞縣是也。後遷都淳于，今青州府安丘縣有淳于故城。僖十四年，鄫子見于《經》，杜注：「繒國，琅邪鄫縣。」案：今山東兗州府嶧縣東有鄫城。僖三十一年《傳》：❶「杞、鄫何事？相之不享于此久矣。」知杞、繒皆姒姓也。**齊、許、申、呂由太姜，解**四國皆姜姓，四岳之後，太姜之家。太姜，太王之妃，王季之母。**疏**「齊許」至「太姜」○《史記・齊太公世家》：「太公望呂尚者，東海上人。其先祖嘗爲四岳，佐禹平水土，甚有功。虞夏之際，封于呂，或封于申，姓姜氏。夏、商之時，申、呂或封，枝庶子孫或爲庶人。尚，其後苗裔也，本姓姜氏，從其封姓，故曰呂尚。武王封師尚父于齊營丘。」正義：「《括地志》云：『營丘在青州臨淄北百步外城中。』」隱十一年《經》孔疏：「《譜》云：『許，姜姓，與齊同祖，堯四岳伯夷之後也，周武王封其苗裔文叔于許。』今潁川許昌是也。《漢・地理志》：

---

❶ 「僖三十一年傳」，原作「僖三十年」，今據《春秋左傳正義》補。

『潁川郡許縣，故許國，文叔所封，二十四世爲楚所滅也。』」隱元年《傳》孔疏：「《國語》説伯夷之後曰『申、呂雖衰，齊、許猶在』，則申、呂與齊、許俱出伯夷，同爲姜姓。又言『齊、許、申、呂由太姜』，言由太姜而得封也。然則申之始封，亦在周興之初，其後申絶。❶至宣王之時，申伯以王舅改封于謝。」《漢・地理志》：「南陽郡宛縣，故申伯國。」宛縣者，謂宣王改封之後也，以前則不知其地。《史記正義》引《括地志》：「故呂城在鄧州南陽縣西。」徐廣云：「呂在宛縣。」《水經注》亦謂：「宛西呂城，四岳受封。」案：襄七年《傳》「楚有申、呂爲賦，以禦北方」，即此呂也。若《郡國志》所言「汝南新蔡有大呂亭」，此蔡地，非呂國也。《周本紀》正義：「《列女傳》云：『太姜，太王娶以爲妃，生太伯、仲雍、王季。太姜有色而貞順，率導諸子，❷至于成童，靡有過失。』」此言太姜之賢，故四國受其福也。**陳由大姬，** **解** 陳，嬀姓，舜後。太姬，周武王之女，成王之姊。《傳》曰：「以元女太姬配虞胡公而封諸陳。」**疏**「陳由太姬」○《漢・郡國志》「陳，庖犧所都，舜後所封」。《周本紀》正義：「《括地志》：『陳州宛丘縣在陳城中，即古陳國。』」《陳杞世家》：「舜子商均爲封國。夏后之時，或失或續。至于周武王克殷紂，乃復求舜後，得嬀滿，封之于陳。」《史記索隱》：「商均封虞，即今之梁國虞城，夏代猶封虞思、虞遂。」宋忠曰：「虞思之後，箕伯直柄，中衰。殷湯封遂于陳，以祀舜。」案：陳之始封在于商初，此言「陳由太姬」者，商衰而陳失國，此詳周初復得續封之由耳。**是皆能内利親親者也。** **解** 内

❶ 「申」，《春秋左傳正義》作「中」，當是。

❷ 「率」，原脱，今據《史記・周本紀》正義補。

利，内行七德，親親以申固其家。**昔鄢之亡也由仲任，**解鄢，妘姓之國，仲任氏之女爲鄢夫人。唐尚書云：「鄢爲鄭武公所滅，非取任氏而亡也。」昭謂：幽王爲西戎所殺，而《詩》言「褒姒滅之」，明禍有所由也。

疏「鄢之」至「仲任」〇桓十三年，鄢見于《傳》，杜注：「鄢水在襄陽宜城縣入漢。」孔疏：「鄢水出新城沶鄉縣。」案：今湖北襄陽府宜城縣南有宜城故城，即古鄢國。或謂鄢國遠在楚境之西南，非鄭武所得取鄢，別有冒色而亡，與鄭武所取之鄢，恐非一地。况鄭取虢、鄶之鄢邑，非滅鄢國也。鄢既是邑，則鄢安得有夫人邪？是與韋異義。**密須由伯姞，**解伯姞，密須之女也。《傳》曰：「密須之鼓，闕鞏之甲。」此則文王所滅而獲鼓甲也。《大雅》云：「密人不共，敢距大邦。」不由嫁女而亡。《世本》云：「密須，姞姓。」**疏**「密須由伯姞」〇密須，秦曰「陰密」。《史記・列傳》：秦遷白起于陰密山，漢置陰密縣。昭十五年杜注：「密須在安定郡陰密縣。」全祖望曰：「密須之亡，即共王所滅之密。『共王游涇上，密康公從，有三女奔之。』伯姞殆三女中之一也。富辰所指鄢、鄶、聃、息、鄧、盧，皆周時所亡之國，非文王所伐之密。」案《吕氏春秋》：「密須之民自縛其主以予文王。」《左傳》杜注：「密須，姞姓國，文王伐之，得其路鼓。」兩書皆言伐密，非言滅密也，安知文王時被伐之後其國尚在，至共王時方滅乎？抑文王滅密得鼓之後，又以其地封姬氏之胄？正如成王滅唐封太叔，仍號曰唐之例。《詩》：「密人不共。」毛傳：「國有密須氏。」《地理志》：「安定郡有陰密縣，故密人國。」《括地志》：「陰密故城在涇州鶉觚縣西。」與涇上亦相合。弘嗣謂：「『密人不共，敢距大邦』，不由嫁女而亡。」則分密與密須爲二，與先儒異義矣。**鄶由叔妘，**解鄶，妘姓之國。叔妘，同姓之女，爲鄶夫人。唐尚書云：「亦鄭武滅之，不由女亡也。」昭謂：《公羊傳》曰：「先鄭伯有善乎鄶公者，通於夫人，以取其國。」此之謂也。**疏**「鄶由叔妘」○《毛詩釋文》：「『檜』本又作『鄶』。其封域在古豫州外方之北，滎波之南，居溱、洧之間，祝融之故墟，是子男之國。」僖三十三年《傳》杜注：「故鄶國在滎陽密縣東北。」《水經・洧水》注引《竹書紀年》：「晉文侯二年，同王子多父伐鄶，克之，乃居鄭父之丘，名曰鄭，是曰桓公。」王應麟曰：「鄶有疾恣之詩，富辰曰『鄶由叔妘』。」案：《隰有萇楚》序：「國人疾其君之淫恣，而思無情慾者。」王氏引以證叔妘之事。王符《潛夫論》：「鄶君驕貪儉嗇，詩人憂之，作《羔裘》閔其痛悼也，《匪風》冀君先教也。會仲不悟，重氏伐之，遂以見亡。」惠棟曰：「《汲郡古文》：『帝辛十六年，帝使重帥師滅有鄶。』」此高辛時之鄶，非西周之鄶，王符之説失之。**聃由鄭姬，**解聃，姬姓，文王之子聃季之國。鄭姬，鄭女，爲聃夫人。同姓相娶，猶魯昭公娶于吴矣。亦其黷姓，所以亡。**疏**解「聃姬」至「之國」○《史記・管蔡世家》：「封季載於冉。」索隱：「冉，國也，或作那。」賈逵曰：「文王子聃季之國。」莊十八年「楚武王克權，遷于那處」，杜預云：「那處，楚地南郡編縣有那口城。」聃與那皆音奴甘反。《曹相國世家》正義：「成陽故城濮州雷澤縣，是武王封季載于成，其後遷于成之陽，故曰成陽也。」**息由陳嬀，**解息，姬姓之國。陳嬀，陳女，爲息侯夫人。蔡哀侯亦娶于陳，息嬀將歸，過蔡，蔡哀侯止而見之，弗賓。嬀以告，息侯導楚伐蔡。蔡侯怒，因稱息嬀之美于楚子，楚子遂滅息，以息嬀歸。**疏**解「息姬姓之國」○隱十一年《傳》孔疏：「《世本》：『息國，姬姓。』此息侯伐鄭，責其不親親，知與鄭國同姬姓。莊十四年《傳》：『楚文王滅息。』其初則不知誰之子，何時封也。《地理志》『汝南郡有新息縣，故息國也』，應劭曰：『其後東徙，故加新云。』若其後東徙，當云『故息』，何以反加『新』字乎？蓋本自他處而徙此也。」**鄧由楚曼，**解鄧，曼姓。楚曼，鄧女爲楚武王夫人，生文王。過鄧而利其國，遂滅鄧

而兼之。疏解「鄧曼姓」○桓九年《傳》：「楚子使道朔將巴客以聘于鄧，鄧南鄙鄾人攻而奪之幣。」杜注「鄾在鄧縣南，沔水之北」，則「鄧」即鄧縣。桓二年《經》杜注：「潁川召陵縣西南有鄧城。」案：在今河南許州郾城縣東南三十五里。**羅由季姬，**解羅，熊姓之國。季姬，姬氏之女，爲羅夫人。疏解「羅熊姓之國」○《漢・地理志》：「長沙國羅縣。」應劭曰：「楚文王徙羅子自枝江居此。」桓十二年《傳》杜注：❶「羅，熊姓國，在宜城縣西山中，後徙南郡枝江縣。」案：今湖北襄陽府宜城縣西二十里有羅川城，乃羅故國。楚遷之枝江，《漢・郡國志》「枝江，侯國，本羅國」是也。又自枝江徙長沙，今岳州府平江縣南三十里有羅城，長沙府湘陰縣東六十里亦有羅城，乃接境處也。**盧由荆嬀，**解盧，嬀姓之國。荆嬀，盧女，爲荆夫人。荆，楚也。疏解「盧嬀姓之國」○桓十三年《傳》杜注：「盧戎南蠻。」《釋文》：「盧，本或作廬，音同。」《漢・郡國志》「南郡中盧侯國」。《襄陽耆舊傳》曰：「古盧戎也。」案：中盧故城在今湖北襄陽府南漳縣東五十里。**是皆外利離親者也。」**解外利，行淫辟，求利于外，不能親親，以亡其國。**王曰：「利何如而內，何如而外？」對曰：「尊貴、明賢、庸勳、長老、**解明，顯也。庸，用也。勳，功也。長老，尚齒也。**愛親、禮新、親舊。**解親，六親也。新，新來過賓也。舊，君之故舊也。**然則民莫不審固其心力，以役上令。**解役，爲也。**官不易方，**解方，道也。**而財不匱竭。**❷解貢賦有品，財用有節，不乏盡也。**求無不至，動無不濟。**

❶「二」，原作「三」，今據《春秋左傳正義》改。

❷「財」，原作「射」，今據宋公序本《國語》及下注文改。

百姓兆民，解百姓，百官也。官有世功，受氏姓也。**夫人奉利而歸諸上，是利之内也。**解十億曰兆。夫人，猶人人也。**若七德離判，民乃攜貳，**解判，分也。攜，離也。七德，謂「尊貴」至「親舊」。**各以利退，**解以利利其身，而去退自營也。**上求不暨，是其外利也。**解暨，至也。**夫翟無列於王室。**解列，位次也。**鄭伯南也，王而卑之，是不尊貴也。**解賈侍中云：「南者，在南服之侯伯。」或曰：「南，南面君也。」鄭司農云：「南，謂子男。鄭，今之新鄭。新鄭之于王城爲在畿内，畿内之諸侯雖爵有侯伯，周之舊法皆食子男之地。」昭案：《内傳》子産争貢，曰：「爵卑而貢重者，甸服也。鄭伯男也，而使從公侯之貢，懼弗給也。」以此言之，鄭在男服明矣。周公雖制土中，設九服，至康王而西都鎬京，其後衰微，土地損減，服制改易，故鄭在男服。禮，畿外之諸侯世位，其見待重于采地之君，故曰「是不尊貴之也」。**疏**解「南者」至「貴之」○「鄭伯南也」，此與昭十三年《傳》「鄭伯男也」文同意異。「男」、「南」古字通。子産争貢，自就其卑。故杜注謂：「鄭國在甸服外，爵列伯、子、男，不應出公侯之貢。」孔穎達謂：「僖二十九年『大夫會國君』之例云『在禮，卿不會公侯，會伯、子、男可也』，是伯國下同子、男。子産自言其君爵卑，故下引子、男爲例。」此《傳》富辰言「王不尊鄭」，故言「鄭伯南也」以貴之。賈侍中云：「南者，在南服之侯伯也。」《左傳疏》引鄭衆、服虔之訓並同。或以「南」爲「南面之君」。襄王爲天下共主，向明而治，鄭伯南面可施之于臣民，而不可稱之于王前，門西，北面東上有定位也。鄭司農謂「南爲子男，畿内諸侯皆食子、男之地」，但男爲五等之最卑，豈反膺受尊貴之目乎？故韋不從之。《春秋繁露》：「周爵五等，春秋三等，合伯、子、男爲一爵。」故曰「伯男」。此與昭十三年《傳》義合，而與此《傳》義殊。齡謂：《尚書》「二百里男邦」，《史記》作「二百里任國」，僞孔《書傳》「男，任也，任王者事」，《白虎通義》「南之爲言任也」，《詩》「凱風自南」，沈重音南爲乃林反，《書疏》「男聲近任」，故訓爲「任」。言鄭先君桓、武、莊相繼爲王卿士，職任王事，與翟之無列于朝者不同，當尊崇之。今王不然，是不尊貴也。**翟，豺狼之德也。**疏「豺狼之德」○翟人之心若豺狼之無饜，謂凶德也。《釋獸》云：「豺，狗足。」《衆經音義》引《倉頡解詁》云：「豺似狗，白色，爪牙迅利，善搏噬也。」《説文》：「狼似犬，鋭頭白腳，高前廣後。」陸璣疏云：「其鳴能大能小，善爲小兒啼，以誘人去數十步。其猛健者，雖善用兵者不能免。」二者皆貪殘之獸，故以喻翟。**鄭未失周典，王而蔑之，是不明賢也。**解蔑，小也。**平、桓、莊、惠，皆受鄭勞，王而棄之，是不庸勳也。**解平王東遷，依鄭武公。桓王即位，鄭莊公佐之。莊，桓王之子莊王它也。惠，莊王之孫、僖王之子惠王毋涼也，爲子穨所篡，出居于鄭，鄭厲公納之。自平王以來，鄭世有功，故曰「皆受鄭勞」。勞，功也。**鄭伯捷之齒長矣，王而弱之，是不長老也。**解捷，鄭文公之名。弱，猶稺也。疏「鄭伯」至「齒長」○是時鄭文公即位已三十四年。**翟，隗姓也。**解隗姓，赤翟。**鄭出自宣王，王而虐之，是不愛親也。**解鄭桓公友，宣王之弟。出者，鄭國之封出于宣王之世。**夫禮，新不間舊。**解間，代也。**王以翟女間姜、任，非禮，且棄舊也。**解姜氏、任氏之女世爲王妃嬪，今以翟女代之，爲棄舊也。**王一舉而棄七德，臣故曰『利外』矣。《書》有之曰：『必有忍也，若能有濟也。』**解《書》，逸《書》也。若，猶乃也。濟，成也。言能有所忍，乃能有成功。疏「書有」至「有濟」○孔傳：「爲人君長，必有所含忍，其乃有所成。」宣十五年《傳》伯宗曰：「山藪藏疾，瑾瑜匿瑕，國君含垢，天之道也。」舉天道以明君道也。**王不忍小忿而棄鄭，又登叔隗以階翟。**解階，階翟禍也。**翟，封豕、豺狼也，不可厭也。」**解封，大也。厭，足也。疏解「封大也」○定四年《傳》「吴爲封豕、長蛇」，與「長」對文，故知爲「大」。《漢・食貨志》「莽大募天下囚徒人奴，名曰豬突豨勇」，服虔曰「豬性觸突人」，故以豕喻翟。**王弗聽。十八年王黜翟后。**解十八年，魯僖二十四年也。黜，廢也。翟后既立而通于王子帶，故廢之。**翟人來，誅殺譚伯。**解誅，責也。翟人奉子帶以攻王而殺譚伯。譚伯，周大夫。疏解「譚伯周大夫」○《史記・周本紀》索隱曰：「《左傳》太叔之難，獲周公忌父、原伯、毛伯。唐固據《傳》文讀『譚』爲『原』。然《春秋》有譚，何妨此時亦仕王朝，預獲被殺？《國語》既云『殺譚伯』，故太史公依之，不從《左傳》説也。」案：司馬貞説則「譚」讀如字，不必依唐注作「原」。**富辰曰：「昔吾驟諫王，王弗從，以及此難。若我不出，其以我爲懟乎！」乃以其屬死之。**解帥其徒屬以死翟難。**初，惠后欲立王子帶，故以其黨啓翟人。**解言初者，惠后已死也。以其黨者，謂穨叔、桃子，緣惠后欲立子帶，故以子帶之黨啓狄人伐周。**翟人遂入，周王乃出居於鄭，晉文公納之。**解王出適鄭，居于氾也。文公納之，而殺子帶，在魯僖之二十五年。疏解「王出」至「於氾」○《史記・周本紀》正義：「《括地志》云：『故汎城在許州襄城縣南一里。』」❶《水經・河水》注：「鄍溪水東流注于氾水，❷氾水又北流注于河。《征艱賦》所謂『步氾口之芳草，弔

❶「南」，《史記・周本紀》正義無，疑爲衍文。

❷「溪」，原作「漢」，今據《水經・河水》注改。

周襄之鄙館』是也。是乃城名，非爲水目。」案：氾有二而並在鄭。僖三十年「秦軍氾南」，杜注：「此東氾也，在滎陽中牟縣南。」此《傳》「襄王適鄭居氾」，此南氾也，杜預曰：「在襄城縣南。」孔穎達曰：「南氾是鄭之西南境，南近于楚，西近于周。」故襄二十六年楚伐鄭涉氾而歸，亦南氾也。

晉文公既定襄王於郟，解郟，洛邑王城之地也。疏解「郟洛」至「之地」○《水經・穀水》注：「《地理志》曰：『河南縣，故郟鄏地也。』京相璠曰：『郟，山名。鄏地，邑也。卜年定鼎，爲王之東都，謂之新邑，是爲王城。其城東南名曰鼎門，蓋九鼎所從入也，故謂是地爲鼎中。』」《郡國志》：「河南周公時所城雒邑，春秋時謂之王城。」注引「《帝王世紀》曰：『城西有郟鄏陌。』《博物記》曰：『王城方七百二十丈，郛方一十里，南望雒水，北至陝山。』」案：郟山即昭二十二年《傳》之北山，一名芒山，一名平逢山，一名太平山，在今河南河南府洛陽縣城東，北連郾師、孟津、鞏縣三縣界。**王勞之以地，**解王以其勤勞，賞之以地，謂陽、樊、温、原、攢茅之田。**辭，**解辭不受也。**請隧焉。**解賈侍中云：「隧，王之葬禮，闕地通路曰隧。」昭謂：隧，六隧也。《周禮》天子遠郊之内有六鄉，❶則六軍之事也。外有六隧，掌供王之貢賦。唯天子有隧，諸侯則無。疏解「隧王」至「則無」○賈侍中以隧爲葬路，僖二十五年《傳》杜注宗其說。孔疏：「天子之葬，棺重禮大，尤須謹慎，去壙遠而闕地通路，從遠處而漸邪下之。」隱元年《傳》：「公入而賦『大隧之中』。」惠棟補注引徐氏《北征記》曰：「菀陵東南有大隧澗，鄭莊所闕。」故「隧」字阜旁从走，可意會也。韋解以隧爲六隧。推弘嗣之意，

---

❶「六鄉」，原作「六卿」，今據《周禮注疏》改。

以《周禮》「萬二千五百家爲遂」，《遂人》職曰：「以歲時稽其民人，簡其兵器，以起征役。」則六遂亦當出六軍，鄉爲正，遂爲副。鄭衆云：「六遂之地在王國百里之外，王國百里爲郊，鄉在郊内，遂在郊外。」晉自滅耿、霍、虞、虢等國，地跨千里，故請作六隧，以增出軍之數。騤騤乎有六軍之漸，在逆折其萌而禁之。然《尚書・柴誓》言「魯人三郊三遂」，則成王時諸侯已有遂，不得言天子則有，諸侯則無。若謂廣三遂爲六遂，則當云「請廣其隧」，不當止言「請隧」。言「請隧」者，前此未有葬隧，今欲新制之也。况勞以地而不受，復請自分其地爲六隧，豈不蹈侈然自大之猜嫌乎？ **王弗許，曰：「昔我先王之有天下也，規方千里以爲甸服，**解規，規畫而有之。**以供上帝、山川、百神之祀，**解以其職貢供王祭也。上帝，天神五帝也。山川，五嶽河海也。百神，丘陵墳衍之神也。**疏**解「上帝」至「墳衍之神」○《文選》班固《明堂詩》：「上帝宴饗，五位時序。」李善注引：「《漢書》曰：『天神之貴者太一，其佐曰五帝。』《河圖》曰：『蒼帝神名靈威仰，赤帝神名赤熛怒，黄帝神名含樞紐，白帝神名白招拒，黑帝神名汁光紀。』」五嶽者，《爾雅・釋山》：「河南華、河西嶽、河東岱、河北恒、江南衡。」《尚書大傳》：「封十有二山。」鄭注：「祭者必封，封亦壇也。」僖三十一年《公羊傳》：「山川有能潤于百里者，天子秩而祭之。觸石而出，膚寸而合，不崇朝而雨，徧乎天下者，唯太山耳。河海潤于千里。」❶《史記・封禪書》：「河祠臨晉。春秋泮涸禱賽，如東方名山川，而牲牛犢牢具珪璧各異。加車一乘，騮駒四。」此約秦制以言周制也。《五帝本紀》集解引鄭康成《尚書注》：「羣神若丘陵墳衍。」張守

---

❶「于」，原脱，今據《春秋公羊傳注疏》補。

節曰：「謂祭羣神也。」《周官·大司樂》：「凡六樂者，❶一變而致羽物及川澤之示，再變而致贏物及山林之示，三變而致鱗物及丘陵之示，四變而致毛物及墳衍之示。」是丘陵墳衍之祭皆統之于宗伯也。**以備百姓兆民之用，以待不庭不虞之患。**解百姓，百官有世功者。用，財用也。庭，直也。虞，度也。不直，猶不道也。不度，不億度而至之患。**其餘以均分公、侯、伯、子、男，**解其餘，甸服之外地也。均，平也。《周禮》公之地方五百里，侯四百里，伯三百里，子二百里，男百里。疏解「周禮」至「百里」〇《周禮疏》：「凡建邦國，以土圭度其地。假令封上公五百里，國北畔立八尺之表，夏至晝漏半得尺五寸，景與土圭等，南畔得尺四寸五分，其中減五分，一分百里，五分則五百里。減四分則四百里，封侯；減三分則三百里，封伯；減二分則二百里，封子；減一分則一百里，封男。自上公五百里以下，境界皆有營域封圻。」**使各有寗宇，**解寗，安也。宇，居也。**以順及天地，無逢其災害，**解順，順天地尊卑之義也。若相侵犯，則有災害。**先王豈有賴焉？**解賴，贏也，言無所贏，皆均分諸侯。**內官不過九御，**解九御，九嬪。疏解「九御九嬪」〇《周官》「九嬪掌婦學之灋以教九御」。鄭注：「自九嬪而下，九九而御于王所。」則九御非止九嬪也。鄭注又引《昏義》：「古者天子后立六宮，三夫人、九嬪、二十七世婦、八十一御妻，以聽天下之內治，以明章婦順。世婦不言數者，君子不苟于色，有婦德者充之，無則闕。」故弘嗣舉九嬪以包九御也。**外官不過九品，**解九品，九卿。《周禮》「內有九室，九嬪居之。外有九室，九卿朝焉」。疏解「九品」至「朝焉」〇《考工記》鄭注：

❶「樂」，原作「變」，今據《周禮注疏》改。

「三孤、六卿爲九卿。三孤佐三公論道，六卿治六官之屬。內，路寢之裏也。外，路門之表也。九室，如今朝堂諸曹治事處。」❶**足以供給神祇而已，**解言嬪與卿主祭祀也。《魯語》曰：「日入監九御，使潔奉禘郊之粢盛。」疏解「言嬪」至「祭祀」○嬪主祭祀。如《九嬪》「凡祭祀，贊玉齍，贊后薦，❷徹豆籩」，《世婦》「帥女宮而濯摡爲齍盛。及祭之日，涖陳女宮之具，凡內羞之物」。卿主祭祀，如太宰奉齍，司徒奉牛，司馬奉羊，宗伯奉雞，司寇奉犬，司空奉豕之類。《説文》：「神，天神引出萬物者也。」「示，地祇提出萬物者也。」**豈敢猒縱其耳目心腹，以亂百度？**解猒，足也。耳目，聲色。心腹，嗜欲也。**亦唯是死生之服物采章，**解采章，采色文章也。死之服，謂六隧之民引王柩輅。**以臨長百姓而輕重布之，王何異之有？**解輕重布之，貴賤各有等也。王何異之有，言帝王皆然也。**今天降禍災於周室，余一人僅亦守府，**解僅，猶劣也。府，先王之府藏。疏解「府先」至「府藏」○《周官》太府、玉府、內府、外府、司會、司書、職內、職歲、職幣皆府藏也。高誘《國策注》「府，聚也」。賈公彦曰：「凡物所聚皆曰府。」**又不佞以勤叔父，**解勤，勞也。天子稱九州之長同姓曰叔父。**而班先王之大物以賞私德，**解班，分也。大物，謂隧也。**其叔父實應且憎，以非余一人，余一人豈敢有愛也？**解應，猶受。憎，惡也。言晉文雖當私賞，猶非我一人。**先民有言曰：『改玉改行。』**解玉，佩玉，所以節行步也。君臣尊卑，遲速有節，言服其服器，行其禮，以言晉

❶「堂」，原作「廷」，今據《周禮注疏》改。

❷「贊」，原作「贄」，今據《周禮注疏》改。

侯尚在臣位，不宜有隧也。**叔父若能光裕大德，更姓改物，以創制天下，自顯庸也。**解光，廣也。裕，寬也。更姓，易姓也。改物，改正朔，易服色也。創，造也。庸，用也。謂爲天子創造制度，自顯用于天下。**而縮取備物，以鎮撫百姓，**解縮，引也。備物，隧之屬。疏解「縮引也」。○《史記・天官書》：「退舍爲縮。」《一切經音義》二十引《國語》賈注「縮，退也」。韋云「引也」者，《文選》顔延年《北使洛》詩「臨涂未及引」，李善注「引，猶進也」。「進」爲「退」之反，以「引」訓「縮」，猶治亂曰亂，蓋反訓也。則「縮取」猶「進取」與？**余一人其流辟于裔土，何辭之與有！**解流，放也。言將放辟于荒裔，復何陳辭之有。**若由是姬姓也，**解謂文公未更姓而王。**尚將列爲公侯，以復先王之職，大物其未可改也。**解言文公若尚在公侯之位，將成霸業以興王室，復先王之職，則六隧未可改也。**叔父其茂昭明德，物將自至。**解茂，勉也。言有天下則隧自至也。**余敢以私勞變前之大章，以忝天下，**解章，表也，所以表明天子與諸侯異物也。**其若先王與百姓何？**解言無以奉先王鎮撫百姓。**何政令之爲也？**解何以復臨百姓而爲政令乎？**若不然，叔父有地而隧焉，**解自制以爲隧也。**余安能知之？」**解所不敢禁。**文公遂不敢請，受地而還。**

王至自鄭，解襄王從鄭至王城也。**以陽、樊賜晉文公。**解陽、樊，二邑，在畿內也。疏解「陽樊」至「畿內」○隱十一年《傳》杜注：「樊，一名陽樊，野王縣西南有陽城。」案：在今河南懷慶府濟源縣東南三十八里。服虔曰：「樊，仲山父所居，故曰陽樊。」**陽人不服，**解不肯屬晉。**晉侯圍之。倉葛呼曰：**解倉葛，陽人也。「王以晉君爲德，解爲能行德。故勞之以陽、樊。陽、樊懷我王德，是以未從於晉。解懷，思也。謂君其何德之布以懷柔之，解懷，來也。柔，安也。使無有遠志？解遠志，離畔也。今將大泯其宗祊，解泯，滅也。廟門謂之祊。宗祊，猶宗廟也。疏解「廟門謂之祊」○《爾雅·釋宮》「閍，謂之門」。《春秋疏》引李巡注：「祊，故廟中門名也。」《禮器》鄭注：「謂之祊者，于廟門之旁，因名焉。」而蔑殺其民人，解蔑，猶滅也。宜吾不敢服也。夫三軍之所尋，解尋，討也。將蠻夷戎翟之驕逸不虔，於是乎致武。解謂諸夏之國爲蠻夷之行，王于是致武以伐之。此羸者陽也，未狎君政，解羸，弱也。狎，習也。故未承命。君若惠及之，唯官是徵，其敢逆命，解官，晉有司也。徵，召也。何足以辱師！君之武震，無乃玩而頓乎？解震，威也。玩，黷也。言舉非義兵，誅罰失當，故君之武威將見慢黷而頓弊也。臣聞之曰：『武不可覿，文不可匿。解覿，見也。匿，隱也。言不當尚武隱文。覿武無烈，解烈，威也。匿文不昭。』陽不承穫甸，而祇以覿武，臣是以懼。不然，其敢自愛也？解祇，適也。言陽人既不得承王室爲甸服，又懼晉不惠恤其民，適以震威耀武而見殘破，不然，豈敢自愛而不服乎？且夫陽，豈有裔民？解裔民，謂凶惡之民放在四裔者。夫亦皆天子之父兄甥舅也，解謂我舅者，吾謂之甥。若之何其虐之也！」晉侯聞之，曰：「是君子之言也。」乃出陽民。解放令去也。

温之會，晉人執衛成公，歸之於周。解温，晉之河陽也。成公，衛文公之子成公鄭也。晉文公討不服，衛成公恃楚而不從，聞楚師敗于城濮，懼，出奔楚，使元咺奉弟叔武以受盟于踐土。或訴元咺曰：「立叔武矣。」衛侯殺其子角，咺不廢命，奉叔武以守。晉人復衛侯，衛侯先期入。叔武將沐，聞君至，喜，捉髮走出，前驅射而殺之，元咺出奔晉。會于温，討不服。衛侯與元咺訟，不勝，故晉侯執之，歸之于京師。在魯僖二十八年。**疏**解「温晉之河陽」○《水經·河水》注：「河水又東逕河陽縣故城南，服虔、賈逵曰：『河陽，温也。』班固《漢書·地理志》、司馬彪、袁山松《郡國志》、《晉太康地道記》、《十三州志》：『河陽別縣，非温邑也。』」僖二十八年《經》杜注：「河陽，晉地，今河内有河陽縣。」亦從《漢·地理志》之説，唯范甯《穀梁》解：「温、河陽同耳。」❶小諸侯，故以一邑言之；尊天子，故以廣大言之。」是范意以温屬之河陽。案：古温縣在今懷慶府温縣西南三十里，古河陽縣在今懷慶府河内縣西三十里，顯然兩地。《漢·地理志》最爲近古，亦以温縣、河陽縣並隸河内。然韋解自本服氏、賈氏之義。○解「成公」至「京師」○《公羊傳》：「歸之于者，執之于天子之側者也。罪定不定，已可知也。」又曰：「衛之禍，文公爲之也。文公逐衛侯而立叔武，使人兄弟相疑。」是公羊之意，晉侯稱「人」，所以歸罪于文公也。**晉侯請殺之。王曰：「不可。夫政自上下者也，**解當從王出也。**上作政而下行之不逆，故上下無怨。**解言君臣不相怨。**今叔父作政而不行，無乃不可乎？**解不行，謂不順也。言晉侯不行德政，而聽元咺之愬欲殺衛侯。**夫君臣無獄，**解獄，訟也。無是非曲直獄訟之義。**今元咺雖直，不可聽也。君臣皆獄，父子將獄，是無上下也。而叔**

❶「陽」，原作「内」，今據《春秋公羊傳注疏》及下文改。

父聽之，一逆矣。又爲臣殺其君，其安庸刑？解庸，用也。刑，法也。**布刑而不庸，再逆矣。一合諸侯而有再逆政，余懼其無後也。**解無後，無以復合諸侯。**不然，余何私於衛侯？」晉人乃歸衛侯。**解在魯僖三十年。晉人使醫衍酖衛侯，衛侯不死。魯僖爲請于王及晉侯，皆納玉十瑴，于是歸之。

二十四年，秦師將襲鄭，過周北門。解襄王二十四年，魯僖之三十三年。秦師，秦大夫孟明視之師也。輕曰襲。周北門，王城北門也。疏解「襄王」至「之師」○《詩譜》：「秦者，隴西谷名。於《禹貢》近雍州鳥鼠之山。伯翳實臯陶之子，賜姓曰『嬴』。周孝王封其末孫非子爲附庸，邑之于秦谷。至平王之初，襄公討西戎以救周，平王東遷王城，乃以岐、豐之地賜之，始列爲諸侯。至玄孫德公又徙于雍。」《秦本紀》：「德公卒，子宣公立。卒，弟成公立。卒，弟穆公任好立。」周襄二十四年正當秦穆之三十二年。**左右免胄而下，**解兵車參乘，御在中央，故左右下也。胄，兜鍪也。❶免，脱也。脱胄而下，敬天王也。疏「左右免胄而下」○錢曾《讀書敏求記》「明道二年刊本作『左右皆免胄而下拜』」，又引韋解曰：「言『免胄』，則不解甲而拜。」錢氏謂：「介胄之士不拜，秦師反是，所謂『無禮則脱』也。」齡謂：此文不應有「拜」字，蓋望闕拜舞，後世之禮。古者天子、諸侯徧揖羣臣，臣各就位而立，此每日視朝之禮，不聞有拜，何以城門之外反施以拜？《呂氏春秋・先識覽》亦載此事，但言當橐甲束兵，左右皆下，以爲天子禮，不言當拜。《左傳》載

---

❶「胄兜鍪也」四字，原脱，今據宋公序本《國語》補。

此事亦無「拜」字,《國語》即謂脱「拜」字,豈《左傳》亦與之同脱乎? 滿言忽下忽超乘,故言「輕而無禮」,若下而拜則宜言「恭而無禮」,不當言「輕而無禮」。成十六年《傳》「郤至見楚子必下,❶免胄而趨風」,下而免胄,已是敬之極,則故必使工尹襄問之,蓋以答其敬也。則秦師既下,更不必拜。必謂此《傳》當有「拜」字,未敢雷同附和也。○解「胄兜鍪也」。○《荀子·議兵篇》:「冠軸帶劍。」注引顔師古曰:「著兜鍪而帶劍。」是胄爲兜鍪也。 **超乘者三百乘。** 解超乘者,跳躍而上車者。 **王孫滿觀之,言於王曰:「秦師必有讁。」** 解滿,周大夫王孫之名。讁,猶咎也。 **王曰:「何故?」對曰:「師輕而驕,** 解輕,謂超乘也。驕,謂士卒不肅也。 **輕則寡謀,驕則無禮,無禮則脱,** 解脱,簡脱也,謂不敦旅整陳。 **寡謀自陷,入險而脱,能無敗乎?** 解險,謂殽地。 **秦師無讁,是道廢也。」** 解是古道廢也。 **是行也,秦師還。** 解鄭商覺之,矯以鄭伯之命犒之,故還。 疏解「鄭商」至「故還」○《吕氏春秋·先識覽》:「秦師過周而東,鄭賈人弦高、奚施將西市于周,道遇秦師,曰:『嘻。師所從者遠矣,此必襲鄭。』遽使奚施歸告,乃矯鄭伯之命以勞之,曰:『寡君聞大國將至久矣,使人臣犒勞以璧,膳以十二牛。』」《淮南子·人間訓》:「孟明舉兵襲鄭。鄭之賈人弦高、蹇他相與謀曰:『凡襲國者,以爲無備也。今示以知其情,必不敢進。』乃矯鄭伯之命,以十二牛勞之。三率乃還師而反。鄭伯以存國之功賞弦高。弦高辭之曰:『誕而得賞,則鄭國之信廢。』以其屬徙東夷,終身不反。」案:蹇他與奚施異文,各據所傳聞也。 **晉人敗諸殽,獲其三帥丙、術、視。** 解殽,晉

❶ 「六」,原作「七」,今據《春秋左傳正義》改。

地也，在今弘農。三帥，秦三將，謂白乙丙、西乞術、孟明視。**疏**解「殽晉」至「弘農」○僖三十二年《傳》杜注：「殽在弘農黽池縣西。」《公羊傳》：「百里奚與蹇叔送其子而戒之曰：『爾即死，必殽之嶔巖，是文王之所避風雨者也。』」何休曰：「其處阻險，故文王過之驅馳，常若避風雨者也。」《文選・西征賦》李善注引劉澄之《地理書》：「肴有純石，或謂石肴。」《水經・河水》注：「石崤山有二陵，言山徑委深，峯阜交蔭，故可以避風雨也。漢建安中，曹公西討巴漢，惡南路之險，更開北道。自後行旅，率多從之。今山側附路有石銘：❶晉太康三年弘農太守梁柳修復舊道。太崤以東，西崤以西，明非一崤也。」案：魏太和十一年置崤縣，唐改硤石，廢崤縣爲石濠鎮，其北有崤山。今崤縣故城在河南府永甯縣北五十里。○解「三帥」至「明視」○《吕氏春秋・先識覽》「蹇叔有子曰申，與視偕行」。高注：「申，白乙丙也；視，孟明視也；皆蹇叔子也。」《淮南・人間訓》高注：「孟明，百里奚之子也。」僖三十二年《傳》孔疏：「《世族譜》以百里孟明視爲百里奚之子，則姓百里，名視，字孟明也。其術、丙必是名。西乞、白乙，或字、或氏，不可明也。《譜》云：『或以爲西乞術、白乙丙爲蹇叔子。』案：《傳》稱蹇叔之子與師，言在師中而已，若是西乞、白乙，則爲將帥，不得云與也。或説必妄，記異聞耳。』」齡謂：孟明之冠以百里，《傳》有明文，乃《吕覽》又以孟明爲蹇叔之子，誤矣。

晉侯使隨會聘于周。 **解**晉侯，晉文公之孫，成公之子景公獳也。隨會，晉正卿，士蔿之孫，成伯之

---

❶「銘」下，《水經注》有「云」字。

子士季武子也。**定王饗之，殽烝，**解定王，周襄王之孫，頃王之子定王揄也。烝，升也。升折俎之殽。**原公相禮。**解原公，周卿士原襄公也。相，佐也。疏解「原公」至「襄公」〇襄公食采于原。隱十一年《傳》杜注：「原在沁水縣西。」案：今懷慶府濟源縣西北有原鄉。**范子私於原公。**解范子，隨會也，食采於隨范，故曰隨會，或曰范會。疏解「范子」至「范會」〇隱五年《傳》「翼侯奔隨」。杜注：「隨，晉地。」案：今山西汾州府介休縣東有古隨城。閻若璩曰：「范，今東昌府濮州范縣，晉大夫士會邑，又半屬魯。《後漢志》東郡范縣有秦亭。莊三十年築臺于秦。《地道記》『在縣西北』。是也。」**曰：「吾聞王室之禮無毁折，今此何禮也？」王見其語也，召原公而問之，原公以告。王召士季，**解季，范子字。**曰：「子弗聞乎？禘郊之事，則有全烝。**解全烝，全其牲體而升之也。凡禘、郊皆血腥也。疏「禘郊」至「全烝」〇《祭法》鄭注：「禘謂祭昊天于圜丘。祭上帝于南郊曰郊。」孔疏以禘文在郊祭之前，郊前之祭唯圜丘耳。《周官·司徒》「奉牛牲羞其肆」，《小胥》職云：「全爲肆。」《犬人》職：「凡祭祀共犬牲，用牷物。」牷之言全也。《穆天子傳》「官人陳牲全五具」，又曰「觸齊牲全」，故五官奉牲皆用全也。**王公立飫，則有房烝。**解王，天子。公，諸侯也。禮之立成者爲飫。房，大俎也。《詩》云：「籩豆大房。」謂半解其體，升之房也。疏「王公」至「房烝」〇《詩·常棣》毛傳：「飫，私也。不脱屨升堂謂之飫。」鄭箋：「私者，圖非常之事，若議大疑于堂，則有飫禮焉。」疏引孫炎《爾雅注》「飫，非公朝私飫飲酒也」。《燕禮》云：「既脱屨，乃升堂。」《少儀》云：「堂上無跣，燕則有之。」是燕由坐而脱屨，明立則不脱矣。《詩·閟宫》毛傳：「大房，半體之俎也。」鄭箋：「大房，玉飾俎也。其制足間有横，下有跗，❶似乎堂後有房然。」疏引《明堂位》注：「房謂足下跗也。上下兩間，有似于堂房。」然知是半體之俎者，《昏禮》婦饋舅姑「特豚，合升，側載」，注「右胖載之舅俎，左胖載之姑俎」，是俎載半胖之事也。**親戚宴饗，則有殽烝。**解殽烝，升體解節折也。俎，謂之折俎也。疏「親戚」至「殽烝」〇親戚，王之同族父兄，箕子，紂之親戚是也。鄭康成曰「凡非穀而食之曰殽」，則殽是可食之名。切肉爲殽，乃升于俎，故謂之殽烝。杜預曰：「體解節折升之于俎，物皆可食，所以示慈惠也。」孔穎達曰：「宴飲殽烝，其數無文。若祭祀體解，案：《特牲饋食禮》有九體，則肩一、臂二、臑三、肫四、胳五、正脊六、横脊七、長脅八、短脅九，此謂士禮也。若大夫禮則十一體，加脡脊、代脅。其諸侯、天子無文，或同十一。」**今女非它也，而叔父使士季實來，修舊德以獎王室，**解獎，成也。**唯是先王之宴禮，欲以貽女。**解貽，遺也。**余一人敢設飫禘焉，**解飫，半體。禘，全體。**忠非親禮，而干舊職，以亂前好？**解忠，厚也。親禮，親戚宴饗之禮也。舊職，故事。前好，先王之好也。**且唯夫戎翟則有體薦。**解體，委與之也。**夫戎翟，冒没輕儳。**解冒，抵觸也。没，入也。儳，進退、上下、無列也。**其血氣不治，若禽獸焉。其適來班貢，不俟馨香嘉味，**解適，往也。班，賦也。**故坐諸門外，❷而使舌人體委與之。**解舌人，能達異方之志，象胥之官也。疏解「舌人」至「之官」〇《東都賦》「重舌之人九譯」，薛綜注：「重舌，

❶「跗」，《毛詩正義》作「柎」。
❷「坐」，原作「生」，今據宋公序本《國語》改。

爲曉夷狄語者。」李周翰注：「重舌，謂重爲敘其詞，舌以譯其意。」《周官》：「象胥，每翟上士一人，中士二人，下士八人。」注：「通夷狄之言曰象，胥其有才知者也。東方曰寄，南方曰象，西方曰狄鞮，北方曰譯。今總名曰象者，周之德先致南方也。」**女今我王室之一二兄弟，以時相見，**解兄弟，晉也。**將龡協典禮，以示民訓則，**解協，合也。典，常也。**無亦擇其柔嘉，**解無亦，不亦也。柔，脃也。嘉，美也。**選其馨香，潔其酒醴，品其百籩，**解籩，竹器，容四升，其實棗、栗、糗、餌之屬。**疏**解「籩竹器」至「之屬」〇《周官·籩人》疏：「籩是竹器者，以其字竹下爲之。云『如豆』者，皆面徑尺，柄尺，依《漢禮器制度》知之也。」案：賓饗之籩，其實未詳。祭祀之籩，《籩人》職曰：「朝事之籩，其實麷、蕡、白、黑、形鹽、膴、鮑魚、鱐。饋食之籩，其實棗、栗、桃、乾䕩、榛實。加籩之實，蔆、芡、栗、脯、蔆、芡、栗、脯。羞籩之實，糗餌、粉餈。」故言棗、栗、糗餌之屬以包之。百籩，言多也。**修其簠簋，**解修，備也。簠簋，黍稷之器。**疏**解「簠簋」至「之器」〇簠，《説文》「黍稷圜器也」。《詩·秦風》毛傳：「外方内圜曰簠，用貯稻粱，容一斗二升。」《儀禮·聘禮》：「兩簠繼之，粱在北。」《考工記》：「旊人爲簋，實一觳，崇尺。」疏：「祭廟用木簋，此用瓦簋祭天地及外神，尚質。」《儀禮·公食大夫禮》：「宰夫東面坐，啓簋會，各卻于其西。」故知簠、簋爲黍稷器也。**奉其犧象，**解犧，犧尊，飾以犧牛。象，象尊，以象骨爲之飾。**疏**解「犧尊」至「之飾」〇《詩·閟宮》毛傳「犧尊有沙飾也」，疏：「沙，羽飾。」《周官》鄭司農注『犧尊飾以翡翠』，與毛義同。《淮南·俶真訓》高注：『犧讀曰希，猶疏鏤之尊。』司農又云：『象尊以象鳳凰，或曰以象骨飾尊。』阮諶《禮圖》云：『犧尊飾以牛，象尊飾以象，以尊腹之上畫爲牛象之形。』王肅云：『魯郡于地中得齊大夫子尾送女器有犧尊，以犧牛爲尊。然則象尊，尊爲象形也。』

二尊形如牛象，而背上負尊。』」案：驗之《宣和博古圖》，肅説是。**出其尊彝，**解尊、彝皆受酒之器。**疏**解「尊彝」至「之器」○《周官·司尊彝》：「六尊：犧尊、象尊、著尊、壺尊、太尊、山尊。六彝：雞彝、鳥彝、斝彝、黄彝、虎彝、蜼彝。」《爾雅·釋器》：「彝、卣、罍，器也。」郭注：「皆盛酒，尊、彝其總名。」《禮記疏》云：「彝，法也，與餘尊爲法也。」**陳其鼎俎，**解俎設于左，牛豕爲一列，魚腊腸胃爲一列，膚特于東。**疏**「陳其鼎俎」○《儀禮·聘禮》：饋饔餼五牢于賓館，「飪一牢，鼎九，設于西階前」。牛鼎一、羊鼎一、豕鼎一、魚鼎一、腊鼎一、腸胃鼎一、膚鼎一、鮮魚鼎一、鮮腊鼎一，凡九鼎，從北向南而陳。又有陪鼎三，其一曰膷鼎，牛臛也，在牛鼎之西；其一曰臐鼎，羊臛也，在羊鼎之西；其一曰膮鼎，豕臛也，在豕鼎之西。其陪所設，當西階之内廉，「腥二牢，陳于東階之前，南陳」。牢别七鼎，無鮮魚、鮮腊也。并上飪一牢，所謂死牢三。又餼二牢，陳于門内之西。是卿之饔餼五牢。《公食大夫禮》：「士設俎于豆南，西上。牛、羊、豕、魚在牛南，腊、腸胃亞之。」鄭注：「亞，次也。不言綪錯，俎尊也。」《公食大夫禮》又言：❶「膚以爲特。」鄭注：「直豕與腸胃東也。特膚者，出下牲，賤。」案：奉俎者北面西上，則以左爲尊也。**静其巾冪，**解静，潔也。巾冪，所以覆尊彝。**疏**「静其巾冪」○《周官》：「冪人掌共巾冪。祭祀以疏布巾冪八尊，以畫布巾冪六彝，凡王巾皆用黼。」賈公彦曰：「言凡，非一。四飲三酒之外，籩豆俎簋之屬皆用之。」**敬其祓除，**解祓除，猶掃除也。**疏**「敬其祓除」○《儀禮·聘禮》：「主人曰：不腆先君之祧，既拚以俟矣。」《釋文》：「拚謂掃洒。」《周禮·守祧》職：「其廟

❶「食」，原作「次」，今據《儀禮注疏》改。

則有司修除之。」疏謂：「滌除亦是潔靜之義。」**體解節折而共飲食之。於是乎有折俎加豆，**解加豆，謂既食之後所加之豆也。其實芹葅、兔醢之屬。**疏**解「加豆」至「之屬」○《周官·醢人》：「加豆之實，芹葅、兔醢、深蒲、醓醢、菭葅、鴈醢、筍菹、魚醢。」鄭注：「芹，楚葵也。鄭司農云：『深蒲，蒲蒻入水深，故曰深蒲。或曰深蒲，桑耳。醓醢，肉醬也。菭，水中魚衣。』故書鴈或爲鶉。杜子春云：『當爲鴈。』玄謂深蒲，蒲始生水中子。菭，箭萌。筍，竹萌。」鄭注又云：「作醢及臡者，必先膊乾其肉，乃後莝之，雜以粱麴及鹽，漬以美酒，塗置瓶中則成矣。」案：兔醢，醢以兔肉作之。**酬幣宴貨，**解酬，報也。聘有酬賓束帛之禮。其宴，束帛爲好，謂之宴貨。**疏**「酬幣宴貨」○《儀禮·聘禮》：「致饗于酬幣亦如之。」鄭注：「酬幣，饗禮酬賓勸酒之幣也，所用未聞也。禮幣束帛乘馬，亦不是過也。」《禮器》曰：「琥璜爵，蓋天子酬諸侯。」賈疏：「琥璜爵者，天子酬諸侯。諸侯相酬，以此玉將幣也。公、侯、伯用琥，子、男用璜。」案：天子于諸侯既異等，則諸侯酬卿大夫幣必更殺也。昭五年《傳》：「宴有好貨。」杜注：「宴飲以貨爲好，衣服車馬在客所無。」孔疏：「明年，晉享季武子，重其好貨。僖二十九年『介葛盧來，禮之，加宴好』是也。」**以示容合好。**解示容儀，合和好也。**胡有孑然其效戎翟也？**解孑然，全體之貌。**夫王公諸侯之有飫也，將以講事成章，**解講，講軍旅、議大事也。章，章程也。**建大德，昭大物也，**解大德，大功。大物，戎器也。**故立成禮烝而已。**解立成，不坐也。升其備物而已。**飫以顯物，宴以合好，**解顯物，示物備也。**歲飫不倦，**解歲行飫禮，不至於解倦。**時宴不淫，**解一時之間必有宴禮，不至於淫湎。**月會、**解會，計也，計一月之經用。**旬脩、**解脩十日之中所成爲者。**日完不忘。**解日完，一日之所爲。不忘，不忘其禮也。**服物昭庸，采飾顯明。**

解庸，功也。冕服、旗章所以昭有功，采色之飾所以顯明德也。**文章比象，解**黼黻，錦繡之文章也。比象，比物以象，山、龍、華蟲之屬。**周旋序順，解**周旋，容止也。序，次也。各以次比順于禮也。**容貌有崇，解**崇，飾也。容止可觀也。**威儀有則，解**則，法也。其威可畏，其儀可度也。**五味實氣，解**味以實氣，氣以行志。**疏**「五味實氣」〇《淮南・墬形訓》：「鍊甘生酸，鍊酸生辛，鍊辛生苦，鍊苦生鹹，鍊鹹反甘。」《内經》：「岐伯曰：天食人以五氣，地食人以五味，五氣入鼻，藏于心肺，五味入口，藏于腸胃。味有所藏，以養五氣，氣和而生，津液相成，神乃自生，五色修明，音聲能彰。」北言實氣之必由五味也。〇解「味以」至「行志」〇昭九年《傳》杜注：「氣和則志充。」疏：「調和飲食之味以養人，所以行人氣也。氣得和順，所以充人志也。」墨子曰：「古之人其爲食也，足以增氣充虚而已。」充虚則志爲氣之帥矣。**五色精心，解**五色之章，所以異賢、不肖，精其心也。**疏**「五色精心」〇桓二年《傳》疏：「物不虚設，必有所象。其物皆象五色，故以五色明之。」謂車服、器用以賢、不肖分尊卑、昭等級也。**五聲昭德，解**昭德，謂政平者其樂和也，亦謂見其樂知其德。**疏**解「昭德」至「其德」〇《樂緯動聲儀》：「宮爲君，君者當寬大容衆，故聲和以舒，其和情以柔；商爲臣，臣者當以發明君之號令，其聲散以明，其和温以斷；角爲民，民者當儉約，不奢僭差，故其聲防以約，其和清以静；徵爲事，事者君子之功，既當急就之，其事當久流亡，故其聲貶以疾，其和平以功；羽爲物，物者不有委疾，故其聲散以虚，其和斷以散。」又云：「音相生者和。」注云：「彈羽角應，彈宮徵應。」《樂記》：「治世之音安以樂。」孔穎達曰：「治世之音，民既安静，以樂而感其心，故樂音亦安以樂，由其政和美故也。君政和美，使人心安樂，人心安樂，故樂聲亦安以樂也。」**五義紀宜，解**五義，謂父義、母慈、兄友、弟恭、子孝也。**飲食**

可饗，歆同可觀，❶解殽烝，故可饗。以可去否曰和，一心不二曰同，和同之用行，則德義可觀。**財用可嘉，**解酬幣宴貨，以將厚意，故可嘉也。**則順而建德。**解則，法也。建，立也。**古之善禮者，將焉用全烝？」武子遂不敢對而退。歸乃講聚三代之典禮，**解三代，夏、殷、周也。**於是乎修執秩以爲晉法。**解秩，常也。可奉執以爲常法者。晉文公蒐於被廬，作執秩之法。自靈公以來，闕而不用，故武子修之，以爲晉國之法。疏解「秩常」至「執秩之法」○僖二十七年《傳》杜注：「蒐，順少長，明貴賤。執秩，主爵秩之官。」蓋文公創此法而特舉大蒐以頒之也。**定王使單襄公聘於宋，**解單襄公，王卿士單朝也。聘，問也。問者，王之所以撫萬國諸侯，存省之。疏「聘于宋」○隱元年《傳》杜注：「宋，梁國睢陽縣。」孔疏：「宋國，《公爵譜》云：『宋，子姓。武王封紂子武庚以紹殷後。武庚作亂，周公討而誅之，更封微子啓爲宋公。』」案：睢陽故城在今歸德府商丘縣南。定王六年當宋文公十年。**遂假道於陳以聘於楚。**解假道，自宋適楚，經陳也。是時天子微弱，故以諸侯相聘之禮假道也。聘禮，若過國至於境，使次介假道，束帛將命于廟。疏「遂假」至「于楚」○隱四年《傳》杜注：「陳國陳縣。」案：在今河南陳州府淮甯縣境。桓二年《傳》杜注：「楚國，南郡江陵縣北紀南城。」孔疏：「《譜》云『楚，羋姓，顓頊之後，其後鬻熊事周文王，早卒。成王封其曾孫熊繹于楚，以子男之田居丹陽，南郡枝江』是也。熊達始稱武王，❷居郢，江陵是也。」案：江陵即今荊州府

❶「歆」，據明道本《國語》及下注文當作「和」。
❷「達」，原作「通」，今據《春秋左傳正義》改。

府城紀南城，在府北十里枝江，即今荆州府枝江縣。定王六年，當楚莊王十三年也。**火朝覿矣，道茀不可行也，**解火，心星也。覿，見也。草穢塞路爲茀。朝見，謂夏正十月，晨見於辰。疏「火朝覿矣」〇《月令章句》：「自亢八度至尾四度謂之大火之次。」《開元占經·分野略例》云：「於辰在卯爲大火，東方爲木，心星在卯，火出木星，故曰大火。」《史記·天官書》：「心爲明堂。」《律書》：「心言萬物始生有華心也。」襄九年《傳》「古之火正或食于心」，故心爲大火。九月之昏火始入，十月之昏則伏，故晨見于東方。孔穎達曰：「天文家言星去日半次，則得朝見。」〇「道茀不可行」〇《爾雅·釋詁》：「覭髳，茀離也。」郭注謂：「草木之叢茸翳薈也。茀離即彌離。」邵疏：「彌離，又轉作『仳離』，後又轉作『迷離』，又轉作『靡離』。」《淮南·繆稱訓》「穢生于弗耨」，故知穢爲塞路也。**候不在疆，**解候，候人也，掌迎送賓客者。疆，境也。疏「候不在疆」〇《淮南·時則訓》「九月官候」，高注：「候，望也。」《周禮·候人》：「上士六人，下士十有二人，各掌其方之道治與其禁令，以設候人。若有方治，則帥而致于朝；及歸，送之于竟。」鄭注引此《傳》「疆」作「竟」。譏不居其方也。**司空不視涂，**解司空，卿官，掌道路也。疏解「司空」至「道路」〇《月令》：「命司空曰，巡行國邑，周視原野，修利隄防，道達溝瀆，開通道路，無有障塞。」《淮南·時則訓》：「正月官司空。」高注：「司空主土。」《周禮·遂人》鄭注：「徑、畛、涂、道、路，皆所以通車徒于國都也。徑容牛馬，畛容大車，涂容乘車一軌，道容二軌，路容三軌。」此傳舉涂以包徑、畛、道、路也。**澤不陂，**解陂，鄣也。古不竇澤，故鄣之。**川不梁，**解流曰川。梁，渠梁。古不防川，故梁之。疏解「流曰」至「梁之」〇《爾雅·釋宮》：「隄謂之梁。」《說文》：「梁，木橋也。」莊四年《傳》：「除道梁溠。」襄二十八年《傳》：「戕舟發梁。」《淮南·繆稱訓》：「若行獨梁。」高

注：「獨梁，一木橋。」《詩·有狐》毛傳：「石絶水曰梁。」則又有以石爲之者。**野有庾積**，**解**唐尚書云：「十六斗曰庾。」昭謂：此庾露積穀也。《詩》云「曾孫之庾，如坻如京」是也。**疏**「野有庾積」○《周禮》：「遂人掌邦之野。」鄭注：「此野謂甸稍縣鄙。」是國門之外通謂之野。《史記·文帝紀》集解引應劭曰：「水漕倉曰庾。胡廣曰：『在邑曰倉，在野曰庾。』」索隱引郭璞注：「《三倉》云：『庾，倉無屋也。』」**場功未畢**，**解**治場未畢也。《詩》云：「九月築場圃。」**道無列樹**，**解**古者列樹以表道，且爲城守之用。**疏**解「古者」至「之用」○《呂氏春秋》：「松柏成而涂之人已蔭矣。」《鄭風·東門之墠》毛傳：「栗，行上栗也。」孔疏：「栗在東門之外，不處園圃之間，則是表道樹也。」襄九年《傳》：「趙武、魏絳斬行栗。」杜注：「行栗，表道樹。」襄十八年《傳》「趙武及秦周伐雍門之萩，劉難、士弱焚申池之竹木」，蓋表道以樹，兼距敵而護城也。**墾田若蓺**，**解**發田曰墾。蓺猶蒔也，言其稀少猶若蓺物。**疏**解「蓺猶」至「蓺物」○《堯典》：「播時百穀。」時，鄭讀曰「蒔」。《說文》：「蒔，更別種也。」**膳宰不致餼**，**解**膳宰，膳夫也，掌賓客之牢禮。生曰餼。**疏**解「生曰餼」○《儀禮·聘禮》歸饔餼五牢于賓館，「飪一牢，鼎九，設于西階前。腥二牢，陳于東階之前，南陳，并上飪一牢，所謂死牢三。又餼二牢，陳于門内之西」。僖三十三年《傳》：「餼牽竭矣。」孔穎達曰：「餼與牽相對，是牲可牽行，則餼是已殺。殺又非熟，謂生肉未煮者。其實餼亦生，哀二十四年《傳》『餼臧石牛』，是以生牛賜之也。」**司里不授館**，**解**司里，里宰也，掌授客館。**疏**解「司里」至「客館」○《周官·里宰》：「每里下士一人，掌比其邑之衆寡與其六畜、兵器，治其政令。」疏：「邑是人所居之處，里又訓爲居。」此里宰司授館之事。**國無寄寓**，**解**

寓，亦寄也。無寄寓者，不爲廬舍，可以寄羈旅之客。**疏**解「寓亦」至「之客」〇《周禮·遺人》：「凡國野之道，十里有廬，廬有飲食。三十里有宿，宿有路室，路室有委。五十里有市，市有候館，候館有積。」鄭注：「廬，若今野候，徙有房也。宿，可止宿，若今亭有室矣。候館，樓可以觀望者也。一市之間有三廬一宿。」無寄寓者，官廢而室毁也。**縣無施舍，解**四甸爲縣，縣方六十里。施舍者，所以施舍賓客負任之處。**疏**解「四甸」至「之處」〇《周官·小司徒》：「九夫爲井，四井爲邑，四邑爲丘，四丘爲甸，四甸爲縣。」鄭注：「甸之言乘也，讀如衷甸之甸。甸方八里，旁加一里則方十里，爲一成。積百井，九百夫。其中六十四井，五百七十六夫，❶出田税；三十六井，三百二十四夫，治洫。四甸爲縣，❷方二十里。」案：此注甚明。韋解原本必作「縣方二十里」，後人傳寫譌爲「六十里」，明道本又疑「六十里」不近人情，妄改爲「十六里」，皆未檢《周禮注》也。「施」古通「弛」，莊二十三年「弛于負擔」，言旅人可以弛所負任而舍止之處也。**民將築臺於夏氏。解**民，陳國之民。臺，觀臺也。夏氏，陳大夫夏徵舒之家。**及陳，陳靈公與孔甯、儀行父南冠以如夏氏，留賓弗見。解**及，至也。陳靈公，舜後，恭公之子靈公平國也。孔甯、儀行父，陳之二卿。南冠，楚冠也。如，之也，往之徵舒家淫夏姬。賓，單襄公也。**疏**解「南冠楚冠」〇成九年《傳》疏引應劭《漢官儀》曰：「法冠一曰柱後冠，《左傳》『南冠而縶』，則楚冠也。秦滅楚，以其冠賜近臣，御史服之，即今獬廌冠也。」

---

❶「五」，原作「三」，今據《周禮注疏》改。

❷「甸」，原作「面」，今據《周禮注疏》改。

古有獬廌獸，觸不直者，故執憲以其形用爲冠，令觸人也。」《史記·高祖本紀》：「高祖爲亭長，以竹皮爲冠。」索隱引應劭云：「一名長冠。」蔡邕《獨斷》云：「長冠，楚製也。」「南冠」文在二卿下，則二卿並南冠也。

單子歸，告王曰：「陳侯不有大咎，國必亡。」解單子，襄公也。卿大夫稱子，于私土稱公。**王曰：「何故？」對曰：「夫辰角見而雨畢，**解辰角，大辰蒼龍之角。角，星名也。見者，朝見東方，建戌之初，寒露節也。雨畢者，殺氣日盛，雨氣盡也。疏解「辰角」至「露節」○《史記·律書》：「角者，言萬物皆有枝格如角也。」故《天官書》云：「左角李，右角將。」桓五年《傳》：「龍見而雩。」《續漢志》引服虔云：「龍，角亢也。」莊二十九年《傳》：「龍見而畢務。」杜注：「謂今九月，周十一月，龍星角亢晨見東方。」疏：「《月令》季秋之月，日在房。《漢書·律曆志》論星之度數，角十二，亢九，氐十五，自角之初至房初三十六度，於晨之時，日體在房，故角亢見在東方。東方之宿盡爲龍星角，即蒼龍角也。故角亢專得龍名。」**天根見而水涸，**解天根，亢、氐之間也。涸，竭也。謂寒露雨畢之後五日，天根朝見，水潦盡竭。《月令》：「仲秋，水始涸。」天根見，乃盡竭。疏解「天根」至「盡竭」○《史記·律書》：「亢者，言萬物亢見也。氐者，言萬物皆至也。」《夏小正》云：「四月，初昏，南門正。十月，初昏，南門見。」南門者，亢上下之星也。亢四星曲而長，故《天官書》云：「亢爲疏廟，其南北兩大星曰南門。」《小正》以識亢星所在。氐四星側向以承柢，故《爾雅》云：「天根，氐也。」《史記·天官書》索隱引孫炎注：「角亢下繫于氐，若木之有根。」故云「亢、氐之間也」。《衆經音義》引《爾雅音義》「天根爲天下萬物作根柢，故曰天根」。自角至箕七宿謂之蒼龍。莊二十九年《傳》杜注：「今九月，周十一月，龍星角亢晨見東方。」《説文》：「涸，渴也。渴，盡也。」《淮南·主術訓》：「不涸澤而魚。」《史記・封禪書》：「秋涸涑。」《廣雅》：「涸，盡也。」**本見而草木節解，****解**本，氏也。謂寒露之後十月，陽氣盡，草木之枝節皆理解也。**疏**解「本氏」至「理解」○《史記・天官書》：「氐爲天根。」《説文》：「柢，木根也。根，木株也。木下曰本。」《淮南・修務訓》：「攝提鎮星，日月東行，而人謂日月星辰西移者，❶以大氐爲本也。」桓十六年《傳》疏：「天根見，謂九月末。」《文選・吴都賦》劉逵注：「霜降之後，生氣既衰，草木枝葉皆理解也。」**駟見而隕霜，****解**駟，天駟，房星也。隕，落也。謂建戌之中，霜始降。**疏**解「駟天駟房星」○《爾雅・釋天》：「天駟，房星。」郭注：「龍爲天馬，故房四星謂之天駟。」房四星下垂而長，故《天官書》云：「房爲府曰天駟，其陰右驂。」索隱引：「《詩紀歷樞》云：『房爲天馬，主車駕。』宋均云：『房既近心，爲明堂，又別爲天府及天駟也。』」又爲之「農祥」，虢文公所謂「農祥晨正」也。又謂之「馬祖」，《周禮》鄭注引《孝經説》曰：「房爲龍馬。」《史記・天官書》正義：「房星，君之位，亦主左驂，亦主良馬，故爲駟。王者恒祠之，是馬祖也。」東方蒼龍七宿，駟居其中央，而日乘焉。駟見則龍華畢矣。**火見而清風戒寒。****解**謂霜降之後，清風先至，所以戒人爲宿備也。**故先王之教曰：『雨畢而除道，水涸而成梁，****解**教，謂《月令》之屬也。九月雨畢，十月水涸。**草木節解而備藏，****解**備，收藏也。《月令》：「季秋，農事畢收。」**隕霜而冬裘具，****解**孟冬則天子始裘，故九月可以具之。**疏**解「孟冬」至「具之」○《周禮》：「司裘中秋獻良裘，季秋獻功裘，以待頒賜。」注：「良，善也。功裘，人功微麤，謂狐青麛裘之屬。鄭司農云：『良裘，王所服也。功裘，卿大夫所服。』」**清風**

❶「人」，原作「入」，今據《淮南子》改。

至而修城郭宮室。』解謂火見之後，建亥之初也。故《夏令》曰：『九月除道，十月成梁。』解《夏令》，夏后氏之令，周所因也。除道，所以便行旅。成梁，所以便民，使不涉也。疏「九月除道」〇《爾雅·釋宮》「一達謂之道路」。郭注：「長道。」《釋名》：「一達曰道路。道，蹈也；路，露也，人所踐蹈而露見也。」案：除爲蠲掃穢塞，修補圮闕也。莊四年《傳》：「除道梁溠。」其《時儆》曰：『收而場功，偫而畚挶，解《時儆》，時所以儆告其民也。收而場功，使人修困也。偫，具也。畚，器名，土籠也。挶，舁土之器。具汝畚挶，將以築作也。疏「偫而畚挶」〇宣二年《公羊傳》注：「畚，艸器，若今市所量穀者，齊人謂之鍾。」《春秋疏》引《說文》：「畚，蒲器，可以盛糧。」《韓詩外傳》：「鮑焦挈畚采蔬，遇子貢于道。」是畚可以盛糧盛菜，以艸索爲之。今人猶有此器，形制似筥。襄九年《傳》疏：「《說文》云：『挶，戟持也。』戟持者，執持此轝，其臂如戟形故也。其字從手，謂以手持物也。與畚共文，畚是盛土之器，則挶是轝土之物也。」營室之中，土功其始。解定，謂之營室。謂建亥小雪之中，定星昏正於午，土功可以始也。《詩》云：「定之方中，作于楚宮。」疏「營室」至「其始」〇《爾雅·釋天》：「營室謂之定。」《詩疏》引孫炎注：「定，正也。天下作宮室者皆以營室中爲正。」《史記·律書》：「營室者，主營胎陽氣而產之。」室二星相對出離宮六星三向例。《天官書》：「營室爲清廟，曰離宮、閣道。」《詩·鄘風》毛傳：「方中，昏正四方。」鄭箋：「定星昏中而正，于是可以營制宮室，故謂之營室。定昏中而正謂小雪時，❶其體與東壁連正四方。」孔穎達曰：「毛不取記時，而名營室者，謂視其星而

❶「中而正」，原作「正而中」，今據《毛詩注疏》改。

正南北，以營宮室。鄭以爲定星之昬正四方而中之時謂夏之十月。小雪者，十月之中氣。十二月皆有節氣，有中氣。十月立冬節，小雪中。」今《國語》以記時爲義，則箋義實與《國語》合。《月令》孟冬言昬危中，仲冬言昬東壁中，不言昬營室中者，營室在危、東壁之間。孔穎達謂：「十六度，日行一度，至十月半而室中，十一月初而壁中也。」莊二十九年《傳》：「水昬正而栽。」杜注：「謂今十月定星昬而中，于是樹板榦而興作。」疏：「五行，北方水，故北方之宿爲水星。」襄三十年《春秋》疏：「營室、東壁，北方宿名也。」**火之初見，期於司里。』**解期，會也。致其築作之具，會於司理之官。疏「期於司里」◯《周禮》：「里宰掌比其邑之衆寡，以歲時合耦于鋤，以治稼穡。」注：「鄭司農云：『鋤讀爲藉。』杜子春云：『鋤讀爲助，謂相佐助也。』玄謂耡者里宰治處也。若今街彈之室，于此合耦使相佐助，因放而爲名。」案：耕時於里宰治處之合人與器，故築時亦于此合人與器也。**此先王所以不用財賄而廣施德於天下者也。**解施德，謂因時警戒，謹蓋藏，成築功也。**今陳國，火朝覿矣，而道路若塞，野場若棄，澤不陂障，川無舟梁，**解舟梁，以舟爲梁也。疏解「以舟爲梁」◯《詩・大雅》：「造舟爲梁。」鄭箋：「天子造舟，周制也。」《爾雅・釋水》：「天子造舟。」郭注：「比船爲橋。」此韋義所本，然此《傳》言陳國不恤其民，當指民所乘之舟、所行之梁，未可引天子之制以釋之。襄二十八年《傳》：「陳無宇濟水而戕舟發梁。」舟、梁對文，爲二物也。**是廢先王之教也。周制有之曰：『列樹以表道，立鄙食以守路。**解鄙，四鄙。十里有廬，廬有飲食。**國有郊牧，**解國外曰郊。牧，放牧之地。疏解「國外」至「之地」◯《爾雅・釋地》：「邑外謂之郊，郊外謂之牧。」邵晉涵曰：「《說文》『距國百里爲郊』。據天子郊畿千里而言。百里之國則十里爲郊，近郊半之。《聘禮》云『及郊』，又云『賓至於近郊』是也。《小雅・出車》『于彼牧矣』，毛傳『出車就馬於牧地』。鄭注《天官》云：『牧，牧田，在遠郊，皆畜牧之地。』是鄭以遠郊即牧田也。」**畺有寓望，**解畺，境也。境界之上，有寄寓之舍，候望之人。疏解「畺境」至「之人」〇寓望，謂寄寓之樓，可以觀望，亦曰候館。館有積，遺人掌之，其官中士、下士，而賓客羇旅則委人以甸稍之畜供之，即《史記・高祖本紀》正義所云「十里一亭，十亭一鄉」是也。**藪有圃草，**解澤無水曰藪。圃，大也。必有茂大之艸以備財用。疏解「澤無」至「財用」〇《周禮・太宰》：「藪以財得民。」昭二十年《傳》：「藪之新蒸，虞侯守之。」《詩釋文》引《韓詩章句》：「禽獸居之曰藪澤。」虞注：「水鍾曰澤，水希曰藪。」邵晉涵曰：「澤爲大壑，衆流所歸。藪則卑墊之地，廣大之墟，潦盡水涸，草木禽獸叢集其間。故《風俗通義》云：『藪之言厚也，艸木魚鼈所以厚養人君與百姓也。』」《文選》李善注引《韓詩》「東有圃艸」，薛君《章句》：「圃，博也，有博大之茂艸也。」**囿有林池，**解囿，苑也。林，積木。池，積水也。疏解「囿苑」至「積水」〇《文選・兩都賦序》李善注：「《周禮》『囿遊之獸』，鄭玄曰『囿，今之苑』。」呂向注：「樹果曰苑，畜獸曰囿。」《西京賦》薛綜注：「木叢生曰林。」《說文》：「池，沼也。」《禮・月令》注：「穿地通水曰池。」**所以禦災也。**解禦，備也。災，饑、兵也。**其餘無非穀土。民無縣耜，**解言常用也。入土曰耜，耜柄曰耒。疏解「入土」至「曰耒」〇《漢書・食貨志》顏注：「耒，手耕曲木也。耜，耒端木，所以施金也。」**野無奧草。**解皆墾辟也。奥，深也。**不奪民時，不蔑民功，**解蔑，棄也。**有優無匱，有逸無罷，國有班事，**解國，城邑也。班，次也。執事有次。**縣有序民。』**解縣鄙之民，從事有序。**今陳國，道路不可知，田在草間，**解不墾者多。**功成而不收，**解野場若棄也。**民罷於逸樂，**解罷于爲國君作逸樂之事。**是棄先王之法制者也。周之《秩官》有之，**解「秩官」，周常官，篇名。**曰：『敵國賓至，關尹以告，**解敵，位敵也。關尹，司關，掌四方賓客，叩關則爲之告。《聘禮》曰：「及境謁關人，關人問從者幾人，遂以入境。」**疏**解「關尹」至「入境」○《周禮》：「司關上士二人，中士四人。凡四方賓客，敂關則爲之告。」鄭注：「謂朝聘者也。敂關，猶謁關人也。」疏：「敂，猶至也。」**行理以節逆之，**解理，吏也。逆，迎也。執瑞節爲信而迎之也。行理，小行人。**疏**解「理吏」至「小行人」○昭十三年《傳》：「行李之命。」杜注：「行理，使人。」僖三十年《傳》：「行李之往來。」杜注同。襄八年《傳》：「一介行李。」杜注：「行李，行人也。」則「理」、「李」字通。《前漢・天文志》：「騎官，左角曰理。」《史記・天官書》作「李」。韋解用賈逵《左傳注》「❶理，吏也，小行人也」。《周禮》小行人，下大夫四人，掌逆勞及達六節之事。晉子朱、子員，鄭子羽、伯有之等，俱無大行人之稱，故賈、韋二家定爲小行人。**候人爲導，**解導賓至于朝，出送之境。**卿出郊勞，**解《聘禮》曰：「賓至于近郊，君使卿朝服，用束帛勞。」**疏**「卿出郊勞」○《儀禮・聘禮》：「賓至于近郊，張旜。君使下大夫請行，反。君使卿朝服，用束帛勞。上介出請，入告。賓禮辭，迎于舍門之外，再拜，勞者不答拜。賓揖先入，受于舍門內。勞者奉幣入，東面致命。賓北面聽命，還少退，再拜稽首，受幣。勞者出，授老幣，❷出迎勞者。勞者禮辭。賓揖，先入，勞

❶「解」，原作「賈」，今據文義改。
❷「老」，原作「書」，今據《儀禮注疏》改。

者從之。乘皮設。賓用束錦儐勞者，勞者再拜稽首，受。賓再拜稽首，送幣。勞者揖皮出，乃退。賓送再拜。」此郊勞之禮也。**門尹除門**，解門尹，司門也。除門，掃除門庭也。疏「門尹除門」〇《周禮》：「司門，下大夫二人，上士四人，中士八人，下士十有六人。凡歲時之門受其餘。」鄭司農云：「受祭門之餘，蓋其職以門爲主，故賓至之掃除，亦隸之也。」**宗祝執祀**，解宗，宗伯。祝，太祝也。執祀，賓將有事于廟，則宗祝執其祭祀之禮。疏「宗祝執祀」〇《周禮·宗伯》鄭司農注：「《傳》曰『夏父弗忌爲宗人』，又曰：『使宗人釁夏獻其禮。』《特牲》曰：『宗人升自西階，視壺濯及豆籩。』然則宗官典國之禮與其祭祀，漢之大常是也。」「大祝，下大夫二人，上士四人。」鄭注：「大祝，祝官之長。」**司里授館**，解司里授客所當館，次於卿也。《聘禮》：「卿致館。」**司徒具徒**，解具徒役，修道路之委積。**司空視涂**，解視險易也。**司寇詰奸**，解禁詰姦盜。**虞人八材**，解虞人，掌山澤之官，祭祀、賓客各供其材。疏「虞人八材」〇《周禮》：「山虞，每大山中士四人，下士八人；中山下士六人；小山下士二人。澤虞，每大澤、大藪中士四人，下士八人；中澤、中藪如中川之衡；小澤小藪如小川之衡。」《漢書·百官公卿表》顏注：「虞，度也，主商度山川之事。」《荀子·王制篇》：「修火憲，養山林、藪澤、艸木、魚鼈、百索，以時禁發，使國家足用而財物不屈，虞師之事也。」八材，供賓館材也。**甸人積薪**，解甸人，掌薪蒸之官也。疏「甸人積薪」〇「甸師帥其徒以薪蒸役外內饔之事」。鄭注：「木大曰薪，小曰蒸。」**火師監燎**，解火師司火。燎，庭燎也。疏解「火師」至「庭燎」〇《周禮》：「司烜氏，凡邦之大事共墳燭庭燎。」鄭注：「墳，大也。樹於門外曰大燭，于門内曰庭燎，所以照衆爲明。」疏引鄭康成曰：「庭燎之差，公蓋五十，侯、伯、子、男皆三十。庭燎所作，依慕容所爲，以葦爲中心，以布纏之，飴密灌之，若今之蠟燭。」案：司烜供庭燎，則大師其司烜與？**水師監濯，**解水師，掌水，監滌濯之事者。疏解「水師」至「之事」○《周禮》「萍氏掌國之水禁，幾酒」，則水師其萍氏與？**膳宰致饔，**解熟食曰饔。**廩人獻餼，**解生曰餼，禾米也。疏「膳宰」至「獻餼」○《聘禮》：「歸賓館饔餼五牢，謂飪一牢、腥二牢、餼二牢。」膳夫主割烹之事，故主飪牢。廩人主萬民之食，故主禾米。《聘義》：❶「餼客于舍。五牢之具陳于内，米三十車，禾三十車，皆陳于外。」餼是生牲，非禾米也。因禾米後五牢之後，故五牢及禾米並可稱餼而獻也。**司馬陳芻，**解司馬掌帥圉人養馬，故陳芻。圉人職屬司馬。疏「司馬陳芻」○《荀子・王制篇》：「司馬知師旅甲兵乘白之數。」《淮南・時則訓》：「十月官司馬。」《周禮・夏官》：「圉人良馬匹一人，駑馬麗一人，掌養馬芻牧之事，以役圉師。」司馬政卿，未必躬自陳芻，故知使圉人陳之。《詩・大雅・板》疏「芻者，飼牛馬之艸也」。**工人展車，**解展省客車，補傷敗也。疏「工人展車」○《荀子・王制篇》：「論百工，審時事，辨功苦，尚完利，便備用，使彫琢文采不敢專造于家，工師之事也。」成十七年《傳》：「展車馬。」杜注：「展，陳也。」**百官官以物至，賓入如歸，是故大小莫不懷愛。**解大小，謂賓介也。**其貴國賓至，則以班加一等，益虔。**解貴國，大國也。班，次也。疏「益虔」○《詩・韓奕》「虔共爾位」。❷《殷武》毛傳「虔，敬也」。束皙《補亡詩》：「勗增爾虔。」**至於王使，則皆官正涖事，**解正，長也。涖，臨也。**上卿監之。**解監，視也。**若王巡守，則君**

❶「義」，原作「儀」，今據《禮記正義》改。
❷「韓奕」，原作「小明」，今據《毛詩正義》改。

親監之。』解《周禮》，王十二歲一巡守。疏解「周禮」至「巡守」○《周禮・大行人》：「王所以撫邦國諸侯者，歲徧存，三歲徧覜，五歲徧省，七歲屬象胥論言語、協辭命，九歲屬瞽史論書名、聽聲音，十有一歲達瑞節、同度量、成牢禮、同數器、修法則，十有二歲，王巡守殷國。」隱八年《公羊傳》：「巡，猶循也。守，猶守也。循行守視之辭，亦不可國至人見爲煩擾，故至四嶽，足以知四方之政而已。」**今雖朝也不才，有分族於周，**解朝，單子之名。有分族，王之親族也。**承王命以爲過賓於陳，**解假道爲過賓。**而司事莫至，是蔑先王之官也。**解蔑，欺也。**先王之令有之，曰：**解文、武之教。**『天道賞善而罰淫，故凡我造國，無從非彝，**解造，爲也。彝，常也。**無即慆淫，**解即，就也。慆，慢也。**各守爾典，以承天休。』**解典，常也。休，慶也。**今陳侯不念胤續之常，**疏「今陳」至「之常」○《爾雅・釋詁》：「胤、續，繼也。」《左傳疏》引舍人云：「胤，繼也。」《説文》：「子孫相承續也。」續者，《周頌・良耜》云：「續古之人。」**棄其伉儷妃嬪，**解伉，對也。儷，偶也。**而帥其卿佐以淫於夏氏，不亦瀆姓矣乎？**解卿佐，孔儀也。賈、唐二君云：「姓，命也。」一曰：「夏氏，姬姓。鄭女亦姬姓，故謂之瀆姓。」昭謂：夏徵舒之父御叔，即陳公子夏之子，靈公之從祖父，嬀姓也。而靈公淫其妻，是爲褻瀆其姓。**陳，我大姬之後也。**解大姬，周武王之女，虞胡公之妃，陳之祖妣也。**棄衮冕而南冠以出，不亦簡彝乎？**解衮，卷龍之衣。冕，大冠也，公之盛服。簡，略也。彝，常也。言其棄禮，簡略常服也。疏解「衮卷」至「盛服」○《周禮・司服》：「王，享先王則衮冕。」鄭司農云：「衮，卷龍衣也。」鄭康成曰：「冕服九章，初一曰龍，次二曰山，次三曰華蟲，次四曰火，次五曰宗彝，皆畫以爲繢。次六曰藻，次七曰粉米，次八曰黼，次九曰黻，皆希以爲繡。則袞之五章，裳四章，凡九也。」陳侯爵，當用鷩冕，以備三恪而祀虞舜，其得用袞冕與？**是又犯先王之令也。**解先王之令，無從非彝。**昔先王之教，茂帥其德也，猶恐隕越。**解言勉帥其德，猶恐落墜。**若廢其教而棄其制，蔑其官而犯其令，將何以守國？**解無禮則危。**居大國之間，而無此四者，其能久乎？」**解四者，謂教、制、官、令也。**六年，單子如楚。**解定王六年，魯宣之八年。**八年，陳侯殺於夏氏。**解八年，魯宣之十年也。陳靈公與孔甯、儀行父飲酒于夏氏，公謂行父曰：「徵舒似汝。」對曰：「亦似君。」徵舒病之，公出，自其廄射而殺之。**九年，楚子入陳。**解楚子，莊王也。入陳，討夏氏殺君之罪。既滅陳而復封之，故曰入。唐尚書云「遂取陳以爲縣」，誤也。疏「楚子入陳」○克而弗地曰「入」。案：《吕氏春秋·似順論》云：「荆莊王欲伐陳，使人視之。使者曰：『陳不可伐也。』莊王曰：『何故？』對曰：『城郭高，溝洫深，畜積多也。』甯國曰：『陳可伐也。夫陳，小國也，而畜積多，賦斂重也，則民怨上矣。城郭高，溝洫深，民力疲矣。興兵伐之，陳可取也。』莊王聽之，遂取陳焉。」與此不同者，《傳》依簡牘本紀，彼采傳聞異辭，所説既殊，其文亦異。

定王八年，使劉康公聘於魯，解劉，畿内之國。康公，王卿士王季子也。疏解「劉畿内之國」○「劉」古通「留」。案：留有二：宋之留，在彭城，張良遇高祖處。周之留，在緱氏，即劉康公采邑，在今河南府偃師縣南緱氏故城西北。《詩·王風》：「彼留子嗟。」毛傳：「留，氏。子嗟，字也。」古者多以邑爲氏，則留在東周畿内。《説文解字》：「鎦，殺也。」徐鍇曰：「疑此即劉字，从金从卯刀，屈曲傳寫誤作田。」蓋《詩》有文作「留」，則「留」即「鏐」、即「劉」。隱十一年《傳》：「王取鄔、劉、蔿、邘之田于鄭。」❶杜注：「緱氏縣西北有劉亭，蓋先本鄭邑，而後爲康公食采也。」**發幣於大夫，**解發其禮幣于大夫。**季文子、孟獻子皆儉，**解二子，魯卿。季文子，季友之孫、齊仲無佚之子季孫行父也。孟獻子，仲慶父之曾孫，公孫敖之孫，孟文伯歜之子，仲孫蔑也。儉，居處節儉也。**叔孫宣子、東門子家皆侈。**解二子，魯大夫。叔孫宣子，叔牙之曾孫、莊叔得臣之子叔孫僑如也。東門子家，莊公之孫，東門襄仲之子公孫歸父也。**歸，王問魯大夫孰賢？對曰：「季、孟其長處魯乎！叔孫、東門其亡乎！若家不亡，身必不免。」王曰：「何故？」對曰：「臣聞之，爲臣必臣，爲君必君。**解臣尚敬，君尚惠也。**寬肅宣惠，君也。**解肅，整也。宣，徧也。惠，愛也。**敬恪恭儉，臣也。寬所以保本也，**解本，位也。寬則得衆，故可以守位。**肅所以濟時也，**解濟，成也。**宣所以教施也，**解施徧則民不怨。**惠所以和民也。本有保則必固，時動而濟，則無敗功，**解不干時而動，則無敗功也。**教施而宣則徧，惠以和民則阜。**解阜，厚也。**若本固而功成，施徧而民阜，乃可以長保民矣，其何事不徹？**解徹，達也。**敬所以承命也，恪所以守業也，恭所以給事也，儉所以足用也。**解儉則有餘，故所以足用。**以敬承命則不違，以恪守業則不懈，以恭給事則寬於死，**解寬，猶遠也。**以儉足用則遠於憂。**解無乏絶之憂，且遠驕僭之罪也。

❶「邘」，原作「刊」，今據《春秋左傳正義》改。

若承命不違，守業不懈，寬於死而遠于憂，則可以上下無隙矣。解上下，君臣也。隙，瑕釁也。其何任不堪？上任事而徹，下能堪其任，所以爲令聞長世也。解長世，多歷年也。今夫二子者儉，則能足用矣，解二子，季、孟。言二人其能以儉足用也。用足則族可以庇。解庇，覆也。恭儉節用，無取于民，國人説之，故其宗族可以覆蔭。二子者侈，侈則不恤匱，匱而不恤，憂必及之，解志在奢侈，不恤人之窮匱，故憂患必及之。若是，則必廣其身。解廣，大也。務自大，不顧其上也。且夫人臣而侈，國家弗堪，亡之道也。」王曰：「幾何？」對曰：「東門之位不若叔孫，而泰侈焉，不可以事二君。解東門，大夫。叔孫，卿也。位在人下而侈其上，重而無基，故不可以事二君。叔孫之位不及季、孟，而亦泰侈焉，不可以事三君。解叔孫，下卿。季、孟，上卿。若皆蚤世猶可，解蚤世，蚤即亡也，其家猶可以免也。若登年以載其毒，必亡。」解登年，多歷年也。載，行也。毒，害也。必亡，家必亡也。疏解「載行也」〇昭十年《傳》引《詩》「陳錫載周」，杜注「文王能布陳大利以賜天下，行之周徧」，是載爲行也。十六年，魯宣公卒。解定王十六年，魯宣之十八年。赴者未及，東門氏來告亂，子家奔齊。解來告，告周大夫也。東門子家謀去三桓，使如晉，未反，宣公薨，三桓逐子家，遂奔齊也。諸侯大夫以君命使出，出必有禮贄私覿之事，以通情結好，吉凶相告。子家嘗使于周，故以亂告也。告在魯宣十八年。赴者未及，明不及二君。簡王十一年，魯叔孫宣伯亦奔齊，成公未没二年。解簡王，定王之子簡王夷也。十一年，魯成十六年也。宣伯，僑如也，通于宣公夫人穆姜，欲去季、孟而專公室，國民逐之，故出奔齊。言成公未没二年，明不及三君也。簡王八年，魯成公來朝，解簡王八年，魯成十三年也。成公將與周、晉伐秦而朝。疏「魯成公來朝」○桓元年《公羊》注：「王者與諸侯別治，勢不得自專。故即位比年使大夫小聘，三年使上卿大聘，四年又使大夫小聘，五年一朝。王者亦貴得天下之歡心，以事其先王，因助祭以述其職，故分四方爲五部，部有四輩，輩主一時。《孝經》曰：『四海之内，各以其職來助祭。』」今成公本爲伐秦，道出京師，因遂朝王。《經》先書「公如京師」，後書「伐秦」，若以公專心于朝，朝訖乃伐秦也，非周初之定制也。使叔孫僑如先聘且告，解使僑如先修聘禮，且告周以成公將朝也。見王孫説，與之語。解説，周大夫也。説言於王曰：「魯叔孫之來也，必有異焉。其享覲之幣薄而言諂，殆請之也。若請之，必欲賜也。魯執政唯强，故不歡焉而後遣之。解魯執政之人唯畏其强禦，難距其欲，故不歡説而後遣之。且其狀方上而鋭下，宜觸冒人。疏「且其」至「冒人」○《説文》：「狼，似犬鋭頭。」狼性貪戾，宣伯之鋭下似之，故知其觸冒人。文元年《傳》「穀也豐下，必有後于魯國」，鋭與豐正相反，宜其負罪奔齊，子孫不存於魯也。王其勿賜。若貪陵之人來而盈其願，是不賞善也。且財不給，解給，供也。故聖人之施舍也議之，解施，予也。舍，不予也。其喜怒取予也亦議之。是以不主寬惠，亦不主猛毅，解主，猶名也。主德義而已。」解賞得其人，罰得其罪，是爲德義。王曰：「諾。」使私問諸魯，請之也。王遂不賜，禮如行人。解如使人之禮，無加賜。及魯侯至，仲孫蔑爲介，解在賓爲介。介，上介，所以佐相禮儀。王孫説與之語，説讓。解説，好也。言蔑好讓。説以語王，王厚賄

之。疏「王厚賄之」○《聘禮》「賄用束紡」，此常法也。襄十九年《傳》：「魯賄荀偃，束錦加璧、乘馬，先吴壽夢之鼎。」昭七年《傳》：「楚子享公于新臺，好以大屈。」賈逵注：「大屈，寶金可以爲劍。」大屈，金所生地名。鼎與大屈，非常賄所有，王之厚賄亦如此。

晉既克楚於鄢，解克，勝也。晉厲公伐鄭，楚人救之，戰于鄢，在魯成十六年。疏解「戰於鄢」○《史記·晉世家》集解引服虔曰：❶「鄢陵，鄭之東南地。」隱元年「鄭伯克段于鄢」，杜注：「今潁川鄢陵縣。」成十六年「晉楚戰于鄢陵」，杜注：「鄭地，今屬潁川郡。」案：《漢·地理志》陳留郡有傿，即克段之鄢；潁川郡有鄢陵，李奇曰：「六國時爲安陵。」此晉楚戰地，雖皆屬鄭，而判然不同，則隱元年杜注誤也。至文七年《傳》「鄢陵」，則又莒地，而與陳留、潁川均無異也。**使郤至告慶於周。**解郤至，晉卿步揚之孫、蒲城鵲居之子温季也。告慶，以勝楚之福告王也。疏解「告慶」至「告王」○成二年《傳》「禮之如侯伯克敵，使大夫告慶之禮」，疏：「其獻捷之禮，王待之必重以告慶之禮。」案：告慶之禮，傳記無文。**未將事，**解將，行也。未行告慶之禮。**王叔簡公飲之酒，**解王叔簡公，周大夫王叔陳生也。**交酬好貨皆厚，**解交酬，相酬之幣也。好貨，宴飲以貨爲好。厚者，幣物多也。**飲酒宴語相説也。明日，王叔子譽諸朝。郤至見召桓公，與之語。**解召桓公，王卿士。**召公以告單襄公曰：「王叔子譽温季，以爲必相晉國，相晉**

---

❶「晉」，原作「楚」，今據《史記》改。

國，必大得諸侯，勸二三君子必先導焉，可以樹。解二三君子，在朝公卿也。導者，導晉侯使升郤至以爲上卿，可以樹黨于晉。**今夫子見我，以晉國之克也，爲已實謀之。**解言戰勝楚，吾之謀也。**曰：『微我，晉不戰矣。**解微，無也。**楚有五敗，晉不知乘，我則强之。**解乘，勝也。**背宋之盟，一也。**解宋盟，宋華元所合晉、楚之成也。華元善楚令尹子重，又善欒武子，故遂合二國之好。盟在魯成十二年。至十六年，楚、鄭背盟伐宋也。**薄德而以地賂諸侯，二也。**解楚王薄德，鄭人不從楚，以汝陰之田賂鄭，鄭叛晉從楚也。疏解「楚王」至「從楚」〇成十六年《傳》：「春，楚子自武城乃使公子成以汝陰之田求成於鄭。」杜注：「汝水之南，近鄭地。」案：《後漢・郡國志》：「汝南郡汝陰，本胡國。杜預曰：『縣西北有胡城。』《地道記》有陶丘鄉，《詩》所謂『汝墳』。」**棄壯之良而用幼弱，三也。**解壯之良，謂申叔時。幼弱，謂司馬子反也。疏解「壯之」至「子反」〇成十六年《傳》：「過申，子反入見申叔時。」杜注：「叔時老，在申。」則不得謂之壯。成九年，❶鍾儀曰：「其爲太子也，師保奉之，以朝于嬰齊而夕于側也。」則十年前子反已在師保之位，不得謂之幼弱。《傳》別有所指，非叔時、子反二人也。**建立卿士而不用其言，四也。**解卿士，子囊。子囊不欲背晉，楚王不聽。**夷、鄭從之，三陳而不整，五也。**解夷，楚東之夷也。《晉語》曰：「楚共王帥東夷救鄭。」三陳，夷、鄭、楚也。**辠不由晉，晉得其民也。**解言楚叛盟，非晉之辠。得

❶「九」，原作「七」，今據《春秋左傳正義》改。

民，得民心也。四軍之帥，旅力方剛。解時晉立四軍，四軍之帥，晉八卿也。欒書將中軍，士燮佐之。郤錡將上軍，荀偃佐之。韓厥將下軍，知罃佐之。趙旃將新軍，郤至佐之。旅，衆也。剛，强也。卒伍治整，諸侯與之。解以晉有信，故諸侯與之。是有五勝也：有辭，一也。解楚背盟，故晉有辭也。得民，二也。軍帥彊禦，三也。行列治整，四也。諸侯輯睦，五也。有一勝猶足用也，有五勝以伐五敗，而避之者，非人也。不可以不戰。欒、范不欲，我則强之。解欒，欒書也。范，士燮也。戰而勝，是吾力也。解謂郤至也。楚有六間，不可失也。且夫戰也微謀，解微，無也，言軍無計謀。吾有三伐：解伐，功也。三伐，勇、禮、仁也。勇而有禮，反之以仁。吾三逐楚君之卒，勇也。見其君必下而趨，禮也。解下，下車也。能獲鄭伯而赦之，仁也。解郤至從鄭伯，其右茀翰胡曰：「余從之乘，而俘以下。」郤至曰：「傷國君有刑。」乃止。若是而知晉國之政，楚、越必朝。』解知政謂爲政也。吾曰：『子則賢矣。解吾，召桓公自謂。抑晉國之舉也，不失其次，吾懼政之未及子也。』解郤子位在七人下，故恐政未及也。謂我曰：『夫何次之有？昔先大夫荀伯自下軍之佐以政，解荀伯，荀林父也，從下軍之佐第六卿升爲政卿也。趙宣子未有軍行而以政，解宣子，趙盾也，爲中軍佐第二卿，未有軍行，升爲政卿。今欒伯自下軍往。解欒伯，欒書也，將下軍第五卿，而爲正卿也。是三子者，吾又過於四之無不及。解三子，荀、趙、欒也，得郤至四人。言己之材優於彼三人也，四人之中無有所不及也。若佐新軍而升爲政，不亦可乎？將必求之。』是其言也，君以爲奚若？」解言如是，君以爲何如也？襄公曰：「人有言曰：『兵在其頸。』其郤至之謂乎！君子不自稱也，解稱，舉也。非以讓也，惡其蓋人也。解蓋，掩也。夫人性陵上者也，解如能在人上者，人欲勝陵之也，故君子尚禮讓而天下莫敢陵也。不可蓋也。解言人之美不可掩也。求蓋人，其抑下滋甚，解滋，益也。求掩蓋人以自高大，則抑退而下益甚也。故聖人貴讓。且諺曰：『獸惡其網，民惡其上。』解獸惡其網，爲其害己。民惡其上，爲其病己。《書》曰：『民可近也，而不可上也。』解《書》，逸《書》。民可近，可以恩意近也。不可上，不可高上。上，陵也。疏解「書逸」至「上陵」○上，今所傳《尚書》作「下」。案：上文「人性陵上」，又云「民惡其上」，又云「郤至在七人之下而欲上之」，則今傳之《尚書》誤也。《五子之歌》出于晉時，韋所未見，故云「逸《書》」。「民可近也」二語不知在《夏書》何篇，僞古文采之入《五子之歌》耳。「上，陵也」者，《爾雅》「大阜曰陵」。《釋名》「陵，體」。案：崇，高也。蓋升陟而登，其義爲上。《詩》曰：『愷悌君子，求福不回。』解回，邪也。求福以禮，不以邪也。疏解「回邪」至「以邪」○《毛傳》曰：「不回者，不違先祖之道。」正義謂：「以葛藟爲喻，故知子孫依緣先祖之功而起。」案：《堯典》「静言庸違」，《論衡》引作「靖言庸回」。《樂記》「回邪曲直」，疏云：「回謂乖違。」「回」與「違」通，故訓「回」爲「邪」。郤至有三姦，以求替其上，是乖回正道，以邪求福矣。在禮，敵必三讓，解敵，體敵也。疏「在禮敵必三讓」○《禮·聘義》：「三讓而後傳命，三讓而後入廟門，三揖而後至階，三讓而後升，所以致尊讓也。」鄭注：「三讓而後傳命，賓至廟門，主人請事時也。賓見主人陳擯以大客禮當己，則三讓之，不得命，乃傳其君之聘命也。三讓而後入廟門，讓主人廟受也。」《正義》：「三讓而後升者，主君揖賓至階，主君讓賓升，賓讓主君，如是者三。主君乃先升，賓乃升也。」此就《聘禮》一端以見例。其《鄉飲》、《鄉射》、兩君相朝，《公食大夫》公與客燕、大夫相宴饗，皆視此也。**是則聖人知民之不可加也。**解加，猶上也。**故王天下者必先諸民，然後庇焉，則能長利。**解先諸民，先求民志也。庇，猶蔭也。言王者先安民，然後自庇蔭也。長利，長有福利也。**今郤至在七人之下，而欲上之，是求蓋七人也，其亦有七怨。怨在小醜，猶不可堪，而況在侈卿乎？其何以待之？**解待，猶備也。**晉之克也，天有惡於楚也，故儆之以晉，而郤至佻天以爲己力，不亦難乎？**解佻，偷也，偷天功以爲己力。疏解「佻偷」至「己力」〇《爾雅》：「佻，偷也。」李巡注訓「薄」。孫炎、郭璞注訓「苟且」。于此《傳》義皆無取。黄丕烈《札記》引惠棟云：「《説文》引作『佻』。段玉裁曰：『挑，撓也。』唐玄應三引皆作『抶也』。『抶』字是。『挑天之功』謂抶取天之功也。」齡案：《説文》「挑，撓也。一曰摷也」。《集韻》摷與鈔、抄同，取也。則以抄襲之義訓挑，義更直捷。**佻天不祥，乘人不義，**解乘，陵也。**不祥，則天棄之；不義，則民畔之。且郤至何三伐之有？夫仁、禮、勇，皆民之爲也。**解民力所爲。**以義死用謂之勇，**解若富辰也。**奉義順則謂之禮，**解謂若管仲責楚包茅。**畜義豐功謂之仁。**解豐，大也。謂若狐偃輔晉文。**姦仁爲佻，**解以姦僞行仁爲偷仁，謂獲鄭伯而舍之。**姦禮爲羞，**解羞，恥也。謂見楚君而趨。**姦勇爲賊。**解還賊國也。姦勇，謂逐楚卒。**夫戰，盡敵爲上，守龢同順義爲上。**解守和同，謂不相與戰而平和也。順義，順王義也。**故制戎以果毅，**解戎，兵也。殺敵爲果，致果爲毅。**制朝以序成。**解序，次也。朝不越爵則政成。**畔戰而擅舍鄭君，賊也；棄義行容，羞也；**解容，容儀也，謂下趨也。**畔國即讎，佻也。**解畔其國而即讎人，謂赦鄭伯猶以偷仁也。**有三姦以求替其上，遠以得政矣。**解替，廢也。**以吾觀之，兵在其頸，不可久也。雖吾王叔，未能違難。在《大誓》曰：『民之所欲，天必從之。』王叔欲郤至，能勿從乎？」**解違，避也。今《周書·大誓》無此言，其散亡乎？疏解「令周」至「散亡」○《書傳》：「天除惡樹善與民同。」案：此《傳》襄公明言二語在《大誓》。又襄三十年《傳》叔孫穆子所引，昭元年公孫揮所引，《鄭語》史伯所引，並冠以「大誓」二字，是西周末及春秋時，士大夫並以二語出《大誓》矣。近儒謂晉時所出古文《大誓》「唯一月壬辰」三篇必僞，而鄭注今文《大誓》「太子發上祭于畢」三篇必真。今「民之所欲」二語，鄭本無之，何以與史伯、穆叔、公孫揮所引不合？則晉時晚出之《大誓》固難信其真，而鄭注之《泰誓》獨可信其爲真乎？**郤至歸，明年死難。**解明年，魯成十七年也。死，謂爲厲公所殺。**及伯輿之獄，王叔陳生奔晉。**解伯輿，周大夫。獄，訟也。王叔陳生與伯輿爭政，王佐伯輿，王叔不勝，遂出奔晉，在魯襄十年。

國語正義卷第三

歸安董增齡撰集

周語下

柯陵之會，解柯陵，鄭西地名。《經》書：「公會尹子、單子、晉侯、齊侯、宋公、衛侯、曹伯、邾人伐鄭。六月乙酉，同盟於柯陵。」在魯成十七年。**疏**解「柯陵，鄭西地名」○成十七年《經》杜注：「柯陵，鄭西地。」《淮南·人間訓》：「晉厲公合諸侯于嘉陵。」邵晉涵曰：「加、柯聲相近，加陵即柯陵也。」案《爾雅·釋地》：「陵莫大於加陵。」郭注：「今所在未聞。」**單襄公見晉厲公，視遠步高。**解襄公，王卿士，單朝之謚也。時命事而不與會，故不書。厲公，晉成公之孫、景公之子厲公州蒲也。視遠，望視遠。步高，舉足高。**疏**「單襄」至「步高」○昭十一年《傳》：❶「視不過袺襘之中，所以道容貌也。視遠則氣充而不戢矣。」桓十三年《傳》：「鬬伯比曰：『莫敖必敗，舉趾高，心不固矣。』」厲公同。○解「厲公」至「州蒲」○成十年《經》：「晉立

❶「一」，原作「二」，今據《春秋左傳正義》改。

太子州蒲爲君。」孔疏：「漢汝南應劭作《舊名諱議》：『昔者周穆王名滿，晉厲公名州滿，又有王孫滿，是同名不諱。』則此爲州滿，或曰州蒲，誤耳。今定本作『蒲』。」武億曰：「『蒲』宜作『滿』，字形之訛也。《史記·晉世家》『晉景公病，立其太子壽曼爲君，是爲厲公』。壽、州，曼、滿聲相近，應劭之議可據。定本作『蒲』，誤。」

晉郤錡見單子，其語犯。 **解**郤錡，晉卿，郤克之子駒伯也。犯，陵犯人。**疏**「其語犯」〇《漢·五行志》顏注「犯，侵也」。**郤犨見，其語迂。** **解**郤犨，晉卿，郤錡之族父步揚之子苦成叔也。迂，迂回，加誣于人。**疏**「其語迂」〇《漢·五行志》顏注：「迂，夸誕也。」**郤至見，其語伐。** **解**郤至，晉卿，郤犨之弟温季昭子也。伐，好自伐其功。**疏**「其語伐」〇《漢·五行志》顏注：「伐，矜尚也。」**齊國佐見，其語盡。** **解**國佐，齊卿，國歸父之子國武子也。盡者，盡其心意，善惡褒貶無所諱也。**魯成公見，言及晉難及郤犨之譖。** **解**魯成公，宣公之子成公黑肱也。言及晉難，語次及晉將罪己之難及爲郤犨所誣。晉將伐鄭，使欒黶乞師於魯。成公將如會，叔孫僑如通於成公之母穆姜，欲去季、孟氏而取其室。姜氏送公，使逐季、孟，公以晉難告，請反而聽命。姜怒，公子偃、公子鉏趨過，指之曰：「汝不可，此皆君也。」公懼，待於壞隤，儆守備而後行，故不及戰。郤犨受僑如之賂，爲之譖魯於晉侯，曰：「魯侯後至者，待於壞隤，將以待勝者也。」晉侯怒，不見公，故公爲單子言之。**單子曰：「君何患焉？晉將有亂，其君與三郤其當之乎？」魯侯曰：「寡人懼不免於晉，今君曰『將有亂』，敢問天道乎，抑人故也？」** **解**故，事也。將以天道占之乎，以人事知之也？**對曰：「吾非瞽史，焉知天道？** **解**瞽，樂太師，掌知音樂風氣，執同律以聽軍聲，而詔吉凶。

史，太史，掌抱天時，與太師同車，皆知天道者。**疏**「焉知天道」○《後漢書注》引鄭康成《論語注》「天道，七政變動之占也」。**吾見晉君之容，而聽三郤之語矣，殆必禍者也。夫君子目以定體，足以從之，**解體，手足也。《論語》曰：「四體不勤。」**疏**「目以」至「從之」○《漢·五行志》顔注：「體定則目安，足之進退皆無違也。」**是以觀其容而知其心矣。**解心不固，則容不正。**目以處義，**解義，宜也。**足以步目，**疏「目以」至「步目」○《漢·五行志》顔注：「視瞻得其宜，行步中其節也。」**今晉侯視遠而足高，目不在體，**解在，存也。**疏**「目不在體」○「在，存也」者，存其意于步也。《文選·射雉賦》徐爰注：「目不步體，視與體違也。」**而足不步目，其心必異矣。目體不相從，何以能久？夫合諸侯，國之大事也，於是乎觀存亡。故國將無咎，其君在會，步言視聽，必皆無讁，則可以知德矣。**解讁，譴也。**視遠日絶其義，**解言日日絶其宜也。**足高日棄其德，**解人君容止，佩玉有節。今步高失儀，棄其德也。**言爽日反其信，**解爽，貳也。反，違也。**聽淫日離其名。**解淫，濫也。離，失也。名，聲也，失所名。**夫目以處義，足以踐德，**解踐，履也。動履，德行。**口以庇信，**解庇，覆也。言行相覆爲信。**耳以聽名者也，**解耳所以聽，别萬物之名聲。**故不可不慎也。偏喪有咎，**解喪，亡也。步、言、視、聽四者而亡其二爲偏喪。偏喪有咎，咎及身也。**既喪則國從之。**解既，盡也。四者盡喪，國從而亡。**晉侯爽二，吾是以云。**解爽，當爲「喪」字之誤也。喪二，視與步也。是爲偏喪，故言晉君當之。**夫郤氏，晉之寵人也，三卿五大夫，可以戒懼矣。**解三卿，錡、犨、至也。復有五人爲大夫，故號「八郤」也。**高位實疾顛，**解高者近危。疾，速；顛，隕也。**疏**「高位實疾顛」〇顛，宋公序本作「僨」，今從明道本。錢大昕曰：「『僨』蓋『傎』之譌。古書『傎』與『顛』通。牟巘《申省乞祠狀》『深恐疾顛，有辜隆使』，❶用《國語》語也。」齡案：「顛」即《般庚》「若顛木之有由蘖」之「顛」，故韋解訓「隕」也。《漢書・五行志》、《吕氏春秋・孟春紀》高注並引作「顛」，❷顔師古曰：「顛，仆也。」言位高者必速顛。若僨，則《爾雅・釋詁》「僵也」，僖十五年杜注「動也」，並無「隕」訓。**厚味實腊毒，****解**厚味，喻重禄也。腊，亟也，讀若廟昔酒焉。味厚者其毒亟也。**疏**「厚味實腊毒」〇《文選》張銑注：「厚味，滋味也。」《周禮・腊人》注：「腊之言夕也。」《説文》：「昔，乾肉也。」徐養原曰：「昔，本訓乾肉，其訓夕者，借義也。腊與昔同字，故昔既訓夕，腊亦訓夕。韋讀腊爲昔，用許、鄭義也。」

今郤伯之語犯，叔迂，季伐。**解**伯，錡也。叔，犨也。季，至也。**犯則陵人，迂則誣人，伐則揜人。****解**揜人之美。**有是寵也，而益之以三怨，其誰能忍之。****解**益，猶加也。三怨，陵、誣、揜也。**雖齊國子亦將與焉。****解**與，與於禍也。**立於淫亂之國，而好盡言，以招人過，怨之本也。****解**招，舉也。**疏**「好盡」至「之本」〇《漢書・五行志》蘇林注：「招音翹。招，舉也。」顔師古注：「盡言猶極言也。」**唯善人能受盡言，****解**思聞過以自改。**齊其有乎？****解**言無也。**疏**「齊其有乎」〇《漢・五行志》顔注：「言無善人不能受盡言。」**吾聞之，國德而鄰於不修，必受其福。****解**國德，己國有德也。鄰於不修，與不修德者爲鄰

---

❶「巘」，原作「瓛」，今據《十駕齋养新録》改。

❷「吕氏春秋」，原作「淮南」，今據引文改。

也。**今君偪於晉而鄰於齊，齊、晉有禍，可以取伯，無德之患，何憂於晉？　且夫長翟之人，利而不義，****解**長翟之人，謂叔孫僑如也。僑如之父得臣敗翟於鹹，獲長翟僑如，因名其子爲僑如。利者，好利而不義。通於穆姜，欲逐季、孟而專魯國。**其利淫矣，流之若何？」****解**言其所利驕淫之事耳。流，放也，放之若何。**魯侯歸，乃逐叔孫僑如。簡王十一年，諸侯會於柯陵。****解**簡王十一年，魯成十七年。**十二年，晉殺三郤。十三年，晉侯殺，****解**厲公既殺三郤，欒書、中行偃懼誅，執厲公而殺之於匠麗氏。**於翼東門葬以車一乘。****解**翼，晉別都也。《傳》曰「葬之於翼東門之外」，不得同於先君也。禮，諸侯七命，遣車七乘。以車一乘，不成喪。**疏**解「翼晉別都」〇隱五年《傳》杜注：「翼，晉舊都，在平陽絳邑縣東。」案：今山西平陽府翼城縣東南有古翼城，自武公滅晉而都曲沃，故虛翼以爲別都。**齊人殺國武子。****解**是年齊人又殺國佐也。齊慶克通於靈公之母聲孟子，國佐召慶克而謂之。慶克以告夫人，夫人愬之於靈公，靈公殺之。在魯成十八年。

晉孫談之子周適周，事單襄公。**解**談，晉襄公之孫惠伯談也。周者，談之子，晉悼公之名。晉自獻公用驪姬之讒，詛不畜羣公子，故孫周適周事單襄公。**立無跛，****解**跛，偏任也。**視無還，****解**睛轉復反爲還。**聽無聳，****解**不聳耳而聽。**言無遠。****解**遠，謂非耳目所及也。**言敬必及天，****解**象天之敬，乾乾不息。**言忠必及意，****解**出自心意爲忠。**言信必及身，****解**先信於身，而後及人。**言仁必及人，****解**博愛於人爲仁。**言義必及利，****解**能利人物，然後爲義。《易》曰：「利物足以和義。」**言知必及事，****解**能處事物爲知。

言勇必及制，解以義爲制也，勇而不義，非勇也。言教必及辯，解辯，别也。能别是非，乃可以教。言孝必及神，解孝於鬼神，則存者信矣。言惠必及龢，解惠，愛也。和，睦也。言致和睦，乃能親愛。言讓必及敵。解雖在匹敵，猶以禮讓。晉國有憂，未嘗不戚；解急其宗也。有慶，未嘗不怡。解慶，福也。怡，説也。襄公有疾，召頃公而告之，解頃公，單襄公之子也。曰：「必善晉周，將得晉國。其行也文，解經緯天地曰文。能文則得天地，天地所胙，小而後國。解胙，福也。天之所福，小則得國，大則得天下。夫敬，文之恭也。解文者，德之總名。恭者，其别行也。十一義皆如之。忠，文之實也。解忠自中出，故爲文之實誠也。信，文之孚也。解孚，覆也。仁，文之愛也。解仁者，文之慈愛。義，文之制也。解義所以制斷事宜。知，文之輿也。解知所以載行文德。勇，文之帥也。解謂以勇帥行其心義。教，文之施也。解所以施布德化。孝，文之本也。解言人始於事親，故孝爲文本。惠，文之慈也。解慈，愛也。讓，文之材也。解材，用也。象天能敬，解言能則天，是能敬也。帥意能忠，解帥，循也。循己心意，恕而行之，爲忠。思身能信，解思誠其身，乃爲信也。《易》曰：「體信足以長人。」愛人能仁，解言愛人乃爲仁。利制能義，解以利爲制，故能義也。事建能知，解能處立百事爲知。帥義能勇，解循義而行，故能勇。君子有勇而無義爲亂。施辯能教，解施其道化，能辯明之，故能教也。昭神能孝，解昭，顯也。尊而顯之，若周公然。慈和能惠，解慈愛和睦，故能惠也。推敵能讓：解與己體敵，猶推先之，故能讓也。此十一者，夫子皆有焉。解夫子，晉周。天六地五，數之常也。解天有六氣，謂陰、陽、風、雨、晦、明也。地有五行，金、木、水、火、土也。**疏**解「天有」至「火土」○昭元年《傳》：「六氣曰陰、陽、風、雨、晦、明也。」孔疏：「六氣共行，無時止息，但氣有温、暑、涼、寒，分爲四時春、夏、秋、冬也。」《洪範》：「一五行，水曰潤下，火曰炎上，木曰曲直，金曰從革，土爰稼穡。」《史記集解》引鄭注曰：「此數本諸陰陽所生之次也。」《書疏》引王肅曰：「水之性潤萬物而退下；火之性炎盛而升上。」孔安國曰：「木可揉使曲直。」《史記集解》引馬融曰：「金之性從火而更可銷鑠。」引王肅曰：「種之曰稼，斂之曰穡。」《春秋繁露·五行之義》篇：「一曰木，二曰火，三曰土，四曰金，五曰水。木，五行之始也；水，五行之終也；土，五行之中也。此其天次之序也。木生火，火生土，土生金，金生水，水生木，此其父子也。木居左，金居右，火居前，水居後，土居中央，此其父子之序，相受而布。是故木受水，火受木，土受火，金受土，水受金也。諸授之者，皆其父也；受之者，皆其子也。常因其父以授其子，天之道也。是故木已生而火養之，金已死而木藏之，火樂木而養以陽，水克金而喪以陰。土之事天竭其忠。故五行者，乃孝子忠臣之行也。五行之爲言也，猶五行與？」《白虎通義》：「行者，爲天行氣也。」《禮記》「播五行于四時」，則《月令》「木、火、土、金、水更相休王」，是爲相生遞王之次。此即《繁露》之義所本。昭二十五年《傳》疏：「六府，水、火、金、木、土、穀。」異《洪範》者，以相克爲次，義各有當。今弘嗣云「金、木、水、火、土」者，錯舉之以備五者之名，下不必盡依諸經之次。**經之以天，緯之以地，**解以天之六氣爲經，以地之五行爲緯而成之。**疏**解「以天」至「成之」○昭二十五年《傳》：「子太叔曰：『生其六氣，用其五行。』」正義：「五物世所行用，故謂之五行。五者各有材能，又謂之五材。味、色、聲本于五行而來，五行又是六氣所生。」昭元年《傳》疏：「《洛書》謂之五行，物皆有本，本自天來，故言五者皆由陰、陽、風、雨、晦、明而生也。是陰、陽、風、雨、晦、明合雜共生五味。若先儒以雨爲木味，風爲土味，晦爲水味，明爲火味，陽爲金味，而陰氣屬天，不爲五味之主，此杜所不用也。」案：杜注、孔疏之義，並以六氣爲先，五行爲次，故劉氏《釋名》曰：「五氣於其方各施行。」是有六氣而後有五行也。「以天之六氣爲經」者，縱施之以立質；「以地之五行爲緯」者，横施之以成文。《家語注》「經緯猶織以成之」是也。**經緯不爽，文之象也。**解爽，差也。**文王質文，故天胙之以天下，夫子被之矣。**解質文，其性質有文德也。被，被服之也。言文王質性有文德，故得天下。晉周則被服之，可以得國。**其昭穆又近，可以得國。**解父昭，子穆，孫復爲昭。一昭、一穆相次而下。近者，言周子之親與晉最近。**且夫立無跛，正也；視無還，端也；聽無聳，成也；**解成，定也。**言無遠，慎也。夫正，德之道也；**解德之道路。**端，德之信也；**解端慤故信。**成，德之終也；**解志定故能終也。**慎，德之守也。**解守，守德也。**守終純固，道正事信，明令德矣。**解言周子明于善德。**慎成端正，德之相也。**解相，助也。慎成端正，覆述上事爲下出。**爲吾休戚，不背本也。**解休，喜也。**被文相德，非國何取！**解被服文德，又以四行輔助之。非國何取，言必得國。**成公之歸也，吾聞晉之筮之也，**解成公，晉文公之庶子，成公黑臀也。歸者，自周歸于晉。晉趙穿殺靈公，趙盾逆公子黑臀于周而立之。蓍曰筮。筮立成公。疏解「成公」至「立之」〇《史記・晉世家》：「趙盾使趙穿迎襄公弟黑臀于周立之。成公者，文公少子，其母周女也。」❶**遇**

❶「其」下，原衍「所生」二字，今據《史記》删。

乾之否，曰：『配而不終，君三出焉。』解乾下乾上乾，坤下乾上否。乾初九、九二、九三變而之否也。乾，天也，君也，故曰：配，配先君也。不終，子孫不終爲君也。乾下變爲坤，坤，地也，臣也。天地不交曰否，變有臣象。三爻，故三世而終。上有乾，乾，天子也。五亦天子，五體不變，周天子國也。三爻有三變，故君三出於周。疏解「坤地也臣也」○宋衷曰：「地得終天功，臣得終君事。」○「天地不交曰否」○宋衷曰：「天地不交，猶君臣不接。天氣上升而不下降，地氣沈下又不上升，二氣特隔，故曰否也。」**一既往矣，後之不知，其次必此。**解一，謂成公已往爲晉君也。後之不知，不知最後者在誰也。「其次必此」，次成公而往者必周子也。**且吾聞之，成公之生也，其母夢神規其臀以墨，曰：『使有晉國，**解規，畫也。臀，尻也。疏「其母」至「以墨」○「規」訓「畫」者，《周禮・秋官》鄭注：「凡行刑必先規識其所刑之處，乃後刑之。」疏：「規識在體，若衣服在身，故曰服。」《尚書・洛誥》孔傳：「卜必先墨畫規，然後灼之。」王鳴盛曰「墨者烟煤所成」，則墨者所以規也。**三而畀驩之孫。』**解畀，予也。三世爲君，而更予驩之孫。驩，晉襄公之名也。孫，曾孫周子也。自孫以下皆稱孫。《詩》曰「周公之孫」，謂僖公也。**故名之曰『黑臀』，於今再矣。**解賈侍中云：「於今，單襄公時也。晉厲公即黑臀之孫也，黑臀之後二世爲君，與黑臀滿三世矣。」唐尚書云：「時晉景公在位，成公生景公，故言再。」昭謂：魯成十七年，單襄公與晉厲公會於柯陵，後三年而單襄公卒。其歲厲公弒，則襄公將死時非景公明矣。賈君得之。**襄公曰驩，此其孫也。**解此周子者，晉襄公之孫。**而令德孝恭，非此其誰？且其夢曰：『必驩之孫，實有晉國。』其卦曰：『必三取君於**

周。』其德又可以君國，三襲焉。解襲，合也。三合，德、夢、卦。**吾聞之《大誓》故曰：『朕夢協朕卜，襲于休祥，戎商必克。』**解《大誓》，伐紂之誓也。故，故事也。朕，武王自謂也。協，亦合也。休，美也。祥，福之先見者也。戎，兵也。言武王夢與卜合，又合美善之祥，以兵伐殷，當必克之。疏「朕夢」至「必克」○昭七年《傳》：「衞史朝曰：『筮襲于夢，武王所用。』」與此《傳》襄公語正合。《尚書正義》引《史記・周本紀》云：「武王伐紂，卜龜兆不吉，羣人皆懼，唯太公强之。」《六韜》云：「卜戰，龜兆焦，筮又不吉。太公曰：『枯骨朽蓍，不踰人矣。』」彼言「不吉」者，《六韜》後人所作，《史記》又采《六韜》，妄矜太公，非實事也。**以三襲也。**解言武王夢、卜、祥三合，故遂克商有天下也。今晉周德、夢、卜亦三合，將必得國。**晉仍無道而鮮胄，其將失之矣。**解仍，數也。鮮，寡也。胄，後也。晉厲公數行無道，晉公族之後又寡少，將失國也。**必蚤善晉子，其當之也。」**解晉子，周子。**頃公許諾。及厲公之亂，召周子而立之，是爲悼公。**解亂，謂殺也。

靈王二十二年，解靈王，周簡王之子靈王大心也。二十二年，魯襄之二十四年。是歲齊人城郟。疏解「靈王」至「城郟」○《周本紀》：「簡王十四年崩，子靈王泄心立。」集解引《皇覽》曰：「蓋以靈王生而有髭而神，故謚靈王。靈王冢在河南城西南柏亭西周山上，民祀之不絕。」襄二十四年《傳》杜注：「郟，王城也。於是穀、洛鬭，毀王宮。齊叛晉，欲求媚於天子，故爲王城之。」《後漢・郡國志》注引：「《帝王世紀》曰：『城東西六里十一步，南北九里一百步。』《晉元康地道記》曰：『城内南北九里七十步，東西六里十步，爲地三百頃一十二畝有三十六步。』」**穀、洛鬭，將毀王宮。**解穀、洛，二水名也。鬭者，兩水格，有似於鬭。洛在王城之南，穀在王城之北，東入於瀍。至靈王時，穀水盛出於王城之西，而南流合於洛水，毀王城西南，將及王宮，故齊人城郟。**疏**「穀洛」至「王宮」〇《水經》：「穀水出弘農黽池縣南墦冢林穀陽谷，東北過穀城縣北，又東過河南縣北，東南入於洛。洛水出京兆上洛縣讙舉山，東北過河南縣南，又東過洛陽縣南。」酈注：「洛陽，周公所營洛邑也。《洛誥》曰：『我卜瀍水東，亦惟洛食。』《述征記》：『穀、洛二水，本于王城東北合流，所謂「穀、洛鬭」也。』今城之東南缺千步，世又謂之『穀、洛鬭處』，俱爲非也。余按史傳，周靈王之時，穀、洛二水鬭，毀王宮，王將堨之，❶太子晉諫王，不聽，遺堰三隄尚存。潁容著《春秋條例》言『西城梁門枯水處，世謂之死穀是也』。始知緣生行中造次，入關經究，❷故事與實違矣。」案：穀由北而溢於城西，緣生誤指爲東南，故酈氏非之。《文選·西征賦》李善注引賈逵《國語注》「鬭者，兩會似於鬭」。楊慎曰：「宋紹興十四年，樂平水鬭，有司奏言：『河衝里田，水中類爲物所吸聚，爲一直行，高平地數尺，不假隄防而水自行，里南程氏家井水溢，亦高數尺，夭矯如長虹，聲如雷，穿牆毀樓，二水鬭於杉墩，且前且卻，約十餘刻乃解。』以後印前，穀、洛二水之鬭，應亦如此。」《漢書·五行志》「穀、洛水鬭」，劉向以爲近火沴水也。以《傳》推之，以四瀆比諸侯，穀、洛其次，卿大夫之象也。爲卿大夫將分争，以危亂王宮也。是時世卿專權，儋括將有篡殺之謀。如靈王覺悟，匡其失政，懼以承戒，則災禍除矣。不聽諫謀，簡嫚大異，任其私心，塞埤壅下，以逆水埶而害

---

❶「堨」，原作「竭」，今據《水經注》改。

❷「入」，原作「八」，今據《水經注》改。

鬼神。《京房易傳》曰：「天子弱，諸侯力政。厥異水鬬。」此驗人事以測災異也。**王欲壅之，****解**欲壅防穀水，使北出也。**太子晉諫曰：「不可。****解**晉，靈王太子也，蚤卒，不立。**疏**解「晉靈王」至「不立」○《史記·周本紀》：「靈王崩，子景王貴立。」不言晉，故知蚤卒。《文選》何敬祖《遊仙詩》李善注引《列仙傳》曰：「王喬者，周靈王太子晉也。好吹笙作鳳鳴，遊伊洛之間。道人浮丘公接以上嵩高山，後於山上見桓良曰：『告我家，七月七日待我於緱山頭。』果乘白鶴駐山頭，望之不得到，舉首謝時人，數日而去。」案：李氏所引，語涉荒幻，殊乖典則也。**晉聞古之長民者，****解**長，猶君也。**不墮山，****解**墮，毁也。**不崇藪，****解**崇，高也。澤無水曰藪。**不防川，****解**防，障也。流曰川。**不竇澤。****解**澤，居水也。竇，決也。不爲此四者，爲反其天性。**疏**「不墮」至「竇澤」○《漢書·五行志》顔注：「墮，毁也。崇，聚也。防，止也。竇，穴也。」**夫山，土之聚也。藪，物之歸也。****解**物所生歸也。**川，氣之導也。****解**導，達也。《易》曰：「山澤通氣。」❶**澤，水之鍾也。****解**鍾，聚也。**疏**「夫山」至「之鍾」○《春秋繁露》云：「積土成山，無損也，成其大，無虧也。❷小其上，泰其下。」《周禮》鄭注：「積石曰山。」《水經注》引《春秋説題辭》：「陰含陽，故石凝爲山。」《詩釋文》引《韓詩章句》云：「禽獸居之曰藪。」《風俗通義》：「藪之言厚也，草木魚鼈所以厚養人君與百姓也。」《爾雅·釋水》：「涘闕，流川。過辨，回川。」《説文》：「川，貫穿通流水也。」《釋名》：「川，穿也，穿地而流也。」《風俗通

❶「澤」，原作「川」，今據《周易》及下解改。

❷「無」，原脱，今據《春秋繁露》補。

義》：「水艸交厝，名之爲澤。❶澤者，言其潤澤萬物，以阜民用也。」○解「《易》曰山澤通氣」○《集解》：「崔憬曰：言山澤雖相懸遠而氣交通。」**夫天地成而聚於高，歸物於下。**解聚，聚物也。高，山陵也。下，藪澤也。**疏爲川谷，以導其氣。**解疏，通也。**陂唐污庳，以鍾其美。**解畜水曰陂。唐，隄也。美，謂滋潤。**是故聚不阤崩，而物有所歸。**解大曰崩，小曰阤。**氣不沈滯，而亦不散越。**解沈，伏也。滯，積也。越，遠也。**是以民生有財用，而死有所葬。**解物有所歸，故生有財用。山陵不崩，故死有所葬。《齊語》曰：「陵爲之終。」**然則無夭昏札瘥之憂，而無饑寒乏匱之患。**解短折曰夭。狂惑曰昏。疫死曰札。瘥，病也。**故上下能相固，以待不虞。**解虞，度也。**古之聖王，唯此之慎。**解慎逆天地之性。**昔共工棄此道也，**解賈侍中云：「共工，諸侯，炎帝之後，姜姓也。顓頊氏衰，共工氏侵陵諸侯，與高辛氏爭而王也。」或云：共工，堯時諸侯，爲高辛氏所滅。昭謂高辛所滅，安得爲堯時諸侯？又堯時共工與此異也。疏解「共工」至「此異」○賈侍中以共工爲炎帝後。荀悦《漢紀》引劉子政、子駿之説並同。然昭十七年「郯子來朝」，《傳》其敘紀官之典，從黄帝向上逆陳之，以共工次太皞之後、炎帝之前，故杜預曰「在太皞後、神農前」，則劉氏、賈氏頗違郯子之言。王逸《天問》注以康回爲共工名，不知康回即《尚書》「庸違」，古「康」與「庸」通，秦《詛楚文》「康回無道」，董逌釋「康」爲「庸」。《大雅》毛傳「回，違也」，況庸違之共工，乃堯時之共工，非太皞時之共工也。羅泌謂共工有三。在太皞之末者，處于冀州，恣睢跋扈，以亂天下，任浮游

❶「名」，原作「多」，今據《風俗通義》改。

以爲卿，自謂水德，而水紀其國，爲女媧所滅。在堯時者，乃少皞之子，即驩兜所薦也。在舜時者，炎帝之裔垂也，即讓于殳斨、伯夷者。在堯時、舜時者，皆官名。在太皞時，乃人名。故《路史·後紀》曰：「共工氏，伏羲之代侯者也。」《淮南子》謂與高辛争帝，《史記》謂高陽誅之，荀卿以爲禹代。繩以郯子之言，未免失實。《路史注》又引《歸藏·啓筮》云：「共工人面蛇身，朱髮。」苟廣異聞，殊非體要矣。**虞於湛樂，**解虞，安也。湛，淫也。**淫失其身，**疏「淫失其身」〇古「佚」字皆作「失」。《漢·地理志》「漢中淫失，枝柱與巴蜀同俗」。《杜欽傳》：「《書》云『或四三年』，言失欲之生害也。」❶顔注：「失讀曰佚。」《主父偃傳》云「齊王内有淫失之行」，《游俠傳》云「遂行淫失」，並訓「佚」。**欲壅防百川，墮高堙庳，以害天下。**解堙，塞也。高，謂山林。庳，謂池澤。**皇天弗福，庶民弗助，禍亂並興，共工用滅。其在有虞，有崈伯鯀，**解有虞，舜也。鯀，禹父。崈，鯀國。伯，爵也。堯時在位，而言有虞者，鯀之誅，舜之爲也。疏「其在」至「伯鯀」〇《史記·夏本紀》：「禹之父曰鯀，鯀之父曰帝顓頊。」索隱引「皇甫謐云：『鯀，帝顓頊之子，字熙。』又《連山易》云：『鯀封於崇。』《系本》亦以鯀爲顓頊之子。《漢書·律曆志》則云：『顓頊五代而生鯀。』案：鯀既仕堯，與舜代系懸殊，舜即顓頊六代孫，則鯀非是顓頊之子。蓋班氏之言近得其實。」齡案：《路史》曰：「高陽生駱明，駱明生白馬生，是謂伯鯀，字熙，汶山廣柔人也。」以鯀爲高陽之第三世，其説非也。《五帝本紀》正義又引《神異經》：「東方有人焉，人形而身多毛，自解水土，知通塞。爲人自用，欲爲欲息，皆云是鯀也。」堯老而

❶「四三」、「生害」，原皆倒，今據《漢書》乙正。

舜攝政，皆稟命于堯。鯀之誅，非舜之所專。顧炎武曰：「據下文堯用殛之於羽山，當言『有唐』，而曰『有虞』者，以其事載于《虞書》也。」**播其淫心，稱遂共工之過，**解播，放也。稱，舉也。舉遂共工之過者，謂鄣洪水。**堯用殛之於羽山。**解殛，誅也。舜臣堯，殛鯀於羽山。羽山今在東海祝其縣南。疏解「殛誅」至「縣南」〇《漢·地理志》：「祝其縣有羽山。」昭七年《傳》杜注亦云：「在祝其縣西南，今贛榆縣。」《隋志》：「朐山縣有羽山。」《元和郡縣志》：「臨沂縣東南一百十里，與朐山分界。」朐山，今海州；臨沂，今沂州也。郯城東北亦有羽山，接贛榆界。蓋一山跨四州縣之境，此《禹貢》「蒙、羽」之蒙山也。齡案：徐州地近東藩，非荒服放流之宅。《尚書》孔傳：「羽山，東裔在海中。」今登州府蓬萊縣有羽山。《寰宇記》：「羽山在蓬萊縣南十五里，即殛鯀處，有鯀城在縣南六十里。」與孔傳謂在東裔者合，與《禹貢》徐州之羽山迥别也。**其後伯禹，**疏「其後伯禹」〇《史記·夏本紀》：「夏禹名曰文命，禹之父曰鯀。」索隱引《系本》云：「鯀取有辛氏女，謂之女志，是生高密。」宋衷云：「高密，禹所封國。」正義引《帝王紀》云：「父鯀妻修己，見流星貫昴，夢接意感，又吞神珠薏苡，胸坼而生禹，❶名文命，字密，身九尺二寸長。」揚雄《蜀王本紀》云：❷「禹本汶山郡廣柔縣人，生於石紐。」**念前之非度，**解度，法也。**釐改制量，**解釐，理也。量，度也。**象物天地，**解取法天地之物象也。在天成象，在地成形。**比類百則，**解類，亦象也。**儀之于民，**解儀，準也。**而度之於羣生。**

---

❶「坼」，原作「折」，今據《史記》改。

❷「蜀」，原作「帝」，今據《揚子雲集》改。

解度之，謂不傷害也。**共之從孫四岳佐之，****解**共，共工也。從孫，昆弟之孫也。四岳，官名，主四岳之祭，爲諸侯伯。佐，助也。言共工從孫爲四岳之官，掌帥諸侯助禹治水。**疏**解「四岳」至「侯伯」〇隱十一年《傳》孔疏引賈逵《國語注》：「共，共工也。從孫，同姓末嗣之孫。四岳，官名，大岳也，主四岳之祭。」《五帝本紀》正義引《書》孔傳：「四嶽即羲、和四子也，分掌四岳之諸侯，故稱焉。」《周禮疏》序引《尚書》鄭注：「四岳，主四時之官，主四岳之事。始羲、和之時，主四岳者謂之四伯。至其死，分岳事，置八伯，皆王官。其八伯，唯驩兜、共工、放齊、鯀四人而已，❶其餘四人，無文可知。」案：共之從孫佐禹，則爲八伯中之一人，其所掌爲東？爲西？爲南？爲朔？亦無文可知。**高高下下，疏川導滯，****解**高高，封崇九山也。下下，陂障九澤也。疏川，決江疏河也。導滯，鑿龍門、闢伊闕也。**疏**「疏川導滯」〇《文選・薦士表》吕向注：「疏，通；導，引也。」**鍾水豐物，****解**鍾，聚也。畜水潦，所以豐殖百物。**封崇九山，****解**封，大也。崇，高也。除其壅塞之害，通其水泉，使不墮壞，是謂封崇。凡此諸言九者，皆謂九州之中山川藪澤。**疏**「封崇九山」〇《史記・夏本紀》索隱曰：「汧、壺口、砥柱、大行、西傾、熊耳、嶓冢、内方、岐，是九山也。古分爲三條，故《地理志》有北條之荆山。❷馬融以汧爲北條，西傾爲中條，嶓冢爲南條。鄭康成分四列，汧爲陰列，西傾次陰列，嶓冢爲陽列，岐山次陽列。」《淮南・墬形訓》：「何謂九山？會稽、泰山、王屋、首山、太華、岐山、太行、羊腸、孟

---

❶「放」，原作「於」，今據《周禮注疏》改。

❷「志」，原脱，今據《史記・夏本紀》索隱補。

門。」《禹貢》出於當日史臣，視諸傳記，更作徵信也。**決汨九川，**解汨，通也。**陂鄣九澤，**解鄣，防也。**豐殖九藪，**解豐，茂也。殖，長也。疏「豐殖九藪」○《呂氏春秋》及《淮南·墜形訓》：「何謂九藪？曰越之具區，楚之雲夢，秦之陽紆，晉之大陸，鄭之圃田，宋之孟諸，齊之海隅，趙之鉅鹿，燕之昭余。」《爾雅》「十藪」則有魯之大野，周之焦穫，而不列鉅鹿也。**汨越九原，**解越，揚也。疏「汨越九原」○《爾雅·釋地》：「廣平曰原。」《左傳疏》引李巡《爾雅注》謂：❶「土地寬博而平正，名之曰原。」《說文》：「邍，廣平之野，人所登。」《釋名》：「原，元也，如元氣廣大也。」《釋地》又云：「可食者曰原。」《左傳疏》引李巡《爾雅注》「可食，謂有井田也」。**宅居九隩，**解隩，内也。九州之内皆可宅居。疏「宅居九隩」○《爾雅·釋水》：「隩，隈也。」《詩釋文》引孫炎《爾雅注》：「水曲中也。」《漢書·郊祀志》顔注：「土之可居者曰隩。」**合通四海。**解使之同軌。疏「合通四海」○《爾雅·釋地》：「九夷、八狄、七戎、六蠻謂之四海。」《禮記疏》引李巡《爾雅注》「四海遠于四荒」，《益稷》云「外薄四海」，《禹貢》云「聲教訖于四海」也。**故天無伏陰，**解伏陰，夏有霜雹。疏解「伏陰」至「霜雹」○《初學記》引《七月》《韓詩》説：「冰者，窮谷陰氣所聚，不洩則結而爲伏陰。」昭四年《傳》杜注：「伏陰謂夏寒。」孔疏「深山窮谷，固陰沍寒」：「極陰之處，冰凍所聚，不取其冰，則氣畜不泄，結滯而爲伏陰。凡雨水，陽也；雪雹，陰也。雨水而伏陰薄之，則凝而爲雹。」**地無散陽，**解散陽，冬梅李實。疏解「散陽」至「李實」○《漢書·五行志》：「僖公三十三年『十二月，李梅實』。劉向以爲周十二月，今十月也。李梅當剥

❶「疏」，原脱，今據《左傳》桓公元年及襄公二十五年疏補。

落，今反華實，近草妖也。一曰君紓緩甚，奧氣不臧，則華實復生。惠帝五年十月，桃李華，棗實。」案：散陽不專指此一事，弘嗣舉以見意也。**水無沈氣，**解沈，伏也。無伏積之氣。疏解「沈伏」至「之氣」〇「沈，伏也」者，古以投物水中爲沈，故「沈」有「伏」義。《周禮·春官》：「以貍沈祭山林川澤。」伏氣者，如俗以雞羽投井中，輒盤旋而不下，有伏氣逆衝而上也。《外臺秘要》云：「井中有伏氣者，五六月，人入之輒暴卒，皆伏氣也。」**火無災燀，**解燀，焱起貌。天曰災，人曰火。疏解「燀焱起貌」〇《説文》：「焱，火華也。」《字林》：「焱，火光也。」《文選·思玄賦》：「焱回回其揚靈。」**神無閒行，**解閒行，姦神淫厲之屬。疏解「閒行」至「之屬」〇昭七年《傳》孔疏：「厲者，陰陽之氣相乘不和之名，《尚書五行傳》『六厲』是也。人死體魄則降，知氣在上。有尚德者，附和氣而興利。孟夏之月，令雩祀百辟卿士有益于民者，由此也。爲厲者，因害氣而施災，故謂之厲鬼。《月令》『民多厲疾』，《五行傳》有禦六厲之禮。禮，天子立七祀，有大厲；諸侯立五祀，有國厲。」此言無閒行者，民神不相雜糅，無敢乘沴氣以興災也。**民無淫心，**解陰陽調，財用足，故無淫濫之心。**時無逆數，**解逆數，四時寒暑反逆。**物害無生。**解蝗螟之屬不害嘉穀。**帥象禹之功，度之于軌儀，**解帥，循也。軌，道也。儀，法也。**莫非嘉績，克厭帝心。**解謂禹與四岳也。嘉，善也。績，功也。克，能也。厭，合也。帝，天也。**皇天嘉之，祚以天下，**解祚，禄也。《論語》曰「帝臣不蔽，簡在帝心」是也。**賜姓曰姒，氏曰有夏，**解堯賜禹姓曰姒，封之於夏。疏「賜姓至有夏」〇《禮緯》曰：「禹母修己吞薏苡而生，則姓姒氏。」案：堯取薏苡之祥，故賜姒以爲姓。「薏苡」古通作「意㠯」，「㠯」從反「巳」。巳者，四月陽气已出，陰气已藏，萬物見成文章，故氏曰有夏。《帝王紀》云：「禹受封爲夏伯，在豫州外方之南。今河南陽翟是也。」**謂其能以嘉祉殷富生物也。**解祉，福也。殷，盛也。「賜姓曰姒，氏曰有夏」者，以其能以善福殷富天下，生育萬物。姒，猶祉也。夏，大也。以善福殷富天下爲大也。**胙四岳國，命爲侯伯，**解堯以四岳佐禹有功，封於呂，命爲侯伯，使長諸侯。疏解「堯以」至「於呂」〇《史記正義》引《括地志》「故呂城在鄧州南陽縣西」。徐廣云：「呂在宛縣。」《水經注》「宛西呂城四岳受封」。**賜姓曰姜，**解姜，四岳之先，炎帝之姓也。炎帝世衰，其後變易，至四岳有賢德，帝復賜之祖姓，使紹炎帝之後。疏「賜姓曰姜」〇隱十一年《傳》孔疏引賈逵《國語注》與韋解文同。襄十四年《傳》：「姜戎曰：『謂我諸戎是四岳之裔胄也。』」是四岳能復姜姓也。姜，養也。《五帝本紀》集解引《堯典》鄭注：「四岳，四時官，主方岳之事。」又引孔安國曰：「四岳即上羲、和四子。」養民之政，莫大於敬授人時，故知四岳能養民也。**氏曰有呂。**解以國爲氏。**謂其能爲禹股肱心膂，以養物豐民人也。**解肱，臂也。豐，厚也。「氏曰有呂」者，以四岳能輔成禹功，比於股肱心膂。呂之爲言膂也。疏解「呂之爲言膂」〇《說文》：「呂，脊骨也。象形。」《博雅》：「膂，肉也。」《玉篇》：「古與呂同。」《尚書·君牙》：「作股肱心膂。」**此一王四伯，豈緊多寵？皆亡王之後。**解王，謂禹。四伯，謂四岳也。爲四岳伯，故稱四伯。豈，辭也。緊，是也。言禹與四岳豈是多寵之人，乃亡王之後也。禹，鯀之子，禹郊鯀而追王之。四岳，共工從孫，共工侵陵諸侯以自王。言皆無道而亡，非伯王所起，明禹、岳之興非因之也。**唯能釐舉嘉義，**解舉，用也。**以有胤在下，守祀不替其典。**解下，後也。典，常也。**有夏雖衰，杞、鄫猶在。**解杞、鄫，二國，夏後也。猶在，在靈王之世也。**申、呂雖衰，齊、許猶**

在。解申、吕，四岳之後，商、周之世或封於申、吕，齊、許其族也。唯有嘉功，以命姓受祀，迄於天下。解受祀，謂封國受命，祀社稷山川也。迄，至也。至於有天下，謂禹也。祀，或爲氏。及其失之也，必有慆淫之心間之，解慆，慢也。間，代也。以慢淫之心代其嘉功，謂若桀也。故亡其氏姓，踣弊不振，解踣，僵也。振，救也。絶後無主，解無祭主也。堙替隸圉。解堙，没也。替，廢也。隸，役也。圉，養馬者也。夫亡者豈緊無寵？皆黄炎之後也。解鯀，黄帝之後。共工，炎帝之後。唯不帥天地之度，不順四時之序，不度民神之義，解義，宜也。不儀生物之則，解儀，準也。以殄滅無胤，至於今不祀。及其得之也，必有忠信之心間之。解以忠信之心代其慆淫也。度於天地而順於時動，解順四時之令而動也。龢於民神而儀於物則，故高朗令終，顯融昭明，解朗，明也。終，猶成也。融，長也。命姓受氏，而附之以令名。解附，隨也。若啓先王之遺訓，解啓，開也。訓，教也。省其典圖刑法，解典，禮也。圖，象也。而觀其廢興者，皆可知也。其興者，必有夏、吕之功焉。其廢者，必有共、鯀之敗焉。今吾執政無乃實有所避，解避，違也。而滑夫二川之神，解滑，亂也。疏解「滑亂也」〇「滑」訓「亂」者，《淮南子·原道訓》「聖人不以人滑天」，又云「不以人欲滑和也」。使至於争明以妨王宮，解明，精氣也。疏「使至於争明」〇《漢書·五行志》注：「臣瓚曰：『明，水道也。』顔師古曰：『明，謂神靈。』」案：顔説是。王而飾之，無乃不可乎？疏「王而飾之」〇《漢書·五行志》顔注：「言爲欲防固王宮，使水不得毁，故遏飾二川也。」人有言曰：『無過亂人之門。』解亂人，狂悖怨亂之人也。過其門，干其怒也。**又曰：『佐雝者嘗焉，**解雝，亨煎之官也。疏解「雝亨煎之官」○《周禮》内饔、外饔並上士四人，下士八人。鄭注：「饔，亨煎之稱。」《少牢饋食禮》「雍人摡鼎、匕、俎于雍爨，❶雍爨在門東南，北上」。《詩·楚茨》疏：「祭祀之禮，雍爨以煮肉。」**佐鬬者傷焉。』又曰：『禍不好不能爲禍。』**解猶財色之禍生于好之。**《詩》曰：『四牡騤騤，旟旐有翩。亂生不夷，靡國不泯。』**解《詩·大雅·桑柔》之二章也。騤騤，行貌。鳥隼曰旟，龜蛇曰旐。翩翩，動摇不休止之意。夷，平也。靡，無也。泯，滅也。疾厲王好征伐，用兵不得其所，禍亂不平，無國不見滅。疏「詩曰」至「不泯」○《詩疏》：「騤騤，馬行之貌。旌旗止則納于弢中。言其行而翩翩，是在路不息。」厲王無道，妄行征伐。王本用兵欲以除亂，但伐不得罪而亂日生，不復能平之。王既不能平之，諸侯自相攻伐，無有一國不見殘滅。《釋詁》云：「泯、滅，盡也。」俱訓爲盡，故泯得爲滅也。○解「鳥隼」至「曰旐」○《周禮·司常》：「掌九旗之物名，鳥隼爲旟，龜蛇爲旐，州里建旟，縣鄙建旐。」鄭注：「鳥隼象其勇健也，龜蛇象其扞難避害也。」《考工記》：「鳥旟七斿以象鶉火也，龜蛇四斿以象營室也。」《爾雅·釋天》則云：「錯革鳥曰旟。」郭注：「此謂合剥鳥皮毛置之竿頭，即《禮記》云：『載鴻及鳴鳶。』」《公羊疏》引孫炎注：「錯，置也。革，急也。言畫急疾之鳥于旒。《周官》所謂『鳥隼爲旟』者矣。」邵晉涵曰：「《詩·六月》鄭箋『鳥章，鳥隼之文章』。孔疏引《鄭志》答張逸云『畫急疾之鳥隼』，是孫炎《爾雅注》本鄭箋義。」齡案：《公羊疏》又引李巡《爾雅注》「以革爲之，置于旐端」，是李氏以革爲皮，正郭注

❶「摡」，原作「概」，今據《儀禮注疏》改。

之所本。然鳥隼之皮可載，豈龜蛇皮甲亦可載乎？以旟例旗，則鄭、孫之説長矣。**又曰：『民之貪亂，甯爲荼毒。』**解《桑柔》之十一章也。甯，安也。荼，苦也。言民疾王之虐，貪樂禍亂，安爲荼毒之行。**疏**「民之」至「荼毒」〇《詩疏》：「民性本好安甯，今所以貪欲亂亡者，以疾苦王者之政，欲使天下之亂，得喪滅此王也。荼，苦葉毒。螫蟲、荼毒皆惡物，故比惡行。天下之民苦王之虐政，欲其亂亡，故安然而爲此惡行，以相侵暴，謂强淩弱、衆暴寡也。」**夫見亂而不惕，所殘必多，其飾彌章。**解惕，惕然恐懼也。彌，終也。章，著也。言見禍亂之戒，不恐懼修省以銷災咎，而壅飾之，禍敗終將章著。**民有怨亂，猶不可遏，而况神乎？王將防鬬川以飾宫，是飾亂而佐鬬也，其無乃章禍且遇傷乎？自我先王厲、宣、幽、平而貪天禍，至於今未弭，**解弭，止也。四王父子相繼，厲暴虐而流，宣不務農而料民，幽昏亂以至滅西周，平不能修政至於微弱，皆己行所致，故曰「貪天禍」，禍敗至今未止。**我又章之，懼長及子孫，王室其愈卑乎？其若之何？自后稷以來甯亂，**解甯，安也。堯時鴻水，黎民阻飢，稷播百穀，民用乂安。**及文、武、成、康而僅克安民。自后稷之始基靖民，十五王而文始平之，**解基，始也。靖，安也。自后稷播百穀以始安民，凡十五王，世修其德，至文王乃平民受命也。十五王，謂后稷、不窋、鞠陶、公劉、慶節、皇僕、差弗、毀隃、公非、高圉、亞圉、公祖、太王、王季、文王也。**疏**「十五王平之」〇后稷、不窋以下至文王，弘嗣引《史記·周本紀》文。案：稷與禹、契同時，禹有天下四百五十年，而後湯有天下。自湯元祀至帝乙八祀，文王嗣父位之時，又五百四十六年，共九百九十六年。而周家父子相繼止十五世，則每代必六十六歲而生子，且每代必甫生而即爲君，此事所必無者。周本西垂小國，未必立有史官，况竄狄避戎，即有譜牒，亦必殘缺，太子晉所言「十五王」，就先君之能修稷業而有聲譽者言之，非謂相繼爲次，止有此十五代也。稷以下皆諸侯，而統曰王者，《詩・長發》稱契曰「玄王」，❶孔疏：「契是其爲王之祖，故呼爲王，非追號爲王也。」**十八王而康克安之，**解十八者，加武王、成王、康王，并十五王。**其難也如是。厲始革典，十四王矣。**解革，更也。典，法也。厲王無道，變更周法，至今共十四王也。謂厲、宣、幽、平、桓、莊、僖、惠、襄、頃、匡、定、簡、靈。❷**基德十五而始平，基禍十五，其不濟乎！**解至景王十五世。**吾朝夕儆懼，曰：『其何德之修，而少光王室，以逆天休？』**解少，猶裁也。光，明也。逆，迎也。休，慶也。**王又章輔禍亂，將何以堪之？**解章，明也。輔，助也。**王無亦鑒於黎、苗之王，下及夏、商之季，**解鑒，鏡也。黎，九黎也。苗，三苗也。少皞氏衰，九黎亂德，顓頊滅之。高辛氏衰，三苗又亂，堯誅之。夏、商之季，謂桀、紂也，湯、武滅之。疏解「黎九」至「堯誅之」〇《五帝本紀》正義引《龍魚河圖》云：「黄帝攝政，有蚩尤兄弟八十一人，並獸身人語，銅鐵額，食沙，造五兵，仗刀戟大弩，威振天下。天遣玄女下，授黄帝兵符，伏蚩尤。」孔安國曰「九黎君號蚩尤」，是也。《史記・曆書》：「少皞之衰也，九黎亂德。」集解引《漢書音義》曰：「少皞時，諸侯作亂者，蓋因黄帝殺蚩尤而未滅其國，故少皞之末，其子孫復作亂而顓

---

❶「玄」，原作「九」，今據《毛詩正義》改。

❷「莊」，原避諱作「嚴」，今回改。下逕改，不再出校。

項滅之。」《淮南子·修務訓》高注：❶「三苗，謂帝鴻氏之裔子渾敦，少昊氏之裔子窮奇，縉雲氏之裔子饕餮。三族之苗裔，故謂之三苗。」案：文十八年《傳》杜注：「窮奇，謂共工；渾敦，謂驩兜；饕餮，謂三苗。」孔疏謂：「先儒之説盡然。」則高注以渾敦、窮奇各爲苗之一族，孤義單詞，無文相證矣。《五帝本紀》正義引孔安國云：「縉雲氏之後爲諸侯，號饕餮。」即三苗也。吴起云：「三苗之國，左洞庭而右彭蠡。」《匈奴列傳》索隱引《續漢書》云：「羌，三苗姜姓之别。舜徙于三危，今河關之西南羌是也。」《五帝本紀》正義引《神異經》云：「西荒中有人焉，面目手足皆人形，而胳下有翼，不能飛，爲人饕餮，淫佚無理，名曰苗民。」《路史·後記》注引「《北經》云：『顓頊生驩頭，驩頭生苗民，苗民釐姓。』崇甯五年，蔡京修第于河北，得瓦棺十數具，其骸長丈餘，顱骨不圜，而橢牙如犬牙，下冒其骸，時謂橑牙。《述異記》云：『苗民長齒，上下相冒。』蓋當時自有此一種人。❷虞氏瓦棺則其時所瘞也。」案：傳記或不盡誣，存之以廣異聞耳。**上不象天而下不儀地，中不龢民而方不順時，不共神祇，**解方，四方也。謂逆四時之令。**而蔑棄五則。**解蔑，滅也。則，法也。謂象天、儀地、龢民、順時、共神也。**是以人夷其宗廟，火焚其彝器，**解夷，滅也。彝，尊彝，宗廟之器。**子孫爲隸，下夷於民，**解隸，役也。**而亦未觀夫前哲令德之則。則此五者而受天之豐福，饗民之勳力，子孫豐厚，令聞不忘，是皆天子之所知也。天所崇之子孫，或在畎畝，由欲亂**

❶「子」，原作「志」，今據《淮南子》改。

❷「蓋」，原作「盍」，今據《路史》改。

民也，解崇，高也。賈侍中云：「一耦之發，廣尺深尺爲甽，百步爲畝。」昭謂：下曰甽，高曰畝。畝，壠也。《書》曰：「異畝同穎。」甽畝之人，或在社稷，由欲靖民也。解靖，治也。無有異焉！解唯所行也。《詩》云：『殷鑒不遠，近在夏后之世。』解謂湯伐桀也。將焉用飾宫，以徼亂也？度之天神，則非祥也。比之地物，❶則非義也。類之民則，則非仁也。方之時動，則非順也。咨之前訓，則非正也。解咨，議也。觀之《詩》、《書》，與民之憲言，解《詩》、《書》，上「亂生不夷」之屬；民之憲言，「無過亂人之門」。皆亡王之爲也。上下儀之，無所比度，王其圖之！夫事，大不從象，小不從文，解象，天象也。文，《詩》、《書》也。上非天刑，下非地德，解刑，法也。德，猶刑也。中非民則，方非時動，而作之者必不節矣。作又不節，害之道也。」王卒壅之。及景王，多寵人，亂於是乎始生。解景王，周靈王之子，太子晉之弟也。多寵人，謂寵子朝及臣賓孟之屬也。景王崩，王室大亂。解景王無適子，既立子猛，又許賓孟立子朝，未立而王崩，單子、劉子立子猛而攻子朝，王室大亂。及定王，王室遂卑。解定王，頃王之子，靈王祖父，而言「及定王，王室遂卑」，非也。定，當爲「貞」，貞王名介，敬王之子也。是時大臣專政，諸侯無伯，故王室遂卑。

晉羊舌肸聘於周，解肸，晉大夫，羊舌職之子叔向之名。疏解「肸晉」至「之名」○《說文》：「肸，響布

---

❶「地」，原作「他」，今據宋公序本《國語》改。

也。」《漢書・司馬相如傳》「肸蠁布寫」。左思《蜀都賦》「景福肸蠁而興作」，注引韋弘嗣曰：❶「肸蠁，溼生蟲，蟲類是也。大福之興，如此蟲騰起。」故名肸，字叔蠁。後轉作「嚮」，又省作「向」，而「蠁」之義湮矣。**發幣於大夫，及單靖公。**解發其禮幣于周大夫，次及單靖公。靖公，王卿士，襄公之孫，頃公之子。疏「發幣于大夫」○隱七年《左傳》：「初，戎朝于周，發幣於公卿。」杜注：「如今計獻詣公府。」《詩・大東》鄭箋：「轉送餫，因見使行周之列位者而發幣焉。」是也。**靖公享之，儉而敬，**解享禮薄而身敬也。**賓禮贈餞，視其上而從之，**解賓禮，所以賓待叔向之禮也。送之以物曰贈，以飲食曰餞。餞，郊禮也。上，位在靖公上也。視之不敢踰也。**燕無私，**解無私好貨及籩豆之加也。**送不過郊，**解至郊而反，亦言無私。疏「賓禮」至「過郊」○「送以物曰贈」者，《儀禮・聘禮》：「大夫餼賓太牢，米八筐。賓迎再拜。老牽牛以致之。賓再拜稽首受。老退，賓再拜送。上介亦如之。衆介皆少牢，米六筐，皆士牽羊以致之。」襄二十九年，❷吴子使札聘鄭，子産獻紵衣焉。是當時有贈之禮。「餞，郊禮也」者，《詩・大雅》「韓侯出祖，出宿于屠，顯父餞之」，《韓詩章句》「送行飲酒曰餞」。來朝之諸侯、卿士餞之，則入聘之卿大夫亦然。昭十六年《傳》「鄭六卿餞宣子于郊」，則當時有郊餞、郊送之禮。昭二年《傳》「韓宣子來聘，既享，宴于季氏」，則當時大夫有相燕之

---

❶「引韋弘嗣」四字，疑爲衍文，其下引文爲《文選》六臣注中吕向注文，非注文引韋氏語。上「左思」上宜有「文選」二字。

❷「二十九」，原作「三十一」，今據《春秋左傳正義》改。

禮也。**語説《昊天有成命》。**解語，宴語所及者。説，樂也。《昊天有成命》，《周頌》篇名。疏「語説」至「成命」○《詩序》：「《昊天有成命》，郊祀天地也。」毛傳、鄭箋及疏皆宗其訓，唯賈子《新書》引叔向曰：「成王者，武王之子，文王之孫也。文王有大德而功未就，武王有大功而治未成。及成王承嗣，仁以臨民，故稱昊天焉。」歐陽修謂：「成王者，成王也。」遂定爲祭成王之詩。案祀禮莫大于祭天地，周初禮明樂備，唯肇禋言文王之配天，而專祀天地之詩何以不一見？祭公謀父引「載戢干戈」指爲周文公之頌，則頌成于周公之手。成王之謚，周公何以知之？孔子言《雅》、《頌》得所，《我將》祀文王，《執競》祀武王，而以祭成王之詩列其前，似不可言得所。下文韋解明言「是詩道文、武能成其王德」，未可因賈氏、歐陽氏之議而遽違序、箋也。

單之老送叔向，解老，家臣室老也。禮，卿大夫之貴臣爲室老。**叔向告之曰：「異哉！吾聞之曰：『一姓不再興。』今周其興乎？其有單子也。**解一姓，一代也。**昔史佚有言，**解史佚，周武王時太史尹佚。**曰：『動莫若敬，**解敬，可久也。**居莫若儉，**解儉，易容也。**德莫若讓，**解讓，遠怨也。**事莫若咨。』**解咨，寡失也。**單子之況我，禮也，皆有焉。夫宮室不崇，**解崇，高也。**器無彤鏤，儉也。**解彤，丹也。鏤，刻金飾也。**身聳除潔，**解聳，懼也。除，治也。疏解「聳懼也」○昭六年《傳》：「聳之以行。」《漢書》引作「愯」。晉灼曰：「古『悚』字。」《説文》引昭十九年《傳》「駟氏聳」作「愯」，云「懼也」。**外内齊給，敬也。**解外，在朝廷。内，治家事。齊，整也。給，備也。**宴好享賜，不踰其上，讓也。**解宴好，所以通情結好也。享賜，所以醻賓賜下也。**賓之禮事，放上而動，咨也。**解放，依也。咨，言必與上咨

也。如是而加之以無私，重之以不殺，解殺，雜也。衆人過郊，單子獨否，所以不殺雜。**能辟怨矣。居儉動敬，德讓事咨，而能辟怨，以爲卿佐，其有不興乎！且其語説《昊天有成命》，《頌》之盛德也，**解盛德，二后也，謂成王即位始郊見，推文、武受命之功，以郊祀天地而歌之。**其詩曰：『昊天有成命，二后受之，成王不敢康。**解昊天，天大號也。二后，文、武也。康，安也。言昊天有所成命，文、武則能受之。謂修己自勤，以成其王功，非謂周成王身也。賈、鄭、唐説皆然。**夙夜基命宥密，**解夙，蚤也。夜，暮也。基，始也。命，信也。宥，寬也。密，甯也。言二君蚤起夜寐，始行信命，以寬仁甯静爲務。

疏「昊天」至「宥密」○《周頌》孔疏申箋意曰：「此郊天之歌，言其所感蒼帝。昊天是天之大號，故蒼帝亦得稱之。后稷以大迹而生，是天之精氣。《中候苗興》稱堯受圖書，❶已有稷名在籙，言其苗裔當王。是周自后稷之生，已有王命，言其有將王之兆也。」案：叔向以命爲信。鄭訓命爲天之號令。其義似歧。孔疏通之曰：「《傳》訓命爲信，已訓爲信，必所信有事。上言天有成命，故知所信順者，始信順天命也。」鄭箋又言：「文王、武王受其業，施行道德，成此王功，不敢自安逸，早夜始信順天命，❷不敢解倦，行寬仁安静之政，以定天下。」正義又云：「此詩作在成王之初，非是崩後，不得稱成之謚。韋氏云『非謂周成王身也』，是時人有疑是成王身者，故辨之也。」**於緝熙，亶厥心，肆其靖之。』**解緝，明也。熙，光也。亶，厚也。厥，其也。

❶「候」，原脱，今據《毛詩正義》補。
❷「信」，原脱，今據《毛詩正義》補。

肆，固也。靖，和也。言二君能光明其德，厚其心，以固和天下。**是道成王之德也，**解是詩道文、武能成其王德。**成王能明文昭，能定武烈者也。**解烈，威也。言能明其文，使之昭；定其武，使之威。**夫道成命者而稱昊天，翼其上也。**解稱，舉也。翼，敬也。**二后受之，讓於德也。**解謂推功也。《書》曰：「允恭克讓。」賈、唐二君云：「言二后所以受天命也，以能讓有德也。」謂「詢於八虞」、「訪於辛、尹」之類。**成王不敢康，敬百姓也。**解言不敢自安逸者，是其敬百姓也。百姓，百官。**夙夜，恭也。**解夙夜敬事曰恭。《書》曰：「文王至于日昃，不遑暇食。」**基，始也。命，信也。**疏「基始命信」○「基，始」者，《説文》：「基，牆始築也。」《老子》曰：「高必以下爲基。」《詩疏》：「正以言信，必所信有信。上言天有成命，故知所信順者，始信順天命也。王肅云：『言其修德常如始。』《易》曰『日新之謂盛德』，義當然也。」**宥，寬也。密，甯也。**疏「宥寬密甯」○《詩疏》：「密爲甯，甯又訓爲『安』。寬者，體度弘廣，性有仁恩。已上行既如此，則其下效之，不復爲苛虐急刻。安者，緩于御物，爲政清靖。王上行既如此，則其下效之，不復爲殘暴擾亂。故二后勤行之。」**緝，明也。熙，廣也。**解鄭後司農云：「廣」當爲「光」。虞亦如之。疏解「廣當爲光」○《爾雅·釋詁》：「緝熙，光也。」故鄭、虞兩君並破「廣」爲「光」。案：古者「光」、「廣」二字通。《荀子·禮論》「積厚者流澤廣」，《大戴禮》作「流澤光」，故《釋言》云「光，充也」，《晉語》云「光，明之耀也」。**亶，厚也。肆，固也。靖，和也。**疏「亶厚」至「靖和」○《爾雅·釋詁》：「亶，信也，誠也。」又云：「亶，厚也。」「信」、「誠」有「厚」義，故又訓爲「厚」。《詩箋》：「固當爲故。」案：《盤庚》「肆徂厥敬勞」，則「肆」有「故」義。韋不從鄭音者，以下文言「廣厚其心以固龢之」。❶「固」與「和」對舉，當訓「固」爲「堅」，而不必破字。《釋詁》：「堅，固也。」《天保》毛傳：「固，堅也。」轉相訓也。此章毛傳：「靖，和也。」鄭箋：「終能安和之。」謂鞏固其天命，和集其民心也。**其始也，翼上德讓而敬百姓。** **解** 其始，篇之首句也。言以敬讓爲始也。**其中也，恭儉信寬，帥歸於甯。** **解** 其中，篇之中句也。帥，循也。言其恭儉信寬，循而行之，歸于安民。**其終也，廣厚其心以固龢之。** **解** 其終，篇之終句也。廣厚其心，美其教化，而固和之也。**始於德讓，中於信寬，終於固龢，故曰成。** **解** 成，成其王命也。**單子儉敬讓咨，以應成德。** **解** 應，當也。**單若不興，子孫必蕃，後世不忘。《詩》曰：『其類維何？室家之壼。** **解** 《詩》，《大雅·既醉》之六章也。類，族類也。壼，梱也。言孝子之行，先於室家族類以相致，乃及於天下也。**疏** 解「族類」至「天下」〇「類，族類也」者，《論語》「有教無類」，馬融注：「無有種類。」襄二十二年「請舍子明之類」，是類爲族也。「壼，梱也」者，此本《毛詩》鄭箋文，《詩疏》引《爾雅·釋宮》云「宮中巷謂之壼」，以宮中巷路之廣，故以梱爲廣。王肅云：「其善道施于室家而廣及天下。」鄭箋：「壼之爲言梱也。」疏申之曰：「以孝行與族類者，室家先以相梱逼而密緻，言其相親，然後以此相親之道與其族類，亦使之室家相親，故言乃及于天下也。」弘嗣不從下傳訓「廣」，而從鄭箋訓「梱」者，室家梱緻即可以化天下，即是廣裕民人也。雖從鄭箋，不違叔向之義。**君子萬年，永錫祚胤。』** **解** 祚，福也。胤，嗣也。**疏**「君子」至「祚胤」〇《詩疏》：「以此室家之善廣及于天下，此所

❶「龢」，原作「斂」，今據宋公序本《國語》改。

謂長與之也。能使善道之廣如此，則君子成王當有萬年之壽。天又長與汝之福祚至于胤嗣之子孫。言天深祐之，使福及後世也。」**類也者，不忝前哲之謂也。**解言能以孝道施於族類，故不辱前哲之人。疏解「言能」至「之人」〇《大戴禮·曾子立事》篇：「復宜其類。」《荀子·禮論》：「先祖者，類之本也。」《爾雅·釋詁》：「類，善也。」善莫大於孝，故「類」又訓爲「善」。不忝前哲，斯善矣。**壺也者，廣裕民人之謂也。萬年也者，令聞不忘之謂也。祚胤也者，子孫蕃育之謂也。**解蕃，息也。育，長也。**單子朝夕不忘成王之德，可謂不忝前哲矣。膺保明德，**解膺，抱也。保，持也。**以佐王室，可謂廣裕民人矣。若能類善物，以混厚民人者，必有章譽蕃育之祚，**解物，事也。混，同也。章，明也。**則單子必當之矣。單若有闕，必兹君之子孫實續之，不出於它矣。」**解單，單氏之世也。闕，缺也。兹，此也。此君，靖公也。它，它族也。

景王二十一年，將鑄大錢。解景王，周靈王之子景王貴也。二十一年，魯昭之十八年也。錢者，金幣之名，所以貿買物、通財用也。古曰泉，後轉曰錢。賈侍中云：「虞、夏、商、周金幣三等：或赤、或白、或黄。黄爲上幣，銅鐵爲下幣。大錢者，大於舊，其賈重也。」唐尚書云：「大錢重十二銖，文曰：『大泉五十。』」鄭後司農説《周禮》云：「錢始蓋一品也。周景王鑄大錢而後有二品，後數變易，不識本制。至漢，唯五銖久行。王莽時，錢乃有十品，今存於民，多者有貨布、大泉、貨泉。大泉徑寸二分，重十二銖，文曰『大泉五十』。」則唐君所謂大泉者，乃莽時泉，非景王所鑄明矣。又景王至赧王十三世而周亡，後有戰國、秦、漢，幣物改，轉不相因，先師所不能紀。或曰大錢文曰「寶貨」，皆非事實。又單穆公云：「古者有母平子、子權母而行。」然則二品之來，古而然矣。鄭君云「錢始一品，至景王時有二品」，省之不熟耳。**疏**解「錢者」至「事實」〇《漢書・食貨志》：「太公爲周立九府圜法：黄金方寸而重一斤，錢圜函方輕重以銖。」注：「李奇曰：『圜即錢也。圜一寸而重九兩。』顏師古曰：『此説非也。《周官》太府、玉府、内府、外府、泉府、天府、職内、職金、職幣，❶皆掌財幣之官，故云九府。圜謂均而通也。』」《志》又云：「周景王時患錢輕，更鑄大錢，文曰『寶貨』，肉、好皆有周郭。」應劭曰：「大於舊錢，其價重也。」又引韋昭曰：「肉，錢形也。❷好，孔也。」弘嗣于《漢書注》中並無駁論，則亦從班氏矣。今此解云「非事實」。或先解《國語》，後注《漢書》與？「王莽時錢乃有十品」者，《食貨志》云：「大布、次布、弟布、壯布、中布、差布、厚布、幼布、么布、小布，是爲布貨十品。」顏注：「布亦錢耳。謂之布者，亦其分布流行也。」《志》又云：「莽即真，以爲書『劉』字有金刀，❸迺罷錯刀、契刀及五銖錢，而更作金、銀、龜、貝、錢、布之品，名曰『寶貨』。」小錢、么錢、幼錢、中錢、壯錢，因前大錢五十是謂「錢貨六品」。故知文曰「大錢五十」者是莽錢，而非景王錢矣。《淮南・主術訓》「武王伐紂，散鹿臺之泉」，且周以泉府名官，故知景王以前皆曰泉矣。

單穆公曰：「不可。 **解**穆公，王卿士，單靖公之曾孫。

古者天災降戾， **解**降，下也。戾，至也。災，謂水旱、蟲螟之類。**疏**「天災降戾」〇《漢書・食貨志》顏注：

---

❶「職幣」二字，原脱，今據《漢書》補。

❷「形」，原作「刑」，今據《漢書》改。

❸「字」，原作「氏」，今據《漢書》改。

「戾，惡氣也。一曰：戾，至也。」弘嗣以災即惡氣，故訓「戾」爲「至」也。**於是乎量資幣，權輕重，以振救民。****解**量，猶度也。資，財也。權，稱也。振，拯也。**疏**「量資」至「救民」○《漢書·食貨志》應劭注：「量資幣多少有無，平其輕重也。」顔師古注：「凡言幣者，皆所以通貨物、易有無也。故金之與錢皆爲幣也。」案：《周官·職幣》「用邦財之幣，振掌事者之餘財」。物謂之幣，幣謂之財。抍其不足而檢其羨焉，故曰振。謂廢者起之，亂者治之，委者作之，滯者流之，則天下無弃物而財恒足矣。**民患輕，則爲之作重幣以行之，****解**民患幣輕而物貴，則作重幣，以行其輕也。**疏**「民患」至「行之」○幣輕，謂錢之形質輕也。《漢書·武帝紀》：「元狩六年，詔曰：日者有司以幣輕多姦。」注：「李奇曰：『幣，錢也。輕者若一馬直二十萬，是爲幣輕而物重也。重難得則用不足，而姦生。』」《食貨志》曰：「自孝文更造四銖錢，至是歲四十餘年，從建元以來用少，縣官往往即多銅山鑄錢，民亦盜鑄，不可勝數。錢益多而輕，物益少而貴。」注：「臣瓚曰：『鑄錢者多，故錢輕，輕亦賤也。』如淳曰：『民但鑄錢，不作餘物故也。』」《志》又云：「有司言錢益輕薄而物貴，故造白金三品，其一曰重八兩，圜之，其文龍，名『白撰』，直三千；二曰以重差小，方之，其文馬，直五百。」注：「晉灼曰：『以半斤之重差爲三品，此重六兩，則下品重四兩也。』」《志》又云「三曰復小，橢之，其文龜，直三百」，約此乃漢法言之，即作重以救輕之制也。**於是乎有母權子而行，民皆得焉。****解**重曰母，輕曰子，以子貿物。物輕則子獨行，物重則以母權而行之。子母相通，民皆得其欲。**疏**解「重曰母輕曰子」○《周書》曰：「幣租輕乃作母以行其子。」《漢書·食貨志》應劭注：「母重也。其大倍，故爲母也。子輕也，其輕少半，故爲子也。民患幣之輕而物貴，爲重幣以平之。權時而行，以廢其輕，故曰母權子，猶言重權輕也。民皆得者，本末有無皆得其利也。」孟康曰：「重爲母，輕爲子，若市八十錢物，以母當五十，以子三十續也。」**若不堪重，則多作輕而行之，亦不廢重，於是乎有子權母而行，小大利之。**解堪，任也。不任之者，幣重物輕，妨其用也，故作輕幣雜而用之，以重者貿其貴，以輕者貿其賤。子權母者，母不足則以子平而行之，故錢小大民皆以爲利也。疏「若不」至「利之」○《漢書·食貨志》應劭注：「民患幣重則多作輕錢而行之，亦不廢去重者。言重者行其貴，輕者行其賤也。」**今王廢輕而作重，民失其資，能無匱乎？**解廢輕而作重，則本竭而末寡，故民失其資也。**若匱，王用將有所乏，**解民財匱，無以供上，故王用將乏也。**乏則將厚取於民，**解厚取，厚斂也。**民不給，將有遠志，是離民也。**解給，供也。遠志，逋逃也。疏「將有遠志」○《漢書·食貨志》顔注：「遠志，謂去其本居而散亡也。」**且夫備有未至而設之，**解備，國備也。未至而設之，謂豫備不虞，安不忘危。疏「有未」至「而設之」○《漢書·食貨志》：「理民之道，地著爲本。民年二十受田，六十歸田。七十以上，上所養也。七歲以下，❶上所長也。十一以上，上所强也。種穀必雜五種，以備災害。田中不得有樹，用妨五穀。力耕數耘，收穫如寇盜之至。還廬樹桑，菜茹有畦，瓜瓠果蓏殖于疆易，雞、豚、狗、彘毋失其時，女修蠶織，則五十可以衣帛，七十可以食肉。春令民畢出在壄，冬則畢入於邑。所以順陰陽，備寇賊，習禮文也。」案：此言三代王政之大者，下言「至而後救之」，則爲其次也。**有至**

❶「下」，原作「上」，今據《漢書》改。

而後救之，解至而後救之，謂若救火療疾、量資幣、平輕重之屬。疏「有至而後救之」○至而後救，即上子母相權之法，後世之平糴、常平皆本此而變通之。《漢書·食貨志》：「善平糴者必謹觀，歲有上、中、下孰。上孰其收自四，餘四百石；中孰自三，餘三百石；下孰自倍，餘百石。小飢則收百石，中飢七十石，大飢三十石。故大孰則上糴三而舍一，中孰則糴二，下孰則糴一，使民適足，賈平則止。小飢則發小孰之所斂，中飢則發中孰之所斂，大飢則發大孰之所斂而糶之。故雖遇飢饉水旱，糴不貴而民不散。」《漢志》所引李悝之法，猶得《周官》荒政之遺意焉。**是不相入也。**解二者先後各有宜，不相入，不相爲用也。**可先而不備謂之怠；**解怠，緩也。**可後而先之，謂之召災。**解謂民未患輕而重之，離民匱財，是謂召災。**周固羸國也，**疏「周固羸國」○《左傳補注》引高誘曰：「羸，劣人也。」桓六年《傳》杜注：「羸，弱也。」**天未厭禍焉，而又離民以佐災，無乃不可乎？**解言周固已爲羸病之國，天降禍災未厭已也。**將民之與處而離之，將災是備禦而召之，則何以經國？**解君以善政而行之爲經，臣奉而行之爲緯也。**國無經，何以出令？令之不從，上之患也。故聖王樹德於民以除之。**解樹，立也。除，除令不從之患。**《夏書》有之曰：『關石、龢鈞，王府則有。』**解《夏書》，逸《書》也。關，門關之征也。石，今之斛也。言征賦調鈞，則王之府藏常有也。一曰：關，衡也。疏解「夏書」至「關衡」○「《夏書》，逸《書》也」者，今所傳《五子之歌》篇，至晉而始出，弘嗣未見僞《書》，故曰逸《書》。且單襄公但言《夏書》，而不言《五子之歌》，不知「關石」、「龢鈞」二語本在何篇。晉人采之入《五子之歌》耳。「關，門關之征也」者，《地官·司門》：「幾出入不物者，正其貨賄。」鄭注：「『正』讀爲『征』，征，税也。」《司關》「司貨賄之出入者，掌其治禁與其征廛」，鄭注：「征廛者，貨賄之税與所止邸舍也。」❶賈公彦曰：「征謂税，廛謂邸舍，二事雙言也。」「石，今之斛也」者，《漢書·律曆志》：「斛者，角斗平多少之量也。」又曰：「本起於黄鍾之龠，用度數審其容，以子穀秬黍中者千有二百實其龠，以井水準其概。合龠爲合，十合爲升，十升爲斗，十斗爲斛，而五量嘉矣。其法用銅，方尺而圜其外，旁有庣焉。其上爲斛，其下爲斗。左耳爲升，右耳爲合龠。其狀似爵，以縻爵禄。上三下二，參天兩地，圜而函方；左一右二，陰陽之象也。其圜象規，其重二鈞，備氣物之數，合萬有一千五百二十。聲中黄鐘，始于黄鐘而反覆焉，君制器之象也。」「一曰關衡也」者，《漢·律曆志》：「衡，平也。權，重也。衡所以任權而均物平輕重也，本起于黄鐘之重，一龠容千二百黍，重十二銖，兩之爲兩。二十四銖爲兩，十六兩爲斤，三十斤爲鈞，四鈞爲石。權與物鈞而生衡，衡運生規，規圜生矩，矩方生繩，繩直生準，準正則平。衡而鈞權矣，是爲五則。」「言征賦調均，則王府之藏常有」者，市無猾商，府無漁吏，守王府之古法，而公私交足也。《尚書》孔傳曰：「金、鐵曰石，供民器用，通之使和平，則官民足。」孔疏：「關者，通也。名石而可通者，唯衡量之器耳。四鈞爲石，石爲稱之最重。以石而稱，則爲重物，故金、鐵曰石。言絲、綿止于斤、兩，金鐵乃至于石，舉石而言之，則所稱之物皆通之也。傳稱金鐵重物以解言『石』之意，非謂所關通者唯金、鐵耳。米、粟則斗、斛以量之，布帛則丈、尺以度之。唯言關通權、衡，則度量之物懋遷有無亦關通矣。顧氏、費氏等

---

❶「止」，原脱，今據《周禮注疏》補。

云：『通金、鐵于人，官不禁障，民得取之，以供器用。器既具，所以上下充足。以金、鐵皆從石而生，則亦石類。』故《漢書・五行志》石爲怪，入『金不從革』條。費、顧之義，亦得通也。」齡案：《魏都賦》：「關石之所和均。」李善注引賈逵《國語注》「關，通也」。《儀禮》鄭注：「和，調也。」和既與關對言，則關非物可知。《孟子》言：「關市譏而不征。」爲文王治岐之仁政。又云：「古之爲關也，將以禦暴。今之爲關也，將以爲暴。」趙注「反以征稅出入之人」，則門關有征，必非夏后氏之法。故《禹貢》言貢賦最詳而門關無稅。即《周禮》門關有稅，亦賦中之一事，遂能使王府無乏用乎？援《書傳》以證賈注，義正相協，不得墨守韋解而蔑棄賈注之古訓也。**《詩》亦有之曰：『瞻彼旱鹿，榛楛濟濟。』** **解**《詩・大雅・旱麓》之首章也。❶旱，山名。山足曰麓。榛，似栗而小。楛，木名。濟濟，盛貌。盛者，言王者之德被及也。**疏**「瞻彼」至「濟濟」○王氏《詩地理考》曰：「毛傳：『旱，山名。麓，山足。』《地理志》漢中郡南鄭縣：『旱山，沱水所出，東北入漢。』《九域志》：『興元府有旱山。』」閻氏《釋地》曰：「《後漢・郡國志》『南鄭』下引《華陽國志》曰：『有池水從旱山來。』酈注『沔水』條云：『南鄭縣漢水右合池水，水出旱山，山下有祠。』池，即沱字也。更按《明一統志》『旱山在漢中府治西南六十五里，一名⿰山旱山。上有雲輒雨』，此即旱山之所由得名與？」《說文》：「林屬于山曰麓。」《說文》又云：「榛，木也。」又云：「亲果實似栗而小。」莊公二十四年《左傳》：「女摯不過亲栗。」徐楚金曰：❷「今

❶ 「麓」，原作「鹿」，今據明道本《國語》改。下同。

❷ 「楚」，原作「鼎」，今據《說文解字繫傳》改。

之五經皆作『榛』。」案：《鄘風》「樹之榛栗」，傳、箋皆不言榛是果。《邶風》「山有榛」，毛傳：「榛，木名。」此即《說文》所謂「榛，木名也」。《曲禮》「椇榛棗栗」，故鄭注云：「榛實似栗而小。」陸氏《釋文》：「榛，古本作亲。」此即《說文》所謂「亲，果實也」。此《傳》單襄公引《大雅》「榛楛濟濟」，當爲木名之「榛」，而非果實之「亲」。今弘嗣云「榛似栗而小」，則以「亲」爲「榛」矣。此章鄭箋「旱山之足，林木茂盛者，得山雲雨之潤澤也」，是詩義但取于木之鬱蔥，非取乎果之成實也。「楛，木名」者，《釋文》引陸璣《艸木疏》：「楛，木莖似荆而赤，其葉如蓍，上黨篋以爲莒箱，又屈以爲釵也。」《詩疏》：「『濟濟』文連『榛楛』，爲木之貌，故爲衆多也。」**愷悌君子，干禄愷悌。』****解**愷，樂也。悌，易也。干，求也。君子，謂君長也。言陰陽和，艸木盛，故君子以求禄，其心樂易。**疏**「愷悌」至「愷悌」〇「干，求」，《釋言》文，韋解即用《大雅》毛傳義。而鄭箋云：「君子謂太王、王季，以有樂易之德施于民，故其求禄亦得樂易。」正義謂：「以陰陽和，山藪殖，自然民豐樂矣。立君所以牧民，美人君之德，當以養民爲主，不應捨民不言，而唯論艸木，是必以木既茂盛，民亦豐樂。」❶箋義能盡詩人之旨，故備引之，以補韋解之義。**夫旱麓之榛楛殖，**❷**解**殖，長也。**故君子得以易樂干禄焉。若夫山林匱竭，林麓散亡，藪澤肆既，****解**肆，極也。既，盡也。散亡，謂無山林虞衡之政。**民力凋盡，田疇荒蕪，資用乏匱，****解**凋，傷也。穀地爲田，麻地爲疇。荒，虚也。蕪，穢也。**疏**解「穀地」至「爲疇」〇《說

❶「亦」，原作「必」，今據《毛詩正義》改。

❷「麓」，原作「鹿」，今據明道本《國語》改。下同。

文》：「田，陳也。樹穀曰田。」《釋名》：「已耕者曰田。田，填也，五稼填滿其中也。」《西都賦》李善注引如淳曰：「今隴西俗麻田歲歲糞種爲宿疇也。」而《懷舊賦》李善注引賈逵《國語注》：「一井爲疇。」與韋解異。案：襄三十一年《傳》：「取我田疇而伍之。」杜注：「並畔爲疇。」則疇爲可井之田。賈景伯實本《内傳》之義，尤爲雅訓也。**君子將險哀之不暇，而何易樂之有焉？**解險，危也。**且絶民用以實王府，**解絶民用，謂廢小錢，斂而鑄大也。**猶塞川原而爲潢汙也，其竭也無日矣。**解大曰潢，小曰汙。竭，盡也。無日，無日數也。疏「猶塞」至「潢汙」◯《漢書·食貨志》顏注：「原謂水泉之本也。潢洿，停水也。」《説文》：「潢，積水池也。」《淮南·説林訓》：「寅丘無壑，泉原不溥。」注：「汙小潦水名寅。寅之丘無大壑，故泉流不得溥。」**若民離而財匱，災至而備亡，王其若之何？**解備亡，無救災之備也。**吾周官之於災備也，其所怠棄者多矣，**解周官，周六官。災備，備災之法令。**而又奪之資，以益其災，是去其藏而翳其人也。**解善政藏於民。翳，猶屏也。人，民也。奪其資，民離畔，是遠屏其民也。一曰：翳，滅也。疏解「猶屏」至「滅也」◯《文選·射雉賦》吕延濟注：「翳者，所以隱射也。」是翳有屏去之義。《詩·皇矣》毛傳：「木自斃爲翳。」《爾雅·釋木》：「斃者，翳。」故「翳」又得兼訓爲「滅」也。**王其圖之。」王弗聽，卒鑄大錢。**

二十三年，王將鑄無射，而爲之大林。解景王二十三年，魯昭之二十年。賈侍中云：「無射，鍾名，律中無射也。大林，無射之覆也。作無射，而爲大林以覆之，其律中林鍾也。」或説云：「鑄無射，而以林鍾之數益之。」昭謂：下言「細抑大陵」，又曰「聽聲越遠」，如此，則賈言無射有覆，近之矣。唐尚書從賈。**疏**「王將鑄無射」〇鍾起于律。文六年《傳》孔疏引服虔注：「梟氏爲鍾，各自計律，倍而半之。黄鍾之管長九寸，黄鍾之鍾長二尺二寸半餘。鍾亦各自計律，倍而半之。」依服君之義，則無射管長四寸四分，三分二其爲鍾，當長一尺一寸七分弱。《周官·梟氏》鄭注：「鼓六、鉦六、舞四，此鍾口十者，其長十六也。鍾之大數，以律爲度，廣長與圜徑假設之耳。」依鄭君之義，則無射鍾長一尺一寸七分弱者，其口之徑圜當得七寸二分半强也。鍾聲應無射，故以律名名之。襄十九年，季武子作林鍾，亦是鍾聲應林鍾之律也。昭二十一年《傳》疏：「此無射之鍾，在王城鑄之，敬王居洛陽，蓋移就之也。秦滅周，其鍾徙于長安，歷漢、魏、晉，常在長安。及劉裕滅姚弘，又移於江東，經宋、齊、梁、陳時鍾猶在。東魏使魏收聘梁，收作《聘遊賦》，云『珍是淫器，無射高縣』是也。❶及隋開皇九年平陳，又遷于西京，置太常寺，時人悉得見之。至十五年敕毀之。」〇「而爲之大林」〇《周禮·大司樂》方丘之樂，函鍾爲宫。注以函鍾爲林鍾。惠士奇曰：「函鍾，一名大林，其聲函胡，濁而下，即所謂『黄鍾之下宫也』。」《吕氏春秋·季夏紀》高注：「林衆鍾聚，陽氣衰，陰氣起，萬物聚衆而成也。」**單穆公曰：「不可。作重幣以絶民資，又鑄大鍾以鮮其繼。****解**鮮，寡也。寡其繼者，用物過度，妨於財也。**若積聚既喪，又鮮其繼，生何以殖？****解**積聚既喪，謂廢小錢。生，財也。殖，長也。**且夫鍾不過以動聲，****解**動聲，謂合樂以金奏，而八音從之。**若無射有林，耳不及也。****解**若無

❶「高」，原作「在」，今據《文選》改。

射復有大林以覆之。無射，陽聲之細者。林鍾，陰聲之大者。細抑大陵，故耳不能聽及也。**疏**「若無」至「不及」〇《漢書・律曆志》曰：「亡射，射，厭也。言陽氣究物，而使陰氣畢剝落之，終而復始，亡厭已也。」故曰「陽聲之細者」。《志》又言：「林鍾爲地統，陰氣受任於太陽，律長六寸。❶繼養化柔，林之於未，令種剛疆大。」故惠氏以林鍾爲大林，以無射之四寸四分三分二，覆以林鍾之五寸十分四，則其律數且浮于八寸一分最尊之黃鍾，故耳不能容。《吕氏春秋・侈樂》篇「夫音亦有適，❷太鉅則志蕩，以蕩聽鉅則耳不容，弗容則横塞，横塞則振動」，即耳不及之義也。**夫鍾聲以爲耳也，耳所不及，非鍾聲也。** **解**非法鍾之聲也。**猶目所不見，不可以爲目也。** **解**若目之精明，所不能見，亦不可以施目也。耳目所不能及而强之，則有眩惑之失，以生疾也。**夫目之察度也，不過步武尺寸之間；** **解**六尺爲步。賈君以半步爲武。**疏**解「六尺」至「爲武」〇《王制》：「古者以周八尺爲步，今以周尺六尺四寸爲步。」此言六尺爲步，據漢文帝以後制也。《玉藻》：「君與尸行接武，大夫繼武，士中武。」「武」訓「履跡」，此言半步爲武，謂兩跡之間相去三尺也。**其察色也，不過墨丈尋常之間。** **解**五尺爲墨，倍墨爲丈。八尺爲尋，倍尋爲常。**疏**解「五尺」至「爲常」〇《漢書・律曆志》：「一黍之廣，度九十分，黃鍾之長。一爲一分，十分爲寸，十寸爲尺，十尺爲丈。尺者，

---

❶「陰氣」至「六寸」十一字，原作「律長六寸陰氣受任於太陽」，今據《漢書》改。

❷「夫音」至「振動」二十八字，出《吕氏春秋・適音》篇，非《侈樂》篇。「適」，原脱，今據《吕氏春秋・適音》補。

蒦也。丈者，張也。」《小爾雅》：「五尺爲墨，倍墨爲丈。」則墨，度名也。《考工記》：「人長八尺，殳長尋有四尺，崇於人四尺，車戟常崇于殳四尺。」是「八尺曰尋，倍尋爲常」也。《大戴禮·王言》篇：「舒肘知尋。」孔廣森補注：「《小爾雅》云：『尋，舒兩肱也。』」**耳之察龢也，在清濁之間；**解清濁，律吕之變也。黄鍾爲宫則濁，大吕爲角則清。疏解「黄鍾」至「則清」◯《管子·地員》篇：「凡聽宫如牛鳴窌中，凡聽角如雉登木。」《玉海》載徐景安《樂書》引劉歆云：「宫者，中也，君也，爲四音之綱，其聲如君之德而爲重。角者，觸也，民也，其聲圓長，經貫清濁，如民之象而爲經。」**其察清濁也，不過一人之所勝。**解勝，舉也。**是故先王之制鍾也，大不出鈞，重不過石。**解鈞，所以鈞音之法也。以木長七尺，有弦繫之，以爲鈞法。百二十斤爲石。疏「大不」至「過石」◯《文選·思玄賦》張衡注：「均，所以均聲也。」李善注引《樂緯汁圖徵》曰：「聖人往承天助，以立五均。均者，六律調五聲之均也。」宋衷曰：「均長八尺，施弦以調六律五聲。」此即韋解之義所本。《朱子語類》駁之曰：「京房始作律準，梁武帝謂之『通』。其制十三絃，一絃是全律底黄鍾，只是散聲。又自黄鍾至應鍾有十二絃，要取甚聲，用柱子來逐絃分寸柱取定聲。」案：依朱子所言，則均木有絃，乃漢人所制之器。單穆公何由見之？《吕氏春秋·適音》篇：❶「何謂衷？大不出鈞，重不過石，小大輕重之衷也。」高注：「三十斤爲鈞，百二十斤爲石。」案：金器形大者器重，既言大不過鈞，則以三十斤爲極大者，何又言重不過百二十斤之石乎？則高注之説亦非也。《周禮·大司樂》疏：「度律以律計，自倍半而立鍾之

❶「適音」，原倒，今據《吕氏春秋》改。

均，均即是應律長短也。」《考工記・鳧氏》疏：「假令黃鍾之律長九寸，以律計，身倍半爲鍾，倍九寸爲尺八寸，又取半得四寸半，通二尺二寸半以爲鍾律。」餘律不如是，則黃鍾之鍾不得溢二尺二寸半之數，即所謂鈞也。餘鍾則更降矣。無射鍾應一尺一寸七分弱，又覆以大林之一尺三寸半，是謂過鈞。李杲論《神農本草》謂「元代之一斤當秦以上之三斤」，則最長黃鍾之鍾約得今之四十斤。故言其重不過百二十斤之石。此《傳》單穆公言鑄鍾之尺寸，非言鍾音之清濁。《史記・鄒魯列傳》索隱引張晏曰：「鈞，範也。作器，下所轉者名鈞。」以尺寸爲鍾之範，故曰鈞。與下《傳》州鳩所言立均之均不同。**律度量衡於是乎生，****解**律，五聲陰陽之法也。度，丈尺也。量，斗斛也。衡，稱上衡。衡有斤兩之數，生于黃鍾。黃鍾之管，容秬黍千二百粒。粒百爲銖，是爲一龠。龠二爲合，合重一兩。故曰「律度量衡于是乎生」。**疏**「律度」至「乎生」〇此推律度量衡之所從出，以見鍾律爲萬事根本也。《淮南・天文訓》：「黃鍾之律修九寸，物以三生，三九二十七，故幅廣二尺七寸。音以八相生，故人修八尺，尋自倍，故八尺而爲尋。有形則有聲，音之數五，以五乘八，五八四十，故四丈而爲匹。匹者，中人之度也。一匹而爲制，秋分蔈定，蔈定而禾熟。律之數十二，故十二蔈而當一粟，十二粟而當一寸。律以當辰，音以當日，日之數十，❶故十寸而爲尺，十尺而爲丈。其以爲量，十二粟而當一分，十二分而當一銖，十二銖而當半兩。衡有左右，因倍之，故二十四銖爲一兩。天有四時，以成一歲，因而四之，四四十六，故十六兩爲一斤。三月而爲一時，三十日爲一月，故三十斤爲一鈞。四時而

---

❶「十」，原脱，今據《淮南子》補。

爲一歲，故四鈞爲一石。其以爲音也，一律而生五音，十二律而爲六十音。因而六之，六六三十六，故三百六十音以當一歲之日。故律曆之數，天地之道也。」此即生之義也。〇解「律五聲陰陽之法也」〇《爾雅・釋器》：「律謂之分。」《周禮・典同》鄭司農注：「陽律以竹爲管，陰律以銅爲管。」鄭康成注：「律，述氣者也。同助陽宣氣，與之同，皆以銅爲之。」《初學記》引蔡邕《月令章句》：「律，率也。截竹爲管謂之律。律者，清濁之率法也。」孔穎達云：「《漢・律曆志》：『量者，龠、合、升、斗、斛。本起黄鍾之龠，而五量加之，其法皆用銅。聲中黄鍾，以此準之，故此用銅也。』」《漢・律曆志》「黄鍾九寸參分損一，下生林鍾；參分林鍾益一，上生太族；參分太族損一，下生南吕；參分南吕益一，上生姑洗；參分姑洗損一，下生應鍾；參分應鍾益一，上生蕤賓；參分蕤賓損一，下生大吕；參分大吕益一，上生夷則；參分夷則損一，下生夾鍾；參分夾鍾益一，上生亡射；參分亡射損一，下生仲吕。陰陽相生，自黄鍾始，而左旋，八八爲伍，其法皆用銅」是也。〇解「度丈尺也」〇《漢書・律曆志》：「度者，分、寸、尺、丈、引也，所以度長短也，本起黄鍾之長。以子穀秬黍中者，一黍之廣，度之九十分，黄鍾之長，一爲一分，十分爲寸，十寸爲尺，十尺爲丈，十丈爲引，而五度審矣。其法用銅，高一寸，廣二寸，長一丈，而分寸尺丈存焉。用竹爲引，高一分，廣六分，長十丈，❶其方法矩，高廣之數，陰陽之象也。分者，自三微而成著，可分别也。寸者，忖也。尺者，蒦也。丈者，張也。引者，信也。」《樂律表微》曰：「累黍三法：曰横黍，一黍之廣爲一分；曰縱黍，一黍之長爲一分；曰斜黍，非縱非

❶「長十丈」三字，原脱，今據《漢書》補。

横而首尾相銜。横黍一百分，縱黍八十一分，斜黍九十分，皆合黄鍾。此朱載堉之説也。後魏劉芳依《漢志》以一黍之廣爲一分，即横黍之説。夫年有豐耗，地有肥瘠，黍之大小無定，即所謂中者亦無定。牛弘以《説文》解秬黍體大，有異於常，疑今之大者正是其中。李厚菴謂：『中非獨不大不小，乃不長不短之謂，蓋員而無縱横者。』是中之説亦無定。無論羊頭山黍今不可得，即得之，亦不知何者爲中也。」案：《淮南》「十二粟爲一分」，《漢志》「十黍爲一分」，物、數並異，各記傳聞，未可强合也。○解「量斗斛也」○《漢書·律曆志》：「量者，龠、合、升、斗、斛也，所以量多少也。本起於黄鍾之龠，用度數審其容，以子穀秬黍中者千有二百實其龠，以井水準其概。合龠爲合，十合爲升，十升爲斗，十斗爲斛，而五量嘉矣。其法用銅，方尺而圜其外，旁有庣焉。其上爲斛，其下爲斗，左耳爲升，右耳爲合龠。其狀似爵，以縻爵禄。上三下二，參天兩地，圜而函方，左一右二，陰陽之象也。其圜象規，其重二鈞，備氣物之數，合萬有一千五百二十。聲中黄鍾，始於黄鍾而反覆焉，君制器之象也。龠者，黄鍾律之實也，躍微動氣而生物也。合者，合龠之量也。升者，登合之量也。斗者，聚升之量也。斛者，角斗平多少之量也。」蓋韋解舉斗、斛以包五量也。○解「衡稱」至「一兩」○《漢書·律曆志》：「衡，平也。權，重也。衡所以任權而均物平輕重也。其道如底，以見準之正，繩之直，左旋見規，右折見矩。其在天也，佐助旋機，斟酌建指，以齊七政，故曰『玉衡』。《論語》云：『立則見其參於前也，在車則見其倚於衡也。』又曰：『齊之以禮。』此衡在前，居南方之義也。權者，銖、兩、斤、鈞、石也，所以稱物平施，知輕重也。本起於黄鍾之重。一龠容千二百黍，重十二銖，兩之爲兩，二十四銖爲兩，十六兩爲斤，三十斤爲鈞，四鈞爲石，忖爲十八。《易》十有八變之象也。銖者，物由忽微始，至於成著，可殊異也。兩者，兩黃鍾律之重也。二十四銖而成兩者，二十四氣之象也。斤者，明也，三百八十四銖，《易》二篇之爻，陰陽變動之象也。十六兩成斤者，四時乘四方之象也。鈞者，均也，陽施其氣，陰化其物，皆得成就平均也。權與物均，重萬一千五百二十四銖，當萬物之象也。四百八十兩者，六旬行八節之象也。三十斤成均者，一月之象也。石者，大也，權之大者也。始於銖，兩於兩，明於斤，均於鈞，終於石，物終石大也。四鈞爲石者，四時之象也。重百二十斤者，十二月之象也。終於十二辰而復於子，黃鍾之象也。千九百二十兩者，陰陽之數也。三百八十四爻，五行之象也。四萬六千八十銖者，萬一千五百二十物，歷四時之象也。而歲功成就，五權謹矣。」韋解即用班氏之義。**小大器用於是乎出，**解出於鍾也。《易》曰：「制其器者尚其象。」小，謂錙銖分寸。大，謂斤兩丈尺。**故聖人愼之。今王作鍾也，聽之弗及，**解耳不及知其清濁也。**比之不度，**解不度，不中鈞石之度。**鍾聲不可以知龢，**解耳不能聽，故不可以知龢。疏解「耳不」至「知和」○昭二十一年《傳》：「和聲入於耳而藏於心，心億則樂，窕則不咸，槬則不容。今鍾槬矣。」杜注：「槬，橫大不入。心不堪容。」謂無射與大林相比，律數之所不能紀，心不容，故耳不能聽也。**制度不可以出節，**解節，謂法度衡量之節。**無益於樂，而鮮民財，將焉用之！夫樂不過以聽耳，而美不過以觀目，若聽樂而震，觀美而眩，患莫大焉。夫耳目，心之樞機也。**解樞機，發動也。心有所欲，耳目爲之發動。**故必聽龢而視正。聽龢則聰，視正則明，**解習於龢正，則不眩惑也。**聰則言聽，明則德昭，聽言昭德，則能思慮純固，以言德於民，民歆而德之，則歸心焉。**解歆，猶歆歆喜服也。

言德，以言發德教。**上得民心，以殖義方，**解殖，立也。方，道也。**是以作無不濟，求無不獲，然則能樂。夫耳内龢聲，而口出美言，**解耳聞龢聲，則口有美言，此感於物也。**以爲憲令，**解憲，法也。**而布諸民，正之以度量，民以心力，從之不倦，成事不貳，樂之至也。**解貳，變也。**口内味而耳内聲，聲味生氣，**解口内五味則耳樂五聲，耳樂五聲則志氣生也。**疏**「口内」至「生氣」○《大戴禮・四代》篇：「子曰：『食爲味，味爲氣，氣爲志。』」昭二十年《傳》晏子曰：「水、火、醯、醢、鹽、梅，以烹魚肉，燀之以薪，宰夫和之，齊之以味，濟其不及，以洩其過。君子食之，以平其心。聲亦如味，一氣，二體，三類，四物，五聲，六律，七音，八風，九歌，以相成也。清濁、小大、短長、疾徐、哀樂、剛柔、遲速、高下、出入，周流以相濟也。君子聽之，以平其心。」心，氣之帥。氣，體之充。心平德和，氣之周流百體者，日新而不窮矣。**氣在口爲言，在目爲明，言以信名，**解信，審也。名，號令也。**疏**「言以信名」○《大戴禮・四代》篇：「子曰：『發志爲言，發言定名，❶名以出信，❷信載義而行之。』」《論語》：「名不正則言不順。」馬融注：「正百事之名也。」襄二十七年《傳》：「志以發言，言以出信，信以定之，皆言審定其名也。」**明以時動，**解視明則動，得其時也。**名以成政，**解名信，所以成政。**動以殖生，**解殖，長也。動得其時，所以財長生也。**政成生殖，樂之至也。若視聽不龢，而有震眩，則味入不精，不精則氣佚，氣佚則不龢，**解不龢，無射、大林

❶「言」下，原衍「發」字，今據《大戴禮記》删。
❷「名」，原脱，今據《大戴禮記》補。

也。若聽樂而震，視色而眩，則味入不精美。不精美則氣放佚，不行於身體也。**於是乎有狂悖之言，有眩惑之明，有轉易之名，有過慝之度。****解**慝，惡也。此四者，氣佚之所生也。狂悖眩惑，説子朝寵賓孟也。轉易過惡，孌子配適，將殺大臣也。**出令不信，****解**有轉易也。**刑政放紛，動不順時，民無據依，不知所力，各有離心。****解**不知所爲盡力也。**上失其民，作則不濟，求則不獲，其何以能樂？三年之中，而有離民之器二焉，****解**二，謂作大錢、鑄大鍾也。**國其危哉！」王弗聽，問之伶州鳩。****解**伶，司樂官。州鳩，名也。**疏**解「伶司」至「鳩名」○成九年《傳》疏：「《詩·簡兮》序云：『衞之賢者仕於泠官。』鄭箋：『泠氏世掌樂官而善焉，故後世名號樂官爲泠官。』《吕氏春秋》稱黄帝使泠倫自大夏之西，崑崙之陰，取竹，斷兩節而吹之，以爲黄鍾之宫。《魯語》：『泠簫歌詠及《鹿鳴》之三。』」是泠爲樂官之名。《漢書·五行志》應劭注：「泠，官也。州鳩，名也。」顔師古注：「泠音零，其字從水。」《左傳釋文》曰「或作伶」，非也。**對曰：「臣之守官弗及也。****解**守官，所守之官也。弗及，弗及知也。**臣聞之，琴瑟尚宫，****解**凡樂輕者從大，重者從細，故琴瑟尚宫也。**疏**「琴瑟尚宫」○錢大昕曰：「《韓子·外儲》篇：『琴以小絃爲大聲，大絃爲小聲。』雖詭辭以諷，然因是知古者調琴之法。❶黄鍾、大吕、太簇、夾鍾、姑洗、中吕、蕤賓用半而居小絃。林鍾、夷則、南吕、無射、應鍾用全而居大絃也。《管子》五音五聲，徵羽宫商角之序亦如此。」**鍾尚羽，**

❶「琴」，《潛研堂集》作「瑟」。

解鍾聲大，故尚羽。**疏**「鍾尚羽」○《周禮》典樂器，❶鍾「高聲碮，陂聲散，達聲贏」，凡此皆聲大之病。故《內傳》州鳩曰：「大者不槬，槬者不容。」杜注：「槬，橫大不入。」羽聲細大，聲之器以細爲尚，則大不陵小，而小亦不致自抑，斯爲和也。**石尚角。****解**石，磬也。輕於鍾，故尚角。角，清濁之中。**疏**解「石磬」至「之中」○《樂記》：「石聲磬，磬以立辨。」言以辨清濁之界也。《爾雅》「角謂之經」，居宮商、徵羽之閒。邵晉涵疏引劉歆説「角者，觸也，民也，其聲圓長，經貫清濁，如民之象，而爲經」是也。**匏竹利制，****解**匏，笙也。竹，簫管也。利制，以聲音調利爲制，無所尚也。**疏**「匏竹利制」○《周禮・笙師》：「掌吹竽、笙。」《廣雅》：「笙以匏爲之，十三管，在東方。竽象笙，三十六管。宮管在中央。」崔豹《古今注》：「匏，瓠也。有柄者縣匏，可以爲笙。」《舊唐書・音樂志》：「列管于匏上，內簧中其中。」潘安仁《笙賦》：「剟生簳，裁熟簧。」謂用熟銅片爲簧，簧用蠟點，以火炙簧，調之使和，謂之煖笙。《月令》「季夏調竽、笙、篪、簧」是也。**大不踰宮，細不過羽。****疏**「大不」至「過羽」○《文選・笙賦》李周翰注：「宮於五聲爲君，故大不踰也。羽以五聲爲物，故細不過羽。」《甘泉賦》李善注引張晏曰：「聲細不過羽，穆然相和也。」**夫宮，聲之主也，第以及羽。****解**宮聲大，故爲主。第，次也。**疏**「夫宮」至「及羽」○《呂氏春秋・適音》篇：「黃帝使泠倫作爲律，取竹於嶰谿之谷，以生空竅厚鈞者，斷兩節間，其長三寸九分而吹之，以爲黃鍾之宮次，❷制十二筩，以之阮隃之下，聽鳳皇之

❶「樂器」，據《周禮注疏》當作「同」。

❷「次」，原脱，今據《呂氏春秋》補。

鳴，以别十二律。其雄鳴爲六，雌鳴爲六，以此黄鍾之宫適合。黄鍾之宫，皆可以生之，故曰『黄鍾之宫，律吕之本』。」《漢書·律曆志》：「黄者，中之色，君之服也。鍾者，種也。天之中數五，五爲聲，聲尚宫，五聲莫大焉。地之中數六，六爲律，律有形有色，色尚黄，五色莫盛焉。故陽氣施種于黄泉，孳萌萬物，爲六氣元也。以黄色名元氣。律者，著宫聲也。」《樂記》：「宫爲君，商爲臣，角爲民，徵爲事，羽爲物。」故羽位最卑。哀十六年《傳》「楚國第」，是第訓次也。**聖人保樂而愛財，財以備樂，樂以殖財，**解保，安也。備，具也。殖，長也。古者以樂省土風，而紀農事，故曰「樂以殖財」也。**故樂器重者從細，**解重，謂金、石也。從細，尚細聲，謂鍾尚羽，石尚角也。**輕者從大。**解輕，瓦、絲也。從大，謂瓦、絲尚宫也。**是以金尚羽，石尚角，瓦、絲尚宫，匏、竹尚議，**解議，議從其調利。**革、木一聲。**解革，鼗鼓也。木，柷圉也。一聲，無清濁之變。**夫政象樂，樂從龢，龢從平。**解龢，八音克諧也。平，細大不踰也。故可以平民。樂龢則諧，政龢則平也。**聲以龢樂，律以平聲。**解聲，五聲，以成八音而調樂也。賈侍中云：「律，黄鍾爲宫，林鍾爲徵，太簇爲商，南吕爲羽，姑洗爲角，所以平五聲也。」**疏**「律以平聲」○《吕氏春秋·音律》篇：「黄鍾生林鍾，林鍾生太簇，太簇生南吕，南吕生姑洗，姑洗生應鍾，應鍾生蕤賓，蕤賓生大吕，大吕生夷則，夷則生夾鍾，夾鍾生亡射，亡射生中吕。三分所生，益之一分，以上生。三分所生，去其一分，以下生。黄鍾、大吕、太簇、夾鍾、姑洗、中吕、蕤賓爲上，林鍾夷則、南吕、亡射、應鍾爲下。」《史記·律書》生黄鍾術：「以下生者，倍其實，三其法。以上生者，四其實，三其法。」《漢書·律曆志》：「陰陽相生自黄鍾始，而左旋八八爲伍。三統合於一元，故因元一而九三之以爲法，十一三之以爲實，實如法得一。黄鍾初九，律之首，陽之變也。因而六之，以九爲法，得林鍾初六，吕之首，陰之變也。皆參天兩地之法也。上生六而倍之，下生六而損之，皆以九爲法。九六，陰陽、夫婦、子母之道也。律娶妻而吕生子，天地之情也。六律六吕，而十二辰立矣。」《樂律表微》引梁武帝《鍾律緯》云：「案：律吕，京、馬、鄭、蔡至蕤賓並上生大吕，而班固《志》至蕤賓仍以次下生。若從班義，夾鍾唯長三寸七分有奇，律若過促。求聲索實，班義爲乖。」《宋史·樂志》：「胡銓《審律論》曰：『馬遷言丑二、寅八、卯十六、辰六十四。夫丑與卯，陰律也。寅與辰，陽律也。生陰律者皆二，所謂下生者倍其實；生陽律皆四，所謂上生者四其實。遷之言律數可謂簡矣。❶而後之言律者祖焉。』班固言『三分蕤賓損一，下生大吕』，而不言夫所謂濁倍之變何？夫蕤賓之比于大吕，則蕤賓清而大吕濁也。今又損三分之一，以生大吕，則大吕之生乃清於蕤賓，是不知夫大吕之濁。然則梁武之論，❷至夾鍾而裁長三寸七分，其失兆于此矣。」朱子曰：「樂律，自黄鍾至中吕皆屬陽，自蕤賓至應鍾皆屬陰，此是一箇大陰陽。黄鍾爲陽，大吕爲陰，太簇爲陽，夾鍾爲陰，皆一陽間一陰，又是一箇小陰陽。自黄鍾至中吕皆下生，自蕤賓至應鍾皆上生。」朱載堉曰：「凡陰吕居陽方，即皆屬陽；凡陽律居陽方，即皆屬陰。惟應鍾蕤賓同在陰方，中吕、黄鍾同在陽方。故别論小陰陽，乃變例也。其餘諸律，則止論大陰陽，乃正例也。」❸**金石以動**

---

❶「律數」，《宋史》作「財數百」。

❷「梁武」，《宋史》作「蕭衍」。

❸「正」，原作「變」，今據《律學新説》改。

之，解鍾磬所以發動五聲。**絲、竹以行之，**解弦管所以行之。**詩以道之，**解道己志也，誦之曰詩。《書》曰：「詩言志。」**歌以詠之，**解詠，詠詩也。《書》曰：「歌永言，聲依永。」**匏以宣之，**解宣，發揚也。**瓦以贊之，**解贊，助也。**革木以節之。物得其常曰樂極，**解物，事也。極，中也。**極之所集曰聲，**解集，會也。言中龢之所會集曰正聲。**聲應相保曰龢，**解保，安也。**細大不踰曰平。**解細大之聲不相踰越曰平。今無射有大林，是不平也。**如是而鑄之金，**解鑄金以爲鍾也。**磨之石，**解磨石以爲磬也。**繫之絲木，**解繫絲木以爲琴瑟也。**越之匏竹，**解越匏竹以爲笙管。越，謂爲之孔也。《樂記》曰：「朱絃而疏越。」**節之鼓，**解節其長短小大。**而行之，以遂八風。**解遂，猶順也。《傳》曰「所以節八音而行八風」也。正西曰兑，爲金，爲閶闔。西北曰乾，爲石，爲不周。正北曰坎，爲革，爲廣莫。東北曰艮，爲匏，爲融風。正東曰震，爲竹，爲明庶。東南曰巽，爲木，爲清明。正南曰離，爲絲，爲景風。西南曰坤，爲瓦，爲涼風。**疏**解「遂猶」至「涼風」○「遂」訓「順」者，謂順其序也。《漢書·律曆志》：「至治之世，天地之氣合以生風，天地之風氣正，十二律定。」孟康注：「律得風氣而成，聲風和乃律調也。」臣瓚注「風氣正則十二月之氣各應其律，不失其序」是也。《史記·律書》：「律曆所以通五行八正之氣。」索隱曰：「八正，謂八節之氣，以應八方之風。」《律書》又言：「閶闔風居西方。閶者，倡也。闔者，藏也。言陽氣導萬物，闔黄泉也。不周風居西北，主殺生。廣莫風居北方，廣莫者，言陽氣在下，陰莫陽廣大也，故曰廣莫。條風居東北，主出萬物。條之言條治萬物而出之，故曰條風。明庶風居東方，明庶者，明庶物盡出也。清明風居東南維，主風吹萬物。景風居南方，景者，言陽氣道竟，故曰景風。涼風居西南維，主地。地者，沈奪萬物氣也。」《淮南·天文訓》：「何謂八風，距日冬至四十五日，條風至。」高注：「艮卦之風，一名融，爲笙也。」又言：「條風至四十五日明庶風至。」高注：「震卦之風，爲管也。」又言：「明庶風至四十五日清明風至。」高注：「巽卦之風也，爲柷也。」又言：「清明風至四十五日景風至。」高注：「離卦之風也，爲絃也。」又言：「景風至四十五日涼風至。」高注：❶「坤卦之風也，爲塤也。」又言：「涼風至四十五日閶闔風至。」高注：「兑卦之風也，爲鐘也。」又言：「閶闔風至四十五日不周風至。」高注：「乾卦之風也，爲磬也。」又言：「不周風至四十五日廣莫風至。」高注：「坎卦之風也，爲鼓也。」是弘嗣兼用《史記》、《淮南》義也。**於是乎氣無滯陰，亦無散陽。****解**滯，積也。積陰而發，則夏有霜雹。散陽，陽不藏，「冬無冰」、「李梅實」之類。**陰陽序次，風雨時至，嘉生繁祉，人民龢利，物備而樂成，上下不罷，****解**罷，勞也。**故曰樂正。今細過其主，妨於正；****解**細，謂無射也。主，正也。言無射有大林，是作細而太過其律，妨於正聲。**用物過度，妨於財；****解**過度，用金多也。**正害財匱，妨於樂。****解**樂從龢，今正害財匱，故妨於樂。**細抑大陵，不容於耳，非龢也。****解**細，無射也。大，大林也。言大聲陵之，細聲抑而不聞。不容于耳，耳不能容别也。**疏**解「細無」至「容别」〇《史記·律書》「無射管長四寸四分三分二」，準各計律倍半之法推之，無射鍾當長一尺一寸七分弱，林鍾管長五寸七分四。《樂律表微》曰「『七分四』當作『十分四』」，準服虔説，則林鍾爲覆，當得一尺三寸五分，其大于無射者一尺八寸五分，故無射抑而不揚，林鍾陵而不讓也。**聽聲越遠，非平也。****解**越，迂也。言無射之聲

❶「高注」二字，原脱，今據引文補。

爲大林所陵，聽之細微迂遠，非平也。妨正匱財，聲不龢平，非宗官之所司也。解宗官，宗伯，樂官屬焉。夫有龢平之聲，則有蕃殖之財。解樂以殖財也。於是乎道之以中德，詠之以中音，解中德，中庸之德舞也。中音，中和之音也。疏解「中德」至「之音」○《周官·大司樂》：「以樂德教國子，中和祗庸孝友。」鄭注：「中，猶忠也。和，剛柔適也。祗，敬。庸，有常也。」《吕氏春秋·適音》篇：「何謂適？衷音之適也。何謂衷？大不出鈞，重不過石，小大輕重之衷也。衷也者，適也，以適聽適，則和矣。」蓋先有樂德，而後有德舞與中音也。德音不愆，以合神人，解合神人，謂祭祀享宴也。神是以寧，民是以聽。解聽，從也。若夫匱財用，罷民力，以逞淫心，解逞，快也。聽之不龢，比之不度，無益於教，而離民怒神，非臣之所聞也。」王不聽，卒鑄大鍾。解財匱，故民離。樂不龢，故神怒也。二十四年，鍾成，伶人告龢。解伶人，樂人也。景王二十四年，魯昭二十一年也。王謂伶州鳩曰：「鍾果龢矣。」對曰：「未可知也。」解州鳩以爲鍾實不龢，伶人媚王，謂之龢耳，故曰「未可知也」。王曰：「何故？」對曰：「上作器，民備樂之，則爲龢。解言聲音之道與政通也。今財亡民罷，莫不怨恨，臣不知其龢也。解亂世之音怨以怒，故曰「不知其龢也」。且民所曹好，鮮其不濟也；解曹，羣也。疏解「曹羣也」○《詩·公劉》毛傳：「曹，羣也。」孔疏：「《漢書》每云『吾曹』，曹者，輩類之言。」其所曹惡，鮮其不廢也。故諺曰：『衆心成城，解衆心所好，莫之能敗，其固如城也。衆口鑠金。』解鑠，消也。衆口所毁，雖金石猶消之也。今三年之中，而害金再興焉，解害金，害民之金，謂錢與鍾也。懼一之廢也。」

解二金之中，其一必廢。**王曰：「爾老耄矣，何知！」**解八十曰耄。耄，昏惑也。**二十五年，王崩，鍾不龢。**解崩而言「鍾不龢」者，明樂人之諛。

王將鑄無射，解王，景王也。**問律於伶州鳩。**解律，鍾律也。**對曰：「律所以立均出度也。**解律，謂六律、六吕也。陽爲律，陰爲吕。六律：黄鍾、太簇、姑洗、蕤賓、夷則、無射也。六吕：林鍾、中吕、夾鍾、大吕、應鍾、南吕也。均者，均鍾木，長七尺，有弦繫之，以均鐘者，度鍾大小清濁也。漢大予樂官有之。**疏**解「均者」至「有之」〇《文選·思玄賦》李善注引宋均曰：「均長八尺施絃。」此韋解之義所本。朱子曰：「京房始作律準，梁武帝謂之通其制十三弦。」《樂律表微》謂「律準即韋氏所謂均」，則均木有弦，乃漢人所制之器，未可引以釋周樂也。云「大予樂官有之」者，❶《後漢書·明帝紀》「永平三年秋八月戊辰，改大樂爲大予樂」，注：「《尚書旋璣鈐》曰：『有漢帝出，德洽作樂名予。』故據《旋璣鈐》改。」韋以目驗大予樂之均木解州鳩五均之均，省之不熟耳。《樂律表微》引鄭衆云：「均，調也。樂師主調其音。」楊收云：「旋宫以七聲爲均。均者，韻也。古無『韻』字，猶言一韻聲也。」則《國語》所謂立均者，謂立十二調也。**古之神瞽，考中聲而量之以制，**解神瞽，古樂正，知天道者，死而爲樂祖，祭於瞽宗，謂之神瞽。考，合也。謂合中和之聲而量度之，以制樂也。**疏**「古之」至「以至」〇《周禮·大司樂》：「凡有道者、有德者使教焉，死則以爲樂祖，

❶「官」，原脱，今據前文韋解補。

祭以瞽宗。」鄭司農云：「瞽，樂人，樂人所共宗也。」《大師》鄭注：「凡樂之歌，必使瞽矇爲焉。❶命其賢知者以爲大師、小師。」鄭司農云：「無目眹謂之瞽。」案：《周禮》大司樂即古樂正，其有賢知之出羣者，則死而神之也。《大師》賈疏：「中聲謂上生、下生定律之長短。」《荀子・勸學篇》：「詩者，中聲之所止也。」楊倞注：「詩，樂章，所以節聲音，至于中而止，不使流淫也。」《春秋傳》曰：「中聲以降，五降之後，不容彈矣。」「考，合也」者，謂合中聲以爲律本也。《淮南・天文訓》：「物以三成，音以五立，三與五如八，故卵生者八竅。律之初生也，寫鳳之音，故音以八生。黄鍾爲宫，宫者，音之君也，故黄鍾位子，其數八十一，主十一月，生林鍾。林鍾之數五十四，主六月，上生太蔟。太蔟之數七十二，主正月，下生南吕。南吕之數四十八，主八月，上生姑洗。姑洗之數六十四，主三月，下生應鍾。應鍾之數四十二，主十月，上生蕤賓。蕤賓之數五十七，主五月，上生大吕。大吕之數七十六，主十二月，下生夷則。夷則之數五十一，主七月，上生夾鍾。夾鍾之數六十八，主二月，下生無射。無射之數四十五，主九月，上生中吕。中吕之數六十，主四月，極不生。徵生宫，宫生商，商生羽，羽生角，角生姑洗，姑洗生應鍾，比于正音。❷故爲和。應鍾生蕤賓，不比正音故爲繆日冬至音比林鍾浸以濁日夏至音比黄鍾，浸以清。以十二律應二十四時之變，甲子，仲吕之徵也；丙子，夾鍾之羽也；戊子，黄鍾之宫也；庚子，無射之商也；壬子，夷則之角也。」此量度以制樂之事也。**度律均鍾，百**

❶「矇」，原作「朦」，今據《周禮注疏》改。
❷「音」，原作「宫」，今據《淮南子》改。

官軌儀，解均，平也。軌，道也。儀，法也。度律，度律吕之長短，以平其鍾，龢其聲，以立百事之道法也，故曰律，度量衡於是乎生也。**疏**解「均平」至「乎生」○《周禮・大司樂》鄭注：「度律均鍾，多中聲定律，以律立鍾之均。」賈疏：「度律，以律計，自倍半而立鍾之均，均即是應律長短者也。」又《考工記・鳧氏》賈疏：「假令黄鍾之律長九寸，以律計，身倍半爲鍾，倍九寸爲尺八寸。又取半，得四寸半，通二尺二寸半以之爲鍾。餘律亦如是。」此以律平鍾之事也。**紀之以三，**解三，天、地、人也。古者紀聲合樂，以舞天神、地祇、人鬼，故能人神以龢。**疏**「紀之以三」○韋解以三爲天、地、人。或謂上方言度律均鍾，下方言平成律吕，是就制樂之初言之，非就樂成之效言之也。不應遽及人神以和。案：《漢書・律曆志》：「《書》曰：『先其算命。』本起於黄鍾之數，始以一而三之，三三積之，閲十二辰之數，十有七萬七千一百四十七，而五數備矣。其算法用竹，徑一分，❶長六寸，二百七十一枚而成六觚，爲一握。徑象乾律黄鍾之一，而長象坤吕林鍾之長。」班《志》又言：「『泰極元氣，涵三爲一。』極，中也；元，始也。行于十二辰，始動于子；參之以丑，得三；又參之以寅，得九；又參之以卯，得二十七；又參之以辰，得八十一；又參之以巳，得二百四十三；又參之以午，得七百二十九；又參之以未，得二千一百八十七；又參之以申，得六千五百六十一；又參之以酉，得萬九千六百八十三；又參之以戌，得五萬九千四十九；又參之以亥，得十七萬七千一百四十七。此陰陽合德，氣鍾於子，化生萬物者也。」孟康曰：「元氣始于子，未分之時，天、地、人渾合爲一，故子數獨一也。」班《志》又言：「《易》

❶「分」，原作「寸」，今據《漢書》改。

曰：『參天兩地而倚數。』天之數始於一，終於二十有五。其義紀之以三，故置一得三，又六十五分之六，凡二十五置，終天之數，得八十一，以天地五位之合終于十者乘之，爲八百一十分，❶應曆一統千五百三十九歲之章數，黄鍾之實也。繇此之義起十二律之周徑。」孟康曰：「律孔徑三分，參天之數也。圍九分，終天之數也。」班、孟兩家釋義與州鳩合，今韋解依《大司樂》天神、地示、人鬼釋「紀之以三」，或别有所見也。**平之以六，**解平之以六律也。上章曰「律以平聲」。**成於十二，**解十二，律吕也。陰陽相扶助，律取妻，吕生子，上下相生之數備也。疏「成於十二」○《漢書·律曆志》：「黄鍾參分損一，下生林鍾；參分林鍾益一，上生太族；參分太族損一，下生南吕；參分南吕益一，上生姑洗；參分姑洗損一，下生應鍾；參分應鍾益一，上生蕤賓；參分蕤賓損一，下生大吕；參分大吕益一，上生夷則；參分夷則損一，下生夾鍾；參分夾鍾益一，上生亡射；參分亡射損一，下生中吕。陰陽相生自黄鍾始而左旋，八八爲伍。」班《志》又言：「天之中數五，地之中數六，而二者爲合。六爲虚，❷五爲聲，周流於六虚。虚者，❸爻律夫陰陽，登降運行，列爲十二而律吕和矣。」**天之道也。**解天之大數不過十二。疏哀七年《傳》杜注：「天十有二次，故制禮象之。」**夫六，中之色也，故名之曰黄鍾。**解十一月曰黄鍾，乾初九也。六者，天地之中。天有六氣，降生五味，天有

❶「八百一十」，原作「八十一」，今據《漢書》改。
❷「合六爲」三字，原脱，今據《漢書》補。
❸「虚」，原脱，今據《漢書》補。

六甲，地有五子，十一而天地畢矣。而六爲中，故六律六吕而成天道。黄鍾初九，六律之首，故以六律正色爲黄鍾之名，重元正始之義也。黄鍾，陽之變也。管長九寸，徑三分，圍九分，律長九寸，因而九之，九九八十一，故黄鍾之數立焉爲宫。法云：九寸之一，得林鍾初六，六吕之首，陰之變，管長六寸，六月之律，坤之始也。故九六，陰陽、夫婦、子母之道。是以初九爲黄鍾。黄，中之色也。鍾之言陽氣鍾聚于下也。**疏**「六中之色」○《漢書·律曆志》：「黄鍾，黄者，中之色，君之服也。鍾者，種也。地之中數六，六爲律，律有形有色，色上黄，五色莫盛焉。故陽氣施種于黄泉，孳萌萬物，爲六氣元也。以黄色名元氣。律者，著宫聲也。」案《易》曰：「天玄而地黄。」坤數六，故言黄中而順承天道也。○解「十一月」至「初九」○《淮南·天文訓》：「帝張四維，運之以斗，指子。子者，兹也，律受黄鍾。黄鍾者，鍾已黄也。」《時則訓》高注：「黄鍾者，陽氣聚于下，陰氣盛于上，萬物黄萌于地中，故曰黄鍾也。」《史記·律書》：「東至于須女。言萬物變動其所，陰陽氣未相離，尚相胥如也，故曰須女也。十一月也，律中黄鍾。黄鍾者，陽氣踵黄泉而出也。其於十二子爲子。子者，滋也，滋者，言萬物滋于下也。其於十母爲壬癸。壬之爲言任也，言陽氣任養于下也。癸之爲言揆也，言萬物可揆度，故曰癸。」案《漢書·律曆志》：「三統合于一元，故因元一而九三之以爲法，十一三之以爲實。實如法得一。黄鍾初九律之首。」❶故言初九也。○解「六者」至「天道」○「六者天地之中」者，班固謂：「五六者，天地之中合而民所受以生也。」孟康注：「天陽數奇，一、三、五、七、九，五在其中；地陰數

---

❶「初九」二字，原脱，今據《漢書》補。

耦，二、四、六、八、十，六在其中，故曰天地之中。」合此《傳》單言六者，因天五地六，合爲十一，而十一數之內，又以六介居多寡前後之中也。「天有六氣，降生五味」者，昭元年《傳》孔疏引晚出孔安國《書傳》曰：「鹹，水鹵所生也。苦，焦氣之味也。酸，木實之性也。辛，金之氣味也。甘味生于百穀也。」是五味爲五行之味也。以五者並行天地之間，故《洛書》謂之五行。物皆有本，本自天來，故言五者，皆由陰陽風雨而生也。是陰、陽、風、雨、晦、明合雜共生五味。若先儒以爲雨爲木味，風爲土味，晦爲水味，明爲火味，陽爲金味，而陰氣屬天，不爲五味之生，此杜所不用也。「天有六甲，地有五子」者，揚子《太玄》曰：「巡乘六甲與斗相逢。」《漢書・律曆志》：「日有六甲，辰有五子。」孟康注：「六甲之中，惟甲寅無子，故有五子。」班《志》又言：「十一而天地之道畢。」弘嗣以六甲言天，以五子言地者，日爲陽，辰爲陰也。○解「黄鍾初九」至「黄中之色」○《漢書・律曆志》：「黄鍾，律之首，陽之變也。因而六之，以九爲法，得林鍾。」❶孟康注：「以六乘黄鍾之九，得五十四。」班《志》又言：「初六，吕之首，陰之變也。皆參天兩地法也。」孟康注：「三三而九，二三而六，參兩之義也。」班《志》又言：「上生六而倍之，下生六而損之，皆以九爲法。九六，陰陽、夫婦、子母之道也。律娶妻而吕生子，天地之情也。六律六吕，而十二辰立矣。五聲清濁，而十日行矣。」如淳謂：「黄鍾生林鍾。」爲律娶妻，林鍾生太蔟爲吕生子。孟康謂：「異類爲子母，黄鍾生林鍾也。同類爲夫婦，黄鍾以大吕爲妻也。」案：韋解即用班《志》之義。○解「鍾之」至「於下」○《淮南・天文訓》：「斗指子，則冬至音比黄

❶「林」，原作「黄」，今據《漢書》改。

鍾。」高注：「黄鍾，十一月也。鍾者，聚也。陽氣聚于黄泉之下也。」《天文訓》又言：「陰氣極則北至北極，下至黄泉，故不可以鑿地穿井，萬物閉藏，蟄蟲首穴。」此即鍾聚之義也。**所以宣養六氣、九德也。****解**宣，偏也。六氣，陰、陽、風、雨、晦、明也。九德，九功之德，水、火、金、木、土、穀、正德、利用、厚生也。十一月陽氣伏于下，物始萌，於五聲爲宫，含元處中，所以偏養六氣、九德之本。**疏**解「九德」至「厚生」〇《周官・大司樂》：「九德之歌。」鄭注：「《春秋傳》所謂水、火、金、木、土、穀，謂之六府。正德、利用、厚生謂之三事。六府、三事謂之九功。九功之德，皆可歌也。謂之九歌也。」東晉所出《尚書》孔傳：「養民之本，在先修六府，正德以率下，利用以阜財，厚生以養民，三者和，所謂善政。六府、三事之功，有次叙，❶皆可歌樂。」**由是第之，****解**由，從也。第，次也。次，奇月也。**二曰太蔟，****解**正月曰太蔟，乾九二也，管長八寸。法云：九分之八。太蔟，言陽氣太蔟，達於上也。**疏**解「正月」至「達於上」〇《周禮・大師》鄭注：「黄鍾之初九，下生林鍾之初六，林鍾又上生太蔟之九二。」《淮南・時則訓》：「孟春之月，律中太蔟。」高注：「陰衰陽發，萬物簇地而生，❷故曰太簇。」《天文訓》又云：「太簇者，簇而未出也。黄鍾之管六寸而三分之，每分二寸，林鍾三分而益其一，則得八寸，故太簇之管八寸。」《史記・律書》：「日月南至於箕，❸箕者言萬物根棋，故曰：箕，正月也，

❶「叙」，原作「第」，今據《尚書正義》改。

❷「物」下，原衍「太」字，今據《淮南子》删。

❸「日月」，《史記》作「條風」。

律中泰簇。泰簇者，言萬物簇生也，故曰泰簇。其於十二子爲寅。寅言萬物始生螾然也。」正義引《白虎通義》：「泰者，大也。簇者，湊也。言萬物始大湊地而出之也。」**所以金奏贊陽出滯也。** **解**贊，佐也。賈、唐云：「太簇正聲爲商，故爲金奏，所以佐陽發出滯伏也。」《明堂月令》曰：「正月，蟄蟲始震。」**疏**解「贊佐」至「始震」〇朱子《琴律説》：「太史公五聲數曰：九九八十一以爲宮，三分去一，得五十四以爲徵。三分益一，得七十二以爲商。十二律數曰：黄鍾九寸，爲宮。林鍾六寸，爲徵。太簇八寸，爲商。」《白虎通義》：「商者，張也。陰氣開張，陽氣始降也。商于五行爲金。」《宋史・律曆志》引《樂髓新經》曰：「商聲勁凝明達，❶上而下，歸于中，爲臣。開口吐聲謂之商，音將將倉倉然。」太簇數七十二，管長八寸，與金爲符，故以商聲屬之也。《月令》鄭注：「《夏小正》：『正月啟蟄，魚陟負冰。』漢始亦以驚蟄爲正月中。」孔疏謂：「正月中氣之時，蟄蟲得陽氣，初始振動，至二月乃大驚而出，對二月，故云『始震』也。」**三曰姑洗，所以修潔百物，考神納賓也。** **解**三月曰姑洗，乾九三也，管長七寸一分，律長七寸九分寸之一。姑，潔也。洗，濯也。考，合也。言陽氣養生，洗濯枯穢，改柯易葉也。於正聲爲角，是月百物修潔，故用之宗廟，合致神人；用之享燕，可以納賓也。**疏**解「三月」至「易葉」〇《周禮・太師》注：「南吕又上生姑洗之九三。」賈疏：「南吕上生姑洗，三分益一，五寸取三寸，益一寸爲四寸，又餘二寸爲十八分，又以餘一分者爲三分，添前十八分爲二十一分，益七

❶「勁凝」，原倒，今據《宋史》乙正。

分爲二十八分，取二十七分爲三寸，❶添前四寸爲七寸，餘一分在，是爲姑洗之管長七寸九分寸之一。」《淮南・天文訓》：「斗指辰，律受姑洗，姑洗者，陳去而新來也。」高注：「姑，故也。洗，新也。陽氣養生，去故就新，故曰姑洗。」《史記・律書》：「姑洗者，言萬物洗生，其於十二月爲辰。辰者，言萬物之蜄也。」《白虎通義》：「姑者，故也。洗，鮮也。言萬物去故就新，莫不鮮明也。」《漢書・律曆志》：「姑洗，洗，絜也。言陽氣洗物辜絜之也。」是姑之訓故，班氏、高氏之説彰彰可徵，韋解以姑爲潔，不知其訓何本。云「洗濯枯穢」者，即氾勝之《農書》「土長冒橛，陳根可拔」之類也。**四曰蕤賓，所以安靖神人，獻酬交酢也。****解**五月曰蕤賓，乾九四也，管長六寸三分，律長六寸八十一分寸之三十六。蕤，委蕤，柔貌也。言陰氣爲主，委蕤於下，陽氣盛長于上，有似于賓主，故可用之宗廟、賓客，以安静神人，行酬酢也。酬，勸也。酢，報也。**疏**解「五月」至「賓主」〇《周禮・太師》鄭注：「應鍾又上生蕤賓之九四。」蓋應鍾參分益一，上生蕤賓。應鍾長四寸六分六釐，取三寸益一寸，爲四寸，又以餘一寸爲九分，益一爲十二分，又以餘六分六釐者，益一爲八分，八釐添前共二十一分弱。取十八分爲二寸，餘三分爲二分七釐弱，計當得六寸二分七釐强也。《淮南・天文訓》：「斗指午，午者，忤也。律受蕤賓。蕤賓者，安而服也。」《史記・律書》：「蕤賓者，言陰氣幼少，故曰蕤。痿陽不用事，故曰賓。」《漢書・律曆志》：「蕤，繼也。賓，導也。言陽始導陰氣使繼養物也。」云「有似于賓主」者，《白虎通義》：「蕤者，下也。賓者，敬也。言陽氣上極，陰氣始賓敬之也。」《淮南・時則訓》高

❶「寸」，原作「十」，今據《周禮注疏》改。

注：「是月陰氣萎蕤在下，象主人也。陽氣在上，象賓客也。故曰蕤賓。」**五曰夷則，所以詠歌九則，平民無貳也。** **解** 七月曰夷則，乾九五也，管長五寸六分，律長五寸七百二十九分寸之四百五十一。夷，平也。則，法也。言萬物既成，可法則也。故可以詠歌九功之則，成民之志，使無疑貳也。**疏** 解「七月」至「法則」○《周禮・太師》注「大吕又上生夷則之九五」，蓋大吕三分損一，上生大吕。大吕長八寸三分七釐六毫，取六寸減二寸爲四寸在，又以餘二寸者，爲十八分。又以餘三分七釐六毫者，爲三分三釐八毫，添前爲二十一分强，減七分得十四分强在，添前四寸共得五寸五分强，計當得五寸五分五釐一毫也。《史記・律書》：「夷則，言陰氣之賊萬物也。其於十二子爲申。申者，言陰用事，申賊萬物，故曰申。」《淮南・天文訓》：「律受夷則，夷則者，易其則也，德以去矣。」《太平御覽》引高注：「德以去，生氣盡也。」《時則訓》：「律中夷則。」高注：「夷，傷也。則，法也。是月陽衰陰盛，萬物凋傷，應法成性，故曰夷則。」《白虎通義》：「夷，傷也。則，法也。言萬物始傷，被刑法也。」《漢書・律曆志》：「則，法也。言陽氣正法度，而使陰氣夷當傷之物也。」案：諸家並訓夷爲傷，今韋解以夷爲平，《詩・周頌》「岐有夷之行」，是夷亦得有平義也。**六曰無射，所以宣布哲人之令德，示民軌儀也。** **解** 九月曰無射，乾上九也，管長四寸九分，律長四寸六千五百六十一分寸之六千五百二十四。宣，徧也。軌，道也。儀，法也。九月陽氣收藏，萬物無射見者，故可以宣布前哲之令德，示民道法也。**疏** 解「九月」至「射見」○《周禮・大師》：「夾鍾又上生無射之上九。」蓋夾鍾三分損一，下生無射，夾鍾長七寸四分三釐，取六寸減一，爲四寸在，又以餘一寸者爲九分，減一得六分在，又以餘四分七釐者減一爲三分弱，添前共四寸九分弱，當得四寸八分八釐四毫也。《史記・律書》：「無射者，陰氣

盛用事，陽氣無餘也，故曰無射。其於十二子爲戌。戌者，言萬物盡滅，故曰戌。」《淮南・天文訓》：「律受無射，無射入厭也。」《漢書・律曆志》：「射，厭也。言陽氣究物而使陰氣畢剥落之，終而復始，無厭已也。」云「萬物無射」者，《淮南・時則訓》高注：「陰氣上升，陽氣下降，萬物隨陽而藏，無射出見也。」**爲之六間，以揚沈伏，而黜散越也。** **解**六間，六吕在陽律之間。沈，滯也。黜，去也。越，揚也。吕，陰律，所以侣間陽律，成其功，發揚滯伏之氣，而去散越者也。伏則不宣，散則不和。陰陽序次，風雨時至，所以生物也。**疏**「爲之」至「散越」〇《晉志》云：「淮南、京房、鄭氏諸儒言律吕皆上下相生，至蕤賓又重上生大吕，長八寸二百四十三分寸之百四。夷則上生夾鍾，長七寸千一百八十七分之千七十五。無射上生中吕，長六寸萬九千六百八十三分寸之萬二千九百七十四。此三品於司馬遷、班固所生之寸數及分皆倍焉，餘則並同。斯則泠州鳩所謂六間之道，揚沈伏，黜散越，假之爲用者也。變通相半，隨事之宜，贊助之法也。」案：下韋解用倍之之法，《晉志》與之同義。**元間大吕，助宣物也。** **解**十二月曰大吕，坤六四也，管長八寸八分。法云：三分之二，四寸二百四十三分寸之五十二，倍之爲八寸分寸之一百四，下生律。元，一也。陰繫于陽，以黄鍾爲主，故曰元間。以陽爲首，不名其初，臣歸功於上之義也。大吕，助陽宣散物也。天氣始於黄鍾，萌而赤，地受之於大吕，牙而白，成黄鍾之功也。**疏**解「十二月」至「散物」〇《周禮・大師》鄭注：「蕤賓又下生大吕之六寸四。」《樂律表微》謂：「蕤賓三分益一，上生大吕。蕤賓長六寸二分八釐，取六寸益二寸爲八寸，以餘二分八釐益一，上當得三分七釐强，添前爲八寸三分七釐五毫也。」《淮南・時則訓》：「律中大吕。」高注：「吕，旅也。萬物萌動于黄泉，未能達見，所以旅。旅去陰即陽，助其成功，故曰大吕。」〇解「天氣」至

「之功」○「天氣始於黃鍾萌而赤」者，班固曰：「十一月，乾之初九，陽氣伏于地下，始著爲一，萬物萌動，鍾于太陰。黃鍾爲天統，律長九寸。九者，所以究極中和，爲萬物元也。」「地受之以大呂，牙而白」者，班固曰：「呂，旅也，言陰大呂助黃鍾宣氣而牙物也。」班固又言：「天統之正，始施于子半，日萌色赤；地統受之於丑初，日肇化而黃；至丑半，日牙化而白；人統受之於寅初，日孽成而黑；至寅半，日生成而青。」服虔曰：「十月陽氣尚伏在地，故内赤。」蓋萬物生于土，黃鍾爲土色，土稟火而成，故「萌赤」，土生金而彰，故「牙白」，故言「成黃鍾之功也」。**二間夾鍾，出四隙之細。** **解**二月曰夾鍾，坤六五也，管長七寸四分，律長三寸二千一百八十七分寸之一千六百三十二，倍之爲七寸分寸之千七十五。隙，間也。夾鍾助陽。鍾，聚也。細，微也。四隙，四時之間氣微細者。春爲陽中，萬物始生。四時之微氣皆始于春，春發而出之，三時奉而成之，故夾鍾出四時之微氣也。**疏**解「二月」至「微氣」○《周禮・大師》注：「夷則又上生夾鍾之六五。」❶蓋夷則三分益一，上生夾鍾。夷則長五寸五分五釐一毫，取三寸益一，爲四寸，以餘二寸四分，益一爲三寸二分，又以餘一分五釐一毫，益一得二分一毫强，添前合得七寸四分一釐强也。《史記・律書》：「夾鍾者，言陰陽相夾厠也。其于十二子爲卯。卯之爲言茂也，言萬物茂也。其于十母爲甲乙。甲者，言萬物剖符甲而出也。乙者，言萬物生軋軋也。」《淮南・天文訓》：「夾鍾者，種始莢也。」《時則訓》高注：「是月萬物去陰夾陽，聚地而生，故曰夾鍾也。」《白虎通義》：「夾，孚甲也。言萬物孚甲，種類分也。」《漢書・律曆志》：「夾鍾，言陰夾助太族，宣四方之氣而出。種，物也，言四方萬則，包四隙之氣矣。」**三間中呂，宣中氣也。** **解**四月

❶「上」，原作「下」，今據《周禮注疏》改。

曰中吕，坤上六也，管長六寸六分，律長三寸萬九千六百八十三分寸之六千四百八十七，倍之爲六寸分寸之萬二千九百七十四。陽氣起于中，至四月宣散於外，純乾用事，陰閉藏于内，所以助陽成功也，故曰正月。正月，正陽之月也。**疏**解「四月」至「成功」○《周禮·大師》注：「無射又上生中吕之上六。」蓋無射參分益一，上生中吕。無射長四寸八分八釐四毫八絲，取三寸益一爲四寸，又取一寸八分益一爲二寸四分，又取八釐四毫八絲益一爲一分八毫八絲，添前共得六寸四分一釐八毫八絲也。《淮南·天文訓》：「仲吕者，中充天也。」《時則訓》高注：「是月陽散在外，陰實在中，所以旅陽成功，故曰中吕。」《史記·律書》：「仲吕者，言萬物盡旅而西行也。其於十二子爲巳。巳者，言陽氣之已盡也。」《白虎通義》言：「陽氣將極，中充大也。故復中言之也。」《漢書·律曆志》：「中吕言微陰始起未成，著於其中旅，助姑洗宣氣齊物也。」此皆助陽成功之義也。○解「正月正陽之月」○《詩·小雅》「正月繁霜」，毛傳：「正月，夏之四月。」鄭箋：「夏之四月，建巳之月，純陽用事。」疏引：「昭十七年『夏六月甲戌朔，日有食之』。《左傳》曰：『祝史請所用幣。平子禦之，曰：「止也。唯正月朔，慝未作，日有食之，于是乎有伐鼓用幣，其餘則否。」太史曰：「在此月也。」』《經》書『六月』，《傳》言『正月』，太史謂『在此月』，是周之六月謂正月。周六月是夏之四月。謂之正月者，以乾用事，正純陽之月。《傳》稱『慝未作』，謂未有陰氣，故此箋云『純陽用事』。《易稽覽圖》云：『正陽者，從二月至四月，陽氣用事時也。』獨以爲四月者，彼以卦之六爻，❶至二月大壯用事，陽爻過半，❷故謂之正陽。」與專

---

❶ 「卦」上，原衍「封」字，今據《毛詩正義》删。

❷ 「半」上，原衍「用」字，今據《毛詩正義》删。

指純陽者異義。**四間林鍾，和展百事，俾莫不任肅純恪也。**解六月曰林鍾，坤初六也，管長六寸，律長六寸。林，衆也。言萬物衆盛也。鍾，聚也。于正聲爲徵。展，審也。俾，使也。肅，速也。純，大也。恪，敬也。言時務和審百事，無有僞詐，使之莫不任其職事，速其功，大敬其職也。疏解「六月」至「爲徵」○《周禮・大師》注：「黄鍾，初九也，下生林鍾之初六。」賈疏：「黄鍾長九寸，下生林鍾，三分減一，去三寸，故林鍾長六寸。」《淮南・天文訓》：「林鍾者，引而止也。」又《時則訓》：「季夏之月，律中百鍾。」高注：「百鍾，林鍾也。是月陽盛陰起，生養萬物，故曰百鍾。」《白虎通義》：「林者，衆也。言萬物成熟，種類多也。」《漢書・律曆志》：「林，君也。言陰氣受任，助蕤賓君主種物，使長大楙盛也。」韋解用《淮南》、班固兩家之義。《史記・律書》：「林鍾者，言萬物就死氣林林然，其于十二子爲未。未者，言萬物皆成，有滋味也。」案：《月令》：「季夏，神農將持功。」則萬物生王之時，至七月律中夷則方言「夷，傷也」，則六月不得遽言「就死」，故韋不用之也。**五間南吕，贊陽秀也。**解八月曰南吕，坤六二也。管長五寸三分，律長五寸三分寸之一。榮而不實曰秀，南，任也。陰任陽事，助成萬物也。贊，佐也。疏解「八月」至「之一」○《周禮・大師》注：「太簇又下生南吕之六二。」賈疏：「太簇下生南吕，三分減一，八寸取六寸，減二寸，得四寸在，餘二寸，寸爲三分，❶合爲六分，去二分，四分在，取三分爲一寸，添前四寸爲五寸，餘一分在，是南吕之管長五寸三分寸之一也。」《淮南・天文訓》：「南吕者，任包大也。」高注：「南，任也。言陽氣内藏，陰侣於陽，任成其功，

❶「爲」，原作「謂」，今據《周禮注疏》改。

故曰南呂。」又《時則訓》高注：「南，任也。言陽氣呂旅，而志助陰，陰任成萬物也。」《史記·律書》：「南者，言陽氣之旅入藏也。其于十二子爲酉，酉者，萬物之老也，故曰酉。」《白虎通義》：「南，任也。言陽氣尚任包，大生薺麥也。」《漢書·律曆志》：「南，任也。言陰氣旅助夷則任成萬物也。」〇解「榮而不實曰秀」〇《爾雅·釋艸》：「不榮而實謂之秀，榮而不實謂之英。」《山海經》郭注引《爾雅》「榮而不實謂之莔」。《類篇》：「莔，艸名，不實。」是秀爲不榮而實之名。弘嗣以「榮而不實」釋之，當別有所據也。《大雅·生民》「實發實秀」，是黍稷所重在秀。孔穎達曰：「其實黍、稷，皆先榮後實也。」然《夏小正》「七月秀雚葦」，此亦榮而不實者，則韋義亦得通也。〇解「南任」至「贊佐」〇《周語》富辰曰：「鄭，伯，南也。」昭十三年《内傳》：「鄭，伯，男也。」「南」、「男」古通字。《白虎通義》：「南之爲言任也。」《詩》「凱風自南」，《釋文》：「沈重音南，爲乃林反。」《尚書》：「二百里男邦。」《史記》作「二百里任國」。晚出《書》孔傳：「男，任也，任王者事。」孔疏：「男聲近任，故訓爲任。」是南有任義也。

六間應鍾，均利器用，俾應復也。解十一月應鍾，坤六三也，管長四寸七分，律長四寸二十七分寸之二十。言陰應陽用事，萬物鍾聚，百器具備，時務均利，百官器用、程度、庶品，使皆應其禮，復其常也。《月令》：「孟冬，命工師效功，陳祭器，案程度，無或詐僞淫巧以蕩上心，必功致爲上。」**疏**解「十一月」至「其常」〇《周禮·大師》注：「姑洗又下生應鍾之六三。」賈疏：「姑洗下生應鍾，三分去一取六寸，得四寸又以餘一寸者，爲二十七分，餘一分者，爲三分，添二十七分爲三十分，減十分，餘二十分在，是應鍾之管長四寸二十七分寸之二十也。」《淮南·天文訓》：「應鍾者，應其鍾也。」《時則訓》高注：「陰應於陽，轉成其功，萬物聚成，故曰應鍾。」《史記·律書》：「應鍾者，陽氣之應，不用事也。其于十二子爲亥。亥者，該也，言陽氣藏于下，故該也。」《白虎通義》：「應者，應也，言萬物應陽而動下藏也。」《漢書·律曆志》：「應鍾，言陰氣應亡射，該藏萬物而雜陽閡種也。」**律呂不易，無姦物。****解**律呂不變易其常，各順其時，則神無姦行，物無害生。**細鈞有鍾無鎛，昭其大也。****解**細，細聲，謂角、徵、羽也。鈞，調也。鍾，大鍾。鎛，小鍾也。昭，明也。有鍾無鎛，爲兩細不相龢，故以鍾爲之節。明其大者，以大平細。**大鈞有鎛無鍾，****解**大，謂宮、商也。舉宮、商而但有鎛無鍾，爲兩大不相龢，故去鍾而用鎛，以小平大。**甚大無鎛，鳴其細也。****解**甚大，謂同尚大聲也。則又去鎛，獨鳴其細。細，謂絲竹革木。**大昭小鳴，龢之道也。****解**大聲昭，小聲鳴，龢平之道。**疏**「細鈞」至「之道」○韋解以鎛爲小鍾，鍾爲大鍾。案：《鄉射禮》「其南鑮」，鄭注：「鑮如鍾而大。」《春官·鎛師》注同。賈疏：「以其形如鍾而大，獨在一簴。」《説文》：「鑮，大鍾、錞于之屬，所以應鍾磬也。」《爾雅·釋樂》：「大鍾謂之鏞。」郭注：「亦名鑮。」《樂律表微》引朱子説：「鎛，鍾甚大，特縣鍾也。」則鎛最大，而鍾有大有小。《樂律表微》又云：「細鈞有鍾無鎛者，細鈞聲細，用鎛則細抑大陵，故去鎛之大聲，所以昭細聲之大也。大鈞有鎛無鍾者，鍾尚羽，重者從細，用其大聲，使從細聲，正所以鳴大聲之細，如是則細不抑，大不陵，故曰『大昭小鳴，和之道也』。」《博古圖》有周特鍾，有周大編鍾，有周小編鍾，所謂鎛者，非大編鍾邪？「古時雖有三等鍾，當奏一鈞時，止用其一，並無循環互擊之理。楊傑言琴瑟塤箎奏一聲，而鎛鍾、特鍾、編鍾連三聲並應。此自宋樂之失，非古法也」。胡彦昇此議與弘嗣互異。又案：弘嗣既以調解鈞調者旋宮之法也，以均主言之謂之宮，合五聲言之謂之調，其實一也。宋姜夔《大樂議》引皇侃《禮記疏》：「十二管各備五聲合六十聲，五聲成一調，故十二調。」然則就一調言之，五聲俱全，就一均言之，七聲皆備，未可鑿分大鈞止宮、商二聲，小鈞止角、徵、羽三聲也。**龢平則久，**解久，可久樂也。**久固則純，**解固，安也。可久則安，安則純也。孔子曰：「縱之，純如也。」疏「久固則純」○「純」訓「和諧」。《論語·八佾》皇侃疏：「其聲純一而和諧，言不離析散逸也。」**純明則終，**解終，成也。《書》曰：「《簫韶》九成。」**終復則樂，**解終復，終則復奏故樂。**所以成政也，**解言政象樂也。**故先王貴之。」**解貴其龢平，可以移風易俗。**王曰：「七律者何？」**解周有七音，王問七音之律，意謂七律爲音，器用黄鍾爲宮，大簇爲商，姑洗爲角，林鍾爲徵，南吕爲羽，應鍾爲變宮，蕤賓爲變徵。疏解「周有」至「變徵」○昭二十年《傳》杜注：「周武王伐紂，自午及子凡七日。王因此以數合之，以聲昭之，故以七同其數，以律和其聲，謂之七音。」孔疏：「聲之清濁，數不過五，而得有七音者，終五以外，更變爲之也。五聲之外，更加變宮、變徵。❶此二變者，舊樂無之，聲或不會，而以律和其聲，調和其聲，使與五音諧會，謂之七音，由此也。武王始加二變，周樂有七音耳，以前未有七。」如杜、孔説，七音即七律也。《樂律表微》有曰：「七律者，黄鍾一均之律也。」而四宮亦各具七音，黄鍾之宮則有應鍾爲變宮，蕤賓爲變徵。太簇之宮則有大吕爲變宮，夷則爲變徵。夷則之宮則有林鍾爲變宮，太簇爲變徵。無射之宮則有南吕爲變宮，姑洗爲變徵。每宮各用七音成調也。蔡氏《律吕新書》十二律各自爲宮，以生五聲、二變。其黄鍾、林鍾、太簇、南吕、姑洗、應鍾六律則能具足。至蕤賓、大吕、夷則、夾鍾、無射、中吕、六律，則取黄鍾、林鍾、太簇、南吕、姑洗、應鍾六律之聲，少下不和，故有變

---

❶「更加」，原作「加以」，今據《春秋左傳正義》改。

律。律之當變者有六，黃鍾、林鍾、太簇、姑洗、南呂、應鍾。變律者，其聲近正律，而少高于正律。然後洪纖、高下不相奪倫。變律非正律，故不爲宮也。《文選・七命》李善注引《禮斗威儀》：「少宮主政。」劉向《雅琴賦》「彈少宮之際天」，此以少商佐少宮，別爲一義也。**對曰：「昔武王伐殷，歲在鶉火，**解歲，歲星也。鶉火，次名，周分野也。從柳九度至張十七度爲鶉火。謂武王始發師東行，時殷之十一月二十八日戊子，於夏爲十月。是時歲星在張十三度。張，鶉火也。**疏**「歲在鶉火」○「歲，歲星」者，歲星天之貴神，所在必昌。昭三十一年《傳》所謂「越得歲」是也。「鶉火，次名」者，《爾雅》：「咮謂之柳，柳，鶉火也。」郭注「鶉鳥名火，在南方」。《淮南・時則訓》高注：「鶉火，午之次。」《春秋疏》引《春秋文耀鉤》云：「咮爲鳥陽，七星爲頸。」宋均注：「陽，猶首也。柳，謂之咮。咮，鳥首也。七星爲朱鳥頸也。咮與頸共在于午者，鳥之止宿口屈在頸，七星與咮體相接連故也。」襄九年《傳》：「古之火正或食于咮，是故咮爲鶉火。」杜注：「火正之官，配食于火星。」《考工記》：「鳥旟七斿，以象鶉火。」邵晉涵曰：「鶉火，朱鳥宿之柳，其屬有星。星，七星。南陸三次曰鶉首、曰鶉火、曰鶉尾，皆取象鳥形。以鶉火居南陸三次之中，故《爾雅》舉鶉火以賅南陸之三次。」《漢書・律曆志》：「《三統》上元至伐紂之歲，十四萬二千一百九歲，歲在鶉火張十三度。文王受命九年而崩，再期在大祥而伐紂，故《書序》曰：『惟十有一年，武王伐紂。』《太誓》八百諸侯會，還歸。二年，乃遂伐紂克殷，以箕子歸，十三年也。故《書序》曰：『武王克殷，以箕子歸，作《洪範》。』《洪範》篇曰：『惟十有三祀，王訪于箕子。』自文王受命而至此十三年，歲亦在鶉火，故《傳》曰：『歲在鶉火，則我有周之分壄也。』」錢大昕曰：「古法歲星與太歲常相應，歲星自丑右行，太歲自子左行，歲移一次，周則復始，如歲星在星紀，則太歲必在子，歲星在鶉火，則太歲必在未。《三統術》上元起丙子歲，依歲術步之，則武王克商之年當直辛未。孔氏《詩疏》云：『文王受命十三年，辛未之歲，殷正月六日，殺紂。』孔疏所言與《國語》『歲在鶉火』之文正相合。而後人譜紀年者。皆以周克殷爲己卯歲，相較差八年者，蓋古術太歲與歲星皆有超辰之法，歲星一百四十四年而超一辰，則太歲亦超一辰，年逾久，則超年亦漸多。今人以漢高帝元年爲乙未，武帝太初元年爲丁丑，而班孟堅於漢元年引《漢志》曰『太歲在午』，於太初元年引《漢志》曰：『歲名困敦。』孟堅所引者，西京之注記，則西京猶用超辰之法，而東漢臺官已鮮知之。相沿到今，以今法溯古年，則武王克殷固宜在己卯，而古法則必爲辛未。若《竹書》辛卯、皇甫謐乙酉之説，則誕而不足信矣。」**月在天駟，****解**天駟，房星也。謂戊子日，月宿房五度。**疏**「月在天駟」○《漢書・律曆志》：「師初發，殷十一月戊子。是夕也，月在房五度。房爲天駟。」《詩疏》引《爾雅》孫炎注：「龍爲天馬，故房四星謂之天駟。」房四星下垂而長，故《天官書》云：「房爲府，曰天駟。其陰右驂。」索隱引《詩記曆樞》云：「房爲天馬，主車駕。」《禮記・月令》疏：「月行疾，一月行天一帀三百六十五度四分度之一，過帀更行二十九度半餘，逐及于日。」武王發師爲殷之十一月二十八日，星次西流，月行東轉，東西相逆。弘嗣本班《志》推是夕爲月宿房五度，則房度將畢矣。《文選》謝玄暉《始出尚書省》詩李善注引《春秋元命包》曰「殷紂之時，五星聚房。房者，蒼神之精，周據而興」是也。**日在析木之津，****解**津，天漢也。析木，次名，從尾十度至斗十一度爲析木，其間爲漢津。謂戊子日日宿箕七度。**疏**「日在析木之津」○「津，天漢也」者，昭十七年《傳》「漢，水祥也」。《小雅・大東》：「維天有漢，監亦有光。」鄭箋：「漢，天河也，有光而無所明。」《大雅・棫樸》：「倬彼雲漢，爲章于天。」鄭箋：「倬然天河，水氣也精光，轉運于天。」「析木，次名」者，《爾雅》：「析木之津，箕斗之間，漢津也。」郭注：「箕，龍尾。斗，南斗。天漢之津梁。」《史記·天官書》：「箕爲敖客曰口舌。」《小雅》鄭箋「箕星哆然，踵狹而舌廣」。昭二十五年《傳》孔疏「箕于次分在析木之津」是也。斗六星，重列如北斗。《天官書》：「南斗爲廟，其北建星。建星者，旗也。」以建星識南斗所在也。昭七年《傳》杜注：「箕斗之間有天漢，故謂之析木之津。」❶劉光伯謂：「箕在東方木位，斗在北方，分水木以箕星爲隔，隔河須津梁以度，故謂此次爲析木之津。不言析水而言析木者，此次自南而北，故依此次而名析木。」《漢書·律曆志》：「十一月戊子，❷日在析木，箕七度。」蓋將離東而入北，故下文以「北維」賅之也。**辰在斗柄，**解 辰，日月之會。斗柄，斗前也。謂戊子後三日，得周正月辛卯朔，於殷爲十二月，夏爲十一月。是日，月合辰斗前一度。疏「辰在斗柄」○《史記·天官書》：「南斗爲廟，其北建星，建星，旗也。」張守節曰：「南斗六星在南，蓋斗北宫之宿，以夏秋之間見子南方，故謂之南斗。斗六星，重列如北斗。孟秋之月，昏建星中，以建星識斗所在。」《月令》：「仲冬之月，日在斗。」孔疏引《漢書·律曆志》：「仲冬之初，❸日在斗十二度。《三統曆》大雪，日在斗十二度。」此據建子之月節氣言之，蓋大雪爲子月節也。《漢書·律曆志》云：「師初發，以殷十一月戊子。後三日，得周正月辛卯朔，合辰在斗前一度，斗柄

❶「津」，原作「精」，今據《春秋左傳正義》改。
❷「子」，原作「午」，今據《漢書》改。
❸「初」，原作「月」，今據《禮記正義》改。

也。」昭二十年《傳》孔疏：「武王以殷之十二月二十八戊子發師。後三日得周。二月辛酉朔，日月合宿于箕十度，在斗前一度。」❶案《漢・律曆志》又言：「癸巳武王始發，丙午還師，戊午渡孟津，去周九百里，師行三十里，故三十一日而度。」班氏此言，與《尚書》「王次河朔」及《吕氏春秋》膠鬲「甲子之期」合。若如孔疏所言，則自發師至擒紂止七日矣，殊未審鎬京與牧野相去之道里耳，故當從戊子、辛卯爲是。韋解本《漢志》言周正月辛卯朔，是時在小雪之後，而未至大雪，斗杓在北，故初入斗一度，斗值星紀之初，爲丑之次。《逸周書・周月解》云：「日月俱起于牽牛之初，右回而行。月周天進一次而與日合宿。日行月一次而周天，列會于十有二辰。」《月令》獨言日而不言月。方愨謂：「陽以成歲，而陰特從之，故以日爲主，與《書》言『出日』、『納日』而不及月同意。」故弘嗣據《周月解》而言所會也。**星在天黿。** **解**星，辰星也。天黿，次名，一曰玄枵。從須女八度至危十五度爲天黿。謂周正正月辛卯朔。二日壬辰，辰星始見。三日癸巳，武王發行，二十八日戊午，度孟津，距戊子三十一日。二十九日己未晦，冬至，辰星與須女伏天黿之首。**疏**「星在天黿」〇「星，辰星也」者，《史記・天官書》：「察日辰之會，以治辰星之位，曰北方水，太陰之精，主冬，日壬、癸。仲冬冬至，晨出郊東方，與尾斗、牽牛俱西。」索隱引皇甫謐曰：「《元命苞》云：『北方辰星水，生物布其紀，故辰星理四時。』」張守節引《天官占》云：「辰星，北水之精，黑帝之子，宰相之祥。一名細極，一名鉤星，一名爨星，一名伺祠，徑一百里。」「天黿，次名，一曰玄枵」者，玄枵，虚也。襄二十八年《傳》：「淫于玄枵。玄枵，虚

❶「度」，原作「日」，今據《春秋左傳正義》改。

中也。枵，秏名也。」《分野略例》云：「自須女八度至危十五度，於辰在子爲玄枵也。」《爾雅》邵疏：「玄者，黑也。北方之色。枵者，秏也。十一月之時，陽氣在下，陰氣在上，萬物幽死，天道空虛，故曰玄枵。」黿出于水，其色黑，故得爲通名。《漢書·律曆志》：「師初發，以殷十一月戊子。後三日得周正月辛卯朔合。明日壬辰，晨星始見。癸巳武王始發，丙午還師，戊午度孟津。明日己未冬至，晨星與婺女伏，歷建星及牽牛，至于婺女天黿之首。」昭二十年《傳》孔疏「辰星在婺女之宿，其分在天黿之宿次」是也。蓋天黿之次自女八至危十五，共三十度，甫踰牽牛而入須女之初度，故云首也。**星與日辰之位，皆在北維。** **解**星，辰星。辰星在須女，日在析木之津，辰在斗柄，故皆在北維。北維，北方水位也。**疏**「星與」至「北維」〇《淮南·天文訓》「帝張四維，運之以斗」，則維有邊方之義。須女及斗皆在北方，故言北維。《荀子·儒效篇》：「武王之誅紂也，東面而迎太歲。」楊倞注引《尸子》曰：「武王伐紂，魚辛諫，曰：歲在北方不北征。武王不從。」案：伐紂爲辛未年，歲星在鶉火，則太歲必在未，當言太歲在西南，今言北者，因此《傳》「北維」，而誤傅合也。**顓頊之所建也，帝嚳受之。** **解**建，立也。顓頊，帝嚳所代也。帝嚳，周之先祖，后稷之所出也。《禮·祭法》曰：「周人禘嚳而郊稷。」顓頊，水德之王，立于北方。帝嚳，木德，故受之於水。今周亦木德，當受殷之水，猶帝嚳之受顓頊也。**疏**「顓頊」至「受之」〇《楚語》：「少昊之衰，九黎亂德，顓頊受之。」《漢書·律曆志》：「顓頊帝，蒼林昌意之子也。金生水，故爲水德。天下號曰高陽氏。帝嚳，清陽玄囂之孫也。水生木，故爲木德。天下號曰高辛氏。帝摯繼之，不知世數。周人禘之。」班氏因少昊金天氏，故以顓頊爲水受金也。云「帝嚳，周之先祖后稷之所出也」者，《詩·生民》毛傳：「姜姓也。后稷之母配高辛氏帝焉。」鄭箋：

「姜姓者，炎帝之後，有女名嫄，爲高辛氏世妃。」《史記》及宋、元諸儒並宗毛義。案：《春秋緯》：「顓頊傳九世，帝嚳傳十世，則堯非嚳子，稷又年少于堯，則嫄不得爲嚳妃。」《鄭志》「當堯之時，爲高辛氏世妃」，謂爲其後世子孫之妃也。孔疏引張融云：「稷、契年稺于堯，堯不與嚳並處帝位，則稷、契安得爲嚳子？若使稷、契必嚳子，是堯之兄弟也。堯有賢弟七十不用，須舜舉之，此不然明矣。必如毛傳及《史記》之説，嚳爲稷、契之父，帝嚳聖夫，姜嫄正妃，配合生子，人之常道。《詩》何故但歎其母，不美其父，而止云『赫赫姜嫄』乎？」則鄭箋之義，確不可易。《禮・月令》孔疏：「郊天各祭所感帝，殷祭黑帝汁光紀，周祭蒼帝靈威仰，故周爲木德，殷爲水德也。」**我姬氏出自天黿，****解**姬氏，周姓。天黿，即玄枵，齊之分野也。周皇妣王季之母太姜者，逄伯陵之後，齊女是也，故言出於天黿。《傳》曰：「有逄伯陵因之，蒲姑氏因之，而後太公因之。」又曰：「有星出於須女，姜氏、任氏實守其祀。」**疏**「我姬」至「天黿」〇惠氏《禮説》：「鼓矇世奠繫。《易林》曰：『剛柔相呼，二姓爲家。』殷之德陽，以子爲姓。周之德陰，以姬爲姓。殷王以男書子，周王以女書姬。」案：黄帝以姬水姓姬，傳至帝嚳之子孫，姬姓中衰而失序，堯因棄有播穀之功，賜之姬姓，以續姬水之舊，亦猶共工之從孫佐禹復賜姜姓，以繼神農之後也。《爾雅・釋親》：「男子謂姊妹之子爲出。」成十三年《傳》「康公，我之自出」是也。則謂之「出」者，就齊言之耳。〇解「天黿」至「太公因之」〇《吕氏春秋・季秋紀》高注：「虚，北方宿，齊之分野。」虚即玄枵也。昭二十年《傳》杜注：「逄伯陵，殷諸侯，姜姓。蒲姑氏，殷周之間代逄公者。」《漢書・地理志》：「琅琊姑幕縣或曰薄姑。」《後漢書》注：「姑幕故城在今密州莒縣東北，古薄姑氏之國。」《括地志》：「薄姑故城在青州博昌縣東北六十里，今博興縣。」昭九年《傳》杜注：「樂安博昌縣北有蒲姑城。《輿地記》青州千乘縣有薄姑城。」孔穎達曰：「齊于成王之世乃得薄姑之城。」是齊與蒲姑爲因國之在其地也。○解「又曰」至「其祀」○昭十年《傳》：「有星出于婺女。裨竈曰：『今茲歲在顓頊之虚，姜氏、任氏實守其地。』」杜注：「顓頊之虚謂玄枵。姜，齊姓。薛，任姓。齊、薛二國守玄枵之地。」引此者，證姜姓之世居天黿之次也。**及析木者，有建星及牽牛焉，****解**從斗一度至十一度，分屬析木，日辰所在也。建星在牽牛之間，謂從辰星所在須女天黿之首至析木之分，曆建星及牽牛，皆水宿，言得水類也。**疏**「及析」至「牽牛」○《淮南・天文訓》高注：「析木，寅之次，始尾十度至斗十一度，尾終十八度，而入箕。箕終十一度，而入斗。斗六星重列如北斗。」《史記・天官書》：「南斗爲廟，其北建星。建星，旗也。」《月令》：「仲冬之月，日在斗；仲春之月，旦建星中；孟秋之月，昏建星中。」以建星識南斗所在，斗終二十六度，而入牽牛。牛終八度，而入婺女。女八度，即届天黿之次。《史記・天官書》：「牽牛爲犧牲。」正義謂：「牽牛亦爲關梁。」《史記・律書》：「牽牛者，言陽氣牽引萬物出之也。牛者，冒也。言地雖凍，能冒而生也。牛六星，腹下蹄廢，角上岐。建星在南斗之北，居析木之末。牽牛在婺女之末，居天黿之中。」故云「皆水宿」，得水類也。至《爾雅》「荷鼓謂之牽牛」，此即《大東》之「睆彼牽牛」。三星中豐而兩頭鋭下，故曰「荷鼓」。與此《傳》之牽牛同名而異星也。**則我皇妣太姜之姪，伯陵之後，逢公之所馮神也。****解**皇，君也。生曰母，死曰妣。太姜，太王之妃，王季之母，姜女也。女子謂昆弟之子，男女皆曰姪。伯陵，太姜之祖有逢伯陵也。逢公，伯陵之後，太姜之姪，殷之諸侯，封于齊地。齊地屬天黿，故祀天黿。死而配食，爲其神主，故云馮。馮，依也，言天黿乃皇妣家之所馮依，非但合於木水相承而已。又我實出于水家，周道起於太王，故本于太姜也。**疏**解

「皇君」至「曰姪」○《説文》：「皇，大也。從自，自，始也。」始皇者，三皇大君也。「生曰母，死曰妣」者，《曲禮》文。《爾雅·釋親》：「母曰妣。」郭注引《公羊傳》「仲子者何？桓之母也」。《蒼頡篇》曰「考妣延年」，明非死生之異稱。案：《説文》云：「妣，殁母也。」《釋名》云：「母死曰妣。妣，比也，比之于父亦然也。」是漢儒多據《曲禮》，故弘嗣亦遵之也。《釋親》又云：「女子謂昆弟之子爲姪。」郭注引《左傳》「姪其從姑」。案：襄二十三年「繼室以其姪」。成二年《公羊傳》：「蕭同姪子者，齊君之母也。」皆專指女子子而言。然《喪服》「大功」、「成人」章云：「姪，丈夫婦人，報。《傳》曰：『姪者何也？謂吾姑者，吾謂之姪。』」鄭注：「爲姪，男女服同。」是姪統男女也。○解「伯陵」至「依也」○《山海經》「炎帝生器，器生伯陵」，是知伯陵姜姓，炎帝後，前封于齊，而太公其繼焉者也。夏有蠭蒙，《穆天子傳》逢公，其後也。地今開封逢池，一名逢澤。蓋伯陵，前封逢，後改於齊，故《山海經》有北齊之國，姜姓，是兩齊云。《路史注》謂：「杜預指伯陵爲夏之諸侯，非也。蓋因晏子序爽鳩在其前耳。《太常禮書》以伯陵爲伏羲孫，《益州太守高頤碑》以伯陵爲顓頊之苗裔，殷湯受命，陵有功，食采齊口樂邑，俱失之妄。」昭十年《傳》孔疏：「陵是逢君之始祖。」然則伯陵之後世爲逢君，皆是逢公。《傳》言「妖星出于婺女」，是天黿之次戊子，逢公以登，星因逢公之卒而出，故逢公既卒，其神即馮依于星次也。

歲之所在，則我有周之分野也。解歲星在鶉火。周之分野。歲星所在，利以伐人。**疏**「歲之」至「分野」○《呂氏春秋·季夏紀》高注：「柳，南方宿，周之分野。」《爾雅》：「味謂之柳，即鶉火之次也。」《史記·天官書》索隱引《天官占》云：「歲星一曰應星，一曰經星，一曰紀星。《物理論》云：『歲行一次謂之歲星。』」正義引《天官》云：「歲星，東方木之精，蒼帝之象也。其色明而內黃，天下安甯，歲星盈縮，所在之國不可伐，可以伐人。所居國，人主有福。」故知「利以伐人」也。**月之所在辰馬，農祥也。** **解**辰馬，謂房心星也。心星所在大辰之次爲天駟。駟，馬也，故曰辰馬。言月在房，合於農祥也。祥，猶象也。房星，晨正而農事起，故謂之農祥。**疏**解「辰馬」至「農祥」〇《説文》：辰者，農之時也。故房星爲辰，田候也。《史記·天官書》索隱引《詩記曆樞》云：「房爲天駟，主車駕。」宋均曰：「房既近心爲明堂，又别爲天府及天駟也。」集解引張晏曰：「龍左角曰天田，則農祥也，晨見而祭。」薛綜《東都賦》注：「農祥，天駟，即房星也。」張銑注：「房星，正月中，晨見南方，農之祥候也。」**我太祖后稷之所經緯也。** **解**稷播百穀，故農祥，后稷之所經緯也。《晉語》曰：「農以成善，后稷是相。」**疏**「我太」至「經緯」〇《詩·周頌》疏：「周以后稷爲始祖，文王爲太祖。『《雍》禘太祖』，謂文王也。后稷以初始感生，謂之始祖。又以祖之並稱爲太祖。」《家語》孔子曰：「唐叔封于晉，以經緯其民。」王肅曰：「經緯猶織以成之。」《吕氏春秋·有始》篇高注：「子午爲經，卯酉爲緯，四海之内，緯長經短。」《淮南·墬形訓》：「東南神州曰農土。」高注：「東南辰爲農祥，后稷之所經緯也，故曰農土。言后稷之功，廣及天下也。」**王欲合是五位三所而用之，** **解**王，武王也。五位，歲、月、日、星、辰也。三所，逢公所馮神，周分野所在，后稷所經緯也。**疏**「王欲」至「用之」〇《詩疏》：「歲、月、日、星、辰五者各有位，謂之五位。星、日、辰在北，歲在南，月在東，居三處，故言三所。韋昭云『三所，逢公所馮神也，周分野所在也，后稷所經緯也』。《國語》文云：『星與日、辰之位，皆在北維。』歲之所在，月之所在，言五位、三所，謂五物在三處，當以此五在爲三所，不得以所字充之。若必以所字充之，則周之分野不言所也。又正合五位，則五物皆助。若三所惟數逢公，則日之與辰不助周矣。韋氏之言非也。天之五位所以得助周者，以辰星在須女八度，日在箕七度，日月合度斗前一度，謂在箕十度也。此三者，皆在東北維，東北水木交際，又辰星所曆建星及牽牛皆水宿，顓頊水德而王，帝嚳以木受之，今周亦木德，當受殷水，星與日、辰在其位，當如帝嚳之代顓頊，是一助也。又天黿一名玄枵，❶齊之分野，太姜之祖有逢伯陵者，殷之諸侯，封之齊地，逢公之死，其神馮焉。我周出于姜姓，爲外祖所佐，是二助也。歲星在張十三度，鶉火之次，周之分野，歲星所在，利以伐人，是三助也。月在房五度，房心爲大辰，大辰農正而農事起，❷謂之農祥，后稷播植百穀，月在農祥之星，則月亦佑周，是四助也。以于伐紂之時有此五物助周，❸武王能上應天意，合而用之。又鄭注《尚書》謂文王受命，武王伐紂，時日皆用殷曆。劉向《五紀論》載殷曆之法，唯有氣朔而已，其推星在天黿則無術焉。」案：孔疏雖與韋異義，亦得通一家也。**自鶉及駟，七列也，** **解**鶉，鶉火之分，張十三度。駟，天駟。房五度，歲、月之所在。從張至房七列，合七宿，謂張、翼、軫、角、亢、氐、房之位。**疏**「鶉鶉」至「之位」○孔穎達曰：「鶉，張星也。駟，房星也。天宿以右旋爲次，張、翼、軫、角、亢、氐、房凡七宿，是自鶉火至駟爲七，列宿有七也。」案：《漢書·律曆志》：「鶉火，初柳九度，在張十三度前二十七度，至張十八度而入鶉尾，過鶉尾、壽星二次，至氐至五度而入大火之次，大火以房五度爲中，則自張十三至房五度爲中，自張十三

❶ 「玄」，原作「女」，今據《毛詩正義》改。
❷ 上「農」字，原作「晨」，今據《毛詩正義》改。
❸ 「時」，原作「歲」，今據《毛詩正義》改。

至房五内包翼十八、軫十七、角十二、亢九、氐十五、共八十二度。」**南北之揆，七同也。** 解七同，合七律也。揆，度也。歲在鶉火，午星在天黿子。鶉火，周分野。天黿及辰水星，周所出。自午至子，其度七同也。**疏**「南北之揆七同」〇孔穎達曰：「鶉火在午，天黿在子，斗柄所建月餘一次，是子在午爲南北之揆，七同也。揆，度也。度量星之有七同也。」**凡神人以數合之，以聲昭之，** 解凡，凡合神人之樂也。以數合之，謂取其七也。以聲昭之，謂用律調音也。**數合聲龢，然後可同也。** 解同，謂神人相應也。**故以七同其數，而以律龢其聲，于是乎有七律。** 解七同其數，謂七列、七同、七律也。律龢其聲，律有陰陽、正變之聲也。**疏**「故以」至「七律」〇昭二十年《傳》杜注：「周武王伐紂，自子至午凡七日。王因此以數合之，以聲昭之，故以七同其律，以律和其音。」《尚書》今《武成》云：「戊午師逾孟津，癸亥陳于商郊，甲子受率其旅若林，前戈攻于後以北，一戎衣，天下大定。」自戊午至甲子凡七日。杜據《尚書》以武王爲七日之故，而作樂用七律。弘嗣不兼采《尚書》「七日」之義者，伐紂合天人之謀，故五位、三所之外，必推及于三王之德及優容柔民。《武成》所言「七日」專及天時，不及人事也。《漢書》引《書》曰：「予欲聞六律、五聲、八音、七始詠，以出納五言。」《尚書大傳》曰：「黄鍾爲天始，林鍾爲地始，太簇爲人始，姑洗爲春，蕤賓爲夏，南呂爲秋，應鍾爲冬，是謂四時。四時三始，是以爲七。」于十二律中約舉此七律者，蓋以黄鍾宫，太簇商，姑洗角，林鍾徵，南呂羽，應鍾變宫，蕤賓變徵，與七音合，是七始即七律七音也。弘嗣以武王躬遇征誅，發揚蹈厲，與唐虞揖讓、依詠和聲者不同，故不以七始解七律也。孔穎達曰：「此二變者，舊樂無之。」《樂律表微》曰：「古樂雖有七音，止用五聲。周之他樂亦然。故《周禮》文之以五聲，《内傳》云爲七音以奉五聲，不用二變也。唯武王所作羽、厲、宣、嬴四樂，則五聲之外兼用二變，二變近于北音，荆軻爲變徵之聲是也。《史記・律書》：『武王伐殷，吹律聽聲，殺氣相并，而音尚宫。』此四樂者，蓋取殺氣相并之義，有粗厲猛起、奮末廣賁之音焉。周用七律，唯此爲然。至周公作《大武》止用五聲，而此四樂亦不復用，故不見于他書。」胡彦昇之説似爲得之。

王以二月癸亥夜陳，未畢而雨，**解**二月，周二月。四日癸亥，至牧野之日。夜陳師，陳師未畢而雨。雨，天地神人叶同之應也。**疏**解「二月」至「之應」〇《漢書・律曆志》：「庚申，二月朔日也。四日癸亥，至牧野，夜陳，甲子昧爽而合矣。」《吕氏春秋》云：「武王伐紂，天雨，日夜不休。」據此《傳》則初陳時未雨也。吕氏蓋傳聞異辭矣。《大戴禮》「天地之氣和則雨」，故以爲叶同之應。

以夷則之上宫畢之，**解**夷，平也。則，法也。夷則所以平民無貳也。上宫，以夷則爲宫聲。夷則，上宫也，故以畢陳。《周禮》：「大師執同律以聽軍聲，而昭吉凶。」一曰陽氣在上，故曰上宫。**疏**「以夷」至「畢之」〇《周禮・大司樂》：「圜鍾爲宫，黄鍾爲角。」惠士奇曰：「注以圜鍾爲夾鍾，夾鍾生于房心之氣，天帝之明堂爲天宫。天宫，黄鍾爲角者。夷則之宫，黄鍾爲角。夷則之上宫，聲清爲上，以清角爲宫，故曰上宫。」〇解「周禮」至「吉凶」〇《史記・齊太公世家》正義引《六韜》云：「武王問太公曰：『律之音聲，可以知三軍之消息乎？』太公曰：『夫律管十二，其要有五：宫、商、角、徵、羽，此其正聲也，萬代不易。五行之神，道之常也，可以知敵。金、木、水、火、土，各以其勝攻之。其法以天清静，無陰雲、風雨，夜半遣輕騎往，至敵人之壘九百步，偏持律管横耳，大呼驚之，有聲應管，其來甚微。角管齊應，當以白虎；徵管聲應，當以玄武；商管聲應，當以句陳；五管盡不應，無有商聲，當以青龍。此五行之府，佐勝之徵，陰敗之機也。』」惠氏《禮説》又引或云：「枹鼓之音爲角，見火光爲徵，金鐵矛戟之聲爲商，呼嘯之音爲羽，寂寞無聞爲宫。」《六韜》雖後人所託，然其術實通于《周禮》執律、聽軍聲而詔吉凶之義也。**當辰。辰在戌上，故長夷則之上宫，名之曰羽，**解長，謂先用之也。辰，時也。辰，日月之會，斗柄也。當初陳之時，周二月，昏，斗建丑，而斗柄在戌。上下臨其時，名其樂爲羽，羽翼其衆也。疏「名之曰羽」○惠氏《禮説》：「羽生角，夷則之宫。仲吕爲羽，仲吕生黄鍾，故推本其生而名之。羽者，雨也。《易林》曰『羽動角，甘雨續，艸木茂，年穀熟』，蓋取諸此。」案：《釋名》：「雨，羽也，如鳥羽動則散也。」則「雨」、「羽」古互訓。武王知雨爲天人和同之應，故作樂以象之。弘嗣訓「羽」爲「羽翼其衆」，言武王能覆愛其衆。哀十六年《傳》「勝如卵，余翼而長之」，即羽翼之義。**所以藩屏民則也。**解屏，蔽也。羽之義，取能藩蔽民，使中法則也。**王以黄鍾之下宫，布戎於牧之野，**解布戎，陳兵也，謂夜陳之。晨旦，甲子昧爽，左杖黄鉞，右秉白旄時也。黄鍾所以宣養氣德，使皆自勉，尚桓桓也。黄鍾在下，故曰下宫。疏「王以」至「之野」○《史記·律書》：「武王伐紂，吹律聽聲，推孟春以至于季冬殺氣相并而音。」《尚書正義》引《兵書》云：❶「夫戰，太師吹律，宫則軍和，王卒同心。」此推布戎尚宫之義。惠氏《禮説》：「函鍾一名大林，其聲函胡，濁而下，所謂黄鍾之下宫也。」**故謂之厲，所以厲六師也。**解名此樂爲厲者，所以厲六軍之衆也。疏解「名此」至「之衆」○厲，《廣韻》：「烈也，猛也。」《禮·表記》：「不厲而威。」**以太簇之下宫，布令於商，昭顯文德，底紂之多辠，**解商，紂都也。文，文王也。底，致也。既殺紂，入商之都，發

❶ 上「書」字，原作「宫」，今據《尚書正義》改。

號施令，以昭明文王之德，致紂之多辠。太簇所以贊陽出滯，蓋謂釋箕子之囚，散鹿臺之財，發巨橋之粟也。太簇在下，故曰下宫。**疏**「以太簇之下宫」○惠氏《禮説》：「太簇之宫南吕爲徵，以下徵爲宫，故曰太簇之下宫也。」**故謂之宣，所以宣王之德也。****解**王，三王，太王、王季、文王也。**疏**「故謂」至「之德」○宣，散也，布也。《書・皋陶謨》：「日宣三德。」**反及嬴内，以無射之上宫，布憲施舍於百姓，****解**嬴内，地名。憲，法也。施，施惠。舍，舍辠也。無射所以宣布哲人之令德，示民軌儀。無射在上，故曰上宫。**疏**「反及嬴内」○宋公序《補音》：「嬴音嫣，内音汭，《古文尚書》作嬴，與嫣同。」《水經注》引《尚書》馬融注：「水所入曰汭。嫣汭，嫣水之曲。」《書疏》引皇甫謐云：「嫣水在河東虞鄉縣曆山西，西流至蒲阪縣南入河。」《大雅》「芮鞫之即」，❶毛傳「芮，水涯也」，鄭箋「芮之言内也」。《左傳》杜注：「水之隈曲曰汭。」弘嗣據傳箋之説定嬴内爲地名。酈道元云「有二水，南曰嫣，北曰汭，異源同歸渾流，西注入河」，其説非也。○「以無射之上宫」○《樂律表微》引《荆川稗編》謂：「上宫是清角，下宫是下徵。笛譜雖以正聲下徵、清、角爲三宫，而四樂音尚宫，則非徵、角之調明矣。姜夔《大樂議》云：『今大樂外有所謂上宫調、下宫調，蓋當時有十二宫調，以其宫之清聲起畢者爲上宫，以其宫之倍聲起畢者爲下宫也。』竊意古樂雖止用宫調，❷亦當用本宫之律爲起畢。如將奏黄鍾，則先擊黄鍾之特鍾。奏樂者受均於黄鍾，則即以黄鍾起，以黄鍾畢。奏他宫亦如是。黄鍾、太簇當

---

❶「鞫」，原漫漶不清，今據《毛詩正義》補。

❷「止」，《樂律表微》作「二」。

有正聲爲調，或以其清聲起畢而謂之上宮，❶則以其正聲起畢爲下宮矣。夷則、無射聲已高急，當用倍聲爲調，其以倍聲起畢者，謂之下宮，則或以其清聲起畢者，謂之上宮矣。」徐養原曰：「凡由宮而生徵者謂之下宮，由宮而上生徵者謂之上宮，皆正聲也。凡領調必用正聲，未有清聲、倍聲領調者。先儒謂宮生徵，必是下生，故于上宮、下宮多臆解。」案《管子・地員》篇：「先主一而三之，四開以合九九，以是生黃鍾小素之首，以成宮。三分而益之以一，爲百有八，爲徵。」是宮生徵不專下生也。州鳩敍此曰樂兼敍伐殷之事，樂以象事也，故言樂必言事。《樂記》言：「《武》始而北出，再成而滅商。」與此同義。**故謂之嬴亂，所以優柔容民也。」** **解**亂，治也。柔，安也。**疏**「故謂之嬴亂」〇「亂治也」者，《説文》：「𤔔，治也。❷幺子相亂，❸受治之也。」《論語》馬融注：「亂，理也。理官者十人也。」《樂記》疏：「亂，理也。言治理奏樂之時先擊相。」是理爲治義。武王戡亂爲治，故其樂爲嬴亂。

景王既殺下門子。 **解**下門子，周大夫，王子猛之傅也。景王無適子，既立王子猛，又欲立王子朝，故先殺子猛傅下門子也。**賓孟適郊，見雄雞自斷其尾，** **解**賓孟，周大夫，子朝之傅賓起也。**疏**「見雄」至「其尾」〇《漢書・五行志》：「劉向以爲近雞禍也。《京房易傳》曰：『有始無終，厥妖雄雞自齧斷其尾。』」皆

❶「清」上，原衍「聲」字，今據《樂律表微》刪。

❷「也」，原脱，今據《説文解字》補。

❸「子」，原作「字」，今據《説文解字》改。

推此事之義。○解「賓孟」至「賓起」○《荀子·解蔽篇》：「昔賓孟之蔽者，亂家是也。」楊注：「謂亂周之家事，使庶孽争位。」蓋賓孟，朝黨也。**問之，侍者曰：「憚其犧也。」**解侍者，賓之從臣也。憚，懼也。純美爲犧，祭祀所用。言雞自斷其尾者，懼爲宗廟所用也。**遽歸告王，**解遽，猶疾也。賓孟有寵于王，欲立王子朝，王將許之，故先殺下門子，賓孟知意，故感犧之美，念及子朝，疾歸語王，勸立之。**曰：「吾見雄雞自斷其尾，而人曰『憚其犧也』，吾以爲信畜矣。**解信，誠也。雞畏爲宗廟之用，故自斷其尾，此誠六畜之情，不與人同。**人犧實難，己犧何害？**解人犧，謂雞也。爲人作犧實難，言將見殺也。己謂子朝，己自爲犧，當何害乎？人君冕服，有似于犧，故以喻焉。疏「人犧」至「何害」○昭二十二年《傳》疏：「他人之有純德，寵之如犧，後實招禍難矣。己子之有純德，寵之如犧，有何害也？但人有親疎，若疎人被寵害爲犧，實爲禍難。若己家親屬寵愛如犧，有何患害？他人謂子猛，親屬謂子朝。」顧炎武《杜解補正》引邵寶《左觿》曰：「言人犧則用在人，故曰實難。喻單、劉之立王猛。己犧則用舍在己，故曰何害。喻王自立子朝。」案：猛、朝並王子，雖有愛憎之分，不得以他人斥猛。孔氏故違韋解，曲從杜訓，其説非也。邵氏以人指單、劉，亦與弘嗣立異。下文「人異于是」，雞與人對言，則人犧之指雞明矣。**抑其惡爲人用也乎？則可也。**解言雞惡爲人所用，故自斷其尾。可也，自可爾也。**人異於是。**解異於雞也。人之美，則宜君人，事宗廟也。疏「人異於是」○昭二十二年《傳》疏：「雞被寵飾，終當見殺，❶人被寵飾，則當貴盛，此其所

❶「終」，原作「則」，今據《春秋左傳正義》改。

以異于雞也。」**犧者，實用人也。」**解用人，猶治也。人自作犧，則能治人。**王弗應。**解弗應者，曉其意，畏大臣也。**田於鞏，**解鞏，北山，今河南縣也。疏解「鞏北」至「南縣」○《後漢書・郡國志》河南尹有鞏縣，鞏伯國。杜預曰：「縣西南有湯亭。」《帝王世紀》曰：「夏太康五弟，須于洛汭，在縣東北三十里。」《水經・洛水》：「又東北過鞏縣東。」注：「東逕鞏縣故城南，東周所居也，本周之畿内鞏伯國。」北山，昭二十二年《傳》杜注：「洛北芒也。」案：芒山一作邙山，一名平逢山，一名郟山，一名太平山，在今河南府城洛陽縣東北，連孟津、偃師、鞏三縣界。**使公卿皆從，將殺單子，未克而崩。**解單子，單穆公也。克，能也。王欲廢子猛，更立子朝，恐其不從，故欲殺之。遇心疾而崩，故未能也。在魯昭二十二年。疏解「王欲」至「子朝」○《漢書・五行志》：「昭十八年五月，宋、衛、陳、鄭災。劉向以爲宋、陳，王者之後；衛、鄭，周同姓也。時周景王老，劉子、單子事王子猛，尹氏、召伯、毛伯事王子鼂，楚之出也。及宋、衛、陳、鄭亦皆外附于楚，亡尊周室之心。後三年，景王崩，王室亂，故天災四國。天戒若曰：不救周，反從楚，廢世子，立不正，以害王室，明同辠也。」蓋王外憑楚、宋、鄭、衛、陳之力，内惑召、尹、毛伯，賓起之説，故廢猛立朝也。

敬王十年，劉文公與萇弘欲城成周，爲之告晉。解敬王，景王之子，悼王之弟敬王匄也。十年，魯昭三十二年。劉文公，王卿士，劉摯之子文公卷也。萇弘，周大夫萇叔也。欲城成周者，欲城成周之城也。成周在瀍水東，王城在瀍水西。初，王子朝作亂，於魯昭二十三年夏，王子朝入於王城，敬王如劉。秋，敬王居于翟泉。翟泉，成周之城，周墓所在也。魯昭二十六年四月，敬王師敗，出居於滑。十月，晉人救之，王入于成周。子朝奔楚，子朝既奔，其餘黨儋扁之徒多在王城，敬王畏之。於是晉徵諸侯戍周，用役煩勞，故萇弘欲城成周，使富辛、石張爲主，如晉請城成周也。**疏**解「成周」至「水西」〇《漢書・地理志》：「瀍水出穀城暨亭東南入雒。」❶《水經注》：「東與千金渠合。」又云：「瀍水出新安白石山澗，與穀異源同流，會于函谷南。澗水經王城西而南入洛，瀍水經王城東而南入洛，所謂澗東瀍西也。」《後漢・郡國志》云：「河南，周公所城。洛邑，春秋時謂之王城是也。」《水經注》：「洛水過王城南，伊水西來注之，所謂瀍東也。」此周公所作下都，處商民之地，時號下都爲成周。《後漢・郡國志》「洛陽，周時號成周」是也。**魏獻子爲政，**解獻子，晉正卿，魏絳之子舒也。**疏**解「獻子」至「子舒」〇《禮記疏》引《世本》：「萬生芒，芒生季，❷季生武仲州，州生莊子降，降生獻子荼。」州即犨，降即絳，荼即舒。**說萇弘而與之，**解說好萇弘，從其求也。**將合諸侯。**解合諸侯以城周。**衛彪傒適周，聞之，**解彪傒，衛大夫也。**見單穆公曰：「萇、劉其不没乎？**解没，終也。**《周詩》有之，曰：『天之所支，不可壞也。**解《周詩》，飫時所歌。支，柱也。**疏**解「支柱也」〇《爾雅・釋言》：「支，載也。」《淮南・齊俗訓》：「金之性沈，託之于舟上則浮，勢有所支也。」邵晉涵曰：「支與搘同，搘柱所以承載。」《釋言》又云：「搘，柱也。」邵晉涵曰：「《國語》韋注『支，柱也』。《說文》：『搘，柱砥。古用木，今用石。』《廣韻》引《爾雅》作『柱』，从木。俗本俱从手。」則此解亦應作「柱」。**其所壞，亦不可支也。』昔武王克殷而作此詩也，以爲飫歌，名之曰『支』，以遺後之人，使永監焉。**解

❶「城」，原作「成」，今據《漢書》改。

❷「芒生」二字，原脱，今據《禮記正義》補。

監，觀也。**夫禮之立成者爲飫，**解立成，立，行禮，不坐也。疏「夫禮」至「爲飫」○《詩・常棣》毛傳：「飫，私也。不脱屨升堂謂之飫。」鄭箋：「私者，圖非常之事。若議大疑於堂，則有飫禮焉。」正義引：「《爾雅》孫炎注：『飫，非公朝，私飫飲酒也。』《燕禮》云：『既脱屨，乃升堂。』《少儀》云：『堂上無跣，燕則有之。』是燕由坐而脱屨，明飫立則不脱矣。」故云「立行禮，不坐也」。**昭明大節而已，少曲與焉。**解節，體也。曲，章曲也。與，類也。言飫禮所以教民敬戒，昭明大體而已，故其詩樂少，章曲威儀少，比類也。**是以爲之日惕，其欲教民戒也。**解惕，懼也。是以日自恐懼，欲民知所戒慎。**然則夫『支』之所道者，必盡知天地之爲也。**解知天地之爲，謂所支壞也。**不然，不足以遺後之人。今萇、劉欲支天之所壞，不亦難乎？自幽王而天奪之明，迷亂棄德而即慆淫。**解即，就也。慆，慢也。**以亡其百姓，其壞之也久矣。而又將補之，殆不可矣。**解殆，近也。**水火之所犯，**解犯，害也。**猶不可救，而況天乎？諺曰：『從善如登，從惡如崩。』**解如登，喻難。如崩，喻易。**昔孔甲亂夏，四世而殞。**解孔甲，禹後十四世也。亂夏，亂禹之法。四世，孔甲至桀四世而亡。疏「昔孔」至「而殞」○《史記・夏本紀》：「帝廑崩，立不降之子孔甲，好方鬼神，事淫亂。夏后氏德衰，諸侯畔之。孔甲崩，子帝皋立，崩，子帝發立，崩，子帝履癸立，是爲桀。」**玄王勤商，十有四世而興。**解玄王，契也。殷祖契由玄鳥而生，湯亦水德，故云玄王。勤者，勤身修德，以興其國也。自契至湯十四世而有天下，言其難也。疏「玄王」至「而興」○《詩・長發》：「帝立子生商。」鄭箋：「帝，黑帝也。玄王桓撥。」毛傳：「玄王，契也。」鄭箋：「承黑帝而立子，故謂契爲玄王。」孔穎達曰：「契是其爲王之祖，故呼爲王，非追號爲王。」司馬貞引譙周曰：「契生堯代，舜始舉之，必非嚳子。以其父微，故不著名。其母娀氏女，與宗婦三人浴于川。玄鳥遺卵，簡狄吞之，則簡狄非嚳次妃。」《古今人表》：「簡逷，帝嚳妃，生卨。」案：《春秋緯》「嚳傳十世」，則堯非嚳子。契又年少于堯，則班氏説非也。《殷本紀》：「契長而佐禹治水有功。帝舜命卨曰：『百姓不親，五品不訓，汝爲司徒，而敬敷五教，五教在寬。』封于商，賜姓子氏。契卒，子昭明立。卒，子相土立。卒，子昌若立。卒，子曹圉立。卒，子冥立。卒，子振立。卒，子微立。卒，子報丁立。卒，子報乙立。卒，子報丙立。卒，子主壬立。卒，子主癸立。卒，子天乙立，是爲成湯。」「曹圉」，索隱引《世本》作「糧圉」。「振」，索隱引《世本》作「核」，《古今人表》作「垓」。班《書》世次與遷同，故曰十四世。**帝甲亂之，七世而殞。** **解** 帝甲，湯後二十五世也。亂湯之法，至紂七世而亡。**疏** 解「帝甲」至「而亡」〇《史記·殷本紀》：「湯崩，太子太丁未立而卒，於是立太丁之弟外丙。崩，立外丙之弟仲壬。崩，伊尹立太丁之子太甲，稱太宗。崩，子沃丁立。崩，弟太庚立。崩，子帝小甲立。崩，弟雍己立。崩，弟太戊立，稱中宗。崩，子中丁立。崩，弟外壬立。崩，弟河亶甲立。崩，子帝祖乙立。崩，子帝祖辛立。崩，弟沃甲立。崩，立沃甲兄祖辛之子祖丁。崩，立沃甲之子南庚。崩，立祖丁之子陽甲。崩，弟般庚立。崩，弟小辛立。崩，弟小乙立。崩，子帝武丁立。崩，子帝祖庚立。崩，弟祖甲立。崩，子廩辛立。崩，弟庚丁立。崩，子帝武乙立。武乙震死，子帝太丁立。崩，子帝乙立。崩，子辛立，天下謂之紂。」據《史記》自湯後二十四世爲帝甲。班氏《古今人表》亦同。既云「湯後」則不得并湯數爲一世，則二十五世當作二十四世。然《晉語》三十一王，則自湯始，并太子太丁在內，弘嗣與之合也。惠棟《左傳補注》云：「《汲郡古文》：『祖甲二十四年重作湯刑。』祖甲賢君，事見《尚書》。止以改作湯刑，故云亂之。叔向言『湯有亂政，而作湯刑』是也。《吕氏春秋・孝行覽》：『《商書》曰：刑三百，罪莫大于不孝。』高誘注：『商湯所制法。』《荀子・正名篇》：『刑名從商。』《康誥》曰：『殷罰有倫。』自祖甲以後，刑始頗矣。」故曰「亂湯之法」也。**后稷勤周，十有五世而興。** **解**自后稷至文王十五世也。**疏**解「自后稷」至「五世」○「自后稷至文王十五世」者，依《史記・本紀》文也。《路史》謂：「不窋實非后稷子，而公劉乃商世之諸侯，蓋當商家十葉之間。婁敬云：『周自后稷封邰，積德累世十有餘世，而公劉避桀。』是公劉之去后稷已十餘世，還當君桀之時。」《山海經》：「帝俊生稷，稷生台璽，台璽生叔均，叔均爲田祖。」帝俊，帝嚳之名。后稷封于邰，故其後有台璽、叔均。既有台璽、叔均，則知稷之後世多矣，不窋不得爲稷子明矣。即稽《世本》，不窋而下，至于季歷，猶有十七世，豈十五世所得而盡之。楊慎曰：「后稷始封至文王即位，凡一千九十餘年，以十五世而衍爲一千九十餘年，即使人皆百歲，亦必八十始生子，而後可叶其數。豈有此理邪？」案：周本西垂小國，未必立有史官，况竄狄避戎，即有譜牒，亦必殘缺，此傳所言十五世，就先君之能修稷業而有聲譽者言之，非謂相繼爲次，止有此十五代也。**幽王亂之，十有四世。** **解**自幽王至今敬王十四世也。**疏**「幽王」至「四世」○《史記・周本紀》：「幽王二年，西周三川皆震。三年，王嬖褒姒。十一年，申侯與繒、西夷、犬戎殺幽王驪山下，諸侯立故幽王太子宜咎，是爲平王。五十一年崩，太子洩父蚤死，立其子林，是爲桓王。桓王，平王孫也。崩，子莊王佗立。崩，子釐王胡齊立。崩，子惠王閬立。崩，子襄王鄭立。崩，子頃王壬臣立。崩，子匡王班立。崩，弟瑜立，是爲定王。崩，子簡王夷立。崩，子靈王泄心立。崩，子景王貴立。崩，國人立長子猛爲悼王。卒，晉人立丐，是爲敬王。」案：匡王、定王同世，悼王、敬王同世，計爲王者十三世。彪傒言十四世者，并數洩父爲一世也。守府之謂多，胡可興也？解胡，何也。夏、殷之亂，或四世，或七世而亡。今周十有四世，而無德以救之，雖未亡，得守府藏，天禄已多矣，又何可興也。夫周，高山、廣川、大藪也，故能生之良材，解言周之道德禮法所以長育賢材，猶天之有山川大藪，良材之所生也。而幽王蕩以爲魁陵、糞土、溝瀆，其有悛乎？」解蕩，壞也。小阜曰魁。悛，止也。言幽王敗亂周之法度，猶壞毁高山以爲魁陵、糞土，殘絶川藪以爲溝瀆，無有悛止之時。疏解「小阜曰魁」○《史記·扁鵲列傳》：「嬴姓將大敗周人於范魁之西。」正義引賈逵曰：「川阜曰魁。」《文選·海賦》：「消泂滐而爲魁。」李善引《國語》賈逵注：「川阜曰魁。」案：今韋解作「小阜曰魁」。《文選》李善注「魁，大峻貌」，則不得言小。李善又云：「消沖，峻波也。」《詩》毛傳「傑，特立也」。則應作「川阜」，蓋字相似而譌。單子曰：「其咎孰多？」解謂萇、劉也。曰：「萇叔必速及，夫將以道補者也。解萇叔，萇弘字也。速及，速及于咎也。以道補者，欲以天道補人事。夫天道道可而省不，解道，達也。省，去也。萇叔反是，以誑劉子，解誑，惑也。必有三殃：違天，一也；解支所壞。反道，二也；解以天道補人事。誑人，三也。解惑劉子也。周若無咎，萇叔必爲戮。雖晉魏子，解獻子也。亦將及焉。解咎及之也。若得天福，其當身乎？解當其身，禍尚微，後有繼，故爲天福也。若劉氏，則必子孫實有禍。解殃及子孫。夫子而棄常法，以從其私欲，解棄常法，不修周法也。從私欲，欲城成周也。用巧變以崇天災，解巧變者，見周滅于西都，平王東遷以獲久長，故今欲復遷也。崇，猶益也。**勤百姓以爲己名，其殃大矣！」**解勤，勞也。名，功也。**是歲也。魏獻子合諸侯之大夫於翟泉。**解是歲，敬王十一年，魯定之元年。疏「是歲」至「翟泉」〇僖二十九年《傳》杜注：「翟泉洛陽城内太倉西南池水。」《水經·穀水》注：「天淵池東流入洛陽縣之南池，池即故翟泉也。南北百一十步，東西七十步。皇甫謐曰：『悼王葬景王于翟泉，今洛陽太倉中大冢是也。』班固、服虔、皇甫謐咸言翟泉在洛陽東北周之墓地。今案：周威烈王葬洛陽地内東北隅，景王冢在洛陽太倉中，翟泉在兩冢之間，於洛陽爲東北。陸機《洛陽記》曰『步廣里在洛陽城内宫東』，是翟泉所在，不得于太倉西南也。京相璠與裴司空彦季修《晉輿地圖》，作《春秋地名》亦言今太倉西南池水名翟泉。又曰：舊説言翟泉本自在洛陽北，萇弘城成周，乃繞之。杜預因其一證，謂必是翟泉，而實非也。」**遂田於大陸，焚而死。**解田，以火田也。大陸，晉藪。疏「遂田」至「而死」〇《爾雅·釋天》「火田爲狩」。《王制》：「昆蟲未蟄，不以火田。」桓二年「二月，焚咸丘」，杜注：「火田也。」《周禮·羅氏》賈疏：「漢之俗在上放火，於下張羅承之，以取禽獸。」若馳騁射獵，如大陸之田，非所宜也。則魏子此田，非《周官》舊法矣。弘嗣指大陸爲晉藪，此據《爾雅》「晉有大陸」也。《爾雅》郭注：「今鉅鹿北廣阿澤。」案：定元年《傳》杜注：「《禹貢》大陸在鉅鹿北。嫌絶遠，疑此田在汲郡吴澤荒蕪之地。」杜意以鉅鹿與周相去千有餘里，魏子不應往彼田獵。《補後漢郡國志》「河内修武有茅田」，注即引「魏獻子田于大陸」，是劉昭以茅田爲吴澤也。《水經·清水》注：「清水又東南流，吴澤陂水注之，上承吴陂于修武故城西北。修武，故甯也。《魏土地記》曰：『修武城西二十里有吴澤水，陂南北二十餘里，東西三十里。』」酈注與杜注合，在今懷慶府修武縣北，一名太白陂，即三橋陂也。則此

《傳》「大陸」非《爾雅》晉藪之大陸也。「焚而死」者，《漢書・五行志》顏注：「因放火田獵而見燒殺也。」**及范、中行之難，萇弘與之，晉人以爲討。二十八年，殺萇弘。** **解**范、中行，晉大夫范吉射、中行寅也。作難，叛其君。初，劉氏、范氏世爲婚姻，萇弘事劉文公，故周人與范氏。敬王二十八年，魯哀三年，晉人以讓周，周爲之殺萇弘。**疏**「及范」至「殺長弘」○《吕氏春秋・必已》篇：「人主莫不欲其臣之忠，而忠未必信，萇弘死，藏其血三年而爲碧。」《韓非子・難言》篇「萇弘分胣」，《史記・封禪書》：「萇弘以方事周靈王，諸侯莫朝周。周力少，萇弘乃明鬼神事，設射狸首。狸首者，諸侯之不來者。依物怪欲以致諸侯。諸侯不從，而晉人執殺萇弘。」案：載籍各采異聞，而萇弘之死實出于晉人之脅周。故高誘以爲死非其罪。《内傳》之言，最可徵信，故韋解特詳言之。**及定王，劉氏亡。** **解**劉氏，文公之子孫也。定亦當爲貞。**疏**解「定亦當爲貞」○《史記・周本紀》：「敬王四十二年崩，子元王仁立。」徐廣曰：「《世本》貞王介也。」《本紀》又云：「元王八年崩，子定王介立。」索隱曰：「如《史記》則元王爲定王父，定王即貞王也；依《世本》則元王是貞王子。必有一乖誤。然此『定』當爲『貞』字誤耳。豈周家有兩定王，代數又非遠乎？皇甫謐見此，疑而不決，遂彌縫《史記》、《世本》之錯誤，因謂爲貞定王，未爲得也。」案：《史記・殷本紀》湯太子名太丁，太丁之子太甲，太甲之十一世孫爲帝武乙，武乙之子爲帝太丁，是則太子太丁之十二世孫即帝太丁矣。祖孫同名尚不爲嫌，何况謚之相複？《魯世家》「釐公卒，子興立，是爲文公」。閔宣、成、襄、昭、定、哀、悼、元、穆、共、康、景、平十三公。平公卒，子賈立，是爲文公。是文公興之十三世孫賈復謚文公。《晉世家》：「唐叔子燮，是爲晉侯。晉侯子甯族，是爲武侯。」而武侯之九世孫偁復謚武公。又武公之子服人是爲成侯，而成侯之第十一世孫黑臀又謚成公，又成侯子福是爲厲侯，而厲侯之第十二世孫州滿復謚厲公，是祖孫不嫌同謚，安知定王之後不再有定王乎？戰國時，滕定公又謚考公，滕文公又謚元公，安知貞王不又謚定王乎？司馬遷親從孔安國問故，其學非後儒所及。遷既云貞王即定王，未可竟斥爲誤也。

國語正義卷第四

歸安董增齡撰集

魯語上

長勺之役，曹劌問所以戰於莊公。解長勺，魯地也。曹劌，魯士也。莊公，魯桓公之子莊公同也。初，齊襄公立，其政無常，鮑叔牙曰：「君使民慢，亂將作矣。」奉公子小白奔莒。魯莊八年，齊無知殺襄公，管夷吾、召忽奉公子糾奔魯。九年夏，莊公伐齊，納子糾。小白自莒先入，與莊公戰於乾時，莊公敗績，故十年齊興師伐魯，戰於長勺。疏解「長勺魯地」○長勺，莊九年《傳》杜注：「魯地。」羅泌曰：「長勺，宋之汋陵城，今在甯陵東南二十五里，後隸魯。」案：宋在魯西南，齊在魯北，兩國接境，無由繞道於宋，羅説非也。定四年《傳》成王以殷民六族錫伯禽，有長勺氏，則長勺本商民所居，本屬魯也。**公曰：「不愛衣食於民，**解有惠賜也。**不愛牲玉於神。」**解牲，犧牲；玉，圭璧，所以祭祀也。《詩》曰：「靡愛斯牲，圭璧既卒。」**對曰：「夫惠本而後民歸之志，**解惠本，謂樹德施利也。歸之志，志歸於上。**民龢而後神降之福。**解降，下也。民，神之主，故民龢神乃降福。**若布德於民而平均其政事，君子務治而小人務力，動不**

違時，器不過用，解不過用禮。財用不匱，莫不共祀。解無不共祀，非獨己也。是以用民無不聽，求福無不豐。今將惠以小賜，祀以獨恭。解小賜，臨戰之賜。獨恭，一身之恭也。小賜不咸，獨恭不優。解咸，偏也。優，裕也。不咸，民弗歸也。不優，神弗福也。將何以戰？夫民求不匱於財，而神求優裕於享者也。解裕，饒也。享，食也。民龢年豐爲優裕。故不可以不本。」解本，先利民莫不共祀。公曰：「余聽獄，雖不能察，必以情斷之。」解獄，訟也。對曰：「是則可矣。解可者，未大備，可以一戰。《傳》曰：「齊師敗績。」夫苟中心圖民，知雖不及，必將至焉。」解苟，誠也。言誠以中心圖慮民事，其知雖有所不及，必將至於道也。

莊公如齊觀社。

解莊公二十三年，齊因祀社，蒐軍實以示客，公往觀之。疏解「莊公」至「觀之」○《春秋》莊二十三年疏引孔晁《國語注》：「聚民於社，觀戎器也。」《内傳》杜注：「齊因祭社蒐軍實，故公往觀之。」或謂《郊特牲》言「唯爲社田，國人畢作」，是未祭社之前，先田獵以習蒐狩，不聞祭時而檢閱軍實。況戎車國之利器，不以示人，恐無示客之理。《穀梁傳》：「常視曰視，非常曰觀。觀，無事之辭也，以是爲尸女也。」范甯注：「主爲女往，以觀社爲辭。」鄭康成《駁五經異義》引《公羊》説云：「蓋以觀齊女也。」《墨子》曰：「燕之祖，齊之社稷，宋之桑林，男女之所聚而觀也。」觀社之義，《公羊》爲長。王夫之《詩經稗疏》：「『猗嗟昌兮』，作於魯莊如齊觀社之時，指莊姜、哀姜而言。」因據《爾雅》「姊妹之夫曰甥」以釋「展我甥兮」。則以《猗嗟》爲哀姜姊妹所作，直以觀女爲觀哀姜矣。然韋以觀社爲觀軍實，杜、孔並同，不得謂其孤文無證也。

曹劌諫曰：「不可。夫禮，所以正民也。是故先王制諸侯，使五年四王、一相朝也。解賈侍中云：「王，謂王事天子也。歲聘以志業，間朝以講禮，五年之間，四聘於王。而一相朝者，將朝天子，先相朝也。」唐尚書云：「先王，謂堯也。五載一巡守，諸侯四朝。」昭謂：「以《堯典》相參，義亦似之，然此欲以禮正君，宜用周制。《周禮》：中國凡五服，遠者五歲而朝。《禮記》曰『諸侯之於天子也，比年一小聘，三年一大聘，五年一朝』，謂此也。晉文公霸時亦取於此禮。」**疏**「先王」至「相朝」○「再聘以志業，間朝以講禮」，此昭十三年《傳》文，疏謂：「每歲令大夫一聘天子，間一歲親自入朝。」其説與《尚書》晚出之《周官》篇「六年，五服一朝」合。然曹劌言相朝是彼朝此，此亦朝彼，若朝天子，則不得名爲「相朝」。賈侍中之説與此《傳》未合。韋解引《王制》：「比年一小聘，三年一大聘，五年一朝。」彼經鄭注明言「此大聘與朝，晉文霸時所制也」。疏引昭三年《傳》子太叔曰「昔文襄之霸也，其務不煩諸侯，令諸侯三歲而聘，五歲而朝」爲證。《王制》作於漢時，正述晉文霸時之制，故云「晉文霸時亦取此禮」也。《秋官・大行人》：「凡諸侯之邦交，歲相問也，❶殷相聘也，世相朝也。」注：「小聘曰問。殷，中也。久無事，又與殷朝者及而相聘也。父死子立曰世。凡君即位，大國朝焉，小國聘焉。」劌言當依此制，諸侯位敵，尚歲歲修聘，則於天子每年必聘可知。所謂「五年四王也、一相朝」者，謂大國子即位則我往朝，如昭十年《傳》「齊侯、衛侯、鄭伯如晉，朝嗣君」是也。我更一世，亦往朝大國。襄三年「如晉，始朝也」，杜注「公即位而朝」是也。劌謂諸侯唯即位則一相見，其餘則無有相如者，以止公之行也。至文十五年《傳》曰：「曹伯來朝，禮也。諸侯五年再相朝，以修王命。」此即晉文

❶「歲」，原重，今據《周禮・秋官・大行人》删。

所定之制，非周公之典。左氏生定、哀之後，故亦以此爲古制，不得援此以議《大行人》「世相朝」之文也。**終則講於會，以正班爵之義，**解終，畢也。講，習也。班，次也。謂朝畢則習禮於會，以正爵位、次序、尊卑之義。**帥長幼之序，訓上下之則，**解帥，循也。**制財用之節，**解謂牧伯差國大小，使受職貢也。**其間無由荒怠。**解其間，朝會之間。**夫齊棄太公之法而觀民於社，**解太公，齊始祖太公望也。**君爲是舉，**解舉，動也。**而往觀之，非故業也。**解業，事也。**何以訓民？土發而社，助時也。**解土發，春分也。《周語》曰：「土乃脈發。」社者，助時求福爲農始也。疏「土發而社」○《月令》：「孟春天地和同，草木萌動。」鄭注引《農書》曰：「土長冒橛，陳根可拔，耕者急發。」此土發之事。「仲春乃擇元日，命民社」，此不韋約周制而言也。**收攟而烝，納要也。**解攟，拾也。冬祭曰烝。因祭社以納五穀之要，休農夫也。《月令》曰：「孟冬祀於天宗，大祀公社及門閭。」疏解「攟拾」至「農夫」○「攟，拾也」者，《漢書·刑法志》「蕭何攟摭秦法」，顏注「收拾也」。《唐書·李傛傳》：❶「帝以浙西富饒，欲掊攟遺利。」攟爲卷藏之義。「冬祭曰烝」者，烝，衆也，冬物成，可薦者衆也。《月令》：「季秋，農事備收，舉五穀之要。」鄭注：「定其租稅之簿。」此納要之事也。○解「月令」至「門閭」○《月令》鄭注：「天宗謂日月星也。」疏引蔡邕曰：「日爲陽宗，月爲陰宗，

❶「傛」，原作「修」，今據《新唐書》改。

北辰爲星宗。」鄭注又云：「大割，大殺羣牲割之也。」疏：❶「公社以上公配祭，故云公社。先祭社，❷後祭門閭，故曰及。此等之祭，總謂之蜡。其祭則皮弁、素服、葛帶、榛杖。凡蜡皆在建亥之月，皇氏謂夏、殷蜡各在己之歲終，非也。」**今齊社而往觀旅，非先王之訓也。**解旅，衆也。**天子祀上帝，**解上帝，天也。**諸侯會之受命焉。**解助祭受政命也。疏「天子」至「受命」○天子于日南至，祀昊天上帝於圜丘，則謂之禘。祀感生帝于南郊，則謂之郊。感生帝者，殷祀黑帝汁光紀，周祀蒼帝靈威仰也。韋解「上帝，天也」，蓋言帝不足以包天，而言天足以包帝，舉昊天上帝以統五德之帝也。《禮·大傳》：「牧之野，武王之大事也。既事而退，柴於上帝，祈於社，釋奠於牧室。遂率天下諸侯，執豆籩，駿奔走，追王太王亶父、王季歷、文王昌。」《經》言「遂率諸侯」，謂柴望上帝之諸侯而至宗廟，廟卑郊尊，廟有諸侯，則郊之有諸侯益明矣。**諸侯祀先王先公，**解先王，謂若宋祖帝乙、鄭祖厲王之屬也。先公，先君也。**卿大夫佐之受事焉。**解事，職事也。疏「諸侯」至「受事」○諸侯有在賓恪之位而祀先王者，祝、陳、杞、宋是也。有在支庶而祀先王者，襄十九年，吴子壽夢卒，魯臨於周廟；昭十八年，宋、衛、鄭、陳火，鄭徙主祏於周廟，皆有廟以祀所出之王也。先公，則自始封之祖下逮禰廟。《祭義》：「祭之日，君牽牲，穆答君，卿大夫序從。既入廟門，麗於碑，卿大夫祖，而毛牛尚耳。」《禮器》「君親牽牲，大夫贊幣而從」，又言「卿大夫從君」，此佐之受事也。**臣不聞諸侯**

❶「疏」，原脱，今據《禮記正義》補。
❷「社」下，原衍「稷」字，今據《禮記正義》删。

之相會祀也，祀又不法。解不法，謂觀民也。君舉必書，解動則左史書之，言則右史書之。書而不法，後嗣何觀？」公不聽，遂如齊。

莊公丹桓宮之楹，而刻其桷。解桓宮，桓公廟也。楹，柱也。唐云：「桷，榱頭也。」昭謂：桷，一名榱，今北土云亦然。《爾雅》曰：「桷謂之榱。」莊公娶於齊，曰哀姜。哀姜將至，當見於廟，故丹柱刻榱以夸之。疏「莊公」至「其桷」○《穀梁傳》：「禮，天子黝堊，大夫倉，士黈。丹楹，非禮也。禮，天子之桷，斲之礱之，加密石焉。諸侯之桷，斲之礱之。大夫斲之，士斲本。刻桷，非正也。❶斥言桓宮，以惡莊也。」《内傳》杜注：「刻，鏤也。桷，椽也。將迎夫人，故爲盛飾。」匠師慶言於公解匠師慶，掌匠大夫御孫之名也。曰：「臣聞聖王公之先封者，解謂若湯、武、周公、太公。遺後之人法，使無陷於惡。其爲後世昭前之令聞也。解爲，猶使也。使長監於世，解監，觀也。觀世成敗以爲戒也。故能攝固不解以久。解攝，持也。今先君儉而君侈之，解先君，桓公。令德替矣。」解替，滅也。公曰：「吾屬欲美之。」解屬，適也。適欲自美之，非先君意也。對曰：「無益於君，而替前之令德，臣故曰庶可以已乎。」解已，止也。公弗聽。

哀姜至，公使大夫、宗婦覿用幣。解宗婦，同宗大夫之婦也。覿，見也，見夫人也。用幣，言與大

❶「正」，原作「禮」，今據《春秋穀梁傳注疏》改。

夫同贄。**疏**「哀姜」至「用幣」○《内傳》孔疏：「襄二年葬齊姜，《傳》稱『齊侯使諸姜宗婦來送葬』，諸姜是同姓之女，知宗婦是同姓大夫之婦也。《士相見禮》稱大夫始見於君，執贄。夫人尊與君同，臣始爲臣，有見君之禮，明小君初至亦當有禮以見也。且《傳》唯譏婦贄不宜用幣，不言覿之爲非，知其禮當然也。大夫當用羔雁，用幣亦爲非禮也。莊公欲奢夸夫人，故使男女同贄。惡其男女無別，且譏僭爲失禮，故書之。」**宗人夏父展曰：「非故也。」****解**宗人，宗伯也。夏父，氏也。展，名也。宗伯主男女贄幣之禮。故，故事也。**疏**解「宗人宗伯」○《春官·宗伯》鄭注：「宗伯，主禮之官。」引《傳》「夏父弗忌爲宗人」及「宗人釁夏獻其禮」、《特牲饋食禮》「宗人升自西階」爲證，是宗人即宗伯也。**公曰：「君作故。」****解**言君所作則爲故事。**對曰：「君作而順則故之，****解**順，順於禮，則書以爲故事。**逆則亦書其逆也。臣從有司，懼逆之書於後也，故不敢不告。****解**從有司，言備位隨從有司後行也。**夫婦贄不過棗、栗，以告虔也。****解**棗，取蚤起。栗，取敬栗。虔，敬也。《曲禮》曰：「婦人之贄，脯、脩、棗、栗。」**疏**「婦贄」至「告虔」○《穀梁傳》范解：「棗取其早自矜莊，栗取其敬栗。」《曲禮》孔疏：「棗，早也。栗，肅也。取其早起肅敬也。」是范、孔並同韋義。案：《昏禮》婦見舅以棗、栗，見姑以腶脩，小君之尊同於君，故以見舅之贄見之也。**男則玉、帛、禽、鳥，以章物也。****解**謂公執桓圭，侯執信圭，伯執躬圭，子執穀璧，男執蒲璧，孤執皮帛，卿執羔，大夫執雁，士執雉，庶人執鶩，工商執雞也。章，明也，明尊卑異物也。**疏**「男則」至「章物」○《内傳》杜注：「公、侯、伯、子、男執玉。諸侯世子、附庸、孤卿執帛。」孔疏：「《典命》云：公之孤四命，以皮帛眂小國之君。」又云：「凡諸侯之適子，誓於天子，攝其君，則下其君一等。❶未誓，則以皮帛繼子、男。哀七年《傳》：『禹合諸侯於塗山，執玉帛者萬國。』附庸是國，明執帛者附庸也。《周禮》鄭注：『皮帛者，束帛而表以皮，爲之飾。帛，如今璧色繒也。』《曲禮》曰『飾羔雁者以繢』，言天子之臣飾羔雁以布，又畫之；諸侯之臣飾以布，不畫之。自雉以下無飾也。」**今婦人執幣，是男女無別也。男女之別，國之大節也，不可無也。」公弗聽。**

魯饑，臧文仲言於莊公。 **解**魯饑，在莊公二十八年。文仲，魯卿，臧哀伯之孫，伯氏瓶之子臧孫辰也。**曰：「夫爲四鄰之援，** **解**援，所以攀援以爲助也。**結諸侯之信，重之以婚姻，申之以盟誓，** **解**申，重也。**固國之艱急是爲。** **解**艱，難也。是爲，爲難急也。**鑄名器，** **解**名器，鐘鼎也。**藏寶財，** **解**寶財，玉帛也。**固民之殄病是待。** **解**殄，絶也。病，饑也。**今國病矣，君盍以名器請糴於齊？」** **解**盍，何不也。市穀曰糴。**公曰：「誰使？」對曰：「國有饑饉，** **疏**「國有饑饉」○《爾雅·釋天》：「穀不熟爲饑，蔬不熟爲饉。」《墨子·七患》篇：「一穀不收謂之饉，二穀不收謂之旱，三穀不收謂之凶，四穀不收謂之饋，五穀不收謂之饑。」《傳》言饑饉以包諸，其實饉亦曰饑也。**卿出告糴，古之制也。** **解**告，請也。**疏**「卿出」至「之制」○沈彤曰：「《大司徒》：『大荒大札，則令邦國移民通財。』《小行人》『若國凶荒，令賙委之』，不聞有告糴之禮。《周書·糴匡》篇『大荒，卿參告糴』，蓋記衰周之制。」臧孫稱爲古制，其始於西周之衰乎？

---

❶「君」下，《春秋左傳正義》有「之禮」二字。

辰也備卿，辰請如齊。」公使往。從者曰：「君不命吾子，吾子請之，其爲選事乎？」解選事，自選擇其職事也。**文仲曰：「賢者急病而讓夷，**解夷，平也。**居官者當事不避難，在位者恤民之患，是以國家無違。**解無相違狠者。**今我不如齊，非急病也。在上不恤下，居官而惰，非事君也。」文仲以鬯圭與玉磬如齊告糴，**解鬯圭，裸鬯之圭，長尺二寸，有瓚，以祀廟。玉磬，鳴璆也。疏解「鬯圭」至「鳴璆」○《周官·典瑞》：「裸圭有瓚，以肆先王，以裸賓客。」鄭注引《漢禮》：「瓚槃大五升，口徑八寸，下有槃，口徑一尺。」則瓚如勺，爲槃以承之也。天子之瓚，其柄之圭長尺有二寸，其賜諸侯蓋九寸以下。《詩·旱麓》鄭箋：「圭瓚之狀，以圭爲柄，黄金爲勺，青金爲外，朱中央矣。」《書·益稷》疏引鄭注云：「磬，懸也，而以合堂上之樂。❶玉磬和，尊之也。」是二者皆名器也。**曰：「天災流行，戾於敝邑，饑饉荐降，民羸幾卒，**解戾，至也。荐，重也。降，下也。羸，病也。幾，近也。卒，盡也。疏「饑饉荐降」○《爾雅·釋天》：「仍饑爲荐。」僖十三年《傳》「晉荐饑」，疏引李巡《爾雅注》：「連歲不熟曰荐。」**大懼殄周公、太公之命祀，**解賈、唐二君云：「周公爲太宰，太公爲太師，皆掌命諸侯之國所當祀也。」或云：「命祀，謂命祀二公也。」昭謂：《傳》曰：「衛成公祀夏后相，甯武子曰：『不可以間成王、周公之命祀。』」如此，賈、唐得之矣。疏解「賈唐二君」至「得之」○太宰之職，「以八則治都鄙。一曰祭祀，以馭其神」。定四年《傳》周公相王室，以

❶「合」，原作「今」，今據《尚書正義》改。

尹天下，分魯公以祝、宗、卜、史，祀之官也；官司、彝器，祀之器也。蓋傳王命以命之也。至太師一官，僅一見於《尚書》，而不言其制祀典。然僖四年《傳》，管仲對楚使曰「賜我先君履，東至於海」，則魯境亦在賜履之內，名山大川皆其所主，非太公之命祀而何？僖二十九年《傳》甯武子曰：「不可以間成王、周公之命祀。」彼文冠周公以成王者，成王爲周之共主，稱之以距相也。此獨配周公以太公者，太公爲齊之始祖，舉之以尊齊也。立言之義，各有當也。**職貢業之不共而獲戾。**解戾，罪也。**不腆先君之敝器，**解腆，厚也。**敢告滯積，以紓執事，**解滯，久也。紓，緩也。執事，齊有司也。穀久積則當朽敗，執事所憂也，請之所以緩執事。**以救敝邑，使能共職，豈唯寡君與二三臣實受君賜，其周公、太公及百辟神祇實永饗而嘉賴之！」**❶解辟，君也。賴，蒙也。天曰神，地曰祇。百辟，謂百君卿士有益於民者。疏解「辟君」至「於民」〇《說文》：「神，天神，引出萬物者也。祇，地祇，提出萬物者也。」《月令》鄭注：「百辟卿士，若句龍、后稷之類。」疏：「百辟則古之上公。鯀爲崇伯，而《禮記·祭法》有祀之文；社稷五祀，雖爲王朝卿士，兼帶上公之官，故《左氏》云『封爲上公，祀爲貴神』。是身爲百辟，又爲卿士也。」**齊人歸其玉而予之糴。**

齊孝公來伐，解孝公，齊桓公之子孝公昭也。魯僖公叛齊，與衛、莒盟於洮，又盟於向，故孝公伐魯，討此二盟。**臧文仲欲以辭告，**解欲以文辭告謝齊也。**病焉，**解病不能爲辭也。**問於展禽。**解展禽，

❶「祇」，原作「祗」，今據《說文解字》改。下同。

魯大夫，展無駭之後柳下惠也，字季禽。對曰：「獲聞之，處大教小，處小事大，所以禦亂也，不聞以辭。解獲，展禽之名也。禦，止也。若爲小而崇，以怒大國，解崇，高也。謂自高大，不事大國。使加已亂，亂在前矣，解亂，惡也。辭其何益？」文仲曰：「國急矣！百物唯其可者，將無不趨也。解百物之中，可用行賂，將無不趨，言無所愛也。願以子之辭行賂焉，其可乎？」展禽使乙喜以膏沐犒師，解乙喜，魯大夫展喜也。犒，勞也。以膏沐爲禮，欲以義服齊，明不以賂免。疏「以膏沐犒師」○《禮·内則》鄭注：「脂，肥凝者，釋者曰膏。」《文選》曹植《求通親親表》吕向注：❶「膏，脂也。沐，甘漿之屬。」《衛風》：「自伯之東，首如飛蓬。豈無膏沐，誰適爲容。」則膏沐以潤髮也。「犒，勞也」者，僖二十三年《傳》疏引服虔《内傳》注：「以師枯槁，故饋之飲食。」高誘《淮南注》：「酒肉曰餉，牛羊曰犒。」洪氏《隸釋》載漢碑有「勞𨡎」之語。《公羊傳》注「牛酒曰犒」，故其字一从牛一从酒也。❷《周官·小行人》：「若國有師役，則令槁襘之。」則「槁」爲「犒」本字。「以膏沐爲禮」，言以膏沐爲槁師之物也。曰：「寡君不佞，解佞，才也。不能事疆埸之司，解司，主也，主疆埸吏也。不能事，故搆我也。使君盛怒，以暴露於敝邑之野，敢犒輿師。」解輿，衆也。齊侯見使者曰：「魯國恐乎？」解使者，乙喜也。對曰：「小人恐矣，君子則不。」公曰：「室如縣磬，野無青草，何恃而不恐？」解縣磬，言魯府藏空虛，但有榱梁如縣磬

---

❶「向」，《六臣注文選》作「延濟」。

❷「酒」，當作「酉」。

也。野無青草，旱甚也。故言何恃。**疏**「室如縣磬」○僖二十三年《傳》疏引孔晁《國語注》「縣磬但有桷無覆」。又引服虔《左傳注》「言室屋皆發撤，榱椽在，如縣磬」，則晁注與韋注同，皆宗服氏義也。杜預《左傳》注：「如，而也。時夏四月，今之二月，野物未成，故言居室而資糧縣盡。」則以「磬」爲「盡」。陸氏《釋文》因訓曰：「磬，盡也。」劉炫曰：「如磬在縣下，無粟帛。」孔疏袒杜而斥劉，謂：「野無青草可食，明此在室無資糧可噉，故改『如』爲『而』，言居室而資糧縣盡也。」明與內、外《傳》文相背。孔氏作《禮記疏》「則磬於甸人」引《左傳》亦作「縣磬」，則孔氏亦明知杜氏改「如」爲「而」、訓「磬」爲「盡」之非，特《左傳疏》中拘於疏不破注之積習，而爲杜左袒耳。**對曰：「恃二先君之所職業。昔者成王命我先君周文公及齊先君太公曰：『女股肱周室，以夾輔先王。****解**先王，武王也。**賜女土地，質之以犧牲，世世子孫，無相害也。』****解**質，信也，謂使之盟以信其約。**今君來討敝邑之罪，其亦使聽從而釋之，****解**釋，置也。**必不泯其社稷，****解**泯，滅也。**豈其貪壤地而棄先王之命？其何以鎮撫諸侯？恃此以不恐。」齊侯乃許爲平而還。****解**平，和也。

温之會，**解**温之會，晉文公討不服，在魯僖二十八年。**晉人執衛成公，歸之於周，****解**成公恃楚而不事晉，又殺弟叔武，其臣元咺訴之晉，故文公執之。事見《周語中》。**使醫鴆之，不死，****解**鴆，鳥名也，一名運日，其羽有毒，漬之酒而飲之，立死。《傳》曰：「晉侯使醫衍鴆衛侯，甯俞貨醫，使薄其鴆不死。」在魯僖三十年。**疏**解「鴆鳥」至「立死」○莊三十二年《傳》疏：❶「《説文》云：『酖，毒鳥也。一曰運日。』《廣雅》云：

❶「莊」，原作「僖」，今據《春秋左傳正義》改。

『雄曰運日，雌曰陰諧。』《廣志》云：『鴆鳥形似鷹，大如鶚，毛黑，喙長七八寸，黄赤如金，食蛇及橡實，居高山巔。』《晉書諸公讚》云：❶『鴆鳥食蝮，以羽翮櫟酒水中，飲之則殺人。舊制，鴆不得渡江，有重法。石崇爲南中郎，得鴆，❷以與王愷，養之大如鵞，喙長尺許，純食蛇虺。司隸傅祗於愷家得此鳥，奏之，宣示百官，燒於都街。』是説鴆鳥之狀也。以其因酒毒人，故字或爲『酖』。」案：閔元年《傳》「晏安酖毒」是也。**醫亦不誅。** **解**不誅醫者，諱以私行毒也。**臧文仲言於僖公曰：** **解**僖公，莊公之子僖公申也。**「曰夫衛君殆無罪矣。刑五而已，無有隱者，隱乃諱也。** **解**隱，謂鴆也。**大刑用甲兵，** **解**賈侍中云：「謂諸侯不式王命，則以六師移之。」昭謂：甲兵，謂臣有大逆，則被甲聚兵而誅之，若今陳軍也。**疏**「大刑用甲兵」○《漢書·刑法志》張晏注「以六師誅暴亂」，是與賈同義。**其次用斧鉞，** **解**斧鉞，軍戮也。《書》曰：「後至者斬。」**疏**解「斧鉞」至「者斬」○「後至者斬」，古文《泰誓》文。《史記·魯鄒列傳》：「東藩之臣，因齊後至，則斮之。」《集解》引成二年《公羊傳》注「斮，斬也」，是後至者斬，古常法也。**中刑用刀鋸，** **解**割劓用刀，斷截用鋸。亦有大辟，故《周語》曰：「兵在其頸。」**疏**「中刑用刀鋸」○《漢書·刑法志》韋昭注：「刀，割刑。鋸，刖刑也。」《太平御覽·刑法部》引《尚書考靈曜》：「割者，丈夫割其勢也。」《酉陽雜俎》引《尚書考靈曜》「劓象七政，日月五星應政變易也」。**其次用鑽笮，** **解**鑽，臏刑。笮，黥刑也。**疏**「其次用鑽笮」○《書·呂刑》「刵

❶ 案：《晉諸公讚》爲傅暢之作，「書」當删。

❷ 「得」上，原有「將」字，今據《春秋左傳正義》删。

辟疑赦」，伏生《書傳》作「髕辟」。《漢書·刑法志》引《書》亦作「髕」。《周禮·司刑》疏：「髕本苗民虐刑，咎繇改作剕，周改剕作刖。《書傳》云：髕者，舉本名也。」據此，則三代無髕刑。韋云「鑽，髕刑」者，當亦舉本名。然上解既以鋸爲刖刑，則此髕字非舉本名，直以鑽爲髕刑也，與賈公彦異義矣。董蠡舟曰：「《文王世子》疏引《魯語》云『小刑用鑽鑿』，即墨刑也。刻其面是用鑽鑿也。孔穎達以鑽與笮皆墨刑所用，墨刑爲五刑之輕者，故曰『小刑』。若髕刑則重於剕、刖，不得爲小。孔疏之義似勝於韋也。」**薄刑用鞭、朴，以威民也。** **解**鞭，官刑。朴，教刑也。**故大者陳之原野，** **解**謂甲、兵、斧、鉞也。**疏**「大者陳之原野」○《漢書·刑法志》顔注：「謂征討所殺也。」**小者致之市朝，** **解**刀鋸以下也。其死刑，大夫以上尸諸朝，士以下尸諸市。**五刑三次，是無隱也。** **解**五刑，甲兵、斧鉞、刀鋸、鑽笮、鞭朴也。次，處也。三處，野、朝、市。**今晉人鴆衛侯不死，亦不討其使者，** **解**使者，醫衍。**諱而惡殺之也。** **解**諱殺衛侯也。**有諸侯之請，必免之。臣聞之：班相恤也，故能有親。** **解**班，次也。恤，憂也。言位次同者當相憂恤也。**夫諸侯之患，諸侯恤之，所以訓民也。** **解**訓，教也，教相救恤也。**君盍請衛君，以示親於諸侯，且以動晉？** **解**動發晉侯之志。**夫晉新得諸侯，** **解**新爲伯也。**使亦曰：『魯不棄其親，其亦不可以惡。』」** **解**不可以惡，亦不可以惡魯也。**公説，行玉二十瑴，乃免衛侯。** **解**雙玉曰瑴。《傳》曰：「納玉於王及晉侯皆十瑴，王許之。」**疏**解「雙玉曰瑴」○《淮南·道應訓》：「玄玉百工。」高注：「二玉爲一工。」《説文》：「兩玉相合爲一珏，珏或爲瑴。」**自是晉聘於魯，加於諸侯一等，** **解**貴其義也。**爵同則厚其好貨。** **解**爵與魯同者，特厚其好貨。**衛侯聞其臧文仲之爲也，使納賂焉。辭曰：「外臣之言不越境，不敢及君。」**解言臣不外交也。

晉文公解曹地以分諸侯。解解，削也。晉文公誅無禮，曹人不服，伐而執其君，削其地，以分諸侯。事在魯僖公三十一年「取濟西之田」。疏「晉文」至「諸侯」○孔穎達曰：「曹都雖在濟陰，其地則踰濟北。」王應麟曰：「曹在汶南濟東，據魯而言是濟西，魯在其東南。」《水經·濟水》：「至乘氏縣西，分爲二。」注引《内傳》「『分曹地，東傅於濟』，濟水自是北東流出鉅澤」是也。**僖公使臧文仲往，宿於重館。**解重，魯地。館，候館也。《周禮》五十里有市，市有候館。疏解「重魯地」○《後漢·郡國志》：「山陽郡方與縣。」注引《内傳》杜預注：「縣西北有重陽城。」**重館人告曰：「晉始伯而欲固諸侯，**解人，守館之隸也。固，猶安也。疏解「人守館之隸」○惠士奇曰：「古之賓客不舍於庶民之家。人爲官名，❶貴非大夫，賤不至隸。且館者，候館也。周制畺有寓望，謂寄寓之樓，可以觀望。亦曰候館。館有積，遺人掌之，其官中士、下士。而賓客、羈旅，則委人以甸稍之畜聚供之。凡軍旅之賓客館焉。臧文仲，卿也，卿行旅從，非所謂軍旅之賓客與？委人之官與遺人等。然則重館人者，委人也。」理或然也。**故解有罪之地以分諸侯。**解有罪，謂不禮文公，觀骿脅也。**諸侯莫不望分而欲親晉，皆將争先，晉不以故班，**解班，次也。**亦必親先者，吾子不可以不速行。魯之班長而又先，**解長，猶尊也。先，先至也。**諸侯其誰望之？**解誰敢

---

❶「人」，《禮説》作「不知人與氏皆」。

望與魯爲比也。**若少安，恐無及也。」從之，獲地於諸侯爲多。反，既復命，爲之請曰：「地之多也，重館人之力也。臣聞之：『善有章，雖賤賞也。惡有釁，雖貴罰也。』**解釁，兆也。**今一言而辟境，其章大矣，**解辟，開也。**請賞之。」乃出而爵之。**解出，出之於隸。爵，爵爲大夫。

海鳥曰爰居，止於魯東門之外二日。解爰居，雜縣也。東門，城東門也。疏「海鳥」至「二日」○《爾雅·釋鳥》：「爰居，雜縣。」《釋文》引李巡注：「爰居，海鳥也。」樊光注：「似鳳凰。」《急就篇》謂之「乘風」。又引司馬彪曰：「爰居舉頭高八尺。」郭璞注：「漢元帝時，琅邪有大鳥如馬駒，時人謂之爰居。」《水經·泗水》注：「沂水出魯城東南尼丘山西北，平地發泉，流逕魯縣故城南，水北東門外，即爰居所止處也。」**臧文仲使國人祭之。**解文仲不知，以爲神也。疏「臧文」至「祭之」○《莊子·至樂》篇：「海鳥止於魯郊，魯侯御而觴之於廟，奏《九韶》以爲樂，具太牢以爲膳，鳥乃眩視憂悲，三日而死。」是因魯祭爰居而相傳爲此説也。《文選·鷦鷯賦》李周翰注：「爰居避風於魯東門，臧文仲祭以鐘鼓。」其語差爲近實。**展禽曰：「越哉，臧孫之爲政也！**解越，迂也，言其迂闊不知政要。**夫祀，國之大節也，**解節，制也。**而節，政之所成也。**解言節所以成政。**故慎制祀以爲國典。**解典，法也。**今無故而加典，非政之宜也。**解加，益也，謂以祭鳥益國法也。**夫聖王之制祀也，法施於民則祀之，**解謂五帝、殷契、周文也。**以死勤事則祀之，**解殷冥水死，周棄山死是也。**以勞定國則祀之，**解虞幕、夏杼、殷上甲微、周高圉、太王也。**能禦大災則祀之，**解夏禹是也。**能扞大患則祀之。**解殷湯、周武是也。**非是族也，不在祀典。**解族，類也。**昔烈山氏之有天下也，**解烈山氏，炎帝之號也，起於烈山。《祭法》以烈山爲厲山。**疏**解「烈山」至「厲山」○《史記·五帝本紀》正義引：「《帝王世紀》：『神農氏，姜姓，人身牛首，長於姜水，有聖德，以火德王，故號炎帝。初都陳，又徙魯。又曰魁隗氏，又曰連山氏，又曰列山氏。』《括地志》云：『厲山在隨州隨縣北百里，山東有石穴，相傳是神農所生處。所謂烈山氏也，春秋時爲厲國。』」《路史·禪通紀》：「炎帝神農氏，姓伊耆，名軌，一名石年。母安登，生神農於列山之石室，肇迹列山，故又以列山、厲山爲氏。」注：「即烈山、厲山也。」《水經·漻水》注：「漻水逕厲鄉南，水南有重山，即烈山也。」案：厲山在今湖北德安府隨州北四十里。「厲」、「烈」與「列」本通字，《詩·小雅》「垂帶如厲」，厲，裂也。《禮·内則》鄭注：「鞶裂。」疏謂：「即桓二年《左傳》『鞶厲』。」《開山圖》云：「烈山氏，産山谷，分布元氣。」蓋即厲山氏。《禮》七祀太厲，《儀禮疏》謂帝王之無後者。至漢七祀無厲而有山神，説者遂以爲厲山氏。妄矣。杜預又謂：「烈山氏神農世諸侯。」孔疏引《世紀》謂：「神農爲君，總有八世，烈山氏於神農之世爲諸侯，後爲神農。」夫既終於天子之位，即不得謂爲諸侯。杜預注及孔疏皆非也。**其子曰柱，能殖百穀百蔬。**解柱爲后稷，自夏以上祀之。草實曰蔬。**疏**「其子」至「百蔬」○《禮·祭法》疏：「厲山氏後世子孫名柱。」案：疏引《春秋緯命曆敘》：「炎帝號曰大庭氏，傳八世，合五百二十歲。」柱之世次，當在八世之内。此《傳》云「柱」，《祭法》云「農」者，劉炫曰：「蓋柱地名，其官曰農，猶呼周棄爲稷。」《路史·炎帝紀》：「柱，神農之子也。七歲有聖德，佐神農氏，同歷名山，闢田墾土，時雨至則挾搶，又以從事於疇，殖百蔬，區百穀，別其疏，遬深耕，聖作以興歲，亦曰烈山氏。」楊泉《物理論》：「稻、粱、粟各二十種爲六十。疏果之實助穀各二十，凡爲百穀。」《周官》太宰之職，「八曰臣妾，聚斂疏材」。鄭注：「疏材，百草根實可食者。」可食之菜，或藝於圃，或采於野，厥類孔多，通謂之百蔬也。**夏之興也，周棄繼之，故祀以爲稷。****解**夏之興，謂禹也。棄能繼稷之功，自商以來祀之。**疏**解「夏之」至「祀之」○昭二十九年《傳》：「稷，田正也。」疏引《月令》「則首種不入」。鄭注：「首種，爲稷也。」《周語》虢文公曰「民之大事在農」，是故稷爲大官。然則百穀稷爲其長，遂以稷名爲農官之長。案史墨言：「封爲上公，祀爲貴神。」故生爲稷官，死爲稷神。《漢書·郊祀志》言「能殖百穀，死爲穀祠」是也。應劭曰：「湯遭大旱七年，明德以薦而旱不止，故遷社，以棄代爲稷。欲遷句龍而德莫能繼，故止。」孔穎達曰：「湯於帝世，年代猶近，功之多少，傳習可知。棄功乃過於柱，廢柱以棄爲稷神也。」**共工氏之伯九有也，****解**共工氏，伯者，在戲、農之間。有，域也。**疏**解「共工」至「有域」○「共工伯者戲農之間」者，《祭法》鄭注：「共工氏無録而王謂之伯。」疏引昭十七年《傳》郯子稱：「炎帝氏以火紀，共工氏以水紀，太皞氏以龍紀。」從下逆陳，是在炎帝之前，太皞之後也。《尹文子·盤古》篇「共工觸不周山，折天柱，絶地維」是也。鄭康成曰：「天子衰，諸侯興，故曰霸。霸，把也。言把持王者之政教也。」「有，域也」者，《商頌》「奄有九有」，《文選注》引《韓詩》作「奄有九域」。薛君《章句》：「九域，九州也。」又「正域彼四方」，毛傳：「域，有也。」互相轉訓。惠棟謂：「域，从或。《説文》『或，邦也。从口，从戈，以守一。一，地也』。」《春秋命曆序》「人皇氏依山川土地之勢，財度爲九州，謂之九囿」，説者謂囿即有。弘嗣不引《春秋緯》文爲解者，因囿取草木之義，不足以包萬物也。**其子曰后土，能平九土，****解**其子，共工之裔子句龍也，佐黄帝爲土官。九土，九州之土也。后，君也，使君土官，故曰后土。**疏**解「其子」至「后土」〇昭二十九年《傳》孔疏：「共工有子，謂後世子耳。亦不知句龍之爲后土在於何代。少昊氏既以鳥名官，則當在顓頊以來耳。」后，君也。爲君而掌上，能治九州五土之神，故祀以爲配社之神。《淮南·時則訓》「中央土，其帝黄帝，其佐后土，執繩而制四方」是也。**故祀以爲社。** **解**社，后土之神也。**疏**解「社后」至「之神」〇《詩·甫田》疏引：❶「鄭《駁異義》：『社者，五土之神，能生萬物者，以古之有大功者配之。』昭二十九年《傳》：『后土爲社。』《鄭志》答趙商：❷『后土謂社，謂輔作社神。』趙商問：『《郊特牲》「社祭土而主陰氣」，《大宗伯》「王大封則先告后土」，注云：「后土，土神也。」若此之義，后土則社，社則后土，二者未知何云。敢問后土祭誰？社祭誰乎？』答曰：『句龍本后土，後遷之爲社。大封先告后土。玄注云「后土，土神」，不云「后土社」也。』田瓊問：❸『《周禮》「大封先告后土」注云：「后土，社也。」前答趙商曰：「當言后土土神，言社，非也。」《檀弓》：「國亡大縣邑。」或曰：「君舉而哭於后土。」注云：「后土，社也。」《月令》：「仲春命民社。」注云：「社，后土。」《中庸》：「郊社之禮，所以事上帝也。」注云：「社，祭地神。不言后土，省文。」此三者，皆當定之否？』答曰：『后土，土官之名也。死以爲社而祭之，故曰句龍爲后土，後轉爲社，故世人謂社爲后土。』由此言之『后土者，地之大名也』。」僖十五年《傳》：

❶「甫田」，原作「楚茨」，今據《毛詩正義》改。

❷「志」，原作「注」，今據《毛詩正義》改。

❸「瓊」，原作「續」，今據《毛詩正義》改。

「履后土而戴皇天。」指地爲后土也。句龍職主土地，故謂其官爲后土。此人爲后土之官，後轉以配社，又謂社爲后土也。**黄帝能成命百物，以明民共財，**解黄帝，少典之裔子帝軒轅也。命，名也。疏「黄帝」至「共財」○《淮南・時則訓》：「黄帝，少典之子，以土德王天下，號軒轅氏，死爲中央土德之帝。」《太平御覽》又引《淮南注》曰：「黄，中色。地道載物，故稱名也。」《祭法》疏：「上雖有百物而未有名。黄帝爲物作名，正名其體也。」齡案：《祭法》言：「黄帝正名。」《論語》馬融注：「正百事之名也。」《漢・藝文志》：「名家者流，蓋出於禮官。」凡辨名所在，不可苟爲鈲析。皇侃《論語疏》引鄭注：「正名謂正書字也。古者曰名，今世曰字。《禮》『百名以上書於策』。」錢大昕謂：「倉頡制文字，正當黄帝之時，名即文也，物即事也。」孔穎達曰：「明民者垂衣裳，使貴賤分明，得其所也。」齡謂：前此書契雖興，至是而文字大備，牖民聰明，爲之先覺也。孔穎達曰：「共財者，謂山澤不鄣，教民取以自贍也。」**顓頊能修之**解顓頊，黄帝之孫，昌意之子，帝高陽也。能修，修黄帝之功。疏「顓頊能修之」○《山海經》：「黄帝生昌意，昌意生韓流，韓流取淖子曰阿女，生帝顓頊。」《大戴禮記》：「昌意娶於蜀山氏，蜀山氏之子謂之昌濮氏，産顓頊。」韋解所據，《大戴禮》之義也。《路史》言：「顓頊渠頭併幹，通眉帶午，淵而有謀，疎以知遠，龍文負圖，於是書科斗百辟，作戒盈之器室。上緣黄帝，因事而憲功，文德錫之鐘磬，武德錫之干戈，而人知鄉方矣。碣名罔，俁大澤，制十等之幣，以通有無，曰『權衡』。宿疇以成，泉幣亡滯，工賈時市。」❶此顓頊修成命共財之事。**帝嚳能序三辰以固民，**解固，

❶「時市」，原脱，今據《路史》補。

安也。帝嚳，黄帝之曾孫，玄囂之孫，蟜極之子，帝高辛也。三辰，日、月、星也。謂能次第三辰以治曆明時，教民稼穡以安之。**疏**「帝嚳」至「固民」〇《路史・後紀》：「僑極取陳豐氏曰裒，履大跡而傷生嚳，方頤、龐覭、珠庭、仳齒、戴干。❶厥德神靈，厥行祗肅。歷日月而迎送之，❷以順天之則，謂寅賓出日，寅餞納日，教民稼穡，以固民也。揖其民力，更相爲師，因其土宜，以爲民贄，於是盡地之制，受少昊、高陽之經理，卒創九州，以統理下國。」此序三辰以固民之事也。《漢書・律曆志》：「日合於天統，月合於地統，斗合於人統。」此日、月、星爲三辰之事也。**堯能單均刑法以儀民，** **解**堯，帝嚳之庶子，陶唐氏放勛也。單，盡也。均，平也。儀，善也。**疏**「堯能」至「儀民」〇《路史・後紀》：「帝堯，高辛氏第二子。母陳豐氏，曰慶都。高辛次妃也。嘗觀三河之首，赤帝顯圖，奄然風雨。慶都遇而萌之，震，十有四月而生於丹陵，是曰放勳。」注：「勳達於四方曰放。或曰以帝德倡，後人取放在堯也。」「單，盡也」者，《荀子・宥坐篇》：「若不可廢，不能以單之。」楊倞注亦訓「單」爲「盡」。「均，平也」者，《説文》云：「平，徧也。」《地官》之屬有均人，鄭注：「均，猶平也。」《爾雅・釋詁》：「刑，法也。」《周頌・烈文》「百辟其刑之」，則通「型」。《説文》：「型，鑄器之法也。」「儀，善也」者，亦《釋詁》文。郭注引《詩》「儀刑文王」，「儀」通「義」。《文王》篇「宣昭義問」，毛傳「義，善也」。《路史》又云：「堯年十有七，謏以侯伯恢踐帝，率天下以仁而人從之，故一出言而天下誦，萬物齊，使之而成，户

---

❶「干」，原作「於」，今據《路史》改。

❷「歷」，原爲空格，今據《路史》補。

之而止，唯恐言而莫予違也。」是能儀民之事也。**舜勤民事而野死，**解舜，顓頊之後六世有虞帝重華也。野死，謂征有苗死於蒼梧之野。疏解「舜顓」至「之野」○《史記·五帝本紀》：「重華父曰瞽瞍，瞽瞍父曰橋牛，橋牛父曰句望，句望父曰敬康，敬康父曰窮蟬，窮蟬父曰帝顓頊。」韋解以舜爲頊六世孫，此本《史記》義也。羅泌駁之曰：「舜有天下受之堯，祖堯之祖，不得自致其祖。受終文祖，及格於文祖，即顓頊也，皆祖堯之祖，故有虞氏禘黄帝而祖顓頊。」此推其位之所自傳者而祖之也。《祭法》鄭注：「有虞氏以上尚德，郊、禘、宗、祖配用有德而已。」是鄭意亦以虞氏所祖非其親也。史云：「自窮蟬以來，微在庶人。」夫窮蟬既爲帝，何得未幾微爲庶人？男女辨姓，禮之大者，舜既是堯之五世從孫，豈得娶堯之女？且以舜爲堯之從孫，則禹爲舜之從祖，堯授天下於從孫，舜授天下於從祖，自其家人相授，烏得謂能以天下予人？齡謂：昭八年《傳》史趙明言陳爲顓頊之族，昭九年《傳》裨竈又言「陳，水屬也」，此《傳》下文明言「幕能帥顓頊」，以杼、上甲微、太王、高圉例之，則舜祖幕，幕祖顓頊矣。《史記》之言，不可謂謬矣。《檀弓》、《山海經》並言舜葬蒼梧之野。《史記·五帝本紀》：「舜崩於蒼梧之野，葬九嶷山。」《吕氏春秋》言「舜葬於紀」，九嶷山下有紀邑。《孟子》言：「舜卒於鳴條。」《汲郡古文》：「帝舜四十九年居於鳴條。五十年陟。」沈約注：「鳴條有蒼梧之山，帝崩，遂葬焉。」王應麟曰「今蒼梧山在海州，近莒之紀」，則《史記》、《吕氏春秋》皆與《孟子》合。至征苗，則《淮南子》亦云舜征三苗死。然司馬光詩：「虞舜既倦勤，薦禹作天子。安得復南巡，迢迢渡湘水。」則征苗未足深信。蓋鳴條非常都之地，故云野死與？**鯀鄣洪水而殛死，**解殛，誅也。鯀，顓頊之後，禹之父也。堯使治水，鄣防百川，績用不成，堯用殛之於羽山。禹爲天子而郊之，取其勤事而死。疏解「殛誅」

至「而死」〇《史記・夏本紀》索隱引《世本》云：「鯀爲顓頊子。」弘嗣不從《世本》者，以《漢書・律曆志》云：「顓頊五代而生鯀。蓋鯀既與堯同時，論世次不得爲高陽子，故但云後也。」《路史・後紀》：「高陽生駱明，駱明生白馬，是爲伯鯀，字熙，汶山廣柔人。婞直敗數，帝使治水，稱遂共工之過。廢帝之庸，九載無功。」齡謂：《禹貢》「既修太原」，先儒謂因鯀之功而修之，「作十有三載」，乃同先儒謂并鯀九年而數之。故孔穎達曰：「亦是有微功於人，故得祀之。若無功，焉能治水九載？又《世本》云『作城郭』，是有功也。《鄭志》答趙商云：『鯀非誅死，鯀放居東裔，❶至死不得返於朝。禹乃其子也。以有聖功，故堯興之。若以爲殺人父、用其子，而舜、禹何以忍乎？而《尚書》云「鯀則殛死，禹乃嗣興」者，箕子見武王誅紂，今與己言，懼其意有慚德爲説，父不肖則罪之，子賢則舉之，以滿武王意也。』」齡謂：居東裔而不返即是殛，若謂懼其意有慚德而言殛，以滿武王之意，則是阿諛新君，烏得爲殷之仁人乎？況殛鯀於羽山，虞史先已言之，非創自箕子也。《晉語》：「昔鯀違帝命，殛之於羽山，化爲黄熊，以入於羽淵，實爲夏郊，三代舉之。」此以死勤事之事也。**禹能以德修鯀之功，**解鯀功雖不成，再亦有所因，故曰修鯀之功。疏「禹能」至「之功」〇《漢書・古今人表》：「鯀妃女志，有嫳氏女，生禹。」《淮南・原道訓》高注：「禹名文命，受禪成功曰禹。」《吕氏春秋・行論》篇：「堯以天下與舜，鮌爲諸侯，怒於堯曰：『得天之道者爲帝，得地之道者爲三公。今我得地之道，而不以我爲三公。』以堯爲失論。欲得三公，怒甚猛獸，欲以爲亂。舜於是殛之於羽山，副之以吳刀，禹不敢怨，

❶「放」，原作「故」，今據《鄭志》改。

而反事之，官爲司空，以通水潦，顔色黎黑，步不相過，竅氣不通，以中帝心。」蓋鮌未嘗無功，因自恃其功而爭，故致敗也。《呂氏春秋·愛類》篇：「上古龍門未開，呂梁未發，河出孟門，大溢逆流，無有丘陵沃衍、平原高阜，盡皆滅之，名曰鴻水。禹於是疏河決江，爲彭蠡之鄣，乾東土，所活者千八百國。」此以德修鮌功之事也。**契爲司徒而民輯，****解**契，殷之祖，爲堯司徒，能敬敷五教。輯，和也。**疏**「契爲司徒而民輯」○《史記·殷本紀》：「殷契母曰簡狄，有娀氏之女，爲帝嚳次妃。」索隱引譙周云：「契生堯代，舜始舉之，必非嚳子。以其父微，故不著名。其母有娀氏女，與宗婦三人浴於川，玄鳥遺卵，簡狄吞之，則簡狄非帝嚳次妃明也。」齡謂：鳥卵之説，託始於《商頌·玄鳥》之詩，然詩是記祈福之期，所謂「玄鳥至，至之日以太牢祠於高禖」是也。唯其爲帝妃，故得於玄鳥降之日行弓韣之禮。《淮南·墬形訓》高注亦謂簡翟、建疵「姊妹二人在瑶臺，帝嚳之妃也」，與遷語同，則譙説非也。《荀子·成相篇》：「契爲司徒，民知孝弟，尊有德。」《漢書·百官公卿表》：「卨作司徒，敷五教。」應劭注：「五教，父義、母慈、兄友、弟恭、子孝也。」「輯，和也」者，《説文》：「輯，車和輯也。」**冥勤其官而水死，****解**冥，契後六世孫根圉之子也。爲夏水官，勤於其職而死於水。**疏**解「冥契」至「於水」○《史記·殷本紀》：「契卒，子昭明立。昭明卒，子相土立。相土卒，子昌若立。昌若卒，子曹圉立。曹圉卒，子冥立。」集解引宋衷曰：「冥爲司空，勤其官事，死於水中。」司馬貞曰：「曹圉，《系本》作糧圉。」《漢書·人表》「冥根，圉子」，則曹圉、根圉、糧圉同一人也。**湯以寬治民而除其邪，****解**湯，冥後九世，主癸之子，爲夏諸侯，以寬得民。除其邪，謂放桀扞大患也。**疏**解「湯冥」至「大患」○《史記·殷本紀》：「冥卒，子振立。振卒，子微立。微卒，子報丁立。報丁卒，子報乙立。報乙卒，子報丙立。報丙卒，子主壬立。主壬卒，子主癸立。主癸卒，子天乙立。是爲成湯。」韋解言九世，并冥數之也。《吕氏春秋·異用》篇：「湯見祝網者置四面，其祝曰：『從天墜者，從地出者，從四方來者，皆離吾網。』湯曰：『嘻！盡之矣，非桀，其孰爲此也？』湯收其三面，置其一面，更教祝曰：『昔蛛蝥作網罟，今之人學紓，欲左者左，欲右者右，欲高者高，欲下者下，吾取其犯命者。』漢南之國聞之曰：『湯之德及禽獸矣。』四十國歸之。」《尚書大傳》：「湯放桀，居中野，士民皆奔湯。桀與五百人南徙千里，止於不齊，不齊士民往奔湯。桀與屬五百人從於魯，魯士民復奔湯。桀曰：『國，君之有也。吾聞海外有人。』與五百人俱去。」此以寬治民而除邪之事也。**稷勤百穀而山死，****解** 稷，周棄也，勤播百穀，死於黑水之山。《毛詩傳》云。**疏** 解「稷周」至「傳云」○《詩·生民》毛傳：「姜，姓也。后稷之母配高辛氏帝焉。」《史記·周本紀》：「周后稷，名弃，其母有邰氏女曰姜原，姜原爲帝嚳元妃。姜原出野，見巨人跡，心欣然説踐之，而身動如孕者。居期而生子，以爲不祥，初欲弃之，因名曰弃。弃爲兒時，好種樹麻、菽，及爲成人，遂好耕農，相地之宜，宜穀者稼穡焉，民皆法則之。帝堯聞之，舉弃爲農師，舜封弃於邰，曰后稷。」又《春秋緯》「少昊傳八世，顓頊傳九世，帝嚳傳十世」，則堯非嚳子，稷又年少於堯，則姜嫄不得爲嚳妃。《鄭志》：「當堯之時，爲高辛氏世妃，謂爲其後世子孫之妃也。」與毛傳、《史記》異也。集解引《山海經·大荒經》：「黑水、青水之間，有廣都之野，后稷葬焉。」皇甫謐曰：「冢去中國三萬里。」《夏本紀》：「華陽黑水惟梁州。」正義引《括地志》：「黑水源出梁州城固縣西北大山。」黑水西河惟雍州。索隱引鄭玄引《地説》云：❶「三危山，黑水出其南。」又引《地記》曰：「三危山在鳥鼠之西

❶「地」，原作「他」，今據《史記》改。

南。」❶齡謂：《大荒經》所紀稷葬界太遼遠，殊不足據。后稷封邰，邰在雍州境，則黑水之山當以三危爲是。

文王以文昭，解文王演《易》，又有文德。《周語》曰：「文王質文。」**武王去民之穢，**解穢，謂紂也。疏解「穢謂紂也」○穢者，《説文》「蕪也」。徐鍇曰：「田中雜草也。」《漢書・楊惲傳》「蕪穢不治」。湯之數桀曰「若苗之有莠，若粟之有秕」，故以穢喻紂。朱虛侯曰：「非其種者，鉏而去之。」《漢書敘傳》：「方今大漢，洒埽羣穢。」此去穢之義也。**故有虞氏禘黄帝而祖顓頊，郊堯而宗舜。**解賈侍中云：「有虞氏，舜後，在夏、殷爲二王後，故有郊、禘、宗、祖之禮也。」昭謂：此上四者，謂祭天以配食也。祭昊天於圜丘曰禘，祭五帝於明堂曰祖、宗，祭上帝於南郊曰郊。有虞氏出自黄帝、顓頊之後，故禘黄帝而祖顓頊，舜受禪於堯，故郊堯。《禮・祭法》：「有虞氏郊嚳而宗堯。」與此異者，舜在時則宗堯，舜崩而子孫宗舜，故郊堯耳。疏「有虞」至「宗舜」○《禮・祭法》疏：「《論語》『禘自既灌而往』及《春秋》『禘於太廟』，謂宗廟之祭也。《喪服小記》：『王者禘其祖所自出。』《大傳》『禮，不王不禘』，謂祭感生之帝於南郊也。必知此禘是圜丘者，以禘文在郊祭之前，郊前之祭唯圜丘耳。但《爾雅》云『禘，大祭』，以比餘處爲大祭，總得稱禘。」此鄭康成義也。錢大昕引惠棟説曰：「古之聖人生有配天之德，没有配天之祭，故太皞以下，列代所禘，太皞以木德，炎帝以火德，黄帝以土德，少皞以金德，顓頊以水德。王者行大享之禮於明堂，謂之禘、祖、宗。其郊則行之南郊，禘、郊、宗、祖四大祭，而總謂之禘者，禘其祖之所自出故也。鄭注《大傳》『不王不禘』及《詩・長發》箋皆云『郊配

❶「鳥」，原作「烏」，今據《史記》改。

天』，是郊稱禘也。《周頌·雝》序云：『禘太祖也。』是祖稱禘也。劉歆云『大禘則終王』，❶則宗稱禘也。董子曰：『天地者，先祖之所出也。』禘者，禘其祖所自出，故四大祭皆蒙禘名。」《大戴禮記》：「少典産軒轅，是爲黄帝。黄帝産玄囂，❷玄囂産喬極，喬極産高辛，是爲帝嚳。帝嚳産放勳，是爲帝堯。黄帝産昌意，昌意産高陽，是爲帝顓頊。顓頊産窮蟬，窮蟬産敬康，敬康産句芒，句芒産蟜牛，蟜牛産瞽瞍，瞽瞍産重華，是爲帝舜。」又「顓頊産鯀，鯀産文命，❸是爲帝禹」。虞舜至黄帝八世，黄帝尊，故配圜丘，次則顓頊，故配明堂，堯爲位所由受，故配南郊。舜有勤民之功，故自商均以下奉以爲宗也。**夏后氏禘黄帝而祖顓頊，郊鯀而宗禹。** **解**虞、夏俱黄帝、顓頊之後也，故禘、祖之禮同。虞以上上德，夏以下親親，故夏郊鯀也。**疏**「郊鯀」至「宗禹」〇夏以治水之功有天下，而治水之功基於鯀，故以配郊。昭七年《傳》「昔堯殛鯀於羽山，其神化爲黄熊，以入於羽淵，實爲夏郊」是也。**商人禘舜而祖契，郊冥而宗湯。** **解**舜當爲嚳，字之誤也。《禮·祭法》曰：「商人禘嚳。嚳，契父，商之先，故禘之。」鄭後司農云：「商人宜郊契也。」**疏**「商人」至「宗湯」〇郊祭雖尊，但祭一帝，是「小德配寡」。明堂雖卑於郊，總祭五帝，是「大德配衆」。冥雖勤官而水死，不及契敷教之功爲大，故配南郊也。**周人禘嚳而郊稷，** **解**嚳，稷之父。稷，周之始祖也。**祖文王而宗武**

❶「禘」，原作「神」，今據《潛研堂集》改。

❷「黄帝」二字，原脱，今據《大戴禮記》補。

❸「命」，原作「明」，今據《大戴禮記》、《史記》改。

王。**解**此與《孝經》異者，商家祖契，周公初時亦祖后稷而宗文王，至武王雖承文王之業，有伐紂之功，其廟不可以毁，故先推后稷以配天，而後更祖文王而宗武王。**疏**解「此與」至「武王」○《孝經》「宗祀文王於明堂」，而此《傳》言「祖」，故韋解以爲異。不知《祭法》鄭注：「祭五帝五神于明堂曰祖宗，祖、宗通言爾。」則此《傳》之「祖」，即《孝經》之「宗」，非有異也。《周頌》成於周公之手，曰「思文后稷，克配彼天」，則稷之配郊，自制禮之始而已然矣，未嘗始以爲祖，後以爲郊也。弘嗣言初以后稷爲祖，舊無此解，不敢輒定。《祭法》疏引《月令》「季秋大饗帝」，故知明堂之祭有五天帝及五人神也。❶此文、武之配皆於明堂。上或解云：武王配五神於下，屈天子之尊而就五神在庭，非其理也。此祖、宗祭五帝，《郊特牲》祭一帝而在祖、宗上者，以其感生之帝，特尊之。《祭法》鄭注：「有虞氏以上尚德，郊、禘、宗、祖配用有德者而已。自夏以下，稍用其姓氏代之，❷先後之次，有虞氏、夏后氏宜郊顓頊，殷人宜郊契。❸郊祭一帝，而明堂祭五帝，小德配寡，大德配衆，亦禮之殺也。」孔穎達曰：「祖，始也。言爲道德之初始，故云『祖』也。宗，尊也，以有德可尊，故云『宗』。夏云后氏者，后，君也，受位於君，故稱后。殷周稱人，以人所歸往，故稱人。此並熊氏説也。」**幕能帥顓頊者也，有虞氏報焉。****解**幕，舜之後虞思也，爲夏諸侯。帥，循也。顓頊，有虞氏之祖也。報，報德之祭也。

❶「神」，原作「帝」，今據《禮記正義》改。
❷「代」，原脱，今據《禮記正義》補。
❸「宜」，原作「以」，今據《禮記正義》改。

疏解「幕舜」至「之祭」〇《史記集解》引《左傳》賈逵注：「幕，舜後虞思也。至於瞽瞍，❶無聞違天命以廢絶。」❷弘嗣此解實本賈義。然鄭司農曰：「幕，舜之先也。」杜預亦云：「幕，舜之先。從幕至瞽瞍間，無違天命廢絶者。」《路史・後紀》：「舜，瞽子。自敬康而下，其祖也。敬康生於窮係，係出虞幕，是蟜牛生瞽瞍。」案：窮係即窮蟬。注又云：「《風俗通義》亦謂舜祖幕，與《吕梁碑》合。」《帝系》云：「顓頊生窮蟬，窮蟬生敬康，敬康生句芒，句芒生蟜牛，蟜牛生瞽瞍。」齡謂：《春秋命曆序》云「❸顓頊傳二十世三百五十歲」，則所謂顓頊生窮蟬者，謂窮蟬是頊裔孫，非父子也。《路史》言窮係出虞幕，則幕在頊後舜前。昭八年《傳》史趙先言幕，次言瞍，次言舜及遂，則幕爲舜祖無疑。故《内傳》孔疏引孔晁《國語注》：「幕能修道，功不及祖，德不及宗，故每於歲之大烝而祭焉，謂之報。」言虞舜祭幕，明幕是舜先矣。**杼，能帥禹者也，夏后氏報焉。**

解杼，禹後七世，少康之子季杼也，能興夏道者。**疏**解「杼禹」至「夏道」〇《史記・夏本紀》：「禹崩，子帝啟立。崩，子帝太康立。崩，弟中康立。崩，子帝相立。崩，子帝少康立。崩，子帝予立。」索隱曰「予音佇」，則禹至予雖七君，而杼實禹之五世孫也。哀元年《傳》「季杼滅豷于戈」，是能興夏道者。**上甲微能帥契者也，商人報焉。**

解上甲微，契後八世，湯之先也。**疏**解「上甲」至「之先」〇《史記・殷本紀》：「契卒，子昭

---

❶「至」，原脱，今據《史記》補。

❷「以」下，原衍「自」字，今據《史記》删。

❸「曆」，原作「日」，今據《春秋左傳正義》改。

明立。卒，子相土立。卒，子昌若立。卒，子曹圉立。卒，子冥立。卒，子振立。卒，子微立。」索隱引皇甫謐曰：「微字上甲，其母以甲日生故也。商家生子以日爲名，蓋自微始。」譙周以爲死稱廟主曰「甲」也。**高圉、太王，能帥稷者也，周人報焉。** **解**高圉，后稷後十世，公非之子也。太王，高圉之曾孫古公亶父也。

疏解「高圉」至「亶父」○《史記·周本紀》：「后稷卒，子不窋立。卒，子鞠立。卒，子公劉立。卒，子慶節立。卒，子皇僕立。卒，子差弗立。卒，子毀隃立。卒，子公非立。卒，子高圉立。」韋解據此文爲十世。齡謂：《汲郡古文》：「祖乙十五年，命邠侯高圉。」稷與禹、契同時，禹有天下四百五十年，而後湯有天下，自湯元祀至祖乙十五祀，又二百五十六年，通計七百六年。而周家父子相傳止十世，則每代必七十歲而生子，且每代必甫生而即爲君，此事理所必無者。周處西垂，竄于戎狄，譜牒久遺，其先人之賢而有聞者，此十人耳。十人之外，正多疎闕。《史記》以爲相繼之次，殊未足據。惠棟《左傳補注》引昭七年《傳》服虔注：「周人不毀其廟，報祭之。」馬融曰：「周人所報而不立廟。」齡謂：高圉至周有天下時，世數甚遥，久在壇墠之列，馬説是也。**凡禘、郊、宗、祖、報，此五者，國之典祀也。** **解**典，法也。**加之以社稷、山川之神，皆有功烈於民者也。及前哲令德之人，所以爲明質也。** **解**質，信也。以其有德於民而祭之，所以信之於民心。**及天之三辰，民所以瞻仰也。及地之五行，所以生殖也。** **解**殖，長也。五行，五祀，金、木、水、火、土。**及九州名山川澤，所以出則用也。** **解**謂九州之中名山川澤也。**非是不在祀典。今海鳥至，己不知而祀之以爲國典，難以爲仁且知矣。夫仁者講功，** **解**講，論也。仁者心平，故可論功也。**而知者處物。** **解**處，名也。**無功而祀之，非仁也；** **解**言鳥無功。**不知而不問，非知也。今**

茲海其有災乎！夫廣川之鳥獸，恒知而避其災也。」是歲也，海多大風，冬煖。解爰居之所避也。疏「海多大風冬煖」○《淮南・時則訓》：「孟冬行夏令，則多暴風，方冬不寒。」高注：「冬當閉藏，反行夏盛陽之令，故多暴疾。陽氣温，故盛冬不寒。」桓十四年「無冰」，《穀梁傳》注：「政治紓緩所致。《五行傳》曰：『視之不明，是謂不哲，厥咎舒，厥罰常燠。』」臧孫執國政，不能修德弭災而紊國典，故此《傳》備言其咎徵也。**文仲聞柳下季之言，**解柳下，展禽之邑。季，字也。疏解「柳下展禽之邑」○閻若璩曰：「柳下今不可的知所在，以顔斶言『秦攻齊，令有敢去柳下季壟五十步而樵采者，死，不赦』證之，古人多葬於食邑，壟所在即邑所在。❶則柳下當在齊之南，魯之北，二國接壤處。昔爲魯地封邑，後爲齊所有也。」**曰：「信吾過也。季子之言，不可不法也。」使書以爲三筴。**解筴，簡書也。三筴，三卿卿一通，謂司馬、司徒、司空也。疏解「筴簡」至「司空」○「筴，簡書也」者，《莊子・駢拇》篇「挾筴讀書」是也。據昭四年《傳》杜洩之言，司徒書名，司馬與工正書服，司空書勳，故三卿卿一通也。

文公欲弛孟文子之宅，解文公，魯僖公之子文公興也。弛，毀也。孟文子，魯大夫公孫敖之子文伯穀也。宅，有司所居，公欲毀之以益宫。**使謂之曰：「吾欲利子於外之寬者。」**解於外寬地以利子也。**對曰：「夫位，政之建也；**解建，立也。此位，謂爵也。言爵所以立政事。**署，位之表也；**解署者，位

❶ 下「在」字，原脱，今據《四書釋地》補。

之表識也。車服，表之章也；解車服貴賤有等，所以自章别也。宅，章之次也；解有章服者之次舍也。禄，次之食也。解居次舍者之所食也。君議五者以建政，爲不易之故也。解五，謂位、署、服、宅、禄也。有其位則治其官，服其章，居其次，食其禄也。君議五者以立政事，爲不可改易。今有司來命易臣之署與其車服，而曰：『將易而次，爲寬利也。』解下「而」。而，汝也。爲欲寬利汝也。夫署，所以朝夕虔君命也。解言朝夕者，不宜遠也。臣立先臣之署，服其車服，爲利故而易其次，解先臣，父祖之官。是辱君命也，不敢聞命。解言臣不守先臣之職而欲寬利，則是辱命之臣也。若罪也，則請納禄與車服而違署，解納，歸也。禄，田邑也。違，去也。若臣有罪，則請歸禄與車服，而去其官也。唯里人之所命次。」解里人，里宰也。有罪去位，則當受舍於里宰。公弗取。臧文仲聞之曰：「孟孫善守矣，解善守，善守職也。其可以蓋穆伯而守其後於魯乎！」解穆伯，文子之父公孫敖也，淫乎莒，出奔而死於齊。今文子守官不失禮，故可以掩蓋其父之惡，守其後嗣也。公欲弛郈敬子之宅，亦如之。解公，文公也。郈敬子，魯大夫，郈惠伯之後元孫敬伯同也。亦如之，亦謂之欲利子於外之寬地。疏解「郈敬」至「伯同」○《漢書·地理志》：「無鹽縣有郈鄉。」昭二十五年《傳》杜注：「郈在東平無鹽縣東南。」《水經注》：「汶水自桃鄉四分，其左二水雙流，西南至無鹽縣之郈鄉。定十二年，叔孫氏墮郈，今其城無南面。」羅泌謂「郈即厚」，引襄二十三年厚成叔爲證。《史記音義》引《世本》曰：「魯孝公生惠伯革，其後爲厚氏。」高誘《吕氏春秋》注：「郈氏，惠伯華之後。」惠棟《左傳補注》曰：「《世本》作惠伯革，康成《禮記注》革作鞏，高誘作華，未知孰是。」吴時《世本》未亡，故韋據其文也。**對曰：「先臣惠伯以命於司里，**解言先臣惠伯受命於司里，居此宅也。**嘗、禘、烝、享之所致君胙者，有數矣。**解秋祭曰嘗，夏祭曰禘，冬祭曰烝，春祭曰享。享，獻物也。賈、唐二君云：「臣致祭肉於君，謂之致胙。」昭謂：此私祭而致肉，非所以爲辭也。致君胙者，謂君祭祀賜胙，臣下掌致之也。有數，有世數也。疏解「秋祭」至「世數」〇秋嘗、夏禘、冬烝，見《王制》。春祭曰享，未知所據何文也。《春官》：「以脤膰之禮親兄弟之國。」賈疏謂：「對文，脤爲社稷肉，膰爲宗廟肉，其實宗廟、社稷器皆飾用蜃蛤，故《掌蜃》云『祭祀，共蜃器之蜃』，注云：『飾祭器。』」昭十六年《傳》受脤、歸脤，其祭在廟，劉光伯以爲脤亦宗廟之祭肉也。僖九年「王使宰孔賜齊侯胙」，僖二十四年《傳》皇武子曰「宋，先代之後也，天子有事膰焉」，此天子待諸侯之禮，則諸侯於卿大夫亦然。《禮・少儀》：「太牢則以牛左肩、臂、臑折九箇，少牢則以羊左肩七箇，犆豕則以豕左肩五箇。」魯於周公廟用白牡，羣公廟用騂犅，則當準九箇之禮也。**出入受事之幣以致君命者，亦有數矣。**解出入，謂受使出境入國。奉聘幣以致君命者，亦如此宅世數矣。疏解「出入」至「世數」〇《儀禮・聘禮》：「宰書幣。命宰夫官具。及期，夕幣。使者北面，衆介立於其左，東上。❶史讀書展幣。官載其幣，舍於朝。上介視載者。」又云：「入境斂旜，乃展。及郊，又展，如初。及館，展幣於賈人之館，如初。」又云：「賓裼，奉束帛加璧享。公再拜受幣。」此出境而奉幣

❶「上」，原作「面」，今據《儀禮注疏》改。

以致命也。《聘禮》又云：「使者歸，及郊，請反命。朝服，載旜。乃入，陳幣於朝，西上。上賓之公幣、私幣皆陳，❶上介公幣陳，他介皆否。公南鄉。使者執圭，垂繅，北面。上介執璋，屈繅，立於其左。反命，執賄幣以告曰：『某君使某子賄。』執禮以盡言賜禮。」此入國而奉幣以致命。**今命臣更次於外，**解次，舍也。外，外里也。**爲有司之以班命事也，無乃違乎！**解違，遠也。言有司以位次命職事於臣，臣在外次，無乃違遠而不便乎？**請從司徒以班徒次。」公亦弗取。**解司徒，掌里宰之政，比夫家衆寡之官也。敬子自以有罪，君欲黜之，故請從司徒徙里舍也。

夏父弗忌爲宗，解弗忌，魯大夫，夏父展之後也。宗，宗伯，掌國祭祀之禮。疏解「弗忌」至「之禮」○《周官·太宰》疏引崔靈恩曰：「五大夫者，司徒之下立二人，小宰、小司徒。司馬之下立一人，爲小司馬，兼宗伯之職。司空之下立二人，小司寇、小司空。」則魯之宗伯爲亞卿司馬屬官，故曰魯大夫。**烝，將躋僖公。**解躋，升也。賈侍中云：「烝，進也。謂夏父弗忌進言於公，將升僖公於閔公上也。」唐尚書云：「烝，祭也。」昭謂：此魯文公三年喪畢，祫祭先君於太廟，升羣廟之主，序昭穆之時也。《經》曰「八月丁卯，大事於太廟，躋僖公」是也。僖，閔之兄，繼閔而立。凡祭，秋曰嘗，冬曰烝。此八月而言烝，用烝禮也。凡四時之祭，烝爲備。《傳》曰：「大事者，祫祭也。毀廟之主陳於太祖，未毀廟之主皆升合食於太祖。躋僖公，逆祀也。逆祀者，先禰而後祖也。」疏解「躋升」至「後祖」○「烝，進也」者，賈據《爾雅·釋詁》文，然此《傳》下文言

❶「上」，原脱，今據《儀禮注疏》補。

商、周之烝未嘗躋湯與文、武，則烝爲祭名明矣。賈侍中説未合，故韋氏不從。《毛詩·閟宫》「秋而載嘗」，傳曰：「諸侯夏禘則不礿，秋祫則不嘗。」《王制》云：「禘一犆一祫，嘗祫，烝祫。」蓋行禘祫於時祭之中，非以禘祫廢時祭，是雖行禘禮，仍不廢烝嘗之名，故知秋嘗而用烝禮，即謂之烝也。「逆祀者，先禰而後祖也」者，此韋氏據《公羊傳》立義。《公羊傳》注曰：「後祖者，僖公以臣繼君，猶子繼父，故閔公於文公猶祖也。」推《公羊》及何休之義，謂閔、僖非昭穆同位，故以父子爲喻。然《内傳》孔疏曰：「閔、僖不得爲父子，同爲穆耳。今升僖先閔，此二公位次之逆，非昭穆亂也。若使兄弟相代，即異昭穆。設令兄弟四人皆立，則父祖之廟即已從毁，禮必不然。」《周官·小宗伯》賈疏：「周以后稷廟爲始祖，❶不窋父爲昭，鞠子爲穆。從此以後，皆父爲昭，子爲穆。」父子異昭穆，兄弟昭穆同，弟必不可爲兄後，子必不可爲父孫也。如《公羊》之言以閔、僖爲父子，則是以兄爲弟後，以子爲父孫，其亂昭穆之序也甚矣。康成謂商六廟，自契至湯，二昭二穆。《殷本紀》陽甲、般庚、小辛、小乙兄弟四王，如果兄弟異昭穆，各爲一代，將武丁之祭不能上及祖乎？晉賀循謂：「禮，兄弟不相爲後，不得以承代爲世。」又謂：「兄弟相代則共是一代，昭穆位同，不得兼毁二廟。禮之常例也。」般庚不繼陽甲而上繼先君，以弟不繼兄故也。温嶠謂：「兄弟同代，於恩既順，於義無否。」唐禮官謂：「兄弟不相爲後，不得各爲昭穆。晉武帝時，景、文同廟，廟雖六代，其實七主。至元帝、明帝廟皆十室。」宋禮官謂：「唐中、睿皆處昭位，敬文武同爲一世，伏請每大祭，太祖太宗昭穆同位，祝文並稱孝子。」據

❶ 「廟」，原脱，今據《周禮注疏》補。

列代禮官所議，合之孔穎達之言，可知閔、僖同居穆位，就同位之中而升僖於閔上，故爲逆祀。其昭穆實未紊亂。《公羊》之義未爲得也。**宗有司曰：「非昭穆也。」****解**宗有司，宗官司事臣也。非昭穆，謂非昭穆之次也。父爲昭，子爲穆。僖爲閔臣，臣子一例，而升閔上，故曰「非昭穆也」。**疏**「宗有司」○諸侯小宗伯隸於司馬，此宗有司又宗伯之屬官。諸侯祭禮已逸，其見於《少牢饋食》者，宗人命滌，宰命爲酒；雍人摡鼎、匕、俎於雍爨，廩人摡甑、甗、匕與敦於廩爨，司宮摡豆、籩、勺、爵、觚、觶、几、洗、篚於東堂下，司馬升羊右胖，司士升豕右胖，祝盥自洗，升自西階。諸侯宗廟之有司必有繁於此者，無文可考，不能詳也。○「非昭穆也」○言列代之昭穆，凡兄弟並居一位者，以主入之先後爲尊卑，今而易之，非自古相傳昭穆之禮也。**曰：「我爲宗伯，明者爲昭，其次爲穆，何常之有！」****解**明，言僖有明德，當爲昭。閔次之，當爲穆也。**疏**「我爲」至「之有」○昭穆之次是世數相值，並非宗伯之在臣位敢衡德之大小，而升降先君之次第也。如以德之大小分昭穆，則文王居昭，武王居穆，將文王之德降於武王乎？此弗忌悖理之懟言。言昭穆尚可衡德爲升降，豈有同居穆位而不可因德以易其先後乎？下文展禽但言順逆，不言昭穆，知昭穆未嘗亂也。**有司曰：「夫宗廟之有昭穆也，以次世之長幼，而等胄之親疏也。****解**長幼，先後也。等，齊也。胄，裔也。**夫祀，昭孝也。****解**昭，明也，明孝道也。**各致齊敬於其皇祖，昭孝之至也。****解**皇，大也。**故工史書世，****解**工，瞽師官也。史，太史也。世，世次先後也。工誦其德，史書其言。**疏**「故工史書世」○《周官》「瞽矇世奠繫」，注引杜子春云：「世奠繫，謂帝繫，諸侯卿大夫世本之屬是也。小史主次序先王之世，昭穆之繫，述其德行。瞽矇主誦詩，并誦世繫，以勸戒人君也。」又《小史》職云：「大祭祀，讀禮法，史以書敍昭穆之俎簋。」注引鄭司農云：「大祭祀，小史主敘其昭穆，次其俎簋。」小史統於太史，故韋解言太史也。宗祝書昭穆，解宗，宗伯。祝，太祝也。宗掌其禮，祝掌其位。疏「宗祝書昭穆」〇《周禮·小宗伯》：❶「掌三族之别，以辨親疏。」鄭注：「三族，謂父、子、孫，人屬之正名。《喪服小記》曰：『親親以三爲五，以五爲九。』」《太史》「凡大禋祀，相尸禮」。注：「延其出入，詔其坐作。」此宗祝掌禮、掌位之事也。猶恐其踰也。今將先明而後祖，解以僖爲明而升之，是先禰而後祖。自玄王以及主癸莫若湯，解玄王，契也。主癸，湯父也。自稷以及王季莫若文、武，解稷，弃也。王季，文王父也。商、周之烝也，未嘗躋湯與文、武，爲踰也。解不使相踰。魯未若商、周而改其常，無乃不可乎？」弗聽，遂躋之。展禽曰：「夏父弗忌必有殃。夫宗有司之言順矣，僖又未有明焉。解未有明德。犯順不祥，以逆訓民亦不祥，易神之班亦不祥，不明而躋之亦不祥，犯鬼道二，解二，易神之班、躋不明也。犯人道二，解犯順，以逆訓民也。能無殃乎？」侍者曰：「若有殃焉？在抑刑戮也，其夭札也？」解不終曰夭，疫死曰札。唐云「未名曰夭」，失之矣。曰：「未可知也。若血氣强固，將壽寵得没。解壽寵，老壽而保寵也。没，終也。雖壽而没，不爲無殃。」解必以殃終也。既其葬也，焚，煙徹於上。解已葬而火焚其棺槨也。徹，達也。

❶「禮」，原作「公」，今據《周禮注疏》改。

莒大子僕殺紀公，解紀公生僕及季它，既立僕，又愛季它而黜僕，僕故殺紀公也。以其寶來奔。解寶，玉也。來奔，奔魯也。或有「魯」字，非也，此《魯語》，不當言魯。宣公使僕人以書命季文子，解宣公，文公之子宣公倭也。命，告也。僕人，官名。文子，魯正卿季孫行父。疏解「宣公」至「行父」○《釋文》：「宣公名倭，一名接，又作委，文公子，母敬嬴。《謚法》：『善問周達曰宣。』」《史記·魯世家》集解引《世本》：「公子友生齊仲，齊仲生無逸，無逸生行父。」《穀梁疏》又引《世本》云：「季友生仲無佚，佚生行父。」范甯云：行父，季友生。未詳孰是。曰：「夫莒大子不憚以吾故殺其君，而以寶來，其愛我甚矣。解憚，難也。爲我予之邑。今日必授，無逆命矣。」解授，予也。里革遇之而更其書，解里革，魯大史克也。遇僕人，見公書，以大子殺父大逆，故更之。曰：「夫莒大子殺其君而竊其寶來，不識窮固，又自求邇，解固，廢也。邇，近也。爲我流之於夷。解夷，東夷也。今日必通，無逆命矣。」解今日必通，疾之之言。明日，有司復命，解有司，司寇。復，反也。文子得書，使司寇出之境，明日反命於公也。公詰之，解詰問僕人以違命意。僕人以里革對。解對以里革所更也。公執之，解執里革也。曰：「違君命者，女亦聞之乎？」對曰：「臣以死奮筆，奚啻其聞之也！解言所以觸死奮筆而更公命者，不欲傷君德耳。奚，何也。何啻，言所聞非一也。疏「臣以死奮筆」○《釋名》：「筆，述也，述事而書之也。」《曲禮》：「史載筆。」孔疏：「不云簡牘而云筆者，筆是書之主，則餘載可知。」案：里革爲更書，故云「奮筆」也。臣聞之曰：『毀則者爲賊，解則，法也。掩賊者爲臧，解掩，匿也。竊寶者爲軌，解亂在內爲軏，謂以子盜父。**用軏之財者爲姦。』** **解**財，寶也。**使君爲臧姦者，不可不去也。臣違君命者，亦不可不殺也。」公曰：「寡人實貪，非子之罪也。」乃舍之。**

宣公夏濫於泗淵， **解**濫，漬也。漬罟於泗水之淵以取魚也。泗在魯城北，又曰南門。**疏**解「泗在」至「南門」○《水經》：「泗水出魯卞縣北山，西南過魯縣北。」酈注：「泗水又西南流逕魯縣，分爲二流，水側有一城，爲二水之分會也，北爲洙瀆。《春秋·莊公九年》『冬，浚洙』。京相璠、服虔、杜預並言洙水在魯城北。南則泗水。夫子教於洙、泗之間，即今於城北二水之中，即夫子領徒之所也。《從征記》曰：『洙、泗二水交於魯城東北十七里，闕里背洙面泗。』郭緣生言：『泗水在城南，非也。』《史記》、《冢墓記》、王隱《地道記》咸言葬孔子於魯城北泗水上。今泗水南有夫子冢。」案：泗在洙南，魯城又在泗南，故酈氏用韋前一義也。**里革斷其罟而棄之，** **解**罟，網也。**疏**解「罟網也」○《説文》：「网，包犧氏所結繩以漁。」网，《九罭》毛傳：「緵罟，小魚之網也。」**曰：「古者，大寒降，土蟄發，** **解**降，下也。寒氣初下，謂季冬建丑之月，大寒之後也。土蟄發，謂孟春建寅之月，蟄始震也。《月令》：「孟春蟄蟲始震，魚上冰，獺祭魚。」**疏**「古者大寒降」○《漢書·律曆志》：「玄枵，初婺女八度，小寒；中危初，大寒。」注：「於夏爲十二月，商爲正月，周爲二月。」**水虞於是乎講罛罶，取名魚，登川禽，而嘗之寢廟，行諸國人，助宣氣也。** **解**水虞，漁師也，掌川澤之禁令。講，習也。罛，魚網也。罶，笱也。名魚，大魚也。川禽，鼈蜃之屬。諸，之也。是時陽氣起，漁陟負冰，故令國人取之，所以助宣氣也。《月令》：「季冬始漁，乃嘗魚，先薦寢廟。」唐云「孟春」，誤矣。**疏**解「罛魚」至「罶笱」○《爾雅・釋器》：「魚罟謂之罛。」郭注：「最大罟也。」《衛風・碩人》云：「施罛濊濊。」疏引李巡云：「魚罟，捕魚具也。」《釋器》又云：「寡婦之笱謂之罶。」郭注引《毛詩傳》曰：「罶，曲梁也。謂以薄爲魚笱。」邵晉涵曰：「今南方排竹水中，疎節相維，謂之魚薄。設門焉，隨潮爲啟閉，故《淮南・兵略訓》云『發笱門』。高注：『笱，竹笱，所以捕魚。其門可入而不得出。』是其制也。」○解「名魚」至「之屬」○《夏小正》：「二月祭鮪。」《天官・𩾑人》：「春獻王鮪。」《吕氏春秋・仲春紀》高注：「鮪魚似鯉而大。」《淮南・氾論訓》高注：❶「鮪，大魚，長丈餘，仲春二月，從河西上，❷得過龍門，便爲龍。」《毛詩》：❸「鱣鮪潑潑。」邵晉涵曰：「鱣鮪宜其所至有聲矣。」齡謂：魚之大而有名者莫若鮪，則取名魚嘗指薦鮪，然薦鮪雖在於春，而具捕之之器，講捕之之方，則大寒後已先備矣。《天官・鼈人》「掌取互物，❹以時簎魚鼈龜蜃」。鄭司農注：「互物謂有甲𦰩胡龜鼈之屬。」鄭康成注：「蜃，大蛤。」邵晉涵曰：「蜃之用有三，其一爲闉壙之蜃，鄭康成曰：『將井椁，先塞下以蜃，禦溼也。』其二爲祭祀蜃器之蜃，定十四年《經》『天王使石上來歸脤』，脤之器以蜃飾，因名焉。其三爲白盛之蜃，鄭康成曰：『盛猶成也。』謂飾牆使白之蜃也。」○解「月令」至「誤矣」○《月令》鄭注：

❶「高注」二字，原脱，今據《淮南子》高注文補。
❷「河西」，原倒，今據《淮南子》乙正。
❸「毛詩」，原作「説文」，今據《毛詩正義》改。
❹「掌」，原作「嘗」，今據《周禮注疏》改。

「天子必親往視漁，明漁非常事，重之也。此時魚潔美。」正義：「中秋以犬嘗麻，季秋以犬嘗稻，皆不因云天子親往。今此天子親往，特云嘗魚，故云『明漁非常事，重之也』。」唐氏以季春薦鮪釋季冬嘗魚，故弘嗣糾之。**鳥獸孕，水蟲成，**解孕，懷子也。此謂春時。**獸虞於是乎禁罝羅，矠魚鼈，以爲夏槁，**解獸虞，掌鳥獸之禁令。罝，兔罟。羅，鳥罟也。禁，禁不得施也。矠，擉也。槁，乾也。夏不得取，故於此時擉刺魚鼈以爲夏儲。**疏**解「罝兔」至「鳥罟」〇《爾雅·釋器》：「兔罟謂之罝。」郭注：「罝猶遮也。」《太平御覽》引舍人《爾雅注》：「兔自作徑路，❶張罝捕之也。」《説文》：「罝，兔罔也。」《釋器》又云：「鳥罟謂之羅。」郭注：「謂羅絡之。」《詩·王風》疏引李巡《爾雅注》：「鳥飛張网以羅之。」《説文》：「羅，以絲罟鳥也。」❷《吕覽·季春紀》高注：「羅，鳥網也。」〇解「矠擉也」〇「矠」，《周官》作「簎」。《天官·鼈人》鄭司農注：「簎，謂以杈刺泥中搏取之。」《説文》：「簎，刺也。」惠士奇曰：「矠，《莊子》作擉。冬則擉鼈於江，即《西京賦》所謂『叉蔟之所攙捔』。《東京賦》『瑇瑁不蔟』，謂貍物也。《秋官》有硩蔟氏，蔟謂叉取之。司農讀爲『爵蔟』之『蔟』，蔟謂巢鳥之巢，猶魚之穴，故取之之名同。」〇解「槁乾」至「夏儲」〇《淮南·泰族訓》：❸「湯之初作囿，以奉宗廟鮮犞之具。」高注：「生肉爲鮮，乾肉爲犞。」「犞」、「槁」古字通，故槁訓乾。《周官·籩人》：「朝事之籩，膴鮑魚

❶「路」，原脱，今據《太平御覽》補。

❷「鳥」，原作「爲」，今據《説文解字》改。

❸「族」，原作「蔟」，今據《淮南子》改。

鱅。」惠士奇引或説：「鱅即鮝藏魚也。古音若『詐』，❶今音若『想』。鮑亦煏乾之，但不析耳。」此以魚爲夏槁之事。**助生阜也。**解阜，長也。鳥獸方孕，故取魚鼈助生物也。**鳥獸成，水蟲孕，水虞於是乎禁罝麗，設穽鄂，**解罝，當爲罜。罜麗，小網也。穽，陷也。鄂，柞格，所以誤獸也。謂立夏鳥獸已成，水蟲懷孕之時，禁魚鼈之網，設取獸之物也。**疏**解「罝當」至「小網」○《荀子·成相篇》：「恐爲子胥身離凶，進諫不聽，剄而獨鹿棄之江。」楊注：「當是自剄之後，盛以罜麗，弃之江也。」賈逵云：「罜麗，小罟也。」此韋義所本。明道本《傳》文作「禁罝罜麗」，黄丕烈《札記》據《西京賦》李善注與明道本同，因謂宋公序於正文刪「罜」字，於注文「罝」當爲「罛」，改云「罝當爲罜」，大繆。齡謂黄説非也。罛是大網，《衛風》「施罛濊濊」是也。罜麗之小者尚禁，則大者可知，故舉罜麗足以包罛。況「罝」與「罜」形相似，「罝」與「罛」形迥别，「罛」安得轉寫成「罝」？蓋古書徵引，各據所見之本，不必盡同。如上文「講罛罶」，《説文》引作「溝罛䍡」，安得執「溝」字以疑「講」字也？○解「穽陷」至「誤獸」。○《秋官·雍氏》：春爲阱獲，穿地爲塹以捕禽。注：「獲，柞鄂也。堅地阱淺，則設柞鄂於其中。」惠士奇曰：「《淮南子》曰『走跡獸擠脚』，蓋設柞鄂以擠其脚而獲之。一名係蹄。《戰國策》云：『人有係蹄而得虎者，虎怒，決蹯而去。』蹯，虎掌。延叔堅曰：『係蹄，獸絆也。』是謂柞鄂一名蹼，以繯獸足。《逸周書》曰『不卵不蹼，以成鳥獸』是也。」**以實廟庖，畜功用也。**解以獸實宗廟庖厨也，而長魚鼈，畜四時功，足國財用也。**疏**「以實廟庖」○《説文》：「庖，厨屋。」《周官·庖人》鄭注：「庖之言

❶「古音」上，惠士奇《禮説》有「鮝俗作鮝」四字。

苞也。❶裹肉曰苞苴也。」❷齡謂：庖，取《禮運》「以炮以膰」之義，若包裹，則菁茅橘柚皆膺斯名矣。**且夫山不槎蘖，**解槎，斫也。以株生曰蘖。**疏**「山不槎蘖」〇《爾雅·釋詁》：「烈、枿，餘也。」《書疏》引李巡《爾雅注》「枿槁木之餘也」。《漢書敘傳》注引《詩》：「苞有三蘖。」枿，劉德云：「謂木斫髡而復枿生也。」今《毛詩》本作「蘖」，《説文》作「𣟴」，云「伐木餘也」。《淮南·俶真訓》作「桙」，又轉作「肄」。《汝濆》毛傳「斬而復生曰肄」。「槎」，《漢書》引作「䍧」。顔注：「䍧，邪斫木也。蘖，髡斬之。」**澤不伐夭，**解草木未成曰夭。**疏**「澤不伐夭」〇《周南》：「桃之夭夭。」毛傳：「桃有華之盛者，夭夭，其少壯也。」《説文》引作「枖」，云「木少盛貌」。《鄘風》「夭之沃沃」，毛傳「夭，少也」。草木當少壯，則是未成材也。**魚禁鯤鮞，**解鯤，魚子也。鮞，未成魚也。**疏**「魚禁鯤鮞」〇《爾雅·釋魚》：「鯤，魚子。」《詩疏》引李巡《爾雅注》「凡魚之子總名爲鯤」。《禮·内則》：「濡魚卵醬實蓼。」鄭注：「卵讀爲鯤。鯤，魚子，或作攔。」邵晉涵曰：「魚易生子，大寒降取名魚，亦有懷子者。」此禁鯤鮞，謂立夏後也。《吕氏春秋·本味》篇：「魚之美者，東海之鮞。」高注「鮞，一云魚子」，則即未成魚也。**獸長麑麇，**解鹿子曰麑，麋子曰麇。**疏**「獸長麑麇」〇《爾雅·釋獸》：「鹿，其子麛。」《淮南·人間訓》「孟孫獵而得麑，使秦巴西持歸烹之，麑母隨之而啼」，則麑、麛蓋通字。《王制》「不麛，不卵」，鄭注：「重傷物未成也。」《釋獸》又云「麋，其子麇」，或省作「夭」，《淮南·主術訓》「不取麛夭」，高注「麋

---

❶「苞」，原作「包」，今據《毛詩正義》改。下同。

❷「裹」上，原衍「包」字，今據《毛詩正義》删。

子曰夭」是也。**鳥翼鷇卵，**解翼，成也。生哺曰鷇，未孚曰卵。**疏**解「翼成」至「曰卵」○「翼，成也」者，哀十六年《傳》子西曰：「勝如卵，予翼而長之。」《淮南·泰族訓》：「卵之化爲雛，非慈雌嘔暖覆伏，累日積久，則不能爲雛也。」❶《爾雅·釋鳥》：「生哺，鷇。」郭注：「鳥子須母食之。」《漢書·東方朔傳》注引項昭曰：「凡鳥哺子而活者曰鷇，生而自啄曰雛。」《莊子·天地》篇「鶉居而鷇食」，言其仰物而生也。「未孚曰卵」者，《吕覽·本味》篇：「流沙之西，丹山之南，有鳳之丸。」高注：「『丸』，古『卵』字。」《淮南·時則訓》「季冬之月，雞呼卵」是也。**蟲舍蚳蝝，**解蚳，螘子也，可以爲醢。蝝，復陶也，可食。舍，不取也。**疏**解「蚳螘」至「不取」○《爾雅·釋蟲》：「蚍蜉，大螘，小者螘。其子蚳。」郭注：「蚳，蟻卵。《周禮》曰『蜃蚳醬』。」《夏小正》：「二月抵蚳。蚳，螘卵也，爲祭醢也。」《釋蟲》又云：「蝝，蝮蜪。」❷《左傳疏》引李巡注：「蝝，蝗子也。」郭注：「蝗子，未有翅者。」宣十五年：「冬，蝝生。」杜預謂：「螽子以冬而生，遇寒而死。」《漢書·五行志》引劉歆説，則以爲蚍蜉之有翼者。孔穎達以爲歆説非也。《祭統》「陸産之醢」，鄭注：「蚳、蝝之屬。」此《傳》言「舍」者，不盡取也。**蕃庶物也，**解蕃，息也。**今魚方別孕，不教魚長，又行網罟，貪無藝也。」**解別，別於雄而懷子也。藝，極也。**公聞之曰：「吾過而里革匡我，不亦善乎！是良罟也，爲我得法。**解良，善也。**使有司藏之，使吾無忘諗。」**解言見此罟則不忘里革之言也。諗，告也。**師存侍，**解師，樂師。

❶「雛」，原作「鄒」，今據《淮南子》改。
❷「蜪」，原作「陶」，今據《爾雅注疏》改。

存，名也。曰：「藏罟不如寘里革於側之不忘也。」解寘，置也。

子叔聲伯如晉，謝季文子，解子叔聲伯，魯大夫，宣公弟叔肹之子公孫嬰齊也。謝季文子者，魯叔孫僑如欲去季氏，譖季文子於晉，晉人執之。郤犨之妻，聲伯之外妹也，故魯成公使聲伯如晉謝之，且請之。事在魯成十六年。郤犨欲與之邑，弗受也。解郤犨，晉卿苦成叔也，以妻故親聲伯，故欲爲請邑以予之。歸，鮑國謂之曰：「子何辭苦成叔之邑？欲信讓邪，抑知其不可乎？」解鮑國，鮑叔牙之玄孫鮑文子也，去齊適魯，爲施孝叔臣。對曰：「吾聞之，不厚其棟，疏「不厚其棟」〇《説文》：「棟，極也。」《繫傳》：「極，屋脊之棟也，亦謂之危。」《釋名》：「棟，中也，居室之中也。」極亦訓爲中。《儀禮·鄉射·記》鄭注「是制五架之屋也。正中曰棟，次曰楣，前曰庪」，❶是屋中棟最高而任最重也。不能任重。解厚，大也。任，勝也。重莫如國，棟莫如德。解言國至重，非德不任國棟。夫苦成叔家欲任兩國而無大德，解任，負荷也。兩國，晉、魯也。其不存也，亡無日矣！譬之如疾，余恐易焉。解疾，疫癘也。苦成氏有三亡：少德而多寵，位下而欲上政，解位爲下卿，而欲專國政。無大功而欲大禄，皆怨府也。解怨之所聚，故曰府。其君驕而多私，解其君，謂厲公也。多私，多嬖臣也。勝敵而歸，必立新家。解勝敵，敗楚也。大夫稱家，立新家，謂立所幸胥童之屬爲大夫。立新家，不因民不能去舊。解不

---

❶「庪」，原作「展」，今據《儀禮注疏》改。

因民之所惡，不能去舊卿也。**因民，非多怨民無所始。**解言郤氏多怨，民所始伐也。**爲怨三府，可謂多矣。**解三，謂少德而多寵，位下而欲上政，無大功而欲大禄也。**其身之不能定，焉能予人邑？」鮑國曰：「吾信不若子，若鮑氏有釁，吾不圖矣。**解釁，兆也。言鮑氏若有禍兆，吾不能豫圖之。**今子圖遠以讓邑，必常立矣。」**

晉人殺厲公，解晉人，晉欒書、中行偃也。**邊人以告，**解邊人，疆埸之司。**成公在朝。**解成公，魯宣公之子成公黑肱也。**公曰：「臣殺其君，誰之過也？」大夫莫對，里革曰：「君之過也。夫君人者，其威大矣。**解君，天也，故其威大矣。**失威而至於殺，其過多矣。**解過不積，不至於殺。**且夫君也者，將牧民而正其邪者也，若君縱私回而棄民事，**解回，邪也。**民旁有慝，無由省之，**解慝，惡也。省，察也。**益邪多矣。若以邪臨民，陷而不振。**解陷，墜也。振，救也。**用善不肯專，則不能使，至於殄滅而莫之恤也，將安用之？**解安用，安用君也。**桀奔南巢，**解南巢，揚州地，巢伯之國也，今廬江居巢縣是也。疏「桀奔南巢」○《史記·夏本紀》：「帝臯崩，子帝發立，帝發崩，子履癸立，是爲桀。」集解：「賊人多殺曰桀。」索隱曰：「桀，名也。」案：帝臯生發及桀，此以發生桀，皇甫謐同也。《汲郡古文》：「武王十三年，巢伯來賓。」《後漢·郡國志》廬江有居巢侯國，故知古之巢國即今之居巢。《夏本紀》又言「湯率兵伐桀，桀走鳴條，遂放而死」，《匈奴列傳》索隱引樂彦《括地譜》云：「夏桀無道，湯放之鳴條。」蓋鳴條者，敗奔之地。南巢者，竄伏之所也。《本紀》正義引：「《括地志》：『廬州巢縣有巢湖，即成湯伐桀放於南巢者也。』《淮南子》云：『湯敗桀歷山，與妹喜同舟浮江，奔南巢之山而死。』《國語》云：『滿於巢湖。』」齡案：正義所引《國語》逸文及諸説並與此《傳》同。唯《尚書大傳》：「湯放桀居中野，士民皆奔湯。桀與屬五百人南徙十里，止於不齊。不齊士民往奔湯；桀與屬五百人南徙於魯，魯士民復奔湯。桀曰：『國君之有也，吾聞海外有人。』與五百人俱去。」此則秦漢之際傳聞異辭耳。**紂踣於京，**解踣，斃也。京，殷京師也。

疏「紂踣於京」〇「踣，斃也」者，襄十四年《傳》：「與晉踣之。」孔疏：「前覆謂之踣。」《荀子·儒效篇》：「武王誅紂，行之日以兵忌，東面而迎太歲。至汜而汎，❶至懷而壞，❷至共頭而山墜。霍叔懼曰：『出三日而五災至，❸無乃不可乎。』周公曰：『剖比干而囚箕子，飛廉、惡來知政，又惡有不可焉！』遂選馬而進，朝食于戚，暮宿于百泉，厭旦於牧之野。鼓之而紂卒易鄉，遂乘殷人而進誅紂。」「殷京師」者，即《史記正義》引《括地志》所云「衛州東北七十三里朝歌故城」是其地也。**厲流於彘，**解厲，周厲王也。彘，晉地。**幽滅於戲，**解幽，幽王，爲西戎所殺。戲，戲山，在西周。**疏**「幽滅於戲」〇《水經·渭水》注：「渭水又東，石川水南注焉。渭水又東，戲水注之，水出麗山馮公谷，東北流，又北逕戲亭東。應劭曰：『戲，宏農湖縣西界也。』地隔諸縣，不得爲湖縣西。』蘇林曰：『戲，邑名，在新豐東南四十里。』孟康曰：『乃水名也。今戲亭是也。』犬戎敗幽

---

❶「汎」，原作「汜」，今據《荀子》改。

❷「至」下，原衍「至」字，今據《荀子》删。「壞」，原作「懷」，今據《荀子》改。

❸「出」，原脱，今據《荀子》補。

王於戲水上，身死於麗山之北。』」《漢書·高帝紀》顔注：「戲在新豐東，今有戲水驛。其水本出藍田北界横嶺，至此而北流入渭。」《詩·王風》孔疏引：「孔晁《國語注》：『戲，西周地名。』《史記》言麗山，《國語》云於戲，則是驪山之下有地名戲。皇甫謐曰：『今京兆新豐東二十里戲亭是也。』潘岳《西征賦》云『軍敗戲水之上，身死麗山之北』，則戲，水名。韋昭云『戲，山名』，非也。」齡案：弘嗣因戲水發源於麗山，遂以麗山爲戲山，故孔穎達糾正之。然稷死於黑水之山，則山亦可以水名也。至《路史·國名紀》注引《西京道里記》謂「幽褒戲此而名」，則妄矣。**皆是術也。**解術，道也。皆失威多過之道。**夫君也者，民之川澤也。行而從之，美惡皆君之由，民何能爲焉。」**解川澤者，以君喻川澤，民喻魚也。從之者，魚從川之美惡以爲肥瘠。

季文子相宣、成，無衣帛之妾，無食粟之馬。仲孫它諫解仲孫它，魯孟獻子之子子服它也。**曰：「子爲魯上卿，相二君矣，妾不衣帛，馬不食粟，人其以子爲愛，且不華國乎？」**解愛，吝也。華，榮華也。**文子曰：「吾亦願之。**解願華侈也。**然吾觀國人，其父兄之食麤而衣惡者猶多矣，吾是以不敢。人之父兄食麤衣惡，而我美妾與馬，無乃非相人者乎！且吾聞以德榮爲國華，**解以德榮顯者，可以爲國光華。**不聞以妾與馬。」文子以告孟獻子，**解獻子，它之父仲孫蔑也。**獻子囚之七日。**解囚，拘也。**自是子服之妾衣不過七升之布，**解子服，即它也。八十縷爲升。**疏**「衣不」至「之布」〇《禮·間傳》：「斬衰三升，既虞、卒哭，受以成布六升。爲母疏衰四升，受以成布七升。」

則七升雖已成布，而爲極麤者。漢律：「布謂之總，總曰升，升曰登。」又漢令徒隸衣七緵布。八十縷曰緵，則緵、總、升、登一也。**馬餼不過稂莠。**解餼，秣也。稂，童稂也。莠，草似稷而無實。疏「馬餼不過稂莠」○《爾雅·釋草》：「稂，童粱。」《曹風·下泉》疏引陸璣疏云：「秀爲穗而不成，❶崱嶷然，則謂之童粱。今人謂之宿田翁，或謂之宿田。」❷邵晉涵曰：「陸璣所説與許叔重同。南方農諺謂之扁子。磽瘠之地與雨暘不時，人力不齊，則穀有稃而無米謂之稂也。莠者，❸《説文》『禾粟下揚生莠』。《詩疏》引《鄭志》：『韋曜問：《甫田》維莠，今何草？答曰：今之狗尾也。』今狗尾草所在有之，狀誠似稷而不結實，與稂之不實者同，其稃内有米皮亦與稂同。」**文子聞之曰：「過而能改者，民之上也。」使爲上大夫。**

---

❶「而不成」三字，原脱，今據《毛詩正義》補。

❷「宿」，原作「守」，今據《毛詩正義》改。

❸「莠」，原作「秀」，今據《爾雅正義》改。

國語正義卷第五

歸安董增齡撰集

魯　語　下

叔孫穆子聘於晉，解穆子，魯卿叔孫得臣之子豹也。**疏**解「穆子」至「子豹」〇《史記·魯世家》正義引《世本》云：「桓公生僖叔牙，牙生戴伯兹，兹生莊叔得臣，得臣生穆叔豹。」成十七年，僑如出奔齊，魯人召豹于齊而立以爲卿，故膺大聘之使也。**晉悼公饗之，**解以饗禮見之。**樂及《鹿鳴》之三，而後拜樂三。**解及，至也。悼公先爲穆子作《肆夏》、《文王》各三篇而不拜，至作《鹿鳴》之三篇，而後拜樂三也。**晉侯使行人問焉，**解行人，官名，掌賓客之禮。《傳》曰：「韓獻子使行人子員問焉。」❶曰：**「子以君命鎮撫敝邑，**解鎮，重也。撫，安也。**不腆先君之禮以辱從者，**解腆，厚也。稱從者，謙也。**不腆之樂以節之，**解以樂節禮也。**吾子舍其大而加禮於其細，敢問何禮也？」**解大，謂《肆夏》、《文王》。細，謂

❶ 「獻」，原作「宣」，今據宋公序本《國語》改。

《鹿鳴》也。**對曰：「寡君使豹來繼先君之好，君以諸侯之故況使臣以大禮。**解況，賜也。**夫先樂金奏《肆夏》《繁》、《遏》、《渠》，天子所以饗元侯也，**解金奏，以鐘奏樂也。《肆夏》一名《繁》，《韶夏》一名《遏》，《納夏》一名《渠》，此三《夏》曲也。禮有九《夏》，《周禮・鐘師》：「掌以鐘鼓奏有九《夏》。」元侯，牧伯也。鄭後司農玄：「九《夏》，皆篇名，《頌》之類也，載在樂章，樂崩亦從而亡，是以《頌》不能具。」**疏**「夫先樂」至「遏渠」○《周禮・鐘師》鄭注：「金奏，擊金以爲奏樂之節。金謂鐘及鎛。」賈疏：「此即鐘師自擊不編之鐘。凡作樂，先擊鐘，故鄭云『金奏擊金以爲奏樂之節』也。」云「《肆夏》一名《樊》，《韶夏》一名《遏》，《納夏》一名《渠》，此三《夏》曲也」者，襄四年《傳》杜預注同。劉光伯規杜曰：「《文王》之三，即《文王》是其一，《大明》、《緜》是其二。《鹿鳴》之三，則《鹿鳴》是其一，《四牡》、《皇皇者華》是其二。然則《肆夏》之三，亦當《肆夏》是其一，《樊》、《遏》、《渠》是其二，安得復以《樊》爲《肆夏》之別名？若《樊》即是《肆夏》，何須重舉二名？」孔穎達申杜義曰：「《肆夏》之三，是自《肆夏》以下有三，❶故爲《韶夏》、《納夏》，凡爲三《夏》。但此三《夏》，各有別名。故《國語》謂之《繁》、《遏》、《渠》，是一字以當一《夏》。若《國語》直云『❷金奏《繁》、《遏》、《渠》』，則三《夏》之名没而不顯。故『繁』字上特以《肆夏》冠之。」案：《周禮・鐘師》杜子春注：「《肆夏》、《文王》、《鹿鳴》俱稱三，謂其三章也。以此知《肆夏》，詩也。」《鐘師》鄭康成注引呂叔玉曰：「《肆夏》、《繁遏》、

---

❶ 「是自」，原倒，今據《春秋左傳正義》乙正。

❷ 「國語」二字，原脱，今據《春秋左傳正義》補。

《渠》皆《周頌》也。《肆夏》，《時邁》也。《繁遏》，《執競》也。《渠》，《思文》也。肆，遂也。夏，大也。言遂於大位，謂王位也。故《時邁》曰：『肆于時夏，允王保之。』繁，多也。遏，止也。言福禄止于周之多也。故《執競》曰：『降福穰穰，降福簡簡，福禄來反。』渠，大也，言以后稷配天，爲王道之大。故《思文》曰『思文后稷，克配彼天』。」弘嗣不從子春、叔玉者，蓋《肆夏》《繁》一也，《遏》二也，《渠》三也，是三《夏》曲名，非《頌》篇也。《時邁》一也，《執競》二也，《思文》三也，是《周頌》詩名，非樂曲也，二者判然不相合，故引《鐘師》鄭司農注「九《夏》皆篇名，《頌》之類也」，司農既言《頌》之類，不得即以《頌》當之。司農又云「載在樂章，樂崩亦從而亡，是以《頌》不能具」者，孔穎達曰：「鄭以九《夏》别有樂歌之篇，非《頌》也。但以歌之大者皆稱《夏》耳。」賈公彦曰：「樂崩在秦始皇之世，隨樂而亡，《頌》内無，故云《頌》不能具也。」是韋解用鄭司農義也。徐養原曰：「九《夏》皆金奏之樂，有聲無辭，先鄭注《樂師》：『《肆夏》、《采薺》皆樂名，或曰皆逸《詩》。』蓋有詞曰逸《詩》，無詞曰樂名。竊疑九《夏》皆總名，每《夏》不止一曲。《繁》、《遏》、《渠》三者皆《肆夏》之曲名，猶《鹿鳴》之三屬《小雅》，《文王》之三屬《大雅》也。《内傳》云：三《夏》謂《肆夏》之三曲，非謂九《夏》中之三《夏》也。九《夏》各有所用，恐無連奏三《夏》之理。」此《傳》於《繁》、《遏》、《渠》則冠以《肆夏》，以《鹿鳴》、《文王》不言《大雅》、《小雅》者，殆以《肆夏》及《大雅》俱不拜，而《肆夏》尤大，故鄭重言之乎？　○「天子」至「元侯」

○襄四年《傳》杜注「元侯牧伯」，疏引《周禮・大宗伯》云：「八命作牧，九命作伯。」鄭注：「牧，謂諸侯有功德者，加命得專征伐于諸侯也。伯，謂上公有功德者，加命爲二伯，得征五侯、九伯者也。」鄭司農云：「牧，一州之牧也。伯，長諸侯爲方伯也。」然則牧是州長，伯是二伯，雖命數不同，俱是諸侯之長也。《詩・小大雅譜》疏：「元，長也。謂諸侯之長。牧伯與上公則爲大國，故《儀禮》注云：天子與大國之君燕，升歌《頌》，合《大雅》。以《肆夏》、《頌》之族類，故以《頌》言之。牧伯爲元侯，則其餘侯伯爲次國，子男爲小國，非元侯也，故總謂之諸侯，故用樂與兩君相見之樂同。」穆叔引此者，明非元侯，不敢當此樂也。**夫歌《文王》、《大明》、《緜》，則兩君相見之樂也，**解《文王》、《大明》、《緜》，《大雅》之首，《文王》之三也。此三篇皆美文王、武王有聖德，天所輔胙，其徵應符驗著見于天，乃天命，非人力也。周公欲昭先王之德于天下，故兩君相見得以爲樂也。**疏**「夫歌」至「之樂」〇《周禮・鐘師》疏：「天子享五等諸侯，升歌《大雅》，合《小雅》。五等自相享，亦與天子享己同。」《詩・小大雅譜》疏：「舉其正所當用者。天子以《大雅》，而饗元侯歌《肆夏》；國君以《小雅》，而於鄰國歌《文王》，是饗賓或上取也。」襄十一年《傳》：「歌鐘二肆。」是歌必以金奏之，言金奏《肆夏》，亦歌之，《文王》、《鹿鳴》因上有「金奏」之文，不須復云「金奏」，故直云「歌」。其實《文王》、《鹿鳴》亦金奏，《肆夏》亦工歌，互言之。云「三篇，皆美文王、武王有聖德」者，《詩序》：「《文王》，言文王受命作周。《大明》，言文王有明德，故天復命武王伐紂。❶《緜》，言文王之興，本由太王也。」文、武有是德，故天右而助之，用之於兩君相見者，使後世諸侯聽其樂如見文、武也。**皆昭令德以合好也，皆非使臣之所敢聞**

❶「伐紂」，《毛詩正義》無此二字。

也。臣以爲肄業及之，故不敢拜。解肄，習也。以爲樂人自習修其業而及之，故不敢拜。**今伶簫詠歌及《鹿鳴》之三，**解伶，伶人，樂官也。簫，樂器，編竹爲之。言樂人以簫作此三篇之聲，與歌者相應也。《詩》云：「簫管備舉。」疏「今伶簫詠歌」〇《吕氏春秋・古樂》篇：「黄帝使伶倫自大夏之西、崑崙之陰取竹，斷兩節，間而吹之，以爲黄鍾之宫。」孔穎達曰：「泠氏世掌樂官而善焉，故後世多號樂官曰伶官。」云「簫，樂器，編竹爲之」者，《爾雅・釋器》：「大簫謂之言。」郭注：「編二十三管，長尺四寸。」《釋器》又云：「小者謂之筊。」郭注：「十六管長尺二寸。」邵疏引《通卦驗》註云：「簫管形鳥翼，鳥爲火，火成數七，生數二，二七一十四，簫之長由此。」《廣雅》云：「管大者二十四管。」《北堂書鈔》引《三禮圖》云「雅簫長尺四寸，二十四彄」。諸家云簫二十四管，郭云二十三管，別有所據也。**君之所以況使臣，臣敢不拜況！夫《鹿鳴》，君之所以嘉先君之好也，敢不拜嘉！**解嘉，善也。《鹿鳴》曰：「我有嘉賓，德音孔昭。」是爲嘉善先君之好也。疏「夫鹿」至「拜嘉」〇襄四年《傳》杜注：「晉以叔孫爲嘉賓，故歌《鹿鳴》之詩，取其『我有嘉賓』。」叔孫奉君命而來，嘉叔孫，乃所以嘉魯君。」故穆叔以嘉善歸之君善，則稱君之義也。**《四牡》，君之所以章使臣之勤也，敢不拜章！**解《四牡》，君勞使臣之樂也。章，著也。言臣奉命勞勤於外，述敘其情以歌樂之，所以著其勤勞也。疏「四牡」至「拜章」〇襄四年《傳》杜注：「《詩》言使臣乘四牡，騑騑然行不止。勤，勞也。晉以叔孫來聘，故以此勞之。」蓋勞之，正所以章其勤也。**《皇皇者華》，君教使臣曰『每懷靡及』，**解《皇皇者華》，君遣使臣之樂也。皇皇，猶煌煌也。懷私爲每懷。靡，無也。言臣奉使，當榮顯其君，如華之色煌煌然。然既受命，當思在公，每人人懷其私，於事將無所及。**疏**「皇皇」至「靡及」○襄四年《傳》疏：「此詩本意，文王教出使之臣，使遠而有光華，❶又當諮問善道於忠信之人。今晉君歌此以寵穆叔，穆叔執謙以爲晉侯所教。故云：『君教使臣。』下云『臣獲五善，敢不重拜』，與詩本意異也。」**諏、謀、度、詢，必咨於周，敢不拜教！** **解**此六者，皆君之所以教臣也。訪問於善爲咨，忠信爲周。言諏、謀、度、詢必當咨之忠信之人。**疏**「諏謀度詢」○《爾雅·釋詁》諏、度、詢並訓謀。《説文》：「諏，聚謀也。」《特牲饋食禮》：「不諏日。」《説文》：「慮難曰謀。」《士喪禮》：「度茲幽宅兆基。」《舜典》：「詢于四岳。」《史記》作「謀于四岳」。孔穎達曰：「咨是訪名，所訪者事，故先咨諏。事有難易，故次咨謀。既有難易，當訪禮法所宜，故次咨度。所宜之内，當有親疎，故次咨詢也。」**臣聞之曰：『懷和爲每懷，** **解**鄭後司農云：「和，當爲『私』。」**疏**解「和當爲私」○《詩》毛傳：「每，雖。懷，和也。」鄭箋：「『和』當爲『私』。」疏謂：「鄭所據者，本無『每雖』，後人以下傳『雖有中和』之言，下文『每有良朋』之下有『每，雖』之訓，因而加之。」案：此《傳》「懷和爲每懷」，弘嗣據《詩箋》「和」當作「私」。《晉語》姜氏引《詩》云「每懷靡及」下即言：「夙夜征行，不遑啟處，猶懼不及，況其縱欲懷安，將何及乎！《西方之書》曰：『懷與安，實病大事。』《鄭詩》曰：『仲可懷也。』《鄭詩》之旨，吾從之矣。」累牘所徵，並以懷爲私懷之義。《鄭志》張逸問：「此箋云：『中和，謂忠信。』『每懷靡及』，箋云：『懷和爲每

❶「使」，原脱，今據《春秋左傳正義》補。

懷，❶和當爲私。』而此言忠信，愚意似乖。」答曰：「非也。此周之忠信也。己有五德，復問忠信之賢人。」孔穎達曰：「鄭意所言『中和』非上『每懷』也。此自是『周，忠信』也。言『中和』者，義出於『周』，不出於『每懷』也。箋轉『和』以申毛，非破『和』而駁傳。」故弘嗣即據箋説也。　**咨才爲諏**，解才，當爲「事」。《傳》曰：「咨事爲諏。」**疏**解「才當」至「爲諏」○「才，當爲事」者，據《内傳》「咨事爲諏」之文。或謂：「《爾雅·釋詁》『哉，始也』。哉，《説文》作『才』，云：『草木之始也。』《書》云：『往哉汝諧。』《張平子碑》作『往才汝諧』，才爲聘事之始，故詩第二章先言之，下謀、度、詢即繼此而爲之者。《儀禮·聘禮》『君與卿圖事』，即諏也。《特牲饋食禮》『不諏日』，亦是謀祭之始，則才正與諏符。」案：襄四年《内傳》疏引孔晁《國語注》：「材謂政幹也。雖不破才爲事，亦不得訓爲始也。」**咨事爲謀**，解事，當爲「難」。《傳》曰：「咨難爲謀。」**咨義爲度**，解咨禮義爲度，度亦謀也。　**咨親爲詢**，解詢親戚之謀。　**忠信爲周。』**解言當咨之以忠信之人也。《詩》云：「周爰咨詢。」**君況使臣以大禮，重之以六德，敢不重拜！」**解六德，謂諏也、謀也、度也、詢也、咨也、周也。**疏**「重之以六德」○襄四年《傳》：「言臣獲五善。」而此言「重之以六德」者，孔疏引《國語》孔晁注「既有五善，又自謂無及，成爲六德」。言自謂知無所及，懷靡以問知者，此亦即是一德，故爲六德也。案：六德皆受君之教而始知，此亦是君之所賜，故蒙上「君況使臣」之文而言之。若韋解以諏、謀、度、咨、詢之外益以周爲六德，則鄭康成明言已有五德，當復問忠信之人。上文韋解亦言「當咨之忠信之人」，則周當指使臣所就正之

❶「和」，原作「私」，今據《毛詩正義》改。

人，不得以周歸使臣之身也。孔晁正確守鄭義，不嫌與韋歧説也。

季武子爲三軍，解爲，作也。武子，魯卿，季文子之子季孫夙也。《周禮》：「天子六軍，諸侯大國三軍。」魯，伯禽之封，舊有三軍，其後削弱，二軍而已。武子欲專公室，故益中軍以爲三，三家各征其一。事在魯襄十一年。疏「爲三軍」○襄十一年《公羊傳》注：「古者諸侯有司徒、司空，上卿各一，下卿各二；司馬事省，上下卿各一。襄公委政强臣，國家内亂，兵革四起，軍職不供，❶不推其原，乃益司馬作中卿，官踰王制，❷故譏之。」案：中卿之名，《經》、《傳》無證，且是時季孫之改制，非襄公之益官，則《公羊》注之説非也。杜預曰：「魯本無中軍，唯上下二軍，皆屬於公。有事，三卿更帥以征伐。季氏欲專其民人，故假中軍，因以改作。」案：杜言魯本無中軍，此指襄公初年言之。若謂魯封國以來止有二軍者，是與《詩·閟宫》鄭箋相違，韋所不取也。○解「魯伯禽」至「而已」○《詩·閟宫》箋：「萬二千五百人爲軍，大國三軍，合三萬七千五百人。言三萬者，舉成數也。」孔疏糾之曰：「凡舉大數，皆舉所近者，若是三萬七千五百人，可數至四萬，不應退減其數以爲三萬。今以《春秋》檢之，則僖公無三軍。襄十一年《經》書『作三軍』，明以前無三軍。昭五年又書『舍中軍』，若僖有三軍，則作之當書。自文至襄復減爲二，則舍亦當書。其實於時唯二軍耳。」案：《閟宫》「頌僖公能復周公、伯禽之業」，則伯禽至僖公，中更考公、煬公、幽公、魏公、厲公、獻公、真公、武公、

❶「職」，原作「賦」，今據《春秋公羊傳注疏》改。

❷「官」，原重，今據《春秋公羊傳注疏》删其一。

懿公、伯御、孝公、惠公十二君。《費誓》言「三郊三遂」，三郊即三鄉，萬二千五百家爲鄉。《小司徒》：「凡起徒役，無過家一人。」據《費誓》所言，魯明有三軍之制，但舍於惠公之前，故《經》不書。又襄十一年《傳》孔疏：「僖公復古制，亦三軍矣。蓋自文公以來，霸主之令，軍多則貢事多，自減爲二軍耳，非魯衆不滿三軍也。『作三軍』與『舍中軍』，皆是變故改常，卑弱公室，季氏秉國權，專擅改作，故史特書之耳。若國家自量强弱，其軍或益或減，❶國史不須書也。」《詩疏》糾鄭箋，《左傳疏》遵鄭箋，《左傳疏》爲是。弘嗣云「舊有三軍」，是確守鄭箋義也。○解「武子」至「其一」○錢大昕引江永説：「魯之作三軍也，季氏取其乘之父兄、子弟盡征之；孟氏取半焉，以其半歸公；叔孫氏臣其子弟，而以其父兄歸公。所謂子弟者，兵之壯者也；父兄者，兵之老者也，皆其素在軍籍，隸之卒乘者，非通國之父兄、子弟也。其後『舍中軍』，季氏擇二三子各一，皆盡征之，而貢于公家。若民之爲農者，出田税仍歸之君，故哀公曰：『二吾猶不足。』三家雖專，亦唯食其采邑耳。豈嘗使通國之農盡屬己哉？」案：杜注但言「三分國民衆」，而不剖析兵農，其説非也。**叔孫穆子曰：「不可。天子作師，公帥之，以征不德。**解師，謂六軍之衆也。公，謂諸侯爲王卿士者也。《周禮》：「軍將皆命卿。」《詩》云：「周公東征。」周公時爲二伯而東征，則亦上公爲元帥也。疏解「師謂」至「之衆」○《周禮・小司徒》之法：萬二千五百家爲鄉，萬二千五百人爲軍。天子六軍出自六卿。而大司馬之法：五旅爲師，五師爲軍，則師少而軍多。然「師」之爲文，从𠂤从帀，以人帀𠂤爲衆之義，故言軍固可兼師

❶「或益或減」，《春秋左傳正義》作「或減或益」。

而言，師亦可包軍。《大雅・棫樸》「六師及之」，《常武》「整我六師」，則軍固可以名師也。〇解「公謂」至「卿士」〇《周禮・典命》：「天子三公八命，其卿六命。及其出封，皆加一等。」或命此公卿入相王室，則得服其在國之服。衛武公入聽王政，《淇澳》言「會弁如星」，鄭箋言「侯、伯瑾飾七」，是得服其七命之服。若有征伐之事，即以之司王朝之軍政。召虎爲燕伯而帥師征淮夷，仲山甫爲樊侯而帥師築齊城，下至桓王時，虢公林父將右軍，猶見於《内傳》。此皆由己國而入襄王政，非本留王朝而未曾至國者也。**元侯作師，卿帥之，以承天子。**解元侯，大國之君也。師，三軍之衆也。大國三卿，皆命于天子。承天子，謂從王師以征不義也。孔子曰：「天下有道，則禮樂征伐自天子出。」**諸侯有卿無軍，帥教衛以贊元侯。**解諸侯，謂次國之君也。有卿，有命卿也，二卿命于天子，一卿命于其君。無軍，無三軍也。若元侯有事，則令卿帥其所教武衛之士以佐元侯。《禮》所謂「次國二軍，小國一軍」，謂以賦出軍，從征伐也。贊，佐也。**自伯、子、男有大夫無卿，**解無卿，無命卿也。《王制》曰：「小國二卿，皆命於其君。」**帥賦以從諸侯。**解賦，國中出兵車、甲士，以從諸侯也。**是以上能征下，下無姦慝。**解征，正也。慝，惡也。**今我小侯也，**解言小侯者，削弱之日久矣。**處大國之間，**解大國，齊、楚也。**繕貢賦以共從者，猶懼有討。**解猶懼以不給見誅討也。**若爲元侯之所，**解之所，謂作三軍，元侯所爲。**以怒大國，無乃不可乎？」弗從，遂作中軍。**解言中者，明已有上下軍也。**自是齊、楚代討於魯，**解代，更也。**襄、昭皆如楚。**解襄，襄公。昭，昭公也。如楚，朝事楚也。事在襄二十九年、昭七年。

諸侯伐秦，及涇莫濟。解及，至也。涇，水名也。濟，渡也。魯襄十一年，晉悼公伐鄭，秦人伐晉以救鄭。十四年，晉使六卿帥諸侯之大夫伐秦，至涇水，無肯先渡者。**疏**解「涇水名」○《漢書・地理志》安定郡涇陽：「开頭山在西，《禹貢》涇水所出，東南至陽陵入渭，過郡三，行千六十里，雍州川。」成十三年《傳》疏引杜氏《釋例》：「涇水出安定朝那縣西，東南經新平、扶風，至京兆高陸縣入渭。」《史記・夏本紀》正義引《括地志》云：「涇水源出原州百泉縣西南笄頭山涇谷。」案：笄頭山在今陝西平涼府城西南三十里。**晉叔嚮見叔孫穆子曰：「諸侯謂秦不恭而討之，及涇而止，於秦何益？」**解何益，何益於伐秦之事。**穆子曰：「豹之業，及《匏有苦葉》矣，不知其它。」**解業，事也。《匏有苦葉》，《詩・邶風》篇名也。其詩曰：「匏有苦葉，濟有深涉。深則厲，淺則揭。」言其必濟，不知其它也。**疏**「穆子」至「其它」○《詩・匏有苦葉》疏引陸璣云：「『匏葉少時可以爲羹，又可淹煮，極美。今河南揚州人恒食之。八月中，堅强不可食，故云苦葉』。言葉苦不可食，似禮禁不可越也。涉言深不可渡，似葉之苦不可食。」案：《詩》言「不可食」、「不可涉」，喻男女有禮節，不可相踰。此《傳》叔孫引苦葉不可食，言但可供渡水而已，志在必濟，即無舟亦當厲、揭矣。此許叔向之請也。賦詩斷章，與詩本義異矣。○解「其詩」至「其它」○《詩疏》：「鄭以此深涉謂深于先時，則隨先時深淺，至八月水長深於本，故云深涉。涉非深淺之名，既以深淺喻時，則又假水深淺，以喻下『深』字亦不與深涉同也。」《爾雅・釋水》：「以衣涉水曰厲，繇膝以下爲揭，繇膝以上爲涉，繇帶以上爲厲。」李巡注：「濟，渡也。水深則厲，水淺則揭衣渡也。不解衣而渡水曰厲。」孫炎注：「揭，褰衣裳也。以衣涉水濡褌也。」《詩疏》引《論語》鄭注及《左傳》服注皆云「由膝以上爲厲」者，以褰衣、揭衣止由膝以下，明膝以上至由帶以上總名厲也。言遇水深淺期之必渡，穆叔引此詩言己志在必濟也。**叔嚮退，召舟虞與司馬，**解舟虞，掌舟。司馬，掌兵。疏解「舟虞掌舟」〇《吕氏春秋・上農》篇：「澤非舟虞不敢緣。」高注云：「舟虞，主舟官也。」**曰：「夫苦匏不材於人，共濟而已。**解材，讀若裁也。不裁於人，言不可食也。共濟而已，佩匏可以渡水也。疏「苦匏」至「而已」〇《神農本草經》：「苦瓠，下品。」李時珍謂：「即苦匏。」引陶弘景《别録》曰：「今瓠忽有苦者如膽，不可食，非别生一種也。」韓保昇《蜀本草》：「瓠即匏，有甘、苦二種。甘者大，苦者小。汪機《會編》：『瓠有原種，是甘忽變苦者，俗謂以雞糞擁之，或牛馬踐踏，皆變爲苦。』案：先知其苦種，故留之霜後以待渡水之用。若必嘗而後知其苦，則破而不堪佩矣。」韓説是也。《莊子》：「惠子謂莊子曰：『魏王貽我大瓠之種，我樹之成而實五石，吾爲其無用掊之。』莊子曰：『何不能攄以爲大罇而浮乎江湖。』」是佩匏可以渡水也。**魯叔孫賦《匏有苦葉》，必將涉矣。**解詩以言志也。疏「魯叔」至「涉矣」〇穆子但引《匏有苦葉》之成語，渾言匏甘苦也。叔向指爲苦匏，是傳成穆子之意也。**具舟除隧，不共有法。」**解隧，道也。共，具也。舟虞具舟，司馬除道。法，法刑也。**是行也，魯人以莒人先濟，諸侯從之。**解諸侯，諸侯之大夫也。以，用也。能東西之曰以。

襄公如楚，及漢，聞康王卒，欲還。解襄公，魯成公之子襄公午也。如楚者，以宋之盟朝于楚也。漢，水名。康王，楚恭王之子康王昭也。疏「及漢」〇《水經》：「漾水出隴西氐道縣嶓冢山，東至武都沮縣爲漢水。」《漢・地理志》引《禹貢》曰：「嶓冢道漾，東流爲漢，又東爲滄浪之水，過三澨，至于大別，南入于江。」

顔注：「三澨，水名，在江夏竟陵。」❶楚都在江夏之西。襄二十八年《傳》「鄭游吉如楚，及漢，楚人還之」，定四年《傳》蔡侯曰「余所有濟漢而南者」，是自諸夏適楚，必渡漢也。**叔仲昭伯曰：「君之來也，非爲一人也，**解叔仲昭伯，魯大夫，叔仲惠伯之孫叔仲帶也。一人，謂康王也。**爲其名與其衆也。**解名，謂爲大國有盟主之名也。衆，略地多，兵甲衆也。**今王死，其名未改，其衆未敗，何爲還？」諸大夫皆欲還。子服惠伯曰：「不知所爲，姑從君乎！」**解惠伯，魯大夫，仲孫它之子子服椒也。姑，且也。**叔仲曰：「子之來也，非欲安身也，爲國家之利也，故不憚勤遠而聽於楚。**解憚，難也。**非義楚也，畏其名與衆也。**解義楚，非以楚有義而往也。**夫義人者，固慶其喜而弔其憂，況畏而服焉。**解慶，猶賀也。喜，猶福也。**聞畏而往，聞喪而還，苟芈姓實嗣，其誰代之任喪？**解芈，楚姓也。嗣，嗣世也。任，當也。誰當代之當喪爲主者乎？言必自當之，故不可不往弔也。**王大子又長矣，執政未改，**解執政，令尹、司馬也。改，易也。**予爲先君來，死而去之，其誰曰不如先君？**解言我爲楚先君故來，聞死而去之，後嗣臣子誰肯謂德不如先君者乎？**將爲喪舉，聞喪而還，其誰曰非侮也？**解舉，動也。如在國聞楚有喪，將爲之舉動而往，況已至漢，聞喪而還，其誰言魯不輕侮之也？**事其君而任其政，其誰由己貳？**解任，當也。由，從也。言楚臣方事其君，而當其政，其誰肯從己時而使諸侯有

❶ 「陵」，原脱，今據《漢書》補。

攜貳者乎。**求說其侮，而亟於前之人，其讎不滋大乎？** **解**說，猶除也。滋，益也。亟，疾也。言楚君求除其輕侮己者，將急疾于前之人，此讎不益大乎？**說侮不懦，執政不貳，帥大讎以憚小國，其誰云待之？** **解**懦，弱也。憚，難也。言楚人欲除其侮慢之恥，不懦弱，其執政之臣無二心。以楚大讎爲魯作難，其誰能待之？待，猶禦也。**若從君而走患，則不如違君以避難。** **解**走，之也。**且夫君子計成而後行，二三子計乎？有禦楚之術而有守國之備乎？則可也。** **解**可，可還也。**若未有，不如往也。」乃遂行。反，及方城，聞季武子襲卞，** **解**方城，楚北山。卞，魯邑也。季武子襲之以自予。**疏**解「方城楚北山」○《水經・潕水》注：「潕水東北逕于東山西，潕水之左即黃城山也。有谿水出黃城山，❶東北逕方城。《郡國志》曰：『葉縣有方城。』郭仲產曰：『苦菜、于東之間有小城，名方城，東北臨谿水，尋此城致號之由，因山以表名也。』《尸子》曰『楚狂接輿耕於方城』，蓋於此也。盛弘之云：『葉東界有故城，始犨縣東，至瀙水，達比陽界，南北聯聯數百里，號爲方城，一謂之長城。』云：『酈縣有故城一面，未詳里數，號爲長城，即此城之西南隅，其間相去六百里，北面雖無基築，皆連山相接，而漢水流其南，故屈完答齊桓公云：「楚國，方城以爲城，漢水以爲池。」《郡國志》曰：「葉縣有長城山曰方城。」』」指此城也。又《水經・汝水》注：「葉縣南有方城山，山有涌泉北流，畜之以爲陂。」注又言：「醴水又屈而東南流，逕葉縣故城北，❷

❶「谿」，原脱，今據《水經注》補。

❷「北」，原脱，今據《水經注》補。

楚盛周衰，控霸南土，欲争强中國，多築列城於北方，以逼華夏，故號此城爲萬城，或作方字。唐勒《奏土論》曰：『我是楚也，世霸南土。自越以至葉垂，弘境萬里，故號曰萬城也。』」案：方城自是山名，酈氏采萬城之説，存舊聞也。〇解「卞魯」至「自予」〇《漢書・地理志》「魯國卞縣」顏注：「即僖十七年『夫人姜氏會齊侯于卞』者也。」《水經・泗水》注：「泗水自卞而會于邾水。」案：在今山東兖州府泗水縣東五十里。《内傳》：「凡師輕曰襲。」杜注：「掩其不備也。」《吕氏春秋・悔過》篇高注：「不鳴鐘鼓，密聲曰襲。」**公欲還，出楚師以伐魯。** 解伐季氏也。言魯者，季氏專魯國。**榮成伯曰：「不可。** 解成伯，魯大夫，聲伯之子，名欒。**君之於臣，其威大矣。不能令於國，而恃諸侯，諸侯其誰暱之？** 解暱，親也。**若得楚師以伐魯，魯既不違夙之取卞也，必用命焉，守必固矣。** 解夙，武子名也。言夙取卞時，魯人不違而從之，是謂聽用其命，必同心而守，故言「固」也。**若楚之克魯，** 解克，勝也。**諸姬不獲闚焉，而況君乎？彼無亦置其同類以服東夷而大攘諸夏，將天下是王，而何德於君，其予君也？** 解無亦，亦也。同類，同姓也。攘，卻也。言楚將自置其同姓于魯以取天下，不予君也。**若不克魯，君以蠻夷伐之，而又求入焉，必不獲矣。不如予之，** 解予之，以卞予武子也。**夙之事君也，不敢不悛。** 解悛，改也。**醉而怒，醒而喜，庸何傷？** 解庸，用也。言公欲伐魯，若人醉而怒。今止，若醒而喜也，用何傷乎？**君其入也！」乃歸。**

襄公在楚，季武子取卞，使季冶逆， 解季冶，魯大夫季氏之族子冶也。逆，迎也。**追而予之**

璽書，**解**璽，印也。古者大夫之印亦稱璽。璽書，璽封書也。**疏**解「璽印」至「封書」〇蔡邕《獨斷》云：「璽，印也，印者，❶信也。天子璽白玉螭虎紐。古者尊卑共之。《月令》曰：『固封璽。』」《淮南・説林訓》：「龜紐之璽，賢者以爲佩。」高注：「龜紐之璽，衣印也。」應劭《漢官儀》：「璽，施也，信也。古者尊卑共之。」《唐六典》引《周書》：「湯放桀，取天子之璽，置天子之座。」則夏已有璽名。衛弘云：「秦以前民皆以金玉爲璽，唯其所好。自秦以來，唯天子之印獨稱璽，又以玉，羣臣莫得用也。」孔穎達曰：「《周禮》掌節貨賄，用璽節。鄭注『今之印章』，則周時印已名璽，但上下通用。」**以告曰：「卞人將叛，臣討之，既得之矣。」****解**此璽書之辭也。**公未言。榮成子曰：****解**恐公怒，故先言也。**「子股肱魯國，社稷之事，子實制之。唯子所利，何必卞？****解**利，猶便也。**卞有罪而子征之，子之隸也，又何謁焉？」****解**隸，役也。謁，告也。**子冶歸，致禄而不出，****解**致，歸也。歸禄，還采邑也。《傳》曰：「公冶致其邑。」**曰：「使予欺君，謂予能也。****解**欺，謂璽書言卞人將叛也。能，賢能也。**能而欺其君，敢享其禄而立其朝乎？」****解**享，食也。

虢之會，**解**諸侯之大夫尋宋之盟也。在魯昭元年。**楚公子圍二人執戈先焉。****解**楚公子圍，恭王之庶子靈王熊虔也，時爲令尹。先，謂使二人執戈在前導也。**疏**「二人執戈先焉」〇《漢書・五行志》張晏注：「離衛者，二人執戈在前也。」《内傳》疏引《士喪禮》：「言君臨臣喪之禮云：『小臣二人執戈先，二人後。』」

❶「印者」二字，原脱，今據《獨斷》補。

是知國君之行，常有二執戈者在前也。國君亦有二戈在後。此唯言前有二戈者，當是楚公子圍不設後戈故也。」**蔡公孫歸生與鄭罕虎見叔孫穆子，** **解**歸生，蔡大師子朝之子子家也。罕虎，鄭大夫子罕之孫，子展之子子皮也。穆子，魯卿叔孫豹也。**穆子曰：「楚公子甚美，不大夫矣，** **解**美，謂服飾之盛。**抑君也。」** **解**似君也。**鄭子皮曰：「有執戈之前，吾惑之。」** **解**惑，疑怪也。**蔡子家曰：「楚，大國也。公子圍，其令尹也。有執戈之前，不亦可乎？」穆子曰：「不然。天子有虎賁，習武訓也。** **解**訓，教也。虎賁，掌先後王而趨，舍則守王閑，在國則守宮門，所以習武教也。**疏**「天子」至「武訓」○《周禮・夏官》：「虎賁氏，下大夫二人，中士十有二人，府二人，史八人，胥八十人，虎士八百人。」**諸侯有旅賁，禦災害也。** **解**禦，禁也。旅賁，掌執戈盾夾車而趨，車止則持輪，所以備非常，禁災害也。**疏**「諸侯」至「災害」○《周官・夏官》：「旅賁氏，中士二人，下士十有六人，史二人，徒八人。」疏：「言旅見其衆，言賁見其勇。」**大夫有貳車，備承事也。** **解**貳，副也。承，奉也。事，使也。**士有陪乘，告奔走也。** **解**陪，猶重也。奔走，使令也。**疏**「大夫」至「奔走」○《禮・少儀》：「貳車者，上大夫五乘，下大夫三乘。」哀十六年《傳》：「孔悝使貳車反祏於西圃。」杜注「使副車還取廟主」是也。云「陪猶重也」者，文十一年《傳》「鄋瞞伐我，侯叔夏御莊叔，緜房甥爲右，富父終甥駟乘」，又鄋瞞伐宋，「耏班御皇父充石，公子穀甥爲右，司寇牛父駟乘」，殆以鄋瞞長悍，御、右之外，益以駟乘，是駟乘即所謂陪也。**今大夫而設諸侯之服，有其心矣。** **解**有簒國之心也。**若無其心，而敢設服以見諸侯之大夫乎？將不入矣。** **解**若不見討，必爲簒，不復入爲大夫也。**夫服，心之文也。**解言心所好，身必服之。**如龜焉，灼其中，必文於外。**疏「必文於外」○《洪範》「卜五」，鄭注謂：「雨、濟、圛、雺、克也。雨者，兆之體氣如雨然也。濟者，兆之光明如雨止，❶雲氣在上者也。圛者，色澤而光明也。雺者，色不澤鬱冥冥也。克者，如祲氣之色相犯也。」此皆見於外之文也。**若楚公子不爲君，必死，不合諸侯矣。」**解不復爲大夫以會諸侯。**公子圍反，殺郟敖而代之。**解郟敖，楚康王之子麇。麇有疾，圍縊而殺之，葬之于郟，謂之郟敖。疏解「麇有」至「郟敖」○昭元年《傳》注：❷「縊，絞也。荀卿曰：『以冠纓絞之。』」郟縣屬襄城。案：《史記・秦本紀》「二世元年，陳勝將鄧龍居郟」，即此也，在今河南汝州境。

虢之會，諸侯之大夫尋盟未退。解尋宋之盟也。疏「尋盟未退」○哀十二年《傳》杜注：「尋，重也。」疏引：「《少牢》、《有司徹》云：『乃尋尸俎。』鄭注：『尋，温也。』則諸言『尋盟』者，皆以前盟已寒，更温之使熱，温舊即是重義，故以尋爲重。」**季武子伐莒取鄆，**解鄆，莒邑。疏解「鄆莒邑」○《春秋》文十二年「城諸及鄆」，杜注「莒、魯所争者。以其遠偪外國，❸故帥師城之」；成四年「冬，城鄆」；九年「楚公子嬰齊帥師

---

❶「光」，原作「先」，今據《尚書正義》改。

❷「注」，原脱，今據《春秋左傳正義》補。

❸「偪」，原作「副」，今據《春秋左傳正義》改。

伐莒，莒潰，楚人遂入鄆」，❶杜注「鄆，别邑」；十六年「公還，待於鄆」，杜注「魯西邑。東郡廩丘縣，有鄆城」；襄十二年「季孫宿帥師救台，遂入鄆」；昭元年「取鄆」。戴氏《六書故》之説：❷「《春秋》有二鄆，莒在魯東，莒、魯所争東鄆也。『公待於鄆』，西鄆也。文公城諸及鄆，不聞與莒争。及成公時，楚伐莒入鄆，則鄆自爲莒邑。而四年所城者，西鄆也。」案：東鄆，杜注：「城陽姑幕縣南有員亭。員即鄆也。」今山東沂州府沂水縣北鄆城是。至西鄆，當在山東東平府境。**莒人告於會，楚人將以叔孫穆子爲戮。**解楚人，令尹圍也。以魯背盟取鄆，故欲戮之。**晉樂王鮒求貨於穆子，**解樂王鮒，晉大夫樂桓子。**曰：「吾爲子請於楚。」穆子不與。梁其踁謂穆子曰：「有貨以衛身也。出貨而可以免，子何愛焉？」**解梁其踁，穆子家臣。衛，營也。疏「梁其踁」〇惠棟《左傳補注》：「孫愐曰：『梁其踁，魯伯禽子梁其之後。』」**穆子曰：「非汝所知也。承君命以會大事，**解大事，盟也。**而國有罪，我以貨私免，是我會吾私也。苟如是，則又可以出貨而成私欲乎？**解苟，誠也。誠復有如此事者，則當復以私貨求免而成私欲，私欲成，則公義廢矣。**雖可以免，吾其若諸侯之事何？夫必將或循之，曰：『諸侯之卿有然者故也。』**解必將有循傚我者，言諸侯之卿嘗有以貨私免者。**則我求安身，而爲諸侯法矣。**解貨免之法。**君子是以患作。**解患作，患所作不衷，以亂事也。**作而不衷，將或導之。**解衷，中也。**是昭其**

❶「人」，原作「師」，今據《春秋左傳正義》改。

❷「戴」，原作「楊」，今據《六書故》改。

不衷也。余非愛貨，惡不衷也。解欲殺身以成義，不欲求生以害道。且罪非我之由，解由武子也。爲戮何害？」解何害於義。楚人乃赦之。穆子歸，武子勞之，日中不出。解日中，旦至日中也。穆子怨其背盟伐莒，故不出見之。其人曰：「可以出矣。」解其人，穆子家臣曾阜也。疏解「其人」至「曾阜」〇以其人爲曾阜，據《内傳》文。鄭樵曰：「鄫爲莒所滅，鄫世子巫仕魯，去邑而以曾爲氏。巫生阜，阜生點，點生參，事孔子。」是阜爲曾子之祖。穆子曰：「吾不難爲戮，養吾棟也。解武子，正卿也，是爲國棟。言己爲戮，魯誅盡矣，故曰「養吾棟」。夫棟折而榱崩，吾懼壓焉。解壓，笮也。言季氏亡，則叔孫氏亦必亡。故曰雖死於外，而庇宗於内，可也。解庇，覆也。今既免大恥，而不忍小忿，可以爲能乎？」乃出見之。

平丘之會，晉昭公使叔嚮辭昭公，弗與盟。解晉昭公，晉平公之子昭公夷也。魯昭十年，季平子伐莒取郠，莒人愬之於晉。十三年，晉將討魯，會於平丘，使叔嚮辭魯昭公，不與之盟。疏「平丘之會」〇平丘，昭十三年《傳》杜注：「陳留長垣縣西南。」漢置平丘縣，晉廢。今河南開封府陳留縣北九十里有平丘故城。子服惠伯曰：「晉信蠻夷而棄兄弟，解蠻夷，莒也。兄弟，魯也。其執政貳也。解執政之臣有二心於莒而助之也。貳心失諸侯，豈唯魯然？解言不獨失魯也。夫失其政者，必毒於人，魯懼及焉，解必加毒於人。不可以不恭。必使上卿從之。」解從至晉謝也。季平子曰：「然則意如乎！解平子，季武子之孫，悼子之子意如也。時爲上卿。若我往，晉必患我，誰爲之貳？」解患，謂見執。若，如也。貳，副也。子服惠伯曰：「椒既言之矣，敢逃難乎？椒請從。」解椒，惠伯名。晉人執平子。子服惠伯見韓宣子，解宣子，晉正卿，韓獻子之子起也。曰：「夫盟，信之要也，解要，猶結也。晉爲盟主，是主信也。若盟而棄魯侯，信抑闕矣。解闕，缺也。昔欒氏之亂，齊人間晉之禍，伐取朝歌。解間，候也。欒氏，晉大夫欒盈也。獲罪奔楚，自楚奔齊。魯襄二十三年，齊莊公納盈不克。秋，伐晉，取朝歌。朝歌，晉邑。疏解「朝歌晉邑」○《漢書・地理志》：「河内郡朝歌，紂所都。武王弟康叔所封，更名衛。莽曰雅歌。」定四年《傳》：「封於殷墟。」杜注：「朝歌也。」《路史・國名紀》：「武乙徙朝歌，今衛之黎陽衛鎮西二十二里有朝歌城，有鹿臺、沙丘臺。」今河南衛輝府淇縣北五里有殷墟橋，是其地。蓋衛徙楚丘朝歌，爲晉所有，至是齊復取之晉也。我先君襄公不敢寧處，使叔孫豹悉帥弊賦，解賦，兵也。踦跂畢行，無有處人，解踦跂，蹁蹇也。疏解「踦跂蹁蹇也」○《尚書大傳》：「禹其跳，其跳者踦也。」❶鄭注：「踦，步足不能相過也。」《漢書・禮樂志》：「跂行畢逮。」孟康注：「跂音歧。」顔注：「凡有足而行者，稱跂行也。」以從軍吏，次於雝俞，解處，舍也。雝俞，晉地。疏解「雝俞晉地」○襄二十三年《傳》杜注：「雍榆，晉地。汲郡朝歌縣東有雍城。」《水經・淇水》注：「淇水又東北流，謂之白溝，逕雍榆城南。」今河南衛輝府濬縣西南十八里有雍榆城。與邯鄲勝擊齊之左，解邯鄲勝，晉大夫，趙旃之子頃子勝也，食

❶「踦」，原作「蹁」，今據《尚書大傳》及下鄭注改。

采於邯鄲。左，左軍也。**掎止晏萊焉，**解從後曰掎。止，獲也。晏萊，齊大夫。**疏**解「從後」至「大夫」○「從後曰掎」者，襄十四年《傳》：「諸戎掎之。」杜注：「掎其足也。」《説文》：「掎，偏引也。」《廣韻》：「牽一腳也。」《漢書·班固叙傳》：「秦失其鹿，劉季逐而掎之。」晏萊即晏氂，「萊」古音爲「氂」。《説文》：「萊，蔓華。」《爾雅》作「氂」。《漢書·劉向傳》引《詩》「貽我來牟」作「飴我氂麰」是也。**齊師退而後敢還。非以求遠也，**解非以求遠功也。**以魯之密邇於齊而又小國也。**解密，比也。邇，近也。**齊朝駕則夕極於魯國，**解極，至也。**不敢憚其患，而與晉共其憂，亦曰『庶幾有益於魯國也』。**解益，謂得晉之助也。**今信蠻夷而棄之，夫諸侯之勉於君者，將安勸矣？若棄魯而苟固諸侯，羣臣敢憚戮乎？諸侯之事晉者，魯爲勉矣。若以蠻夷之故棄之，其無乃得蠻夷而失諸侯之信乎？子計其利者，小國共命。」**解共，敬從也。**宣子説，乃歸平子。**

季桓子穿井獲如土缶，其中有羊焉。解桓子，魯正卿，季平子之子斯也。或云，得土如瓦缶狀，中有土羊。昭謂：羊，生羊也，故謂之怪。**疏**「季桓」至「羊焉」○《孔子世家》索隱引《家語》：「桓子穿井於費，得物如土缶，其中有羊焉。」《説文》：「缶，瓦器，所以盛酒漿，秦人鼓之以節謌。」襄九年《傳》「具綆缶」，❶則又汲器也。《漢書·五行志》曰：「魯定公時桓子穿井得土缶，中得蟲若羊，近羊既也。羊者地上之物，幽

❶「具」，原作「其」，今據《春秋左傳正義》改。

于土中，象定公不用孔子，而聽季氏，暗昧不明之應也。一曰：羊去野外而拘土缶者，象魯君失其所而拘於季氏，亦將拘於家臣也。」**使問之仲尼曰：「吾穿井而獲狗，何也？」**解獲羊而言狗者，以孔子博物，測之也。**對曰：「以丘之所聞，羊也。丘聞之，木石之怪曰夔、蝄蜽，**解木石，謂山也。或云：夔一足，越人謂之山繰；或作獔，富陽有之，人面猴身，能言，或云獨足。蝄蜽，山精，好斅人聲而迷惑人也。**疏**「木石」至「蝄蜽」○《東京賦》薛綜注：「夔，木石之怪，如龍有角，鱗甲光如日月，見則其邑大旱。」《甘泉賦》李善注引孟康曰：「夔如龍有角，人面。」《説文》：「蝄蜽，山川之精物也。淮南王説：『蝄蜽狀如三歲小兒，赤黑色，赤目，長耳，美髮。』」《淮南·道應訓》高注：「蝄蜽，水之精物也，恍惚之物。」《東京賦》李善注引《漢舊儀》曰：「顓頊氏有三子，已而爲疫鬼，一居江水爲瘧鬼，一居若水爲蝄蜽蜮鬼，一居人宫室區隅，善驚人爲小鬼。」宣三年《傳》杜注：❶「蝄蜽，水神。」孔疏引賈逵《國語注》：「『蝄蜽，罔象，言有夔、龍之形而無實體』。然則蝄蜽、蝄象皆是虚無，當總彼之意，非神名也。」❷案：蝄蜽之名，王孫滿已言之，與螭魅對舉，自是神名，故弘嗣不用賈注而從《淮南》、《説文》諸訓也。**水之怪曰龍、罔象，土之怪曰羵羊。」**解龍，神獸也。非所常見，故曰怪。或云：罔象食人，一名沐腫。唐云：「羵羊，雌雄不成者。」**疏**解「或云」至「沐腫」

---

❶「三」，原作「十二」，今據《春秋左傳正義》改。

❷「名」，《春秋左傳正義》作「之」。

○《淮南・氾論訓》：「水生罔象。」高注：「水之精也。」《文選・海賦》「罔象暫曉而閃屍」，❶《東京賦》「殘夔魖與罔象」，李周翰注：「罔象，鬼名也。」

季康子問於公父文伯之母解康子，魯正卿，季悼子曾孫、桓子之子季孫肥也。文伯，魯大夫，季悼子之孫、公父穆伯之子公父歜也。母，穆伯之妻敬姜也。**曰：「主亦有以語肥也？」**解大夫稱主，妻亦如之。語，教戒也。**對曰：「吾能老而已，何以語子。」康子曰：「雖然，肥願有聞於主。」**解覬得一言可行者。**對曰：「吾聞之先姑**解夫之母曰姑，没曰先姑。疏解「夫之」至「先姑」○韋解所引《爾雅・釋親》文也。《説文》：「姑，夫母也。威，姑也。」《釋名》：「夫之母曰姑，亦言故也。」「没稱先姑」者，晉《姜鼎銘》云「余惟嗣朕先姑」是也。**曰：『君子能勞，後世有繼。』」**解能勞，能自卑勞，貴而不驕也。有繼，子孫不廢也。**子夏聞之，曰：「善哉！商聞之曰：『古之嫁者，不及舅姑，謂之不幸。』夫婦，學於舅姑者也。」**

公父文伯飲南宫敬叔酒，解敬叔，魯大夫，孟僖子之子懿子之弟，南宫説也。**以露睹父爲客。**解睹父，魯大夫。客，上客也。禮：飲，尊一人以爲客。疏解「客上」至「爲客」○「客，上客也」者，襄二十三年《傳》：「季氏飲大夫酒，臧紇爲客。」杜注「爲上賓」是也。**羞鼈焉小，**解羞，進也。疏「羞鼈焉小」○《爾

❶「罔」下，原衍「兩」，今據《文選》删。

雅・釋言》：「羞，進也。」《儀禮・有司徹》云：「宰夫羞房中之羞於尸、侑、主人、主婦，皆右之。司士羞庶羞於尸、侑、主人、主婦，皆左之。房中之羞，内羞也。内羞在右，陰也。庶羞在左，陽也。」下文言「祭養尸，饗養上賓」，則賓祭之二羞當同。《小雅》「炰鼈膾鯉」，《大雅》「炰鼈鮮魚」，皆天子大夫養賓之事，則諸侯大夫亦得用也。**睹父怒，**解怒鼈小也。**相延食鼈，**解延，進也。衆賓相進以食鼈。**辭曰：「將使鼈長而後食之。」**解此睹父詞。**遂出。文伯之母聞之，怒曰：「吾聞之先子**解先子，先舅季悼子也。疏解「先子先舅」○《爾雅・釋親》：「婦稱夫之父曰舅，没則曰先舅。」稱「先舅」爲「先子」者，從其夫而稱之也。**曰：『祭養尸，饗養上賓。』**解言祭祀之禮，尊養尸；饗宴之禮，養上賓也。**鼈於何有？**解於何有，猶何禮有鼈也。**而使夫人怒也！」遂逐之。五日，魯大夫辭而復之。**解辭，請也。

公父文伯之母如季氏，解如，之也。**康子在其朝，**解自其外朝也。**與之言，弗應，從之及寢門，弗應而入。**解入康子之家。**康子辭於朝而入見，**解辭其家臣，入見敬姜。**曰：「肥也不得聞命，無乃罪乎？」**解得無有罪乎？**曰：「子弗聞乎，天子及諸侯，合民事於外朝，**解言與百官考合民事於外朝也。疏「天子」至「外朝」○外朝，聽朝也，即《秋官》朝士所掌之外朝也。江永曰：「先鄭以天子雉門在庫門外。《小司寇》注亦因之，謂『外朝在雉門外』。康成《朝士》注云：『外朝在庫門之外，皋門之内。』此爲定説。」則謂在雉門外者，非也。「聽朝者，鄉士、遂士、縣士等所謂『職聽於朝』，《訝士》所謂『四方之獄訟』，故曰『眂四方之聽朝』，冢宰贊之，王親往而會其期，三訊、三詢皆在焉。小司寇與朝士所掌是也。」

三詢之見於經者，般庚出言「登進厥民」，大王「屬耆老而告」，詢國遷也；僖十五年，陰飴甥朝國人，而以君命賞，且告之以卜貳圉，詢立君也；定八年，衛靈公朝國人，問叛晉；哀元年，陳懷公朝國人，問欲與楚，欲與吴，詢國危也。故言「合民事於外朝」也。**合神事於内朝，**解神事，祭祀也。内朝，在路門内。疏「合神事於内朝」〇「内朝在路門内」者，燕朝也。《夏官・太僕》：「王眂燕朝，則正位。」注：「燕朝，朝於路寢之庭。」《文王世子》注亦言「内朝，路寢庭」。《聘禮》「君與卿圖事，遂命使者」，亦是在内朝。故知諏日、筮尸之類，亦當謀之於内朝也。「小宗伯之職，掌建國之神位，右社稷，左宗廟」，注：「庫門内、雉門外之左右。」謀之於路門内者，行之於雉門外，故言「合神事於内朝」也。**自卿以下合官職於外朝**解外朝，君之公朝。**合家事於内朝，**解家，大夫也。内朝，家朝也。疏「合家事於内朝」〇《禮・玉藻》：「揖私朝。」注：「私朝，自大夫家之朝也。」襄三十年《傳》：「皆自朝布路而罷。」是大夫有内朝也。**寢門之内，婦人治其業焉。上下同之。**解寢門，正室之門。上下，天子以下也。**夫外朝，子將業君之官職焉；内朝，子將庀季氏之政焉。**解庀，治也。**皆非吾所敢言也。」**解「外朝」至「敢言」〇皆，皆外朝、内朝也。上注指康子在其朝爲外朝，別乎内朝而言也，則卿大夫家自有二朝。

公父文伯退朝，朝其母，其母方績。文伯曰：「以歜之家而主猶績，解言家有寵，不當績也。**懼干季孫之怒也，**解季孫，康子也。位尊，又爲大宗。**其以歜爲不能事主乎？」其母歎曰：「魯其亡乎！使僮子備官而未之聞邪？**解僮，僮蒙不達也。言已居官而未聞道。**居，吾語女。**解居，坐也。**昔聖王之處民也，擇瘠土而處之，**解 墝确爲瘠。疏 解「墝确爲瘠」○《吕氏春秋·任地》篇：「棘者欲肥，肥者欲棘。」高注：「棘，羸瘠也。《詩》云『棘人之欒欒』，言羸瘠也。」《文選·西京賦》吕向注：「瘠，瘦也。」**勞其民而用之，故長王天下。**解 瘠土利薄，又勞而用之，使不淫逸。不淫逸則向義，故長王天下也。**夫民勞則思，思則善心生；**解 民勞於事，則思儉約，故善心生。**逸則淫，淫則忘善，忘善則惡心生。沃土之民不材，淫也。**解 沃，肥美也。不材，器能少也。疏 解「沃肥美也」○「沃，肥美也」者，《管子·地員》篇：「五沃之土。」成六年《傳》服虔注：「土平有溉曰沃。」襄二十五年《傳》疏「沃底平而美者」是也。**瘠土之民莫不嚮義，勞也。**解 善心生，故嚮義也。**是故天子大采朝日，與三公、九卿祖識地德，**解《禮》：「天子於春分朝日，示有尊也。」虞説云：「大采，袞織也。祖，習也。識，知也。地德所以廣生。」昭謂：《禮·玉藻》：「天子玄冕以朝日。」玄冕，冕服之下，則大采非袞織也。《周禮》：「王搢大圭，執鎮圭，藻五采五就以朝日。」則大采謂此也。言天子與公卿因朝日以修陽政而習地德，因夕月以治陰教而糾天刑。日照晝，月照夜，各因其明以修其事也。疏 解「禮天」至「有尊」○《周禮·典瑞》鄭注：「天子常春分朝日。」疏引「《祭義》云：『祭日於東。』《玉藻》云：『玄端而朝日於東門之外。』又《覲禮》：『春拜日於東門之外。』」《尚書大傳》：「即春迎日東郊，所以爲萬物先，而尊事天也。迎日之辭曰：『維某年某月上日，明光於上下，勤施於四方，旁作穆穆。維予一人某，敬拜迎日於郊。』」蓋王者父天、母地、兄日、姊月，以王者至尊猶朝日夕月，況民得不事君乎？故云「示有尊也」。○解「虞説」至「謂此」○「大采，袞織也」者，此據《大戴禮·四代》篇「天子盛服朝日於東堂」之文，故孔廣森補注亦云：「盛服，袞冕服。」然《周禮·司服》「享先王則袞冕」，而不言「朝日」，而「玄冕朝日」，《玉藻》具有明文。玄冕一章在希冕之下，故弘嗣不以當大采也。云「藻五采五就以朝日」者，《春官・典瑞》注「繅讀『藻率』之『藻』」，是水草之文，故讀從之。注又云：「繅有五采文，所以薦玉，木爲中榦，用韋衣而畫之。就，成也。五就，五帀也。一帀爲一就。」疏云：「下言二采一就者，采爲一行，二采共爲一就。是兩行名爲一就也。《雜記》注則云：『三采六等，以朱白蒼畫之再行，行爲一等。』是等爲一行，行亦爲就，據單行言之也。各有所據，故其文有異。」〇解「言天」至「地德」〇《周禮・大宗伯》：「以地産作陽德，以和樂防之。」先鄭司農云：「陽德謂分地利以致富。富者之失，不驕奢則吝嗇，故以和樂防之。一説地産謂土地之性各異，如齊性舒緩，楚性急悍，以和樂防其失，令無失德，樂所以移風易俗者也。此皆露見於外，故謂之陽德。」案：《昏義》「天子理陽道」，陽事不得責見於天，日爲之食，則朝日所修，正指地産之陽德，而一道德、同風俗者，莫大於齊土地之性，則移風易俗之説得之。**日中考政，與百官之政與事師尹惟旅牧相宣序民事。** **解**宣，偏也。序，次也。三君云：師尹，大夫官也。掌以媺詔王。惟，陳也。旅，衆士也。牧，州牧也。相，國相也。皆百官政事之所及也。一曰：師尹，公也。《詩》云：「赫赫師尹。」**疏**解「宣偏」至「赫赫師尹」〇《周禮・師氏》：「掌以媺詔王，以三德教國子：至德以爲道本，敏德以爲行本，孝德以知逆惡。教三行：孝行，以親父母；友行，以尊賢良；順行，以事師長。」案：此則敷教之官，而非承政之官，況師氏之稱師尹，不見於《經》，則三君之説非也。弘嗣又引：「一曰：『師尹，公也。』《詩》云『赫赫師尹』。」案：《節南山》毛傳：「大師，周之三公也。尹，尹氏，爲太師。」尹氏既爲人之氏，不得爲通稱之官名。周初太公爲太師，亦稱之爲師尹乎？則或説亦非也。「師」之訓爲「衆」，从「𠂤」，从「帀」，以人市阜爲衆之義。《牧誓》司徒、司馬、司空、亞旅、師氏，《梓材》司徒、司馬、尹旅，《立政》司徒、司馬、司空、亞旅，又《酒誥》庶尹，孔疏以衆正釋之，則上而六卿，下而一府一氏之長，皆得名尹，以「惟旅」包之。弘嗣又云：「牧，州牧也。相，國相也。」案《曲禮》：「九州之長，入天子之國曰『牧』。」言入者不常在也。《商頌》「龍旂十乘」，箋言：「八州大國及二王之後。」然助祭時，或有至者，非一時齊至，豈有舍其屏藩之職，越俎而謀王朝之政乎？《周官》具在，並無以相名官者。隱五年《公羊傳》：「天子三公者何？天子之相也。」何注：「相，助也。」則相非官名。《月令》「命相布德和令」，相之官始見於經。然此秦制，非周制，豈得引以釋敬姜之語？蓋牧，養也；相，助也。言庶尹及衆士於王養民之事當共爲贊助之，而旬宣次第之以布於天下也。

少采夕月，與大史、司載，糾虔天刑，**解**夕月以秋分。糾，共也。虔，敬也。刑，法也。或云：「少采，黼衣也。」昭謂：朝日以五采，則夕月其三采也。載，天文也。司天文謂馮相氏、保章氏，與大史相儷偶也。此因夕月而共敬觀天法、考行度以知妖祥也。**疏**解「夕月」至「三采」〇《春官・典瑞》注：「天子秋分夕月。」疏引「祭月於西」，故知秋分夕月也。「少采，黼衣也」者，此據《考工記》曰「白與黑謂之黼」之文。然《小雅》「玄衮及黼」，天子以之錫諸侯。《玉藻》「唯君有黼裘」，諸侯以之誓秋獮，均不間用以夕月也。賈公彦曰：「三采，朱、白、蒼也。」案：玄黄爲天地之色，故非大采不敢用也。〇解「載天」至「妖祥」〇《周禮・太史》：「正歲年以序事。」鄭注：「中數曰歲，朔數曰年。」《爾雅・釋天》：「唐虞曰載。」《釋名》云：「載，生物也。」《書疏》引孫炎《爾雅注》：「載取萬物，終而復始。」太史正歲年，故曰司載，蓋三代曰年，二帝曰載也。韋解以載爲天文，未知何本。云馮相、保章與太史相儷偶者，《月令》：「乃命太史，守典奉法，司天日月星辰之行，宿離不貸。」注：「離，讀如『儷偶』之『儷』。宿儷，謂其屬馮相氏、保章氏掌天文者，相與宿偶，當審候伺不得過差也。」疏引《周禮注》：「馮，乘也。相，視也。世登高臺，以視天文之次第。保，守也。世守天文之變。雖俱掌天文，其事不同。相與止宿配偶，共審察伺候。」案：馮相與保章相儷，非馮相、保章與太史相儷也。太史下大夫，馮相、保章皆中士，皆其所屬，故以司載之事統歸太史也。**日入監九御，使潔奉郊、禘之粢盛，****解**監，視也。九御，九嬪之官，主粢盛、祭服者。**疏**「日入」至「粢盛」〇桓十四年《穀梁傳》：「甸粟而內之三宮，三宮米而藏之御廩。」注：「三宮，三夫人也。」諸侯三宮，天子六宮，古者后宮藏種，生而獻之。鄭康成《內宰》注：「以其有傳類蕃孳之祥，且以佐王耕事，共郊禘也。」及帝籍之收藏於神倉，則有王后親春之禮，蓋如天子之三推，而春人終春之事焉。九御，即九嬪，「凡祭祀，贊玉齍」。舉九御以包后夫人也。《春官・肆師》注：「齍，六穀也。」則六穀總爲齍。《天官・甸師》注：「粢，稷也。」惟以稷爲粢者，以稷是穀之長，爲諸穀之總名。六穀皆爲器之實，故曰器實。曰粢，指穀體也。在器曰盛，是已盛於器也。**而後即安。****解**即，就也。**諸侯朝修天子之業命，****解**業，事也。命，令也。**晝考其國職，夕省其典刑，****解**典，常也。刑，法也。**夜儆百工，使無慆淫，而後即安。****解**儆，戒也。工，官也。慆，慢也。**卿大夫朝考其職，****解**在公之官職。**晝講其庶政，夕序其業，****解**序，次也。**夜庀其家事，而後即安。****解**庀，治也。**士朝而受業，****解**受事於朝。**晝而講貫，****解**貫，習也。**夕而習復，****解**復，覆也。**夜而計過無憾，而後即安。****解**憾，恨也。凡此者先公後私之義。**自庶人以下，明而動，晦而休，無日以怠。****解**晦，冥也。**王后親織玄紞，****解**說云：「紞，冠之垂前後者。」昭謂：紞，所以懸瑱當耳者。**疏**解「說云」至「當耳」〇《詩・齊風・

著》鄭箋：「充耳，謂所以懸瑱者。或名爲紞，織之，人君五色，臣則三色。」桓二年《傳》杜注：「紞，冠之垂者。」孔穎達曰：「紞，織線爲之，若今之絛繩。絛必雜色，而獨言玄者，以玄是天色，故特言之。非謂純玄色也。」是弘嗣用鄭箋義也。**公侯之夫人加之以紘綖，****解**既織紞，又加之以紘綖也。冕曰紘。紘，纓之無緌者也，從下而上，下結。綖，冕上之覆也。**疏**解「冕曰」至「之覆」○桓二年《傳》孔疏：「紘、纓皆以組爲之，所以結冠於人首也。纓用兩組，屬之於兩旁，結之於頷下，垂其餘也。紘用一組，從下屈而上，屬之於兩旁，垂其餘也。紘、纓同類，與之相刑，故云『紘，纓從下而上者』。《弁師》『掌王之五冕，皆玉笄朱紘』，《祭義》稱『諸侯冕而青紘』，鄭康成云：『有笄者，屈組爲紘，垂爲飾。無笄者，纓而結其絛。』以其有笄者用紘力少，故從下而上屬之；無笄者用纓力多，故從上而下結之。弁、冕皆有笄，故用紘。」「綖，冠上覆也」者，冕以木爲榦，以玄布衣其上，謂之綖。《論語》、《尚書》皆云「麻冕」，知其當用布也。《弁師》「掌王之五冕皆玄冕」，知其色用玄也。孔安國《論語注》言「績麻三十升布以爲冕」，即是綖也。鄭康成《玉藻》注「延，冕上覆也」是也。**卿之内子爲大帶，****解**卿之適妻曰内子。大帶，緇帶也。**疏**解「卿之」至「緇帶」○「卿之適妻曰内子」者，僖二十四年《傳》「趙姬請以叔隗爲内子」是也。「大帶，緇帶也」者，《玉藻》云大夫以玄華，華，黄也，以素爲帶，飾之，外以玄，内以黄也。**命婦成祭服，****解**命婦，大夫之妻也。祭服，玄衣、纁裳。**疏**「命婦成祭服」○《詩·小雅》疏言：「大夫助祭服玄冕，受之於君，故《大宗伯》『再命受服』是也。妻所成者，自祭之服。《少牢禮》朝服即祭服，爲玄冠、緇布衣、素裳。」今韋解指祭服爲玄衣、纁裳，是孔疏與韋異義矣。**列士之妻加之以朝服，****解**列士，元士也。既成祭服，又加之以朝服也。朝服，天子之士皮弁素積，諸侯之士玄端委貌。**疏**「列士」至「朝服」○《周禮・司服》：「眡朝則皮弁服。」注：「眡朝，眡内外朝之事。皮弁之服，十五升白布衣，積素以爲裳。」諸侯視朝，君臣同服，推之天子，亦當君臣同服。故士亦皮弁、素積也。諸侯之士，朝服、玄冠、緇布衣、素裳。《士冠禮》、《特牲饋食禮》可據。今云玄端，則上士玄裳，中士黄裳，下士雜裳，而非素裳。韋解與《周禮注》異矣。**自庶士以下皆衣其夫。** **解**庶士，下士也。下，至庶人。**疏**「庶士」至「其夫」○《詩・大雅》疏：「庶士，謂庶人在官者，故《祭法》曰：『官師一廟，庶士、庶人無廟。』注：『官師，中士、下士。庶士，府史之屬。』庶士與朝服異文，則亦府史之屬。韋解云『下士』，❶非也。此庶士下至庶人，其妻各衣其夫，則夫之所服，妻悉爲之也。公侯之夫人加之以紘綖，則爲紞，又爲紘綖也。士之妻加之以朝服，則爲祭服又爲朝服，皆下兼上也。貴者所爲少，賤者所爲多，故庶士以下，夫衣悉爲之也。」**社而賦事，烝而獻功，** **解**社，春分祭社也，事農桑之屬也。冬祭曰烝，烝而獻五穀、布帛之功也。**疏**「社而」至「獻功」○《月令》：「仲春之月，擇元日，命民社。」《周禮・大司馬》：「中春教振旅，遂以蒐田、火弊、獻禽以祭社。」注：「祭社者，土方施生也。」春分天地和同，東作方殷，故賦農桑之事。「冬祭曰烝」者，桓七年《公羊傳》：「冬曰烝。」何注：「薦尚稻雁。烝，衆也，氣盛貌。冬萬物畢成，❷所薦衆多，芬芳備具，故曰烝。」是時百物成熟，可以考察勤惰，故獻五穀布帛之功。**男女效績，愆則有辟，古之制也。** **解**績，功也。辟，罪也。**君**

---

❶「解」，《毛詩正義》作「昭」。

❷「萬」，原脱，今據《春秋公羊傳注疏》補。

子勞心，小人勞力，先王之訓也。自上以下，誰敢淫心舍力？今我寡也，爾又在下位，解下位，下大夫也。**朝夕處事，猶恐忘先人之業，**解處事，處身於作事也。**況有怠惰，其何以避辟！**解上言「慆則有辟」，故言「何以避辟」。**吾冀而朝夕修我曰：『必無廢先人。』**解冀，望也。而，汝也。修，儆也。**爾今曰：『何不自安。』**解欲使我不績而自安。**以是承君之官，余懼穆伯之絶祀也。」**解承，奉也。以是怠惰之心奉君官職，無以避辟，將見誅絶也。**仲尼聞之曰：「弟子志之，**解志，識也。**季氏之婦不淫矣。」**

公父文伯之母，季康子之從祖叔母也。解祖父昆弟之妻。**康子往焉，闖門與之言，**解闖，闢也。門，寢門也。**皆不踰閾。**解閾，門限也。皆，二人也。敬姜不踰閾而出，康子不踰閾而入。《傳》曰「婦人迎送不出門，見兄弟不踰閾」是也。疏解「閾門限也」○《説文》：「閾，門榍也。」《繫傳》云：「榍，所以爲限閾。」僖二十二年《傳》疏：「閾，門下横木，爲外内之限也。」閾亦名梱，《曲禮》「外言不入於梱」是也。**祭悼子，康子與焉，**解悼子，穆伯之父、敬姜先舅也。與，與祭也。**酢不受，徹俎不宴，**解《禮》：「祭，主人獻賓，賓酢主人。」不受，敬姜不親受也。祭畢徹俎，又不與康子宴飲。疏解「禮祭主親受」○韋解謂「主人獻賓，賓酢主人，不受，敬姜不親受」，是以敬姜爲主人而受酢也。案：《特牲饋食》、《少牢饋食》並以主祭者爲主人，主祭者之妻爲主婦，名絶不同。又《特牲》篇鄭注：「主婦，主人之妻，雖姑存，猶使之主祭。」祭悼子之時，穆伯爲主人，敬姜爲主婦。穆伯卒，則文伯爲主人，文伯之妻爲主婦。敬姜非主人，安得有受賓酢之理？《有司徹》篇：「祝易爵，洗，酌，授尸，尸以醋主婦。主婦主人之北拜受爵。尸答拜。主婦反位，又拜。」則此《傳》所言「酢不受」，是尸酢主婦，並非賓醋主人不親受者，即《少牢饋食》所謂「奠爵於篚」是也。○解「祭畢」至「宴飲」○《儀禮·有司徹》云上大夫既正祭於室，即賓尸於堂，是正祭之末有餕無宴。《少牢饋食》：「祝告利成。尸謖。祝先，尸從，遂出於廟門。祝反，復位於室中。主人亦入於室，復位。祝命佐食出肵俎，降設於堂下阼階南。」❶即此《傳》所言「徹俎」也。《傳》文先言「徹俎」而後言「繹」，故知在正祭之末。《少牢饋食》又云：「司宮設對席，乃四人餕。上佐食盥，升，下佐食對之，賓長二人備。上餕親嘏，主人送，乃退。」同日即有賓尸之事，無所謂宴也。《楚茨》「備言燕私」，是天子之禮，與大夫不同，不得舉以釋此。況祭之日，有賓長，有賓弟子，有長兄弟，有兄弟之子，即令有宴，安得獨舉一康子言之？《傳》言康子與言、康子親見其不受、不宴、不繹諸事耳。宴，義當訓「安」。《詩·楚茨》：「諸宰君婦，廢徹不遲。」徹以疾速爲敬。《禮器》：「季氏祭，逮闇而祭，日不足，繼之以燭。有司跛倚以臨祭。」「不敢宴安」，言無跛倚之弊而合禮也。**宗不具不繹**，**解**繹，又祭也。唐尚書云：「祭之明日也。」昭謂：天子、諸侯曰繹，以祭之明日。卿大夫曰賓尸，與祭同日。此言繹者，通言之也。賈侍中云：「宗，宗臣，主祭祀之禮。不具，謂宗臣不具在，則敬姜不與繹也。」**疏**解「繹又」至「與繹」○《儀禮·有司徹》鄭《目録》云：「《少牢》之下篇也。」鄭注：「徹室中

❶「下」，原作「上」，今據《儀禮注疏》改。

之饋及祝、佐食之俎。卿大夫既祭而賓尸，禮崇也。儐尸，則不設饌西北隅，❶以此薦俎之陳有祭象，而亦足以厭飫神。天子諸侯明日祭於祊而繹。《爾雅·釋天》：『繹，又祭也。』」何休《公羊注》：「禮，繹祭明日事，但不灌地降神爾。天子諸侯曰繹，大夫曰賓尸，士曰宴尸。」邵晉涵曰：「天子諸侯禮大，異日爲之，别爲立名，謂之爲繹。言其尋繹昨日祭禮，則無有誤，敬慎之至。卿大夫禮小，同日爲之，不别立名，直指其事，謂之賓尸。繹是此祭之名，賓尸是此祭之事，繹即賓尸也。」「宗，宗臣，主祭祀也」者，《周禮·春官》：「家宗人掌家祭祀之禮。」不具，不備其人，猶襄二十九年《傳》「三耦不具」之類。不繹，謂不敢舉賓尸之禮也。**繹不盡飫則退。** **解**説云：「飫，宴安私飲也。」昭謂：立曰飫，坐曰宴。言宗具則與繹，繹畢而飲，不盡飫禮而退，恐有醉飽之失，皆所以遠嫌也。**疏**「繹不盡飫則退」○飫，《玉篇》「食多也」，《廣韻》「飽也，饜也」。《儀禮·有司徹》：「乃羞庶羞於賓、兄弟、内賓及私人。」鄭注：「房中亦旅。其始，主婦舉觶於内賓，遂及宗婦。」是儐尸時有主婦及宗婦、内賓飲酒之事，不盡飲，則酒以成禮，不繼以淫也。弘嗣指飲爲飫禮。案：《詩·伐木》：「儐爾籩豆，飲酒之飫。」毛傳：「飫，私也。不脱屨升堂謂之飫。」鄭箋：「私圖非常之事，若議大疑於堂，則有飫禮焉。」此天子有圖度大疑而特舉之典，非儐尸時常行之禮。韋解與《詩》毛傳異義也。**仲尼聞之，以爲别於男女之禮矣。**

公父文伯之母欲室文伯， **解**室，妻也。**疏**解「室妻也」○「室，妻也」者，《士昏禮》：「吾子有嘉命，貺

❶「不」，原脱，今據《儀禮注疏》補。

室某也。」昭元年《傳》「將使豐氏撫有而室」是也。**饗其宗老，**解家臣稱老。宗，宗人，主禮樂者也。《楚語》曰：「屈到嗜芰，有疾，屬其宗老曰『祭我必以芰』。」疏「饗其宗老」○《禮・王制》疏引崔氏曰：「饗則體薦而不食，爵盈而不飲，依尊卑爲獻，數取數畢而已。」「家臣稱老」者，襄二十一年《傳》「欒氏之老州賓」、哀十五年「孔氏之老欒甯」是也。「宗人，主禮樂」者，《春官》「家宗人掌家禮」，故引屈到屬宗老之事以證之。**而爲賦《緑衣》之三章。**解《緑衣》，《詩・邶風》也。其三章曰：「我思古人，實獲我心。」以言古之賢人，正其室家之道，我心之所善也。疏「緑衣之三章」○「我思古人，實獲我心」，此《緑衣》四章之辭，顧炎武謂「韋解誤引」。顧説是也。《緑衣》毛傳：「緑，間色。」鄭箋：「緑當作禄。」鄭注《内司服》之衣，「鞠衣，九嬪也；展衣，世婦也；禄衣，女御也」。《詩疏》謂：「諸侯之妾有禄衣，故假失制以諭僭。」今此《傳》無此義，無庸破緑爲禄也。**老請守龜卜室之族。**解守龜，卜人也。族，姓也。**師亥聞之，**解師亥，魯樂師之賢者。**曰：「善哉！男女之饗，不及宗臣。**解賈侍中云：「男女之饗，謂宴相饗食之禮，不及宗臣。」昭謂：即上章所謂「徹俎不宴」是也。**宗室之謀，不過宗人。**解虞、唐云：「不過宗人，則不與他姓議親親也。」昭謂：此宗人，則上「宗臣」也，亦用同姓，若漢宗正用諸劉矣。凡時男女之饗不及宗臣，至於謀宗室之事，則不過宗臣。故敬姜欲室文伯而饗其宗老，賦《詩》以成之也。**謀而不犯，微而昭矣。**解不犯，不犯禮也。微而昭，詩以合意也。**詩所以合意，歌所以詠詩也。今詩以合室，歌以詠之，度於法矣。」**解合，成也。

公父文伯卒，其母戒其妾曰：「吾聞之，好内，女死之；好外，士死之。今吾子夭死，吾

惡其以好内聞也。二三婦之辱共先祀者，解辱，自屈辱共奉先人之祀者。請無瘠色，解毁瘠之色。無洵涕，解無聲涕出爲洵涕也。疏「無洵涕」○《補音》本引賈逵《國語注》：「洵，彈也。」《文選》王仲宣《七哀詩》李善注引作「無揮涕」，又引王肅《國語注》「揮涕不哭」：「揮涕，以手揮之也。」無掐膺，解掐，叩也。膺，胸也。疏「無掐膺」○「掐，叩也」者，馬融《長笛賦》：「掐膺擗摽。」❶「膺，胸也」者，《史記·趙世家》：「大膺大胸，修下而馮。」《禮·問喪》：「婦人不宜袒，故發胸，擊心，爵踊，殷殷田田，如壞牆然。」是婦人有叩胸之事。無憂容，有降服，無加服。解輕於禮爲降，重於禮爲加。從禮而静，是昭吾子也。」仲尼聞之曰：「女知莫如婦，男知莫如夫。解言處女之知不如婦，童男之知不如丈夫。公父氏之婦知也夫，解公父，季氏之别也。知也夫者，凡婦人之情，愛其子，欲令妻妾思慕而已，今敬姜乃反割抑，欲以明德，此丈夫之知，故曰「知也夫」。疏「仲尼」至「知也夫」○宋庠曰：「今案：仲尼表公父文伯之母曰『女知莫如婦，男知莫如夫』，其意以爲女與童皆未成人之時，其知莫如成婦與爲丈夫之後耳。末乃歎而結之曰：『公父氏之婦，知也夫。』此是歎美之辭，則『夫』字當爲『扶』。韋氏乃解云『此丈夫之智』，疑非本旨。」欲明其子之令德也。」

公父文伯之母朝哭穆伯，而莫哭文伯。解哭，謂既練之後哀至之哭也。此夫子之喪，哭不相及，

❶「擗」下，原衍「膺」字，今據《文選》删。「摽」，原作「標」，今據《文選》改。

終言之耳。禮，寡婦不夜哭，遠情欲也。**仲尼聞之曰：「季氏之婦可謂知禮矣，愛而無私，上下有章。」**解上下有章，夫朝、子莫也。

吴伐越，墮會稽，解會稽，山名。墮，壞也。吴王夫差敗越於夫椒，越王句踐棲於會稽，吴圍而壞之，在魯哀元年。**疏**「吴伐」至「會稽」〇《周禮・職方氏》：「東南曰揚州，其山鎮曰會稽。」鄭注：「會稽在山陰。」疏引《史記・夏本紀》：「禹會諸侯於江南，計功而崩，因葬焉，命曰會稽。會稽者，會計也。」《傳》曰：❶「禹到越，望苗山，會諸侯，爵有德，封有功者，更名苗山曰會稽山。」《地理志》云：「山上有禹井。」《禹傳》曰：「一有羣鳥游田焉。」❷《水經・漸江水》注：「會稽之山，古防山也，亦謂之茅山，又曰棟山。《越絶》云：『棟猶鎮也。』蓋《周禮》所謂揚州之鎮矣。❸山形四方，上多金玉，下多玞石。」《越絶書》曰：「禹救水到大越，上茅山，大會計，更名茅山曰會稽山。」《路史・後紀》注引《中茅傳》云：「禹詣鍾山行九真。晉灼言會稽茅山是矣。」案：「棟」與「鍾」音相近，「茅」與「苗」音相近耳。《水經・河水》注「禹合諸侯，大計東冶之山，因名會稽」，則此山又本名東冶矣。又哀十年《傳》：「禹會諸侯於塗山。」《水經・淮水》注：「塗山有會稽之名。」此壽春之會稽，而非山陰之會稽也。《後漢・郡國志》會稽郡山陰縣，引《越絶》曰：「句踐小城山陰城也。」《吴越春

---

❶「傳」上，《周禮注疏》有「越」字。

❷「一有」，原倒，今據《周禮注疏》乙正。

❸「周禮所謂」四字，原脱，今據《水經注》補。

秋》曰：「句踐築城已成，怪山自至。」是山之上，句踐築城以拒吴也。「墮，壞也」者，《漢書・異姓諸侯王表》「隳城銷刃」，應劭注「壞其堅城」是也。**獲骨焉，節專車。** 解骨一節，其長專車。專，擅也。疏解「骨一」至「專擅」〇《文選・江賦》李善注引賈逵《國語注》「專，滿也」。郭璞《江賦》「洪蚶專車」，吕向注：「獨充一車，故曰專車。」**吴子使來好聘，** 解吴子，夫差也。好聘，修舊好也。**且問之仲尼曰：「無以吾命。」賓發幣於大夫，及仲尼，仲尼爵之。** 解發所齎幣於魯大夫，次及仲尼也。爵之，飲之酒也。**既徹俎而宴，** 解獻酬禮畢，因徹俎而宴飲也。疏「既徹俎而宴」〇《儀禮・公食大夫禮》「雍人以俎入，陳於鼎南」，又云「有司卷三牲之俎，歸於賓館」，又云「上大夫八豆、八簋、六鉶、九俎，魚腊皆二俎」。其大夫相食，唯親戒、速以下諸禮節，其牲器則皆準《公食大夫禮》，故得有俎。《王制》：「周人修而兼用之。」皇侃云：「先行饗，次燕，次食，一日中行兼三事。」是食與宴一日得兼行，故仲尼之禮吴使，亦先行食禮，食禮畢，則徹俎而行宴禮也。**客執骨而問** 解因執俎之骨以問也。疏解「因折」至「以問」〇宣十六年《傳》：「宴有折俎。」杜注：「體解節折，升之於俎，物皆可食，所以示慈惠也。」孔疏謂：「宴飲殽烝，其數無文，若祭祀體解，《特牲饋食禮》有九體：❶肩一、臂二、臑三、肫四、胳五、正脊六、横脊七、長脅八、短脅九。若大夫禮，則十一體加脡脊、代脅。」《少牢》云「皆二骨以並」，則十六體中每體有二骨。又《公食大夫禮》：「膳宰設折俎。」注引《鄉飲・記》曰「賓俎：脊、脅、肩、肺」，則所執者即脊、脅之二骨也。**曰：「敢問骨何爲大？」** 解凡骨何者爲大？**仲**

❶ 「禮」，原脱，今據《春秋左傳正義》補。下「大夫禮」同。

尼曰：「丘聞之，昔禹致羣神於會稽之山，解羣神，謂主山川之君，爲羣神之主，故謂之神。疏「昔禹」至「之山」○《漢書·郊祀志》張晏注：「神靈之封謂山川之守也。」顔師古注曰：「山川之守謂尊山川之神，令主祭祀也。」《史記·封禪書》索隱引韋昭云：「黄帝時萬國，以其修神靈得封者七千國，或爲七十國。」樂彦云：「以舜爲神明之後，封嬀滿於陳之類是也。」《五帝本紀》正義引孔文詳云：「宋末會稽修禹廟於廟庭山，土中得五等圭璧百餘枚，形與《周禮》同，皆短小。此即禹會諸侯於會稽，執以禮山神而埋之，其璧今猶有在也。」**防風氏後至，禹殺而戮之，**解防風，汪芒氏之君名也。違命後至，故禹殺之。陳尸爲戮。疏解「防風」至「君名」○《説文》：「鄋，北方長狄國也。在夏爲防風氏，在殷爲汪芒氏。」《路史·國名紀》注引《吴興記》云：「吴興西有風渚山，一曰風山。有風公廟，古防風國也。下有風渚，今在武康東十八里。天寶時改曰防風山。」《路史·後紀》注引任昉云：「吴越防風廟，其神龍首、牛耳、連眉、一目、足長三丈，南人姓防風氏，即其後，❶皆長大。越人祭之，奏《防風樂》，截竹三尺，吹之如犬嗥之聲，三人披髮而舞。」**其骨節專車。此爲大矣。」客曰：「敢問誰守爲神？」仲尼曰：「山川之靈，足以紀綱天下者，其守爲神。**解山川之守主，爲山川設者也。足以紀綱天下，爲名山大川能興雲致雨以利天下也。疏「山川之靈」○《文選》李善注引曾子曰「陰之精氣爲靈」，故言能興雲致雨也。**社稷之守爲公侯。**解封國立社稷而令守之，是

❶「後」，原作「地」，今據《路史》改。

謂公侯也。**疏**「社稷」至「公侯」○隱元年《公羊傳》疏引《春秋説》：❶「周五等爵法五精：公之言公，公正無私；侯之言候，候逆順，兼伺候王命矣。」案：伯、子、男亦爲社稷之守，獨言公、侯，舉尊以包卑也。**皆屬於王者。」客曰：「防風氏何守也？」仲尼曰：「汪芒氏之君也，**解汪芒，長狄之國名也。**守封、隅之山者也，**解封，封山；隅，隅山，在今吴郡永安縣。**疏**解「封封」至「安縣」○《路史・國名紀》注引《吴興記》云：「嵎山在風渚山東二百步。《説文》作『嵎』。《寰宇記》云：『以禁樵采曰封山，山東南二十里有嵎山。』」《後紀》注引《寰宇記》：「嵎山在武康東南三十里。」《輿地記》：「古防風氏之都。」《史記・孔子世家》集解：「晉太康元年改永安爲武康縣，今屬吴興郡。」**爲漆姓。**解漆姓，汪芒氏之姓也。**疏**「爲漆姓」○漆，《孔子世家》作「釐」，索隱曰：「釐音僖。《家語》云姓漆，蓋誤。《系本》無漆姓。」《路史・國名紀》：「釐，僖也，黄帝之宗。」案：《晉語》黄帝二十五子，得姓者十四人，有僖姓，則防風氏蓋黄帝苗裔也。**在虞、夏、商爲汪芒氏，於周爲長翟，**解周世其國北遷，爲長翟也。**疏**「於周爲長翟」○文十一年《穀梁傳》：「長狄也，弟兄三人，佚宕中國，瓦石不能害。叔孫得臣，善射者也。❷射其目，身横九畝，斷其首而載之，眉見於軾。」**今爲大人。」**解今，孔子時。**疏**「今爲大人」○《史記・孔子世家》集解引王肅《國語注》：「周之初及當孔子之時，其名異也。」《淮南・時則訓》：「自碣山過朝鮮，貫大人之國。」《吕氏春秋》：「舜爲天子，大人反踵皆被其

❶「疏」，原作「注」，今據《春秋公羊傳注疏》改。

❷「善」上，原衍「得」字，今據《春秋穀梁傳注疏》删。

澤。」案：舜時不名大人，呂不韋據周末之名也。**客曰：「人長之極幾何？」仲尼曰：「僬僥氏長三尺，短之至也。**解僬僥，西南蠻之別名。疏解「僬僥」至「別名」○《淮南・墬形訓》：「西南方曰僬僥。」《太平御覽》引《淮南》高注：「僬僥人長三尺，衣冠帶劍。」《史記・大宛列傳》正義引《括地志》：「小人國在大秦南，人纔三尺，其耕稼之時，懼鶴所食。大秦衛助之，即僬僥國，其人穴居也。」《說文》：「南方有僬僥人，長三尺，短之極。」《山海經・海外南經》注引《詩緯含神霧》：「從中州以西四十萬里，得僬僥國。人長一尺九寸。」其地太遠，殊不足信。**長者不過十之，數之極也。」**解十之三丈，則防風氏也。疏解「十之」至「風氏」○《尚書大傳》：「長狄之人長蓋五丈餘也。」顧炎武曰：「長三丈亦未可信。《考工記》曰『戈柲六尺有六寸』，假如長三丈之人，富父終甥何由得以戈椿其喉邪？」徐養原曰：「據《內傳》說，防風實長二丈。何則？軹崇三尺三寸，加軫與轐焉四尺也。人長八尺，戈柲六尺六寸，人頭之長一尺三寸三分寸之一，今僅以戈椿其喉，則長翟之長數可以概見。《穀梁》及《書傳》未可深信。」客問「人長之極幾何」？泛問人長，非問防風氏也。天地之大何所不有，容有長於防風者，然以理斷之，亦不過三丈而止，故曰「其長不過十之」，數之極也。

仲尼在陳，有隼集於陳侯之庭而死，楛矢貫之，石砮，其長尺有咫。解隼，鷙鳥，今之鶚也。楛，木名。砮，鏃也，以石爲之。八寸曰咫。楛矢貫之，墜而死也。疏解「隼鷙」至「而死」○《漢書・五行志》顏注：「隼，鷙鳥，今之鳩也。說者以爲鶚，失之矣。」《史記・蘇秦列傳》正義：「隼，若今之鶻也。」其說與顏合。《孔子世家》正義引《毛詩義疏》：「鷂，齊人謂之擊正，❶或謂之題肩，或曰雀鷹，春化爲布穀。此屬數種皆爲隼。」今韋解云：「隼，今之鶚。」案：《史記・李將軍列傳》索隱引服虔云：「鵰，大鷙鳥也，一名鷲。」又引韋昭云：「鵰，一名鶚。」案：《史記》既以鶚當鵰，不得又以鶚當隼，則解中「鶚」字或當作「鶻」字。陸璣《草木疏》「楛，木莖似荊而赤，其葉如著砮鏃也」者，《史記・夏本紀》集解引孔安國曰：「砮，石中矢鏃。」僖九年《傳》孔疏引賈逵注：「八寸曰咫。」是韋用賈義。《説文》「中婦人手長八寸謂之咫」。「楛矢貫之」者，宣六年《傳》「以盈其貫」，劉炫據梅賾《泰誓》「商罪貫盈」以爲「紂之爲惡，如物在繩索之貫」，則貫謂洞胸徹腋也。

陳惠公使人以隼如仲尼之館問之。 **解**惠，陳哀公之孫，悼大子之子吴也。館，仲尼所舍。**疏**解「惠公」至「子吴」○《漢書・五行志》引《史記》：「魯哀公時，隼集陳庭而死。陳閔公使使問仲尼。」顔注：「閔公名周，懷公之子。」《史記・孔子世家》索隱、《家語》、《國語》皆作「陳惠公」，非也。惠公名周，於魯昭元年立，定四年卒。又《系家》湣公六年，孔子適陳，十三年亦在陳，則此湣公爲是。案《史記・陳杞世家》：「懷公卒於吴，陳乃立懷公之子越，是爲湣公。湣公六年，孔子適陳。」又閔公亦名周，《左傳》、《孟子》並同，故顔監遵之，特與《史記》異耳。**仲尼曰：「隼之來也遠矣！此肅慎氏之矢也。** **解**肅慎，東北夷之國，故隼來遠矣。《傳》曰：「肅慎、燕、亳，吾北土也。」**疏**解「肅慎」至「北土」○《漢書・五行志》臣瓚注：「肅慎，東北夷。」昭九年《傳》杜注：「肅慎，北夷，在玄菟北三千餘里。」疏引《書序》「成王既伐東夷，肅慎來賀」，又引韋

❶「擊」，原作「鷙」，今據《史記》改。

昭《國語注》「肅慎，東北夷之國，去扶餘千里」。《史記・夏本紀》正義引《括地志》云：「靺鞨國，古肅慎也，在京東北萬里已下，❶東及北各抵大海。其國南有白山，鳥獸草木皆白，其人處山林間，土氣極寒，常爲穴居，以深爲貴。至接九梯，養豕食肉，衣其皮。冬以猪膏塗身，厚數分，以禦風寒。勇力善射，弓長四尺如弩，矢用楛，長一尺八寸，青石爲鏃。」《淮南・墬形訓》高注：「一曰肅，敬也。慎，異也。」閻若璩曰：「肅慎，《内傳》稱爲周北土。《書序》謂在東，❷韋昭則曰：在東北。❸予案之，其地即今寧古塔，謂東者是也。予留京師久，遇有從寧古塔來者，詢其風土。云：東去一千里曰混同江，江邊有榆樹、松樹，枝既枯，墮入江，爲波浪所激盪，不知幾何，年化爲石，可取以爲箭鏃。榆化爲上，松次之。西南去六百里曰長白山，山巔之險，❹及黑松林徧生楛木，可取以爲矢，質堅而直，不爲燥溼所移。又有鳥曰海東青，即隼也。予固請，得一石砮以歸。」**昔武王克商，通道於九夷百蠻，****解**九夷，東夷九國。百蠻，蠻有百種也。**疏**解「九夷」至「百種」〇《後漢書・東夷傳》：「夷有九種，曰：畎夷、於夷、方夷、黄夷、白夷、赤夷、玄夷、風夷、陽夷。」《詩・大雅・韓奕》毛傳：「百蠻，蠻服之百國也。」**使各以其方賄來貢，****解**方賄，各以其所居之方所出貨賄爲貢也。**使無忘職業。於是肅慎氏貢楛矢石砮，其長尺有咫。先王欲昭其令德之致遠也，以示**

❶「萬里」，《史記》作「八千四百里」。「已下」，《史記》作「南去扶餘千五百里」。
❷「在東」，《四書釋地》作「東夷」。
❸「在東北」，《四書釋地》作「東北夷」。
❹「險」，《四書釋地》作「陰」。

後人，使永監焉，解監，視也。故銘其括曰『肅慎氏之貢矢』，解刻曰銘。括，箭、羽之間也。以分大姬，配虞胡公而封諸陳。解分，予也。大姬，武王元女。胡公，舜後，虞遏父之子胡滿也。諸，之也。古者分同姓以珍玉，展親也。解展，重也。玉，謂若夏后氏之璜。疏「古者」至「展親」○《書傳》：「以寶玉分同姓之國，是用誠信其親親之道。」○解「玉謂」至「之璜」○定四年《傳》：「分魯公以夏后氏之璜。」杜注：「美玉曰璜。」疏：「夏后氏所寶，列代傳之，知美玉名也。哀十四年向魋出於衛地，公文氏攻之，❶求夏后氏之璜焉，則璜非一也。」《周禮·大宗伯》鄭注：「半璧曰璜也。」分異姓以遠方之職貢，使無忘服也。疏「分異」至「忘服」○《史記·孔子世家》集解引王肅《國語注》：「使無忘服從於王也。」《書傳》謂：「遠夷之貢以分賜異姓諸侯，使無廢其職。」故分陳以肅慎氏之貢。解陳，嬀姓也。君若使有司求之故府，其可得也。」解故府，舊府也。使求，得之金櫝，如之。解櫝，匱也。金，以金帶其外也。如之，如孔子之言也。疏「使求」至「如之」○《漢書·五行志》顏注：「得昔所分之矢於府藏中。」

齊閭丘來盟，解閭丘，齊大夫閭丘明也。初，齊悼公在魯，取季康子之妹，及即位而逆之，季魴侯通焉。女言其情，不敢予也。齊侯怒，伐魯，魯與齊平，齊使閭丘明來盟公。在魯哀八年也。子服景伯戒宰人曰：「陷而入於恭。」解景伯，魯大夫，子服惠伯之孫、昭伯之子子服何也。宰人，吏人也。陷，猶失過

❶「氏」，原脱，今據《春秋左傳正義》補。

也。如有失過，甯近於恭也。**閔馬父笑，❶景伯問之，****解**馬父，魯大夫也。**對曰：「笑吾子之大也。****解**謂驕滿也。**疏**「笑吾子之大」○宋公序《補音》本「大」下有「滿」字，明道本無「滿」字。徐養原曰：「下文言『其滿之甚也』，故韋即以滿釋大，此以後注前也。」哀十三年《穀梁傳》曰：「大矣哉，夫差未能言冠而欲冠也。」與此《傳》「大」字同訓。**昔正考父校商之名《頌》十二篇於周太師，以《那》爲首，****解**正考父，宋大夫，孔子之先也。名《頌》，頌之美者也。太師，樂官之長，掌教詩、樂。《毛詩敘》曰：「微子至於戴公，其間禮樂廢壞，有正考父者得《商頌》十二篇於周之太師，以《那》爲首。」鄭司農云：「自考父至於孔子，又亡其七篇，故餘五篇耳。」**疏**解「正考」至「餘五」○《家語》：「宋湣公生弗父何，以國讓弟厲公。何生宋父周，周生世子勝，勝生正考父，考父生孔父嘉，孔父生木金父，金父生睪夷，睪夷生防叔，防叔奔魯生伯夏，伯夏生叔梁紇，考父爲孔子七世祖。」故曰「孔子之先」。《太師》：「掌教六詩：曰風、曰賦、曰比、曰興、曰雅、曰頌，掌六律、六同以合陰陽之聲，皆文之以五聲，播之八音。」此太師掌教詩、樂之事。孔穎達曰：「周大師得有《商頌》者，周備六代之樂故也。」《詩譜》：「商者，契所封之地。世有官守，十四世至湯，伐桀定天下。後世有中宗者，有高宗者，此三王有受命中興之功，故時有作詩頌之者。」則《頌》作於商世明矣。乃《宋世家》襲《韓詩》之説，謂宋襄公修行仁義，欲爲盟主，正考父美之，作《商頌》。案：昭七年《傳》言「正考父佐戴、武、宣」，則考父没於宣公之世。更閲穆九年、殤十一年、莊十九年、湣十一年、桓三十一年，而襄立距考父之卒已八

❶「父」，原脱，今據宋公序本《國語》補。

十餘年，安得有美襄之事？《周禮・太師》鄭注：「頌之言誦也，容也，誦今之德，廣以美之。」《史記・宋世家》自微子至戴公凡十君，除二及餘八君，是微子之後七世至戴公也。言校者，宋之禮樂雖則散亡，猶有此詩之本，考父恐其舛繆，故就太師校之。案：檢閲曰校。《漢書・藝文志》「成帝詔光禄大夫劉向校經傳、諸子、詩賦」是也。「以《那》爲首」者，《詩序》：「《那》祀成湯也。」疏：「頌之者，皆在崩後。經稱湯孫，箋以湯孫爲太甲，則《那》之作當太甲時。」案：湯以旆鉞伐桀，未遑文治，伊尹相太甲，功成作樂。《那》序云「祀成湯」，可知無先《那》者，故知太師以《那》爲首。「自正考父至孔子，又亡其七篇」者，《宋世家》戴公二十九年，周幽王爲犬戎所殺，是考父當宣、幽之世，至敬王三十六年，孔子反魯正樂，中閲平、桓、莊、釐、惠、襄、頃、匡、定、簡、靈、景、悼十三世，簡編殘闕，故録《詩》之時，得五篇，乃列之以備三《頌》也。**其輯之亂，****解**輯，成也。凡作篇章，義既成，撮其大要以爲亂辭。詩者，歌也，所以節舞者也，如今三節舞矣。曲終乃更，變章亂節，故謂之亂也。**疏**「其輯之亂」〇《離騷經》王逸注：「亂，理也，所以發理詞旨，總撮行要也。」《漢書・揚雄傳》顔注：「亂，理也，總理一賦之終也。」**曰：『自古在昔，先民有作。温恭朝夕，執事有恪。』****解**恪，敬也。先王稱之曰自古，古曰在昔，昔曰先民。有作，言先聖人行此恭敬之道久矣，不敢言創之於己，乃云受之於先古也。**疏**「自古」至「有恪」〇《詩疏》：「此助祭之法，乃從上古在於昔代先王之民，有作此助祭之禮，非專於今，故此嘉客依禮來助祭，其儀温温然而恭敬，早朝嚮夕在於賓位，其執事薦饌則有恭敬。」蓋恭莫大於賓、祭，故馬父以承祭之敬爲見賓者，通之也。**先聖王之傳恭，猶不敢專，稱曰『自古』，古曰『在昔』，昔曰『先民』。****解**此其不敢專也。**今吾子之戒吏人曰『陷而入於恭』，其滿之甚也。**

解驕爲滿，恭爲謙。**周恭王能庇昭、穆之闕而爲『恭』，**解庇，覆也。恭王，周昭王之孫、穆王之子也。昭王南征而不反，穆王欲肆其心，皆有闕失。言恭王能覆庇之，故爲之恭也。**楚恭王能知其過而爲『恭』。**解恭王，楚莊王之子也。知其過者，有疾，召大夫曰：「不穀不德，覆亡楚國之師。若没，請爲『靈』若『厲』。」子囊曰：「君實恭，可不謂恭乎？」大夫從之。疏解「恭王」至「從之」〇此約《内傳》語以成文。杜注：「亂而不損曰靈。戮殺不辜曰厲。欲受惡謚以歸先君也。」案劉向《新序》：「楚共王有疾，告諸大夫曰：管蘇犯我以義，違我以禮，與處不安，不見不思，然有德焉。吾死之後，爵之於朝。申侯順吾所欲，行吾所樂，與處則安，❶不見則思，然未嘗有得焉，必速遣之。」此與《内傳》知過語可相互證。**今吾子之教官寮，**解唐云：「同官曰寮。」昭謂：此景伯之屬，下寮耳，非同官之寮也。同寮，謂位同者也。《詩》云：「我雖異事，及爾同寮。」**曰『陷而後恭』，道將何爲？」**解失道尚爲恭，如其得道，將何爲乎？

季康子欲以田賦，解田賦，以田出賦也。賈侍中云：「田，一井也。周制：十六井賦戎馬一匹、牛三頭。一井之田，而欲出十六井之賦也。」昭謂：此數甚多，似非也。下雖云「收田一井」，凡數從夫井起，故云井耳。疏「季康」至「田賦」〇《漢書·刑法志》顔注：「田賦者，别計田畝及家財各爲一賦，言不依古制，役煩斂重也。」惠士奇曰：「小司徒及鄉師頒六鄉之比法，車輦登其數，馬牛辨其物，簡閲之而已，非籍而賦之。《司馬法》丘出牛三頭，馬一匹，甸出長轂一乘，馬四匹，牛十二頭，此即《春秋》所謂田賦。古者馬、牛、車輦

---

❶「則」，原作「不」，今據《新序》改。

皆謂之賦。魯使丘、甸出之，重傷民力，故《春秋》書之曰『用田賦』，校之初税畝，爲更甚矣。何以知之？以未用田賦時知之。三軍作而三子各毁其乘，如依《司馬法》，則乘者甸之出也，奚爲毁之？且甸出車一乘，故甸讀爲敶，其訓爲乘，則是毁其乘者，毁其甸也。毁其乘則可，毁其甸則不可，毁其甸是壞井田之法，先商鞅而決裂阡陌也。以是知甸出一乘之説非也。自魯用田賦始也。」顔氏以爲田本有賦，止一馬三牛，今則倍之。惠氏則謂甸本無賦，至是令之出賦。案：《傳》言魯用田賦，不言魯用甸賦，田與賦顯爲兩事。況《内傳》言季氏擇二，二子各一。江永、錢大昕並謂素在軍籍之卒乘者，若民之爲農，出田税者，仍歸之君。故哀公言「二吾猶不足」，是三家毁乘之人，非毁乘之車、輦、馬、牛也，安得毁其乘者毁其甸也？哀十一年《穀梁傳》范甯解：「古者，九夫爲井，十六井爲丘，丘賦之法因其田財，通共出馬一匹、牛三頭，今别其田及家財，各出此賦。」《内傳》孔疏云：「賈逵以爲欲令一井之間出一丘之税，則多於常十六倍，非民所能給。且直云『用田賦』，何知使井爲丘也？舊制丘賦之法，田之所收及家内資財并共一馬、三牛，今欲别其田及家資各爲一賦，計一丘民之家資，令出一馬、三牛，又計田之所收，更出一馬、三牛，是爲所出倍於常也。舊田與家資同賦，今欲别賦其田，故言欲以田賦也。」其説並與顔師古合。**使冉有訪諸仲尼。**解冉有，孔子弟子冉求也，爲季氏宰。康子欲加賦，使訪之也。**仲尼不對，**解以其非制也。**私於冉有曰：「求來。汝不聞乎？先王制土，藉田以力，而砥其遠邇；**❶解制土，制其肥磽以爲差也。藉田，謂税也。以力，謂三

❶「砥」，原作「砥」，今據宋公序本《國語》改。下同。

十者受田百畝，二十者受五十畝，六十還田也。砥，平也。平遠近，遠近有差也。《周禮》：「近郊十一，遠郊二十而三，甸、稍、縣、都，皆無過十二也。」**疏**解「制土」至「還田」〇「制其肥磽以爲差也」者，《漢書·食貨志》：「民受田，上田夫百晦，中田夫二百晦，下田夫三百晦。歲耕種爲不易，上田；休一歲者爲一易，中田；休二歲者爲再易，下田，三歲更耕之，自爰其處。此謂平土可以爲法者也。若山林藪澤原陵淳鹵之地，各以肥磽多少爲差。」「藉田，謂税也」者，《漢書·賈山傳》：「什一而籍。」顔注：「藉，借也，謂借人力也。一曰爲簿籍而税之。」《食貨志》：民受田有賦、有税。税謂公田什一及工、商、虞、衡之入也。顔注：「賦謂計口發財，税謂收其田入也。工、商、虞、衡雖不墾殖，❶亦取其税者。工有技巧之作，商有行販之利，虞、衡取山澤之材産也。」三十受田百畝，《周官·遂人》及《孟子》並同，唯二十受田五十畝，兩經皆無其文。弘嗣意指二十者爲餘夫。案：餘夫有二科，《周官·載師》鄭注引班氏《食貨志》「農民户一人受田，其家衆男爲餘夫，亦以口受田如比」，賈疏《遂人》職「夫一廛田百畝，餘夫亦如之」：此餘夫受田如正夫之比，與《孟子》「餘夫二十五畝」者不同。彼餘夫是未娶妻，此爲已娶妻而壯者也。準《遂人》之餘夫則當百畝，準《孟子》之餘夫則當二十五畝，乃云五十畝，不知其所據也。民年二十受田，六十還田，與班氏《食貨志》文同。〇解「砥平」至「十二」〇《周官·載師》疏：「近郊十一者，即經宅田、士田、賈田任在近郊者同十一而税也。遠郊二十而三，即經官田、牛田、賞田、牧田任遠郊之地同二十而税三也。甸、稍、縣、都皆無過十二者，即經公邑之田任

❶「墾」，原作「懇」，今據《漢書》改。

甸地以下至任畺地四處皆無過十而稅二也。」江永曰：「取民不過什一，然力役先取諸近者多而遠者少，其勢不得不然。益遠民之賦以補近民之力，政乃均平耳。」**賦里以入，而量其有無；****解**里，廛也，謂商賈所居之區域也。以入，計其利入多少而量其財業有無以爲差也。《周禮》：「國宅無征，園廛二十而一，漆林二十而五。」**疏**解「里廛」至「爲差」○《周官·廛人》：「掌斂廛布。」鄭注：「廛布貨賄諸物邸舍之稅。」賈疏：「謂在行肆，官有邸舍，人有置物於中，使之出稅，故云廛布。」案：此布司市征之，廛人斂之，蓋古者官置邸舍以居賈，謂之廛。賈積貨於廛，而官收其貨直，若今時富人授屋於人而取其屋租者，征其廛不征其貨，故《孟子》曰：「廛而不征。」弘嗣謂「計其利入多少、量其財業有無」，則是征其貨而非征其廛矣。《孟子》之言正與此《傳》孔子語合，豈有孔孟所述而非周公之制者乎？○解「周禮」至「而五」○《周官·載師》注引鄭司農云：「國宅，城中宅也。無征，無稅也。」玄謂「國宅，凡官所有宮室，吏所治者也。園廛亦輕之者，廛無穀，園少利也」。賈疏：「後鄭以廛里既爲民宅，則此國宅非民宅，是以爲官府治事處解之。廛則五畮之宅，在國中，《孟子》云『五畮之宅，樹之以桑麻』，是『廛無穀』也。園則百畮田畔，家各二畮半，以爲井竈，種葱韭及瓜，是『園少利』也。漆林之稅特重者，以漆林自然所生，非人力所作故也。」王應麟曰：「漆林之征二十而五，漆以飾器用而已。舜造漆器，羣臣咸諫，防奢靡之原也。種漆成林，重其征，所以抑末而返樸也。」王說足補賈義。**任力以夫，而議其老幼。****解**力，謂傜役。以夫，以夫家爲數也。議其老幼，老幼則有復除也。**疏**解「力傜」至「復除」○《周官·載師》「夫家之征」，惠士奇曰：「凡民有夫則有家，夫出口泉，故口以夫名。家給傜役，故役以家名。夫布者，一口之夫；家征者，一夫之家。征有施舍，唯賢能、老疾、貴者、服公事者，而平民不舍焉。故使之出三日、二日、一日之力征，而田與追胥轉移執事，亦在『竭作』之列。所謂『唯爲社田，國人畢作』是也。」《淮南・精神訓》：「繇者揭钁。」注「繇，役也」。今河東謂治道爲繇道，則徭即役也。老幼則有復除者，《漢書・食貨志》「七十以上上所養也，十歲以下上所長也」，則老自七十以上，幼者十歲以下。《高帝紀》：「十一年令豐人徙關中者皆復終身，七年令民産子，復勿事二歲。」顔注：「勿事，不役使也。」此皆復除之事。但《高紀》所言者，非常之恩，故凡民咸服。此傳所言國有常典，故以老幼爲限也。**於是有鰥、寡、孤、疾，** **解**又議其鰥、寡、孤、疾而不役也。疾，廢疾也。**有軍旅之出則徵之，無則已。** **解**徵，徵鰥、寡、孤、疾之賦也。已，止也。無軍旅之出，則止不賦。**其歲收，田一井出稯禾、秉芻、缶米，不是過也。** **解**其歲，有軍旅之歲也。缶，庾也。《聘禮》曰：「十六斗曰庾，十庾曰秉。秉，一百六十斗也。四秉曰筥，十筥曰稯，六百四十斛也。」**疏**解「缶庾」至「曰庾」○《儀禮・聘禮・記》：「十六斗曰籔。」鄭注：「今文籔爲逾。」疏云：「逾即庾也。」《考工記》：「庾實二觳。」鄭注「觳受斗二升」，則庾實二斗四升，與《儀禮疏》異。姜上均曰：「籔音叟，與庾字文異、音異、數異，何得妄以籔爲逾？鄭注『今江淮之間量名有爲籔者』，則其量非即爲庾明甚。且云『今文籔爲逾』，則逾非即庾又明矣。疏乃率云『逾即庾也』。而云『庾有二法』。《左傳》杜注：『庾爲十六斗。』考申豐餂高齮以粟五千庾，當是二斗四升之庾共千二百斛。若十六斗爲庾，當八千斛，則賄據止錦百兩，而賄齮反至八千斛，且爲之請後於高氏，有是理乎？自《論語》包氏注誤疑庾爲逾而爲十六斗之説，何晏、杜預、賈公彦皆因之。」徐養原曰：「包氏注《論語》本今《禮》戴説，言非無稽。先鄭注《陶人》云：『觳受三斗。』然則庾實二觳爲六斗，亦足備一説。《梓人》『爲飲器，一獻三酬則一豆』，豆當爲斗。先鄭意旅人之豆亦讀爲斗，故以瞉爲三斗。又讀瞉爲斛，云『《聘禮·記》有瞉』。今考《聘禮·記》云『十斗曰斛，十六斗曰逾』，逾既同庾，則瞉亦同斛。至斗數多寡各異，記者各述所聞耳。」○解「十庾」至「曰筥」○《儀禮·聘禮·記》言「十籔曰秉」，並未言十庾曰秉，況聖人明言「秉芻」，是芻數非米數也。米可以斗計，芻不可以斗計。《詩·大田》疏：「穧者，禾之鋪而未束者。秉，刈禾之把也。《聘禮》曰：『四秉曰筥。』注：『此秉爲刈禾盈手之秉。筥，穧名也。若今萊、易之間刈稻，聚把有名爲筥者。』彼注言此秉者，以對米秉爲異，故《掌客》注云：『米禾之秉筥，字同數異。禾之秉，手把耳。筥謂一穧。』然則禾之秉，一把耳。米之秉，十六斛。禾之筥，四把耳。米之筥，則五斗。是有對，故言此以別之。」齡案：《傳》言秉禾則當從禾數，不當從米數。弘嗣引米數以解芻字，似與《傳》義未合。○解「十筥」至「十斛」○《儀禮·聘禮·記》：「十筥曰稯，十稯曰秅，四百秉爲一秅。」注：「一車之禾三秅，爲千二百秉，三百筥三十稯也。古文稯作緵。」案：四百秉曰秅，則四十秉爲一稯，四秉爲一筥，是從禾數言之也。徐大椿曰：「親見西漢時六升銅器，容今時一升二合。」則一秉禾所有之穀，在今量之約得六合，在古量之約得三升，是一千二百秉禾爲稯，止得古量三十六斛，安得六百四十斛之多？蓋弘嗣沿《論語》包注「十六斗爲庾」之説，故以一百六十斗爲秉、六百四十斗爲筥、六百四十斛爲稯也。《莊子·則陽》篇：「是稯稯者，何爲者耶？」注：「稯，聚也。」則稯當指禾言，不當指米。《傳》言禾以稯計，芻以秉計，米以缶計也，非謂一井所出之全數止一稯、一秉、一缶也。**先王以爲足。**解足，供用也。**若子季孫欲其法也，則有周公之藉矣。**解藉田之法，周公所制也。**若欲犯法，則苟而賦，又何訪焉！」**解苟，苟且也。時康子不聽，哀公十二年春，卒用田賦。

國語正義卷第六

歸安董增齡撰集

齊語

桓公自莒反於齊，解桓公，齊大公之後，僖公之子、襄公之弟桓公小白也。初，襄公立，其政無常，鮑叔牙曰：「亂將作矣。」奉公子小白出奔莒。公孫無知殺襄公而立，管夷吾、召忽奉公子糾奔魯。齊人殺無知，逆子糾於魯，魯莊公不即遣而盟以要之。齊大夫歸逆小白於莒。莊公伐齊，納子糾，桓公自莒先入。**疏**「桓公自莒反於齊」〇《吕氏春秋·不廣》篇：「鮑叔、管仲、召忽三人相善，欲相與定齊國，以公子糾爲必立。召忽曰：『吾三人者於齊國也，譬之若鼎之有足，去一焉則不成。且小白則必不立矣，不若三人佐公子糾。』管仲曰：『不可。國人惡公子糾之母，以及公子糾；公子小白無母，而國人憐之。事未可知，不若令一人事公子小白。夫有齊國者必此二公子也。』故令鮑叔傅公子小白，管仲、召忽居公子糾所。」此未奔以前事也。

使鮑叔爲宰，解鮑叔，齊大夫，姒姓之後，鮑敬叔之子叔牙也。宰，大宰也。**疏**解「宰大宰也」〇《周官·大宰》疏引崔靈恩曰：❶「諸侯三卿、五大夫。司徒之下立二人，小宰、小司徒；司馬之下立一人，小司馬，兼宗伯；司空之下立二人，小司寇、小司空。」齊以高、國爲命卿，故曰「二守」，則鮑叔所爲者，司徒下之小宰。今弘嗣云「大宰」，未知何據。吴、楚僭王，宋爲殷後，並有大宰，未可例齊也。**辭曰：「臣，君之庸臣也。**解庸，凡庸也。**君加惠於臣，使不凍餒，則是君之賜也。若必治國家者，則非臣之所能也。若必治國家者，則管夷吾乎。**解管夷吾，齊卿，姬姓之後，管嚴仲之子敬仲也。疏解「管夷」至「敬仲」○《史記・管晏列傳》索隱引《世本》：「莊仲山生敬仲夷吾。」《春秋・僖十二年》疏引《世族譜》：「管仲出自周穆王。」《廣韻》：「管姓，出平原，周文王子管叔之後。」武億曰：「管叔在穆王之前，子孫後以封邑爲氏。」與《譜》異。案：僖十二年《傳》：「齊侯使管夷吾平戎於王。王曰：『舅氏，余嘉乃勳。』」《曲禮》：「天子異姓則曰伯舅。」《詩・伐木》「以速諸舅」，皆非同姓，經有明徵。《世族譜》及《廣韻》之説非也。《謚法》：「夙夜勤事曰敬。」《説苑》謂「管仲爲故城陰之狗盜」，亦未足信。**臣之所不若夷吾者五：寬惠柔民，弗若也；**解寬則得衆，惠則足以使民。柔，安也。**治國家不失其柄，弗若也；**解柄，本也。**忠信可結於百姓，弗若也；制禮義可法於四方，弗若也；執枹鼓立於軍門，使百姓加勇焉，弗若也。」**解軍門，立旌爲門者，若今牙門矣。加，益也。疏解「軍門」至「牙門」○赤旍爲旜，置旜於門，謂之牙門，即下文「渠門」也。《真人水鏡經》曰：「軍始出，立牙竿必令完堅，折則不利軍之精壯也。」**桓公曰：「夫管夷吾射寡人**

❶ 「周官大宰」，據下引文应是「禮記檀弓上」。

中鉤，是以濱於死。」解三君皆云：「濱，近也。」夷吾臣于子糾，乾時之戰，親射桓公中鉤。疏「管夷」至「於死」〇《呂氏春秋·貴卒》篇：「公子糾與公子小白皆歸，俱至，爭先入公家。管仲扜弓射公子小白，中鉤。鮑叔御公子小白僵，管子以爲小白死，告公子糾曰：『安之，公子小白死矣！』鮑叔因疾驅先入，故公子小白得以爲君。」此濱於死之事也。**鮑叔對曰：「夫爲其君動也。**解君，子糾也。**君若宥而反之，夫猶是也。」**解宥，赦也。猶是，言爲君猶爲子糾也。**桓公曰：「若何？」**解若何得還也。**鮑子對曰：「請諸魯。」**解是時桓公使鮑叔脅魯殺子糾，召忽死之，管仲不死。**公曰：「施伯，魯君之謀臣也，**解施伯，魯大夫惠公之孫，施父之子。**夫知吾將用之，必不予我矣。若之何？」鮑子對曰：「使人請諸魯曰：『寡君有不令之臣在君之國，欲以戮於羣臣，故請之。』則予我矣。」桓公使請諸魯，如鮑叔之言。莊公以問施伯，施伯曰：「此非欲戮之也，欲用其政也。夫管子，天下之才也，**解才冠天下。**所在之國，則必得志於天下。令彼在齊，則必長爲魯國憂矣。」莊公曰：「若何？」施伯曰：「殺而以其屍授之。」**解授予齊使。**莊公將殺管仲，齊使者請曰：「寡君欲親以爲戮，**解欲得生自戮之，以逞射己之忿也。**若不生得以戮於羣臣，猶未得請。**解猶未得所請。**請生之。」於是莊公使束縛以予齊使，齊使受而以退。比至，三釁、三浴之。**解以香塗身曰釁，釁或爲熏。疏「請生」至「浴之」〇《呂氏春秋·贊能》篇：「桓公使人告魯曰：『管夷吾，寡人之讎也，願得之而親加手焉。』魯君許諾，乃使吏鞹其拳，膠其目，盛之以鴟夷，置之車中。至齊境，桓公使人以朝車迎之，祓以爟火，釁以犧猳焉，生與之如國，❶命有司除廟筵几而薦之，曰：『自孤之聞夷吾之言也，目益明，耳益聰，孤弗敢專，敢以告于先君。』因顧而命管子曰：『夷吾佐予。』管仲還走，再拜稽首，受令而出。」彼文言「釁以猳」，與此不同，此傳聞之異。　齡案：《雜記》釁器以猳血，❷《春官・女巫》釁人以香，當從《國語》文爲正。　又《吕氏春秋・順説》篇：「管仲得于魯，魯束縛而檻之，❸使役人載而送之齊，其謳歌而引。　管子恐魯之止而殺己也，欲速至齊，因使謂役人曰：『我爲汝唱，汝爲我和。』其所唱適宜走，役人不倦，而取道甚速。」《韓非子・外儲説》：「管仲束縛自魯至齊，道而饑渴，過綺烏封人而乞食，烏封人跪而食之，甚敬。」此皆自魯至齊之事。○解「以香」至「爲熏」○惠士奇曰：「《女巫》『釁浴』注：『釁浴，以香釁染草沐浴。』《太祝》『隋釁』、《鬯人》『釁鬯』，皆當讀爲『熏』。」齡謂：《鬯人》鄭司農注：「釁讀爲『徽』。」賈疏謂：「莊飾義。《王度記》曰：『天子以鬯，諸侯以熏。』」鬯爲香草，香草曰熏，熏之言釁也。　**桓公親逆之於郊，**解逆，迎也。　郊，近郊也。　**而與之坐，問焉。**　解還國與坐。　**曰：「昔吾先君襄公，築臺以爲高位，**解居高臺以自尊。　**田、狩、畢、弋，**解田，獵也。　狩，圍守而取禽也。　畢，掩雉兔之網也。　弋，繳射也。　疏解「田獵」至「繳射」○田獵，《管子・小匡》篇作「獠獵」。　郭璞《爾雅注》：「獠，猶燎。　今之夜獵載鑪照者。　江東人亦呼『獵』爲『獠』。」然《周

---

❶「如」，原作「知」，今據《吕氏春秋》改。

❷「釁器以豭血」，《禮記・雜記》無此文。

❸「束」，原作「來」，今據《吕氏春秋》改。

官》云「大田獵」，《王制》云「佐車止」，則百姓田獵，不必皆宵田也。《爾雅·釋天》：「火田爲狩。」孫炎注「放火燒屮，守其下風」，是圍守而取禽也。《詩疏》引《釋天》云：「噣謂之畢。孫炎注：『掩兔之畢，或謂之噣，因名星云。』郭璞注：『掩兔之畢，或呼爲噣，因星形以名之。』《月令》注：『網小而柄長謂之畢。』然則此器形似畢星，郭説是也。」「弋，繳射也」者，《淮南·説山訓》高注：「繳，大綸，繳所以繫者。繳射，❶射注飛鳥。」❷《漢書·蘇武傳》：「武能紡繳。」顔注：「繳，生絲縷也，可以弋射。」《吕氏春秋·慎小》篇：「齊桓公即位，三年三言，而天下稱賢。去肉食之獸，去食粟之鳥，去絲罝之網。」蓋深鑒于襄之弊政矣。**不聽國政，卑聖侮士，而唯女是崇，****解**崇，高也。**九妃六嬪，****解**唐尚書云：「九妃，三國之女，以姪娣從也。」昭謂：正適稱妃，言「九」者，尊之如一，明其淫侈非禮制也。禮，姪娣之屬皆稱妾。嬪，婦官也。**疏**「九妃六嬪」〇《管子·小匡》篇尹注：「九妃，謂諸侯所娶九女。天子九嬪，諸侯六嬪。」此即用唐氏「三國之女以姪娣從」之説。然一娶九女，禮制宜然，未可爲襄罪。至謂諸侯六嬪，亦因九嬪而以意言之。齡謂：《曲禮》「天子之妃曰『后』，公侯曰『夫人』，下至庶人曰『妻』」，亦妃也。桓二年《傳》「嘉耦曰妃」，則妃通徹上下之稱。三代以前並無諸侯適妻專稱妃之文。九妃者，言宮中有權寵者九人，猶僖公十七年《傳》「内嬖如夫人者六人」

❶「射」，原作「注」，今據《淮南子》改。
❷「射」，原作「之」，今據《淮南子》改。

也。❶陳妾數百，解陳，列也。食必粱肉，衣必文繡，戎士凍餒，戎車待游車之裂，戎士待陳妾之餘。解戎車，兵車。游車，游獵之車。裂，殘也。疏解「游車」至「裂殘」〇宣十二年《傳》：「潘黨率游闕四十乘。」杜注：「游車，補闕者。」弘嗣以游闕亦是戎車，故訓爲游獵。「裂，殘也」者，《管子·小匡》篇尹注：「游車弊，然後以爲戎車也。」優笑在前，賢材在後。解優笑，倡俳也。是以國家不日引，解引，申也。不月長。解長，益也。恐宗廟之不掃除，社稷之不血食，敢問爲此若何？」解爲，治也。管子對曰：「昔吾先王昭王、穆王，世法文、武，遠績以成名，解先，管子之先也。績，功也。言昭王、穆王雖有所闕，猶能世法文王、武王之典，以成其功名也。《周語》曰：「厲始革典。」言至厲王乃變更文、武之常典也。疏解「先管子之先」〇管仲非姬姓，而稱昭王、穆王爲先王者，蓋仲爲天子之陪臣，故稱天子之祖爲先王。昭十三年《傳》右尹子革曰：「昔我先王熊繹，辟在荊山。」子革，鄭穆公之孫，豈得謂熊繹是其先祖乎？則韋解謂管子之先，非也。合羣叟，比校民之有道者，解合，會也。叟，老也。比，比方也。校，考舍也。謂考其德行道藝而興賢者。設象以爲民紀，解設象，設教象之法於象魏也。《周禮》：「正月之吉，縣治象於象魏，使萬民觀焉，挾日而斂之。」所以爲民綱紀也。疏「設象以爲民紀」〇《管子·小匡》篇尹注：「校試其人有道者，與之設法象，而爲人紀。」案：成十五年《傳》：「善人，國之紀也。」❷言取有道之人使民法而象

---

❶「變」，原作「寵」，今據《春秋左傳正義》改。

❷「國」，《春秋左傳正義》作「天地」。

之。故下言「班敘顛毛，爲民統紀」，則設象指人，非指書，知章此注似合《傳》義。**式權以相應，**解式，用也。權，平也。治政用民，使均平相應也，**比綴以度，**解比，比其衆寡。綴，連也，連其夫家也。度，法也。

疏「比綴以度」○《周官・小司徒》：「稽國中及四郊都鄙之夫家九比之數。」鄭注：「夫家猶言男女。」賈疏：「《春秋傳》『男有室，女有家』。」則比綴即九比之法也。**竱本肇末，**解竱，等也。肇，正也。謂先等其本，以正其末也。**勸之以賞賜，糾之以刑罰，**解糾，收也。**班序顛毛，以爲民紀統。」**解班，次也。序，列也。顛，頂也。毛，髮也。統，猶經也。言次列頂髮之白黑，使長幼有等，以爲治民之經紀也。**桓公曰：「爲之若何？」管子對曰：「昔者聖王之治天下也，參其國而伍其鄙，**解參，三也。國，郊以内也。伍，五也。鄙，郊以外也。謂三分國都以爲三軍，五分其鄙以爲五屬也。聖王，謂若湯、武也。**疏**「昔者」至「其鄙」○參其國者，參分其國，以定都之制；伍其鄙者，伍保其民，以爲鄙之制。隱元年《傳》祭仲曰：「大都不過參國之一。」杜注：「三分國城之一。」疏謂：「侯伯城方五里，長三百雉。其大都方一里又二百步，長百雉也。」參其國以爲都，則無尾大不掉之憂。襄三十年《傳》：「子産使廬井有伍。」杜注：「九夫爲井，使五家相保。」蓋司徒之法：「五家爲比，使之相保；五比爲閭，使之相受；四閭爲族，使之相葬；五族爲黨，使之相救；五黨爲州，使之相賙；五州爲鄉，使之相賓。」自五家之比至萬二千五百家之鄉，皆以五起數，伍其民以立鄙，則無輕去其鄉之慮。弘嗣謂「三分其國以爲三軍，五分其鄙以爲五屬」，此管子得齊後新創之制，三代之聖王無是也。況下文方言「定民之居」，不應舍晝井設廬之事，而專言徵徒發兵之事也。**定民之居，成**

民之事，解謂使四方各居其職所也，若工就官府，農就田野，所以成其事也。**陵爲之終，**解以爲葬也。疏「陵爲之終」〇陵，《玉篇》：「冢也。」《秦始皇本紀》正義引《括地志》：「秦惠王陵在雍州咸陽縣西北十四里。❶秦悼武王陵在雍州咸陽縣西十里。秦始皇陵在雍州新豐縣西南十里。」陵以人稱者始見于此。蓋自秦之興，而陵始專爲天子、諸侯之名。在春秋時，則士庶人之冢亦通稱陵也。**而慎用其六柄焉。」**解柄，本也。六柄，生、殺、貧、富、貴、賤也。**桓公曰：「成民之事若何？」管子對曰：「四民者勿使雜處，**解四民，謂士、農、工、商也。**雜處則其言哤，其事易。」**解哤，亂貌。易，變易也。**公曰：「處士、農、工、商若何？」**疏「公曰」至「若何」〇成元年《公羊傳》注：「德能居位曰士，巧心勞手以成器物曰工，通財粥貨曰商，辟土殖穀曰農。」**管子對曰：「昔聖王之處士也，使就閒燕；**解士，講學道藝者也。閒燕，猶清淨也。疏「昔聖」至「閒燕」〇《管子·小匡》篇尹注：「處士燕閒則謀議審也。」**處工，就官府；處商，就市井；**疏「處商就市井」〇《白虎通義》：「因井爲市，故曰市井。」《風俗通義》：「市，恃也，養贍老少，恃以不匱也。俗說：市井，謂至市者當於井上洗濯其物香潔及自嚴飾，乃到市也。」《詩疏》：「古者二十畝爲一井，因爲市交易，故稱市井。然則由本井田之中交易爲市，故國都之市亦因名市井。」《管子·小匡》篇尹注：「立市必四方，若造井之制，故曰市井。」其說非也。**處農，就田野。令夫士，羣萃而州處。**解萃，

❶「北」，原脱，今據《史記》補。

集也。州，聚也。疏「士羣」至「州處」○惠士奇曰：「《度地》篇曰：『州者謂之術，不滿術者謂之里。故百家爲里，里十爲術，術十爲州，州十爲都。』」《王制》鄭注：「屬、連、卒、州，❶猶聚也。」孔疏「州者聚居」是也。閒燕則父與父言義，子與子言孝，其事君者言敬，其幼者言悌，少而習焉，其心安焉，不見異物而遷焉。解物，事也。遷，移也。是故其父兄之教不肅而成，解肅，疾也。其子弟之學不勞而能。夫是故士之子恒爲士。令夫工，羣萃而州處，審其四時，解言四時各有宜，謂死、生、凝、釋之時也。辨其功苦，解辨，別也。功，牢也。苦，脆也。疏「辨其功苦」○《周官・司裘》：「季秋，獻功裘。」鄭注：「功裘，人功微麤。」則比良裘微麤，其靭密可知，故曰「功，牢也」。《典婦功》「辨其苦良」，鄭司農曰：「分別其縑帛與布紵之麤細。」良既爲細，則苦當爲麤。《荀子・勸學篇》楊注：「楛與苦同，惡也。」《史記・匈奴列傳》集解引韋昭曰：「苦，麤也，音若靡盬之盬。」麤、惡皆脆義。權節其用，解權，平也，視其平沈之均也。節，節其大小輕重也。論比協材，解論，擇也。比，比其善惡也。協，和也，和其剛柔也。旦莫從事，施於四方，解施其物用於四方也。以飭其子弟，解飭，教也。相語以事，相示以巧，相陳以功。解陳，亦示也。功，成功也。功善則有賞。少而習焉，其心安焉，不見異物而遷焉。是故其父兄之教不肅而成，其子弟之學不勞而能，夫是故工之子恒爲工。令夫商，羣萃而州處，察其四時，解四

❶「屬連」，原倒，今據《禮記正義》乙正。

時所用者，豫資之也。**而監其鄉之資，**解監，視也。資，財也。視其貴賤有無。**以知其市之賈，負、任、儋、何，**解背曰負。肩曰儋。任，抱也。何，揭也。**服牛軺馬，**解服，牛車也。軺，馬車也。《詩》云：「睆彼牽牛，不以服箱。」疏解「軺馬車」〇《史記·平準書》：「商賈滋衆，貧者畜積無有，皆仰縣官。異時算軺車、緡錢皆有差。」又云：「三老、北邊騎士軺車以一算，商賈人軺車二算。」如淳曰：「商賈有軺車，使出二算，重其賦也。」《説文》曰：「軺，小車也。」**以周四方，**解周，徧也。**以其所有，易其所無，市賤鬻貴，**解市，取也。鬻，賣也。**旦莫從事於此，以飭其子弟，相語以利，相示以賴，**解賴，贏也。**相陳以知賈。少而習焉，其心安焉，不見異物而遷焉。是故其父兄之教不肅而成，其子弟之學不勞而能。夫是故商之子恒爲商。令夫農，羣萃而州處，察其四時，**解四時樹藝，各有宜也。**權節其用，耒、耜、枷、芟，**解權，平也，平節其器用、小大、倨句之宜也。枷，柫也，所以繫草也。芟，大鎌，所以芟草也。疏解「枷柫」至「芟草」〇《荀子·性惡篇》楊注：「柫，从木旁弗擊也。《方言》云：『自關而西謂之柫，今之農器連枷也。』」《漢書·王莽傳》：「予之北巡，必躬載柫。」顔注：「柫所以擊治禾者也，今謂之連枷。」則柫以擊禾。韋解「繫草」疑即「擊」字之誤。《方言》「刈鉤，自關而西或謂之鎌」，《釋名》「鎌，廉也，體廉薄也。其所刈稍稍取之，又似廉者也」。《周官·稻人》「凡稼澤，夏以水殄草而芟夷之」，❶鄭康成謂：「六

❶「夏」，原脱，今據《周禮注疏》補。

月大雨時行，以水病絶草之後生者，至秋水涸而芟之，❶明年乃稼。」則鎌爲芟草器，即名之爲芟也。**及寒擊菒除田，**解寒，謂季冬大寒之時。菒，枯草也。**疏**「及寒」至「除田」〇《周官·薙氏》鄭注：「以鉤鎌迫地芟之，若今取茭矣。」茭即菒，乾草也，謂收乾草有陳根也。秋敗其實，冬劃其根。《管子·小匡》篇尹氏注：「冬寒之月即擊去草之稾者，修除其田，以待春耕時也。」**以待時耕，**解時耕，謂立春之後。**疏**「以待時耕」〇《吕氏春秋·任地》篇：「冬至後五旬七日，菖始生，菖者百草之先生者也，於是始耕。孟夏之昔，殺三葉而穫大麥。日至，苦菜死而資生，樹麻與菽，此告民地寶盡死。凡草生藏日中出，狶首生而麥無葉，而從事於蓄藏，此告民究也。五時見生而樹生，見死而穫死。」❷則時耕兼五時言之，以立春後農功之始，故舉初以包其餘也。**及耕，深耕而疾櫌之，以待時雨，**解疾，速也。櫌，摩平也。時雨至，當種之也。**疏**解「櫌摩」至「種之」〇《秦始皇本紀》徐廣音義「櫌，田器」，索隱曰：「孟康以櫌爲鉏柄。」《文選注》引晉灼曰：「以木椎塊曰櫌。」齡謂：《傳》文「櫌」與「耕」對舉，晉説得之。蓋「椎塊」即「摩平」也。江永曰：「《孟子》言『播種而櫌之』，是櫌在播種之後。問諸北方農人，播種之後，以土覆實，摩而平之，使種入土，鳥不能啄。」則不當言種在櫌後也。**時雨既至，挾其槍、刈、耨、鎛，**解在掖曰挾。槍，椿也。刈，鎌也。耨，茲其也。鎛，鉏也。**疏**解「槍椿」至「鎛鉏」〇椿，《説文》「橛杙也」。韓愈贈張籍詩：「斬拔枿與椿。」刈爲鎛，即上文芟也。耨者，

---

❶「至秋」，原倒，今據《周禮注疏》乙正。

❷「穫」，原作「樹」，今據《吕氏春秋》改。

《吕氏春秋·任地》篇「耨柄尺，此其度也。其耨六寸，所以間稼也」，《釋名》：「耨，以鉏嫗耨禾也。」❶趙岐《孟子注》：「鎡基，田器耒耜之屬。」則兹其非專指耨，然《易》言「耒耨之利」，故得通言之。鎛，《説文》：「一曰田器。」《周頌》「庤乃錢鎛」，毛傳「鎛，鎒也」。《釋名》：「鎛，鉏類。」**以旦莫從事於田野，脱衣就功，首戴茅蒲，身衣襏襫，**解脱，解也。茅蒲，簦笠也。襏襫，簑薜衣也。茅，或作「萌」。萌，竹萌之皮，所以爲笠也。**疏**解「茅蒲」至「爲笠」〇《周頌·良耜》毛傳：「笠，所以禦暑雨。」《無羊》孔疏「笠，元以禦暑，兼可禦雨」。《史記·平原君傳》徐廣音義：「笠有柄者謂之簦。」襏襫，《管子·小匡》篇尹注：「謂麤堅之衣可以任苦著者也。」齡謂：《小雅·無羊》毛傳：「蓑，所以備雨。」上文言「時雨既至」，則襏襫當爲蓑衣，不當爲布衣，尹知章之説非也。「茅或作萌」者，《爾雅·釋言》「茅，明也」，「明」與「萌」聲近，故「茅」得訓「萌」。竹萌之皮爲笠者，《史記·高祖本紀》：「高祖爲亭長，乃以竹皮爲冠。」集解引應劭曰：「以竹始生皮作冠，今鵲尾冠是也。」索隱引應劭云：「一名長冠。側竹皮裹以縱前，高七寸，廣三寸，如板。」笠多以草作之，亦有以竹萌爲之者，故引之在下，亦得爲一義也。**霑體塗足，**解霑，濡也。**暴其髮膚，盡其四支之敏，**解敏，猶材也。**以從事於田野。少而習焉，其心安焉，不見異物而遷焉，是故其父兄之教不肅而成，其子弟之學不勞而能。夫是故農之子恒爲農，野處而不暱。**解暱，近也。**疏**「野處而不暱」〇《管子·小匡》篇尹注：「農人之子樸質而野，不爲姦慝。」胡鳴玉曰：「暱，日日相近也。與『匿』字音義迥别。謂遠處而

❶「耨」，原作「媷」，今據《釋名》改。

不與庸衆相暱，此民之秀出而能爲士者。」則尹知章之注非也。**其秀民之能爲士者，必足賴也。**解秀民，民之秀出者也。賴，恃也。**有司見而不以告，其罪五。**解有司，掌民之官也。五罪，在五刑也。疏解「有司掌民之官」○管子之法，凡民之有秀出者，則其下以次復于上，長家復於什伍，什伍復於游宗，游宗復於里尉，里尉復於州長，州長以計於鄉師，鄉師以著於士師，則自士師而下皆得以有司統之也。**有司已於事而竣。」**解已，畢也。竣，伏退也。疏「有司」至「而竣」○竣，《爾雅·釋言》作「逡，退也」。郭注：「逡巡，却去也。」《文選·東京賦》薛綜注：「已，止也。踆，退也。止事而退還。」**桓公曰：「定民之居若何？」管子對曰：「制國以爲二十一鄉。」**解唐尚書云：「四民之所居也。」昭謂：國，國都城郭之域也，唯士、工、商而已，農不在焉。**桓公曰：「善。」管子於是制國以爲二十一鄉，**解二千家爲一鄉。二十一鄉，凡四萬二千家。此管子所制，非周法也。**工、商之鄉六，**解工、商各三也，二者不從戎役也。**士鄉十五，**解唐尚書云：「士與農共十五鄉。」昭謂：此士，軍士也。十五鄉合三萬人，是爲三軍。農野處而不暱，不在都邑之數，則下所云「伍鄙」是也。疏「士鄉十五」○錢大昕引江永説：「春秋兵農已分，齊三軍出之士鄉十有五，而鄙處之農不與焉。爲農者治田供税，不以隸于師旅也。鄉田但有兵賦，無田税，似後世之軍田、屯田，此外更無養兵之費。晉始一軍，既而作二軍，作三軍，作五軍，旋作六軍，後爲四軍，又新無帥而復三軍，其既增又損也。蓋除其軍籍，使之歸農。若軍盡出于農，則農民固在，安用屢改軍制乎？隨武子：『楚國荆尸而舉，農、工、商、賈不敗其業。』此農不從軍之證。」齡謂：當時兵農既分，故弘嗣以軍士訓士鄉。

或謂興賢能亦出于士鄉。不知秀民取之農，非取之軍士也。○解「昭謂」至「三軍」○《周官·小司徒》：「萬二千五百家爲鄉，萬二千五百人爲軍。」此周制也。今齊分其國爲二十一鄉，孟子言齊封儉於百里，當日譚、遂、萊夷未滅，幅員不廣，則雖有鄉之名，而較之《周官》之鄉，僅五分之一，故每鄉出軍二千，猶不及二千五百爲師之數也。❶然臨淄七萬户，户不下三男子，則羡卒之不起者甚多，畜威而不盡用，此管子之善謀也。

公帥五鄉焉，解五鄉萬人，是謂中軍，公所帥也。**國子帥五鄉焉，高子帥五鄉焉。**解國子、高子皆齊上卿，各帥五鄉，爲左、右軍也。疏解「國子」至「上卿」○僖十二年《傳》杜注：「國子、高子，天子所命爲齊守臣，皆上卿也。僖二十八年，國歸父乃見于《傳》。歸父之父曰懿仲。」齡謂：管仲制軍之時不知當誰世。《唐書·宰相世系表》：「齊太公六世孫文公赤，生公子高，孫傒，爲齊上卿，❷與管仲合諸侯有功，桓公命傒以王父字爲氏，食邑於盧，謚曰敬仲。敬仲生莊子虎，虎生傾子，傾子生宣子固，固生厚，厚生子麗，子麗生止，奔燕。」**參國起案，以爲三官，**解參，三也。案，界也。分國事以爲三也。疏「參國」至「三官」○《吕氏春秋·上農》篇：「民自七尺以上屬諸三官。」高注：「三官，農、工、賈也。」《六韜》曰：「大農、大工、大商謂之三寶。農一，其鄉則穀足；工一，其鄉則器足；商一，其鄉則貨足。無亂其鄉，無亂其俗。」❸則三寶即三官。

❶「之」，原重文，今删其一。

❷「齊」，原脱，今據《新唐書》補。

❸「俗」，《六韜》作「族」。

《六韜》雖非太公書，然管子此制實與之同，下即言工、商、山澤，可知三官爲工、商、農。韋解謂「分國事爲三」，則季、孟、叔之專魯，韓、趙、魏之專晉，非君爲臣綱之道矣。**臣立三宰，**解三宰，三卿也。使掌羣臣也。**工立三族，**解族，屬也。晉趙質爲旄車之族。上言工、商之鄉六，則各三也。**市立三鄉，**解市，商也。商處市井，故曰市。**澤立三虞，**解《周禮》有澤虞之官。虞，度也。掌度知川澤之大小及所生育者。**山立三衡，**解《周禮》有山虞、林衡之官。衡，平也，掌平其政。疏「澤立」至「三衡」〇三虞者，大山大林麓、中山中林麓、小山小林麓；三衡者，大川大澤藪、中川中澤藪、小川小澤藪。昭二十年《傳》：「山林之木，衡鹿守之；澤之萑蒲，❶舟鮫守之；藪之薪蒸，虞侯守之。」此即承管子舊制也。**桓公曰：「吾欲從事於諸侯，其可乎？」**解欲行伯道，討不義也。**管子對曰：「未可。國未安。」桓公曰：「安國若何？」管子對曰：「修舊法，**解伯王之法。**擇其善者而業用之，**解業，猶創也。**遂滋民，與無財，**解遂，育也。滋，長也。貧無財者振業之也。**而敬百姓，則國安矣。」桓公曰：「諾。」遂修舊法，擇其善者而業用之，遂滋民，與無財，而敬百姓。國既安矣，桓公曰：「國安矣，其可乎？」管子對曰：「未可。君若正卒伍，修甲兵，**解《周禮》：「五人爲伍，百人爲卒。」今管子亦以五人爲伍，而以二百人爲卒。**則大國亦將正卒伍，修甲兵，則難以速得志矣。君有攻伐之器，小國諸侯有守禦之備，則難**

❶「蒲」，原作「苻」，今據《春秋左傳正義》改。

以速得志矣。君若欲速得志於天下諸侯，則事可以隱令，可以寄政。」解事，戎事也。隱，匿也。寄，託也。匿軍令，託於國政，若有征伐，鄰國不知也。**桓公曰：「爲之若何？」管子對曰：「作内政而寄軍令焉。」**解内政，國政也。因治政以寄軍令也。**桓公曰：「善。」管子於是制國：五家爲軌，軌爲之長；**解軌中一人爲之長也。**十軌爲里，里有司；**解爲立有司。**四里爲連，連爲之長；十連爲鄉，鄉有良人焉。**解賈侍中云：「良人，卿士也。」昭謂：良人，鄉大夫也。疏解「侍中」至「大夫」○《吕氏春秋·序意》篇：「良人請問十二紀。」高注：「良人，君子也。」齊之官名取是義與。**以爲軍令：**解爲軍掌令也。**五家爲軌，故五人爲伍，軌長帥之；**解居則爲軌，出則爲伍，所謂寄政也。**十軌爲里，故五十人爲小戎，里有司帥之；**解小戎，兵車也。此有司之所乘，故曰小戎。《詩》云：「小戎俴收。」古者戎車一乘，步卒七十二人，今齊五十人。疏「五十人爲小戎」○孔穎達曰：「《六月》：『元戎十乘，以先啟行。』先啟行之車謂之大戎，從後行者謂之小戎，故鄭箋曰『此羣臣之兵車』，言羣臣在兵車之後也。」此言小戎，對七十二人之大戎言之也。**四里爲連，故二百人爲卒，連長帥之；十連爲鄉，故二千人爲旅，鄉良人帥之；五鄉一帥，故萬人爲一軍，五鄉之帥帥之。**解五鄉，每一軍爲五鄉也。鄉帥，卿也。萬人爲軍，齊制也，周則萬二千五百人爲軍。帥，長也。**三軍，故有中軍之鼓，有國子之鼓，有高子之鼓。春以獀振旅，**解春田曰獀。振，整也。旅，衆也。《周禮》：「仲春教振旅，遂以獀田也。」**秋以獮治兵，**解秋田曰獮。《周禮》：「仲秋教治兵，遂以獮田也。」疏「春以」至「治兵」○《爾雅·釋天》「春獵爲蒐」，郭注：

「搜索取不任者。」是蒐即獀也。《釋天》又云：「秋獵爲獮。」郭注：「順殺氣也。」鄭注《夏官》云：「秋田主用罔，中殺者多也。皆殺而罔止。」❶《釋天》云：「出爲治兵，尚威武也。」郭注：「幼賤在前，貴勇力。」《釋天》又云：「入爲振旅，反尊卑也。」郭注：「尊老在前，復常儀也。」《夏官》賈疏：「春以入兵爲名，尚農事。秋以出兵爲名，秋嚴尚威。」是二時習戰之名也。治兵，《公羊》莊八年傳作「祠兵」，何注言：「將出兵，必祠於近郊，陳兵習戰，殺牲饗士卒。」然「祠兵」之説，《公羊》外無文。康成以「祠」字爲誤，則祠兵即治兵也。**是故卒伍整於里，軍旅整於郊，内教既成，令勿使遷徙，**解遷徙，猶更改也。**伍之人祭祀同福，死喪同恤，**解恤，憂也。**禍災共之，人與人相疇，家與家相疇，**解疇，匹也。**世同居，少同游。故夜戰聲相聞，足以不乖，晝戰目相視，足以相識，其歡欣足以相死。**解致死以相救也。**居同樂，行同龢，死同哀，是故守則同固，戰則同彊。君有此士也三萬人，以方行於天下，**解方，猶橫也。方當作横。疏「以方行於天下」○「方」與「旁」古字通，「共工方鳩僝功」，《説文》引之一作「旁逑孱功」，一作「旁救僝功」。「方施象刑維明」，《新序》、《白虎通》俱引作「旁施象刑維明」，方行，猶《易》言「旁行」也。**以誅無道，以屏周室。**解屏，猶藩也。**天下大國之君莫之能禦也。**解禦，當也。**正月之朝，鄉長復事。**解鄉長，鄉大夫也。復，白也。《周禮》正月之吉，鄉大夫受法於司徒，退班於鄉吏，以考其行。**君親問焉，**

❶「罔」，原作「後」，今據《周禮注疏》改。

曰：「於子之鄉，有居處好學，慈孝於父母，聰慧質仁，解慧，解瞭也。質，性也。發聞於鄉里者，有則以告。有而不以告，謂之蔽明，其罪五。」有司已於事而竣。解竣，退伏也。桓公又問焉：「於子之鄉，有拳勇股肱之力秀出於衆者，解脛本曰股。肱，臂也。大勇爲拳，《詩》云：「無拳無勇。」疏「有拳」至「於衆」○拳，《説文》引作「捲」，氣勢也。《文選·七命》張銑注：「秀，特也。」李善注：「秀出於衆，秀出貌也。」有則以告。有而不以告，謂之蔽賢，其罪五。」有司已於事而竣。桓公又問焉，曰：「於子之鄉，有不慈孝於父母，不長弟於鄉里，驕躁淫暴，不用上令者，解上，君長也。有則以告。有而不以告，謂之下比，解比，阿黨也。疏「有而」至「下比」○管子之法：「凡有過惡，則家屬及於長家，長家及於什伍之長，什伍之長及於游宗，游宗及於里尉，里尉及於州長，州長及於鄉師，鄉師及於士師。」及者，坐也。《小匡》篇尹注「下與有罪者比而掩蓋之」，即《荀子·不苟篇》所謂「下比以闇上」是也。其罪五。」有司已於事而竣。是故鄉長退而修德進賢，桓公親見之，遂使役官。解役，爲也。疏「遂使役官」○《管子·小匡》篇尹注：「謂授之官而役之，所以歷試其材能。」桓公令官長期而書伐，解官長，長官也。期，期年也。伐，功也。書其所掌在官有功者也。以告且選，選其官之賢者而復用之，解復，白也。曰：「有人居我官，有功休德，解休，美也。惟慎端愨以待時，使民以勸，綏謗言，解待時，動不違時也。綏，止也。足以補官之不善政。」解謂前有闕者。疏「足以」至「善政」○《管子·小匡》篇尹注：「謂此人所稱納之言，可以補不善之政。」桓公召而與之語，訾相其質，解訾，量也。相，視也。

足以比成事，解比，輔也。足以輔其官，成其事也。誠可立而授之。解言可以立爲大官而授之事也。設之於國家之患而不疚，解患，難也。疚，病也。豫設以國家之患難以問之，不病不能也。退問其鄉，以觀其所能而無大厲，解問其鄉，本其行能也。厲，惡也。升以爲上卿之贊。解贊，佐也。謂之三選。解三選，謂鄉長所進，官長所選，公所訾相也。國子、高子退而修鄉，鄉退而修連，連退而修里，里退而修軌，軌退而修伍，伍退而修家。是故匹夫有善，可得而舉也，匹夫有不善，可得而誅也。政既成，鄉不越長，解鄉里以齒，長幼不相踰也。朝不越爵，解賢、不肖之爵不相越也。罷士無伍，解罷，病也。無行曰罷。無伍，無與爲伍也。《周禮・大司寇》：「以圜土聚教罷民。」疏「罷士無伍」○《周官・大司寇》鄭注：「圜土，獄城也，聚罷民其中，困苦以教之爲善也。民不愍作勞，有似於罷。」則罷士即罷民也。《管子・小匡》篇尹注：「罷，謂乏於德義者，人不義之衆，恥以爲伍也。」罷女無家。解丈夫稱家也。疏「罷女無家」○《周官・閭師》：「不蠶者不帛，不績者不衰。」家之興也，雞鳴視夜；家之索也，市也婆娑。此罷女之事。《管子・小匡》篇尹注：「衆恥娶之，故無家。」夫是故民皆勉爲善。與其爲善於鄉也，不如爲善於里；與其爲善於里也，不如爲善於家。解本其行事也。是故士莫敢言一朝之便，皆有終歲之計；莫敢以一歲之議，皆有終身之功。桓公曰：「伍鄙若何？」解管子上言「參其國而伍其鄙」，內政既備，故復問伍鄙之事。管子對曰：「相地而衰征，則民不移；解相，視也。衰，差也。視土地之美惡及所生出，以差征賦之輕重也。移，徙也。疏解「相視」至「輕重」○「衰，差也」

者，襄二十五年《傳》：「自是以衰。」杜注：「衰，差降。」昭三十二年《傳》：「遲速衰序。」《漢書・五行志》：「董仲舒以爲宋仲幾無尊天子之心，而不衰城。」顔注：「衰城，謂以差次受功賦也。」「視土地之美惡及所生出，以差征賦之輕重」者，《周官・載師》：「凡任地，國宅無征，園廛二十而一，近郊十一，遠郊二十而三，甸稍縣都皆無過十二，唯其漆林之征二十而五。」管子此意蓋仿此意而潤澤之，如楚蔿掩「書土田，度山林，鳩藪澤，辨京陵，表淳鹵，數疆潦，規偃豬，町原防，牧隰皋，井衍沃」是也。**政不旅舊，則民不偷；**解舊，君之故舊也。偷，苟且也。不以故人爲師旅，則民相與不苟且也。孔子曰：「故舊不遺，則民不偷。」疏「政不旅舊」〇旅，當訓衆。不以故舊與衆人齊等，則民皆歸於厚矣。**山澤各致其時，則民不苟；**解時，謂虞衡之官禁令各順其時，則民之心不苟得也。疏「則民不苟」〇《管子・小匡》篇尹注：「苟，謂非時入山澤也。」**陸、阜、陵、墐、井田疇均，則民不憾；**解高平曰陸，大陸曰阜，大阜曰陵。墐，溝上之道也。九夫爲井，井間有溝。穀地曰田，麻地曰疇。均，平也。憾，恨也。疏解「高平」至「曰疇」〇《爾雅・釋地》：「高平曰陸，大陸曰阜，大阜曰陵。」《詩疏》引李巡《爾雅注》：「高平謂土地豐正，名爲陸。」《釋名》：「陸，漉也。水流漉而去也。」《詩疏》又引李巡《爾雅注》：「土地獨高大名曰阜，❶最大爲陵。」《説文》：「𠂤，大陸山無石者。陵，大𠂤也。」《釋名》：「土山曰阜，阜，厚也，言高厚也。大阜曰陵，陵，隆也，體高隆也。」《詩釋文》引薛君《韓詩章句》：「四平曰陵。」「墐，溝上之道也」者，《集韻》：「堇，涂也。」《周官・司險》鄭注：「五溝者，

❶「曰」，原作「阜」，今據《毛詩正義》改。

遂、溝、洫、澮、川。五涂者，徑、畛、涂、道、路。」則墐實包五涂言之。「穀地曰田」者，《説文》：「田，陳也。樹穀曰田。」《釋名》：「已耕者曰田，田，填也，五稼填滿其中也。」「麻地曰疇」者，《文選·西都賦》李善注引如淳曰：「今隴西麻田，歲歲糞種，爲宿疇也。」《懷舊賦》李善注引賈逵《國語注》：「一井爲疇。」義與韋異。無奪民時，則百姓富；犧牲不略，則牛羊遂。」解略，奪也。遂，長也。桓公曰：「定民之居若何？」管子對曰：「制鄙，三十家爲邑，邑有司；解制野鄙之政也。此以下與郊内之政異也。十邑爲卒，卒有卒帥；十卒爲鄉，鄉有鄉帥；三鄉爲縣，縣有縣帥；十縣爲屬，屬有大夫。五屬，故立五大夫，各使治一屬焉。解五屬，四十五萬家。立五正，解正，長也。各使聽一屬焉。是故正之政聽屬，解正，五正也。聽大夫之治也。牧政聽縣，解牧，五屬大夫也。聽縣帥之治。下政聽鄉。」解下政，縣帥也。聽鄉帥之治。桓公曰：「各保治爾所，無或淫怠而不聽治者！」

正月之朝，五屬大夫復事。桓公擇是寡功者而譴之，解譴，譴責也。曰：「制地分民如一，何故獨寡功？教不善則政不治，解治，理也。一再則宥，解宥，寬也。三則不赦。」桓公又親問焉，曰：「於子之屬，有居處爲義好學，慈孝於父母，聰慧質仁，發聞於鄉里者，有則以告。有而不以告，謂之蔽明，其罪五。」有司已於事而竣。桓公又問焉，曰：「於子之屬，有拳勇股肱之力，秀出於衆者，有則以告。有而不以告，謂之蔽賢，其罪五。」有司已於事而竣。桓公又問焉，曰：「於子之屬，有不慈孝於父母，不長弟於鄉里，驕躁淫暴，不用上令者，有則以告。

有而不以告，謂之下比，其罪五。」有司已於事而竣。五屬大夫於是退而修屬，屬退而修縣，縣退而修鄉，鄉退而修卒，卒退而修邑，邑退而修家。是故匹夫有善，可得而舉也。匹夫有不善，可得而誅也。政既成，以守則固，以征則彊。桓公曰：「吾欲從事於諸侯，其可乎？」管子對曰：「未可。鄰國未吾親也。君若欲從事於天下諸侯，則親鄰國。」**解**鄰國親，足以爲援。不然，將爲己害，難以遠征也。桓公曰：「若何？」管子對曰：「審吾疆埸，而反其侵地。**解**審，正也。反，還也。侵地，齊所侵取鄰國之地。正其封疆，無受其資，**解**積土爲封。資，資財也。**疏**解「積土曰封」○《周官·封人》鄭注：「聚土曰封，謂壝埒及小封疆也。」畿上有封，若今時界矣。而重爲之皮幣，以驟聘覜於諸侯，**解**覜，視也。**疏**「以驟」至「諸侯」○《周官·大行人》：「時聘以結諸侯之好，殷覜以除邦國之慝。」此諸侯事王之禮。其於鄰國亦同。驟者，謂數於舊制也。以安四鄰，則四鄰之國親我矣。爲游士八十人，**解**州十人，齊居一州。《爾雅》曰：「齊曰營州。」**疏**解「爾雅」至「營州」○《公羊疏》引李巡《爾雅注》：「齊其氣清舒，受性平均，故曰營。營，平也。今爲青州。」《釋名》：「古有營州，齊、衛之地，於天文屬營室，取其名也。」《漢書·地理志》引《齊詩》曰：「子之營兮，遭我虖嶩之間兮。」顏注：「言往適營丘而相逢於嶩山。」陸德明曰：「營州取營丘以爲號。」《水經·淄水》注：「水出其前，左爲營丘，武王以其地封太公望，都營丘爲齊。或以爲都營陵。今臨淄城中有丘在小城内，周迴三百步，高九丈，北降丈五，淄水出其前，故有營丘之名。城對天齊淵，故有齊城之稱。」奉之以車馬、衣裘，多其資幣，使周游於四

方，以號召天下之賢士。皮幣玩好，使人鬻之四方，解玩好，人所玩弄而好也。鬻，賣也。**以監其上下之所好。**解監，觀也。觀其所好，則知其奢儉。上下，君臣也。玩好物貴，則其國奢；賤，則其國儉。**擇其淫亂者而先征之。」桓公問曰：「夫軍令則寄諸内政矣，齊國寡甲兵，爲之若何？」**解甲，鎧也。兵，弓矢之屬。**管子對曰：「輕過而移諸甲兵。」**解諸，之也。移之甲兵，謂輕其過，使以甲兵贖罪。**桓公曰：「爲之若何？」管子對曰：「制重罪贖以犀甲一戟，**解重罪，死刑也。犀，犀皮也，可用爲甲。戟，車戟，柲長丈六尺。疏解「犀犀」至「六尺」〇《爾雅・釋獸》：「犀，似豕。」《考工記・函人》：「犀甲七屬。」《太平御覽》引蔡邕《月令章句》「犀兕，水牛之屬，以爲甲盾、鼓鞞」是也。《淮南・氾論訓》高注：「犀甲取其堅也。戟，車戟也，長丈六尺。犀或作三，直出三甲也。」《考工記・冶人》：「戟廣寸有半寸，内三之，胡四之，援五之。」薛氏謂：「戟柲長一丈四尺八寸，合援之七寸半，内之四寸半，共長一丈六尺。」齡謂：高注引或説以犀爲三，雖與此《傳》及《管子》異，然舊詁相傳，亦得爲一義。**輕罪贖以鞼盾一戟，**解輕罪，劓、刖之屬也。鞼盾，綴革有文如績也。疏解「鞼盾」至「如績」〇《太平御覽》引賈逵《國語注》：「輕過，輕罪也。」《詩・秦風》毛傳：「龍盾，畫龍其盾。蒙，討羽也。伐，中干也。苑，文貌。」鄭箋：「蒙，厖也。討，雜也。❶畫雜羽之文于伐，故曰厖伐。」則盾通體皆有績畫，故曰「鞼盾」。《説文》：「鞼，韋繡也。」**小罪謫以**

---

❶「雜」下，原衍「羽」字，今據《毛詩正義》删。

金分，解小罪，不入於五刑者。以金贖，有分兩之差，今之罰金是也。《書》曰：「金作贖刑。」**疏**「小罪謫以金分」〇《淮南·氾論訓》高注：「以金分出金，隨罪輕重有分兩也。」即《管子·小匡》篇「小罪入以鈞金，分宥薄罪，入以半鈞」也。《舜典》：「金作贖刑。」僞孔傳云：「金，黃金。」《呂刑》：「其罰百鍰。」僞孔傳云：「黃鐵。」孔疏謂：「黃金、黃鐵皆今之銅。」古鑄兵以銅，故楚子賜鄭伯金，盟曰：「無以銅鑄兵也。」**宥閒罪。**解宥，赦也。閒罪，刑罰之疑者也。《書》曰：「五刑之疑有赦。」**索訟者，三禁而不可上下，坐成以束矢。**解索，求也，求訟者之情也。三禁，禁之三日，使審實其辭也。而不可上下者，辭定不可移也。生成，訟獄之坐已成也。十二矢爲束，則訟者坐成，以束矢入於朝，乃聽其訟。兩人訟，一人入矢，一人不入則曲，曲則伏，入兩矢乃治之。矢取往而不反也。《周禮》：「以兩造禁民訟，入束矢於朝，然後聽之。」**疏**「坐成」以「束矢」〇《周禮·大司寇》：「禁民訟，入束矢。」惠士奇曰：「矢取其直，不直者入束矢。束矢，以示罰也。十二矢爲束者，《漢書》『弓一張，矢四發』。服虔曰『發十二矢』。韋昭曰『《射禮》三而止，每射四矢，故以十二矢爲一發』。」則此《傳》韋解本服子慎之義。《魏百官名》曰：「三公拜賜鶉尾、鶻尾、鶻箭十二枚。」此可證服義。《秋官》鄭康成注以束矢爲百个，此本僖二十八年《傳》「彤弓一，彤矢百」之文，義與服異，故韋不從之。

美金以鑄劍戟，解鑄，冶也。**試諸狗馬；**解狗馬，難爲利者。**惡金以鑄鉏、夷、斤、斸，**解惡，麤也。夷，平也，所以削草平地。斤，形似鉏而小。斸，斫也。**疏**「惡金」至「斤斸」〇《齊民要術》引犍爲舍人云：「斫斸，鉏也，一名定。」《爾雅·釋器》：「斫斸謂之定。」郭注：「鉏屬。」《釋名》：「鉏，助也，去穢助苗長也。」《考工記》：「宋之斤。」《說文》：「斲，斫也。」徐鉉曰：「𠁁，器也，斤以斲之。」《爾雅·釋器》：「斫謂之鐯。」郭

注：「鍺也。」《淮南・精神訓》高注：「鑊，斫也。」則欘即鑊。《説文》：「鑊，大鉏也。」**試諸壤土。」甲兵大足。桓公曰：「吾欲南伐，何主？」**解主，主人，供軍用也。**管子對曰：「以魯爲主，反其侵地堂、潛，**解堂、潛，魯二邑也。疏解「堂潛魯二邑」○《春秋》隱五年杜注「棠，高平方與縣北有武唐亭，魯侯觀魚臺」，即今濟寧州魚臺縣魚亭山。惠棟《左傳補注》：「『堂』與『棠』古通字，見《魯峻碑》。」「堂」又與「常」通，《詩・魯頌》「居常與許，復周公之宇」，言復則桓以義返之也。《春秋》隱二年杜注：「潛，魯地。」蓋近戎之地。當在今兖州府西南境。**使海於有蔽，渠弭於有渚，**解賈侍中云：海，海濱也。有蔽，言可依蔽也。渠弭，裨海也。水中可居者曰渚。昭謂：言有此乃可以爲主人，軍必依險阻也。疏解「海濱」至「險阻」○此言舟師所行之道也。海行必避風濤，海濱諸島有可避一面風者，有可避四面風者，必生其地者始知之，故言可依蔽也。「渠弭，裨海也」者，《淮南・墬形訓》「東方曰大渚，曰少海」。高注：「水中可居者曰渚，東方多水，故曰少海，亦澤名也。」裨海，即少海之義。《管子・小匡》篇尹注：「教之穿渠彌亘於河陼。」非行軍之事，其説非也。**環山於有牢。」**解環，繞也。牢，牛、羊、豕也。言雖山險，皆有牢牧。一曰牢固也。疏解「環繞」至「牢固」○牛、羊、豕備爲一牢，言取之牢牧也。《大雅・公劉》「執豕於牢」。或謂「環」通「繯」，引馬融《廣成頌》：「繯橐四野之飛征。」❶謂牢是立柵以捕獸，以益軍食。然軍行必以畜獸爲主，而取野獸佐之。「一曰牢固也」者，《管子・小匡》篇尹注：「教之立國，城必依山以爲綱紀，而有牢固。」是申後一説也。**桓公**

---

❶「橐」，原脱，今據《後漢書》補。

曰：「吾欲西伐，何主？」管子對曰：「以衛爲主。反其侵地臺、原、姑與漆里，解衛之四邑。使海於有蔽，渠弭於有渚，環山於有牢。」桓公曰：「吾欲北伐，何主？」管子對曰：「以燕爲主。解燕，今漁陽薊縣。疏解「燕今漁陽薊縣」○《史記·周本紀》正義：「《水經注》云：『薊則西北隅有薊丘，因取名焉。』《括地志》云：『燕山，幽州漁陽縣東南六十里。』《國都城記》云：『周武王封召公於燕，地在燕山之壄，故國取名焉。』燕、薊二國俱武王立，因燕山、薊丘爲名，其地足自立國。薊微燕盛，乃并薊居之，薊名遂絕焉。今幽州薊縣，古燕國也。」齡案：薊縣，遼改薊北縣，又改析津縣，金改大興縣，今京城東偏即其地。反其侵地柴夫、吠狗，解燕之二邑。使海於有蔽，渠弭於有渚，環山於有牢。」四鄰大親。既反侵地，正封疆，地南至於䣍陰，解䣍陰，地名，齊南界也。疏解「䣍陰」至「南界」○《説文》：「陶再成丘。」案：陶从阜，本作自，與食形似。則「䣍陰」實「陶陰」也。《禹貢》又「東出於陶丘北」。山北曰陰，則丘北亦曰陰。《管子·小匡》篇作「岱陰」，尹注：「岱山之北。」亦得爲一解也。西至於濟，北至於河，東至於紀酅。解紀，故紀侯之國。酅，紀季之邑，已入於齊者。疏解「紀故」至「於齊」○《後漢·郡國志》：「北海國劇有紀亭，古紀國。東安平，故屬菑川，六國時曰安平，有酅亭。」《秦始皇本紀》正義：「安平城在青州臨淄縣十九里，古紀之酅邑也。」案：紀在今山東青州府壽光縣東南，酅在臨淄縣東。有革車八百乘，解賈侍中云：「謂一國之賦八百乘也，乘七十五人，凡甲士六萬人。」昭謂：此周制耳，齊法以五十人爲小戎，車八百乘，有四萬人。又上管仲制齊爲三軍，軍萬人，下又曰「君有是士三萬人，以方行於天下」，而車數多者，其副貳陪從之車乎？或者八當作六。擇天下之甚淫亂者而先征之。即位數年，東南多有淫亂者，

萊、莒、徐夷、吴、越，解萊，今東萊。莒，琅邪縣。徐夷，徐州之夷也。**疏**解「萊今」至「之夷」○《秦始皇本紀》正義：「《括地志》云：黄縣故城在萊州城東南二十五里，古萊子國。」案今山東登州府黄縣東南有萊子城。《漢書・地理志》：「城陽國：莒縣，故國，盈姓，三十世爲楚所滅。」莊二十六年《傳》：《春秋》杜注「徐國在下邳僮縣東南」。《括地志》：「徐城縣西十里有大徐城，即古徐國。」今安徽泗州北八十里有徐城，相傳爲徐偃王所築。**一戰帥服三十一國。遂南征伐楚，濟汝，踰方城，望汶山，**解濟，渡也。汝，水名。方城，楚北之阨塞也。謂師至於陘時也。在魯僖四年。汶山，楚山也。**疏**解「汝水」至「楚山」○成十六年《傳》：「楚以汝陰之田求成於鄭。」成十七年《傳》「楚公子申救鄭，師於汝上」，則汝爲楚北鄭南之界，自諸夏適楚必濟汝也。僖四年《春秋》杜注：「陘，楚地。潁川召陵縣南有陘亭。」《楚世家》正義：「《括地志》云『陘山在鄭州西南一百十里』。」案：陘在今新鄭縣西南，《戰國策》「楚地有分陘之塞」是也。汶山即岷山，《夏本紀》：「汶、嶓既藝。」《封禪書》：「瀆山在蜀郡湔氏道西徼，❶江水所出。」《漢・地理志》、《水經》並同。酈道元曰：「岷山即瀆山也。」張守節引《括地志》：「岷山在岷州溢洛南一里，❷連綿至蜀二千里，皆名岷山。」又云「岷山在茂州汶川縣」。望者，望而祭之，不親至也。**使貢絲於周而反，荆州諸侯莫不來服。遂北伐山戎，**解山戎，今之鮮卑，以其病燕，故伐之。**疏**「使貢絲於周」○《管子・小匡》篇尹注：「使楚貢絲，即

---

❶ 「瀆」，原作「濁」，今據《史記》改。

❷ 「里」，原作「山」，今據《史記》改。

所謂『檿絲』者也。」案：《禹貢》荆州「厥篚玄纁璣組」，是楚地自古有貢絲之事。若檿絲則産自青州，距楚地遼遠矣。○解「山戎」至「伐之」○莊三十年《春秋》杜注：「山戎、北戎、無終三名也。」《史記・匈奴傳》正義：「《括地志》云：『幽州漁陽縣本北戎無終子國。』」索隱引服虔云：「山戎，蓋今鮮卑。」胡廣云：「鮮卑，東胡别種。」又應奉云：「秦築長城，徒役之士亡出塞外，❶依鮮卑山，因爲號。」案《穀梁傳》「燕，周之分子也。貢職不至，山戎爲之伐矣」，故知其病燕也。《管子・戒》篇：「北伐山戎，出冬蔥與戎菽，布之天下。」此伐之之事也。**刜令支，斬孤竹而南歸，**解二國，山戎之與也。刜，擊也。斬，伐也。令支，今爲縣，屬遼西。孤竹之城存焉。**疏**解「刜擊」至「城存」○「制，刜」，《説文》「擊也」。昭二十六年《傳》「苑子刜林雍」。「斬，伐也」者，《史記・天官書》：「參爲白虎，下有三星。兑曰罰。」正義：「罰，亦作『伐』。《春秋運斗樞》曰：『參伐事，主斬艾也。』」❷《史記・齊世家》：「北伐山戎、離枝、孤竹。」集解引《地理志》曰：「令支縣有孤竹城，疑離枝即令支，『令』、『離』聲相近。應劭曰：『令音鈴。』鈴、離聲亦相近。管子亦作『離』字。」索隱：「離枝、孤竹皆古國名。秦以離枝爲縣。」《周本紀》正義：《括地志》云「孤竹故城在平州盧龍縣南十二里」。《韓非・説林》篇：「管仲、隰朋從桓公伐孤竹，春往冬反，迷惑失道。管仲曰：『老馬之智可用也。』乃放老馬而隨之，遂得道。行山中無水，隰朋曰：『螘冬居山之陽，夏居山之陰，螘壤一寸而仞有水。』乃掘地，遂得水。」此斬孤竹

---

❶「役之」二字，原脱，今據《史記》補。

❷「艾」，原作「伐」，今據《史記》改。

之事也。**海濱諸侯莫不來服。** **解**海濱，海北涯也。**與諸侯飾牲爲載，以約誓於上下庶神，** **解**飾牲，陳其牲。爲載書加於牲上而已，不歃血也。**與諸侯勠力同心。** **解**勠，并也。**西征，攘白翟之地，** **解**攘，卻也。白翟，赤翟之別種。**疏**解「白翟」至「別種」○《史記·匈奴傳》索隱：「《左傳》『晉師滅赤狄潞氏』，杜氏以『潞，赤翟之別種也，今上黨潞縣』。又『晉師敗狄於箕，郤缺獲白狄子』。杜氏以爲『白狄之別種，故西河郡有白部胡』。」正義引《括地志》云：「潞州本赤翟地。延、銀、綏三州白翟地。」蓋白翟因別乎赤翟而爲號也。**至於西河，** **解**西河，白翟之西。**疏**解「西河白翟之西」○《漢書·匈奴傳》：「晉文公攘戎翟，居西河圜、洛之間，號曰赤翟、白翟。」《地理志》武帝元朔四年置西河郡，有圜陰、圜陽。顏注：「圜」字本作「圁」，今有銀州、銀水。蓋桓創其功而文踵其功跡也。**方舟設泭，乘桴濟河，** **解**方，併也。編木曰泭，小泭曰桴。濟，渡也。**疏**解「方併」至「曰桴」○《荀子·子道篇》：「不放舟，不避風，則不可涉。」楊注：「放讀爲方。」《漢書·酈食其傳》：「蜀漢之粟，方船而下。」顏注：「方，併也。」《詩釋文》引郭璞云：「木曰簰，竹曰筏，小筏曰泭。」今云「小泭曰桴」，泭、桴得通名也。**至於石抗。** **解**石抗，晉地名。**縣車束馬，踰大行與辟耳之谿拘夏，** **解**大行、辟耳，山名。拘夏，辟耳之谿也。三者皆山險谿谷，故縣鉤其車、偪束其馬而以度也。**疏**解「大行」至「以度」○《漢書·地理志》「河內郡野王縣，大行山在西北」。《淮南·氾論訓》高注：「五行山，今太行山也，在河內野王縣北上黨關也。」《史記·夏本紀》正義：「《括地志》云：大行山在懷州河內縣北二十五里，❶有羊腸阪。」辟耳之谿，《史記·封禪書》作「卑耳之山」，集解引韋昭曰：「卑耳即《齊語》所謂

❶「山」，原脱，今據《史記》補。

『辟耳』。」索隱：「卑耳，山名，在河東太陽。辟音僻。賈逵云『山險也』。」《水經・濡水》注引《管子》：「齊桓公二十年，征孤竹，未至卑耳之谿十里，公曰：『寡人見長尺而人物具焉，冠，右袪衣，走馬前，豈有人若此乎？』管子對曰：『臣聞豈山之神有俞兒，長尺，人物具，霸王之君興則見。且走馬前，走導也。袪衣，示前有水；右袪衣，示從右方涉也。至卑耳之谿，有贊水者，從左方涉，其深及冠；右方涉，其深至膝。今自孤竹南出，則巨海矣。而滄海之中，山望多矣，然卑耳之川若贊谿者，亦不知何在也。』」案：《傳》以孤竹屬北伐，以辟耳之谿屬西征，今酈氏合爲一地，各記所傳聞，不必盡符合也。**西服流沙、西吴。****解**流沙、西吴，雍州之地。**疏**解「流沙」至「之地」○《漢書・地理志》：「張掖郡居延縣，居延澤在東北，古文以爲流沙。」《水經注》：「居延澤，《尚書》所謂『流沙』，形如月生五日也。弱水入流沙，流沙，沙與水流行也。」西吴，《管子・小匡》篇尹注云「國名」，不知何所據也。**南城周，****解**城，王城也。周襄王庶弟子帶作亂，與戎伐襄王，焚其東門，不克。桓公使仲孫湫徵諸侯戍周而城之。事在魯僖十三年。**反胙於絳。****解**説云：「胙，賜也。謂天子致祭胙，賞以大路、龍旂，桓公於絳辭之，天子復使宰孔致之。」賈侍中云：「反，復也。胙，位也。絳，晉國都也。晉獻公卒，奚齊、卓子死，國絶無嗣，晉侯失其胙位。桓公以諸侯討晉，至高梁，使隰朋帥師立公子夷吾，復之於絳，是爲惠公。事在魯僖九年。」昭謂：人君即位謂之踐胙。此言桓公城周，尊事天子，又討晉亂，復其胙位，善之也。案：《内傳》宰孔於葵丘致胙肉，賜命，無辭讓反覆之文。賈君得之，唐從賈也。**疏**「反胙於絳」○《漢書・地理志》：「河東郡絳縣，晉武公自曲沃徙此。」應劭曰：「絳水出西南太原縣。」案：今時爲山西絳州絳縣。**嶽濱諸侯莫不來服，****解**嶽，北嶽常山也。**疏**解「嶽北嶽常山」○《史記・夏本紀》：

「常山，恒山是也。在常山郡上曲陽縣西北。」正義引《括地志》云：「恒山在定州恒陽縣西北百四十里。道書《福地記》云：『恒山高三千三百丈，上方二十里，有大玄之泉，神草十九種，可度俗。』」**而大朝諸侯於陽穀。**解陽穀之會在魯僖三年。疏「陽穀」○僖三年《春秋》杜注：「陽穀，齊地，在東平府須昌縣北。」案：今山東兖州府陽穀縣東北三十里有陽穀故城。**兵車之屬六，乘車之會三，**解屬，亦會也。兵車之會，謂魯莊十三年會於北杏，十四年會於鄄，十五年復會於鄄，魯僖元年會於檉，十三年會於鹹，十六年會於淮也。乘車之會，在僖三年會於陽穀，五年會於首止，九年會於葵丘。凡九也。**諸侯甲不解纍，**解纍，所以盛甲也。**兵不解翳，**解翳，所以蔽兵也。疏「甲不」至「解翳」○《管子·小匡》篇：「翳所以蔽兵，謂脅盾之屬。不解甲於纍，不解兵於翳，言不用也。」《淮南·氾論訓》高注：「幨櫖所以禦矢。」則翳即櫖也。《方言》：「翳，薆也。」郭璞曰：「謂蔽薆也。」又《説文》云：「医，盛弓弩矢器也。」亦得爲一義也。**弢無弓，服無矢。**解弢，弓衣。服，矢服也。無者，無其用也。**隱武事，行文道，帥諸侯而朝天子。**解謂首止之會，會王太子，而謀甯周也。**葵丘之會，天子使宰孔致胙於桓公，**解天子，周襄王也。宰孔，宰周公也。胙，祭肉也。疏「葵丘之會」○葵丘，宋之葵丘也。僖九年《經》：「公會宰周公、齊侯、宋子、衛侯、許男、曹伯於葵丘。」杜注「陳留外黄東有葵丘」。《釋例》曰：「宋地也。」若莊八年「連稱、管至父戍葵丘」，杜注「臨淄西有地名葵丘」，則地屬齊。《水經注》引京相璠《土地名》：「齊西五十里有葵丘。」古者吉行日五十里，旦發夕至，不得言「遠略」。是酈氏不以齊之葵丘當諸侯所會之葵丘也。《齊世家》索隱：「葵丘有兩處，杜意以成葵丘當不出齊境，故引臨淄之葵丘。若桓公三十五年會諸侯於葵丘，又不合在本國，故引外黄東葵丘爲注。」齡案：《封禪書》正義引《括地志》：「葵丘在曹州考城縣東南一里五十步郭内，即齊桓公所會處。」《水經·泗水》注：「黄溝自城南東逕葵丘下，齊桓會諸侯於葵丘，即此地。」《水經·濁漳水》注引《春秋古地説》云：「葵丘，地名，今鄴西三臺是也。」此皆言宋之葵丘，其地在今河南衛輝府考城縣東三十里。至於齊之葵丘，即《後漢·郡國志》安丘之渠丘亭，❶在今山東青州府臨淄縣西三十里。○「天子」至「桓公」○僖九年《傳》服虔注：「胙，膰肉。」《周禮》「以脤膰之禮，親兄弟之國」，不以賜異姓，敬齊桓比之賓客，蓋服意謂比桓於二王後也。**曰：「余一人之命，有事於文、武，**解事，祭事也。**使孔致胙。」且有後命，**解且，猶復也。**曰：「以爾自卑勞，實謂爾伯舅，無下拜。」**解天子稱王官之伯，異姓曰伯舅。無下拜，無下堂拜賜也。

疏解「無下」至「拜賜」○古者唯外朝無階，其在寢、在朝、在客館及壇墠，君若有賜，皆下拜登受，此正也。《燕禮》公酬賓，公卒觶，而賓下未拜，小臣辭，賓即升，拜。又《燕禮》無算爵時，受公賜爵者，皆下席拜，而不下堂拜。蓋酬禮及無算爵殺於正禮，王蓋援此禮以安桓公也。**桓公召管子而謀，管子對曰：「爲君不君，爲臣不臣，亂之本也。」桓公出見客，**解客，宰孔也。**曰：「天威不違顔咫尺，**解違，遠也。顔，眉之間。八寸曰咫。**疏**「天威」至「咫尺」○僖九年《傳》注：「言天鑒察不違遠，威嚴常在顔面之前。」孔疏：「顔謂額也。《方言》云：『顔額謂顙也。中夏謂之額，東齊謂之顙，河、潁、淮、泗之間謂之顔。』《魯語》『肅慎

❶「安丘之渠丘亭」，原作「西安之蘧丘亭」，今據《後漢書·郡國志》改。

氏貢楛矢，長尺有咫』。賈逵亦云：『八寸曰咫。』❶《説文》：『周制，寸、尺、咫、尋，皆以人之體爲法。』中婦人手長八寸，謂之咫，周尺也。』**小白余敢承天子之命曰『爾無下拜』？**解承，受也。**恐隕越於下，以爲天子羞。』**解隕，墜也。越，失也。**遂下拜，升受命。賞服大路，龍旂九旒，渠門赤旂。**解唐尚書云：「大路，玉路。」非也。賈侍中云：「大路，諸侯朝服之車，謂金路，鉤樊纓九就，龍旂九旒也。渠門，亦旂名。赤旂，大旂也。」昭謂：龍旂，畫交龍於縿也。正幅爲縿，旁屬爲旒。鉤，婁頷之鉤。樊，馬大帶，纓當胸，削革爲之，皆以五采罽飾之。九就，就，成也。渠門，兩旗所建，以爲軍門，若今牙門也。〇「遂下拜升受命」〇僖九年《傳》孔疏：「《覲禮》：『天子賜侯氏以車服。諸公奉篋服，加命書於其上，升自西階東面，太史氏右，侯氏升西面立，太史述命，侯氏降兩階之間，北面再拜稽首，升成拜。』彼侯氏降階再拜，是此『下拜』。『升成拜』，是此『登受』。」❷〇「龍旂九旒」〇《爾雅・釋天》：「纁帛縿，素陞龍於縿，練旒九。」郭注：「縿衆旒所著，畫白龍於縿，令上向。」《儀禮疏》載《白虎通義》述《禮記》曰：「天子乘龍，載大旂，象日月升龍。《傳》曰：天子升龍，諸侯降龍。《春官・司常》所謂『交龍爲旂』也。」《詩・長發》箋：「旒者，旗之垂者也。」言以絳絲爲下垂之旒有九也。**諸侯稱順焉。**解言下拜順於禮也。**桓公憂天下諸侯。魯有夫人慶父之亂，**解夫人，魯莊公夫人哀姜也。慶父，莊公弟共仲也，通於哀姜，哀姜欲立之。莊公薨，慶父殺太子般，在

❶「寸」，原作「尺」，今據《春秋左傳正義》改。

❷「登」，原作「升」，今據《春秋左傳正義》改。

莊三十二年；又殺閔公，在閔二年。**疏**解「夫人」至「二年」○莊二十七年《公羊傳》：「公子慶父、公子牙通乎夫人，以脅公。」莊三十二年《公羊傳》：「莊公存之時，樂曾淫於宮中，子般執而鞭之。莊公死，慶父謂樂曰：『般之辱爾，國人莫不知，盍弒之矣。』使弒子般，然後誅鄧扈樂而歸獄焉。」閔二年《傳》：「初，公傅奪卜齮田，公不禁。秋八月辛丑，共仲使卜齮賊公於武闈。」**二君殺死，國絶無嗣。桓公聞之，使高子存之。****解**高子，齊卿高傒敬仲也。存之，謂立僖公而成魯也。**疏**「使高子存之」○閔二年《公羊傳》：「桓公使高子將南陽之甲，立僖公而城魯。❶或曰自鹿門至於争門者是也。或曰自争門至於吏門者是也。魯人至今以爲美談，曰：猶望高子也。」**翟人攻邢，桓公築夷儀以封之，****解**邢，姬姓，周公之後也。夷儀，邢邑也。翟人攻邢，在莊三十二年。封而遷之，在魯僖元年。**疏**解「邢姬」至「元年」○《漢書・地理志》：「趙國襄國縣，故邢國。」《通典》：「邢州治龍岡縣，祖乙遷於邢即此。」《詩地理考》引《括地志》「邢國故城在邢州外城内西南角」。《十三州志》云：「殷時邢侯國，周公子封邢侯都此。」僖元年《春秋》杜注：「夷儀，邢地。」案：今直隸順德府邢臺縣西有夷儀城。《元和志》云「在縣西一百四十里，俗謡爲隨宜城」是也。《韓非・説林》篇：「晉人伐邢，齊桓公將救之。鮑叔曰：『太蚤。邢不亡，晉不敝，齊不重。且夫持危之功不如存亡之德，大君不如晚救之以敝晉，待邢亡而復存之，其名實美。』」此封邢之事，而以翟爲晉，傳聞之誤也。**男女不淫，牛馬選具。****解**淫，見淫略也。選，數也。**翟人攻衛，衛人出廬於曹，****解**廬，寄也。翟人攻衛，殺懿公，遂入

❶「城」，原作「存」，今據《春秋公羊傳注疏》改。

衛。衛人出走宋，桓公逆之河，以衛之餘民立公孫申以寄於曹，是爲戴公。在魯閔二年。**疏**解「廬寄」至「二年」〇《大雅・公劉》：「於時廬旅。」毛傳：「廬，寄也。」《管子・中匡》篇「狄人攻衛，衛人出旅於曹」，故《詩序》亦言「東徙，❶渡河野處曹邑」。《載馳》毛傳：「漕，衛東邑。」戴延之《西征記》指爲白馬地。案：《通典》：「白馬城在滑州。」今滑縣屬衛輝府。《地理志》：「齊桓公更封衛於河南曹楚丘，而河内殷墟，屬晉。」孔穎達曰：衛本河北，「東徙渡河，野處曹邑」。則由西北渡河而東南矣。閔二年《傳》謂：「昭伯通於宣姜而生戴公申。」近儒駁之曰：《史記・衛世家》太子伋同母弟二人，其一曰黔牟，黔牟嘗代惠公爲君，八年復去。其二曰昭伯。昭伯、黔牟皆已前死，故立昭伯子申爲戴公。《史記》但言申爲昭伯子，而不敘通於宣姜事，則申非宣姜子也。《漢書・人表》中下「衛戴公黔牟子，衛文公戴公弟」，是以二公皆爲黔牟子。蓋黔牟在位八年，無失德，又爲伋之母弟，衛人所哀思而歸心者。今立其子，民必安之。宣姜之淫惡，衛之首禍，若戴、文皆其子，則是其子孫復享其四百五十年國祚，必無是理。《史記》又言衛之百姓、大臣深恨朔之譖伋，而欲懿公之敗。若所立之戴公復爲宣姜之子，與朔何異？此又情所必無者。《史記》之言，長於《左氏》。《人表》之言，更長於《史記》。《左氏》立於定、哀，上溯莊、閔，疑以傳疑，慎言之旨也。**桓公城楚丘以封之。****解**楚丘，衛地。桓公遷其國而封之，事在魯僖二年。**疏**解「楚丘」至「二年」〇《後漢・郡國志》：「成武縣有楚丘亭。」杜預曰「楚丘在成武縣西南」，即《詩》所謂「升彼虛矣，以望楚矣」。朱子謂：「楚丘在滑州。」案：今河南衛輝

❶「徙」，原作「從」，今據《毛詩正義》改。

府滑縣東六十里，隋衛南廢縣，即古楚丘城也。**其畜散而無育，**解畜，六畜也。散，謂失亡也。育，養也。**桓公與之繫馬三百。**解繫馬，良馬在閑，非放牧者也。疏「桓公」至「三百」○《詩疏》：「繫馬，繫於廄之馬，言遺其善者也。」**天下諸侯稱仁焉。於是天下諸侯知桓公之爲己動也，**解動，謂救患分災也。**是故諸侯歸之，譬若市人。桓公知諸侯之歸己也，故使輕其幣而重其禮。**解幣，贄幣也。禮，酬賓之禮也。**故天下諸侯罷馬以爲幣，**解罷，不任用也。幣，圭以馬也。**縷纂以爲奉，**解奉，藉也，所以藉玉之藻也。縷纂，以縷織纂，不用絲，取易供也。纂，織文也。疏解「奉藉」至「織文」○《儀禮・聘禮》：「問諸侯朱綠繅八寸。」鄭注：「雜采曰繅，以韋衣木板，飾以三色再就，所以薦玉，慎重也。古文『繅』或作『藻』。」賈疏：「繅者，蒙水草之名。❶以韋衣木板，依《漢禮器制度》而知也。」案：藻衣以韋，康成得之目驗。藻之用絲，弘嗣以意言之耳。蓋韋爲皮所製，其功難縷，是麻所成，其功易也。知縷是麻者，《周官・典枲》「掌布、緦、縷、紵之麻、草之物」，賈疏：「布、緦、縷用麻之物，紵用草之物。」注又引鄭司農云：「苦功謂麻功布紵。」則麻爲盬麤之功，其物至儉，故織之爲布，以衣木板而爲藻也。**鹿皮四分，**解分，散也。疏「鹿皮四分」○《管子・小匡》篇：「鹿皮四分以爲幣。」尹注謂：「四分其鹿皮。」段玉裁曰：「謂於卿大夫皆用皮。」**諸侯之使，垂橐而入，**解垂言空而來也。橐，弢也。**稇載而歸。**解言重而歸也。稇，絭也。**故拘之以**

❶「蒙」，《儀禮注疏》作「象」。「名」，《儀禮注疏》作「文」。

利，結之以信，示之以武，故天下小國諸侯既許桓公，解許，謂聽其盟約。**莫之敢背，就其利而信其仁，畏其武。桓公知天下諸侯多與己也，**解與，從也。**故又大施忠焉，**解施其忠信。**可爲動者爲之動，可爲謀者爲之謀，軍譚、遂而不有也，諸侯稱寬焉。**解軍，謂以軍滅之也。不有以分諸侯也，桓公奔莒過譚，譚子不禮，入又不賀。北杏之會，遂人不至，故皆滅之，在魯莊十年及十三年。疏「軍譚遂而不有」○莊十三年《春秋》杜注：「譚國在濟南平陵縣西南。」《郡國志》：「東平陵有譚城，故譚國。」《水經・濟水》注：「武原水經譚城東，俗謂之布城。」《通典》「齊州全節縣，春秋時譚國城在縣西南」。唐元和十五年，省入歷城。《寰宇記》「譚城在歷城縣東南十里」。案：今山東濟南府歷城縣東南七十里有譚城。《水經・汶水》注引《地理志》：「虵丘遂鄉，故遂國也。」京相璠曰：『遂在虵丘東北十里。』杜預亦以爲然。然縣東北無城以擬之，今城在虵丘西北，蓋杜預傳疑之非也。」案：今山東兗州府甯陽縣西北三十里有遂鄉，與泰安府肥城縣接界。**通齊國之魚鹽於東萊，**解言通者，則先時禁之也。東萊，齊東萊夷也。疏「通齊」至「東萊」○《史記・貨殖傳》「通邑大都，鮐鮆千斤，鯫千石，鮑千鈞」，此魚利也。《管子・地數》篇：「齊有渠展之鹽。」《海王》篇：「海王之國，謹正鹽筴。終月大男食鹽五升少半，大女食鹽三升少半，吾子食鹽二升少半。禺筴之商，日二百萬，十日二千萬，一月六千萬，萬乘之國正九百萬也。月人三十錢之籍，爲錢三千萬。」此鹽之利也。昭二十年《傳》：「海之鹽蜃祈望守之。」《史記・貨殖傳》：「太公望封於營丘，地瀉鹵，通魚鹽，則人物歸之。」通者，招彼國之商，而使之來售也。**使關市幾而不征，**解幾，幾異服、識異言也。征，税也。取魚鹽者不征税，所以利諸侯、致遠物也。**以爲諸侯利，諸侯稱廣焉。**解施惠廣也。**築葵、兹**

晏、負夏、領釜丘，解四者皆阨塞，與山戎、衆翟接者。**疏**「築葵」至「釜丘」○葵，《管子·小匡》篇作「蔡」。《晉語》「負葵」，一本作「負蔡」，蓋形似致譌也。《漢書·地理志》：「汝南有上蔡國，周武王弟叔度所封。度放，成王封其子胡，十八世徙新蔡。」齊桓當蔡穆侯時，尚未遷也。但自魯僖四年，齊侵蔡，蔡潰。其後首止、新城、甯母、洮、葵丘、鹹、牡丘、淮，蔡人裹足不至，則始終黨楚矣。齊師何以爲之築城？其義未得詳也。兹晏，《管子·小匡》篇作「鄢陵」。隱元年「鄭伯克段於鄢」，杜注：「今潁川鄢陵縣。」成十六年「晉楚戰於鄢陵」，杜注：「鄭地，今屬潁川郡。」案：《漢·地理志》陳留郡有傿，即克段之地。潁川郡有鄢陵，李奇曰：「六國時爲安陵。」此晉敗楚之地。雖皆鄭地，而判然不同。則隱元年杜注誤也。齊之所築，當是潁川之鄢陵，地當南北孔道，故築之。負夏，《管子·小匡》篇作「培夏」。《檀弓》鄭注：「負夏，衛地。」《孟子》：「舜遷於負夏。」趙注：「諸馮、負夏、鳴條皆地名也。負海也，在東方夷服之地。」《史記》言舜「就時負夏」，《集解》亦引《檀弓》鄭注。《尚書大傳》言「舜販於頓丘」，案：《氓》詩「送子涉淇，至於頓丘」，頓丘在春秋時亦爲衛地。頓丘必與負夏相近，邠鄉謂東方夷服之地，似未足信。衛北狄南荆，則負夏其衝要也。領釜丘，《管子·小匡》篇作「靈父丘」。閻若璩曰：「靈丘，齊邊邑。《趙世家》敬侯二年敗齊於靈丘。《六國表》敬侯元年、魏武侯九年、韓文侯九年，因齊喪共伐之至靈丘。又《趙世家》惠文王十四年，樂毅將趙、秦、韓、魏、燕取靈丘，加以蚳鼃。云『王遠無以諫』，『王足徵其邊邑』，但實不知所在爾。」案：靈丘之與靈釜丘，其爲一地與否，殊無確證，故未敢臆測也。**以禦戎、翟之地，所以禁暴於諸侯也；**解禁暴，禁其暴掠於諸侯。**築五鹿、中牟、蓋與、牡丘，**解四塞，諸夏之關也。**疏**「築五」至「牡丘」○《水經·河水》注：「浮水故瀆，東逕五鹿之野，晉文公受塊於野人，即此處。京相璠曰：『今衛縣西北三十里有五鹿城，今屬頓丘縣。』」僖二十三年《傳》杜注：「五鹿，衛地，衛縣西北有地名五鹿，陽平元城縣亦有五鹿。」案：今直隸大明府五鹿城二，屬元城者即沙鹿城，屬開州者，此衛地五鹿是也。中牟有二，一屬鄭，在河南；一屬晉，在河北。《史記索隱》但言在河北。《漢書》臣瓚注謂「當在漯水之上」，亦不明指其處。張守節亦言：「湯陰縣有牟山，中牟當在其側。」案：定九年《傳》：「齊侯伐晉夷儀，晉車千乘在中牟。」注：「救夷儀也。」又言：「衛侯將如五氏。」注：「齊侯在五氏，將往助之，過中牟。」五氏在今邯鄲縣西南，衛自開州至邯鄲、湯陰，其必由之境。今彰德府湯陰縣西四十里有中牟城，在牟山下。《論語》：「佛肸以中牟畔。」哀五年：「趙鞅伐衛，圍中牟。」《史記·趙世家》：「獻侯即位治中牟。」皆河北之中牟也。齊桓所築當指此。若《地理志》河南郡有中牟縣，此屬鄭而在滎陽者也。「蓋」與「盍」通。《檀弓》：「子蓋言子之志於公乎！」故「蓋」有「遏」音。《水經注》：「清漳水逕文當城北，又東北逕粱榆城南，即閼與故城。」閼，《唐韻》：「烏割切。」則「蓋與」即「閼與」也。《水經注》：「秦伐趙閼與，惠文王使趙奢救之。司馬彪、袁山松《郡國志》並言涅縣有閼與聚。」盧諶《征艱賦》：「訪梁榆之虛郭，弔閼與之舊都。」其地當在晉之北界。蓋晉居深山，戎狄與鄰，而西北則尤與赤白狄毗連，故築之以拒其南侵也。僖十五年「盟於牡丘」，杜注：「地名，闕。」案今山東東昌府聊城縣東北七十里牡丘，或即桓所築城與？**以衛諸夏之地，**解衛，蔽扞也。**所以示權於中國也。教大成，定三革，隱五刃，**解定，奠也。隱，藏也。三革，甲、胄、盾也。五刃，刀、劍、矛、戟、矢也。説云：「三革，甲、胄、鼓。」非也。兵事息，則禮樂興，焉得廢鼓也？**疏**「定三」至「五刃」〇《荀子·儒效篇》楊注：「定，息也。不用之義。三革，犀也，兕也，牛也。《考工記》：『函人爲甲，犀甲七屬，兕甲六屬，合甲五屬。』案：定六年《傳》『宋樂祁獻趙氏楊楯六十』，則楯以木爲之，非革也。」楊注之説得之。倞又引《穀梁傳》注：「五兵，矛、戟、鉞、楯、弓矢。」彼言「五兵」，兵不必有刃，此《傳》言「五刃」，故舍弓、楯而從刀劍也。《管子·小匡》篇尹注：「車、馬、人皆有革甲，曰三革。」義又異也。**朝服以濟河而無怵惕焉，**解西行度河以平晉也。**文事勝矣。**解勝，舉也。**是故大國慚愧，小國附協。唯能用管夷吾、甯戚、隰朋、賓須無、鮑叔牙之屬而伯功立。**解五子皆齊卿大夫也。隰朋，齊莊公之曾孫、戴仲之子成子也。疏「唯能」至「功立」〇《吕氏春秋·任數》篇：「有司請事於齊桓公。桓公曰：『以告仲父。』有司又請。公曰『告仲父』，若是三。習者曰：『一則仲父，二則仲父，易哉爲君。』桓公曰：『吾未得仲父則難，已得仲父之後，則曷爲其不易也？』」《管子·小匡》篇：「管仲曰：『升降揖讓，進退閑習，辨辭之剛柔，臣不如隰朋，請立爲大行。墾草人邑辟土，聚粟多衆，盡地之利，臣不如甯戚，請立爲大司田。決獄折中，不殺不辜，不誣無罪，臣不如賓須無，請立爲大司理。犯君顔色，進諫必忠，不辟死亡，不撓富貴，臣不如東郭牙，請立以爲大諫之官。』」《吕氏春秋·舉難》篇：「甯戚欲干齊桓公，於是爲商旅，將任車至齊，暮宿於郭門之外。桓公郊迎客，夜開門，辟任車，爝火甚盛，從者甚衆。甯戚飯牛居車下，望桓公而悲，擊牛角疾歌。桓公聞之，撫其僕之手曰：『異哉！之歌者，非常人也。』命後車載之。桓公反，至，從者以請。桓公賜之衣冠，將見之。甯戚見，説桓公以治境内。明日復見，説桓公以爲天下。桓公大説。」《吕氏春秋·貴公》篇：❶「隰朋之爲人也，上志而下求，醜不若黄帝，而哀不己若者。其於國也，有不聞也；其於物也，有不知

❶「貴」，原作「責」，今據《吕氏春秋》改。

也；其於人也，有不見也。勿已乎，則隰朋可也。」在《左傳補注》引王符曰：「隰氏，姜姓。」其説與韋解合。《漢書·王褒傳》應劭注「隰朋自遠而至」，其説非也。賓須無，《管子·小匡》篇作「弦子旗」，《吕氏春秋·勿躬》篇作「弦章」。《吕氏春秋·真諫》篇：「齊桓公、管仲、鮑叔、甯戚相與飲酒，酣。桓公謂鮑叔曰：『何不起爲壽？』鮑叔奉杯而進曰：『使公毋忘出奔在於莒也，使管仲毋忘束縛而在於魯也，使甯戚毋忘其飯牛而居於車下。』桓公辟席再拜曰：『寡人與大夫能皆毋忘夫子之言，則齊國之社稷幸於不殆矣。』」此桓公能用五子之事也。

北京大學《儒藏》編纂與研究中心 編

《儒藏》精華編選刊

國語正義（下）

〔清〕董增齡 撰

金曉東 校點

北京大學出版社
PEKING UNIVERSITY PRESS

國語正義卷第七

歸安董增齡撰集

晉語一

武公伐翼，殺哀侯，解武公，曲沃桓叔之孫、莊伯之子武公偁也。翼，晉國都也。哀侯，晉昭侯之孫、鄂侯之子哀侯光也。初，昭侯分國以封叔父桓叔爲曲沃伯。曲沃盛彊，昭侯微弱。六年，晉潘父殺昭侯而納桓叔，不克。晉人立昭侯之子孝侯。莊伯殺孝侯。翼人立其弟鄂侯。鄂侯生哀侯。魯桓三年，曲沃武公代翼，殺哀侯，後竟滅翼侯之後而兼之。魯莊十六年，王使虢公命武公以一軍爲晉侯，遂爲晉祖。**疏**解「翼晉」至「侯光」〇隱五年《傳》杜注：「翼在平陽絳邑縣東。」案：今山西平陽府翼城縣東南有古翼城。《晉世家》索隱：「翼本晉都，自孝以下一號翼侯。」集解引「《世本》曰『唐叔虞居鄂』。宋衷曰『鄂地今在大夏』」。正義引《括地志》云：「故鄂城在慈州昌寧縣東二里。」隱六年《傳》杜注：「晉別邑也。」案：在今平陽府鄉寧縣南。**止欒共子曰：「苟無死，**解欒共子，晉哀侯大夫共叔成也。初，桓叔爲曲沃伯，共子之父欒賓傅之，故止共子使無死也。**吾以子見天子，令子爲上卿，制晉國之政。」**解上卿，執政，命於天子者也。

辭曰：「成聞之：民生於三，事之如一，解三，君、父、師也。如一，服勤至死也。**父生之，師教之，君食之。**解食，謂禄也。**非父不生，非食不長，非教不知。生之族也，故一事之。**解族，類也。一事之，事之如一也。**唯其所在，則致死焉。**解在君、父爲君，在師爲師。**報生以死，報賜以力，人之道也。**解賜，惠也。以力，謂家臣也。**臣敢以私利廢人之道，**解私利，謂不死爲上卿。**君何以訓矣？**解無以教爲忠也。**且君知成之從也，未知其待以曲沃也。**解君，武公也。言君知成將死，其從君爲從臣道也。故使止臣，未知成不死而待君於曲沃之爲貳也。**從君而貳，君焉用之？」**解貳，二心也。**遂鬬而死。**

獻公卜伐驪戎，解獻公，晉武公之子獻公詭諸也。驪戎，西戎之别在驪山者也，其君男爵，姬姓也。秦曰驪邑，漢高帝徙豐民於驪邑，更曰新豐，在京兆。疏解「獻公」至「新豐」○《晉世家》：「武公代晉二歲，卒。子獻公詭諸立，五年伐驪戎。」《吕氏·貴直》篇趙簡子曰「先君獻公即位五年，兼國十九」，則驪戎其一也。《漢·地理志》京兆尹新豐縣：「驪山在南，故驪戎國，秦曰驪邑，高祖七年置。」應劭曰：「太上皇思東歸，❶於是改築城寺街里以象豐，徙豐民以實之，故號新豐。」《周本紀》正義引《括地志》：「驪山在雍州新豐縣南十六里。《土地記》云：『驪山即藍田山。』」案：驪山之陽即藍田山也。**史蘇占之，**解史蘇，晉大夫，占

---

❶「思」，原作「恶」，今據《史記》改。

卜之史也。**曰：「勝而不吉。」公曰：「何謂也？」對曰：「遇兆，挾以銜骨，齒牙爲猾，**解遇，見也。挾，猶會也。骨，所以鯁刺人也。猾，弄也。齒牙，謂兆端左右釁折，有似齒牙。中有從畫，故銜骨在口中，齒牙弄之，以象讒口之爲害也。禮：卜，卜師作龜，大夫占色，史占墨也。疏「齒牙爲猾」〇《說文》：「牙，牡齒也。」「齒，口斷骨也。」《春官·典瑞》：「牙璋以起軍旅，以治兵守。」注：「牙璋，瑑以爲牙。牙齒，兵象，故以牙璋發兵。」故下文韋解言「兆端會齒牙交，有似捽」，蓋亦以牙爲兵象。**戎、夏交捽。**解兆有二畫，外象戎，内象諸夏。夏，謂晉也。兆端會齒牙交，有似捽。捽，交對也。**交捽，**❶**是交勝也，臣故云。**解言晉勝戎，戎復勝晉。**且懼有口，**解齒牙、銜骨，皆在口也。**攜民，國移心焉。」**解攜，離也。**公曰：「何口之有！口有寡人，寡人弗受，誰敢興之？」對曰：「苟可以攜，其入也必甘受，逞而不知，胡可壅也？」**解胡，何也。逞，快也。壅，防也。甘言入耳，心以爲快，而不知其惡，何可防止也。**公不聽，遂伐驪戎，克之，**解克，勝也。**獲驪姬以歸。有寵，立以爲夫人。**解驪姬，驪戎君之女也。疏解「驪姬」至「之女」〇莊二十八年《傳》：「晉伐驪戎，驪戎男女以驪姬。」《左氏》具有明文。乃僖十年《穀梁傳》：「晉獻公伐虢得驪姬，獻公私之，有二子，長曰奚齊，稚曰卓子。」《莊子·齊物論》：「麗之姬，艾封人之子也。❷晉國之始得之也，涕泣沾襟。」雖各記所聞，不若左氏之親受業於聖門者爲可信也。**公飲大夫**

❶「交」，原作「文」，今據宋公序本《國語》改。

❷「封」，原重，今據《莊子》刪其一。

酒，令司正實爵與史蘇，解司正，正賓主之禮者也。實，滿也。疏解「司正」至「實滿」〇《儀禮・燕禮》：「射人自阼階下，請立司正，公許。射人遂爲司正。」又云：「司正洗角觶，南面坐奠於中庭。」又「司正降自西階，南面坐取觶，升酌散，降，南面坐奠觶，右還，北面少立」，是司正主酌飲之節。《梓人》：「爲飲器，爵一升。」又云：「凡試梓，飲器鄉衡而實不盡，梓師罪之。」鄭司農云：「平爵向口酒不盡，則梓人之長罪于梓人。」則酒以實爵，使之實而不虛，故云滿也。曰：「飲而無肴。解肴，俎實也。夫驪戎之役，女曰『勝而不吉』，故賞女以爵，罰女以無肴。克國得妃，其有吉孰大焉！」史蘇卒爵，解卒，盡也。再拜稽首曰：「兆有之，臣不敢蔽。蔽兆之紀，失臣之官，解紀，經也。失官，失守官之節。有二辠焉，何以事君？解二辠，蔽兆、失官也。大罰將及，不惟無肴。解及，至也。蔽兆、失官，則有大罰，非但無肴也。抑君亦樂其吉而備其凶，凶之無有，備之何害？若其有之，備之爲瘳。解瘳，差也。臣之不信，國之福也。解不信，卜不中也。何敢憚罰！」解憚，難也。飲酒出，史蘇告大夫曰：「夫有男戎，必有女戎。解戎，兵也。女兵，言其禍猶兵也。若晉以男戎勝戎，而戎亦以女戎勝晉，其若之何？」里克曰：「何如？」解里克，晉大夫里季也。史蘇曰：「昔夏桀伐有施，有施人以妹喜女焉，解桀，禹十七世后皋之孫、惠王之子夏癸也。有施，喜姓之國。妹喜，其女也。以女進人曰女。疏「昔夏」至「女焉」〇妹喜，《左傳釋文》：「本或作『嬉』。韋昭注《漢書》云『嬉，姓也』。」羅泌曰：「施，今施州。」妹喜有寵，於是乎與伊尹比而亡夏。解伊尹，湯相伊摯也，自夏適殷。比，比功也。伊尹欲亡夏，妹喜爲之作禍，其功同也。**疏**「妹喜」至「亡夏」○《漢書・外戚傳》顔注：「末喜，桀之妃，有施氏女，美於色，薄於德，女子行，丈夫心，桀常置末喜于膝上，聽用其言，昏亂失道。湯伐之，遂放桀與末喜，死於南巢。」《呂氏春秋・本味》篇：「有侁氏女子采桑，得嬰兒于空桑之中，獻之其君。其君命烰人養之，察其所以然，曰：『其母居伊水之上，孕，夢有神告之曰：臼出水而東走，毋顧。明日視臼出水，告其鄰，東走十里，而顧其邑盡爲水，身因化爲空桑。』故命之曰伊尹。長而賢。湯請取婦爲婚。有侁氏喜，以伊尹爲媵送女。」《鶡冠子》曰「伊尹酒保」，二家語或睽經，要亦古訓也。《殷本紀》：「伊尹，名阿衡。」索隱引《孫子兵書》：「伊尹名摯。」孔安國亦曰：「伊摯阿衡，伊尹之官號，非名也。」《呂氏春秋・慎大》篇：「湯憂天下之不寧，欲令伊尹往視曠夏，恐其不信，湯由親自射伊尹。伊尹奔夏三年，反報于亳。湯與伊尹盟，以示必滅夏。伊尹又復往視曠夏，聽於末喜。末喜言曰：『今者天子夢西方有日，❶東方有日，兩日相與鬬，西方日勝，東方日不勝。』伊尹以告湯。湯故令師從東方出於國，西以進，❷未接刃而桀走，爲天下戮。」此比而亡夏之事也。**殷辛伐有蘇，有蘇氏以妲己女焉，****解**殷辛，湯三十一世帝乙之子殷紂也。有蘇，己姓之國。妲己，其女也。**疏**「殷辛」至「女焉」○《路史・國名紀》：「蘇，己姓子，今懷之武德有蘇古城，在濟源西北二里。」《後紀》：「蘇伯吉利，是世祝融逮妻，搏頰死託於竈。紂欲伐有蘇，蘇以妲進免。」《史記・殷本紀》索隱：「妲，字。己，姓也。」

❶「者」，《呂氏春秋》作「昔」。
❷「以進」二字，原脱，今據《呂氏春秋》補。

妲己有寵，於是乎與膠鬲比而亡殷。解膠鬲，殷賢臣，自殷適周，佐武王以亡殷也。疏「妲己」至「亡殷」○《荀子·解蔽篇》：「紂蔽于妲己，縣于赤旆。」《吕氏春秋·先識》篇：「商王大亂，沈于酒德，妲己爲政。」《誡廉》篇：「武王使叔旦就膠鬲於次四内，❶而與之盟曰：❷『加富三等，就官一列。』爲三書同辭，血之以牲，埋一於四内，皆以一歸。」此比而亡殷之事也。**周幽王伐有褒，有褒人以褒姒女焉，**解幽王，宣王之子幽王宫涅也。褒，姒姓之國，幽王伐之，褒人以美女入，謂之褒姒，是爲幽后也。疏「周幽」至「女焉」○《周本紀》正義引《括地志》云：「褒國城在梁州褒城縣東二百步，古褒國也。」索隱：「褒，國名，夏同姓，姓姒氏。檿妖子爲人所收，褒人納之於王，故曰褒姒。」《詩·小雅》毛傳：「姒，姓也。」鄭箋云：「姒，字也。」是韋解用傳義也。**褒姒有寵，生伯服，**解伯服，攜王也。**於是乎與虢石甫比，**解石甫，虢公名。《鄭語》曰：「石甫，讒諂巧佞之人也，而立以爲卿士。」疏「虢石甫」○《周本紀》：「幽王以虢石甫爲卿用事，國人皆怨，石父爲人佞巧、善諛、好利，王用之。」《吕氏春秋·當染》篇「幽王染於虢公鼓」，則鼓是石甫名也。**逐太子宜臼**解宜臼，申后之子平王名也。**而立伯服。太子奔申，**解申，姜姓之國，平王母家。**申人、繒人召西戎以伐周，周於是乎亡。**解繒，姒姓，禹後也。繒及西戎素與申國婚姻同好，幽王欲殺宜臼以成伯服，求之於申，申人弗予，遂伐之。故申、繒召西戎以伐周，殺幽王於戲。疏「申人繒人」○《漢書·地理

❶「次」，原脱，今據《吕氏春秋》補。

❷「曰」，原作「田」，今據《吕氏春秋》改。

志》：「南陽郡宛縣，故申伯國，有屈申城。」僖十四年《春秋》杜注：「鄫國，琅琊繒縣。」案：今山東兖州府嶧縣東有鄫城。**今晉寡德而安俘女，**解軍獲曰俘。**又增其寵，雖當三季之王，不亦可乎？**解季，末也。三季王，桀、紂、幽王也。**且其兆云：『挾以銜骨，齒牙爲猾。』我卜伐驪，龜往離散以應我，**解應，答也。往，令告龜辭往伐驪也，其兆離散不吉。**夫若是，賊之兆也，非吾宅也。**解賊，賊敗國家之兆也。宅，居也，非吾所安居也。**離則有之。**解國分離也。**不跨其國，可謂挾乎？**解跨，猶據也。言驪姬不據有晉國，可謂内外挾乎？**不得其君，能銜骨乎？**解言驪姬不得志於其君，不能銜骨以害人也。**若跨其國而得其君，雖逢齒牙以猾其中，其誰云弗從？**解言驪姬若能跨據晉國而得志於君，齒牙之猾，雖爲中害，國人逢之，誰有不從？言必從也。**諸夏從戎，非敗而何？從政者不可以不戒，亡無日矣！」郭偃曰：「夫三季王之亡也宜。**解郭偃，晉大夫卜偃也。宜，言其惑亂取亡皆其宜也。**民之主也，縱惑不疚，**解疚，病也。縱其淫惑，不以爲病也。**肆侈不違，**解肆，極也。極其汰侈，無所違避也。**流志而行，**解流，放也。**無所不疚，**解無一處不以爲病也。**是以及亡而不獲追鑑。**解鑑，鏡也。言不得復追鏡前世善敗以爲戒也。**今晉之方，偏侯也。**解方，大也。偏，偏方也，乃甸内偏方小侯也。《傳》曰「今晉甸侯」是也。**疏**解「方大」至「是也」○僖二十八年，襄王賜晉文公陽樊、温、原、攢茅之田，晉於是始啟南陽。是晉與王畿必犬牙相入，而後南陽可啟，決不能越國以鄙遠也。乃桓二年《傳》云「今晉甸侯也」，則已在第二服，每服五百，則去京師已千里。孔疏：「周公斥大九州，廣土萬里，王畿方千里，其外每服五百里。侯、甸、男、采、衛、要六服爲中國。夷、鎮、蕃三服爲夷狄。如其數計，甸服内畔，尚去京師千里。晉距王城不容此數，蓋《周禮》設法耳。土地之形，不可方平如圖，未必每服皆如其數。《漢・地理志》：『初雒邑與宗周通封畿，東西長，南北短，短長相覆爲千里。』是王畿不正方也。《志》又云『東都方六百里』，半之爲三百里，外有侯服方五百里，爲八百里。計晉都在太原，去洛邑八百里，故晉在甸服。」《晉世家》「王命武公以一軍爲晉侯」，而上下軍未作，故曰小侯也。**其土又小，**解小，小於三季王。**大國在側，**解大國，謂秦、齊也。**雖欲縱惑，未獲專也。**解專，擅也。**大家鄰國，將師保之，**解大家，上卿也。師保之，爲作師保也。**多而驟立，不其集亡。**解驟，數也。集，至也。**雖驟立，不過五矣。且夫口，三五之門也。**解口所以紀三辰，宣五行也，故謂之門。疏「口三五之門」○昭三十一年《傳》：「天有三辰，地有五行。」紀、宣者，發其藴也。一解《易・下繫》：「三多凶，五多功。」崔憬曰：「三，諸侯之位；五，天子之位。三處下卦之極，居上卦之下，爲一國之君，有威權之重而上承天子。五居中，不偏貴，乘天位。」《易・下繫》又曰：「乾、坤，其易之門邪？」荀爽注：「陰陽相易，出于乾、坤，故曰門。」口爲身之樞機，出入相易，故以門喻。下言「不過三五」，言讒人所諂媚者，惟視有位之天子、諸侯而施其術也。義與韋異，未敢遽定。**是以讒口之亂，不過三五。**解少則三君，多則五君。**且夫挾，小鯁也。可以小戕，而不能喪國。**解害在内爲戕。戕，猶傷也。喪，亡也。言可以小戕害人，不足以亡國也。**當之者戕焉，**解當，值也，值骨鯁者傷也。**於晉何害？**解無大害也。**雖謂之挾，而猾以齒牙，口弗堪也，**解堪，猶勝也。言骨在口，而猾以齒牙，口不能勝也。喻不能終害。**其與幾何？**解言不久也。**晉國懼則甚矣，亡猶未也。商之衰也，**解衰，謂帝甲之世。**其銘有之，**解刻器曰銘，謂鐘鼎之戒也。**曰：『嗛嗛之德，不足就也，**解嗛嗛，猶小小也。不足就，不足歸就也。疏解「嗛嗛猶小小」○《漢書・郊祀志》：「張敞曰：今穀嗛未報。」顔注：「嗛，少意也。言穀稼尚少，未獲豐年也。」《後漢・五行志》：「石上慊慊舂黄粱。」章懷注：「言永樂雖積金錢，慊慊然常若不足，使人舂黄粱而食之也。」是嗛嗛爲小小義。**不可以矜，而祇取憂也。**解矜，大也。祇，適也。**嗛嗛之食，不足狃也。**解食，禄也。狃，貪也。**不能爲膏，而祇離咎也。』**解膏，肥也。疏解「膏肥」○凝者爲脂，釋者爲膏，通言之則脂亦爲膏，《内則》「小切狼臅膏」是也。**雖驪之亂，其離咎而已，其何能服？**解驪，驪姬也。離咎而已，其後二子殺死，身爲里克所殺是也。何能服，何能服人也。**吾聞以亂得聚者，**解聚，財衆也。**非謀不卒時，**解卒，盡也。三月一時。非有善謀，不能盡一時，齊無知是也。**非人不免難，**解非得人衆，不能自免於難，衛州吁是也。**非禮不終年，**解非有禮法，不能終十年，齊懿公商人是也。賈、虞云：「十年而數終。」唐云：「不能終其年。與下『不盡齒』同。」非也。**非義不盡齒，**解齒，年壽也。非有義刑，不能盡其年壽，楚靈王滅陳、蔡，用隱大子於岡山是也。**非德不及世，**解世，嗣也。非有德惠，不能及世嗣，晉惠公夷吾是也。**非天不離數。**解離，曆也。非有天命助，不能曆數長久，若齊桓、晉文，天假之年而除其害，子孫繼業，神所命也。**今不據其安，不可謂能謀；**解據，居也。言驪姬之謀，不居安存而處危亡，不可謂能謀也。**行之以齒牙，不可謂得人；**解行齒牙之猾以害人，不可謂得人也。廢國而向己，不謂禮；解廢國，謂盡害羣公子也，以國向己，不可謂知禮也。不度而迂求，不可謂義；解迂，邪也。不度利害之本，而以邪奪正，不可謂得其義。義，宜也。以寵賈怨，不可謂德；解賈，市也。言恃愛寵以市怨於國，不可謂有德也。少族而多敵，不可謂天。解少族，族類少也。多敵，多怨也。不可謂有天助也。德義不行，禮義不則，解賈怨無德，迂求非義，故德義不行。則，法也。棄人失謀，天亦不贊。解行之以齒牙爲棄人，不據其安爲失謀。少族多敵，故天不贊。贊，助也。吾觀君夫人也，若爲亂，其猶隸農也，解隸，今之徒也。雖獲沃田而不易之，解沃，美也。易，治也。將弗克饗，爲人而已。」解饗，食也。爲人，爲他人取也。士蔿曰：「戒莫如豫，豫而後給。解士蔿，晉大夫，劉累之後，隰叔之子子輿也。豫，備也。給，及也。言先有備而後及事。疏解「士蔿」至「子輿」○襄二十四年《傳》范宣子曰：「昔匄之祖在夏爲御龍氏。」杜注：「謂劉累也。」又云：「在周爲唐杜氏。」《汲郡古文》：「成王八年，王師滅唐，遷其民於杜。杜伯之子隰叔奔晉，生子輿，即蔿也。」故楊慎謂「士」字當作「土」字，「土」，古「杜」字。《毛詩》「自土沮漆」，《齊詩》作「自杜」；《毛詩》「徹彼桑土」，《韓詩》作「桑杜」。古「土」字又作「士」，《史記·周本紀》「有邦有士」，今《吕刑》作「土」，則蔿爲杜伯裔孫，當爲土蔿也。又《晉語》訾祏曰：「隰叔子違周難于晉國，生子輿，爲理。」韋解：「理，士官也。」班固亦言「晉主夏盟爲范氏，范氏爲晉士師，以官爲氏」，則又當作「士」字矣。義疑，故兩存之。夫子戒也，解夫子，郭偃。其言戒也。抑二大夫之言，其皆有焉。」解二大夫，史蘇、郭偃也。既，驪姬不克，解不能服晉。晉正於秦，五立

而後平。解正者，爲秦所輔正，「大家鄰國，將師保之」是也。謂以兵納惠公、文公，殺吕、郤之屬也。五立，謂奚齊、卓子、惠公、懷公，至文公乃平。

獻公伐驪戎，克之，滅驪子，解驪子，驪戎之君。本爵男，此云子者，猶言男子也。疏「滅驪子」○君死於位曰滅。昭二十三年《傳》「胡子髡、沈子逞滅」是也。**獲驪姬以歸，立以爲夫人，生奚齊。其娣生卓子。**解女子同生，謂後生爲娣，於男則言妹也。**驪姬請使申生處曲沃以速縣，**解申生，獻公太子恭君也。獻公娶于賈，無子。烝于齊姜，生申生。曲沃，晉宗邑，今河東聞喜是也。虞御史云「速，疾也。縣，縊也」。疏解「曲沃」至「是也」○《漢書·地理志》：「河東郡聞喜縣，故曲沃。晉武公自晉陽徙此。武帝元鼎六年行過，更名。」應劭曰：❶「今曲沃也。秦改爲左邑。武帝於此聞南越破，改曰聞喜。」案：聞喜，今屬山西平陽府。**重耳處蒲城，夷吾處屈，**解重耳、夷吾，申生異母弟。蒲，今蒲坂；屈，北屈，皆在河東。疏解「蒲今」至「河東」○《漢書·地理志》「河東郡蒲子縣」。應劭曰：「故蒲反。舊邑武帝置。」師古曰：「重耳所居也。應説失之。」是弘嗣用劭義也。《水經·河水》注：「河水又南，蒲川水出石樓山，南逕蒲城東，即重耳所奔之處。又南歷蒲子縣故城西，今大魏之汾州治。徐廣《晉紀》稱，劉淵自離石南移蒲子者也。」案：今山西平陽府隰州東南有蒲子故城。又《漢書·地理志》河東郡北屈縣，❷《禹貢》壺口山在東南。

---

❶「劭」，原作「邵」，今據《漢書》改。

❷「郡」，原作「縣」，今據《漢書》改。

師古曰：「即晉公子夷吾所居。」案：今山西平陽府吉州東北二十一里有北屈廢縣。奚齊處絳，解晉時都絳也。以儆無辱之故。解言出此三子爲鎮於外，以儆備於戎翟，無恥辱於國。公許之。史蘇朝，告大夫曰：「二三大夫其戒之乎，亂本生矣！日，君以驪姬爲夫人，民之疾心固皆至矣。解日，昔日也。疾，疾其君也。至，深也。昔者之伐也，起百姓以爲百姓也，解昔者，謂古明王也。爲百姓，爲百姓除害也。是以民能欣之，解欣，欣戴也。故莫不盡忠極勞以致死。今君起百姓以自封也，解封，厚也。民外不得其利，解不得攻伐之利。而內惡其貪，則上下既有判矣。解判，離也。然而又生男，其天道也？天彊其毒，民疾其態，其亂生哉！吾聞君子好好而惡惡，樂樂而安安，是以能有常。解好者好之，惡者惡之，樂則説之，安則居之，故能有常。以言獻公好惡安樂皆非其所也。伐木不自其本，必復生；塞水不自其源，必復流；滅禍不自其基，必復亂。解基，始也。今君滅其父而畜其子，禍之基也。畜其子又從其欲，子思報父之恥而信其欲，解信，古「申」字。雖好色，必惡心，不可謂好。解好，美也。好其色，必授之情。解情，謂許立其子。彼得其情，以厚其欲，解厚，益也。從其惡心，必敗國，且深亂。亂必自女戎，解深亂，亂深也。女戎，女兵也。三代皆然。」驪姬果作難，殺大子而逐二公子。解二公子，謂重耳奔翟，夷吾奔梁。君子曰：「知難本矣。」解知難本，謂史蘇。

驪姬生奚齊，其娣生卓子。公將黜大子申生解黜，廢也。而立奚齊。里克、丕鄭、荀息相見，里克曰：「夫史蘇之言將及矣！其若之何！」荀息曰：「吾聞事君者，竭力以役事，不聞違命。解竭，盡也。役，爲也。君立臣從，何貳之有？」解君立嗣，臣則從而奉之。貳，二心也。丕鄭曰：「吾聞事君者，從其義，不阿其惑也。解阿，隨也。惑則誤民，民誤失德，是棄民也。解言民失德，陷于刑辟，是棄之也。民之有君，以治義也。解上下之義。義以生利，利以豐民，解有義，則生利。豐，厚也。若之何其民之與處而棄之也？必立大子。」里克曰：「我不佞，雖不識義，亦不阿惑，吾其靜也。」解靜，默也。三大夫乃別。

烝於武公，解烝，冬祭也。武公，獻公之禰廟，在曲沃。疏解「烝冬祭」○《太平御覽》引《白虎通義》：「烝之爲言衆也。」何休云：「冬薦尚稻雁。烝，衆也，氣盛貌。冬萬物畢成，所薦衆多矣，芬芳備具，故曰烝。」公稱疾不與，使奚齊涖事。解涖，臨也。稱疾不祭，而使奚齊者，欲諷羣臣使知己意。猛足言於大子曰：解猛足，太子臣也。「伯氏不出，奚齊在廟，解賈、唐皆云：「伯氏，申生也。」一云：「伯氏，狐突也。」昭謂：是時狐突未杜門，故以伯氏爲申生。伯氏猶言長子也。子盍圖乎？」解圖所以自安固。大子曰：「吾聞之羊舌大夫解羊舌大夫，羊舌職之父也。疏解「羊舌」至「之父」○羊舌爲晉舊族，始見閔二年《傳》。疏謂：「羊舌，氏也，爵爲大夫，號『羊舌大夫』。不知其如何也。此人生羊舌職，職生叔向。《譜》云：『羊舌氏，晉之公族。羊舌，其所食邑也。或曰：羊舌，氏，姓李，名果。有人盜羊而遺其頭，不敢不受，受而埋之。後盜羊事發，辭連李氏，李氏掘羊頭而示之，以明己不食，惟識其舌，舌存得免，號曰羊舌。』」

案：《唐書・宰相世系表》：「晉武公子伯僑生文，文生突，羊舌大夫也。突生職，職五子赤、肸、鮒、虎、季夙。」則世系甚明，至盜羊埋頭之説，雖廣異聞，不足爲典要也。**曰：『事君以敬，事父以孝。』受命不遷爲敬，**解遷，徙也。**敬順所安爲孝。**解敬順父之所安。**棄命不敬，**解言公命我守曲沃，我棄之，爲不敬。**作令不孝，**解作令，謂擅發舉以有爲也。**又何圖焉？且夫間父之愛而嘉其貺，有不忠焉；**解間，離也。貺，賜也。**廢人以自成，有不貞焉。孝、敬、忠、貞，君父之所安也。**解安，猶善也。**棄安而圖，遠於孝矣，吾其止也。」**

獻公田，見翟柤之氛，解田，獵也。翟柤，國名。氛，祲氣象也。凶曰氛，吉曰祥。疏解「氛祲」至「曰祥」〇「氛，祲氣象也」者，昭十年《傳》：「吾見赤黑之祲。」王逸《楚辭章句》：「祲，惡氣貌。」《漢書・匡衡傳》李奇注：「祲，氣也。言天人精氣相動也。」顔注：「祲謂陰陽氛相浸漸以成災祥者也。蓋公望氣而知翟柤可伐也。」**歸寢不寐。**解欲伐翟柤也。寐，瞑也。**郤叔虎朝，公語之。**解語以寢不寐也。郤叔虎，晉大夫，郤芮之父郤豹也。疏解「郤叔」至「郤豹」〇《吕氏春秋・不苟》篇：「晉文將伐鄴，趙衰言所以勝鄴之術。文公用之，果勝鄴。還，將行賞。衰曰：『臣聞之郤子虎。』文公召子虎曰：『衰言所以勝鄴，鄴既勝，將賞之，曰：「蓋聞之於子虎，請賞子虎。」』」子虎即叔虎與？**對曰：「牀笫之不安邪？**❶解笫，簀也。疏

❶「笫」，原作「第」，今據宋公序本及明道本《國語》改。下解、疏文同。

解「笫簀」○《爾雅·釋器》：「簀謂之笫。」郭注：「牀版。」《説文》：「簀，牀棧也。」笫，牀簀也。《檀弓》鄭注：「簀謂牀笫也。」**抑驪姬之不存側邪？」公辭焉。出語士蔿曰：「今夕君不寐，必爲翟柤也。**解君意在翟柤也。**夫翟柤之君，好專利而不忌，**解忌，難也。**其臣競諂以求媚，其進者壅塞，**解其臣競諂，故進者則壅塞其上，使不聞過也。**其退者距違。**解其退去者則距違其君也。**其上貪以忍，**解忍，忍爲不義也。**其下偷以幸，**解偷，苟且。幸，徼幸也。**有縱君而無諫臣，**解縱，放縱也。**有冒上而無忠下。**解冒，抵冒，❶言貪也。**君臣上下，各厭其私，以縱其回，**解厭，足也。回，邪也。**民各有心，無所據依，**解據，仗也。**以是處國，不亦難乎！君若伐之，可克也。吾不言，子必言之。」**解不言，讓其上也。**士蔿以告，公説，乃伐翟柤。郤叔虎將乘城，**解乘，升也。**其徒曰：「棄政而役，非其任也。」**解政，猶職也。役，服戎役也。**郤叔虎曰：「既無老謀，而又無壯事，何以事君？」**解壯事，力役也。言己無謀，又恥無功也。**被羽先升，遂克之。**解羽，鳥羽。繫於背，若今軍將負眊矣。疏「被羽先升」○《文選》王仲宣《從軍詩》李善注：「《東觀漢記》曰：賈復擊青犢於射犬，被羽先登，所向皆靡。仲宣《從軍詩》曰：『被羽在先登。』」被者，負於背，故弘嗣以目驗者言之。

公之優曰施，通於驪姬。解優，俳也。施，其名也。旁淫曰通。疏「公之」至「驪姬」○「優，俳也」

❶「抵」，原作「扺」，今據宋公序本及明道本《國語》改。

者，《急就篇》：「倡優俳笑。」《淮南・本經訓》：「坐俳而歌謡。」《漢書・東方朔傳》：「朔好詼諧，武帝以俳優畜之。」則優與俳一類而二名。「旁淫曰通」，《左傳》服虔注文。《詩疏》「傍者，非其妻妾，旁與之淫」。故服虔又云「凡淫曰通」也。驪姬問焉，曰：「吾欲作大事，解大事，廢適立庶也。而難三公子之徒，如何？」解三公子，申生、重耳、夷吾也。對曰：「蚤處之，使知其極。解處，定也。極，至也。當蚤定申生，分之都城而位以卿，使自知其位所極至也。夫人知有極，鮮有慢心，解鮮，寡也。言人自知其極，則戒懼不敢違慢覬欲也。雖其慢，乃易殘也。」解言有官任而違慢，易殘毀也。驪姬曰：「吾欲爲難，安始而可？」解難，謂殺三公子。始，先也。優施曰：「必於申生。其爲人也，小心精潔，解小心，多畏忌。精潔，不忍辱也。而大志重，解大，年長也。重，惇重也。又不忍人。解不忍施惡于人。精潔易辱，重僨可疾。解僨，僵也。惇重者守節不易其情，則可疾斃僵也。不忍人，必自忍也。解自忍，忍能自殺也。辱之近行。」解辱，謂被以不義也。驪姬曰：「重，無乃難遷乎！」解遷，移也。優施曰：「知辱可辱，可辱遷重，解言知辱者雖重必移。若不知辱，亦必不知固秉常矣。解不知，無所知也。秉，執也。固執常謀，因罪以去之。今子内固而外寵，解内固，内得君心。外寵，外見寵愛也。且善否莫不信。解所善惡無不見信也。若外單善而内辱之，無不遷矣。解單，盡也。外盡善意待大子，而内以不義加辱之，則其心無不移也。且吾聞之，甚精必愚。解精鋭近愚。精而易辱，愚不知避難，雖欲無遷，其得之乎？」是故先施讒於申生。驪姬賂二五，使言於公，解賂，遺也。二五，獻公嬖大夫梁五與東關五也。**曰：「夫曲沃，君之宗也；**解宗，本宗也。曲沃，桓叔之封，先公宗廟在焉，猶西周謂之宗周也。**蒲與二屈，君之疆也。**解疆，境也。二屈，屈有南北。今河東有北屈，則是時復有南屈。疏「蒲與二屈」○莊二十八年《傳》杜注：「二屈，今平陽北屈縣。或云二當爲北。」《汲郡古文》：「赧王七年，翟章救鄭，次于南屈。」則屈之在平陽者自當冠之以北矣。**不可以無主。宗邑無主，則民不威；**解威，畏也。**疆埸無主，則啓戎心。**解啟，開也，開戎侵盜之心。晉南有陸渾之戎，蒲接之北有山戎，二屈接之。疏解「晉南」至「接之」○《漢書·地理志》陸渾縣屬弘農郡。杜預曰：「允姓之戎，居陸渾，在秦晉西北。❶二國誘而徙伊川，遂從戎號。」今洛川陸渾縣，取其號也。《周本紀》正義引《括地志》：「故麻城謂之蠻中，在汝州梁縣界。杜預曰『城在河南新城東南，伊洛之戎陸渾蠻民城也。俗謂麻、蠻聲相近耳』。」「北有山戎」者，《封禪書》索隱引服虔云：「今鮮卑是也。」**戎之生心，民慢其政，國之患也。若使太子主曲沃，而二公子主蒲與屈，乃可以威民而懼戎，且旌君伐。」**解旌，章也。伐，功也。**使俱曰：「翟之廣莫，以晉爲都。**解使俱者，使二五同聲也。廣莫，北翟沙漠也。下邑曰都，使如爲晉下邑也。疏「翟之廣莫」○《漢書·武帝紀》應劭注：「幕，沙幕，匈奴之南界。」臣瓚注：「沙土曰幕。」顏師古曰：「應、瓚二説皆是。幕者，即今之突厥中磧耳。李陵歌曰：『徑萬里兮渡沙幕。』」案：《淮南·墬形訓》：「窮奇，廣莫

❶「晉」，原脱，今據《春秋左傳正義》補。

之所生也。」高注：「窮奇，天神也，在北方，坎爲廣莫風。」翟處中國之北，故擬以坎而名其地爲廣莫也。晉之啓土，不亦宜乎？」解啓土，闢竟也。公説，乃城曲沃，大子處焉；又城蒲，公子重耳處焉；又城屈，公子夷吾處焉。驪姬既遠大子，乃生之言，解生，生讒言也。大子由是得辠。

十六年，公作二軍，解獻公十六年，魯閔公之元年。魯莊十六年，王命晉武公以一軍爲晉侯。至此初作二軍，軍有上下。公將上軍，大子將下軍，以伐霍。解霍，周文王之子霍叔武之國也。疏解「霍周」至「之國」○《管蔡世家》正義引《括地志》：「晉州霍邑縣，本漢彘縣。」《周禮》鄭康成注：「霍山在彘，本春秋霍伯國地。」《晉世家》索隱：「永安縣西南汾水西有霍城，古霍國。有霍水焉，出霍城西太山。」師未出，士蔿言於諸大夫曰：「夫大子，君之貳也。解貳，副也。恭以俟嗣，何官之有？今君分之土而官之，解位以卿也。是左之也。解左，猶外也。吾將諫以觀之。」乃言於公曰：「夫大子，君之貳也，而帥下軍，無乃不可乎？」公曰：「下軍，上軍之貳也，寡人在上，申生在下，不亦可乎。」士蔿對曰：「下不可以貳上。」解猶足不可以貳手也。手足，左右各自爲貳也。公曰：「何故？」對曰：「貳若體焉，解體，四支也。上下左右，以相心目，解相，助也。用而不倦，身之利也。解倦，勞也。有貳，故不勞。四體役身，故身之利也。上貳代舉，解上，手。代，更也。下貳代履，解下，足。履，步也。周旋變動，以役心目。解役，爲也。故能治事，以制百物。解制，裁也。若下攝上，與上攝下，解攝，持也。周旋不變，以違心目，其反爲物用也，何事能治？解爲物用，與百物器用無異。故古之爲軍也，軍有左右，闕從補之，解左右，左右部也。闕，缺也。成而不知，是以寡敗。解不知，敵不知有闕也。若以下貳上，闕而不變，敗弗能補也。解變，更也。變非聲章，弗能移也。解聲，金鼓也。章，旌旗也。移，動也。聲章過數則有釁，有釁則敵入，解釁，隙也。軍法，進退旗鼓有數，過數則有隙，敵見隙而犯己也。敵入而凶，救敗不暇，誰能退敵？解凶，猶凶凶，恐懼也。退，卻也。敵之如志，國之憂也。可以陵小，難以征大。解以下軍貳上，可以侵陵小國，難以征大國也。君其圖之！」公曰：「寡人有子而制焉，非子之憂也。」對曰：「夫大子，國之棟也。棟成乃制之，不亦危乎！」解棟成，謂位已定而更其制，使將兵，危之道也。公曰：「輕其所任，雖危何害？」解輕其所任，謂輕大子之任，不重責也。雖近危，猶無害也。士蔿出，語人曰：「大子不得立矣。改其制而不患其難，輕其任而不憂其危，君有異心，又焉得立？行之克也，將以害之；解以得衆害之。若其不克，其因以辠之。雖克與不，無所避辠。與其勤而不入，不如逃之。解不入，不入君意也。逃，去也。君得其欲，大子遠死，且有令名，爲吳大伯，不亦可乎？」解得其欲，得立奚齊也。大伯讓季曆，遠適吳、越，後武王追封曰吳伯，故曰大伯。大子聞之，曰：「子輿之爲我謀，忠矣。解子輿，士蔿字也。然吾聞之：爲人子者，患不從，不患無名；解不從，不從父命也。爲人臣者，患不勤，不患無祿。今我不才而得勤與從，解以戰伐爲勤、從。又何求焉？焉能及吳大伯乎？」大子遂行，克霍而反，疏「克霍而反」○《水經・汾水》注：「晉獻公滅霍，趙夙爲御。霍公求奔齊。晉國大旱，卜之曰：霍大山爲祟。使趙夙召霍君奉祀。晉復穰。」譏言彌興。解彌，益也。

優施教驪姬夜半而泣，疏「夜半而泣」○《説文》：「泣，無聲出涕。」徐鉉曰：「泣，哭之細也。」謂公曰：「吾聞申生甚好仁而彊，解彊，彊禦也。甚寬惠而慈於民，解慈，愛也。皆有所行之。解行之皆有法術也。今謂君惑於我，必亂國，無乃以國故而行彊於君。解以國故，恐敗國之故而以彊劫君也。君未終命而不没，解没，終也。君其若之何？盍殺我，無以一妾亂百姓。」解盍，何不也。公曰：「夫豈惠其民而不惠其父乎？」解惠，愛也。驪姬曰：「妾亦懼矣。吾聞之外人之言曰：爲仁與爲國不同。爲仁者，愛親之謂仁；爲國者，利國之謂仁。解利國，謂安社稷，安百姓也。故長民者無親，解無親，無私親也。衆以爲親。苟衆利而百姓和，豈能憚君？解豈憚殺君也。以衆故不敢愛親，衆況厚之，解況，益也。言以衆故殺君，除民害，衆益爲厚也。彼將惡始而美終，以晚蓋者也。解美，善也。晚，後也。蓋，掩也。言以後善掩前惡。凡民利是生，解謂爲民生利也。殺君而厚利衆，衆孰沮之，解沮，敗也。殺親無惡於人，人孰去之？苟交利而得寵，志行而衆説，解交，俱也。欲其甚矣，孰不惑焉？解欲，欲大子也。誰不惑，謂國人也。雖欲愛君，惑不釋也。解釋，解也。今夫以君爲紂，若紂有良子，而先喪紂，解良，善也。喪，亡也。若紂之有善子，知紂之惡，紂終必滅國，以計言之，不如先自殺之。無章其惡而厚其敗。解厚其敗，謂武王擊以輕劍，斬以黃鉞也。鈞之死也，無必假手於武王，解鈞，同也。假，借也。而其世不廢，祀至於今，吾豈知紂之不善哉？解先自亡之，故無知之者。君欲勿恤，其可乎？解恤，憂也。若大難將至而恤之，其何及矣！」公懼曰：「若何而可？」驪姬曰：「君盍老而授之政？解稱老，以政授申生也。彼得政而行其欲，得其所索，乃其釋君。且君其圖之，自桓叔以來，孰能愛親？解桓叔，獻公曾祖曲沃桓叔成師也。桓叔伐晉，殺其兄子昭侯於翼。桓叔生莊伯，又伐翼，殺昭侯之子孝侯。莊伯生武公，武公滅翼而兼之。武公生獻公，獻公滅桓、莊之族也。唯無親，故能兼翼。」公曰：「不可與政。我以武與威，是以臨諸侯。未没而亡政，不可謂武；有子而不勝，不可謂威。我授之政，諸侯必絕，能絕於我，必能害我，失政而害國，不可忍也。爾勿憂，吾將圖之。」驪姬曰：「以皋落翟之朝夕苛我邊鄙，解皋落，東山翟也。苛，擾也。疏解「皋落東山翟」◯《水經·河水》注：「清水出清廉山之西嶺，東流逕皋落城。服虔曰：赤翟之都也。世謂之倚亳城。」《後漢·郡國志》注引《上黨記》曰：「東山在壺關城東南，今名平皋。」閔二年《傳》杜注：「赤狄别種也。皋落，其氏族也。」孔疏：「東山當在晉東，皋落其氏族，此族之人，翟之渠帥也。」案：杜、孔以皋落爲氏族，與服氏之訓異矣。使無日以牧田野，解無日不有翟儆，故不得牧於田野也。君之倉廩固不實，又恐削封疆。君盍使之伐翟，以觀其果於衆也，與衆之信輯睦焉。解果，果于用師也。輯，和也。若不勝翟，雖濟其皋，可也。解濟，渡也。以不勝罪之。若勝翟，則善用衆矣，求必益廣，解所求益廣也。乃可厚圖也。且夫勝翟，諸侯驚懼，吾邊鄙不儆，倉廩盈，四鄰服，封疆信，君得其賴，解信，審也。賴，利也。又知可不其利多矣。君其圖之。」公説。是故使申生伐東山，解東山，皋落氏也。衣之偏裻之衣，佩之金玦。解裻在中，左右異，故曰偏。玦如環而缺，以金爲之。疏「衣之」至「金玦」〇閔二年《傳》服虔注：「偏裻之衣，偏，異色駁不純；裻在中，左右各異。」《説文》：「裻，背縫。」《莊子・養生》篇「緣督以爲經」，亦謂背縫。《方言》：「繞緍謂之⿰衤薦裺。」郭璞曰：「衣督脊也。」《史記・趙世家》：「孝成王四年，王夢衣偏裻之衣。王召筮史敢占之，曰：『夢衣偏裻之衣者，殘也。』」《酉陽雜俎》：「召人用玦，絶人用玦。」故玦如環而缺也。僕人贊聞之，曰：「大子殆哉！解贊，大子僕也。殆，危也。君賜之奇，奇生怪，怪生無常，無常不立。解奇，異也。不立，不得立也。疏解「奇異也」〇《漢書・五行志》顏注：「軍之常服則韋弁。」應劭注：「奇，奇怪非常意。」使之出征，先以觀之，解觀其用衆也。故告之以離心，而示之以堅忍之權，解離心，偏衣中分也。堅忍，金玦也。玦以示離也。《傳》曰：「金寒，玦離。」則必惡其心而害其身矣。惡其心，必内險之；解險，危也。害其身，必外危之。解外危之，使攻伐也。危自中起，難哉！且是衣也，狂夫阻之衣也。解狂夫，方相氏之士也。阻，古「詛」字。將服是衣，必先詛之。《周禮》「方相氏黄金四目，玄衣朱裳，執戈揚盾以驅疫」也。疏「狂夫阻之」〇閔二年《傳》孔疏：「詛乃服之，文無所出。」又引服虔注云：「阻，止也。方相之士蒙玄衣朱裳，主索室中毆疫，號之爲狂夫。止此服，言君與太子以狂夫所止之服衣之。」劉光伯謂：「方相氏狂夫所服玄衣、朱裳，左右同色，不得爲偏衣，當服此衣，❶非是意所

---

❶「衣」，原作「意」，今據《春秋左傳正義》改。

止也。」杜注：「阻，疑也。言雖狂夫猶知有疑。」孔疏言：「雖狂夫猶知於此服有疑也。」案：杜意狂夫不專指方相氏，猶《詩》言「狂夫瞿瞿」。阻之訓爲「險」，《商頌》「罙入其阻」。阻之訓爲「恃」，隱四年《傳》「州吁阻兵而安忍」。皆有盤桓、審顧之意，故訓爲「疑」。然並與韋異義，未敢遽定。**其言曰：『盡敵而反。』**解言，謂狂夫祭詛之言。疏解「謂狂夫祭詛之言」○閔二年《傳》杜注曰：「公辭。」亦與韋異。**雖盡敵，其若内讒何！」申生勝翟而反，讒言作於中。君子曰：「知微。」**解知微，謂僕人贊。

十七年冬，公使大子伐東山。解獻公十七年，魯閔二年。**里克諫曰：「臣聞皋落氏將戰，**解言其不服，將與申生戰也。**君其釋申生也！」**解釋，舍也。**公曰：「行也！」對曰：「非故也。**解非故事也。**君行，大子居，以監國也。**解君行則守。**君行，大子從，以撫軍也。**解有守則從，撫循軍士。**今君居，大子行，未有此也。」公曰：「非子之所知也。寡人聞之，立大子之道三：身鈞以年，**解身鈞，德同也。以年，立長也。**年同以愛，**解立所愛也。**愛疑決之以卜、筮。**解愛疑，愛同也。龜曰卜，蓍曰筮。**子無謀吾父子之間，吾以此觀之。」**解言吾使之征伐，欲觀其能不也。**公不説。里克退。見大子。大子曰：「君賜我偏衣、金玦，何也？」里克曰：「孺子懼乎？衣躬之偏，而握金玦，令不偷矣。孺子何懼！**解孺，少也。偷，薄也。偏，半也。分身之半以授太子，又令握金玦。金玦，兵要也。君令於大子不爲薄矣。**夫爲人子者，懼不孝，不懼不得。**解賈、唐云：「不得，不得君心也。」昭謂：不得，不得立也。《内傳》：「大子曰：『吾其廢乎？』里克曰：『子懼不孝，無懼不得立。』」**且吾**

聞之：『敬賢於請。』 **解**賢，愈也。言執恭敬愈於請求也。**孺子勉之乎！」** **解**勉爲孝敬。**君子曰：「善處父子之間矣。」** **解**入諫其父，出勉其子。**大子遂行，狐突御戎，先友爲右，** **解**狐突，晉同姓，唐叔之後，狐偃之父大戎伯行也。先友，晉大夫，先丹木之族。右，軍右也。**疏**「狐突」至「爲右」○閔二年《傳》，狐突始見于《傳》。《晉語》叔詹曰：「狐氏出自唐叔。」杜預曰：「狐突，伯行，重耳外祖父。」又曰：「大戎，唐叔子孫別在戎翟者。」蓋先出在戎，後復歸晉。成十八年《傳》孔疏：「大御，御官之長，別有戎僕當御戎車。春秋征伐之世，以御戎爲重，當是御之尊者。」《周禮》有司右，掌羣右之政令，其下更有戎右、齊右、道右。春秋之世，車右爲尊。**衣偏衣而佩金玦。出而告先友曰：「君與我此，何也？」先友曰：「中分而金玦之權，在此行也。孺子勉乎！」** **解**中分，中分君之半也。金玦，以兵決事。**狐突歎曰：「以尨衣純，** **解**雜色曰尨。純，純德，謂大子也。**疏**解「雜色曰尨」○閔二年《傳》「尨涼」。《説文》引作「牻椋」，云：「牻椋，牛也。」惠棟曰：「牛之雜色者，不中爲犧牲。衣之不純者，不得爲大子。若以尨爲涼，義無所取。」沈彤曰：「《廣韻》牻椋，牛駁色。偏衣即牻服，蓋分織牻牛白黑毛爲之。」**而玦之以金銑者，寒甚矣。胡可恃也？** **解**玦，猶決也。銑，猶洒也。❶洒洒，寒貌。言於太子無溫潤也。**解**解「銑猶」至「寒貌」○《爾雅・釋器》：「絶澤謂之銑。」郭注引《國語》文爲證。邵晉涵曰：「灑灑，言其光之寒也。」**雖勉之，**

❶「也」，原作「之」，今據宋公序本《國語》改。

敵其可盡乎？」先友曰：「衣躬之偏，握兵之要，解握兵之要，金玦之勢也。金爲兵玦，所以圖事決計也，故爲兵要。**在此行也。勉之而已矣。偏躬無慝，兵要遠災，**解慝，惡也。衣身之半，君無惡意也。握兵之勢，欲令大子遠災害也。**親以無災，又何患焉？」至於稷桑，**解稷桑，皋落翟地。**翟人出逆，**解逆，距申生也。**申生欲戰。狐突諫曰：「不可。突聞之：國君好艾，大夫殆；**解艾當爲「外」，聲相似，誤也。好外，多嬖臣也。嬖臣害政，故大夫殆。殆，危也。**疏**解「艾當」至「誤也」○《韓非·內儲説》引狐突此語作「外」，韋解所據。**好內，適子殆，社稷危。**解好內，多嬖妾也。嬖專寵，故適子殆，國家亂，則社稷危，周幽王是也。**若惠於父而遠於死，**解惠，順也。去避奚齊，爲順父心而遠於死也。《傳》曰：「狐突欲行。」**惠於衆而利於社稷，其可以圖之乎？**解惠於衆，謂不戰也。大子去，則國不爭，故利社稷。**況其危身於翟以起讒於內也？」申生曰：「不可。君之使我，非歡也，**解非歡愛我也。**抑欲測吾心也。**解測，猶度也。**是故賜奇服而告我權。**解奇服，偏裻。權，金玦也。**又有甘言焉。**解申生將去，父又以美言撫慰之。**言之大甘，其中必苦。譖在中矣，君故生心。**解有此甘言，非本意，故言生心也。**雖蝎譖，焉避之？不若戰也。**解蝎，木蟲也。譖從中起，如蝎食木，木不能避也。**疏**解「蝎木」至「能避」○《爾雅·釋蟲》：「蝎，蛣蝠。」《詩疏》引孫炎《爾雅注》「蝎，木蟲也」。又云：「蝤蠐，蝎。」又云：「蝎，桑蠹。」《説文》：「蠹，木中蟲。」《文子》云：「木生蠹，反自食。」《淮南·説林訓》「蠹多則木折，其食木由心達外，故不能避也」。**不戰而反，我辠滋厚，**解滋，益也。**我戰雖死，猶有令名**

焉。」解有恭從之名也。果戰敗翟於稷桑而反。讒言益起，狐突杜門不出。解不出，避難也。疏「狐突杜門不出」○《文選·三國名臣序贊》：「杜門不用。」李善注引《吴志》曰：「權以公孫淵稱藩，遣張彌至遼東，拜淵爲燕王。昭諫，權不聽，昭忿言不用，稱疾不朝。權恨之，土塞其門，昭於内又以土封之。」齡案：《毛詩》「自土沮漆」，《釋文》引《齊詩》作「自杜」。《毛詩》「徹彼桑土」，《釋文》引《韓詩》作「桑杜」，則「土」、「杜」古通字。杜門者，以土自封其門也。殆古有此制矣。或引《大司馬》「九伐」鄭注：「杜之者，杜塞之，使不得與鄰國交通。」❶訓「杜」爲「塞」，其義亦得。君子曰：「善深謀。」

---

❶「鄰國」，《周禮注疏》作「四鄰」。

國語正義卷第八

歸安董增齡撰集

晉語二

反自稷桑，處五年，解自，從也，從伐東山戰於稷桑而反也。處五年，魯僖之四年也。驪姬謂公曰：「吾聞申生之謀愈深。解謀，謀殺公也。愈，益也。日吾固告君曰得衆，解日，往日也。衆弗利，焉能勝翟？解衆若不利，焉肯爲用而勝翟乎？今矜翟之善，其志益廣。解矜，大也。善，善用衆也。狐突不順，故不出。解狐突，申生之戎御也。不順，謂大子不順也。吾聞之，申生甚好信而彊，解彊，彊禦也。信，言必行之。又失言於衆矣，雖欲有退，衆將責焉。解失言，許衆以取國也。退，追悔也。言不可食，衆不可弭。解食，僞也。弭，止也。是以深謀。君若不圖，難將至矣！」公曰：「吾不忘也，抑未有以致罪焉。」驪姬告優施曰：「君既許我殺大子而立奚齊矣。吾難里克，奈何！」優施曰：「吾來里克，一日而已。解來，謂轉里克之心，使來從己用。一日之間，言其易也。子爲我具特羊之饗，解特，一也，凡牲，一爲特，二爲牢。吾以從之飲酒。我優也，言無郵。」

解鄆，過也。驪姬許諾，乃具，使優施飲里克酒。中飲，優施起舞，謂里克妻曰：「主孟啗我，解大夫之妻稱主，從夫稱也。孟，里克妻字。啗，啖也。「孟」或作「盍」。疏「主孟啗我」〇「孟，里克妻字」者，《曲禮》「女子許嫁，笄而字」，故《詩》稱「孟弋」、「孟庸」。《史記·吕后本紀》索隱：「孟者，且也。言且啗我物，我教汝婦事夫之道。」義與韋異。今因舊説存之。「啗，啖也」者，《漢書·高帝紀》顔注：「以食餧人，令其啗食。」我教兹暇豫事君。」解兹，此，此里克也。暇，閒也。豫，樂也。疏解「暇閒也」〇《文選·登樓賦》李善注引賈逵《國語注》：「『暇』或爲『假』，《楚辭》『聊假日以銷時』。」乃歌曰：「暇豫之吾吾，不如鳥烏。解吾，讀如魚。吾吾，不敢自親之貌。言里克欲爲閒樂事君之道，反不敢自親吾吾，然其智曾不如鳥烏。疏解「吾讀」至「鳥烏」〇「吾，讀如魚」者，《史記·河渠書》：「功無已時兮吾山平。」集解引徐廣曰：「東郡東阿有魚山，或者是乎？」則吾有魚音。鳥，烏也。《説文》：「雅，楚烏也。」《小爾雅》云：「純黑而反哺者謂之烏，小而腹下白，不反哺者謂之雅烏。」人皆集於苑，己獨集於枯。」解集，止也。苑，茂木貌。己，里克也。喻人皆與奚齊，己獨與申生也。疏「人皆」至「於枯」〇《淮南·俶真訓》：「形苑而神壯。」注：「苑，枯病也。」以茂訓苑，猶古人以亂爲治，以污爲澣也。《説文》：「枯，槀木。」《史記·諸侯王年表》：「摧朽枯者易爲力。」《文選注》引《黄石公兵書》曰：「樹杌者鳥不栖也。」里克笑曰：「何謂苑？何謂枯？」優施曰：「其母爲夫人，其子爲君，可不謂苑乎？其母既死，其子又有謗，可不謂枯乎？枯且有傷。」解無母諭枯，有謗諭傷。傷，病也。優施出，里克辟奠，不飧而寢。解辟，去也。奠，置也。熟食曰飧。夜半，召優施，曰：「曩而言戲乎？抑有所聞之乎？」解曩，向也。而，汝也。曰：「然。君既許驪姬殺大子而立奚齊，謀既成矣。」解成，定也。里克曰：「吾秉君以殺大子，吾不忍。解秉，執也。執君志以殺大子。不忍，不忍爲也。通復故交，吾不敢。解交，與大子交也。中立其免乎？」優施曰：「免。」解中立，不阿君，亦不助大子。旦而里克見丕鄭，解夜半召優施，旦而見丕鄭。曰：「夫史蘇之言將及矣！優施告我，君謀成矣。將立奚齊。」丕鄭曰：「子謂何？」解謂對優施何言也。曰：「吾對以中立。」丕鄭曰：「惜也！解惜，惜其失言也。不如曰不信以疏之，解曰不信者，逆優施以不然也。拒之以不然，則驪姬意疏，不敢必也。亦固大子以攜之，解固，固持也。攜，離也。固持大子，以離驪姬之黨。多爲之故，以變其志，志少疏，乃可間也。解故，謂多作計術以變易其志。志少疏，乃可間。間，亦離也。今子曰中立，況固其謀。解況，益也。彼有成矣，難以得間。」里克曰：「往言不可及，解及，追也。且人中心唯無忌之，何可敗也！解言驪姬唯無忌憚之心，執之已固，何可敗也。子將何如？」丕鄭曰：「我無心。是故事君者，君爲我心，制不在我。」解我無心者，不得自在也。君爲我心，以君爲心也。里克曰：「殺君以爲廉，解賈侍中云：「廉，猶利也。以大子故，殺君以自利。」唐尚書云：「爲大子殺奚齊，不有其國，以爲廉也。」昭謂：是時大子未廢，獻公在位，而以君奚齊，非也。君，獻公也。虞御史云：「廉，直也，讀若鬬廉之廉。」此説近之。長廉以驕心，因驕以制人家，吾不敢。解制，裁也。自大其廉，而有驕人之心，因驕以裁制人之父子。吾不敢，不敢爲也。**抑撓志以從君，爲廢人以自利也。**解撓，屈也。人，謂申生也。**利方以求成人，吾不能。**解方，道也。利得道以求成大子，吾力不能爲也。**將伏也！」**解伏，隱也。**明日，稱疾不朝。三旬，難乃成。**解難，殺申生、譖二公子也。**驪姬以君命命申生曰：「今夕君夢見齊姜，必速祠而歸福。」**解齊姜，申生母也。福，胙肉也。**申生許諾，乃祭於曲沃，歸福於絳。**解絳，晉所都也。**公田，驪姬受福，乃寘鴆於酒，**解寘，置也。鴆，運日也。疏解「鴆運日」〇《説文》：「鴆，毒鳥。」《廣雅》：「鴆鳥，雄曰運日，雌曰陰諧。」《廣志》：「鴆鳥，形似鷹，大如鶚，毛黑。以羽翮櫟酒水中，飲之則殺人。」**寘堇於肉。**解堇，烏頭也。疏解「堇烏頭」〇《爾雅・釋艸》：「芨，堇艸。」郭注：「即烏頭。」《詩疏》引賈逵《國語注》：「堇，烏頭也。」弘嗣即用賈義。《吴普本艸》：「烏頭，形如烏之頭，有兩岐相合，似烏之喙。」蘇恭以爲烏喙，即烏頭異名。又謂之奚毒。《淮南・主術訓》：「天下之物莫凶於奚毒。」高注云：「奚毒，烏頭也。」**公至，召申生獻，**解獻，獻胙也。**公祭之地，地墳。**解將飲先祭，示有先也。墳，起也。疏「地墳」〇《地官・艸人》鄭司農注：「墳壤多蚠鼠也。」陳藏器《本艸檢遺》：「鼢鼠，田中尖嘴小鼠，陰穿地中，不能見日。」蓋鼠穿于下，則土浮于上，故隆起若墳。墳，大防也。此《傳》地得鴆堇之毒，土裂冒上而隆高，如蚠鼠所穿於地之狀也。**申生恐而出。驪姬與犬肉，犬斃；**解斃，死也。**飲小臣酒，亦斃。**解小臣，官名，掌陰事陰命，閹士也。疏解「小臣」至「閹士」〇《天官・小臣》：「奄上士四人。」鄭注：「奄稱士者，異其賢。」疏云：「小臣侍后，與太僕侍王同。」韋蓋約《王制》以釋侯國之制也。**公命殺杜原款，**解原款，申生之傅。**申生奔新城。**解新城，曲沃也。新爲大子城之。杜原款將死，使小臣圉告於申生，解小臣，大子小臣，名圉，原款因爲告大子也。曰：「款也不才，寡知不敏，解敏，達也。不能教導，以至於死。不能深知君之心度，解度，尺寸也。棄寵求廣土而竄伏焉；解棄寵，令大子棄位也。求廣土，奔他國也。竄，隱也。小心狷介，不敢行也。解狷者，守分有所不爲也，言雖知當與申生俱去，恥不能事君而出，故不敢行也。是以言至而無所訟之，解言，讒言也。故陷於大難，乃逮於讒。解逮，及也。然款也不敢愛死，唯與讒人均是惡也。解讒人，驪姬。均，同也。吾聞君子不去情，解不去忠愛之情。不反讒，解反，謂覆校，自申理也。讒行身死可也，猶有令名焉，解有孝名也。死不遷情，彊也。解遷，易也。守情説父，孝也。殺身以成志，仁也。死不忘君，敬也。解使有遺言屬狐突是也。孺子勉之！死必遺愛，死民之思，不亦可乎？」申生許諾。解死民之思，爲民所思也。人謂申生曰：「非子之罪，何不去乎？」申生曰：「不可。去而罪釋，必歸於君，是惡君也。解釋，解也。歸於君，惡歸於君也。章父之惡，而笑諸侯，吾誰鄉而入？解笑諸侯，諸侯所笑也。當趨鄉誰，入誰國也。內困於父母，外困於諸侯，是重困也。棄君去罪，是逃死也。吾聞之：『仁不惡君，知不重困，勇不逃死。』若罪不釋，去而必重。去而罪重，不知。逃死而惡君，不仁。有罪不死，無勇。去而厚惡，惡不可重，死不可避，吾將伏以俟命。」驪姬見申生而哭之，解就曲沃哭之。曰：「有父忍之，況國人乎？解有父忍自殺之，況能愛國人乎？忍父而求好人，人孰好之？殺父以求利人，人孰利之？皆民之所惡也，難以長生！」驪姬退，申生乃雉經於新城之廟。解雉經，頭搶而縣死也。疏「雉經」○《釋名》：「屈頸閉氣曰雉經，如雉之爲也。」將死，乃使猛足言於狐突曰：「申生有罪，不聽伯氏，以至於死。解猛足，申生之臣。伯氏，狐突字也。不聽，謂稷桑之戰不從其言。申生不敢愛其死，雖然，吾君老矣。國家多難，伯氏不出，奈吾君何？伯氏苟出，而圖吾君，解圖爲之謀也。申生受賜以至於死，雖死何悔！」是以謚爲共君。解謚法，既過能改曰共。國人告公以此謚也。驪姬既殺大子申生，又譖二公子曰：「重耳、夷吾與知共君之事。」解言與知其逆謀也。公令奄楚刺重耳，重耳逃於翟；解奄，奄士也。楚，謂伯楚，寺人披之字。於文公時爲勃鞮。翟，北翟，隗姓也。令賈華刺夷吾，夷吾逃於梁。解賈華，晉大夫。梁，嬴姓之國，伯爵也。唐尚書云：「晉滅以爲邑。」非也。是時，梁尚存，至魯僖十九年，秦取之。疏解「梁嬴」至「伯爵」○《漢書·地理志》：「馮翊夏陽縣，故少梁。《禹貢》梁山在西北，龍門山在北。」案：今陝西西安府韓城縣南二十里有少梁城。嬴，姓。伯，爵。見僖十七年、十九年《傳》文。盡逐羣公子，解羣公子，獻公之庶孽及先君之支庶也。《傳》曰：「獻公之子九人。」乃立奚齊焉。始爲令，國無公族焉。

二十二年，公子重耳出亡，及柏谷，卜適齊、楚。解獻公二十二年，魯僖五年，公使寺人披伐蒲城，重耳自蒲出奔。及，至也。柏谷，晉地也。疏「公子重耳出亡」○《文選·李少卿答蘇武書》李善注引《琴操》曰：「重耳將自殺，子犯曰：『申生虛死，子復隨之。』」此出亡時語也。○解「柏谷晉地」○《水經·河水》

注：「河水又東合柏谷水，水出弘農縣南石隄山。❶其水北流，逕其亭下。漢武帝嘗從行此亭，見餽亭長妻。故潘岳《西征賦》曰：『長徵賓於柏谷，妻覩貌而獻餐。』」《渭水》注又引《春秋後傳》曰：「使者鄭容入相柏谷關。」皆晉地也。**狐偃曰：「無卜焉。**解狐偃，重耳之舅，狐突之子子犯也。無卜，不須卜也。**夫齊、楚道遠而望大，不可以困往。**解望大，望諸侯朝貢，不恤亡公子也。**道遠難通，**解通，至也。**望大難走，**解難歸走也。**困往多悔。困且多悔，不可以走望。**解望，望其力也。**若以偃之慮，其翟乎！**解可之翟也。**夫翟近晉而不通，**解不與晉通也。**愚陋而多怨，**解多怨於戎、翟。**走之易達。不通可以竄惡，**解竄，隱也。**多怨可以共憂，今若休憂於翟，以觀晉國，且以監諸侯之爲，其無不成。」**解監，視也。之爲，爲誰動也。視諸侯所爲，故無不成也。**乃遂之翟。處一年，公子夷吾亦出奔，**解處翟一年，魯僖之六年。公使賈華伐屈，夷吾自屈出奔。**曰：「盍從吾兄竄於翟乎？」冀芮曰：「不可。**解冀芮，晉大夫，冀缺之父。**後出同走，不免於罪。**解同走，嫌同謀也。疏「後出」至「於罪」〇《晉世家》冀芮曰：「重耳已在矣。今往，晉必移兵伐翟，翟畏晉，禍且及。」此言不免於罪之故也。**且夫偕出偕入難，**解偕，俱也。**聚居異情惡，**解聚，共也。虞云：「重耳、夷吾情好不同，故惡相近。」昭謂：異情，謂各欲求入爲君，於義惡也。**不若走梁。梁近於秦，秦親吾君，吾君老矣，**解秦穆夫人，獻

❶「水」，原脱，今據《水經注》補。

公之女，故親吾君也。**子往，驪姬懼，必援於秦，以吾存也，**解以吾存者，以吾在梁依秦也。**且必告悔，告悔是吾免也。」**解免，免罪也。**乃遂之梁。居二年，驪姬使奄楚以環釋言。**解居梁二年，魯僖之七年。環，玉環。環，還也。釋言，以言自解釋也。**疏**「以環釋言」〇《爾雅·釋器》：「肉好若一，謂之環。」《荀子·大略篇》：「反絶以環。」故云「環，還也」。**四年，復爲君。**解居梁之四年，魯僖之九年也。是歲獻公卒，秦伯納之。

虢公夢在廟，解虢公，王季之子文王之弟虢仲之後虢公醜也。廟，宗廟也。**有神人面白毛虎爪，執鉞立於西阿，**解西阿，西榮也。**疏**「有神」至「西阿」〇《山海經》郭注：「蓐收，金神也，人面虎身，右手執鉞。」案：《淮南·天文訓》：「西方金也，其帝少昊，其佐蓐收，執矩而治秋，其神爲太白，其獸白虎，故白毛而虎爪。」鉞者，金之用。《詩·公劉》疏：「《廣雅》云：『鉞、戚，斧。』毛傳以揚爲鉞。鉞大而斧小。《太公六韜》：『大阿斧重八斤，一名天鉞。』」「西阿，西榮也」者，《禮記》鄭注：「榮，屋翼也。」《文選·上林賦》郭注：「榮，屋重檐也。」**公懼而走。神曰：「無走！帝命曰：『使晉襲於爾門。』」**解帝，天也。襲，入也。**公拜稽首。覺，召史嚚占之，**解嚚號，太史也。**對曰：「如君之言，則蓐收也，**解蓐收，西方白虎金正之官也。《傳》曰：「少皞氏有子，曰該，爲蓐收。」**疏**「則蓐收也」〇昭二十九年《傳》：「金正曰蓐收。」杜注：「秋物摧蓐而可收也。其祀該焉。」疏引賈逵注：「蓐收祀於門。」孔穎達謂：「別祭五行神以五官配之，非在門祀蓐收也。」**天之刑神也，**解刑殺之神也。**天事官成。」**解官成，禍福各以官象成之也。**公使囚**

之，且使國人賀夢。解欲轉吉之，故使賀也。舟之僑告其諸族解舟之僑，虢大夫。曰：「衆謂虢亡不久，吾乃今知之。解以其賀夢。君不度而賀大國之襲，於已何瘳？解度，揆也。大國，晉也。瘳，猶損也。言君不揆度神意而令賀之，何損於禍也。吾聞之：『大國道，小國襲焉，曰服。解襲，入也。小國敖，大國襲焉，曰誅。』解敖，慢也。民疾君之侈也，是以遂以逆命。解逆命，距違君命也。今嘉其夢，侈必展，解展，申也。是天奪之鑒而益其疾。解鑒，鏡也，鏡所以自省察。民疾其態，疏「民疾其態」○《荀子·臣道篇》云：「內不足使一民，外不足使距難，百姓不親，諸侯不信，然而巧敏佞悦，善取寵乎上，是態臣者也。」楊注：「以媚佞爲容態。」言虢臣諛而君昏也。天又誑之，解誑，猶惑也。大國來誅，出令乃逆，解逆，謂令國人賀夢。宗國既卑，諸侯遠已，解宗國，公族也。遠，疎外也。內外無親，其誰云救之？解云，言也。吾不忍俟也！將行。」解行，去也。以其族適晉。六年，虢乃亡。解適晉在魯閔二年。後六年，在魯僖五年。

伐虢之役，師出於虞。解魯僖五年，獻公伐虢，晉假道於虞。疏「師出於虞」○《漢書·地理志》河東郡大陽縣：「吴山在西，上有吴城，周武王封太伯後於此，是爲虞公，爲晉所滅。」《水經·河水》注：「傅巖東北十餘里，即巔軨阪，謂之軨橋。橋東北有虞原，原上道東有虞城，周武王以封周章弟虞仲於此。《太康記》所謂『北虞』也。城東有山，世謂之五家冢，冢上有虞公廟。其城北對長阪二十許里，謂之虞阪。」案：今山西解州平陸縣東北十五里有大陽廢縣，爲虞境。又東北三十里有下陽故城，即僖二年晉所滅者也。晉自西南而來，故入虢必經虞境。《漢書・辛慶忌傳》應劭注：「獻公欲伐虞，以宮之奇在，寢不寐。」《韓非子・内儲説》：「晉獻公欲伐虞虢，❶乃遺之屈産之乘、垂棘之璧、女樂六，以榮其意，而亂其政。」此假道之事。

宮之奇諫而不聽，解宮之奇，虞大夫，諫虞公勿假晉道，虞公不聽。疏解「諫虞」至「不聽」〇桓十年《傳》孔疏引《世族譜》云：「虞，姬姓，周太王之子，太伯之弟仲雍，是爲虞仲，嗣太伯之後。武王克商，封虞仲之庶孫以爲虞仲之後，處中國爲西吴，後世謂之虞公。」虞是小國，而得稱公者，桓五年《傳》孔疏引服虔云：「春秋前以黜陟之法進爵爲公，或嘗爲三公之官，若虢公之屬，故稱公也。」孔以前儒所説無文可證，故兩列其義。**出，謂其子曰：「虞將亡矣！唯忠信者能留外寇而不害。**解留外寇，謂舍晉軍於國也。**除闇以應外謂之忠，**解除，去也。去己闇昧之心以應外謂之忠。忠，謂恕也。**定身以行事謂之信。**解定，安也。行事以安定其身，謂之信。**今君施其所惡於人，闇不除矣；**解己之所惡而以施人，謂假晉道以伐虢也。**以賄滅親，身不定矣。**解賄，財也。謂虞受晉屈産之乘，垂棘之璧，假之道也。親，謂虢也。虞，大王之後。虢，王季之胄。疏解「謂虞」至「之道」〇僖二年《傳》服虔、杜預注並謂「屈地生良馬」。《公羊》何休注：「屈産出名馬。」徐彦疏：「屈産，地名。」今山西汾州府石樓縣東南四里有屈産泉。垂棘，杜預注：「晉地。」**夫國非忠不立，非信不固。既不忠信，而留外寇，寇知其釁而歸圖焉。**解釁，隙也。圖，謀也。**已自拔其本矣，何以能久？**解本，謂忠信。**吾不去，懼及焉。」以其孥適西山。**

---

❶「虢」，原脱，今據《韓非子》補。

解孥，妻子也。西山，國之西界。**疏**解「孥妻子」〇文六年《傳》孔疏：「帑，《説文》：『金幣所藏。』字書帑從子。《經》、《傳》『妻帑』亦從巾。」帑者，細弱之號，妻、子俱得稱之。《傳》稱「以害鳥帑」，鳥尾尚得稱帑，況妻、子也？ **三月，虞乃亡。** **解**晉滅之也。

獻公問於卜偃， **解**卜偃，晉掌卜大夫郭偃也。**曰：「攻虢，何月也？」** **解**宜用何月。**對曰：「童謡有之，** **解**童，童子。徒歌曰謡。**疏**「童謡有之」〇《詩·魏風》釋文引《韓詩·薛君章句》：「無章句曰謡。」僖五年《傳》孔疏：「《釋樂》云『徒歌謂之謡』，言無樂而空歌，其聲逍遥然也。於時有童稺之子，爲此童謡之辭。」❶**曰：『丙之晨，龍尾伏辰。** **解**丙，丙子。晨，蚤朝也。龍尾，尾星也。伏，隱也。辰，日月之交會也。魯僖五年冬，周十二月，夏十月丙子朔之朝，日在尾，月在天策也。伏辰，辰在龍尾，隱而未見也。**疏**解「龍尾」至「未見」〇「龍尾，尾星也」者，《史記·律書》：「尾言萬物始生如尾也，尾九星，首岐尾上起故。」《天官書》云：「尾爲九子。」東方蒼龍七宿，首南而尾北，角、亢、氐、房、心、尾、箕，尾星由東而漸入北，故稱龍尾。《吕氏春秋·十月紀》：「孟冬之月，日在尾。」高注：「孟冬，夏之十月。尾，東方宿。是月日躔此宿。」日行遲而月行疾，朔日之夜，將旦，雞鳴之時，日逐及于月，日月同躔一度，故云「辰，日月之交會也」。星遠日月則光明，星近日月則光不明，是晨日月同在尾，故尾伏于合辰之下，而隱而無光也。**均服振振，取虢之旂。** **解**均，同也，戎服君臣同。振振，威武也。交龍曰旂。**疏**「均服」至「之旂」〇《文選注》引《左傳》服虔

❶「童謡」，《春秋左傳正義》作「謡歌」。

注：「均服，黑服也。」《漢書・五行志》作「袀服」，顔注「袀服，黑衣」。服氏本《戰國策》「左師觸龍願令補黑衣之數以衛王宫」之説立義。惠棟曰：「《吴都賦》劉逵注亦作『袀服』。《儀禮・士冠禮》『兄弟畢袗玄』，鄭注：『袗，同也。古文袗爲袀。』司馬彪《輿服志》注云：『郊祀之服，皆以袀玄。』《淮南子》『尸祝袀玄』高注：『袀，純服。袨，黑齊衣也。』袀袨猶袗玄，上下皆玄，故謂之袀服。謂袀服爲黑服，失之。袀，古文皆作『均』，杜預謂『上下同服』是也。《管子・大匡》篇：『四年修兵，同甲十萬。』同甲者，均服之謂也。」齡謂：惠氏左杜而右服，與韋解義合。《周官禮・司服》職：「凡兵事韋弁服。」成十七年《傳》有「韎韋之跗」。注：「然則在行兵之際，尊卑皆用韋弁服，故謂之均服。」則均服非黑色明矣。《周官禮・司常》「交龍爲旂」，《爾雅・釋天》「有鈴曰旂」，阮氏、梁正等圖，旂首爲金龍頭。《唐志》金龍頭銜結綬及鈴，是其遺制。孔穎達曰：「旂者，晉軍旂也。而往取虢，故云取虢之旂。」一説：取虢之旂，言敗虢而獲其旂，猶李陵所謂「斬將搴旗」也。亦得備一義。

鶉之賁賁，天策焞焞，火中成軍，虢公其奔。』**解**鶉，鶉火，鳥星也。賁賁，鶉火星貌也。天策，尾上一星，名曰天策，一名傅説。焞焞，近日月之貌也。火，鶉火也。中，晨中也。成軍，軍有成功也。《傳》曰：「冬十二月丙子朔，晉滅虢，虢公醜奔京師。」**疏**「鶉之」至「其奔」○南方七宿皆爲朱鳥之宿，其鳥西首東尾，故未爲鶉首，午爲鶉火，巳爲鶉尾。《爾雅・釋天》：「柳，鶉火也。」《漢書・律曆志》：「鶉火，初柳九度，小暑；中張三度，大暑；終於張十七度。」《文選・鸚鵡賦》注引蔡邕《月令章句》「天官五獸，前有朱雀鶉火之體」是也。近儒謂：「鶉，鵪屬，其性好鬬，遇他鶉有不狎者，輒憤奮而前，故詩人以『奔奔』目之。」「奔」

與「賁」通，言憤奮也。《禮記・表記》：「子曰：『君命逆則臣有逆命。』」❶下即引《鶉之奔奔》證之，謂上下行逆有如奔奔彊彊之亢不用命者，故云「賁賁，鶉火星貌也」。《史記・天官書》「天策，傅説星」。莊周謂：「傅説得之，以騎箕尾。」説生於商之中葉，商之前此星又何名乎？ 然則星名與人名偶合，非傅説薨後始有此星也。傅説之星，在尾之末，合宿在尾，故其星近日而微焞焞然無光耀也。《傳》言「月在策」，杜注：「謂是夜日月合朔於尾，月行疾，故至旦而過在策。」**火中而旦，其九月十月之交乎？」**解交，晦朔之間也。**疏**「火中」至「之交」〇僖五年《傳》杜注：「九月十月之交，謂夏九月、十月也。交，晦朔交會。」孔疏：「以《三統曆》推之，此夜是月小餘盡，夜半合朔在尾十四度，從乙夜半至平旦，日行四分度之一，月行三度有餘，故丙子旦日在尾星，月在天策鶉火之次正中也。《月令》：『孟冬之月，日在尾，昏危中，旦七星中。』七星，則鶉火次之星也。」

葵丘之會，獻公將如會，解魯僖九年秋，齊桓公盟諸侯於葵丘，葵丘，地名。**遇宰周公，**解宰周公，王卿士宰孔也，爲冢宰，食采於周，故曰宰周公。周公自會先歸，遇獻公於道。**曰：「君可無會也。夫齊侯好示，務施與力而不務德，**解好示，自務其功，以信施示諸侯而不務德也。施，惠也。力，功也。**故輕致諸侯而重遣之，**解輕，謂垂橐而入。重，謂稛載而歸。**使至者勸而畔者慕。懷之以典言，**解懷，安也。典，法也。法言，謂陽穀之會以四教令諸侯之屬。**薄其要結而厚德之，以示之信。**解薄

❶ 上「命」字，原作「行」，今據《禮記正義》改。

其要結，謂束牲爲盟，皮馬爲幣。**三屬諸侯，存亡國三，以示之施。**解屬，會也。三會，乘車之會三也。三亡國，魯、衛、邢也。**是以北伐山戎，南伐楚，西爲此會也。譬之如室，既鎮其甍矣，又何加焉？**解甍，棟也。又何加，諭已成矣。疏解「甍棟」○《説文》：「甍，棟梁也。」張衡《西京賦》：「甍宇齊平。」❶孔穎達曰：「此是屋上之長材，椽所以馮依者也。今俗謂之屋脊。」**吾聞之，惠難徧也，施難報也，不徧不報，卒於怨讐。夫齊侯將施惠如出責，**解如出責，望其報也。**是之不果奉，**解果，克也。奉，承也。**而暇晉是皇，**解暇，不暇，不暇以晉爲務也。**雖後之會，將在東矣。**解東，東方也，其後會于淮是也。**君無懼焉，其有勤也。」公乃還。**解無懼於不會也。有勤，有勤勞也。**宰孔謂其御曰：「晉侯將死矣！景霍以爲城，**解景，大也。大霍，晉山名也，今在河東彘。疏「景霍以爲城」○《禹貢》：「至于岳陽。至于太岳。」《夏官・職方氏》：「冀州，其山鎮曰霍山。」《漢書・地理志》河東郡彘縣：「霍太山在東。」後漢陽嘉三年，改彘縣爲永安。霍山今在山西霍州東三十里。**而汾、河、涑、澮以爲淵，**❷解四者，水名。淵，池也。疏「汾」○《水經》：「汾水出太原汾陽縣北管涔山東南，過晉陽縣東，晉水從縣南東流注之。」《漢書・地理志》太原郡晉陽：「故《詩》唐國，周成王滅唐，封弟叔虞。」桓三年《傳》：「曲沃武公逐翼侯於汾隰。」昭元年《傳》：「令晉主汾。」僖十六年《傳》：「狄侵晉渡汾。」《漢・地理志》汾陽：「北山，汾水所

---

❶「宇」，原作「字」，今據《文選》改。

❷「淵」，明道本《國語》作「渠」。注同。

出，西南至汾陰入河，過郡二，行千三百四十里。」今汾水出山西忻州静樂縣西南，至太原府城西，東南流經汾州、平陽二府，至滎河縣北入河。静樂，漢汾陽。滎河，漢汾陰也。○「河」○僖四年《傳》孔疏引杜氏《釋例》曰：「河出西平西南二千里，從西平東北經金城、故北地、朔方、五原至故雲中，南經平陽、河東之西界，東經河東、河内之南界，東北經汲郡、頓丘、陽平、平原、樂陵之東南入海。」杜氏所言雖是秦漢以來河道，而自大伾以上猶是《禹貢》舊迹，故河南至於華陰已入晉境，由是而經流蟠曲。宣十二年《傳》「荀林父救鄭及河」，則河經晉南界。僖十五年《傳》「賂秦伯以河外列城五」，則河經晉西界。襄十八年「晉侯伐齊，將濟河」，則河經晉東界，故子犯言「表裏山河」也。○「涑」○《水經》：「涑水出河東聞喜縣東山黍葭谷。」酈注：「涑水所出，俗謂之華谷，至周陽與洮水合，其水東逕大嶺下，西流出謂之唅口，又西合涑水。司馬彪曰：『洮水出聞喜縣，故王莽以縣爲洮亭。』然則涑水殆亦洮水之兼稱乎？」《河水》酈注又言：「河水南逕雷首山西，又南，涑水注之，水出雷首山；西南流，亦曰雷水；又西南流，注于河。《左傳》謂之涑川者也。」昭元年《傳》「宣汾、洮，障大澤，以處太原」，則涑，晉水也。今山西蒲州府東北二十六里有涑水城。○「澮」○《水經》：「澮水出河東絳縣東澮交東高山，西過其縣南，又西南過虒祁宫南，又西至王澤，注于汾水。」酈注：「《春秋》成六年，晉景公謀去故絳。韓獻子曰『不如新田有汾、澮以流其惡』，遂居新田。又謂之絳，即絳陽也。蓋在絳、澮之陽。《古文瑣語》曰：『晉平公與齊景公乘，至于澮上，見乘白驂八駟以來，有貍身而狐尾，隨平公之車。公問師曠，曠對貍身狐尾其名曰首陽之神，飲酒得福，則邀之。』蓋在是水上也。」**戎、翟之民實環之。**解環，繞也。**汪是土也，**解汪，大貌。**苟違其違，誰能懼之？**解苟違，違去也。其違，違道也。今晉侯不量齊德之豐否，解豐，厚也。否，不也。不度諸侯之勢，解彊弱之勢。釋其閉修，解釋，舍也。閉，守也。修，治也。而輕於行道，失其心矣。解失其心守也。君子失心，鮮不夭昏。」解夭，折也。昏，狂荒之疾。是歲也，獻公卒。八年，爲淮之會。解八年，葵丘後八年也。桓公復會諸侯於淮，在僖十六年。《傳》曰：「會於淮，謀鄫，且東略也。」疏「爲淮之會」〇《漢書·地理志》南陽平氏：「《禹貢》桐柏大復山在東南，淮水所出，東南至淮陵入海。」案：淮陵屬臨淮郡。《地理志》又言東海郡繒縣：「故國，禹後。」則僖十六年會地當在東海、臨淮二郡界内。桓公在殯，宋人伐之。解魯僖十七年冬，齊桓公卒，五子爭立，太子奔宋，宋襄公伐齊，納之，是爲孝公也。

二十六年，獻公卒。解獻公二十六年，魯僖九年。里克將殺奚齊，先告荀息曰：「三公子之徒將殺孺子，子將如何？」解荀息，奚齊之傅。三公子，申生、重耳、夷吾。徒，黨也。荀息曰：「死吾君解死畜吾君也。而殺其孤，吾有死而已，吾蔑從之矣。」解蔑，無也。里克曰：「子死，孺子立，死不亦可乎？子死，孺子廢，焉用死哉？」荀息曰：「昔君問臣事君於我，我對以忠貞。君曰：『何謂也？』我對曰：『可以利公室，力有所能無不爲，忠也。葬死者，養生者，死人復生不悔，解得其所任，故不悔也。生人不愧，貞也。』吾言既往矣，解往，行也。豈能欲行吾言而又愛吾身乎？雖死，焉辟之？」解焉得避之。里克告丕鄭曰：「三公子之徒將殺孺子，子將何如？」丕鄭曰：「荀息謂何？」解荀息何言。對曰：「荀息曰『死之』。」丕鄭曰：「子勉之。夫二

國士之所圖，無不遂也。解二國士，里克、荀息也。遂，行也。**我爲子行之。**解助行其事，謂使翟、援秦之屬也。**子帥七輿大夫以待我。**解七輿，申生下軍大夫也，左行共華，右行賈華、叔堅、騅歂、纍虎、特宫、山祁也。待我，待我應之。疏解「七輿」至「山祁」○僖十年《傳》服虔注「下軍輿帥七人」，屬申生者，是弘嗣用服義也。杜注「侯伯七命，副車七乘」，是以七輿屬之獻公。劉光伯謂：「若是主公車，則當情親于公，不應曲附欒氏。」❶則劉光伯亦宗服、韋而非杜氏矣。況申生、欒盈並是下車之帥，益見服、韋之確。惠棟引《韓非子》：「『晉國之法，上大夫二輿二乘，中大夫二輿一乘，下大夫專乘。』專乘，謂一輿。文公作三行，景公時改爲三軍大夫、一司馬，三行爲六輿，司馬專乘，合七輿之數。故襄二十三年《傳》云『七輿大夫與欒氏』，自文公以後始有七輿。獻公時止有二行一尉，不得爲七輿。古『五』字如『七』，遂譌爲之。叔堅以下舉里、丕之黨，不必皆在七輿之數。」案：五輿之説，《經》文無證，蓋輿衆也。猶夏官之屬有輿司馬，非軍將也。惠與韋異義，其説非也。**我使翟以動之，援秦以摇之。**解重耳在翟，故欲告翟，又結援於秦以摇動晉國，敗奚齊之黨也。**立其薄者可以得重賂，**解結秦、翟之援以立二公子，恩薄者可以得重賂也。**厚者可使無入。**解與己厚者，可使二公子不得入立。**國，誰之國也？」**解言晉可專也。**里克曰：「不可。克聞之，夫義者，利之足也；**解有義，然後利立，故曰「利之足也」。**貪者，怨之本也。**解貪則專利，故人怨之。**廢義則利不立，**解無足，故不立。**厚貪則生怨。夫孺子豈獲罪於民？將以驪姬**

❶「欒」，原作「樂」，今據《春秋左傳正義》改。

之惑蠱君而誣國人，解蠱，化也。誣，罔也。讒羣公子而奪之利，使君迷亂，信而亡之，解信姬之言，使皆奔亡。殺無罪以爲諸侯笑，解無罪，謂申生也。使百姓莫不有藏惡於其心中，解人懷悖逆。恐其如壅大川，潰而不可救禦也。解禦，止也。是故將殺奚齊，而立公子之在外者，以定民弭憂，於諸侯且爲援，解弭，止也。言諸侯義已，則得以爲援也。庶幾曰諸侯義而撫之，百姓欣而奉之，國可以固。解固，安也。今殺君而賴其富，解賴，利也。貪且反義。貪則民怨，反義則富不爲賴。解不義而富必危，故不爲利。賴富而民怨，亂國而身殆，懼爲諸侯載，解載見於書，爲後戒也。疏「爲諸侯載」○襄二十三年《傳》：「季孫召外史掌惡臣，而問盟首焉。」襄二十年《傳》：「甯惠子曰：『吾得罪於君，名藏在諸侯之策，曰：孫林父、甯殖出其君。』」此皆顯著其惡，以立臣道之大防也。不可常也。」丕鄭許諾。於是殺奚齊、卓子及驪姬，而請君於秦。既殺奚齊，荀息將死之。人曰：「不如立其弟而輔之。」荀息立卓子。里克又殺卓子，荀息死之。君子曰：「不食其言矣。」解食，僞也。既殺奚齊、卓子，里克及丕鄭使屠岸夷解屠岸夷，晉大夫。告公子重耳於翟，曰：「國亂民擾，得國在亂，治民在擾。解非亂何入，非擾何安？亦言勞民易爲治也。子盍入乎？吾請爲子鉥。」解鉥，導也。重耳告舅犯曰：「里克欲納我。」舅犯曰：「夫堅樹在始，解樹，木也。始，本根也。始不固本，終必槁落。夫長國者唯知哀樂喜怒之節，是以導民。解長，君也。導，訓也。不哀喪而求國，難；因亂以入，殆。以喪得國，則必樂喪，解樂喪，以喪爲樂。樂喪必哀生。

因亂以入，則必喜亂，喜亂必怠德。解怠，懈也。是哀樂喜怒之節易也，解易，反也。何以導民？民不我導，誰長？」解不我導，不從我訓也。長，君之也。重耳曰：「非喪誰代，非亂誰納我？」舅犯曰：「偃也聞之，解偃，子犯名，爲重耳舅，故曰舅犯。喪亂有小大。大喪大亂之剡也，不可犯也。解剡，鋒也。父母死爲大喪，讒在兄弟爲大亂。今適當之，是故難。」公子重耳出，見使者曰：「子惠顧亡人重耳，父生不得供備洒掃之臣，解洒，灑也。死又不敢莅喪以重其罪，且辱大夫，敢辭。解莅，臨也。夫固國者，在親衆而善鄰，解固，定也。親衆，愛士民也。善鄰，善鄰國也。在因民而順之。解因民所愛而立之，爲順民也。苟衆所利，鄰國之所立，大夫其從之。重耳不敢違。」呂甥及郤稱亦使蒲城午解呂甥、郤稱，夷吾之徒也。蒲城午，晉大夫。告公子夷吾於梁，曰：「子厚賂秦人以求入，吾主子。」解主子，爲子內主也。夷吾告冀芮曰：「呂甥欲納我。」解冀芮，晉大夫郤豹子，從夷吾，故告也。冀芮曰：「子勉之。國亂民擾，大夫無常，不可失也。解無常，無常心也。非亂何入？非危何安？解亂有所代，危得安之。幸苟君之子，唯其索之。解索，求也。所在以求之。方亂以擾，孰適禦我？大夫無常，苟衆所置，孰能勿從？子盍盡國以賂外內，無愛虛以求入，解外謂諸侯，內謂大夫。虛國藏以求入也。既入，而後圖聚。」解入國乃圖畜聚也。公子夷吾出見使者，再拜稽首許諾。呂甥出告大夫曰：「君死自立則不敢，解自立，立嗣君也。久則恐諸侯之謀，徑召君於外也，解恐受賂徑自召他公子也。則民各有心，恐厚

亂，解各有心，所愛不同也。**大夫許諾。乃使梁由靡告於秦穆公**解梁由靡，晉大夫。秦穆公，伯益之後，德公之子，穆公任好也。**疏**解「秦穆」至「任好」〇《史記·秦本紀》：「帝顓頊之苗裔曰女修，女修織，玄鳥隕卵，女修吞之，生子大業。大業取少典之子，曰女華，生大費，是謂柏翳。」正義引《列女傳》：「陶子生五歲而佐禹。」曹大家注：「臯陶之子伯益。」索隱：「此秦、趙之祖，嬴姓之先。」《秦本紀》又言：「大費生子二人：一曰大廉，實鳥俗氏；二曰若木，實費氏。大廉玄孫曰孟戲、中衍，衍玄孫曰中潏，生蜚廉。廉生惡來，來有子曰女防，女防生旁臯，旁臯生大几，大几生大駱，大駱生非子，孝王使主馬於汧渭之間，邑之秦，號曰秦嬴。秦嬴生秦侯，秦侯生公伯，公伯生秦仲。」秦仲子五人，長曰莊公，莊公生襄公，襄公生文公，文公生竫公，竫公生甯公，甯公生武公、德公及出子。德公生子三人，長子宣公、中子成公、少子穆公。九年，晉獻公卒。里克殺奚齊、卓子及荀息。夷吾乃使人請秦求入晉，穆公許之，使百里奚將兵送夷吾。**曰：「天降禍於晉國，讒言繁興，延及寡君，使寡君之紹續昆裔，**解紹，繼也。續，嗣也。昆，後也。裔，末也。**隱悼播越，託在草莽，未有所依。**解隱，憂也。悼，懼也。播，散也。越，遠也。依，倚也。**又重之以寡君之不祿，喪亂並臻。**解士死曰不祿。禮，君死，赴于他國曰「寡君不祿」，謙也。臻，至也。**以君之靈，鬼神降衷，**解衷，善也。**罪人克伏其辜，**解罪人，驪姬也。**疏**「罪人克伏其辜」〇《秋官·掌戮》鄭注：「辜之言枯也，謂磔之。」《晉世家》集解引《列女傳》：「鞭殺驪姬于市。」**羣臣莫敢甯處，將待君命。**解待君命所立也。**君若惠顧社稷，不忘先君之好，辱收其**

逋遷裔胄而建立之，解逋，亡也。遷，徙也。胄，後也。以主其祭祀，且填撫其國家及其民人，雖四鄰諸侯之聞之也，其誰不儆懼於君之威，而欣喜於君之德？終君之重愛，受君之重貺，而羣臣受其大德，解君，謂獻公也。貺，賜也。晉國其誰非君之羣隸臣也？」解隸，役也。秦穆公許諾，反使者，解反，報也。乃告大夫子明及公孫枝，解子明，秦大夫百里孟明視。公孫枝，秦公孫子桑也。曰：「夫晉國之亂，吾誰使先，解當先立誰。若夫二公子而立之？解若，之也，使之二公子擇所立也。以爲朝夕之急。」解言晉無君，朝夕之急也。大夫子明曰：「君使縶也。解縶，秦公子子顯也。疏解「縶，秦公子子顯」○《左傳補注》引盧植曰：「古者，名字相配，顯當爲韅。」錢大昕曰：「韅、靷、鞅、絆皆所以馭馬。《説文》韅作『䪹』。縶字子顯，蓋『䪹』之省。」縶敏且知禮，敬以知微。敏能竄謀，解竄，微也。知禮可使，敬不隊命，解隊，失也。微知可否。解微，密，故知可否。君其使之。」乃使公子縶弔公子重耳於翟，曰：「寡君使縶弔公子之憂，又重之以喪。解奔亡之憂，加之以喪親也。寡人聞之，得國常於喪，失國常於喪。解若齊桓公以喪得國，子糾以喪失之是也。時不可失，喪不可久，公子其圖之！」重耳告舅犯。舅犯曰：「不可。亡人無親，信仁以爲親，解亡人無親者，被不孝之名，棄親而亡也，當信行仁道，然後有親。是故置之者不殆。解置，立也。殆，危也。父死在堂而求利，人孰仁我？解人誰以我爲仁也？人實有之，我以徼幸，人孰信我？解人實有之，時多公子，非獨己也。我從外徼幸而求之，人誰謂我信也？不仁不信，將何以長利？」公子重耳出見使者，解使者，公子縶也。曰：「君惠弔亡臣，又重有命。解反國之命。重耳身亡，父死不得與於哭泣之位，又何敢有它志，以辱君義？」解它志，謂爲君也。再拜不稽首，疏「再拜不稽首」○《周官禮·太祝》：「辨九拜，一曰稽首。」鄭康成注：「稽首，拜頭至地也。」孔穎達謂：「稽首，頭至地，頭下緩至地也。《尚書》每稱『拜手稽首』者，初爲拜頭至手，乃復叩頭以至地，至手是爲拜手，至地乃爲稽首。」今重耳頭不至地，故云「不稽首」也。《荀子·大略篇》：「平衡曰拜，下衡曰稽首，至地曰稽顙。」意與鄭異，采之以存舊詁。起而哭，解易位而哭。退而不私。解不私，不私訪也。公子縶退，弔公子夷吾於梁，如弔公子重耳之命。夷吾告冀芮曰：「秦人勤我矣。」解勤，助我也。冀芮曰：「公子勉之。亡人無狷潔，狷潔不行。解亡人不可以狷潔，狷潔則大事不行。重賂配德，解以重賂配己之德也。公子盡之，無愛財。人實有之，我以徼幸，不亦可乎？」公子夷吾出見使者，再拜稽首，起而不哭，退而私於公子縶曰：「中大夫里克與我矣，解與我，助我也。疏「中大」至「與我」○諸侯上大夫、卿下大夫五人。僖十五年《傳》杜注：「中大夫，國中執政。」里、丕等則中大夫，非爵名。吾命之以汾陽之田百萬。解賈侍中云：「汾，水名。汾陽，晉地。百萬，百萬畝也。」疏解「汾水」至「晉地」○《漢·地理志》太原郡汾陽縣：「北山汾水所出，西南至汾陰入河，過郡二，行千三百四十里，冀州寖。」案：水北曰陽，則田在汾水之北。丕大夫丕鄭與我矣，疏「丕大」至「與我」○昭元年《傳》：「子皙，上大夫。女，丕大夫。」對上大夫言之，則下大夫也。吾命之以負葵之田七十萬，解負葵，晉地名。君苟輔我，蔑天命矣！解蔑，無也。無復天命，在秦而已。**吾必遂矣。**解遂，成也。**亡人苟入掃除宗廟，定社稷，亡人何國之與有？**解言但得守宗廟社稷，不敢望國土也。**君實有郡縣，**解言君亦自有郡縣，非謂之無也。**且入河外列城五。**解河外，河東也。列城五，東盡虢略，南及華山，内及解梁城。疏解「河外」至「梁城」○僖十五年杜注：「河外，河南也。東盡虢略，從河南而東盡虢界也。解梁城，今河東解縣也。華山在弘農華陰縣西南。」韋言河東，杜言河南，兼言之義乃備。孔穎達謂：「河自龍門而南，至華陰而東，晉在西河之東，南河之北，以河北爲内，河南爲外。虢略，虢之境界。獻公滅虢而有之。今許以賂秦列城五者，自華山東盡虢之東界，其間有五城也。《傳》稱『許君焦、瑕』，蓋是其二。其餘三城不可知也。列城，猶言列國，言其城之大者。解梁城則在河北，非此河外五城之數也。」案：《後漢·郡國志》「陸渾西有虢略地」，在今河南河南府嵩縣境内。華山在今陝西同州府華陰縣西南。解梁城在今山西蒲州府臨晉縣東南十八里有解城。**豈謂君無有，亦爲君之東游津梁之上，無有難急也。**解津，水也。梁，橋也。非謂君無有若此地者，欲使君東游津梁之上無有急難，故進之耳。**亡人之所懷挾嬰壤，以望君之塵垢者。**解挾，持也。嬰，馬纓。壤，馬帶。言塵垢不敢當盛也。疏解「嬰馬纓壤馬帶」○《周官禮·巾車》鄭司農注：「纓謂當胸，《士喪禮》下篇曰：『馬纓三就。』禮家説曰：『纓，當胸，以削革爲之。』」康成謂：「纓，今馬鞅。」賈公彦曰：「纓是夾馬頸，故以今馬鞅解之。」《離騷經》：「解佩壤以結言兮。」王逸注：「壤，佩帶也。」壤是帶之通名，故馬帶亦謂之壤。**黄金四十鎰，白玉之珩六雙。**解二十兩爲鎰。珩，佩上飾也，珩形似磬而小。《詩傳》曰：「上有蔥珩，下有雙璜。」疏「黃金」至「六雙」○《文選・七發》李善注引《國語》賈逵注「一鎰二十四兩」，與韋異義。案：《孟子》趙岐注、《漢書・食貨志》孟康注並言「二十兩曰鎰」，則韋解非孤文無證也。《説文》：「珩，佩上玉。」《玉藻》有「黝珩」、「蔥珩」。蓋佩之上横曰珩，下繫三組，貫以蠙珠，中組之半貫一大珠曰瑀。末縣一玉，兩端皆鋭，曰衝牙。兩旁組半各縣一玉，長博而方曰琚。其末各縣一玉，如半璧而内向曰璜。又以兩組貫珠，上繫珩兩端，下交貫于瑀，而下繫于兩璜，行則衝牙觸璜而有聲。則珩者，總攝瑀、璜、衝牙之玉，居一佩之最高，其下分縣三組，故磬折句曲，中高而兩端垂下雙耦也。宣四年《公羊傳》「爲其雙雙而俱至者與」，彼疏引舊説云：「雙雙之鳥，一身二首，尾有雌雄，隨便而偶，常不離散。」六雙者，因鳥名而通之諸物之名也。**不敢當公子，請納之左右。」**解公子，公子縶。言左右，謙也。**公子縶反，致命穆公。穆公曰：「吾與公子重耳，重耳仁。再拜不稽首，不没爲後也。**解没，貪也。**起而哭，愛其父也。退而不私，不没於利也。」**解不没，不貪。利，國家也。**公子縶曰：「君之言過矣。君若求置晉君而載之，**解載，成也。**置仁不亦可乎？君若求置晉君以成名於天下，**解成威名也。**則不如置不仁以滑其中，**解滑，亂也。**且可以進退。**解進退，猶改易也。**臣聞之：『仁有置，武有置，仁置德，武置服。』」**解仁置有德，武置服從。**是故先置公子夷吾，是謂惠公。**疏「是謂惠公」○《吕氏春秋・貴直》篇：「行人燭過曰：『惠公即位二年，淫色暴慢，身好玉女，秦人襲我，遜去絳七十。』」此論惠公之爲也。

穆公問於冀芮曰：「公子誰恃於晉？」對曰：「臣聞之，亡人無黨，有黨必有讎。解有與爲黨，必有與爲讎；無黨，則必無讎。夷吾之少也，不好弄戲，不過所復，解不過差也。怒不及色，解無色過也。及其長也弗改。是故出亡無惡於國，而衆安之。不然，夷吾不佞，其誰能恃乎？」解佞，才也。言無恃，則恃秦也。君子曰：「善以微勸。」

國語正義卷第九

歸安董增齡撰集

晉語三

惠公入而背内外之賂。解惠公，獻公庶子、重耳之弟惠公夷吾也。外，秦。内，里、丕也。**輿人誦之**解輿，衆也。不歌曰誦。**曰：「佞之見佞，果喪其田。**解僞善爲佞。佞，謂里、丕受惠公賂田而納之。見佞，謂惠公入而不予也。果，猶竟也。喪，亡也。喪田，里、丕不得其賂田。**詐之見詐，果喪其賂。**解詐，謂秦以詐立惠公，不置德而置服也。見詐，謂惠公入而背之。喪賂，秦不得其賂地。**得國而狃，終逢其咎。**解謂惠公也。狃，忕也。咎，謂敗於韓。疏「得國」至「其咎」○《爾雅·釋言》：「狃，復也。」《詩疏》引孫炎注「狃忕，前事復爲也」。故《漢書》顔注：「狃忕，猶慣習也，謂慣習前事而復爲之。」《尚書·洪範》：「子孫其逢吉。」逢訓大，言惠公獲咎必大也。**喪田不懲，禍亂其興。」**解謂丕鄭也。不得田，不懲艾，復欲與秦共納重耳，惠公殺之。**既里、丕死，**解既，已也。惠公二年春，殺里克，秋，殺丕鄭。**禍，公隕於韓。**解禍，謂貪惏之禍也。秦伐晉，戰於韓，獲惠公以歸，隕其師徒，在魯僖十五年。**郭偃曰：「善哉！夫衆**

口禍福之門也，解偃，晉大夫。善輿人之誦豫知之，故曰衆口禍福之門。**是以君子省衆而動，**解動，行也。**監戒而謀，謀度而行，**解監，察也。度，揆也。察衆口以爲戒，謀事揆義乃行之。**故無不濟。內謀外度，考省不倦。**解考，校也。**日考而習，戒備畢矣。」**解日自考省，習而行之。戒備之道，畢於是矣。

惠公即位，出共世子而改葬之，臭達於外。解共世子，申生也。獻公時，申生葬不如禮，故改葬之。惠公烝於獻公夫人賈君，故申生臭達於外，不欲爲無禮者所葬也。唐以賈君爲申生妃，非也。《傳》曰：「獻公娶於賈，無子。」**疏**解「共世」至「無子」〇《漢書·楊王孫傳》：「其穿下不亂泉，上不泄臭。」《外戚傳》：「王莽開傅太后棺，臭聞數里。」此發之而臭聞。若此《傳》所言，則葬也者，藏也。藏之而臭反外達，言申生之神所爲也。僖十五年《傳》杜注：「賈君，晉獻公次妃。」惠棟曰：「獻公取于賈，則是正妃，爲惠公適母，何須穆姬之屬？故唐尚書謂申生妃。僖十年《傳》『夷吾無禮』，此爲近之。」案：君，小君也。申生未立，其妃不得稱君，故韋解指爲獻公夫人。**國人誦之曰：「貞之無報也，孰是人斯，而有是臭也？**解賈、唐云：「貞，正也。謂惠公欲以正禮改葬世子，而不獲吉報也。孰，誰也。斯，斯世子也。誰使是人有是臭者，言惠公使之也。」或云：「貞謂申生。」與下相違，似非也。**貞爲不聽，**解以正葬之，而不見聽也。**信爲不誠，**解信心行之，不見誠也。**國斯無刑，媮居幸生。**解刑，法也。言惠公媮竊居位，徼幸而生。**不更厥貞，大命其傾。**解不變更其正，大命將傾。傾，危也。**威兮懷兮，**

解威，畏也。懷，思也。言國人畏惠公，思重耳也。各聚爾有，以待所歸兮。解爾有，所有也。猗兮違兮，心之哀兮。解猗，歎也。違，去也。言民心欲去其上，安土重遷，故心哀之。歲之二七，其靡有微兮。解二七，十四歲後也。靡，無也。無有微者亦亡，謂子圉也。疏「其靡有微兮」○《論語》「微生畝」，《漢書・人表》作「尾生晦」，則尾、微古通字。襄二十八年《傳》：「以害鳥帑。」杜注：「鳥尾曰帑。」《詩・常棣》：「樂爾妻帑。」帑訓子。人之有子，如鳥之有尾，故輿人以微指子圉也。若翟公子，吾是之依兮。解謂重耳也。鎮撫國家，爲王妃兮。」解言重耳當霸諸侯，爲王妃偶。疏「爲王妃兮」○《爾雅・釋詁》：「妃，合也。妃，對也。妃，媲也。」《詩疏》引某氏云：「天立厥妃。」《毛詩》「妃」作「配」。妃、配古通字。昭九年《傳》：「妃以五成。」《釋名》：「配，輩也。」郭偃曰：「善哉，善之難也！解難，難爲也。君改葬共君以爲榮也，而惡滋章。夫人美於中，必播於外而越於民，民實戴之。解美，善也。播，布也。越，揚也。戴，欣戴也。言有善於中心，必播於外，揚於民也。惡亦如之。故行不可不慎也，必或知之。解或知，下民必知其善否也。十四年，君之冢嗣其替乎？解冢嗣，大子也。替，滅也。其數告於民矣。解數，謂二七也。公子重耳其入乎？其魄兆於民矣。解魄，形也。兆，見也。若入，必伯諸侯以見天子，其光耿於民矣。解耿，猶照也。數，言之紀也。解謂言者紀其數也。魄，意之術也。解意，民之志。術，道也。魄兆見而民志隨之。光，明之燿也。紀言以敘之，解敘，述也。述意以導之，解導，開導也。明燿以照之，不至何待？欲先導者行乎，解先導，謂重耳導引者可行也。將至矣！」

惠公既殺里克而悔之，曰：「芮也使寡人過殺我社稷之鎮。」解芮，冀芮也。鎮，重也。郭偃聞之，曰：「不謀而諫者，冀芮也。解不先爲君謀而諫，使君殺里克者，冀芮也。不圖而殺者，君也。解言不與人謀而殺里克者，君之過也。不謀而諫，不忠。不圖而殺，不祥。不忠，受君之罰。解言君當加罰也。不祥，罹天之禍。受君之罰，死戮。解戮，辱也。言死且有辱。罹天之禍，無後。解無後嗣也。志道者勿忘，將及矣！」解志，識也。及，至也。勿忘此占，言禍將至也。及文公入，解文公，重耳也。秦人殺冀芮而施之。解冀芮既納文公而悔，將殺之。文公知之，潛會秦伯于王城。冀芮焚公宫，求公不得，遂如河上。秦伯誘而殺之。陳尸曰施。疏解「陳尸曰施」○昭十四年：「施邢侯。」彼注：「訓劾捕。」此訓陳尸者，蓋邢侯聞言而逃，故須劾捕，此誘而殺之，罪人已得，故直陳其尸。且此既言殺冀芮，又言施之，殺之後唯有肆諸市朝，故知陳尸也。昭十四年《傳》孔疏引孔晁《國語注》「施，廢其族也」，則晁讀施爲弛。僖三十一年《傳》「臼季使過冀，見冀缺耨」，是既陳其尸，又廢其子。晁義與韋解得相通也。

惠公即位，乃背秦賂。使丕鄭聘於秦，且謝之。解謝不時也。而殺里克，曰：「子殺二君與一大夫，解二君，奚齊、卓子。一大夫，荀息也。爲子君者，不亦難乎？」丕鄭如秦謝緩賂，解緩，遲也。乃謂穆公曰：「君厚問以召呂甥、郤稱、冀芮而止之，解問，遺也。以厚禮問遺此三人者，晉大夫來，因留止也。以師奉公子重耳，臣之屬内作，晉君必出。」解屬，七輿大夫也。必出，惠公必出奔也。穆公使泠至報問，解泠至，秦大夫也。報問，報丕鄭之聘，且問遺呂甥之屬。疏「穆公」至「報問」○《儀禮·聘禮·記》：「小聘曰問。」《曲禮》鄭注：「問猶遺也。」蓋以問報丕鄭之聘。且召三大夫。鄭也與客將事，解客，泠至也。將事，行聘事也。冀芮曰：「鄭之使薄而報厚，解薄，禮幣少也。其言我於秦也，必使誘我。弗殺，必作難。」解不殺鄭，必作難於我。是故殺丕鄭及七輿大夫：解七輿，申生下軍之衆大夫也。共華、賈華、叔堅、騅歂、纍虎、特宮、山祁，皆里、丕之黨也。丕豹出奔秦。解豹，丕鄭之子。丕鄭之自秦反也，而聞里克死，見共華曰：「可以入乎？」共華曰：「二三子皆在而不及，解二三子，七輿大夫也。不及，謂罪不及也。子使於秦，可哉。」解可，可以入也。丕鄭入，君殺之。共賜謂共華解共賜，華之族，晉大夫。曰：「子行乎？其及也！」解行，去也。其及，將見及也。共華曰：「夫子之入，吾謀也，將待及。」解言己誤丕鄭，將待禍及也。賜曰：「孰知之？」共華曰：「不可。知而背之，不信；謀而困人，不知；解謀不中爲困。困而不死，無勇。任大惡三，行將安入？解任，荷也。子其行矣，我姑待死。」解子，共賜也。丕鄭之子曰豹，出奔秦，謂穆公曰：「晉君大失其衆，背君賂，殺里克，而忌處者，衆固不說。解忌，惡也。處者，國中大夫也。今又殺臣之父及七輿大夫，此其黨半國矣。君若伐之，其君必出。」穆公曰：「失衆安能殺人？解言晉君失衆，焉能使衆殺爾父及七輿大夫？且無禍唯無斃，解斃，死也。罪不至死，則不爲亂。足者不處，解罪足以死，則不處國。處者不足，解處國者不足以死也。勝敗若化。解化，言轉化無常也。猶丕鄭欲殺君，君反殺之。以禍爲違，孰能出君？解違，去也。謂丕豹以禍故去其國，誰能出君乎？爾俟我。」解俟，待也，待我圖之。

晉饑，解穀不熟曰饑。在魯僖十三年。疏解「穀不熟曰饑」〇《爾雅·釋天》：「穀不熟爲饑。」襄二十四年《穀梁傳》：「一穀不升謂之嗛，二穀不升謂之饑，三穀不升謂之饉，四穀不升謂之康，五穀不升謂之大饑。」《墨子·七患篇》：「一穀不收謂之饉，二穀不收謂之旱，三穀不收謂之凶，四穀不收謂之餽，五穀不收謂之饑。」雖名各參差，其實五者皆饑也。乞糴於秦。丕豹曰：「晉君無禮於君，衆莫不知。解無禮，背賂也。往年有難，今又荐饑，解難謂殺里、丕之黨。仍饑曰荐。已失人，又失天，其殃也多矣。解失人，里克也。失天，荐饑也。君其伐之，勿予糴。」公曰：「寡人其君是惡，其民何罪？天殃流行，國家代有。解代，更也。補乏薦饑，道也，不可以廢道於天下。」解薦，進也。謂公孫枝曰：「予之乎？」解枝，子桑也。疏解「枝子桑」〇李斯上書秦始皇：「昔者穆公求士，來邳豹、公孫枝于晉。」則枝亦晉人。公孫枝曰：「君有施於晉君，晉君無施於其衆。今旱而聽於君，其天道也。解聽，聽命於君也。君若弗予，而天予之，解予之年也。苟衆不説，其君之不報也則有辭矣。解苟使晉衆不説惠公不報秦施，今不予糴，則晉得以爲辭，故不可不予。不如予之，以説其衆。衆説，必咎其君。其君不聽，然後誅焉。雖欲禦我，誰與？」是故汎舟於河，歸糴於晉。解汎，浮也。

歸，不返之辭也。**疏**「汎舟」至「於晉」○僖十三年《傳》杜注：❶「從渭水運入河汾。」孔穎達曰：「秦都雍，雍臨渭。晉都絳，絳臨汾。渭水從雍而東，至弘農華陰縣入河。從河逆流而北上，至河東汾陰縣，乃東入汾，逆流東行而通絳也。」**秦饑，公令河上輸之粟。****解**河上，所許秦五城也。**虢射曰：「弗予賂地而予之糴，****解**虢射，晉大夫。**疏**「虢射」○《晉世家》集解引《左傳》服虔注：「虢射，惠公舅。惠公母，小戎子。」則虢射亦子姓。**無損於怨而厚於寇，****解**厚，猶彊也。**不若勿予。」公曰：「然。」慶鄭曰：「不可。****解**慶鄭，晉大夫。**已賴其地，而又愛其實，****解**賴，贏也。實，穀也。**忘善而背德，雖我必擊之。****解**我當秦處，亦當擊晉。**弗予，必擊我。」公曰：「非鄭之所知也。」遂不予。六年，秦歲定，****解**惠公六年，魯僖十五年。定，安也，穀熟則民安。**帥師侵晉，至於韓。****解**韓，晉地韓原也。**疏**解「韓晉地韓原」○《秦本紀》正義引《括地志》：「韓原在同州韓城縣西南十八里。」《晉世家》索隱云：「在馮翊夏陽北二十里，今韓城縣是。」顧炎武曰：「《内傳》及韓在涉河之後，此韓在河東，故曰『寇深矣』。《史記正義》引《括地志》謂在韓城，非也。」案：秦師涉河後，晉遣將距秦已三戰三敗，深入國境。而後惠公親帥師以禦之。《史記》言秦繆公、惠公合戰韓原，則秦先至韓，而後晉軍至，其地必離絳不遠。杜氏以地無可考，故但云晉地。地之廣平者皆可名原，未可鑿指爲同州之韓城也。**公謂慶鄭曰：「秦寇深矣，奈何？」****解**深，入境深也。一

❶「三」，原作「五」，今據《春秋左傳正義》改。

曰：深，猶重也。慶鄭曰：「君深其怨，能淺其寇乎？非鄭之所知也，君其訊射也。」解訊，問也。射，虢射也。公曰：「舅所病也？」解病，短也。諸侯謂異姓大夫曰舅。疏解「諸侯」至「曰舅」○《禮・祭統》衛孔悝之鼎銘曰：❶「公曰叔舅，予女銘。」孔，姞姓，是異姓大夫稱舅也。卜右，慶鄭吉。解右，公戎車之右。公曰：「鄭也不孫。」解言不順，不可以爲車右。以家僕徒爲右，解家僕徒，晉大夫。步揚御戎。解步揚，晉大夫。御戎，御公戎車也。疏「步揚御戎」○僖十五年《傳》杜注：「步揚，郤犨父。」《晉世家》正義引《世本》曰：❷郤豹生義，義生步揚，步揚生州，州即犨。孫愐曰：「食采于步，後因氏焉。」梁由靡御韓簡，解由靡，晉大夫。韓簡，晉卿韓萬之孫。疏解「韓簡」至「之孫」○《史記・韓世家》索隱引《系本》云：「萬生賕伯，賕伯生定伯簡。」虢射爲右，解爲簡車右。以承公。解承，次也，次公車。公禦秦師，令韓簡視師，曰：「師少於我，鬭士衆。」解欲鬭者衆。公曰：「何故？」簡曰：「以君之出也處己，解己，秦也。處己，在梁依秦。入也煩己，解爲秦所立。饑食其糴，三施而無報，故來。今又擊之，秦莫不慍，解慍，怒也。晉莫不怠，解受其施而怠惰。鬭士是故衆。」公曰：「然。今我不擊，歸必狃。解狃，忕也。不擊而歸，秦必狃忕而輕我也。一夫不可狃，況國乎！」公令韓簡挑戰，解先挑敵

❶「統」，原作「義」，今據《禮記正義》改。
❷「晉世家」，據下引文當是衍文。

求戰。曰：「昔君之惠，寡人未之敢忘。寡人有衆，能合之，弗能離也。解弗能離，言衆欲戰也。君若還，寡人之願也。君若不還，寡人將無所避。」穆公衡彫戈出見使者，解衡，橫也。彫，鏤也。戈，戟也。曰：「昔君之未入，寡人之憂也。君入而列未成，寡人未敢忘。解列，位也。今君既定而列成，君其整列，寡人將身見。」解若云朝見，實欲戰也。客還，公孫枝進諫曰：「昔君之不納公子重耳而納晉君，是君之不置德而置服也。置而不遂，擊而不勝，解遂，成也。其若爲諸侯笑何？君盍待之乎？」解待其亂，將自斃也。穆公曰：「然。昔吾之不納公子重耳而納晉君，是不置德而置服也。然公子重耳實不肯，吾又奚言哉？殺其内主，解謂里、丕也。背其外賂，解外，秦也。彼塞我施，若無天乎云？解云，言也。晉所行，若言無有天也。若有天，吾必勝之。」解天道助順，故必勝也。君輯大夫就車，疏「君輯大夫就車」○輯，揖也。《舜典》「輯五瑞」，馬融注作「揖五瑞」，是「輯」、「揖」古字通。昭十三年《傳》：「王揖而入。」蓋言畢而別有揖臣之禮。君鼓而進之。晉師潰，戎馬濘而止。解濘，深泥也。止，戎馬陷焉。公號慶鄭曰：「載我！」解號，呼也。慶鄭曰：「忘善而背德，又廢吉卜，解卜右，慶鄭吉，公廢不用。何我之載？鄭之車不足以辱君避也。」解避，避難也。梁由靡御韓簡，輅秦公，將止之，解輅，迎也。疏「梁由」至「止之」○《呂氏春秋·愛士》篇：「秦穆公乘馬而車爲敗，右服失而野人取之。見野人方食之於岐山之陽。穆公歎曰：『食駿馬之肉而不還飲酒，余恐其傷女也！』於是徧飲而去。處一年，爲韓原之戰，晉人已環穆公之車矣，晉梁由靡已扣穆公之左驂矣，晉惠公之右路石奮投而擊穆公之甲，中之者已六札矣。野人之嘗食馬於岐山之陽者三百有餘人，畢力爲穆公疾鬬於車下。遂大克晉，反獲惠公以歸。」《史記·秦本紀》：「晉君棄其軍，與秦争利，還而馬鷙。繆公與麾下馳追之，不能得晉君，反爲晉軍所圍。晉擊繆公，繆公傷。於是岐下食善馬者三百人馳冒晉軍，晉軍解圍，遂脱繆公而反生得晉君。」**慶鄭曰：「釋來救君！」**解釋，舍也。**亦不克救，遂止於秦。**解止，獲也，爲秦所獲。疏「遂止於秦」〇《秦本紀》：「繆公虜晉君以歸，令於國，齊宿，吾將以晉君祠上帝。周天子聞之曰：『晉我同姓。』爲請晉君。夷吾姊亦爲繆公夫人，夫人聞之，乃衰經跣，曰：『妾兄弟不能相救，以辱君命。』繆公曰：『我得晉君以爲功，今天子爲請，夫人是憂。』乃與晉君盟，許歸之。」隱十一年《傳》：「公之爲公子也，與鄭人戰于狐壤，止焉。」故知止是獲也。**穆公歸，至於王城，**解王城，秦地。疏解「王城秦地」〇僖十五年《傳》杜注：「王城，秦地，馮翊臨晉縣東有王城。」《後漢·郡國志》：「《史記》秦厲共公伐大荔，取王城，即此城也。」正義引《括地志》：「同州東三十里朝邑縣東三十步故王城。」案：在今陝西西安府朝邑縣東。**合大夫而謀曰：「殺晉君，與逐出之，與以歸，與復之，孰利？」公子縶曰：「殺之利。**解以爲臣子絶望。**逐之恐搆諸侯，**解搆，交搆也。**以歸則國家多慝，**解慝，惡也，恐知國家閒隙之惡也。**復之則君臣合作，恐爲君憂，不若殺之。」公孫枝曰：「不可。恥大國之士於中原，又殺其君以重之，子思報父之仇，臣思報君之讎。雖微秦國，天下孰不患？」**解微，無也。雖無秦國，天下諸侯有害人君父者，孰不患疾也。**公子縶曰：「吾豈將徒殺之？**解徒，空也。**吾將**

以公子重耳代之。晉君之無道莫不聞，公子重耳之仁莫不知。戰勝大國，武也。殺無道而立有道，仁也。勝無後害，知也。」公孫枝曰：「恥一國之士，又曰余納有道以臨汝，無乃不可乎？解雖立有道，君父之恥未刷。若不可，必爲諸侯笑。戰而笑諸侯，不可謂武。殺其弟而立其兄，兄德我而忘其親，不可謂仁。若勿忘，是再施而不遂也，不可謂知。」君曰：「然則若何？」公孫枝曰：「不若以歸，以要晉國之成，解要，結也。成，平也。復其君而質其適子，使子代父處秦，解代，更也。國可以無害。」是故歸惠公而質子圉，解子圉，惠公適子懷公也。秦始知河東之政。解秦取河東之地而置官司，故知河東之政。在魯僖十五年。

公在秦三月，解《内傳》：「惠公以九月獲，十一月歸。」聞秦將成，乃使郤乞告吕甥。解郤乞，晉大夫。吕甥，瑕吕飴甥。吕甥教之言，令國人於朝曰：「君使乞告二三子曰：『秦將歸寡人，寡人不足以辱社稷，二三子其改置以代圉也。』」解欲令更命立它公子以代子圉，言父子避位以感動羣下。且賞以説衆，衆皆哭焉，作轅田。解賈侍中云：「轅，易也。爲易田之法，賞衆以田，易疆界也。」或云：「轅，車也。以田出車賦。」昭謂：此欲賞以説衆，而言以田出車賦，非也。唐云：「讓肥取磽也。」疏「作轅田」〇「轅」，《内傳》作「爰」。《説文解字》作「𧻚」，「𧻚田易居」。《説文》「爰」从受、于，籀文以爲車轅字。轅、爰並通借字，而𧻚爲正字。「轅，易也」者，《内傳》正義引服虔《左傳注》、孔晁《國語注》並云：「爰，易也。賞衆以田，易其疆畔。」孔晁謂以公家之閒田分賞國人而埘益其疆畎也。杜預注：「分公田之税應入公者，爰之于所賞之衆。」然晉自滅耿、霍、韓、魏、虞、虢後，駸駸乎有一圻之勢，公田居民田九分之一圻率九十萬夫，而以公田之税分給之，則僅爲居者具一日之積耳，而安得云作？或云「轅，車也。以田出車賦」，此與鄭之「作丘賦」無異，何以能要結人心？唐云「讓肥取磽」，公家所取磽田，歲廑無禾之慮，何以爲征繕甲兵之用？且與爰之訓不協。弘嗣固未嘗取其説也。《漢書・地理志》：「秦孝公用商君，制轅田。」張晏曰：「周制三年一易，以同美惡。」孟康曰：「三年爰土易居，古制也，末世寖廢。商鞅復立爰田，上田不易，中田一易，下田再易。」《漢書・食貨志》：❶「三歲更耕之，自爰其處。」顔師古曰：「更，互也。是周禮本有爰田之制，而晉假其名以爲賞衆之權謀，更助以公家之閒田，所以言作。」王應麟敘《漢制考》云：「晉作爰田而田制變名田悦衆。」惠士奇曰：「管子曰：『良田不在戰士，三年而兵弱。』然則轅田之法，以上田賞戰士，而中下授民。晉之良田盡歸戰士矣。」**吕甥致衆而告之曰：「吾君慚焉，其亡之不恤，**解亡，謂在外。恤，憂也。**而羣臣是憂，不亦惠乎？**解憂，謂改立君，賞羣臣，作轅田也。**君猶在外，若何？」衆曰：「何爲而可？」**解何所施爲可以還君？**吕甥曰：「以韓之病，兵甲盡矣。**解病，敗也。**若征繕以輔孺子，以爲君援，**解征，賦也。言當賦税以繕甲兵，輔子圉以爲君援。**疏**解「征賦」至「君援」〇「征，賦也」者，《王制》：「關市譏而不征。」「夫圭田無征。」僖十五年《傳》杜注：「繕，治也。」《説文》：「補也。」《詩・叔于田》序：「繕甲治兵。」鄭箋：「繕之言善也。」《周禮・繕人》注：「繕之言勁也，善也。」**雖四鄰之聞之也，喪君**

❶「食貨」，原作「刑法」，今據《漢書》改。

有君，羣臣輯睦，甲兵益多，好我者勸，惡我者懼，庶有益乎！」衆皆説焉，作州兵。解二千五百家爲州，使州長各帥其屬繕甲兵也。疏「作州兵」○僖十五年《傳》孔疏：「《周禮》『鄉大夫以歲時登其夫家之衆寡，辨其可任者』。州長則否。今以州長管人既少，督察易精，故使州長治之也。」呂甥逆君於秦，穆公訊之解訊，問也。曰：「晉國和乎？」對曰：「不和。」公曰：「何故？」對曰：「其小人不念其君之罪，而悼其父兄子弟之死喪者，解謂韓之戰敗也。不憚征繕以立孺子，曰：『必報吾讎，甯事齊、楚，齊、楚又交輔之。』解交，夾也。其君子思其君，且知其罪，曰：『必事秦，有死無它。』故不和。比其和之而來，故久。」公曰：「而無來，吾固將歸君。國謂君何？」對曰：「小人曰不免，君子則不。」公曰：「何故？」對曰：「小人忌而不思，解忌，怨也。不思，不思大義。願從其君而與報秦，解君，謂子圉也。是故云。解故言不免。其君子則不，曰：『吾君之入也，君之惠也。能納之，則能執之。能執之，則能釋之。德莫厚焉，惠莫大焉。納而不遂，廢而不起，以德爲怨，君其不然！』」秦君曰：「然。」乃改館晉君，解改，更也。初，秦伯拘晉侯於靈臺，將復之，故更舍之於客館。饋七牢焉。解牛羊豕爲一牢，饔飧七牢，侯伯之禮也。

公未至，蛾晳謂慶鄭解蛾晳，晉大夫。曰：「君之止，子之罪也。解止，獲也。今君將來，子何俟？」慶鄭曰：「鄭也聞之曰：『軍敗死之，將止之。』二者不行，又重之以誤人，而喪其君，解誤人，誤梁由靡，令君見獲也。有大罪三，將安適？解適，之也。君若來，將待刑以快君志。君若不來，將獨伐秦，解獨帥其屬。不得君，必死之。此所以待也。解所以不去，待爲此也。臣得其志，解志，謂出奔也。而使君瞢，是犯也。解瞢，慚也。犯，犯逆也。君行犯，猶失其國，而況臣乎？」公至於絳郊，聞慶鄭止，使家僕徒召之，曰：「鄭也有罪，猶在乎？」慶鄭曰：「臣怨君始入而報德，不降；解不自降下而背秦也。降而聽諫，不戰；解慶鄭諫公，使與秦糴，若公降心聽之，可以不戰。戰而用良，不敗。解良，善也。卜右，慶鄭吉，不用。又乘鄭小駟，不用良馬，故敗。既敗而誅，又失有罪，解若鄭出亡，是失有罪。不可以封國。解不可以守封國也。臣是以待即刑，以成君政。」君曰：「刑之！」慶鄭曰：「下有直言，臣之行也。解行，道也。上有直刑，君之明也。解言刑殺得正，此人君之明也。臣行君明，國之利也。君雖弗刑，必自殺也。」蛾晳諫曰：「臣聞之，奔刑之臣，解奔，趨也。不若赦之以報讎。解讎，秦也。君盍赦之，以報於秦？」梁由靡曰：「不可。我能行之，秦豈不能。解能行之，謂能赦罪以報讎也。秦豈獨不能乎？且戰不勝，而報之以賊，不武。出戰不克，入處不安，不知。解出戰不克，謂韓時也。入處不安，謂今也。欲復伐秦，故不得安也。成而反之，不信。解成，平也。與秦始平，而又反之，不信。失刑亂政，不威。解有罪不殺爲失刑，失刑則亂政，亂政則威不行也。出不能用，入不能治，敗國且殺孺子，解孺子，子圉也。秦復惠公而質子圉，若伐秦，秦必殺之。不若刑之。」君曰：「斬鄭，無使自殺。」家僕徒曰：「有君不忌，有臣死刑，解忌，怨也。其聞賢於刑之。」梁由靡曰：「夫君政刑，所以治民。不聞命而擅進退，犯政也。解言慶鄭擅進退。快意喪君，犯刑也。鄭也賊而亂國，不可失也。且戰而自退，退而自殺，臣得其志，君失其刑，後不可用也。」解不可復用戰也。君命司馬説刑之。解司馬，軍司馬，説，其名也。疏「君命」至「刑之」〇《周官禮》夏官之屬有軍司馬四人。成二年《左傳》「晉師救魯、衛，韓厥爲司馬，及衛地，將斬人」，則司馬主軍中刑也。司馬説進三軍之士而數慶鄭曰：「夫韓之誓曰：『失次犯令，死。解次，行列也。令，軍令也。將止不面夷，死。解將，帥也。止，獲也。夷，傷也。僞言誤衆，死。』失次犯令，而罪一也；鄭擅進退，而罪二也；女誤梁由靡，使失秦公，而罪三也；君親止，女不面夷，而罪四也。鄭也就刑。」慶鄭曰：「説！三軍之士皆在，解皆在此也。有人能坐待刑，而不能面夷，解言我能坐待死，而不能面夷乎？怨君不用忠言，忘善背德也。趣行事乎！」解趣司馬行其刑也。丁丑，斬慶鄭，乃入絳。十五年，惠公卒，懷公立。解懷公，子圉也。魯僖二十二年自秦逃歸。秦乃召重耳於楚而納之。晉人殺懷公於高梁，解高梁，晉地。疏解「高梁晉地」〇《後漢書·郡國志》「河東郡揚有高梁亭」，注引《地道記》曰：「有梁城去縣五十里。」僖九年《傳》杜注：「在平陽縣西南。」案：今山西平陽府臨汾縣東三十七里高梁都地名梁墟是也。而授重耳，實爲文公。

國語正義卷第十

歸安董增齡撰集

晉語四

文公在翟十二年，解文公，晉獻公庶子重耳也。避驪姬之難，魯僖五年，歲在大火，自蒲奔翟，至十六年，歲在壽星，故在翟十二年。疏「文公」至「二年」○《淮南・説山訓》高注：「介子推從晉文公重耳出奔翟，遭難絶糧，介子推割肌啗之。」此在翟之事也。**狐偃曰：「日，吾來此也，**解狐偃，文公舅子犯也。日，往日也。**非以翟爲榮，可以成事也。**解榮，樂也。成事，成反國之事。**吾曰『奔而易達，**解達，至也。**困而有資，**解資，財也。**休以擇利，可以戾也』，**解休，息也。戾，定也。**今戾久矣，戾久將底，**解底，止也。**底箸滯淫，**解箸，附也。滯，廢也。淫，久也。**誰能興之？**解興，起也。**盍速行乎！吾不適齊、楚，避其遠也。蓄力一紀，可以遠矣。**解蓄，養也。十二年歲星一周爲一紀。**齊侯長矣，而欲親晉。**解齊侯，桓公也。長，老也。是歲，桓公爲淮之會，明年而卒。**管仲没矣，多讒在側。**解没，終也。讒，謂易牙、豎刁之屬。**謀而無正，衷而思始。**解無正，無正從也。衷，中也。中道思其初時也。

夫必追述前言，求善以終。解前言，管仲忠善之言。厭邇逐遠，遠人入服，不爲郵矣。解邇，近也。逐，求也。郵，過也。會其季年，可也，解季，末也。勸使文公適齊，會桓公季末之年可也。茲可以親。」解茲，此也。皆以爲然，乃行。過五鹿，乞食於野人。解五鹿，衛邑。不見禮，故乞食。野人舉塊以與之，解塊，墣也。疏解「塊墣也」○《説文》：「凷，墣也。」或作塊。《淮南·人間訓》：「塘漏若鼷穴，一墣之所能勝也。」公子怒，將鞭之。子犯曰：「天賜也！民以土服，又何求焉。解言民奉土以服公子。天事必象，解必先有象。十有二年，必獲此土，解後十二年，必得五鹿。二三子志之。解志，識也。歲在壽星及鶉尾，其有此土乎！解歲，歲星也。自軫十二度至氐四度爲壽星之次，自張十七度至軫十一度爲鶉尾之次。歲在壽星，謂得塊之歲，魯僖十六年也。後十一年，歲在鶉尾，必有此五鹿地也。魯僖二十七年，歲在鶉尾。二十八年，歲復在壽星，晉文公伐衛，正月六日戊申取五鹿。周正月，夏十一月也，正天時以夏紀，故歲在鶉尾。疏「歲在壽星及鶉尾」○《爾雅·釋天》：「壽星，角、亢也。」天根，氐也。」邵晉涵曰：「角兩星相對觸，故《天官書》云：『左角，理；右角，將。』氐四星側向以承柢，故《天官書》『氐爲天根星』，是氐亦壽星之次也。《漢書·律曆志》『鶉尾初，張十八度，立秋；中，翼十五度，處暑；終於軫十一度』。蓋南陸三次，鶉首、鶉火、鶉尾，尾最居西也。」天以命矣，解命，告也。謂野人奉塊。復於壽星，必獲諸侯。解歲復在壽星，謂魯僖二十八年也。是歲四月，文公敗楚師於城濮，合諸侯於踐土。五月，獻俘於王，王策命之，以爲侯伯，故得諸侯。天之道也，解天之大數不過十二。由是始之。解由，從也。

從得塊始。有此，其以戊申乎！解有此五鹿，當以戊申日也。所以申土也。」解日以戊申。戊，土也。申，申廣土地也。疏解「日以」至「土地」〇《白虎通義》：「戊，茂也。」《釋名》：「戊，茂也，物皆茂盛也。」《説文》：「申，神也。七月陰氣成體，自申束。」《釋名》：「申，身也，物皆成其身體，使備盛也。」戊與申皆增益之義，故知申廣土地也。再拜稽首，受而載之。解拜天賜，受塊而載之。遂適齊。齊侯妻之，甚善焉。解桓公以女妻之，遇之甚善。有馬二十乘，解四馬爲乘，八十匹也。將死於齊而已矣，曰：「民生安樂，誰知其它？」桓公卒，解在齊一年而桓公卒。孝公即位，解孝公，桓公子昭也。即位在魯僖十八年。諸侯畔齊。子犯知齊之不可以動，解動，謂求反國也。而知文公之安齊而有終焉之志也，欲行而患之，解患文公不肯去也。與從者謀於桑下。解從者，趙衰之屬。蠶妾在焉，解在桑上也。莫知其在也。妾告姜氏，姜氏殺之，解殺之以滅口也。時諸侯畔齊，壻又欲去，恐孝公怒。而言於公子曰：「從者將以子行，其聞之者，吾已除之矣。子必從之，不可以貳，解貳，疑也。貳無成命。解疑則不成天命。《詩》云：『上帝臨女，無貳爾心。』解《詩·大雅·大明》之七章也。上帝，天也。女，謂武王也。言天臨護女，伐紂必克，無有疑心。先王其知之矣，貳將可乎？解言武王知天命不可以疑，故卒有天下。子去晉難而極於此，解極，至也。自子之行，晉無甯歲，民無成君。解成，定也。謂奚齊、卓子殺死，惠公無親，内外惡之。天未喪晉，無異公子，解同生九人，唯重耳在。有晉國者，非子而誰？子其勉之！上帝臨子矣，貳必有咎。」解天予不取，故必有咎。公子曰：

「吾不動矣，必死於此。」姜曰：「不然。《周詩》曰：『莘莘征夫，每懷靡及。』解《詩·小雅·皇皇者華》之首章也。莘莘，衆多也。征，行也。懷私爲每懷，言臣奉命，當念在公，每輒懷私，將無所及。夙夜征行，不遑啟處，猶懼無及，解夙，蚤也。行，道也。遑，暇也。啟，跪也。處，居也。況其順身縱欲懷安，將何及矣！人不求及，其能及乎？解求及，求及時也。日月不處，人誰獲安？西方之書有之曰：『懷與安，實疚大事。』解西方，謂周也。《詩》云：「誰將西歸。」又曰：「西方之人。」皆謂周也。安，自安也。疚，病也。《鄭詩》云：『仲可懷也，人之多言，亦可畏也。』解《詩·鄭風·將仲》之卒章也。仲，祭仲也。懷，思也。言雖欲從心思仲，猶能畏人自止，見可懷，思可畏也。疏解「詩鄭」至「可畏」○《詩序》：「莊公不勝其母，以害其弟。叔段失道而公弗制，祭仲諫而不聽，小不忍以致大亂焉。」弘嗣不用《序》説者，《公羊》桓十一年傳：「祭仲者何？鄭相也。」《公羊》言「出忽而立突，祭仲實主其事」。是時突方强，能得衆心，而忽微弱，不能自立，故鄭人皆懷仲而戴突。而其間老成守正者，尚持忽當嗣位之議，所謂「人之多言」也。踰園折檀，喻嫡庶之妨。不可懷，言雖順仲所爲，而清議難掩，當畏此而遏止其戴突之私慾也。昔管敬仲有言，小妾聞之，解敬仲，夷吾字也。曰：『畏威如疾，民之上也。解畏威如畏疾病，此民之上行。從懷如流，民之下也。解從心所思，如水流行，此民之下行。見懷思威，民之中也。解威，畏也。見可懷則思可畏，此民之中行。畏威如疾，乃能威民。解言能畏上，乃能威下。威在民上，弗畏有刑。解能威民，故在人上。不畏威，則有刑罪。從懷如流，去威遠矣，故謂之下。

解去威遠，言不能威民也。**其在辟也，吾從中也。**解辟，罪也。弗畏有刑，故云罪。高不在上，下欲避罪，故從中也。**《鄭詩》之言，吾其從之。』**解從其畏人之多言也。**此大夫管仲之所以紀綱齊國，裨輔先君，而成霸者也。子而棄之，不亦難乎？**解裨，補也。**齊國之政敗矣，晉之無道久矣，從者之謀忠矣，時日及矣，公子幾矣。**解幾，近也。言重耳得國年時日月近也。**君國可以濟百姓，而釋之者，非人也。**解濟，成也。釋，置也。**敗不可處，**解敗，謂齊也。**時不可失，忠不可棄，懷不可從，子必速行！吾聞晉之始封也，**解始封，謂唐叔虞。**歲在大火，閼伯之星也，實紀商人。**解商，殷也。自氐五度至尾九度爲大火之次。閼伯，陶唐氏之火正，居於商丘，祀大火，死以配食，相土因之，故商主大火，實紀商之吉凶也。**疏**解「商殷」至「吉凶」〇《爾雅·釋天》：「大火謂之大辰。」《公羊疏》引孫炎《爾雅注》：「大火，心也。」《分野略例》云：「於辰在卯，爲大火；東方爲木，心星在卯，火出木星，故曰大火。」《月令章句》云「自亢八度至尾四度謂之大火之次」，與韋解不同者，歲差有盈縮，各據當時目驗言之。昭元年《傳》言：「高辛氏有二子，伯曰閼伯，后帝遷閼伯於商丘，主辰。商人是因，故辰爲商星。」杜注：「商丘，宋地。主祀辰星。辰，大火也。商人，湯先相土封商丘，❶因閼伯故國，祀辰星。」云「死以配食」者，《春秋·襄九年》疏：「火正之官，居職有功，祀火星之時，以此火正之神配食也。」疏又引《本紀》云：「帝舜封契於商。」鄭康成云：「商國在太華之陽。」皇甫謐云：「今上洛商縣。」如鄭意，契居上洛之商，至相土而遷于宋之商。

❶「湯先」，原倒，今據《春秋左傳正義》乙正。

及湯有天下，遠取契所封之國，以爲大號。《釋例》曰：「宋之先佐唐、虞，封於商。武王封微子啟爲宋公，都商丘。」是同鄭說。《釋例》又云宋、商、商丘一地，梁國睢縣也。據杜、孔所言，則閼伯始居商丘，相土因之，微子又因之。湯爲相土之裔孫，故言「實紀商人」。《漢書・律曆志》：「《三統》上元至伐桀之歲，十四萬一千八百歲，歲在大火，房星五度，故《傳》曰：『大火，閼伯之星也，實紀商人。』」是歲在大火之年，商有天下。蓋商之有天下，既兆始于商丘，又得大火之助，故以此次紀商人一代之吉凶也。**商之饗國三十一王，**解自湯至紂。**疏**解「自湯至紂」○《殷本紀》：「湯崩，太子太丁未立而卒，於是立太丁之弟外丙。崩，立外丙之弟仲壬。崩，伊尹立太丁之子太甲，稱太宗。崩，子沃丁立。崩，弟太庚立。崩，子帝小甲立。崩，弟雍己立。崩，帝太戊立，稱中宗。崩，子帝中丁立。崩，弟外壬立。崩，弟河亶甲立。崩，子帝祖乙立。崩，子帝祖辛立。崩，弟沃甲立。崩，立沃甲兄祖辛之子祖丁。崩，立沃甲之子南庚。崩，立祖丁之子陽甲。崩，弟盤庚立。崩，弟小辛立。崩，弟小乙立。崩，子帝武丁立。崩，子帝祖庚立。崩，弟祖甲立。崩，子廩辛立。崩，弟庚丁立。崩，子帝武乙立。武乙震死，子帝太丁立。崩，子帝乙立。崩，子辛立，天下謂之紂。」廩辛，《漢書・人表》作「馮辛」。遷、固並言自湯至紂三十王，而此《傳》云三十一王者，并湯之太子太丁數之也。

瞽史之記曰：『唐叔之世，將如商數。』解瞽史，知天道者。**疏**「瞽史之記」○《周語》：「單子曰：『吾非瞽史，焉知天道？』」故知瞽史知天道也。《周本紀》：「周太史伯陽讀史記。」張守節曰：「諸國皆有史以記事，故曰史記。」**今未半也。**解自唐叔至惠公十四世，故曰未半。**疏**解「自唐」至「未半」○《晉世家》：「唐叔虞子燮，是爲晉侯。晉侯子甯族，是爲武侯。武侯子服人，是爲成侯。成侯子福，是爲厲侯。厲侯子宜臼，是爲靖侯。靖侯卒，子釐侯司徒立。釐侯卒，子獻侯籍立。獻侯卒，子穆侯費王立。七年，伐條，生太子仇。十年，伐千畝，有功，生少子，名曰成師。穆侯卒，弟殤叔立。太子仇帥其徒襲殤叔而立，是爲文侯。文侯卒，子昭侯伯立。昭侯封文侯弟成師於曲沃，號爲桓叔。桓叔卒，子鱓代桓叔，是爲曲沃莊伯。莊伯卒，子稱代莊伯立，是爲曲沃武公，盡并晉地而有之。凡三十九年而卒，子獻公詭諸立。獻公卒，里克弑奚齊、卓子，秦穆公發兵送夷吾于晉。」齡案：穆侯弟爲殤叔，穆侯子爲昭侯，昭侯子爲孝侯，孝侯子爲鄂侯，鄂侯子爲哀侯，哀侯子爲小子侯，哀侯弟爲晉侯緡。韋解言十四世者，以成侯上繼穆侯，而不數殤叔、文侯、昭侯、孝侯、鄂侯、哀侯、小子侯、晉侯緡等八君也。**亂不長世，**解不長世，亂當有平時也。**公子唯子，子必有晉。若何懷安？」公子弗聽。姜與子犯謀，醉而載之以行。醒，以戈逐子犯，曰：「若無所濟，吾食舅氏之肉，其知厭乎？」舅犯走，且對曰：「若無所濟，余未知死所，誰能與豺狼争食？**解戰死原野，公子將走不暇，豈能復與豺狼争食我乎？**若克有成，公子無亦晉之柔嘉，是以甘食。**解無亦，不亦也。柔，脆也。嘉，美也。疏解「柔脆嘉美」○《内則》：「實諸醯以柔之。」注：「此軒、辟雞、宛脾，皆菹類也。釀菜而柔之以醯，殺腥肉及其氣。」正義：「物置醯中，悉皆濡熟，故曰柔之。」《詩·大雅》：「嘉殽脾臄。」正義：「燔炙是正饌，以脾函爲加助，故謂之嘉。」**偃之肉腥臊，**疏「偃之肉腥臊」○《内則》：「豕望視而交睫，腥。」鄭注：「肉有如米者，❶似星。」孔疏謂「星見食豕，令肉中生小息肉」，則腥乃豕肉

❶「米」，原作「朱」，今據《禮記正義》改。

之不可食者。鄭康成謂犬膏臊。《晏子春秋》：「食魚無反，惡其鱢也。」《説文》引《周禮》「膳膏鱢」，則許叔重以膏鱢爲魚膏矣。**將焉用之？」遂行。過衛，衛文公有邢、翟之虞，不能禮焉。**解衛文公，宣公之孫，昭伯頑之子燬也。虞，備也。是歲魯僖十八年，冬，邢人、翟人伐衛，圍菟圃，文公師於訾婁以退之，故不能禮焉。疏解「衛文」至「子燬」○衛文公，閔二年《傳》及《衛世家》並謂昭伯子。案：太子伋同母弟二人，曰黔牟，曰昭伯。《漢書·人表·中下》「衛戴公，黔牟子。衛文公，戴公弟」。是文公非昭伯子矣。**甯莊子言於公**解莊子，衛正卿，穆仲静之子甯速也。**曰：「夫禮，國之紀也；親，民之結也；**解君親其親，所以結民心，使相親也。**善，德之建也。**解建，立也。言能善善，所以立德也。**國無紀不可以終，民無結不可以固，德無建不可以立，此三者，君之所慎也。今君棄之，無乃不可乎！晉公子善人也，而衛親也，君不禮焉，棄三德矣。**解晉祖唐叔，武王之子。衛祖康叔，文王之子。故曰親。三德，謂禮賓、親親、善善也。**臣故云君其圖之。康叔，文之昭也。唐叔，武之穆也。**解自祖以下，一昭一穆，故康叔爲文昭，唐叔爲武穆。**周之大功在武，**解謂始伐紂，定天下也。**天胙將在武族。**解族，嗣也。**苟姬未絶周室，而俾守天聚者，必武族也。**解聚，財衆也。**武族唯晉實昌，晉胤公子實德。晉仍無道，**解仍，重也。**天胙有德，晉之守祀，必公子也。若復而修德，鎮撫其民，必獲諸侯，以討無禮。君弗蚤圖，衛而在討，小人是懼，敢不盡心！」公弗聽。自衛過曹，**疏「自衛過曹」○《水經·河水》注「曹在衛東」，《漢書·地理志》濟陰郡定陶：「故曹國，武王弟叔振鐸所封。《禹貢》陶丘在西南陶丘亭。」**曹共公亦不禮焉，**解共公，曹昭公之子，曹伯襄也。**聞其駢脅，欲觀其狀，**解駢，并榦也。疏解「駢并榦也」〇《廣雅》：「脅榦謂之肋。」《春秋·僖二十八年》引孔晁注：「聞公子脅榦是一骨，故欲觀之。」疏又言：「脅是腋下之名，其骨謂之肋，榦是肋之别名。駢訓比也，骨相比迫，若一骨然。」程大昌曰：「駢者，脅骨之生兩兩相並也。」案：程説非也。**止其舍，諜其將浴，設微薄而觀之。**解諜，候也。微，蔽也。薄，迫也。疏「止其」至「觀之」〇《左傳釋文》：「薄如字，迫也。《國語》云『簾也』。」檢今本《國語解》並云「薄，迫也」，孔穎達曰：「薄爲迫近之義，故爲迫也。」齡案：訓「薄」爲「簾」，本《曲禮》「帷薄不趨」之義，《史記·周勃世家》「以織曲薄爲生」是也。此必賈、鄭諸君舊詁。《韓非子·十過篇》：「晉公子出亡過曹，曹君袒裼而觀之。」與《内》《外傳》合。《爾雅·釋器》郭注「凡以薄爲魚笱者名罶」，故《吕氏春秋·上德篇》、《淮南·人間訓》並有使袒而捕魚之説，過爲媟瀆，於事不經，殆非雅聞。《春秋·僖二十八年》疏引孔晁注：「諜，候也；微，蔽也。」是孔即用韋義。**僖負羈之妻言於負羈**解負羈，曹大夫。**曰：「吾觀晉公子，賢人也，其從者皆國相也，以相一人，必得晉國。得晉國而討無禮，曹其首誅也。子盍蚤自貳焉？」**解貳，猶别也。**僖負羈餽飧寘璧焉，**解熟食曰飧。寘，置也，置璧於飧下。疏「僖負」至「寘璧」〇《説文》：「飧，餔也。」《字林》云：「水澆飯也。」僖二十八年《傳》杜注：「臣無竟外之交，故用盤藏璧飧中，不欲令人見。」《韓非子·十過篇》：「公子重耳過曹，曹君袒裼而觀之，釐負羈與叔瞻侍於前。釐負羈歸而不樂，其妻問之，曰：『吾聞之，有福不及，禍來連我。今日君召晉公子，其遇之無禮，我與在前，吾是以不樂。』其妻曰：『子奚不先自貳焉？』負羈曰：『諾。』盛黄金於壺，充之以餐，加璧其上，夜令人遺公子。公子見使者，再拜受其餐，而辭其璧。」《內》《外傳》但述其妻之言，而不述侍曹君之事，故備載之。公子受飧反璧。負羈言於曹伯曰：「夫晉公子在此，君之匹也，君不亦禮焉？」曹伯曰：「諸侯之亡公子其多矣，誰不過此？亡者皆無禮者也，余焉能盡禮焉！」對曰：「臣聞之，愛親明賢，政之榦也。解榦，楨榦也。禮賓矜窮，禮之宗也。解宗，本也。禮以紀政，國之常也。解紀，理也。失常不立，君所知也。解失常，則政不立。國君無親，國以爲親。解僚以官相親，君以國相親。先君叔振出自文王，解文王子也。晉祖唐叔出自武王，解武王子也。文王之功，實建諸姬，故二王之嗣，世不廢親。今君棄之，是不愛親也。晉公子生十七年而亡，解亡，奔也。卿材三人從之，可謂賢矣，解三人，狐偃、趙衰、賈它也。疏「卿材三人」〇《呂氏春秋·介立篇》：「晉文公反國，介之推不肯受賞，自爲賦詩曰：『有龍于飛，周徧天下。五蛇從之，爲之丞輔。』」高注：「龍，君也，以喻文公。五蛇，以喻狐偃、趙衰、賈它、魏犨、介之推也。」此《傳》言三人皆卿材，不數推、犨者，以介之推蚤隱，魏犨位至車右也。而君蔑之，是不明賢也。晉公子之亡，不可不憐也；比之賓客，不可不禮也。失此二者，是不禮賓，不憐窮也。守天之聚，將施於宜，宜而不施，聚必有闕。解宜，義也。闕，缺也。玉帛酒食，猶糞土也，愛糞土以毀三常，解三常，政之榦、禮之宗、國之常也。失位而闕聚，是之不難，無乃不可乎？君其圖之。」公弗聽。公子過宋，解自曹適宋。與司馬公孫固相善。解固，宋莊公之孫，大司馬固也。相善，相說好。疏「與司」至「相善」〇《晉世家》：「宋公孫固善於咎犯，曰：『宋，小國，新困，不足以入，更之大國。』乃去。」案：僖二十七年《傳》宋人使固如晉告急，亦因其與重耳、咎犯相善耳。**公孫固言於襄公曰：「晉公子亡長幼矣，**解襄公，宋桓公之子兹父也。長幼，從幼至長也。**而好善不厭，父事狐偃，師事趙衰，而長事賈它。**解長，兄事之也。**狐偃，其舅也，而惠以有謀。趙衰，其先君之戎御趙夙之弟也，而文以忠貞。**解趙衰，晉卿公明之少子成子衰也。先君，獻公。戎御，御戎車也。《傳》曰：「趙夙御戎。」疏「趙衰」至「忠貞」○《史記·趙世家》：「夙生公孟，公孟生趙衰。」索隱引《世本》：公明生公孟及趙夙，夙生成季衰。《左傳》云「衰，趙夙弟」，而此云「公孟生衰」，譙周亦以此爲誤。依《史記》則衰爲夙孫，依《世本》則衰爲夙子。案：閔二年夙見于《傳》，僖五年衰從重耳出奔，僅隔六年，夙能御戎，必非老耄，衰能從亡，必非幼稺，固非祖孫，亦非父子。《焦氏易林》曰：「伯夙奏績，衰續厥緒。」明是兄弟相及之辭。且夙字伯而衰字成季，其長幼之次序顯然。僖二十八年《傳》咎犯曰「吾不如衰之文也」，故云「文以忠貞」也。**賈它，公族也，而多識以恭敬。**解賈它，狐偃之子狐射姑，大師賈季也。公族，姬姓也。食邑於賈，字季也。**此三人者，實左右之。公子居則下之，動則咨焉，成幼而不倦，**解成幼，自幼至成人也。**殆有禮矣。樹於有禮，必有艾。**解樹，種也。艾，報也。**《商頌》曰：『湯降不遲，聖敬日躋。』**解《長發》之三章也。降，下也。躋，升也。言湯之尊賢下士甚疾，故其聖敬之道日升聞於天。**降有禮之謂也。**解降己於有禮也。**君其圖之。」襄公從之，贈以馬二十乘。公子過鄭，鄭文公亦不禮焉。**解文公，鄭厲公之子捷。**叔詹諫曰：「臣聞之，**解叔詹，鄭大夫。**親有天，**

解有天，天所啟也。用前訓，解前訓，先君之教。禮兄弟，資窮困，解資，稟也。天所福也。今晉公子有三胙焉，天將啟之。解啟，闓也。同姓不婚，惡不殖也。解殖，蕃也。狐氏出自唐叔，解狐氏，重耳外家也。出自唐叔，與晉同祖，唐叔之後別在犬戎者。狐姬，伯行之子也，實生重耳。解伯行，狐突字。成而儁才，離違而得所，解言成人而有儁才也。違，去也。離禍去國，舉動得所。久約而無釁，一也。解釁，瑕也。同出九人，唯重耳在，解同出，同父也。離外之患，而晉國不靖，二也。解靖，治也。晉侯日載其怨，外内棄之，解載，成也。重耳日載其德，狐、趙謀之，三也。在《周頌》曰：『天作高山，大王荒之。』解《天作》之首章也。作，生也。高山，岐山也。荒，大也。言天生此高山，使興雲雨，大王則秩祀而尊大之。荒，大之也。大天所作，可謂親有天矣。晉、鄭，兄弟也。吾先君武公，與晉文侯勠力一心，股肱周室，夾輔平王，解武公，鄭桓公之子滑突也。文侯，晉穆侯之子仇也。勠，并也。一，同也。平王勞而德之，而賜之盟質，曰：『世相起也。』解質，信也。起，扶持也。若親有天，獲三胙者，可謂大天。解三胙，謂成而儁才，晉國不靖，狐、趙謀之也。若用前訓，文侯之功，武公之業，可謂前訓。解業，事也。前訓，二國同心之訓。若禮兄弟，晉、鄭之親，王之遺命，可謂兄弟。解晉、鄭同姓，王之遺命又使相起，故曰可謂兄弟。若資窮困，亡在長幼，還軫諸侯，可謂窮困。解軫，車後橫木也。還軫，猶回車周歷諸國，遭離阨困。棄此四者，以徼天禍，無乃不可乎？解徼，要也。四者，有天、前訓、兄弟、窮困。君其圖之。」弗聽。叔詹曰：「若其不禮焉，

則請殺之。諺曰：疏「諺曰」○《文選》司馬遷《報任少卿書》張銑注：「諺，言也。古今相傳之言曰諺。」**『黍稷無成，不能爲榮。**解稷，粢也。無成，謂死也。榮，秀也。疏「黍稷」至「爲榮」○《爾雅・釋草》：「秬，黑黍。」又云：「粢，稷。」《月令》鄭注：「黍秀舒散，屬火。」《素問・金匱真言論》：「南方赤色，其穀黍。」王砯注：「黍赤色。」又云：「中央黄色，其穀稷。」王砯注：「色黄而味甘也。」據此，則稷者，北方謂之小米；黍者，北方所謂高粱也。《爾雅・釋艸》又云：「不榮而實謂之秀。」《詩・大雅・生民》云：「實發實秀。」孔疏云：「此亦對文爾，其實黍、稷皆先榮後實。」《小雅・出車》云：「黍稷方華。」是嘉穀之秀必有榮，故以秀釋榮也。**黍不爲黍，不能蕃廡。**解爲，成也。蕃，滋也。廡，豐也。**稷不爲稷，不能蕃殖。**解殖，長也。**所生不疑，唯德之基。』**解所生，謂種黍得黍，種稷得稷，唯在所樹。言禍福亦猶是也。若不禮重耳，則當除之，不爾，則宜厚之。如此不疑，是爲德基也。**公弗聽。遂如楚，楚成王以周禮享之，九獻，庭實旅百。**解成王，楚武王之孫，文王之子熊頵也。九獻，上公之享禮也。庭實，庭中之陳也。百，舉成數也。周禮，上公出入五積，饔餼九牢，米百有二十筥，醯醢百有二十罋，禾二十車，芻薪倍禾。疏「楚成」至「旅百」○《周禮・大行人》云：「上公九獻，侯、伯七獻，子、男五獻。」《儀禮》主人酌以獻賓，賓酢主人，主人又酌以酬賓，乃成一獻之禮。九爲獻酬，而禮始畢也。《儀禮・覲禮》：「四享，皆束帛加璧，庭實唯國所有。」鄭注：「四當爲三。初享，或用馬，或用虎豹之皮。其次享，三牲魚腊，籩豆之實龜也，金也，丹漆、絲纊、竹箭也。其餘無常貨，非一國所能有。唯國所有，分爲三享。皆以璧帛致之。」是爲「庭實旅百」是也。

莊二十二年《傳》「❶庭實旅百，奉之以玉帛」是也。今弘嗣所引五積九牢之等，乃掌客致饔餼之禮，非享禮也。**公子欲辭，**解不敢當也。**子犯曰：「天命也，君其饗之。**解天命，天使之也。饗，食也。**亡人而國薦之，**解薦，進也。以國君之禮薦進之。**非敵而君設之，**解非體敵，而設之如人君也。**非天，誰啓之心！」既饗，楚子問於公子曰：「子若克復晉國，何以報我？」公子再拜稽首，對曰：「子女玉帛，則君有之。**解有之，楚自有也。子女，美女也。**羽旄齒革，則君地生焉。**解羽，鳥羽也，翡翠、孔雀之屬。旄，旄牛尾也。齒，象牙也。革，犀兕皮也。皆生於楚。疏解「羽鳥」至「於楚」○《爾雅·釋鳥》：「翠，鷸。」郭注：「似燕紺色，生鬱林。」張揖《上林賦》注：「翡翠，大小亦如雀，雄赤曰翡，雌青曰翠。」《漢書·西南夷列傳》：「南粵王趙佗獻文帝孔雀二雙。」則孔雀亦生楚地。《釋獸》云：「犤，牛。」郭注：「旄牛也。髀、膝、尾有長毛。」《後漢書·西南夷傳》云：「旄牛無角，一名童牛。肉重千斤，毛可爲旄。」《說文》：「象長鼻牙，南越大獸，三年一乳。」《山海經》郭注：「象大者牙長一丈。」定四年《傳》：「楚人執燧象，以奔吳師。」則楚地固有象矣。《釋獸》云：「犀，似豕。」《春秋疏》引《交州記》：「犀出九德，毛如豕，蹄有三甲，頭如馬。有三角，鼻上角短，額上、頭上角長。」又引《吳録地理志》云：「武陵沅南縣以南皆有犀。」故《爾雅》「九府」以犀象爲南方之美。《釋獸》云「兕，似牛」，《説文》云：「兕如野牛，青毛，其皮堅厚，可制鎧。」《考工記·函人》：「兕甲壽二百年。」蓋取其皮之堅矣。**其波及晉國者，君之餘也，又何以報？」**解波，流也。王

❶ 下「二」字，原作「三」，今據《春秋左傳正義》改。

曰：「雖然，不穀願聞之。」解《曲禮》曰：「四夷之大國，於境内自稱不穀。」對曰：「若以君之靈，解靈，神也。得復晉國，晉、楚治兵，會於中原，其避君三舍。解治兵，謂征伐也。古者師行三十里而舍，三舍爲九十里。《司馬法》曰：「進退不過三舍，禮也。」若不獲命，解不獲楚還師之命。其左執鞭弭，右屬櫜鞬，以與君周旋。」解鞭，所以擊馬。《傳》曰：「雖鞭之長，不及馬腹。」《爾雅》曰：「弓無緣者謂之弭。」櫜，矢房。鞬，弓弢也。言以禮避君，君不還，乃敢左執弓，右屬手於房，以取矢與君周旋，相馳逐也。疏「左執」至「周旋」○僖二十三年《傳》孔疏引孔晁注云：「馬鞭及弓分在兩手，欲避右带櫜鞭之文，❶故云左執。」孔疏又引《爾雅》李巡注：「骨飾兩頭曰弓，不以骨飾兩頭曰弭。孫炎注：『緣謂繳束而漆之，弭謂不以繳束骨飾兩頭者。』二説雖反，俱以弭爲弓末也。《詩》云：『載櫜弓矢。』則弓、矢所藏俱名櫜。昭元年《傳》：『伍舉請垂櫜而入。』注云：『示無弓。』則櫜亦受弓之物。《方言》云：『弓藏謂之鞬。』此櫜、鞬二物，必一弓一矢，以鞬是受弓，故云櫜以受箭，因對文而分言之耳。」令尹子玉曰：「請殺晉公子。解子玉，楚若敖之曾孫，令尹成得臣也。弗殺而反晉國，必懼楚師。」王曰：「不可。楚師之懼，我不修也。解我德不修也。我之不德，殺之何爲？天之胙楚，誰能懼之？楚不可胙，冀州之土，其無令君乎？解晉在冀州。且晉公子敏而有文，解敏，達也。文，有文章也。約而不諂，解在約困之中，而辭

❶「右」上，原有「左」字，今據《春秋左傳正義》删。

不詔屈。三材傅之，天胙之矣。解謂狐、趙、賈三人也。天之所興，誰能禦之？」子玉曰：「然則請止狐偃。」解止，謂留爲質也。王曰：「不可。《曹詩》曰：『彼己之子，不遂其媾。』郵之也。解《曹風·候人》之三章也。媾，厚於其寵也。郵，過也。夫郵而效之，郵又甚焉。效郵，非義也。」於是懷公自秦逃歸。解懷公，子圉也。爲質於秦，魯僖二十二年逃歸。秦伯召公子於楚，解秦伯，穆公也。楚子厚幣以送公子於秦。秦伯歸女五人，懷嬴與焉。解歸，嫁也。懷嬴，故子圉妻，子圉逃歸，立爲懷公，故曰懷嬴。與焉，與爲媵也。公子使奉匜沃盥，既而揮之。解婚禮，嫡入於室，媵、御奉匜盥。揮，灑也。疏「公子」至「揮之」〇僖二十三年《傳》孔疏：「《説文》：『匜，似羹魁，柄中有道，可以注水。』『盥，澡手也。從臼、水，臨皿。』然則匜者，盛水器也。盥謂洗手也。沃謂澆手也。懷嬴奉匜爲公子澆手，令公子洗手，既而以溼手揮之，使水湔污其衣。」〇解「婚禮」至「匜盥」〇嫡入于室，媵、御奉匜盥，約《儀禮》文言之。《昏禮》：「壻乘其車，先俟于門外。主人揖婦以入，及寢門，揖入，升自西階。媵布席于奥，夫入于室，即席。婦尊西，南面，媵、御沃盥交。」鄭注：「媵沃壻盥于南洗，御沃婦盥于北洗。夫婦始接，情有廉恥，媵、御交道其志。」則懷嬴沃盥，自本在媵之列。趙宣子曰「辰嬴賤，班在九人」是也。嬴怒曰：「秦、晉匹也，何以卑我？」解匹，敵也。卑，賤也。公子懼，降服囚命。解懼嬴之怒。降服，徹上服。囚命，自囚以聽命也。疏「公子」至「囚命」〇僖二十三年《傳》杜注：「去上服，自拘囚以謝之。」是韋同義。疏引《左傳》服虔注「申意於楚子，伸于知己；降服于懷嬴，屈于不知己」者也。秦伯見公子曰：「寡人之

適，此爲才。解適，適妃子也。**子圉之辱，備嬪嬙焉，**解辱，質於秦時。嬪嬙，婦官也。疏解「嬪嬙婦官」○昭二年《傳》孔疏：「《周禮》有九嬪，嬪是婦官，知嬙亦婦官。哀元年《傳》説夫差宿有妃嬙嬪御焉。漢成時匈奴來朝，詔以掖庭王嬙賜之，是名因於古也。」**欲以成婚，而懼離其惡名。非此，則無故。**解言欲以成婚，懼以爲子圉妻，恐離其惡名，非有此，則無他故。**不敢以禮致之，歡之故也。**解不敢以婚姻正禮致之，而令與於五人，歡愛此女之故。**公子有辱，寡人之罪。**解辱，謂降服也。言寡人不備禮，故令公子卑之，此自寡人之罪。**唯命是聽。」**解進退此女，聽公子命。**公子欲辭，**解嫌於骨肉相取，己欲辭讓，不敢當也。**司空季子曰：「同姓爲兄弟，**解季子，晉大夫胥臣臼季也，後爲司空。賈侍中云：「兄弟，婚姻之稱也。」昭謂：同姓爲兄弟，謂同父而生，德姓同者，乃爲兄弟。以言惠公、重耳，其德不同，則子圉道路之人，可以娶其妻。**黄帝之子二十五人，其同姓者二人而已，唯青陽與夷鼓皆爲己姓。**解此二人相與同德，故俱爲己姓。青陽，金天氏帝少昊也。疏解「其二」至「少昊」○《白虎通義》：「己者屈伸起。」《釋名》：「己，紀也。皆有定形可紀識也。」二人有出類之德，皆可紀識，故爲己姓。《史記·五帝本紀》：「黄帝二子，其一曰玄囂，是爲青陽，降居江水。」張衡條上司馬遷所敘與典籍不合者十餘事，其一事曰：「《帝系》『黄帝産青陽、昌意』，《周書》『乃命少皞清』，清即青陽也，今宜實定之。」故《世本》及《春秋緯》皆言青陽即是少皞，黄帝之子，代黄帝而有天下。《史記》言青陽降居江水，不爲帝，故張平子正之。昭十七年《傳》孔疏：「此《傳》言其以鳥名官，則是爲帝明矣。少皞氏，身號；金天氏，代號也。」《五帝本紀》索隱曰：「宋衷云：玄囂青陽，是爲少皞，繼黄帝立者，而史不敘，蓋少昊金德王，非五運之次，故敘五帝不數之也。」**青陽，方雷氏之甥也。夷鼓，彤魚氏之甥也。**解方雷，西陵氏之姓也。彤魚，國名。《帝繫》曰：「黄帝取於西陵氏之子曰纍祖，實生青陽。」姊妹之子曰甥。疏「青陽」至「彤魚氏之甥」○《漢書·人表·上中》：「方雷氏，黄帝妃，生玄囂，是爲青陽。纍祖，黄帝妃，生昌意。彤魚氏，黄帝妃，生夷鼓。」《五帝本紀》索隱引皇甫謐云：「元妃西陵氏女曰嫘祖，生昌意。次妃方雷氏女曰女節，生青陽。次妃彤魚氏女，生夷鼓。」是謐説與《人表》同。今弘嗣以纍祖爲方雷，又以爲西陵氏女，實生青陽，與《人表》不同，蓋用司馬遷説也。**其同生而異姓者，四母之子，别爲十二姓。凡黄帝之子二十五宗，**解唐尚書云：「繼别爲小宗。」非也。繼别爲大宗，别子之庶孫乃爲小宗耳。**其得姓者十四人，爲十二姓，**解得姓，以德居官而賜之姓也。謂十四人而二人爲姬，二人爲己，故爲十二姓。疏「其得」至「二姓」○《史記·五帝本紀》索隱：「舊解破四爲三，言得姓十三人耳。今案：胥臣云唯青陽與夷鼓同己姓，又云青陽與蒼林爲姬姓，是則十四人爲十二姓，其文甚明。唯姬姓再稱青陽與蒼林，蓋《國語》文誤，所以致令前儒共疑。其姬姓青陽當爲玄囂，是帝嚳祖，本與黄帝同姬姓。其《國語》上文青陽，即是少昊金天氏爲己姓者耳。既理在不疑，無煩破四爲三。」近儒或謂上文「皆爲己姓」，當作「皆爲姬姓」，下文「故皆爲姬姓」，乃申説上文夷鼓蒼林爲一人。皇甫謐曰：「夷鼓，一名蒼林。」齡案：破己爲姬，未免竄改《傳》文。況《漢書·人表》夷鼓彤魚氏所生，倉林㛮母所生，顯分兩人，不得信皇甫謐而反不信班固也。**姬、酉、祁、己、滕、葴、任、荀、僖、姞、儇、依是也。**疏「姬酉祁己」○《五帝本紀》索隱曰：「皇甫謐云『黄帝生於壽丘，長於姬水，因以爲姓。居軒轅之丘，因以爲名，又以爲號』。是本姓公孫，長居姬水，因改姓姬。」《路史·國名紀》：「酉，即酉陽，今黔之彭水，漢酉陽也，有酉水。」祁作「祈」，蘄也。「邔，❶紀也，故南郡邔縣，己姓之祖」。〇「滕蒧任荀」〇《路史·國名紀》：「今徐之西南十四里有故滕城。《紀年》：『越王朱句二十年滅滕。』司馬貞云：『滕之祖。』」成六年《傳》：「師于鍼，衛人不保。」羅泌謂蒧即鍼，又謂：「任，禹陽國，倉頡爲任大夫，晉邑，今邢之任縣。」齡案：隱十一年《傳》：「不敢與諸任齒。」孔疏引《世本·氏姓篇》云：「任姓，謝、章、薛、舒、吕、祝、終、泉、畢、過。」言此十國皆任姓也。段玉裁曰：「《廣韻》『苟』字下云『姓出河内、河南、西河三望。❷《國語》云本自黄帝之子，古厚切』。《十七真》『荀』字下『本姓郇，後去邑爲荀』。❸然則《國語》作『荀』，皆『苟』之誤也。」《潛夫論》作「拘」。案：戰國時衛有荀變，子思薦之。〇「僖姞儇依」〇《路史·國名紀》：「釐，僖也。齊國釐城爲來音。簡王十二年，舒庸人道吴圍巢及釐虺。姞，見《詩》。《風俗通》云：『殷時侯國。』一作吉，周封女吉氏於南燕。」「儇」與「嬛」同音。史伯説十邑，有依、疇、歷、莘，皆鄶邑，後屬鄭。韋解云國。**唯青陽與蒼林氏同於黄帝，故皆爲姬姓。** **解**二十五宗唯青陽與蒼林德及黄帝，同姓爲姬也。**同德之難也如是。** **解**言德自黄帝同之，難也如是。**昔少典取於有蟜氏，生黄帝、炎帝。** **解**賈侍中云：「少典，黄帝、炎帝之先。有蟜，諸侯也。炎帝，神農也。」虞、唐云：「少典，黄帝、炎帝之父。」昭謂：神農，三皇也，在黄帝前。

❶「邔」，原作「邵」，今據《路史》改。
❷「西河」，原倒，今據《廣韻》乙正。
❸「七」，原作「一」，今據《廣韻》改。

黃帝滅炎帝，滅其子孫耳，明非神農可知也。言生者，謂二帝本所生出也。《内傳》高陽氏、高辛氏各有才子八人，謂其裔子耳。賈君得之。**疏**「昔少」至「炎帝」〇《五帝本紀》索隱曰：「少典者，諸侯國號，非人名也。」《秦本紀》云「大業娶少典氏而生柏翳」，明少典是國號，非人名。黃帝即少典氏後代子孫。賈逵亦以《左傳》「高陽氏有才子八人」，亦謂其後代子孫而稱爲子。炎、黃二帝雖則承帝王代紀，中間凡隔八帝五百餘年，若以少典是其父名，豈黃帝經五百餘年而始代炎帝後爲天子乎？何其年之長也！《漢書・人表》：「少典，炎帝妃，生黃帝。」黃帝既非炎帝之子，且此《傳》明言少典娶有蟜氏，則少典非女，安得云妃？《人表》必傳寫之誤。《補三皇本紀》：「炎帝神農氏，姜姓。母曰女登，有媧氏之女。爲少典妃，感神龍而生炎帝，人身牛首，長于姜水，因以爲姓。」《五帝本紀》：「黃帝者，少典之子。」索隱言黃帝母曰附寶，之祁野，見大電繞北斗樞星，感而懷孕，二十四月而生黃帝于壽丘。案：媧、蟜字形近似，故蟜轉爲媧。有蟜氏之女既名女登，即非附寶，蓋黃帝是少典及女登之裔孫，非女登所親生之子也，故其母自名附寶耳。**黃帝以姬水成，炎帝以姜水成。****解**姬、姜，水名也。成，謂所生長以成功也。**疏**「黃帝」至「姜水成」〇鄭《駮五義》云：「炎帝姜姓，太昊所賜；黃帝姬姓，炎帝所賜。」《水經・渭水》注：「岐水又東，逕姜氏城南，爲姜水，東注雍水。」炎帝長於姜水，是其地也。**成而異德，故黃帝爲姬，炎帝爲姜，二帝用師以相濟也，異德之故也。****解**濟，當爲「擠」，擠，滅也。《傳》曰「黃帝戰於阪泉」是也。**疏**「二帝」至「之故」〇《五帝本紀》：「神農氏世衰，諸侯相侵伐，暴虐百姓，而神農氏弗能征。軒轅乃習用干戈，以征不享，諸侯咸來賓從。炎帝欲侵陵諸侯，軒轅乃修德振兵，與炎帝戰于阪泉之野。」集解引服虔曰：「阪泉，地名。」皇甫謐曰：「在上谷。」正義引《括地志》：「阪泉今名黄帝泉，在嬀州懷戎縣東五十六里，出五里，至涿鹿東北與涿水合。《晋太康地理志》云：『涿鹿城東一里有阪泉，上有黄帝祠。』」《漢書・刑法志》：「自黄帝有涿鹿之戰，以定火災。」文穎注：「炎帝號神農，火行也。後子孫暴虐，黄帝伐之，故言以定火災。」案：《史記》征炎帝、禽蚩尤，而阪泉與涿鹿密邇，分言之則二事，通言之則可舉阪泉以相統，故韋引僖二十五年《傳》文也。**異姓則異德，異德則異類，異類雖近，男女相及，以生民也。****解**重耳，懷嬴之舅，故又言此以觀之也。近，謂有屬名也。相及，相嫁取也。**同姓則同德，同德則同心，同心則同志，同志雖遠，男女不相及，畏黷敬也。****解**畏褻黷其類也。**疏**「畏黷敬也」〇《文選》引《國語》賈逵注：「黷，渫也。」昭元年《傳》孔疏：「同姓相與先美，今既爲夫妻，又相寵害，美極驕寵，更生妬害也。」前代敬簡，未設禁防，周人以其慢黷，故立法以禁之。」**黷則生怨，怨亂毓災，災毓滅姓，****解**毓，生也。**是故娶妻避其同姓，畏亂災也。故異德合姓，同德合義，****解**合姓，合二姓爲婚姻也。合義，以德義相親。**義以道利，****解**有義，則利隨之。**利以阜姓，****解**阜，厚也。**姓利相更，成而不遷，****解**更，續也。遷，離散也。**乃能攝固，保其土房。****解**攝，持也。保，守也。房，居也。**疏**「保其土房」〇「房，居也」者，《月令》：「地氣沮泄，是謂發天地之房。」孔疏：「房是人次舍之處，擁蔽不使宣露，與房舍相似。今地氣泄漏，❶是開發天地之房。」則房有裒聚之義。子孫無流移之患，則土地無

❶「今」，原作「令」，今據《禮記正義》改。

侵削之憂，此之謂保也。今子與子圉，道路之人也，解言德姓異也。取其所棄，以濟大事，不亦可乎？」公子謂子犯曰：「何如？」對曰：「將奪其國，何有於妻！唯秦所命從也。」解言將奪其國，何亂於妻。初，奚齊、卓子死，秦伯欲納重耳，子犯難之，以爲不可。今更言此者，子圉無道，害重耳，使狐突召子犯及其兄毛，突不召而殺之，故重耳、子犯皆怨之。謂子餘曰：「何如？」解子餘，趙衰字。對曰：「《禮志》有之曰：『將有請於人，必先有入焉。解必先有以自入也。欲人之愛己也，必先愛人。欲人之從己也，必先從人。無德於人，而求用於人，罪也。』解言不先施德於人，而求人爲己用者，罪也。今將婚媾以從秦，解重婚曰媾。從，從其命也。受好而愛之，解受其所好而親愛之。聽從以德之，解使之德己。懼其未可也，又何疑焉？」乃歸女而納幣，且逆之。解歸女納幣，更成婚禮。逆，親迎也。疏解「歸女」至「親迎」○僖二十三年《傳》孔疏引《國語》孔晁注：「歸懷嬴，更以貴妾禮迎之也。」成八年《傳》孔疏：「昏禮，下達之後，初有納采擇之禮。既納采，其日即行問名。歸得吉卜，又使使納吉。復遣納徵。徵，成也。納幣以成昏禮。士禮納徵，有玄纁束帛儷皮，其諸侯謂之納幣，以其幣多，故指幣言之。納幣後又有請期、親迎，是謂六禮。《釋例》曰：『納幣、逆女，皆必使卿行。』」案：六禮中納幣、親迎爲重，故《傳》特舉之也。他日，秦伯將饗公子，公子使子犯從，子犯曰：「吾不如衰之文也，解文，文辭也。請使衰從。」乃使子餘從。秦伯饗公子如饗國君之禮，子餘相如賓。解詔相重耳如賓禮也。卒事，秦伯謂其大夫曰：「爲禮而不終，恥也。解言此，爲明日將復燕。中不勝貌，恥也。解勝，當爲稱。中不稱貌，情貌相違也。華而不實，恥也。解有華色而無實事。不度而施，恥也。解不度己力而施德。施而不濟，恥也。解濟，成也。恥門不閉，不可以封。解五恥之門不閉塞者，不可以封國爲諸侯也。非此，用師則無所矣。解非能閉此五恥之門，則用師無所也。二三子敬乎！」解敬此五者。明日，燕。秦伯賦《采菽》，❶解《采菽》三章，屬《小雅》，王賜諸侯命服之樂也。其首章曰：「君子來朝，何錫予之？雖無予之，路車乘馬。」子餘使公子降拜。解降，下堂也。秦伯降，辭。子餘曰：「君以天子之命服命重耳，重耳敢有安志，敢不降拜？」成拜卒登，子餘使公子賦《黍苗》。解《黍苗》亦《小雅》，道邵伯述職，勞來諸侯也。其詩曰：「芃芃黍苗，陰雨膏之。悠悠南行，邵伯勞之。」子餘曰：「重耳之卬君也，若黍苗之卬陰雨也。若君實庇廕膏澤之，使能成嘉穀，薦在宗廟，君之力也。解在宗廟爲祭主。君若昭先君之榮，東行濟河，整師以復彊周室，重耳之望也。解先君，謂秦襄公討西戎有功，賜爵爲伯，有榮耀也。重耳若獲集德而歸載，解集，成也。載，祀也。使主晉民，成封國，其何實不從。解言實從也。君若恣志以用重耳，解用，使征伐也。四方諸侯，其誰不惕惕以從君命！」秦伯曰：「是子將有焉，豈專在寡人乎？」秦伯賦「鳩飛」，解「鳩飛」，《小雅·小宛》之首章也。詩云：「宛彼鳴鳩，翰飛戾天。我心憂傷，念昔先人。明發不寐，有懷

❶「菽」，原作「叔」，今據明道本《國語》改。注同。

二人。」言己念晉先君洎穆姬不寐，以思安集晉之君臣也。《詩序》曰：「文公遭驪姬之難，未反而秦姬卒，言己念傷亡人，思成公子也。」**疏**「秦伯賦鳩飛」〇秦伯因公子縶復命，以重耳爲仁人，故言「我心憂傷」，謂己憂晉國之難；「念昔先人」，謂念己與晉獻相好，申之以盟誓，重之以婚姻；「明發不寐，有懷二人」，勉重耳自懷其父母，以孝治國，仰答獻公之靈。至「飲酒温克」以下，義無所取，故不賦也。弘嗣謂「是時穆姬已卒，穆公念晉先君洎穆姬不寐，思成公子」。案：穆姬爲晉獻之女，未可與晉獻合稱二人，且穆公施德于重耳，仗天下之公義，未必因穆姬伉儷之情而始爲。此《傳》標「鳩飛」之目，而易去《小宛》之舊名，以見義止取首章，並非一詩兩名，可比《時邁》名《肆夏》之例。**公子賦《河水》。** **解**河，當作「沔」，字相似誤也。其詩曰：「沔彼流水，朝宗于海。」言己反國，當朝事秦。**疏**「公子賦河水」〇杜注：「《河水》，逸《詩》，義取河水朝宗于海，海喻秦。」杜既以《河水》爲逸《詩》，則辭亡而義從何見？以「朝宗于海」屬之《河水》，《經》文無證，弘嗣破河爲沔，遠勝杜説。當其時，吕、郤在國，惠、懷無親，邦人諸友，莫肯念亂，誰無父母，確合當時情勢。**秦伯賦《六月》，** **解**《六月》，《小雅》，道尹吉甫佐宣王征伐，復文、武之業。其詩云：「王于出征，以匡王國。」其二章曰：「以佐天子。」其三章曰：「共武之服，以定王國。」此言重耳爲君，必霸諸侯，以匡佐天子。**子餘使公子降拜。秦伯降，辭。子餘曰：「君稱所以佐天子匡王國者以命重耳，重耳敢有惰心，敢不從德？」** **解**稱，舉也。**公子親筮之，曰：「尚有晉國。」** **解**蓍曰筮。尚，上也，命筮之辭也。《禮》曰：「某子尚享之。」**得貞屯悔豫，皆八也。** **解**内曰貞，外曰悔。震下坎上，屯。坤下震上，豫。得此兩卦，震在屯爲貞，在豫爲悔。八，謂震兩陰爻，在貞在悔皆不動，故曰「皆八」，謂爻無爲也。**疏**「得貞」至「皆八」〇《周禮疏》引服虔曰：「《連山》、《歸藏》之占，以不變者爲占。」襄九年《傳》孔疏亦宗服義。《易乾鑿度》曰：「陽動而進，陰動而退，故陽以七、陰以八爲彖。」鄭康成注：「彖，爻之不變動者。九六，爻之變動者。」《繫辭》曰：「爻，效天下之動也。」然則《連山》、《歸藏》占彖，本質性也；《周易》占變者，效其流動也。彖者，斷也。徐養原曰：「貞屯悔豫，此再筮也。初筮得屯，再筮得豫，胡朏明之説如此。屯豫皆有震體，『主器者莫若長子』，得國之兆也。初筮得貞，六爻不變，再筮得豫，又六爻不變，故曰『皆八』。屯六爻不變，以屯之彖辭占，其繇曰『元，亨，利，貞，勿用，有攸往，利建侯』。豫六爻不變，以豫之彖辭占，其繇曰『利建侯行師』。是以司空季子曰『吉。是在《易》皆利建侯』。蓋九六變而七八不變，乾之坤曰『用九』，坤之乾曰『用六』，六爻皆變謂之九六，六爻皆不變謂之七八。然則《内》《外傳》何以但言八而不言七？《經》曰『陽卦多陰，陰卦多陽』，非獨三畫之卦然也。即六畫之卦，亦莫不然。遇陽卦而六爻不變，則謂之八。遇陰卦而六爻不變，則謂之七。屯、豫皆陽卦，故曰八。案：孔穎達謂『遇八之下別言《周易》』，知此遇八非《周易》。然三人占則原各掌一代之《易》，筮史論其常，故以《歸藏》、《連山》占彖，司空季子以《周易》之辭通夏、殷之法，而占二卦之彖，故下文所引皆《周易》語也。一解《易》稱『天下之動貞夫一』，故卦爻之動，一則正，兩則惑。京氏筮法，一爻變者爲九六，二爻以上變爲八。晉公子得貞屯悔豫，乃三爻變，不稱屯之豫，而稱八，所謂『貞夫一』也。七者蓍之數，八者卦之數，蓍圓而神，卦方以智，神以知來，智以藏往，知來謂卦之未成者，藏往謂卦之已成者，故不曰七而曰八。《春秋》内外傳，無筮得某卦之七者，以七之數未成卦也。」此説雖引經立義，然與鄭義相歧，又與韋解未協，今並兩存之，以俟采擇。**筮史占之，皆曰：「不吉。** **解**筮史，筮人，掌以三《易》辨九筮之名。一夏《連山》，二殷《歸藏》，三《周易》。以《連山》、《歸藏》占此兩卦，皆言不吉。疏解「筮史」至「不吉」〇《周禮》：「大卜掌三《易》之法，一曰《連山》，二曰《歸藏》，三曰《周易》。」鄭注：「易者，揲蓍變易之數，可占者也。名曰《連山》，似山之内出雲氣也。《歸藏》者，萬物莫不歸而藏於其中也。」《洪範》孔傳：「夏、殷、周卜筮各異，三法並卜，從二人之言。」是言筮用三《易》之事。桓譚《新論》：「《連山》八萬言，《歸藏》四千三百言。」魏晉迄隋，遂就湮墜。劉炫僞造《連山》，司馬膺僞造《歸藏》，其言皆不足信也。真本久亡，此《傳》筮史所占，未知爲用《連山》、爲用《歸藏》也。**閉而不通，爻無爲也。」**解閉，壅也。震爲動，動遇坎，坎爲險阻，閉塞不通，無所爲也。**司空季子曰：「吉。是在《周易》皆『利建侯』。**解建，立也。以《周易》占之，二卦皆吉也。《屯》初九曰：「利建侯。」《豫》大象曰：「利建侯行師，吉。」**不有晉國，以輔王室，安能建侯？我命筮曰『尚有晉國』，筮告我曰『利建侯』，得國之務也，吉孰大焉！**解務，猶趨也。

震，車也。解《易》坤爲大車，震爲動、爲雷。今云車者，車亦動，聲象雷，其爲小車乎？疏解「易坤」至「小車」〇《周易·説卦傳》：「坤爲大輿。」古車、輿通。孔穎達曰：「取其能載，故爲大輿。」《説卦》又曰：「震，動也。」虞翻曰：「陽出動行。」《説卦》又曰：「震爲雷。」虞翻曰：「太陽火，得水有聲，故爲雷也。」閔元年《傳》：「畢萬筮仕于晉，遇屯之比，辛廖曰：『震爲土，車從馬。』」杜注：「震變爲坤。震爲車，坤爲馬。」案：「坤爲大輿」，「震，其於馬也爲善鳴，爲馵足，爲作足，爲的顙」，則坤亦爲車，震亦爲馬。蓋坤之用在震，車之行在馬，今季子曰「震，車也」，謂震居初爻，陽動而上，有車在馬後，行而不止之象。「動萬物者莫疾乎雷」，故震爲動，亦爲雷。「震驚百里」，即「大車攸往」之象，是雷即動之徵也。弘嗣以爲小車之聲象雷也，舊無此説，不敢輒定。**坎，水也。坤，土也。屯，厚也。豫，樂也。車班外内，順以訓之。****解**車，震也。班，徧也。徧外内者，謂屯之内有震，豫之外亦有震。坤，順也。豫内爲坤，屯二與四亦爲坤。**泉原以資之，****解**資，財也。屯三至五，豫二至四皆有艮象。豫三至五有坎象。艮山坎水，水在山下爲泉原，流而不竭也。**土厚而樂其實。不有晉國，何以當之？****解**屯、豫皆有坤象，重坤故厚。豫爲樂。當，應也。**震，雷也，車也。坎，勞也，水也，衆也。****解**《易》以坤爲衆，坎爲水，水亦衆之類，故云。**疏**「坎勞」至「衆也」○「坎，勞也」者，《説卦》文。鄭注：「坎，勞卦也。水性勞而不倦，萬物之所歸也。」崔憬注：「陽氣伏於子，潛藏地中，未能浸長，勞局衆陰之中也。」「水也」者，亦《説卦》文。宋衷曰：「坎，陽在中，内光明，有似于水。」「衆也」者，「坤爲衆」。坎得坤之二爻，又其位爲萬物所歸，水涌至而不盈，則所積益厚，故以爲衆之類也。**主雷與車，****解**内爲主也。**而尚水與衆。****解**坎象皆在上，故尚水與衆。**車有震，武也。****解**震，威也。車聲軒隆，象有威武。**疏**「車有震武也」○閔二年《傳》辛廖曰：「安而能殺。」杜注：「坤安震殺。」昭二十五年《傳》：「爲刑罰威獄，以類其震曜殺戮。」是震用威武殺戮之意，故云武也。**衆而順，文也。****解**坤爲衆，爲順，爲文，象有文德，爲衆所歸。**疏**解「坤爲」至「所歸」○「坤爲衆」者，虞翻曰：「物三稱羣，陰爲民，三陰相隨，故爲衆也。」「爲順」者，虞翻曰：「純柔承天時行，故順。」「爲文」者，《九家易》曰：「萬物相雜，故爲文也。」堯「欽明文思安安，協和萬邦」，成王爲文子文孫，「六服羣辟，罔不承德」，故曰「象有文德，爲衆所歸」也。**文武具，厚之至也，故曰屯。****解**屯，厚也。**其繇曰：『元亨，利貞，勿用，有攸往，利建侯。』****解**繇，卦辭也。亨，通也。貞，正也。攸，所也。往，之也。小人勿用有所之，君子則利建侯行師。**疏**「其繇」至「建侯」○《釋文》引服虔《左傳注》：「繇，抽也，抽出吉凶也。」虞翻曰：「剛柔交震，故元亨。之初得正，故利貞矣。之外稱往，動震得正，❶起之欲應，動而失位，故『勿用，有攸往』。震爲侯，初剛難拔，故利于建侯。《老子》曰『善建者不拔』也。」昭七年《傳》：「衛孔成子以《周易》筮立靈公，其卦遇屯。史朝曰：『其繇曰利建侯。嗣吉何建？建非嗣也。』」申生既卒，重耳以庶子入國，此侯所以言建。以彼證此，其義相同也。**主震雷，長也，故曰元。** **解**內爲主，震爲長，男爲雷，雷爲諸侯，故曰元。元，善之長也。**疏**解「雷爲」至「之長」○「雷爲諸侯，故曰元」者，元爲大，亦爲首也。「震驚百里」，公侯之封也。《九家易》曰：「乾者，君卦也。六爻皆當爲君，始而大通，君德會合，故元爲善之長也。」**衆而順，嘉也，故曰亨。** **解**嘉，善也。衆順服善，故曰亨。亨，嘉之會也。**疏**「嘉善」至「之會」○《九家易》曰：「通者爲陽，合而爲乾，衆善相繼，故曰嘉之會也。」**內有震雷，故利貞。** **解**屯內有震。賈侍中云：「震以動之，利也。侯以正國，貞也。利，義之和也。貞，事之幹也。」**疏**解「屯內」至「之幹」○《易》鄭康成注：「震爲雷，雷，動物之氣也。雷之發聲，猶人君出政以動國中之人也，故謂之震。」又曰：「雷發聲聞于百里，古者諸侯之象。諸侯之教令能警戒其國內，則守其宗廟社稷，爲之祭主，不亡匕鬯也。」是時重耳在秦，天啟之心，人惎之謀，厥後朝于武宮，而父子之倫正；師次陽樊，而君臣之倫正，所謂「侯以正國」也。「利，義之和也」者，荀爽曰：「陰陽相和，各得其宜，然後利

❶「動」，《周易集解》作「初」。

矣。」「貞，事之幹也」者，荀爽曰：「陰陽正而位當，則可以幹舉萬事。」車上水下，必伯。解車，震也。水，坎也。車動而上，威也。水動而下，順也。有威而衆從，故必伯也。疏「車上水下必伯」〇諸侯之長，把持政令，以號召天下者爲伯。哀十三年《傳》晉人曰：「於姬姓，我爲伯。」若霸，則月之無光處。《説文》：「霸，月始生霸然。」曰：「《周書》曰：『哉生霸。』」僞伯爲霸，失其義矣。小事不濟，壅也。故曰『勿用，有攸往』。解濟，成也。小事，小人之事。壅，震動而遇坎，坎爲險阻，故曰「勿用，有攸往」。一夫之行也，解一夫，一人也。《易》曰：「震一索而得男。」故曰一夫。又曰：「震作足。」故爲行也。疏解「易曰」至「爲行」〇《易疏》引馬融注：「索，數也。」王肅曰：「索，求也。以乾、坤爲父母而求其子也。得父氣者爲男，得母氣者爲女。」孔穎達曰：「坤初求得乾氣爲震，故曰長男。」又曰：「震動用，故爲足。」衆順而有武威，故曰『利建侯』。解覆述上事。坤，母也。震，長男也。母老子彊，故曰豫。解豫，樂也。其繇曰：『利建侯行師。』居樂出威之謂也。解居樂，母在内也。出威，震在外也。居樂故利建侯，出威故利行師也。疏「故曰」至「行師」〇《易》馬融注：「豫，樂也。」鄭康成注：「坤，順也。震，動也。順其性而動者，莫不得其所，故謂之豫。豫，喜豫悦樂之貌。震又爲雷，諸侯之象，坤元爲衆師役之象，故『利建侯行師』矣。」卦義如此，則占得之者本吉，季子不言坤順震動，而言母老子强者，是時必狐姬尚在，公子又得秦、晉之輔，季子恐公子信筮史不吉之言，故以時事傳合言之，以決其入晉之志慮也。是二者，得國之卦也。」解二者，屯、豫也。十月，惠公卒。十二月，秦伯納公子。解《内傳》：「魯僖二十三年九月，晉惠公卒。而此云十月，賈侍中以爲閏餘十八，閏在十二月後，魯失閏，以閏月爲正月，晉以九月爲十月而置閏也。秦伯於十二月始納公子，公子以二十四年正月入晉桑泉。」疏「秦伯納公子」○《韓非子·十過》篇：「公子入秦三年，秦穆公召羣臣而謀曰：『吾欲輔重耳入之晉。』羣臣皆曰：『善。』公因起卒，革車五百乘，疇騎二千，步卒五萬，輔重耳入之晉。」此納公子之事。**及河，子犯授公子載璧，**解載，祀也。授，還也。**曰：「臣從君還軫巡於天下，惡其多矣！**解巡，行也。**臣猶知之，而況君乎？不忍其死，請由此亡。」**解亡，奔也。**公子曰：「所不與舅氏同心者，有如河水！」沈璧以質。**解如，往也。質，信也。言若不與舅氏同心，不濟此河，往而死也。因沈璧以自誓爲信。疏「沈璧以質」○《韓非子·外儲説》：「文公反國，至河，令籩豆捐之，席蓐捐之，手足胼胝、面目黧黑者後之。咎犯聞之而夜哭，公曰：『寡人出亡二十年，乃今得反國。咎聞之不喜而哭，意不欲寡人反國邪？』犯對曰：『籩豆，所以食也；席蓐，所以卧也，而君捐之；手足胼胝，面目黧黑，勞有功者也，而君後之。今臣有與在後中，不勝其哀，故哭。且臣爲君行詐僞以反國者衆矣，臣尚自惡也，而況於君？』再拜而辭。文公止之曰：『築社者攓撅而置之，端冕而祀之。今子與我取之而不與我治之，與我置之而不與我祀之，焉可？』解左驂而盟于河。」案彼言「解驂」，此言「沈璧」者，襄十八年《傳》：「沈璧以濟。」昭二十四年《傳》：「王子朝以成周之寶圭湛于河。」顏師古曰：「以祭川也。」定三年《傳》：「執玉而沈。」是祭川用玉。《夏官·小子》職「凡沈、辜、侯、禳，飭其牲」。鄭司農云：「沈謂祭川。」是祭川有牲，祭川並用牲、玉也。解驂、沈璧，文互相補，言盟于河，祀河畢而遂盟也。**董因迎公於河，**解因，晉大夫，周太史辛有之後也。《傳》曰：「辛有之二子董之晉。」故晉有董史。**疏**解「因晉」至「董史」○昭十五年《傳》杜注：「辛有，周人也。其二子適晉，爲太史，董督晉典，因爲董氏，董狐其後也。」《漢書·律曆志》顏注：❶「董因，晉之史。因，其名也。」案：狐當晉靈公時，則因實狐之先人也。**公問焉，曰：「吾其濟乎？」對曰：「歲在大梁，將集天行。元年始受，實沈之星也。****解**歲在大梁，謂魯僖二十三年，歲星在大梁之次也。集，成也。行，道也。言公將成天道也。公以辰出，晉祖唐叔所以封也；而以參入，晉星也。元年，謂文公即位之年。魯僖二十四年，歲星去大梁，在實沈之次。受，受於大梁也。自胃七度至畢十一度爲大梁，自畢十二度至東井十五度曰實沈。**疏**解「魯僖」至「實沈」○《漢書·律曆志》：「大梁，初胃七度，穀雨；中昴八度，清明；終畢十一度。實沈，初畢十二度，立夏；中井初，小滿；終井十五度。」案：胃止于十四度，交昴計十一度，終于畢之十一度，則大梁共三十度。畢止于十六度，交觜計二度，交參計九度，終于井之十五度，則實沈共三十一度。錢大昕曰：「古法，歲星與太歲常相應，歲星自丑右行，太歲自子左行。歲移一次，周則復始。歲在大梁，太歲必在辰。辰與酉合，言星可以見歲也。若《三國志注》『建安二十五年歲在大梁，而青龍在庚子』，則太歲與歲星不能相通爲一法矣。」**實沈之虛，晉人是居，所以興也。****解**虛，次也。是居，居其分次所主祀也。《傳》曰：「高辛氏有子，季曰實沈，遷于大夏，主祀參，唐人是因。成王滅唐而封叔虞，南有晉水，子燮改爲晉侯，故參爲晉星。」**疏**「實沈」至「以興」○《地理志》臣瓚注：「唐，

❶「志」，原作「注」，今據《漢書》改。

今河東永安是也，去晉四百里。」又云：「堯居唐，東於彘十里，順帝改彘曰永安。」則瓚以唐國爲永安。皇甫謐曰：「堯始封於唐，今中山唐縣是也。後徙晉陽。及爲天子，都平陽，於《詩》爲唐國。」《括地志》：「唐城有二，一在并州晉陽縣北二里，爲太原之唐城。一在絳州翼縣西二十里，即堯裔子所封，爲平陽之唐城。兩地相去七百餘里。」王伯厚《詩地理考》謂《括地志》晉陽之唐城，即燮父所徙處。案：《地理志》太原郡晉陽縣：「故《詩》唐國，龍山在西北，晉水所出，東入汾。」臣瓚、顏師古並指爲永安，蓋叔虞始封在永安，即瓚所謂堯居之唐。燮父徙晉水之南，即晉陽之唐城。穆侯又遷于翼，即平陽之唐城。自晉陽以後，國雖稱晉，而地仍冠之以唐。《晉世家》言唐叔封於河汾之東，正指最初之永安而言也。○解「傳曰」至「晉星」○「唐人是因」者，《鄭世家》集解引《左傳》賈逵注：「唐人，謂陶唐氏之胤劉累也。事夏帝孔甲，封于大夏，因實沈之國，子孫以服事商也。」服虔注：「大夏在汾、澮之間。」正義謂：「劉累遷于魯縣，夏后蓋別封劉累之後于夏之墟，爲唐侯。至周成王時，唐人作亂，成王滅之，而封太叔，遷唐人子孫於杜，謂之杜伯。」《水經》：「晉水，出晉陽縣西縣甕山，東過其縣南。又東，入于汾水。」酈注：「縣，故唐國。」《晉書·地道記》及《十三州志》並言晉水出龍山，一名紡紬山，在縣西北，非也。《山海經》曰：「縣甕之山，晉水出焉。」今在縣之西南。昔智伯遏晉水以灌晉陽，其川上溯。後人踵其遺跡，畜以爲沼。沼西際山枕水，有唐叔虞祠。《晉世家》：「成王與叔虞戲，削桐葉爲珪，以與叔虞，曰：『以此封若。』史佚因請擇日立叔虞。成王曰：『吾與之戲耳。』史佚曰：『天子無戲言。言則史書之，❶禮成之，樂歌之。』於是遂封叔虞於唐。叔虞字子于。唐叔子燮，是爲晉侯。」

❶「言」，原脱，今據《史記·晉世家》補。

正義引《宗國都城記》云：❶「唐叔虞之子燮父徙居晉水傍，今并理故唐城。唐者，即燮父所徙之處。其城南半入州城，中削爲防，城牆北半見在。」《毛詩譜》云：「叔虞子燮父，以堯墟南有晉水，改曰晉侯。」參九度全在實沈次内，故參爲晉星也。**今君當之，無不濟矣。**解當歲星在實沈之虚，故無不成。**君之行也，歲在大火。大火，閼伯之星也，是謂大辰。**解君之行，謂魯僖五年重耳出奔，時歲在大火。大火，大辰也。《傳》曰：「高辛氏有子曰閼伯，遷於商丘，祀大火。」疏解「大火」至「祀大火」〇《爾雅·釋天》：「大火謂之大辰。」《公羊傳疏》引孫炎注：「大火，心也。其中最明，故時候主焉。」又引李巡注：「大火，蒼龍宿之心，以候四時，故曰大辰。」案：心星色明而易識，故《詩》屢言「三星」，鄭箋以爲心星也。**辰以成善，后稷是相，唐叔以封。**解成善，謂辰爲農祥，周先后稷之所經緯，以成善道。相，視也，謂視農祥以戒農事。封者，唐叔封時，歲在大火。**瞽史記曰：『嗣續其祖，如穀之滋。必有晉國。』**解瞽史記云：「唐叔之世，將如商數。」今言「嗣續其祖」，明趣同也，言晉子孫將繼續其先祖，如穀之蕃滋，故必有晉國。**臣筮之，得泰之八，**解乾下坤上泰。遇泰無動爻，筮爲侯。泰三至五震爲侯。陰爻不動，其數皆八，與「貞屯悔豫皆八」義同。**曰：『是謂天地配亨，小往大來。』**解陽下陰升，故曰「配亨」。小，諭子圉。大，諭文公。陰在外爲「小往」，陽在内爲「大來」。疏「是謂」至「大來」〇《周易集解》荀爽曰：「坤氣上升以成天道，乾氣下

❶「宗國都城記」，原作「國都城」，今據《史記·晉世家》正義改。

降以成地道。天地二氣，若時不交，則爲閉塞。今既相交，乃通泰。」斯即天地配亨之義。又引虞翻曰：「坤陰詘内爲小往，乾陽信内稱大來。」斯即「小往大來」之義。**今及之矣，何不濟之有？且以辰出，而以參入，皆晉祥也，** **解**辰，大火也。參，伐也。參在實沈之次。**疏**「且以」至「晉祥」○班孟堅《幽通賦》：「戎女烈而喪孝兮，伯徂歸於龍虎。」應劭注：「伯，文公也。」孟康注：「歲在卯出，歷十九年，過一周，歲在酉入。卯，東方，爲龍；酉，西方，爲虎也。」張銑注：「辰星，龍也，往必應之。參，虎星也，歸則應之。」○解「參伐」至「之次」○《史記・天官書》：「參爲白虎。三星直者，是謂衡石。下有三星，兑曰罰，爲斬艾事。其外四星，左右肩股也。」孟康曰：「參三星者，白虎宿中西直似稱衡。」張守節謂：「觜三星，參三星，外四星爲實沈，於辰在申。」罰亦作伐，《春秋運斗樞》曰：「參，伐事，主斬伐也。」《律書》：「涼風北至於罰，罰者，言萬物氣奪可伐也。北至於參，參亦言萬物可參也。故曰參七月也。」實沈之次，自畢十二度至井十五度，畢終十六度而入觜，觜終二度而入參，參終九度而入井，則參正當實沈之中央，故云參在實沈之次。**而天之大紀也。** **解**所以大紀天時也。《傳》曰：「大火爲大辰，伐亦爲大辰。」辰，時也。**濟且秉成，必霸諸侯。** **解**秉，執也。**子孫賴之，君無懼矣。」公子濟河，召令狐、臼衰、桑泉，皆降。** **解**三者皆晉邑。召，召其長也。**疏**解「三者皆晉邑」○令狐，今山西平陽府猗氏縣西十五里有令狐城。桑泉，僖二十四年《傳》杜注：「在河東解縣西。」今平陽府臨晉縣東十三里有桑泉城。臼衰，杜注：「解縣東南有臼城。」今平陽府解州西北。**晉人懼，懷公奔高梁。** **解**高梁，晉地。**呂甥、冀芮帥師，甲午，軍於廬柳。** **解**甲午，魯僖二十四年二月六日。廬柳，晉地。軍，猶屯也。**疏**解「甲午」至「晉地」○黄丕烈引李鋭説，謂「六當作四，於《三統術》是歲正月庚寅朔，五日甲午時失一閏，而朔後《三統》一日，故云二月四日」。「廬柳，晉地」者，今山西平陽府猗氏西北有廬柳城。**秦伯使公子縶如師，**解告曉吕、冀。**師退，次於郇。**解郇，晉地。退，師聽命也。疏解「郇晉地」〇《漢書·地理志》臣瓚注：「《汲郡古文》晉武公滅荀以賜大夫原氏黯，是爲荀叔。」又云：「文公城荀，今河東有荀城，古荀國。」《水經·涑水》注：「涑水又西，逕郇城。《詩》云『郇伯勞之』，蓋其故國。杜元凱《春秋釋例》：『今解縣西北有郇城。』服虔曰：『郇國在解縣東，郇瑕氏之墟也。』」又引京相璠《春秋土地名》：「桑泉、臼衰並在解東南。不言解，明不至解。今解故城東北二十四里有故城，在猗氏故城西北，鄉俗名之爲郇城。考服虔之説，又與俗符。」齡案：懷公遣距重耳之師由東嚮西，今聽秦伯納重耳之命，故退而東還，由廬柳越解而東，則郇當在解東。若如杜氏之言郇在解西北，則當言晉師進及郇，不當言退矣。服義優於杜也。**辛丑，狐偃及秦、晉大夫盟於郇。壬寅，公入於晉師。甲辰，秦伯還。**解秦伯送公子於河上，公入而還。**丙午，入於曲沃。丁未，入於絳，即位於武宮。**疏「即位於武宮」〇僖二十四年《傳》杜注：「文公之祖武公廟。」**戊申，刺懷公於高梁。**解刺，殺也。

初，獻公使寺人勃鞮伐公於蒲城，解勃鞮，寺人披也。伐蒲城在魯僖五年。**文公踰垣，勃鞮斬其袪。**解袪，袂也。疏解「袪袂」〇僖五年《傳》孔疏：「《禮·深衣》記云：『袂之長短，反詘之及肘。』《喪服》云：『袂屬幅，袪尺二寸。』幅謂衣之身也。袂屬于幅，長于手，反詘至肘，則從幅盡于袖口，總名爲袂。其袂近口又别爲袪。此斬其袪，斬其袖之末也。《詩·唐風·羔裘》傳云：『袪，袂末。』《玉藻》鄭注：『袪，袂口。』但袂是總名，得以袂表袪，故云袪袂也。」**及入，勃鞮求見，公辭焉，曰：「驪姬之讒，爾射予於屏内，**

解樹謂之屏。禮：諸侯内屏。**困予於蒲城，斬予衣袪。又爲惠公從予於渭濱，**解濱，涯也。重耳在翟，從翟君獵於渭濱，勃鞮爲惠公就殺之。疏解「濱涯」至「殺之」○《韓非子・難三》：「文公出亡，獻公使寺人披攻之蒲城。文公奔翟，惠公即位，又使攻之惠竇，不得也。」案：渭水之濱，純言耳。舉其地之名，則惠竇也。**命曰三日，若宿而至。**解命使三日，一宿而至。若，汝也。**若干二命，以求殺予。**解干，犯也。二命，獻、惠之命。**予於伯楚屢困，何舊怨也？**解伯楚，勃鞮字也。屢，數也。數見困，有何舊怨也。**退而思之，異日見我。」對曰：「吾以君爲已知之矣，故入。**解知爲君爲臣之道也。入，反國也。**猶未之知，又將出矣。**解猶未知之，將復失國出走也。**事君不貳，是謂臣；好惡不易，是謂君。**解易，反也。**君君臣臣，是謂明訓。**解訓，教也。**明訓能終，民之主也。二君之世，蒲人、翟人，予何有焉？**解當獻、惠之世，君爲蒲人、翟人耳。二君之所惡也，於我有何義而不殺君乎？**除君之所惡，唯力所及，何貳之有？今君即位，其無蒲、翟乎？**解獨無有所畏惡如蒲、翟者乎？**伊尹放太甲，而卒以爲明王，**解太甲，湯孫，太丁之子也，不明而伊尹放之桐宮。三年，太甲改過，伊尹復之，卒爲明王。疏「伊尹放太甲」○襄二十一年《傳》：「祁奚曰，伊尹放太甲而相之，卒無怨色。」孟子答萬章曰：「太甲顛覆湯之典刑，伊尹放之於桐。三年，太甲悔過，自怨自艾，於桐處仁遷義，三年，以聽伊尹之訓己也，復歸于亳。」《殷本紀》：「帝太甲既立三年，不明，暴虐，于是伊尹放之于桐宮。三年，伊尹攝行政事。帝太甲居桐宮，三年，悔過自責，反善，于是伊尹乃迎帝太甲而授之政。」王鳴盛曰：「首三年字，指初即位後；下三年，指被放後，前後共六年。今晚出之《太甲》中篇，乃謂『唯三祀十有二月朔，伊尹以冕服奉嗣王歸于亳』，似元祀放桐，三祀除喪歸亳，與《史記》不合。案：司馬遷嘗從孔安國問故，得真古文《尚書》，其説確有所本，不可反因晚出之古文《尚書》而疑之。至謂『王潛出自桐，殺伊尹』，此又晉人之妄語，不足詰也。」○解「太甲」至「桐宫」○閻若璩曰：「《殷本紀》注引鄭康成曰：『桐，地名也，有王離宫焉。』似注《書序》語，初不指桐爲湯葬地。魏晉間孔傳出，始有此説。此説果真，是漢武帝時已知湯葬處矣，何劉向告成帝曰『殷湯無葬處』乎？直至哀帝建平元年，大司空御史長卿案行水災，因行湯冢，始得之，劉向固不知也。向且不知，而謂孔安國知之乎？趙岐注桐爲邑，亦不云葬地。《後漢·郡國志》梁國有虞縣，有薄縣。虞則有空桐地，有桐地，有桐亭。薄下注云有湯冢。雖相去未遠，判然各爲一縣所有，豈得指桐爲湯墓乎？」**管仲賊桓公，而卒以爲侯伯。**解賊，謂爲子糾射桓公也。**乾時之役，申孫之矢集於桓鉤，**解乾時之戰，在魯莊九年。申孫，矢名。鉤，帶鉤也。疏「乾時之役」○莊九年《傳》杜注：「乾時，齊地。時水在樂安縣界支流，旱則渴涸，❶故曰乾時。」案：樂安故城在今山東青州府博興縣北，時水在其南。○「申孫」至「桓鉤」○襄二年《傳》：「鄭成公曰：『楚君以鄭故，親集矢于其目。』」疏引《説文》曰：「鳥之短尾者，總名爲隹。隹在木上爲集。」集是鳥在木上之名，矢有羽似鳥，故亦稱集也。《文選》枚叔《七發》李善注引《國語》賈逵注：「鉤，帶鉤也。」是韋解本賈注也。**鉤近於袪而無怨言，**解近，害近也。鉤在腹，袪在手。**佐相以終，克成令**

❶「渴」，《春秋左傳正義》作「竭」。

名。今君之德宇，何不寬裕也？解宇，覆也。惡其所好，其能久矣？解言己忠臣，君所當好，而反惡之，能久爲君乎？君實不能明訓，而棄民主。解棄爲民主之道。余，辠戾之人也，又何患焉？解勃鞮，閹士，故曰辠戾之人。且不見我，君其無悔乎！」於是呂甥、冀芮畏偪，悔納公，謀作亂，解此二子本惠公黨，畏見偪害，故謀作亂。將以己丑焚公宫，解己丑，魯僖二十四年三月朔，時以爲二月晦。公出救火而遂殺之。伯楚知之，故求見公，公懼，遽見之，解遽，疾也。曰：「豈不如女言，然是我惡心也，解惡心，心惡，謂不恕也。吾請去之。」伯楚以呂、郤之謀告公。公懼，乘馹自下，脱會秦伯於王城，解馹，傳也。自，從也。下，下道也。脱會，遁行潛逃之言也。王城，秦河上邑。疏解「馹傳也」○《爾雅·釋言》：「馹，遽傳也。」《説文》：「馹，驛傳也。」《左傳·文十六年》疏引舍人云：「馹，尊者之傳也。」然襄二十七年《傳》：「子木使馹謁諸王。」二十八年《傳》：「吾將使馹奔問之晉。」則馹不專屬尊者。《左傳疏》又引《爾雅》孫炎注：「傳，車。馹，馬。」郭注則曰：「皆傳馹馬之名。」案：古無單騎，則馹自兼車馬也。○解「脱會」至「之言」○襄十八年《傳》杜注：「脱，不張旗幟。」告之亂故。及己丑，公宫火，二子求公不獲，遂如河上，秦伯誘而殺之。

文公之出也，豎頭須，守藏者也，不從。解豎，文公内豎里鳧須也。公出不從，竊藏以逃，盡用以求納公。疏解「豎文」至「納公」○《周禮·天官》鄭注：「豎，未冠者之官名。」《韓詩外傳》：「晉文公亡過曹，里鳧須從，因盜重耳資而亡。重耳無糧，餒，不能行，介之推割股以食重耳，然後能行。」案：《内傳》須言何必罪居者，則須自在晉，無同出過曹之事。《韓詩》之説非也。**公入，乃求見，公辭焉以沐。謂謁者曰：「沐則心覆，**解謁，告也。覆，反也。沐低頭，故言心反也。疏「謂謁者曰」〇《戰國策》：「蘇秦謂楚王曰：『謁者難得見如鬼，王難得見如帝。』」《漢書・藝文志》：「成帝使謁者陳農求道書於天下。」《後漢書・靈帝紀》：「二年春大疫，使常侍、中謁者巡行致醫藥。」則謁者自是官名。**心覆則圖反，宜吾不得見也。從者爲羈紲之僕，**解馬曰羈，犬曰紲，言二者臣僕之役也。**居者爲社稷之守，何必辠居者。國君而讎匹夫，懼者衆矣。」謁者以告，公遽見之。**

元年春，公及夫人嬴氏至自王城。解文公元年，魯僖二十四年。賈侍中云：「是月失閏，以三月爲四月，故曰春，而不言其月。明四月爲春分之月也。嬴氏，秦穆公女文嬴也。」或曰：「夫人，辰嬴也。《傳》曰『辰嬴賤，班在九人』，非夫人也。」賈得之。疏解「嬴氏」至「得之」〇《韓非子・外儲説》：「秦伯嫁其女於晉公子，令晉爲之裝飾。從文衣之媵七十人，至晉，晉人愛其妾而賤公女。」此夫人初至事也。**秦伯納衛三千人，實紀綱之僕。**解所以設國紀綱也，爲之備衛。僕，使也。疏「秦伯」至「之僕」〇《韓非子・十過》篇：「穆公以疇騎二千，輔公子重耳入晉。」《禮記疏》引漢律：「民年二十，傅之疇官，各從其父學習騎射。」即所謂紀綱之僕也。高誘曰：「衛，猶護助也。」文七年《内傳》服虔注：「衛，從兵也。」**公屬百官，賦職任功。**解屬，會也。賦，授也。授職事，任有功也。**棄責薄斂，施舍分寡。**解棄責，除宿責也。施，施德也。舍，舍禁也。分寡，分少財也。**救乏振滯，匡困資無。**解救乏，救乏絶也。振，拯也，拯淹滯之士。臣，正也，正窮困之人。資無，予無財者。**輕關易道，通商寬農。**解輕關，輕其税也。易道，除盜賊也。通商，利商旅也。寬農，寬其政，不奪其時。**茂穡勸分，省用足財。**解茂，勉，勉稼穡也。勸分，勸有分無也。省，減省國用也。足財，備凶年也。**利器明德，以厚民性。**解利器，利器用也。明德，明德教也。厚民性，厚其性情。**舉善援能，官方定物，**解方，常也。物，事也。立其常官，以定百事。**正名育類。**解正名，正上下服位之名。育，長也。類，善也。疏解「正名」至「之名」○《論語・述而》馬融注：「正百事之名。」皇侃《義疏》：「必須正名者，爲時昏禮亂，言語飜雜，名物失其本號，故必以正名爲先。《韓詩外傳》云：孔子侍坐季孫，季孫之宰通曰：『君使人假馬，其與之否乎？』孔子曰：『君取臣，謂之取，不謂之假。』季孫悟，告宰通曰：『今日以來，云君有取，謂之取，無曰假也。』故孔子正假馬之名，而君臣之義定也。」案：《論語》皇疏引《韓詩》，就君臣一端以爲之準。是時晉亂初平，必上下有服，尊卑不踰，而後紀綱可立，故弘嗣以上下服位言之。**昭舊族，**解昭，明也。舊族，舊臣有功者之族。**愛親戚，明賢良，**解明，顯也。**尊貴寵，**解國之貴臣尊寵之。**賞功勞，事耇老，禮賓旅，**解旅，客也。**友故舊。**解故舊，爲公子時也。**胥、籍、狐、箕、欒、郤、柏、先、羊舌、董、韓，實掌近官。**解十一族，晉之舊姓，近官朝廷者。疏「胥籍狐箕」○僖二十三年《傳》：「司空季子。」杜注：「胥臣臼季也。」孔疏：「胥，氏也。臣，名也。食采于臼邑，字季子，而爲司空之官。」案：胥氏始于此。昭十五年《傳》：「王曰，昔而高祖孫伯黶，司晉之典籍，故曰籍氏。」疏引《世本》云：「黶生司空頡，頡生南里叔子，子生叔正官伯，伯生司徒公，公生曲沃正少襄，襄生司功大伯，伯生侯季子，子生籍游，游生談，談生秦。」案：文公時不知籍氏當何世也。閔二年，狐突始見于《傳》。《晉語》叔詹曰：「狐氏出自唐叔，狐姬，伯行之子也。」杜預曰：「狐突，伯行，重耳外祖父。」又曰：「大戎，唐叔子孫别在戎狄者。」蓋先出在戎，後復歸晉也。文九年，箕鄭見于《經》。文七年《傳》杜注：「箕鄭將上軍。」則亦卿也。但先人當晉文時者，未詳何名。○「欒郤柏先」○桓五年《傳》：「惠之二十四年，晉封桓叔於曲沃。靖侯之孫欒賓傅之。」孔疏曰：「特云『靖侯之孫』，言其得貴寵公孫爲傅相也。此人之後，遂爲欒氏，蓋其父字欒。」案，文公時爲欒枝。僖二十五年《傳》杜注：「欒枝，欒賓之孫。上伐翟柤傳，郤叔虎始見。」僖六年，郤乞始見于《左傳》，「晉文蒐于被廬，郤縠將中軍，郤溱佐之」。但《世本》久亡，無由知其傳次。宣十五年，伯宗始見于《傳》，其先人當晉文時者不知何名。據昭三年《春秋》疏，伯氏爲大夫，非卿也。先氏，自閔二年皋落氏之戰，先友、先丹木始見于《傳》。被廬之蒐，先軫佐下軍。其後先且居因父功將中軍。文二年，先蔑奔秦。宣十三年，晉人討邲之敗與清之師，歸罪于先縠而殺之，盡滅其族。○「羊舌董韓」○閔二年《傳》孔疏：「羊舌，氏也。爵爲大夫，號曰羊舌大夫，不知其如何也。此人生羊舌職，職生叔向。《譜》云：『羊舌氏，晉之公族，羊舌，其所食邑。』或曰，羊舌，氏；姓李，名果。有人盜羊而遺其頭，不敢不受，受而埋之，後盜羊事發，辭連李氏，李氏掘羊頭而示之，以明己不食，惟識其舌，舌存得免，號曰羊舌。」案：《唐書·宰相世系表》：「晉武公子伯僑生文，文生突，羊舌大夫也。突生職，職五子：赤、肸、鮒、虎、季夙。」則世系甚明。至盜羊埋頭之説，雖廣異聞，不足爲典要也。昭十五年《傳》：「王曰：『及辛有之二子董之晉，於是乎有董史。』」杜注：「辛有，周人也。其二子適晉爲太史，籍黶與之共董督晉典，因爲董氏。」案：辛有，平王時人，則東遷之初，董氏已在晉。或引文六年「改蒐於董」杜注「河東汾陰縣有董亭」，指爲董氏食邑。然董氏以官爲氏，非以邑爲氏，其説非也。桓三年「曲沃伐翼，韓萬御戎」，韓氏始見于《傳》。杜注：「韓萬，莊伯弟。」則萬爲桓叔子，故《晉語》叔向謂韓宣子曰「能修武子之德」。起再拜謝曰：「自桓叔以下，偕吾子之賜。」《史記索隱》引《世本》曰：「萬生賕伯，賕伯生定伯簡，簡生與，與生獻子厥。」世次甚明。乃《韓世家》曰：「韓之先與周同姓，姓姬氏。其後苗裔事晉，得封韓原，曰韓武子。武子三世後有韓厥。」司馬貞曰：「《左傳》『邘、晉、應、韓，武之穆也』。今據此文。」齡案：太史公之意謂晉滅武穆之韓，復封其裔於韓原，非曲沃成師之子。然《左傳》言魏爲公侯之子孫，必復其始，而韓無聞焉。則韓未必爲韓侯之裔。況《左傳》及《世本》並言韓萬爲韓氏之始，則與「邘、晉、應、韓」之「韓」無涉也。**諸姬之良，掌其中官。**解諸姬，同姓也。中官，内官也。**異姓之能，掌其遠官。**解遠官，縣鄙也。**公食貢，**疏「公食貢」〇《周官禮·大司徒》：「諸侯之地，封疆方五百里，其食者半。諸侯之地，封疆方四百里，其食者參之一。諸伯之地，封疆方三百里，其食者參之一。諸子之地，封疆方二百里，其食者四之一。諸男之地，封疆方百里，其食者四之一。」鄭司農注：「其食者半，公所食租税得其半耳。其半皆附庸小國也，屬天子。參之一者亦然。」案：此《傳》言食貢者，言於參之一租税之外，無溢斂也。《王制》鄭注謂取其美物以當穀税。《禹貢》馬注：「采，事也。」案：大夫能服王事，故以采邑酬之也。**大夫食邑，**疏「大夫食邑」〇邑即采邑。**士食田，**解受公田也。疏「士食田」〇《漢書·食貨志》：「士工商受田，五口乃當農夫一人。」《周官禮·載師》疏：「士之子不免農，大夫之子乃免農。」據此，則士得食其自耕之田。襄二十九年《傳》：「趙武以絳老爲絳縣師，與之田，使爲君復陶。」案：縣師上士，故知士受公田也。**庶人食力，**解各由其力。疏「庶人食力」〇《周官禮・大宰》：「五曰府，掌官契以治藏；六曰史，掌官書以贊治；七曰胥，掌官敘以治敘；八曰徒，掌官令以徵令。」蓋以上農九人，其次八人、七人、六人，其下五人，等其在官之禄，以酬其百畝之獲，《禮器》言「食力無數」是也。**工商食官，**解工，百工也。商，官賈也。《周禮》府藏皆有賈人，以知物賈。食官，官廩之。疏「工商食官」〇「工，百工也」者，《考工記》：「審曲面埶，以飭五材，以辨民器，謂之百工。凡攻木之工七，攻金之工六，攻皮之工五，設色之工五，刮摩之工五，摶埴之工二。」「商，官賈也」者，玉府賈八人，典婦功賈四人，典絲賈四人，太府賈十六人，司會賈五人，職幣賈四人。賈公彦曰：「有賈者，官府須有市賈，并須知物貨善惡故也。」《地官・載師》：「以賈田任近郊之地。」注：「賈田，在市賈人其家所受田也。」《漢書・食貨志》：「士工商受田，五口而當農夫一人。」《管子》言「工治功，能不爲官工者，與工而不與分焉」，則官工當有分田矣。古者以田制禄，官廩之者，即受田於官，非如後世之以錢粟制俸也。**皁隸食職，**解士臣皁，皁臣輿，輿臣隸。食職，各以其職大小食禄也。疏「皁隸食職」〇昭七年《傳》疏引服虔注：「皁，造也，造成事也。隸，隸屬于吏也。」舉皁隸則輿、僚、僕、臺可概矣。**官宰食加。**解官宰，家臣也。加，大夫之家田也。《論語》曰：原憲爲家邑宰。疏解「官宰」至「邑宰」〇《周禮・司勳》：「加田無國征。」賈疏：「加田是加恩厚，又不税入天子。」説者多引加田以釋此《傳》「食加」。案：《司勳》疏言：「大夫士賜地有四種，大夫以上有采，又有賞田及加田，《載師》又有仕田。」則加田必於賞田之外，更爲加增，非有破格之功不能得此，豈陪臣得引爲常例？況官宰列于庶人皁隸之後，必非小宰之尊，當爲家臣之賤。齊鮑國爲魯施氏宰，有百室之邑，故知大夫有家田也。引《論語》者，古以田爲禄，九百即田所收也。**政平民阜，財用不匱。**解阜，安也。

冬，襄王避昭叔之難，居於鄭地氾。解文公元年冬也。周襄王，周惠王之子。昭叔，襄王弟太叔帶也，是爲甘昭公，故曰昭叔。惠王生襄王，以爲太子；又娶于陳，曰惠后，生昭叔，惠后將立之，未及而卒。昭叔奔齊，襄王復之，又通於襄王之后翟隗。❶王廢隗氏，翟人伐周，故襄王避之於氾。氾，地名。疏解「氾地名」○《周本紀》正義引《括地志》：「故汎城，在許州襄城縣南一里。」《水經·河水》注：「鄤溪水東流，注于氾水。又東逕虎牢城東，漢破司馬欣、曹咎于是水之上。氾水又北流，注于河，《征艱賦》所謂『步氾口之芳艸，弔周襄之鄙館』者也。」余案：昔儒之論周襄王所居在潁川襄城，是乃城名，非爲水目。原夫致謬之由，蓋俱以氾、鄭爲名故也。又《汝水》注云：「襄二十六年『楚伐鄭，涉氾而歸』，杜注：『涉汝水于氾城下也。』晉襄城郡治。京相璠曰：『周襄王居之，故曰襄城。』」齡案：氾有二。僖三十年「秦軍氾南」。杜注：「此東氾也，在滎陽中牟縣南。」此《傳》襄王適鄭居氾，此南氾也。杜預曰：「在襄城縣南。」孔穎達曰：「南氾是襄城縣南。」則鄭之西南境，南近于楚，西近于周，故「王處于氾」，及「楚伐鄭，師于氾」，皆以爲南氾。其東氾在中牟南，去鄭城既近，僖三十年「秦軍氾南」，故爲東氾，各就其所近而言也。宋公序《補音》：「氾音汎，或音似。」今案：周襄王所居南氾也，在襄城，音扶巖反。音似者，成皋氾水，非襄城也。或音誤。**使來告難，亦使告於秦。**解王使簡師父告晉，亦使左鄢父告秦。**子犯曰：「民親而未知義也，**解親，親君也。未

---

❶「隗」，原作「𢥞」，今據宋公序本《國語》改。

知義，故末和也。**君盍納王以教之義。**解使知尊上之義。**若不納，秦將納之，則失周矣，**解失所以事周也。**何以求諸侯？**解無以爲諸侯盟主。**不能修身，而又不能宗人，人將焉依？**解宗，尊也。**繼文之業，定武之功，**解文，晉文侯仇也。平王東遷，文侯輔之，受圭瓚秬鬯。武，重耳之祖武公稱也，始并晉國。**啟土安疆，於此乎在矣，君其務之。」**解在此納王也。**公説，乃行賂於草中之戎與麗土之翟，以求東道。**解二邑戎、翟，間在晉東。疏解「二邑」至「晉東」〇《吕氏春秋·貴因篇》：「文公與草中之戎、麗土之翟，定天子於成周。」蓋二邑以兵從晉也。《漢書·匈奴傳》：「晉北有林胡、樓煩之戎。」又云：「其得漢繒絮以馳艸棘中，衣袴皆裂弊，以視不如旃裘堅善也。」艸中指俗言，非地名也。《漢書·地理志》南陽郡酈縣：「育水出西北，南入漢。」如淳曰：「酈音蹢躅之蹢。」**二年春，公以二軍下，次於陽樊。**解二軍，左、右軍也。東行曰下。陽樊，周邑。**右師取昭叔於温，殺之於隰城。**解温、隰城，皆周地也。昭叔通翟后，與俱處温，故取殺之。疏解「温隰城皆周地」〇《水經·河水》引服虔、賈逵曰：「河陽，温也。《漢書·地理志》、司馬彪、袁山松《郡國志》、《晉太康地道記》、《十三州志》：河陽，别縣，非温邑也。」今河北見者，河陽城故縣也，在治阪西北，蓋晉之温地。《河水》注又引《土地名》隰城在懷縣西南，《左傳》杜注同。案：今在河南懷慶府武陟縣西南十五里，隰城是也。**左師迎王於鄭。王入於成周，遂定之於郟。**解成周，周東都。郟，王城也。**王饗醴，命公胙侑。**解饗，設饗禮也。《傳》曰：「戰克而王饗。」饗醴，飲醴酒也。命，加命服也。胙，賜祭肉也。侑，侑幣。謂既食，以束帛侑公。疏「王饗」至「胙侑」〇饗者，亨太牢以飲賓，是禮之大者，故曰「大飲賓曰饗」。獻如命數，殺牲、俎豆盛于食燕。宣十六年《傳》「王饗，有體薦」是也。僖二十八年《傳》：「王饗醴，命晉侯侑。」以彼例此，是命公以束帛，非加公以命服也。胙即酢，非祭肉也。蓋命服必遣使至國賜之，《周語》「王命太宰及内史叔興父賜晉侯命服，晉侯郊勞」，則在其國也，不得乘饗時賜之。即《覲禮》言「諸公奉篋服」，亦就館賜之，非乘饗時賜之。至祭肉，亦必遣使至其國賜之。宰孔賜齊侯胙可據，安得以饗時賜之？況王甫入王城，安得有祭？韋義殊違《傳》意。侑即侑幣者，《爾雅·釋詁》：「酢、侑，報也。」《説文》：「醋，客酌主人也。」醋、酢古今字，《廣韻》引《倉頡篇》：「客報主曰酢。」公不敢以賓自處，故王命之酢，以爲歡也。《小雅·楚茨》毛傳：「侑，勸也。」《釋詁》郭注：「此通謂相報答，不主于飲酒。」故束帛亦得爲侑也。**公請隧，弗許。**解三君云：「隧，王之葬禮。」昭謂：隧，六隧之地，事見《周語》。**曰：「王章也，**解章，表也，所以表明天子與諸侯異物。**不可以二王，**解國無二王。**無若政何。」**解無以爲政于下。**賜公南陽陽樊、温、原、州、陘、絺、鉏、欑茅之田。**解八邑，周之南陽地。疏「原州」至「之田」○《漢書·地理志》「河内郡軹縣」，孟康曰：「原鄉，晉文公所圍。」《水經·濟水》注：「今濟水重源，出軹縣西北平地。水有二源。東源出原城東北，昔晉文公伐原，即此城。其水逕其城東故縣之原鄉，杜預曰『沁水縣西北有原城』者是也。」案：今河南懷慶府濟源縣西北有原鄉。州，隱十一年《傳》杜注：「州，縣。」案：州故城在今懷慶府河内縣東五十里。陘，杜注闕。案：太行陘在今懷慶府西北三十里，一名丹陘。絺，《漢書·地理志》「河内郡波縣」，孟康曰：「今有絺城，晉文所得賜者。」隱十一年《傳》杜注：「在野王縣西南。」案：今懷慶府河内縣西南三十里有絺城。鉏，襄四年《傳》杜注：「后羿本國。」《元和郡縣志》：「故鉏城，在滑州衛南縣十五里。」攢茅，《水經・清水》注：「陂水之北際澤，側有隤城。一丘際陂，北隔水十五里。又有一丘際山，世謂之勑丘，方五百步，形狀相類，疑即古攢茅也。杜預曰『在修武縣北』，所未詳也。」案：今懷慶府修武縣北二十里有大陸村，或謂即攢茅也。《水經・清水》注：「馬季長曰：『晉地自朝歌以北至中山，爲東陽，朝歌以南至軹爲南陽。』應劭《地理風俗記》云：『河内，殷國，周名之爲南陽。』」蓋八邑皆南陽界内也。**陽人不服，**解不肯屬晉。**公圍之，將殘其民。倉葛呼曰：**解倉葛，陽樊人。**「君補王闕，以順禮也。**解補王失位之闕，以順爲臣之禮。**陽人未狎君德，**解狎，習也。**而未敢承命。君將殘之，無乃非禮乎！陽有夏、商之嗣典，有周室之師旅，**解典，法也。旅，衆也。言有夏、商之後嗣及其遺法，與周室之師衆。**樊仲之官守焉，**解樊仲，宣王臣仲山甫也，食采於樊。疏解「樊仲」至「於樊」〇《詩・崧高》篇毛傳：「仲山甫也。」《周易述義》引權德輿曰：「魯獻公仲子曰山甫，入輔於周，食采於樊。」則樊仲之後，與晉同姬姓。**其非官守，則皆王之父兄甥舅也。君定王室而殘其姻族，民將焉放？**解放，依也。**敢私布之於吏，**解布，陳也。吏，軍吏也。**唯君圖之。」公曰：「君子也。」乃出陽人。**解出，降也。**文公伐原，**解原不服，故伐之。疏「文公伐原」〇《吕氏春秋・爲欲》篇：「晉文公伐原，與士期七日。七日而原不下，命去之。謀將下矣，師吏請待之。公曰：『信，國之寶也。得原失寶，吾不爲也。』遂去。明年復伐之，與士期必得原，然後反。原人聞之，乃下。」案：《内傳》明言「退一舍而原降」，安有明年之事？如吕氏言，則原非服于退兵之信，而服于再伐之威矣，其言殊未足信。**令以三日之糧，三日而原不降，**

公令疏軍而去之。解疏，徹也。諜出曰：「原不過一二日矣。」解諜，間候也。軍吏以告，公曰：「得原而失信，何以使人？夫信，民之所庇也，不可失也。」解庇，廕也。乃去之，及盟門，而原請降。解盟門，原地也。請降，退一舍而請降。疏解「盟門原地」○《吕氏春秋・有始》篇：「九山，會稽、泰山、王屋、首山、太華、岐山、太行、羊腸、孟門。」高誘注：「孟門，太行之限也。」武億曰：「古盟、孟字通，則盟門即孟門。《漢・郡國志》軹有原鄉，《通典》原在濟源縣西。由原退舍三十里，在今濟源縣西北，俗名封門鎮。封亦曰盟，音轉訛也。」

文公立四年，楚成王伐宋，解四年，魯僖二十七年冬也。宋背楚事晉，故楚伐之也。公率齊、秦伐曹、衛以救宋。解魯僖二十八年春，晉侯侵曹伐衛。《傳》曰「楚始得曹而新昏於衛」也。疏「公率」至「救宋」○《吕氏春秋・貴直》篇：「文公圍衛取曹，拔石社。」宋人使門尹班告急於晉，解門尹班，宋大夫。公告大夫曰：「宋人告急，舍之則宋絶，解舍不救宋，則宋降楚，與我絶也。告楚則不許我。解告，謂請宋於楚，楚不許我。我欲擊楚，齊、秦不欲，其若之何？」先軫曰：「不若使齊、秦主楚怨。」解先軫，晉中軍原軫也。主楚怨，爲怨主也，謂激齊、秦，使之惡楚。公曰：「可乎？」先軫曰：「使宋舍我而賂齊、秦，解使宋置晉，獨賂齊、秦。藉之告楚。解藉與齊、秦之勢，使請宋於楚。我分曹、衛之地，以賜宋人。楚愛曹、衛，必不許齊、秦。解齊、秦本與晉俱伐曹、衛，今晉分其地，楚必不許齊、秦之請。齊、秦不得其請，必屬怨焉。解屬，結也。然後用之，蔑不欲矣。」解用，用齊、秦也。蔑，無也。**公説，是故以曹田、衛田賜宋人。** 解衛侯欲與楚，國人不欲，故出其君以説于晉，衛侯出居于襄牛。晉侯執曹伯，分曹、衛之田，以畀宋人。疏解「出居襄牛」○僖二十八年《傳》杜注：「襄牛，衛地。」秦置襄邑縣，明初省縣併入睢州，今屬河南歸德府。**令尹子玉使宛春來告，** 解宛春，楚大夫。疏解「宛春楚大夫」○《晉世家》集解引《左傳》賈逵注：「宛春，楚之大夫也。」**曰：「請復衛侯而封曹，臣釋宋之圍。」** 解釋，解也。**舅犯愠曰：「子玉無禮哉！臣取二，君取一，必擊之。」** 解愠，怒也。臣，子玉也。君，文公也。二，謂復曹、衛。一，謂釋宋圍。**先軫曰：「子與之，** 解與，許也。**我不許曹、衛之請，是不許釋宋也，宋衆無乃彊乎！** 解不許釋宋，宋降于楚，其衆益彊。**是楚一言而有三施，子一言而有三怨。** 解三，曹、衛、宋也。**怨已多矣，難以擊人。不若使許復曹、衛以攜之，** 解攜，離也。**執宛春以怒楚，** 解怒楚，令必戰。**既戰而後圖之。」** 解圖，圖復曹、衛。**公説，是故拘宛春於衛。子玉釋宋圍，從晉師。楚既陳，晉師退舍，軍吏請曰：「以君避臣，辱也。** 解時楚王避文公之德，入居申，使子玉去宋，子玉不肯，固請戰，故云避臣。**且楚師老矣，必敗。何故退？」** 解老，罷也。圍宋久，興師必罷病。**子犯曰：「二三子忘在楚乎？** 解言在楚時，許退三舍。**偃也聞之，戰鬭直爲壯，曲爲老。** 解若韓之戰，秦師少而鬬士衆，晉曲秦直，故能敗晉。**夫報楚惠而抗宋，我曲楚直，** 解抗，救也。**其衆莫不生氣，不可謂老。若我以君避臣而不去，彼亦曲矣。」退三舍避楚。楚衆欲止，子玉不肯，至於城濮，果戰，楚衆大敗。** 解城濮，衛地。疏解「城濮衛地」○《秦本紀》正義：「城濮，衛地，今濮州。」案：《經》書「戰于城濮」，《傳》言「陳于莘北」，杜注：「有莘，古國名。」《元和郡縣志》：「故莘城在汴州陳留縣東北三十五里。」則莘北即莘城濮。《韓非子·難一》：「晉文公將與楚人戰，咎犯曰：『繁禮君子，不厭忠信；戰陳之事，不厭詐僞。君其詐之而已矣。』雍季曰：『焚林而田，偷取多獸，後必無獸；以詐遇民，偷取一時，後必無從。』文公曰：『善。』辭雍季，以咎犯之謀與楚人戰，以敗之。」案：《吕氏春秋·義賞》篇語與此同，而《内傳》及此《傳》載先軫語，而無雍季語，蓋傳聞異辭也。**君子曰：「善以德勸。」**解善，先軫、子犯也。

文公誅觀狀以伐鄭，反其埤。解賈侍中云：「鄭復效曹觀公駢脅之狀，故伐之。」唐尚書云：「誅曹觀狀之辠，還而伐鄭。」昭省《内》《外傳》，鄭無觀狀之事，而叔詹云「天禍鄭國，使淫觀狀」，謂淫放於曹，不禮公子，與觀狀之辠同耳。反，撥也。埤，城上女垣。魯僖公三十年秋，秦伯、晉侯圍鄭。疏「文公」至「其埤」○僖二十八年《傳》：「晉師入曹，數之，以其不用僖負羈而乘軒者三百人也，且曰『獻狀』。」《匡繆正俗》云：「獻狀，言我之來獻駢脅容狀耳。斯蓋嗤弄之言。」齡案：上《傳》言欲觀其狀，故伐曹時反脣相稽，而曰獻狀。獻狀，即觀狀。鄭效曹之郵，不加禮于重耳，重耳既誅曹之觀狀，必不赦鄭之無禮，故云「誅觀狀以伐鄭」也。《吕氏春秋·簡選》篇：「晉文公造五兩之士五乘，鋭卒千人，先以接敵，諸侯莫之能難，反鄭之埤。」高注：「反，覆。反鄭城埤而取之。」是説此事也。○解「埤城上女垣」○宣十二年《傳》杜注：「埤，城上僻倪。」孔疏：「埤，城上小牆。《説文》：『堞，城上女垣也。』《廣雅》：『陴倪，女牆也。』《釋名》云：『城上垣曰陴，於其孔中俾倪非常。亦言陴益也，助城之高也。或曰女牆，言其卑小，比之於城，如女子之於丈夫也。』」**鄭**

人以名寶行成，解名寶，重寶。疏「鄭人」至「行成」○成，平也，平和也。《詩·大雅》：「虞、芮質厥成。」《周官禮·地官·調人》：「凡過而殺傷人者，以民成之。」文七年《傳》：「惠伯成之。」皆和也。鄭以名寶賂晉，而求晉與己和也。**公弗許，曰：「予我詹而師還。」**解詹，鄭卿叔詹伯也。文公過鄭時，詹請禮之，鄭伯不聽，因請殺之。**詹請往，鄭伯弗許。**解鄭伯，鄭文公也。**詹固請，曰：「一臣可以赦百姓而定社稷，君何愛于臣也？」鄭人以詹予晉人。晉人將亨之，**解亨，煮也。**詹曰：「臣願獲盡辭而死，固所願也。」公聽其辭。詹曰：「天降鄭禍，使淫觀狀，棄禮違親。**解淫，放也，放曹國不禮於君。**臣曰：『不可。夫晉公子賢明，其左右皆卿才，若復其國而得志於諸侯，禍無赦矣。』今禍及矣。尊明勝患，知也。**解明，謂公子。勝，猶遏也。**殺身贖國，忠也。」乃就亨，據鼎耳而疾號曰：「自今以往，知忠以事君者，與詹同。」乃命弗殺，厚爲之禮而歸之。**解禮，禮餼也。**鄭人以詹伯爲將軍。**疏「鄭人」至「將軍」○昭二十八年《傳》：「閻没、女寬曰：『豈將軍食之而有不足？』」將軍之名始見于《内傳》。然《楚世家》：「成王三十九年伐宋，宋告急于晉，晉救宋，成王罷歸，將軍子玉請戰。」子玉與詹伯同時，蓋自魯僖之末年，列國已有此官，不待襄、昭也。《後漢書·南蠻傳》云：「高辛時，帝訪募天下有能得犬戎之將吴將軍頭者。」則將軍直始唐虞以前，然言不雅馴，殊不足信。《吴語》：「十旌一將軍。」韋解「將軍，命卿」，則此將軍亦當爲命卿矣。

晉國饑，公問於箕鄭，解箕鄭，晉大夫。**曰：「救饑何以？」對曰：「信。」公曰：「安信？」對**

曰：「信於君心，解不以愛憎誣人以善惡，是爲信於心。信於名，解名，百官尊卑之號。信於令，信於事。」解謂使民事各得其時。公曰：「然則若何？」對曰：「信於君心，則美惡不踰。解不相踰越也。信於名，則上下不干。解干，犯也。信於令，則時無廢功。解不奪其時，則有成功。信於時，則民從事有業。解業，猶次也。於是乎民知君心，貧而不懼，藏出如入，何匱之有？」解出其帑藏，以相振救，如入于家，故不乏也。公使爲箕。解爲箕大夫。疏「公使爲箕」○僖三十三年《傳》杜注：「太原陽邑縣南有箕城。」今在太谷縣東南三十五里。及清原之蒐，使佐新上軍。解清原之蒐，在魯僖三十一年秋。疏解「清原之蒐」○僖三十一年《傳》杜注：「河東聞喜縣北有清原。」《水經·汾水》注：「汾水又西，逕清原城北，故清陽亭也。城北有清原。」案：在今山西平陽府稷山縣西北二十里。

公問元帥於趙衰，解元帥，上卿。對曰：「郤縠可，行年五十矣，解郤縠，晉大夫。行，歷也。守學彌惇。解彌，益也。惇，厚也。夫先王之法志，德義之府也。解志，記也。夫德義，生民之本也。能惇篤者，不忘百姓也。請使郤縠。」公從之。公使趙衰爲卿，辭曰：「欒枝貞慎，解枝，晉大夫欒共子之子貞子也。先軫有謀，胥臣多聞，皆可以爲輔，臣弗若也。」乃使欒枝將下軍，先軫佐之。解此述初耳，在城濮戰前也。取五鹿，先軫之謀也。解五鹿，衛地。郤縠卒，使先軫代之。解從下軍之佐，超將上軍。《傳》曰：「尚德也。」胥臣佐下軍。解代先軫也。

公使原季爲卿，解原季，趙衰也。文公二年，爲原大夫。卿，次卿也。辭曰：「夫三德者，偃之出也。解偃，狐偃也。賈、唐云：「三德，欒枝、先軫、胥臣也，皆狐偃所舉。」虞云：「三德，謂勸文公納襄王以示臣義，伐原以示信，大蒐以示民禮。故以三德紀民。」昭謂：欒枝等皆趙衰所進，非狐偃也。三德紀民之語在下，虞得之。以德紀民，其章大矣，不可廢也。」解章，箸也。使狐偃爲卿，辭曰：「毛之知賢於臣，其齒又長，解毛，偃之兄也。毛也不在位，不敢聞命。」乃使狐毛將上軍，狐偃佐之。解尚齒也。上軍，或言新上軍，非也。時未有新軍。《傳》曰「使狐偃將上軍，讓于狐毛而佐之」是也。狐毛卒，使趙衰代之，解虞、唐云：「代將新軍。」昭謂：代將上軍。辭曰：「城濮之役，先且居之佐軍也善，解先且居，先軫之子蒲城伯也，後受霍爲霍伯。軍伐有賞，解伐，功也。善君有賞，能其官有賞。解以道事其君，賴其功，當有賞。能領治其官職，使不謬誤，君得以尊，民得以甯，當有賞也。且居有三賞，不可廢也。解言且居有是三德，得此三賞，不可廢而不用。且臣之倫，箕鄭、胥嬰、先都在。」解倫，伍也。三子，晉大夫。乃使先且居將上軍。解代狐毛。公曰：「趙衰三讓，解三使爲卿，三讓之，進欒枝等八人。其所讓，皆社稷之衞也。廢讓，是廢德也。」以趙衰之故，蒐於清原，作五軍。解清原，晉地。晉本有上軍，有中軍，有下軍，今有五軍，新上、下也。疏「作五軍」○僖三十一年《傳》杜注：「二十八年，晉作三行，今罷之，更爲上下新軍。」案：文公欲昭臣節，避天子之六軍，故猶未置新中軍也。使趙衰將新上軍，箕鄭佐之；胥嬰將新下軍，先都佐之。子犯卒，蒲城伯請佐，解或云：「蒲城伯，狐毛也。」賈侍中云：「蒲城伯，先且居也。」昭謂：上章狐毛已卒，使先且居代之。賈得之矣。公曰：

「趙衰三讓不失義。解義，宜也。讓，推賢也。義，廣德也。德廣賢至，有何患矣。請令衰也從之。」解從，從先且居。乃使趙衰佐新上軍。解此有「新」字，誤也。趙衰佐新上軍之將，進佐上軍，爲升一等。新上軍之將，位在上軍之佐下。此二章或在狐毛卒上，非也，當在下。

文公學讀書於臼季，三日，解臼季，胥臣也。曰：「吾不能行也咫，解咫，咫尺間也。疏解「咫咫尺間」○僖九年《傳》孔疏引《魯語》賈逵注：「八寸曰咫。」《説文》：「周制，尺、寸、咫、尋皆以人之體爲法。中婦人手長八寸，謂之咫，周尺也。」聞則多矣。」對曰：「然而多聞以待能者，不猶愈乎？」解使能者行之，不猶愈於不學乎？

文公問於郭偃解郭偃，卜偃也。曰：「始也，吾以國爲易，解易，易治也。今也難。」對曰：「君以爲易，其難也將至矣。解以爲易而輕忽之，故其難將至。君以爲難，其易也將至矣。」解以爲難而勤修之，故其易將至。

文公問於胥臣曰：「吾欲使陽處父傅讙也而教誨之，其能善之乎？」解陽處父，晋大夫陽子也。讙，文公子襄公名。對曰：「是在讙也。籧篨不可使俛，解籧篨，偃人，不可使俛。疏解「籧篨」至「使俛」○籧篨本物名，借以喻人醜惡之疾。故《爾雅·釋訓》：「籧篨，口柔也。」《説文》：「籧篨，粗竹席也。」《淮南·精神訓》注：「蓬廬，籧篨覆也。」《淮南·本經訓》：「若簟籧篨。」注：「籧篨，葦席，取其邪文。」《淮南·修務訓》注：「籧篨，偃也。」皆釋不能俛之義。戚施不可使仰，解戚施，僂人，不可使仰。疏解「戚施」

至「使仰」○戚施亦以物名，喻醜疾。《詩・邶風》：「得此戚施。」《説文》及《韓詩》並作「得此䵷䵶」。許君云：「䵷䵶，詹諸也。」《太平御覽》引薛君《韓詩章句》：「戚施、蟾蠩，喻醜惡。」《詩》毛傳：「戚施，不能仰者。」鄭箋：「戚施面柔，下人以色，故不能仰。」此用《爾雅》義也。齡案：蟾蠩之背擁瘇，人之僂者似之。若面柔而下人以色，則其人之自取，又轉以病狀喻其醜狀也。**僬僥不可使舉，**解僬僥，長三尺，不可使重舉。疏解「僬僥」至「重舉」○「僬僥，長三尺」，據《魯語》文。**侏儒不可使援，**解侏儒，短者，不可使抗援。疏解「侏儒」至「抗援」○《淮南・説山訓》：「朱儒問徑天高於修人。」案：修訓長，則朱儒爲短。襄四年《傳》杜注「臧孫紇短小，故曰朱儒」是也。**矇瞍不可使視，**解有眸子而無見者曰矇，無眸子曰瞍。**嚚瘖不可使言，**解口不道忠信之言爲嚚。瘖，不能言者。疏解「口不」至「言者」○僖二十三年《傳》：「富辰曰：『口不道忠信之言爲嚚。』」《堯典》言「嚚訟」，又言「母嚚」，是不道忠信之言也。《淮南・墬形訓》：「障氣多瘖。」**聾聵不可使聽，**解耳不別五音之和曰聾，生而聾曰聵。疏解「耳不」至「曰聵」○《文選》張景陽《七命》李善注引《倉頡篇》「聾，耳不聞也」，《淮南・墬形訓》「風氣多聾」，故富辰言「耳不聽五聲之和」也。**僮昏不可使謀。**解僮，無知。昏，闇亂也。疏解「僮無」至「闇亂」○《詩・鄭風》毛傳：「狂行，僮昏所化也。」揚雄《太玄經》：「物僮然未有知。」故知僮爲無知也。**質將善而賢良贊之，則濟可竢也。**解言質性將自善，而賢良之傅贊道之，則其成就可立竢也。**若有違質，**解違，邪也。**教將不入，**解不入其心。**其何善之爲！**解言不能使善。**臣聞昔者大任娠文王不變，**解娠，有身也。不變，不變動也。疏解「娠有身」○《説文》：「娠，女姙身動也。」昭元年《傳》杜注：「懷胎爲震。」字書以是女事，故今字從女耳。**少溲於豕牢而得文王，不加病焉。**解少，小也。溲，便也。豕牢，厠也。言大任之生文王時，如小溲於厠而得文王，不加病痛，言其易也。疏解「豕牢」至「其易」○牢是養豕之處。《詩》：「篤公劉，執豕于牢。」《史記・楚世家》：「陸終娶于鬼方氏曰女潰，孕三年，不乳，乃剖其左脅，獲三人焉。剖其右脅，獲三人焉。」《帝王世紀》：「簡狄剖背生契。」此則坼堛災害，❶所謂病也。人情皆欲其易，不欲其難，因見文王所生之易，言之以爲美耳。**文王在母不憂，**解在母孕時體不變，故不憂也。**在傅弗勤，處師弗煩，事王弗怒，**解奉事父王季，使不加怒。**敬友二虢，**解善兄弟爲友。二虢，文王弟虢仲、虢叔也。疏解「二虢」至「虢叔」○僖五年《傳》杜注：「二虢，文王同母弟。」《漢書・地理志》「右扶風虢縣」，此西虢也。「河南郡滎陽縣」。應劭注：「故虢國，今虢亭。」此東虢也。僖五年孔疏引賈逵云：「虢仲封東虢，制是也。虢叔封西虢，虢公是也。」隱元年鄭莊公言：「制，虢叔死焉。」此虢叔是虢仲之後世子孫，爲鄭桓公所滅者，故云死焉。非《君奭》篇之虢叔也。《君奭》篇之虢叔，自是封西虢，其後爲晉獻公所滅者也。**而惠慈二蔡，**解惠，愛也。三君云：「二蔡，文王子。管叔初亦爲蔡。」**刑于大姒，**解刑，法也。大姒，文王妃。**比于諸弟，**解比，親也。諸弟，同宗之弟。**《詩》云：『刑于寡妻，至于兄弟，以御于家邦。』**解《詩・大雅・思齊》之二章。寡妻，寡有之妻，謂太姒。御，治也。疏

❶「坼」，據《毛詩正義》當作「坼」。

「詩云」至「家邦」○「寡妻，寡有之妻。御，治也」者，《詩》鄭箋文。鄭箋又曰：「文王以禮法接待其妻，至于宗族，以此又能爲政治于家邦也。《書》曰：『乃寡兄勖。』又曰：『越乃御事。』」孔穎達曰：「以上言太姒之賢，今言寡妻，當是賢之之意，故以爲寡有之妻，言其賢也。鄭讀御爲馭，以御者制治之名，故爲治也。正己身以及天下之身，正己妻以及天下之妻，正己之兄弟以及天下之兄弟。言家者，謂天下之衆家；邦者，盡境界之所及也。」齡案：此《詩》毛傳：「寡妻，適妻也。御，迎也。」《孟子》趙岐注：「寡，少也。言文王正己適妻，則八妾從。」是用毛義。《詩疏》又引王肅云：「以迎治天下之國家。」如毛傳之訓，則無以見太姒之德；如王之言，則横益「治」字，故弘嗣從鄭箋之説也。**於是乎用四方之賢良。**解以自輔也。**及其即位也，詢於八虞，**解詢，謀也。賈、唐云：「八虞，周八士，皆在虞官，伯達、伯适、仲突、仲忽、叔夜、叔夏、季隨、季騧。」疏「詢於八虞」○《詩·周頌》疏引《國語》賈逵、唐固注：「八士，周八士，皆在虞官。辛男、尹佚、蔡公、原公也。」案：《論語》有八士，鄭以周公相成王時所生，則不得爲文王所詢。如鄭意，則别有八士在虞官矣。齡謂：《禮·射義》：「《騶虞》者，樂官備也。」《騶虞》二章，序謂《鵲巢》之應，正文王時事。八人皆在虞官，故賢才多而官備。康成之説本于《射義》，至辛、尹、原、蔡止四人，以四當八，數既不合，且孔疏所引賈、唐注與今韋氏所引各異，未知孔所見何本也。**而咨於二虢，**解咨，謀也。**度於閎夭，而謀於南宫，**解皆周賢臣。度，亦謀也。南宫，南宫适也。疏「度於」至「南宫」○《荀子·非相篇》：「閎夭之狀，面無見膚。」《殷本紀》：「紂囚西伯羑里，閎夭之徒求美女、奇物、善馬，以獻紂，紂赦西伯。」《尚書大傳》：「散宜生、閎夭、南宫适三子者，相與學訟于太公。太公見三子，知三子之爲賢人，遂酌酒切脯，除爲師學之禮，約爲朋友。太公曰『西伯賢君也』，遂與三子見西伯於羑里。」是夭、适皆文王之謀臣也。**諏於蔡、原，而訪於辛、尹，**解諏、訪，皆謀也。蔡，蔡公；原，原公；辛，辛甲；尹，尹佚。皆周太史。**疏**解「蔡蔡」至「太史」〇《路史·國名紀》：「蘄春江中有蔡山，在廣濟縣。大龜納錫，故曰蔡，非姬姓蔡。」此《傳》蔡公，殆封其地者。古者以謚爲氏，以字爲氏，以官爲氏，以地爲氏。僖二十八年《傳》王賜晉文公温、原等十二邑。原當是原公故邑。宣十五年原襄公見于《傳》，昭三十三年原伯魯見于《傳》，則原之爲族，傳自商季矣。襄四年《傳》：「昔周辛甲之爲太史也。」《韓非子》曰：「周公旦已勝殷，用辛甲之言，攻九夷。」《周本紀》集解引劉向《别録》：「辛甲，故殷臣。事紂，蓋七十五諫而不聽，去之。周召公與語，説之，告文王，文王親自迎之，以爲公卿。」《周本紀》：「武王既入，立于社南，毛叔鄭奉明水，衛康叔封布兹，召公奭贊采，師尚父牽牲，尹佚筴祝。」正義：「尹佚讀筴書祝文以祭社。」故知佚亦太史也。**重之以周、召、畢、榮，**解周，周文公。召，召康公。畢，畢公。榮，榮公。**億甯百神，**解億，安也。**而柔龢萬民。**解柔，安也。**故《詩》曰：『惠於宗公，神罔時恫。』**解亦《思齊》之二章也。惠，順也。宗公，大臣也。恫，痛也。言文王爲政，咨于大臣，順而行之，故鬼神無怨恫之者。**疏**解「亦思」至「恫之」〇「宗公，大臣。文王爲政，咨於大臣，順而行之」者，《詩》鄭箋文。孔穎達曰：「宗者，尊也。尊而爲公，故知大臣。言順之，❶故知諮于大臣，順而行之。《論語》云：『無使大臣怨乎？』不以是人君當順大臣。神者，聰明正直，依人而行。人能行善，則神明忻説。文王用臣得人，任而順之，故能

❶「言」，原作「之」，今據《毛詩正義》改。

當於神明。神明無是怨痛，則知其後將無凶禍也。」齡謂，此章毛傳「宗公，宗神也」。孔疏謂：「國將興，聽于民；將亡，聽于神。聖王先成民，而後致力于神。此言文王之聖，不應先以順神爲本。又於時宗廟有大王、王季，若論宗廟，當以王統之，不當言公。且經傳未有宗廟之神爲宗公者。」故韋解亦不從之也。**是則文王非專教誨之力也。」**解言因體也。**公曰：「然則教無益乎？」對曰：「胡爲？文益其質，**解言有美質，加以文采乃善。**故人生而學，非學不入。」**解不入，不入於道。**公曰：「奈夫八疾何？」**解八疾，籧篨至僮昏。**對曰：「官師之所材也，**解師，長也。材，古裁字。**戚施直鎛，**解直，主擊鎛。鎛，鐘也。**籧篨蒙璆，**解蒙，戴也。璆，玉磬也。不能俛，故使之戴磬。**侏儒扶盧，**解扶，緣。盧，矛戟之柲，緣之以爲戲。**疏**「侏儒扶盧」○《說文》引作「籚」，「積竹矛戟矜也」。「矜，矛柄也」。《考工記》鄭注：「盧讀爲纑，謂矛戟柄竹攢柲。」賈疏：「柲即柄也。」《考工記・廬人》：「凡試廬事，置而搖之，以眡其蜎也。」鄭注：「置，猶樹也。」案：試廬必扶持而後能樹立，而樹立必植地，其扶處甚下，故使侏儒司此職以得食也。若謂使之緣廬爲戲，則非器使予祿之義，況廬人爲廬，並無使人緣之之文也。**矇瞍修聲，**解無目，於聲音審，故使修之。**聾聵司火。**解耳無聞，於視則審，故使主火。**僮昏、嚚瘖、僬僥，官師所不材也，**解所不能材用也。**以實裔土。**解裔，荒裔也。**夫教者，因體能質而利之者也。**解能，才也。因其身體有質可成，濟者就而通利之。**若川然有原，以卬浦而後大。」**解卬，迎也。言川有原，因開利迎之於浦，然後大也。**疏**解「卬迎」至「後大」○《爾雅・釋丘》：「澳，隈。」郭注：「今江浦呼爲浦澳。」《玉篇》：「水源枝注江海邊曰浦。」則浦者，承川原而迎之者也。

文公即位二年，解更言此者，終述善文公之事。**欲用其民，**解用，用征伐也。**子犯曰：「民未知義，**解未知尊上之義。**盍納天子以示之義？」**解天子避子帶之難，在鄭地氾。**乃納襄王於周。公曰：「可矣乎？」對曰：「民未知信，盍伐原以示之信？」乃伐原。**解信，謂上令以三日之糧，糧盡不降，命去之。**曰：「可矣乎？」對曰：「民未知禮，盍大蒐，備師尚禮以示之？」**解蒐，所以明尊卑，順少長，習威儀也。**乃大蒐於被廬，**解被廬，晉地名。**作三軍。**解唐尚書云：「立新軍之上、下也。」昭謂：此章言文公之初，未有新軍。**使郤縠將中軍，以爲大政，**解大政，謂掌國政也。**郤溱佐之。**解郤溱，晉大夫郤至之先。或云溱即至，非也。**子犯曰：「可矣。」遂伐曹、衛。**解在魯僖二十八年。**出穀戍，釋宋圍，敗楚師於城濮，於是乎遂伯。**解穀，齊地也。魯僖二十六年，楚伐齊，取穀，使申公叔侯戍之。二十七年，楚圍宋，晉伐曹、衛以救之。二十八年，楚使申叔去穀，子玉去宋避晉，畏其彊也。疏解「穀齊地」〇莊二十三年「公及齊侯遇于穀」，文十七年「公及齊侯盟于穀」，成五年「叔孫僑如會晉荀首于穀」，昭十一年《傳》：「齊桓公城穀而置管仲焉。」與此申叔所戍之穀實爲一地，即東郡之穀城也。至莊三十二年所城之小穀，則《穀梁》范甯注曰「魯地」，與穀之本屬齊者異。乃杜預注《左傳》曰：「小穀在濟北，城中有管仲井。」是以小穀亦爲齊之穀矣。劉昭《補漢郡國志》亦沿杜說。

國語正義卷第十一

歸安董增齡撰集

晉語五

臼季使，舍於冀野。解臼季，胥臣也。冀，晉邑。郊外曰野。疏解「冀晉邑」○僖三十三年《傳》杜注：「晉邑。」《水經·汾水》注：「汾水又逕冀亭南。京相璠曰：『今河東皮氏縣有冀亭，古之冀國所都也。』杜預《釋地》曰：平陽皮氏縣東北有冀亭。」案：在今山西平陽府河津縣東界。**冀缺耨，其妻饁之，**解冀缺，郤成子也。耨，茠也。野饋曰饁。《詩》曰：「饁彼南畝。」疏解「耨茠」至「南畝」○《説文·木部》：「槈，薅器也。或从金作鎒。」又《蓐部》：「薅，拔田去艸也。或从休作茠。《詩》『既茠荼蓼』。」《爾雅·釋詁》：「饁，饋也。」《詩疏》引孫炎《爾雅注》：「饁，野之餉。」《説文》：「饁，餉田也。」**敬，相待如賓。**解夫婦相敬如賓也。**從而問之，冀芮之子也，與之歸。既復命而進之，曰：「臣得賢人，當以告。」文公曰：「其父有辠，可乎？」**解文公元年，冀芮畏偪，與呂、郤謀弒公，焚公宮，秦伯殺之故也。**對曰：「國之良也，滅其前惡，**解滅，除也。**是故舜之刑也殛鯀，其舉也興禹。**解殛，誅也。鯀，禹父。**今君之所聞**

也，齊桓親舉管敬子，其賊也。」解敬子，管子之謚也。**公曰：「子何以知其賢也？」對曰：「臣見其不忘敬也。夫敬，德之恪也，恪於德以臨事，其何不濟！」公見之，使爲下軍大夫。**解在文公時，而於此言之者，以襄公能繼父志用冀缺也。《傳》曰：襄公以父命賞胥臣，曰「舉郤缺，子之功也」。以一命命郤缺爲卿，復與之冀，故云冀缺。

陽處父如衛，反，過甯，解處父，晉太傅陽子也。如衛，聘衛也，在魯文五年。甯，晉邑，今河内修武是也。疏解「甯晉」至「修武」○定元年《傳》杜注：「甯，今修武縣，近吴澤。」《水經·清水》注：「清水又東南流，吴澤陂水注之，水上承吴陂於修武故城西北。修武，故甯也，亦曰南陽。應劭《地理風俗記》云：『秦始皇改曰修武。』徐廣、王隱並言始皇改。瓚注《漢書》云：『案《韓非書》秦昭王越趙長平，西伐修武，時秦未兼天下，修武之名久矣。』余案：《韓詩外傳》言武王伐紂，勒兵於甯，更名甯曰修武矣。」**舍於逆旅甯嬴氏。**解旅，客也。逆客而舍之也。嬴，其姓。疏解「旅客」至「其姓」○文五年《傳》孔疏引《國語》賈逵、孔晁注並云：「甯嬴，掌逆旅大夫。」杜元凱亦用賈義，劉炫以甯嬴直是逆旅之主，非大夫也。孔疏申杜義云：「若是逆旅之主，則身爲匹庶，是卑賤之人，猶如重館人告文仲、重丘人罵孫蒯，止應稱人而已，何得名氏見《傳》？」齡案：《地官·遂人》「五十里有市，市有候館」，候館即逆旅。然《周禮》並無逆旅大夫之官，且甯嬴果居大夫之位，不應擅離職守而從聘賓遠適，況匹庶之名之見于《傳》者，斐豹、弦高之等指不勝屈，何嘗非庶人也？劉光伯之説得之。**嬴謂其妻曰：「吾求君子久矣，乃今得之。」舉而從之。**解舉，起也。**陽子道與之語，及山而還。**解山，河内温山。《傳》曰：「及温而還。」疏解「山河」至「而還」○隱三年《傳》杜

注：「温，河内温縣。」今屬河南懷慶府，古温城在縣西南三十里。其妻曰：「子得所求而不從之，何其懷也！」解懷，思也。曰：「吾見其貌而欲之，聞其言而惡之。夫貌，情之華也；解容貌者，情之華采。言，貌之機也。解言語者，容貌之樞機。身爲情，解情生於身也。成於中。言，身之文也，言文而發之，合而後行，離則有釁。解合，謂情也，貌也，言也。三者合而後行。釁，隙也。今陽子之貌濟，其言匱，非其實也。解濟，成也。言不副貌爲匱。匱，乏也。若中不濟而外彊之，解謂情不足，而貌彊爲之。其卒將復，解復，反也，反其情也。中外易矣。解易，猶異也。若外内類而言反之，瀆其信也。解類，善也。瀆，輕也。夫言以昭信，奉之如機，解如樞機之相應。歷時而發之，解言思察之詳熟。胡可瀆也！今陽子之情譓矣，解譓，辨察也。以濟蓋也。解濟，成也。成其容貌，以蓋其短也。且剛而主能，解主，上也。言性剛直而高尚其材能也。不本而犯，怨之所聚也。解不本，行不本仁義也。犯，犯人也。吾懼未獲其利而及其難，是故去之。」期年，乃有賈季之難，陽子死之。解賈季，晉大夫，狐偃之子射姑也。食采於賈，字季它。唐尚書云：「晉蒐於夷，舍二軍。」昭謂：初，晉作二軍。魯文五年，晉四卿卒。至六年，晉蒐於夷，舍二軍，復成國之制。狐射姑將中軍，趙盾佐之。陽子至自温，改蒐于董，使趙盾將中軍，射姑佐之。射姑怨陽子之易其班也，使狐鞫居殺陽處父而奔翟。

趙宣子言韓獻子於靈公，以爲司馬。解宣子，晉正卿，趙衰之子宣孟盾也。獻子，韓萬之玄孫，子輿之子厥也。靈公，襄公之子夷皐也。司馬，爲軍吏矣。疏解「司馬爲軍吏」○《韓非子》：「晉國之法，上大夫二輿二乘，中大夫二輿一乘，下大夫專乘。」專乘，謂一輿。文公作三行一司馬，三行爲六輿，司馬專乘，合七輿之數。案：司馬位下大夫，故二爲軍吏也。**河曲之役，**解河曲，晉地。魯文十二年，秦伐晉，戰於河曲。疏解「河曲晉地」○文十二年杜注：「河曲在河東蒲坂縣南。」今山西蒲州府城外東南隅有蒲坂縣故城在。**趙孟使人以其乘車干行，**解趙孟，宣子也。干，犯也。行，軍列也。**獻子執而戮之。衆咸曰：「韓厥必不没矣。**解没，終也。**其主朝升之，而莫戮其車。**解主，❶主人。車，車僕也。獻子因趙盾以爲主，盾升之於公朝。莫，喻速也。**其誰安之！」宣子召而禮之，曰：「吾聞事君者，比而不黨。**解比，比義也。阿私曰黨。**夫周以舉義，比也；**解忠信曰周。**舉以其私，黨也。夫軍事無犯，犯而不隱，義也。**解任公爲義。**吾言汝於君，懼汝不能也。舉而不能，黨孰大焉！事君而黨，吾何以從政？吾故以是觀汝。**解觀汝能否。**汝勉之！苟從是行也，**解勉之，勸終其志。是行，今所行也。**臨長晉國者，非汝其誰？」**解臨，監也。長，帥也。**皆告諸大夫曰：「二三子可以賀我矣！吾舉厥也而中，吾乃今知免於罪矣。」**

宋人殺昭公，解宋人，宋成公之子文公鮑也。昭公，鮑之兄杵臼也。弒昭公在魯文十六年。**趙宣子請師於靈公以伐宋，公曰：「非晉國之急也。」對曰：「大者天地，其次君臣，所以爲明訓**

---

❶「主」，原作「其」，今據宋公序本《國語》改。

也。解言尊卑各得其所，所以明教訓也。今宋人殺其君，是反天地而逆民則也，解則，法也。天必誅焉。晉爲盟主，而不修天罰，解修，行也。將懼及之。」公許之。乃發令于太廟，召軍吏而戒樂正，解正，長也。軍吏主師旅，樂正主鍾鼓。令三軍之鍾鼓必備。趙同曰：「國有大役，解役，事也。趙同，盾弟，晉大夫原同也。不鎮撫民而備鍾鼓，何也？」宣子曰：「大罪伐之，小罪憚之。解憚，懼也。襲侵之事，陵也。解輕曰襲。無鍾鼓曰侵。陵，以大陵小也。是故伐備鍾鼓，聲其罪也。解以聲章其罪也。戰以錞于、丁寧，儆其民也。解錞于，形如碓頭，與鼓相和。丁寧，謂鉦也。儆，戒也。唐尚書云：「錞于，鐲也。」非也。鐲與錞于各異物。疏解「錞于」至「異物」○《地官·鼓人》：「以金鐲節鼓。」注：「鐲，鉦也，形如小鍾，軍行鳴之，以爲鼓節。」此即丁寧也。《鼓人》又云「以金錞和鼓」，注：「錞，錞于也，❶其形圓如碓頭。」故知丁寧與錞于異物。襲侵密聲，爲蹔事也。解蹔，蹔其無備。今宋人殺其君，罪莫大焉！明聲之，猶恐其不聞也。吾備鍾鼓，爲君故也。」解爲欲尊明君道也。乃使旁告於諸侯，治兵振旅，鳴鍾鼓以至於宋。解振，奮也。伐宋在魯文公十七年。

靈公虐，趙宣子驟諫，解虐，厚斂以彫牆，支解宰夫之屬。公患之，解患，疾也。使鉏麑賊之。解鉏麑，力士。賊，殺也。晨往，則寢門辟矣，解辟，開也。盛服將朝，早而假寐。解不脱冠帶而寐曰

❶「錞」，原作「淳」，今據《周禮注疏》改。下同。

假寐。**麑退，歎而言曰：「趙孟敬哉！**解言夙興敬恪也。**夫不忘恭敬，社稷之鎮也。**解鎮，重也。**賊國之鎮，不忠；受命而廢之，不信；享一名於此，不若死。」**解享，受也。殺之爲不忠，不殺爲不信，故得一名也。**觸廷之槐而死。**解廷，外朝之廷也。《周禮》：「王之外朝三槐，三公位焉。則諸侯之朝三槐，三卿位焉。」疏「觸廷之槐而死」〇宣二年《傳》杜注：「槐，趙盾庭樹。」齡案：《吕氏春秋》與此《傳》同文，並云「觸廷槐而死」，故弘嗣以「外朝三槐」釋之。顧炎武謂：「退而觸槐，則非趙盾庭樹矣。」杜説妄爲立異，非也。**靈公將殺趙盾，不克。**解魯宣二年秋，晉侯飲趙盾酒，伏甲將攻之，盾覺而走，故不克。**趙穿攻公於桃園，**解趙穿，晉大夫趙夙之孫，趙盾從父昆弟武子穿也。桃園，園名。疏解「趙穿」至「子穿」〇宣二年《傳》杜注：「穿，趙盾之從父昆弟子。」孔疏引《世本·族譜》：「盾是衰子，穿是夙孫。」《晉語》宋公孫固曰：「趙衰，趙夙之弟也。」是穿爲盾之從父昆弟子，非從父昆弟。韋解乃據《史記·趙世家》「夙生公孟，公孟生衰」文以盾爲夙曾孫，又依《世本》以穿亦爲夙曾孫，故云「從父昆弟」。齡案：閔二年，夙爲獻公戎御；僖五年，衰從文公出亡，止隔六年，則爲兄弟非祖孫明甚。公孫固之言信可徵信。是盾以夙爲伯父，穿以夙爲祖，則穿爲盾從父昆弟之子矣，杜注得之。**逆公子黑臀而立之，實爲成公。**解逆，迎也。迎於周也。黑臀，晉文公子，襄公弟，成公黑臀也。

郤獻子聘於齊，解獻子，晉卿，郤缺之子克也。聘，在魯宣十七年。**齊頃公使婦人觀而笑之。**解郤子跛，齊頃公帷婦人使觀之。郤子將升，婦人笑於房。疏解「郤子」至「於房」〇《公羊傳》：「晉郤克與臧孫許同時而聘於齊。蕭同姪子者，齊君之母也。踊於棓而窺客，則客或跛或眇，於是使跛者迓跛者，使眇者迓眇者。」何休注：「蕭同，國名。姪子者，蕭同君姪娣之子嫁于齊，生頃公。」齡案：《内傳》但言「婦人笑于房」，不言婦人謂何人。《曲禮》曰「公侯曰夫人，❶大夫曰孺人，士曰婦人」，下至庶人亦稱匹婦。蕭同姪子果屬頃公之母，則應稱「君夫人」。《論語》「異邦人稱之亦曰君夫人」是也。《内傳》及此《傳》並斥爲婦人，則姪子必非頃公之母。況成四年《内傳》郤克趨進曰：「此行也，君爲婦人之笑辱也。」郤克即悍，不得面覿齊侯，斥其母爲婦人。此《傳》下文又言「以慭御人」，姪子果君母而以「御人」稱之乎？《穀梁傳》：「季孫行父禿，晉郤克眇，衛孫良夫跛，曹公子手僂，同時而聘于齊。齊使禿者御禿者，使眇者御眇者，使跛者御跛者，使僂者御僂者，蕭同姪子處臺而笑之，聞于客，客不説而去。」范甯注：「蕭，國也。同，姓也。姪子，字也。其母更嫁齊惠公，生頃公。宣十二年，楚人滅蕭，故依其母於齊。」❷則「蕭同姪子」者，頃公同母異父之姊，嫁于齊之士庶人者，故稱婦人。《穀梁傳》又載郤克曰：「以蕭同姪子之母爲質。」國佐曰：「以蕭同姪子之母爲質，則是齊侯之母也。」范甯注：「兼忿姪子笑。」是范推所以欲質姪子之母之故。則《内傳》載賓媚人之辭，但言「蕭同叔子非他，寡君之母也」。「叔子」下，《内傳》似脱「之母」兩字。《史記》言「晉使郤克于齊，齊使夫人帷中而觀之。郤克上，夫人笑之」，又言「必得笑克者蕭同叔子」，遷蓋據媚人之語而言，不知笑者其女，晉欲質者其母，誤合兩人爲一人也。

郤獻子怒，歸請伐齊。范武子退自朝，解武子，晉正卿武子

❶「公」，《禮記注疏》作「諸」。

❷「依其母於」，《春秋穀梁傳注疏》作「隨其母在」。

士會也。**疏**解「武子」至「士會」○襄二十四年《傳》范宣子曰：「匄之祖在周爲唐杜氏，晉主夏盟爲范氏。」《汲郡古文》成王八年，王師滅唐，遷其民于杜，杜伯之子隰叔奔晉，生士蔿，蔿生會，兼食隨、范兩邑，故又曰隨武子也。**曰：「燮乎，吾聞之，****解**燮，武子之子文子也。**干人之怒，必獲毒焉。夫郤子之怒甚矣，不逞於齊，必發諸晉國。****解**逞，快也。不快心以伐齊，必發怒于晉國。**不得政，何以逞怒？****解**得政，爲政也。**余將致政焉，以成其怒，****解**致，歸也。**無以内易外也。爾勉從二三子，以承君命，唯敬！」****解**二三子，晉諸卿也。承，奉也。**乃老。****解**乃告老也。

范文子莫退於朝。武子曰：「何莫也？」對曰：「有秦客廋辭於朝，**解**廋，隱也。謂以詭譎隱伏之言聞于朝也。東方朔曰「非敢詆之，乃與爲隱耳」是也。**大夫莫之能對也，吾知三焉。」****解**解其三事。**武子怒曰：「大夫非不能也，讓父兄也。****解**父兄，長老也。**爾童子何知，而三掩人于朝。****解**掩，蓋也。**吾不在晉國，亡無日矣。」**❶**擊之以杖，折委笄。****解**委，委貌冠。笄，簪也。**疏**「折委笄」○《夏官·弁師》注：「紐，小鼻在武上，笄所貫也。」近儒謂武者冠卷，一名委，笄貫於委，故曰「委笄」。秦人名武曰「委」，《晉語》亦云。此雖與韋異義，亦得爲一解也。案：男子有二笄，一固髻，一固冠。固髻者，韜髮作髻訖，插笄於其中，以固髻，《内則》「櫛縱笄總」是也。固冠者，束髮加冠訖，插笄其中以固冠。《士冠

---

❶「無」，原脱，今據宋公序本《國語》補。

禮》皮弁笄、爵弁笄是也。古名笄，秦漢始名簪，故云笄簪也。

靡笄之役，韓獻子將斬人。解靡笄，齊山名。魯成二年，晉郤克伐齊，從齊師於靡笄之下，戰於鞌。獻子時爲司馬，將斬人以戮，罪在可赦之者。疏解「靡笄齊山名」〇《史記・齊世家》集解引賈逵曰：「靡笄，山名。」杜預注同。索隱曰：「靡笄在濟南，與代地磨山不同。」❶案：靡笄，今名千佛山，在今山東濟南府歷城縣南十里。〇解「戰於鞌」〇《齊世家》集解引服虔曰：「鞌，齊地名。」杜注同。《穀梁傳》：「鞌去齊五百里。」杜氏《通典》案「在平陰縣東，今平陰去臨淄五百里」，似與《穀梁》合，然以《內傳》考之，自始合以至齊敗，止爲一日之事。華不注在濟南府城北，去平陰二百三十里，何以一奔而遽至此乎？近儒謂鞌即古之歷下，似爲得之。**郤獻子駕，將救之。至則既斬之矣，郤獻子請以徇。其僕曰：「子將不救之乎？」獻子曰：「敢不分謗乎！」**解言欲與韓子分謗其非也。言能如此故從事不乖。

靡笄之役，郤獻子傷，解傷於矢也。《傳》曰：「流血及屨，未絕鼓音。」**曰：「余病喙。」**解喙，短氣貌。疏解「喙短氣貌」〇《方言》：「喙，息也。自關而西，秦、晉之間曰喙。」《淮南・精神訓》：「喘息薄喉。」高注：「氣衝喉也。」此短氣之義。**張侯御，曰：「三軍之心，在此車也，**解張侯，晉大夫解張也。在此車，謂車進則進，車退則退。**其耳目在於旗鼓。**解耳聽鼓音，目視旗表。疏解「耳聽」至「旗表」〇《孫子》引《軍政》曰：「言不相聞，故爲之金鼓；視不相見，故爲之旌旗。夫金鼓、旌旗，所以一人之耳目也。人既專

❶「磨」下，據《史記索隱》當有「笄」字。

一，則勇者不得獨進，怯者不得獨退，此用衆之法也。」故云「鼓音」、「旗表」也。**車無退表，鼓無退聲，**解表，旌旗也。**車表鼓音，進退異數。軍事集矣。**解集，成也。**吾子忍之，不可以言病。受命於廟，**解將行，告廟受戒命也。疏「受命於廟」〇《詩·常武》疏：古之命將者，於廟遣之，授以斧鉞，跪而推轂曰：「閫以外，將軍制之。閫以內，寡人制之。」將必鑿凶門而出，示必死也。**受脤於社，**解脤，宜社之肉，盛以蜃器。疏解「脤宜」至「蜃器」〇《周禮·掌蜃》：「祭祀共蜃器之蜃。」鄭注：「飾祭器。」成十三年《傳》「戎有受脤」，則脤爲社肉明矣。《公羊》、《穀梁傳》並云「俎實生曰脤，❶熟曰膰」，別爲一解也。**甲冑而效死，戎之政也。**解帶甲纓冑，死而後已，此兵之常政也。**病未若死，祗以解志。」**解祗，適也。**乃左并轡，右援枹而鼓之。馬逸不能止，三軍從之。**解逸，奔也。**齊師大敗，逐之，三周華不注之山。**解周，帀也。華，齊地。不注，山名。疏解「華齊」至「山名」〇成二年《傳》：「華不注。」杜注：「山名。」《水經·濟水》注：「華不注山，單椒秀澤，不連丘陵以自高；虎牙桀立，孤峯特拔以刺天。青崖翠發，望同點黛。山下有華泉。故京相璠《土地名》曰：『華泉，華不注山下泉水也。』」伏琛云：「『不』音『跗』，與《詩》『鄂不韡韡』之『不』同，謂花蒂也。言此山孤秀如華跗之著於水也。」據此諸說，則「華不注」三字爲山名，今韋解云「華，齊地名」，義可疑焉。案：華不注山在今山東濟南府歷城縣東北。

靡笄之役，郤獻子師勝而反，范文子後入。解文子時佐上軍。**武子曰：「燮乎！女亦知**

---

❶「生」，《春秋穀梁傳注疏》作「腥」。

吾望爾也乎？」解兵凶事，文子後入，故武子憂望也。對曰：「夫師，郤子之師也，解郤子請伐齊，又爲元帥。其事臧。解臧，善也。謂師有功。若先，則恐國人之屬耳目於我也，故不敢。」解屬，猶注也。武子曰：「吾知免矣。」解知免於咎。

靡笄之役，郤獻子見，公曰：「子之力也夫！」解力，功也。疏解「力功」○《周禮·司勳》：「治功曰力。」對曰：「克也以君命命三軍之士，三軍之士用命，克也何力之有焉？」范文子見，公曰：「子之力也夫！」對曰：「燮也受命於中軍，以命上軍之士，上軍之士用命，燮也何力之有焉？」欒武子見，解武子，晉卿，欒枝之孫，欒盾之子書也，時將下軍。公曰：「子之力也夫！」對曰：「書也受命於上軍，以命下軍之士，下軍之士用命，書也何力之有焉？」

靡笄之役也，郤獻子伐齊。齊侯來，解齊侯來，以靡笄之役故服而朝晉侯也，在魯成三年。獻之以得隕命之禮，解獻，致饗也。獻籩豆之數，如征伐所獲國君之獻禮也。以得，言不得也。伐國獲君，若秦獲晉惠，是爲隕命。今齊雖敗，頃公不見得，非隕命也。故苗棼皇以郤克不知禮。《司馬法》曰：「其有隕命，行禮如會所，争義不争利也。」疏解「獻致」至「争利」○成二年孔疏引服虔注曰：「《司馬法》其有隕命，以行禮如會所用儀也。若隕命，則左結旗，司馬授飲，右持苞壺，左承飲以進。」案：服注所引謂在戰地所用之禮，非朝而相饗之禮。今頃公來朝，而郤子追用戰時之禮以屈之，況頃公未被獲而待之以俘獲，挫辱太甚，故苗棼皇云不知禮。曰：「寡君使克也不腆弊邑之禮，爲君之辱，敢歸諸下執政，以憖御

人。」解歸，饋也。執政，執事也。慭，願也。御人，婦人也。願以此報君御人之笑己者。疏解「慭願」〇《詩·十月之交》鄭箋「慭者，心不欲自强之辭」。《釋文》：「慭，《爾雅》『願也，强也，且也』。《韓詩》云『慭，閻也』。」「慭」讀「銀」，與「寧」、「甯」同音。《説文》「寧」、「甯」皆訓願，故云「慭，願也」。**苗棼皇曰：「郤子勇而不知禮，**解棼皇，晉大夫，楚鬬伯棼之子也。**矜其伐而恥國君，**解矜，大也。伐，功也。**其與幾何！」**解言將不終命也。

梁山崩，解梁山，晉望也，崩在魯成五年。疏解「梁山晉望」〇「梁山，晉望」，《爾雅·釋山》文。《詩疏》引孫炎《爾雅注》：「晉國所望祭。」《禹貢》：「治梁及岐。」《漢書·地理志》：「在左馮翊夏陽縣西北。」《晉書·地理志》馮翊郡夏陽縣：「梁山在西北。」案：梁山在今陝西同州府郃陽、韓城二縣境，乃《後漢·郡國志》及《穀梁疏》指爲《韓奕》之「奕奕梁山」。此緣韓國而誤，蓋晉有韓原，即武王之子所封，而晉滅之以爲邑。《通典》謂「在同州韓城縣，此《左傳》之韓也」。王符《潛夫論》曰：「昔周宣王時有韓，其國近燕，後遷居海中。」王肅《詩注》：「涿郡方城縣有韓侯城。」此《韓奕》之韓也。晉有韓，亦有梁山，因即以涿郡之韓及梁山充之，而不知《韓奕》之梁山近北燕，《水經注》所言「高梁水注之，❶水首受灅水于戾陵堰，水北有梁山」是也。❷與夏陽之梁山相去遠矣。《穀梁》范甯《集解》引鄭康成曰：「望者，祭山川之名也。」謂之晉望者，猶哀

---

❶「水注之」三字，原脱，今據《水經注》補。

❷「水」，原作「外」，今據《水經注》改。

六年《傳》「江、漢、睢、漳，楚之望也」。**以傳召伯宗，**解傳，驛也。伯宗，晉大夫孫伯糾之子。**遇大車當道而覆，**解大車，牛車也。**立而辟之，曰：「辟傳。」**解辟，使下道辟傳車。**對曰：「傳爲速也，若竢吾辟之，則加遲矣，**解加，益也。**不如捷而行。」**解旁出爲捷。**伯宗喜，問其居，曰：「絳人也。」**解絳，晉國都。**伯宗曰：「何聞？」曰：「梁山崩，而以傳召伯宗。」伯宗問曰：「將若何？」對曰：「山有朽壤而自崩，將若何？**解朽，腐也。不言政失所爲而稱朽壤，言遜也。**夫國主山川，**解主，爲山川主也。孔子曰：「夫顓臾爲東蒙主。」疏「國主山川」〇成五年《傳》杜注：「主謂所主祭。」**故川涸山崩，君爲之降服出次，**解涸，竭也。川竭則山崩。降服，縞素也。出次，次于郊也。疏解「降服」至「于郊」〇僖三十三年《傳》：「秦伯以敗於殽，素服郊次。」此言「降服」、「出次」，明降服爲縞素也。《漢書·高帝紀》：「於是爲義帝發喪，兵皆縞素。」蓋遇災而以喪禮自處也。出次，爲「次于郊」者，亦據僖三十三年《傳》文。又文四年「楚人滅江，秦伯爲之降服，出次」，注「避正寢」。其義互相足也。**乘縵不舉，策於上帝，**解縵，車無文。不舉，不舉樂也。策於上帝，以簡策之文告於上帝。《周禮》：「四鎮五嶽崩，命去樂。」疏「乘縵不舉」〇成五年《傳》孔疏：「《巾車》五路，皆不言車有文飾。其下『服車五乘，孤乘夏篆，卿乘夏縵，大夫乘墨車』，鄭注：『夏篆，五采畫轂約也。夏縵，亦五采畫，無瑑耳。墨車，不畫也。』孤之車尚有瑑約，明諸侯之車必有瑑約，《詩》所謂『約軝錯衡』也。乘縵車無文，蓋乘大夫墨車也。《覲禮》『侯氏乘墨車乃朝』，彼爲適王，尚乘墨車，此山崩降服，亦乘墨車也。」「不舉，不舉樂也」者，此據《大司樂》「命去樂」之文。案：《内傳》杜注：「不舉，去盛饌。」《天官・膳夫》：「王日一舉。天地有災則不舉。」鄭注：「殺牲盛饌曰舉。」又云：「地烖，崩動也。」杜依《膳夫》之文，故義與韋異。然盛饌既去，決無仍用樂侑食之理，則兩家得相通也。國三日哭，以禮焉。解以禮於神也。《周禮》：「國有大災，三日哭。」雖伯宗，亦其如是而已，其若之何？」問其名，不告。請以見，弗許。解以見於君。伯宗及絳，以告而從之。解以車者之言告君，君從之。

伯宗朝，以喜歸。解罷朝而歸，有喜色。其妻曰：「子貌有喜，何也？」曰：「吾言於朝，諸大夫皆謂我知似陽子。」解知，辨智也。陽子，處父也。對曰：「陽子華而不實，主言而無謀，解主，尚也。是以難及其身。子何喜焉？」伯宗曰：「吾飲諸大夫酒，而與之語，爾試聽之。」曰：「諾。」既飲，其妻曰：「諸大夫莫子若也，然而民不能戴其上久矣，解戴，奉也。上，賢也，才在人上也。難必及子，子盍亟索士慭庇州犂焉。」解亟，疾也。索，求也。慭，願也。庇，覆也。州犂，伯宗子伯州犂也。得畢陽。解畢陽，晉士也。疏解「畢陽晉士」〇王應麟曰：「畢陽，豫讓之祖。」及欒弗忌之難，諸大夫害伯宗，將謀而殺之。解欒弗忌，晉大夫，伯宗之黨也。三郤害弗忌，故譖伯宗，并殺之。在魯成十五年。畢陽實送州犂於荆。解荆，楚也。犂奔楚爲太宰。疏解「荆楚」〇《詩・殷武》：「奮伐荆楚。」楚早有荆號。《説文》：「荆，楚木也。」荆、楚一木，故國亦通名。

國語正義卷第十二

歸安董增齡撰集

晉語六

趙文子冠，解文子，趙盾之孫，趙朔之子趙武也。冠，謂以士禮始冠。疏「趙文子冠」○《儀禮·士冠禮》：「服玄冠、玄端、爵韠，奠摯見于君，遂以摯見于鄉大夫、鄉先生。」鄭注：「鄉先生，鄉中老人爲卿大夫致仕者。」故此《傳》列敘諸人也。**見欒武子，武子曰：「美哉！**解武子，欒書也。禮：既冠，奠贄於君，遂以贄見于卿大夫、先生。美哉，美成人也。**昔吾逮事莊主，**解莊，莊子，趙朔之謚也。大夫稱主。趙朔嘗將下軍，欒書佐之。**華則榮矣，實之不知，請務實乎。」**解榮者，有色貌也。實之不知，華而不實也。**見中行宣子，宣子曰：「美哉！**解宣子，晉大夫中行桓子之子荀庚也。疏解「宣子」至「荀庚」○《史記·趙世家》索隱引《世本》晉大夫逝遨生桓伯林父及莊子首，❶本姓荀，自林父將中行，遂別爲中行氏。**惜也吾老矣。」**解

❶「趙世家」，原作「晉世家」，今據《史記》改。

惜己年老，不見文子德所至也。見范文子，**解**文子，范燮也。文子曰：「而今可以戒矣。夫賢者寵至而益戒，不足者爲寵驕。**解**知不足者，得寵而驕。故興王賞諫臣，逸王罰之。吾聞古之王者，政德既成，又聽於民。**解**詢於芻蕘，聽謗譽也。於是乎使工誦諫於朝，**解**工，矇瞍也。誦，誦讀前世箴諫之語。在列者獻詩，使勿兜；**解**列，位也。謂公卿至於列士獻詩以風也。兜，惑也。風聽臚言於市，**解**風，采也。臚，傳也。采聽商旅所傳善惡之言。辨妖祥於謠，**解**辨，別也。妖，惡也。祥，善也。行歌曰謠，「丙之晨」、「檿弧箕服」之類是也。考百事於朝，**解**百官職事。問謗譽於路，有邪而正之，盡戒之術也。**解**術，道也。先王疾是驕也。」見郤駒伯，駒伯曰：「美哉！**解**駒伯，晉卿郤錡也。然而壯不若老者多矣。」**解**恃年自矜。見韓獻子，**解**獻子，晉卿韓厥也。獻子曰：「戒之！此之謂成人。成人在始與善。始與善，善進善，不善蔑由至矣。**解**蔑，無也。始與不善，不善進不善，善亦蔑由至矣。如草木之產也，各以其物。**解**物，類也。人之有冠，猶宮室之有牆屋也，糞除而已，何又加焉。」**解**糞除，喻自修潔也。見知武子，武子曰：「吾子勉之，**解**武子，晉卿，荀首之子荀罃也。**疏**「知武子」〇智，邑名。《括地志》：「故智城在蒲州虞鄉縣西北四十里。《古今地名》云：『解縣有智城。』」《博物志》云：「河東解縣有智邑。」《趙世家》索隱引《世本》晉大夫逝遨生桓伯林父及莊子首，❶

---

❶「趙世家」，原作「晉世家」，今據《史記》改。

首生罃，本荀氏，食采于智，故曰知武子。**成、宣之後，而老爲大夫，非耻乎！**解成，季子，文子曾祖趙衰也。宣，宣子，文子祖父趙盾也。言文子二賢之後，長老爲大夫，非耻乎？欲其修德，蚤爲卿也。**成子之文，宣子之忠，其可忘乎！夫成子道前志以佐先君，道法而卒於政，可不謂文乎！**解道，達也。志，記也。佐，助也。先君，文公也。以政，得政也。**夫宣子盡諫於襄、靈，**解襄公，文公子，靈公父也。**以諫取惡，不憚死進也，可不謂忠乎！吾子勉之，有宣子之忠，而納之以成子之文，事君必濟。」**解濟，成也。**見苦成叔子，**解苦成叔子，郤犨也。疏解「苦成叔子郤犨」〇王符《潛夫論》：「郤犨食采于苦，號苦成叔。」又曰：「苦成，城名也，在鹽池東北。」❶《左傳》成公十一年正義引《世本》曰：❷郤豹生義，義生步揚，步揚生州，州即犨。**叔子曰：「抑年少而執官者衆，**解執官，爲大夫也。**吾安容子。」見温季子，**解温季子，郤至也。**季子曰：「誰之不如，可以求乎？」**解言汝不如誰，可以求其次，不欲其高遠也。**見張老而語之，**解張老，晉大夫張孟也。疏解「張老」至「張孟」〇《唐書·宰相世系表》：「周宣王時有卿士張仲，其後裔事晉爲大夫。張侯生老，老生趯，趯生骼。」**張老曰：「善矣，從欒伯之言可以滋，**解滋，益也。**范叔之戒可以大，韓子之戒可以成，物備矣，志在子。**解物，事也。人事已

❶「在」下，原衍「河東」二字，今據《潛夫論》删。

❷「左傳成公十一年」，原作「晉世家」，今據《春秋左傳正義》改。

備，能行與否，在子之志也。**若夫三郤，亡人之言也，何稱述焉！**解不足稱述。**知子之道善矣，**解道，訓也。**是先主覆露子也。」**解先主，謂成、宣也。露，潤也。

厲公將伐鄭，解厲公，晉景公之子州蒲也。伐鄭，鄭從楚故也。在魯成十六年。**范文子不欲，曰：「若以吾意，諸侯皆畔，則晉可爲也。**解爲，治也。**唯有諸侯，故擾擾焉。凡諸侯，難之本也。**解畔輒伐之，故爲難本。**得鄭憂滋長，安用鄭？」**解楚必救之，故憂益長。疏「得鄭」至「用鄭」○《内傳》文子曰「外寧必有内憂」，言得鄭則君心益侈，内變立作，故憂滋長。韋解言楚必救鄭，猶是外患，其憂尚未甚也。**郤至曰：「然則王者多憂乎？」文子曰：「我，王者也乎哉？**解言俱諸侯也。**夫王者成其德，而遠人以其方賄歸之，故無憂。**解方，所在之方。賄，財也。**今我寡德而求王者之功，故多憂。**解我，晉也。**子見無土而欲富者，樂乎哉？」**解無土求富，行不得息。

厲公六年，伐鄭，解六年，魯成十六年。**且使苦成叔及欒黶興齊、魯之師。**解苦成叔，郤犨。欒黶，欒書之子桓子也。郤犨如齊，欒黶如魯，皆乞師。**楚恭王帥東夷救鄭。**解恭王，莊王之子葴也，或作「審」。東夷，楚東之夷也。疏解「東夷楚東之夷」○《戰國策》張儀曰：「包九夷，制鄢、郢。」九夷近鄢、郢，故知在楚東。**楚半陳，公令擊之。欒書曰：「君使黶也興齊、魯之師，請俟之。」郤至曰：「不可。楚師將退，我擊之，必以勝歸。**解將退無鬭志，故可勝也。**夫陳不違忌，一閒也；**解違，避也。忌，諱也。閒，隙也。晦，陰氣盡，兵亦陰，故忌之。《經》書：「六月甲午晦，晉侯及楚子、鄭伯戰于鄢陵。」疏解「違避」至「忌之」○成十六年《傳》孔疏：❶「日爲陽精，月爲陰精，兵尚殺害，陰之道也。行兵貴月盛之時，晦是月終，陰之盡也，故兵家以晦爲忌，不用晦日陳兵也。」**夫南夷與楚來而弗與陳，二閒也；**解南夷，據在晉南也。不與陳，不欲戰也。**夫楚與鄭陳而不整，三閒也；**解雖俱陳，不整齊也。**且其士卒在陳而讙，四閒也；**解讙，囂也。**夫衆聞讙則必懼，五閒也。鄭將顧楚，楚將顧夷，莫有鬬心，❷不可失也。」公説。於是敗楚師於鄢陵，欒書是以怨郤至。**解怨其反己，專其美也。

鄢之戰，郤至以靺韋之跗注，三逐楚平王卒，解三君云：「一染曰靺。」鄭後司農説：「以爲靺，茅蒐染也。靺，聲也。」昭謂：「茅蒐，今絳艸也。急疾呼茅蒐成靺也。凡染，一入爲縓。跗注，兵服自要以下至於跗。」疏「靺韋之跗注」○古者以茅蒐染靺韐，而靺韐即爲茅蒐之轉聲。《爾雅》：「茹藘，茅蒐。」郭注：「可以染絳。」《小雅・瞻彼洛矣》毛傳「靺韐者，茅蒐染艸也」。鄭箋：「靺者，茅蒐染也。茅蒐，靺聲也。」又《駁五經異義》云：「靺，屮名。齊、魯之閒言靺韐。」《鄭志》：「『靺韋之不注』，『不』讀如『跗』，跗，幅也。注，屬也。幅有屬也，以淺赤韋爲弁，又裁韋如布帛之幅，而連屬以爲衣，而表素裳白舄也。」○「三逐楚平王卒」○平王，據襄十三年「楚子審卒」《傳》及此《傳》，共王帥東夷救鄭，《傳》文當作「共王」，賈、唐、鄭、虞、韋、孔無辨之者，必近世傳寫之譌。《説文》：「隸人給事者衣卒，卒，衣有題識者。」**見王必下奔，**解下，下車。奔，

---

❶「六」，原作「七」，今據《春秋左傳正義》改。

❷「莫」下，原衍「不」字，今據宋公序本《國語》删。

走也。**退戰。王使工尹襄問之以弓，**解工尹，楚官。襄，其名。問，遺也。**曰：「方事之殷，**解事，戎事也。殷，盛也。**有韎韋之跗注，君子也。屬見不穀而下，無乃傷乎？」**解屬，適也。傷，恐其傷也。**郤至甲胄而見客，免胄而聽命，**解免，脱也。脱之爲障耳。**曰：「君之外臣至，以寡君之靈，閒蒙甲胄，**解蒙，被也，被介在甲胄之閒。**不敢當拜君命之辱，爲使者敢三肅之。」**解禮，軍事肅拜。肅拜，❶下手至地也。**疏**解「禮軍」至「至地」〇「肅拜，下手至地」，《内傳》杜注同。杜又云：「若今撎。」孔疏引《春官·大祝》鄭注：「肅拜，但俯下手，今時撎是也。」《説文》：「撎，舉手下手也。」其勢如今揖之小别。案：《少儀》婦人有肅拜、手拜。鄭注「肅拜，拜低頭。手拜，手至地」，則肅拜手不至地矣。《公羊傳》何注：「揖於師中，介胄不拜。」《周禮釋文》「撎，即今之揖」，則肅拜不至地益明。杜元凱既以「撎」訓「肅拜」，而又云「下手至地」，殊違鄭義矣。**君子曰：「勇於知禮。」**解禮，軍禮也。

鄢陵之役，大夫欲爭鄭，解與楚爭鄭。**范文子不欲，曰：「吾聞人臣者，能内睦而後圖外，**解睦，親也。**不睦内而圖外，必有内爭，盍姑謀睦乎？**解姑，且也。**考訊其阜以出，則怨靖。」**解訊，問也。阜，衆也。靖，安也。言内且謀相親愛，乃考問百姓，知其虚實，然後出軍用師，則怨惡自安息也。

鄢陵之役，晉伐鄭，荆救之。解荆，楚也。**大夫欲戰，范文子不欲，曰：「吾聞君人者刑其**

❶「肅」上，原衍「下」字，今據宋公序本《國語》及下疏文删。

民，解以刑正其民。成而後振武於外，解成，平也。是以内龢而外威。解威，畏也。今吾司寇之刀鋸日弊，解刀鋸，小人之刑也。弊，敗也。日敗，用之數也。而斧鉞不行，解斧鉞，大刑也。不行，不行於大臣。内猶有不刑，而況外乎？夫戰，刑也，解言用兵猶用刑也。刑之過也。解刑殺有過者。過由大，解由大臣也。而怨由細，解怨望者由小細民也。故以惠誅怨，解誅，除也。以忍去過，解忍以義斷也。細無怨而大不過，而後可以武刑外之不服者。今吾刑外乎大人，解外者，刑不及。而忍於小民，解忍行刑於小民。將誰行武？武不行而勝，幸也。解幸，僥幸也。幸以爲政，必有内憂。且唯聖人能無外患，又無内憂，距非聖人，必偏而後可。解距，猶自也。偏，偏有一也。偏而在外，猶可救也。解在外，外有患也。疾自中起，是難。盍姑釋荆與鄭以爲外患乎？」解釋，置也。

鄢陵之役，晉伐鄭，荆救之。欒武子將上軍，范文子將下軍。解上下，中軍之上下也。《傳》曰：「欒書將中軍，士燮佐之。」又曰：「欒、范以其族夾公行。」欒武子欲戰，范文子不欲，曰：「吾聞之，唯厚德者能受多福，無德而服者衆，必自傷也。解不義而彊，其弊必速。稱晉之德，諸侯皆叛，國可以少安。解稱，副也，副晉之德而爲之宜。諸侯皆畔，不復征伐，還自修整，則國可以少安。唯有諸侯，故擾擾焉。凡諸侯，難之本也。且唯聖人能無外患，又無内憂，距非聖人，不有外患，必有内憂，盍姑釋荆與鄭以爲外患乎？諸臣之内相與，必將輯睦。解不復征伐，無所争也。今我戰又勝荆與鄭，吾君將伐知而多力，解力，功也。將自伐其智，自多其功也。怠教而重斂，大其私暱而益婦人田，解暱，近也。私近，謂嬖臣也。大，謂增其禄也。婦人，愛妾也。不奪諸大夫田，則焉取以益此？諸臣之委室而徒退者，將與幾人？解徒，空也。與，辭也。幾人，言必多也。戰若不勝，則晉國之福也；戰若勝，亂地之秩者也。解亂地，亂故地也。秩，常也。其產將害大，盍姑無戰乎！」解產，生也。言其生變，將害大臣。欒武子曰：「昔韓之役，惠公不復舍。解韓之役，秦獲惠公，在魯僖十五年。邲之役，三軍不振旅。解楚敗晉師于邲，在魯宣十二年。師敗衆散，故不能振旅而入。疏解「楚敗」至「而入」○邲，宣十二年《傳》杜注「鄭地」，今河南開封府鄭州東六里有邲城。《爾雅·釋天》：「入而振旅，反尊卑也。」《詩·采芑》鄭箋：「振，猶止也。」杜預曰：「振，整也。」《爾雅·釋詁》：「旅，衆也。」是振旅爲整衆也。莊八年《公羊傳》何注：「振旅，壯者在後，復長幼且衛後也。」箕之役，先軫不復命。解晉人敗翟於箕，先軫死之，故不反命於君，在魯僖三十三年。晉國固有大耻三，今我任晉國之政，解任，當也。武子時爲上卿。不損晉耻，又以違蠻夷以重之，解違，避也。蠻夷，楚也。雖有後患，非吾所知也。」解不能慮遠。范文子曰：「擇福莫若重，擇禍莫若輕，解有二福，擇取其重；有二禍，擇取其輕。福無所用輕，禍無所用重，晉國固有大耻，與其君臣不相聽，以爲諸侯笑也，解不相聽，謂惠公不與慶鄭相聽以殞於韓，先縠不與林父相聽以敗于邲，先軫不與襄公相聽以亡於箕。盍姑以違蠻夷爲耻乎？」武子不聽，遂與荆人戰於鄢陵，大勝之。解鄢陵，鄭地。

於是乎君伐知而多力，怠教而重斂，大其私暱，殺三郤而尸諸朝，解三郤，錡、犨、至也。尸，陳也。「産將害大」是也。**納其室以分婦人。**解納，取也。室，妻妾貨財也。**於是乎國人弗蠲，**解蠲，潔也，不潔公所爲。**遂殺之翼，葬之翼東門之外，以車一乘。**解翼，故晉都，匠麗氏也。厲公侈，多外嬖，反自鄢陵，欲盡去羣大夫而立其左右，欲以胥童、夷羊午、長魚蟜爲卿，故殺三郤。長魚蟜又以兵劫欒書、中行偃，將殺之，公不忍，使復其位。魯成十七年冬，厲公游於匠麗氏，欒書、中行偃執公。十八年正月，使程滑殺公，葬之以車一乘，不成喪。**厲公之所以死者，唯無德而功烈多，服者衆也。**解烈，業也。服者衆，謂魯成十二年會於瑣澤，敗狄于交剛，十三年敗秦于麻隧，十五年盟於戚，會吴於鍾離，十六年敗楚于鄢陵，會於柯陵伐鄭，十七年同盟于柯陵。

鄢陵之役，荆厭晉軍，解厭，謂其不備也。《傳》曰：「甲午晦，楚晨厭晉軍而陳。」疏「荆厭晉軍」○《内傳》杜注：「厭，笮其未備。」**軍吏患之，將謀。**解謀所以距扞。**范匄自公族趨過之，**解匄，范文子之子宣子也。自公族，爲公族大夫也。**曰：「夷竈堙井，非退而何？」**解夷，平也。堙，塞也。使晉軍平塞井竈，示必死，不復飲食，非退而何？言楚必退。《傳》曰「塞井夷竈，陳于軍中，而疏行首」是也。**范文子執戈逐之，曰：「國之存亡，天命也，童子何知焉？且不及而言，姦也，必爲戮！」**解言議不及匄而匄言之，是爲有姦，故必爲戮。**苗棼皇曰：「善逃難哉！」**解文子欲匄讓大臣，不蓋掩人，是爲避難。**既退荆師於鄢陵，將穀，**解穀，處其館，食其穀也。《傳》曰：「晉師三日館穀。」**范文子立於戎馬**

之前，解公戎車馬前也。**曰：「君幼弱，諸臣不佞，**解佞，才也。**吾何福以及此！吾聞之，『天道無親，唯德是授』，吾庸知天之不授晉且以勸荆乎？**解庸，用也。焉用知天不先授晉以福使勝楚，而以勸楚修德以報晉乎？**君與二三臣其戒之！**解戒，備也。**夫德，福之基也，無德而福隆，猶無基而厚墉也，其壞也無日矣。」**解隆，盛也。墉，牆也。疏「猶無」至「厚墉」○《釋名》：「基，據也。在下物所據也。」《大雅・公劉》「止基迺理」是也。「墉，牆也」者，《士昏禮》：「尊于室中北墉下。」鄭注：「以墉爲牆也。」

反自鄢，范文子謂其宗、祝解宗，宗人。祝，祝史也。**曰：「君驕泰而有烈，**解烈，功也。**夫以德勝者猶懼失之，而況驕泰乎？君多私，今以勝歸，私必昭，**解私，嬖臣妾也。昭，顯也。**昭私，難必作，**解寵私必去舊，去舊必作難。**吾恐及焉。凡吾宗、祝，爲我祈死，**解祈，求也。**先難爲免。」**解免，免於亂。**七年夏，范文子卒。**解晉厲公七年，魯成十七年。**冬，難作，始於三郤，卒於公。**解公殺三郤，欒、中行畏誅，乃殺公。**既戰，獲王子發鉤。**解發鉤，楚公子茷也。《傳》曰：「囚楚公子茷。」疏解「發鉤楚公子茷」○《説文》：「茷，草葉多。」《月令》孔疏：「木物生，句曲而有芒角。」❶艸亦隸于木，故名茷，而字以「句芒」之「句」，「茷」與「發」聲相近，又諧聲也。**欒書謂王子發鉤曰：「子告君**解使告晉君。

❶「木物生句曲」，《禮記正義》作「木初生之時句屈」，「物」疑「初」之誤。

曰：『郤至使人勸王戰，及齊、魯之未至也。解言勸楚王使與晉戰也，晉乞師於齊、魯，時尚未至，言晉可敗也。且夫戰也，微郤至，王必不免。』解微，無也。言郤至見王必下趨，故王得免。吾歸子。」解子告晉君如此，吾令子歸楚也。發鉤告公，公告欒書，欒書曰：「臣固聞之，解固，久也。郤至欲爲難，使苦成叔緩齊、魯之師，已勸君戰，解已，郤至也。戰敗，將納孫周，解孫周，悼公周也。事不成，故免楚王。然戰而擅舍國君，而受其問，不亦大罪乎？解問，謂弓也。且今君若使之於周，必見孫周。」公曰：「諾。」欒書使人謂孫周曰：「郤至將往，必見之！」郤至聘於周，公使覘之，見孫周，解覘，微視也。是故使胥之昧與夷羊午刺郤至、苦成叔及郤錡。解胥之昧，胥童也，及夷羊午皆厲公嬖臣。疏解「胥之昧胥童」〇《晉世家》：「厲公多外嬖姬，欲盡去羣大夫而立諸姬兄弟。寵姬兄曰胥童，嘗與郤至有怨。」郤錡謂郤至曰：「君不道於我，我欲以吾宗與吾黨夾而攻之，雖死必敗國，國敗，君必危，其可乎？」郤至曰：「不可。至聞之，武人不亂，解勇而不義，則不爲武。知人不詐，解爲詐，則不爲知。仁人不黨。解不羣黨也。夫利君之富，富以聚黨，解利君寵祿以爲富，得富故有徒黨。利黨以危君，君之殺我也後矣。解後，晚也。且衆何辠，鈞之死，不若聽君之命。」解鈞，等也。等一死，不欲爲亂也。是故皆自殺。解《傳》曰：「三郤將謀于榭，長魚矯以戈殺之。」言自殺，取其不校自殺之道。既刺三郤，欒書殺厲公，乃納孫周而立之，是爲悼公。疏「欒書」至「悼公」〇《晉世家》：「厲公六年閏月乙卯，厲公游匠麗氏，欒書、中行偃以其黨襲捕厲公，囚之，殺胥童。

厲公囚六日死。十日庚午，知罃迎公子周來，至絳，刑雞與大夫盟而立之，是爲悼公。其大父捷，晉襄公少子也，不得立，號爲桓叔，桓叔最愛。桓叔生惠伯談，談生悼公周。」

長魚蟜既殺三郤，乃脅欒、中行，解謂與胥童共脅之也。脅，劫也。欒，欒書。中行，中行偃。而言於公曰：「不殺此二子者，憂必及君。」解言二子懼誅，必將圖君。公曰：「一旦而尸三卿，不可益也。」對曰：「臣聞之，亂在內爲軌，在外爲姦，禦軌以德，禦姦以刑。解禦，止也。以德，以德綏之。以刑，謂誅除也。今治政而內亂，不可謂德。除鯁而避强，不可謂刑。解鯁，害也。德刑不立，姦軌並至，臣脃弱，疏「臣脃弱」〇脃，《説文》「小耎易斷也」。《老子》曰：❶「其生也柔脃。」《管子·事語》篇「城脃致衝」是也。弗能忍俟也。」乃犇翟。三月，厲公殺。解魯成十七年十二月，長魚蟜犇翟。閏月，欒、中行殺胥童。十八年正月，厲公殺。

欒武子、中行獻子圍公於匠麗氏，解匠麗氏，晉嬖大夫也。乃召韓獻子，獻子辭曰：「殺君以求威，非我所能爲也。解求威，求立威也。威行爲不仁，事廢爲不知，解威行於君爲不仁，事廢不成爲不知。享一利亦得一惡，非所務也。昔者吾畜於趙氏，解畜，養也。韓獻子見養于趙盾。孟姬之讒，吾能違兵。解孟姬，趙盾之子朔之妻，晉景公之姊也，與盾之弟樓嬰通，嬰兄趙同、括放之。

---

❶「老」，原作「莊」，今據《老子》改。

姬譖同，括于景公，景公殺之。時獻子能違其兵難，卒存趙氏，未可脅以殺君也。在魯成八年。**人有言曰：『殺老牛莫之敢尸。』而況君乎？**解尸，主也。疏解「尸主」○「尸，主也」，《爾雅·釋詁》文。《禮·學記》：「當其爲尸。」鄭注：「尸，主也。爲祭主也。」《漢書·郊祀志》：「鼎出于郊東，中有刻書曰：『王命尸臣官此栒邑。』」顏注：「尸臣，主事之臣也。」是「尸」得爲「主」訓。**二三子不能事君，安用厥也！」中行偃欲伐之，欒書曰：❶「不可。其身果而辭順，**解果，謂敢行其志也。**順無不行，果無不徹，**解順者，人從之，故無不行。果者，志不疑，故無不徹。徹，達也。**犯順不祥，伐果不克。**解克，勝也。**夫以果戾順行，民不犯也，**解戾，帥也。以果敢帥順道而行之，故民不犯。**吾雖欲攻之，其能乎？」乃止。**

❶「曰」，原脱，今據宋公序本《國語》補。

國語正義卷第十三

歸安董增齡撰集

晉語七

既殺厲公，欒武子使知武子、彘恭子如周迎悼公。解武子，欒書也。知武子，荀罃也。彘恭子，士魴也，食邑于彘。悼公，周子也，時年十四。疏解「食邑于彘」○《漢・地理志》河東郡彘縣：「霍太山在東，周厲王所奔。」庚午，大夫逆於清原，解清原，晉境。公言於諸大夫曰：「孤始願不及此，解及，至也。孤之及此，天也。解引天以自重。抑人之有元君，將稟命焉。解元，善也。稟，受也。若稟而棄之，是焚穀也；解穀，所仰以生也。其稟不材，是穀不成也。解不材，不可用也。不成，謂秕也。穀之不成，孤之咎也；成而焚之，二三子之虐也。孤欲長處其願，出令將不敢不成，解不敢爲秕政也。二三子爲令之不從，故求元君而訪焉。解訪，謀也。爲民不從大夫之令，故求善君而謀之。孤之不元，廢也，其誰怨？解廢，以不善見廢。元而以虐奉之，二三子之制也。解制，專制也。若欲奉元以濟大義，將在今日；若欲暴虐以離百姓，反易民常，亦在今日。解反易民常，下不事上也。**圖之進退，願由今日。」****解**悼公承篡殺之後，嫌臣下不從，故以此約厲焉。**大夫對曰：「君鎮撫羣臣，而大庇廕之，無乃不堪君訓而陷於大戮，以煩刑、史，****解**刑，刑官，司寇也。史，大史，掌書法也。**辱君之允令，****解**允，信也。**敢不承業。」乃盟而入。****解**承，奉也。業，事也。**辛巳，朝於武宮。****解**武宮，武公廟。**疏**「辛巳」至「武宮」○「辛巳朝於武宮」，今本《內傳》與此《傳》同。服虔本作「辛未」。《內傳》孔疏引《國語》孔晁注：「辛未盟入國，辛巳朝祖廟，取其新也。」案：晁説非也。此《傳》稱「庚午逆於清原」，《內傳》云「庚午盟而入」，逆日即盟，非辛未也，唯朝廟則當依服虔爲辛未，蓋是時夷羊五等尚在國，國勢、人心岌岌未定，故庚午盟而次日即朝武宮，以定統位。文公丙午入曲沃，丁未朝武宮，正同一例。若辛巳則上距庚午已十日，此一句中，豈悼公安居伯子同氏，而任君位之虚懸乎？知服本之可信矣。**定百事，立百官，****解**議定百事，而立其官，使主之。謂改其舊時之非者。**育門子，選賢良，****解**門子，大夫適子。《周禮》曰：「其正室皆謂之門子。」育，長也。長育其材，選用賢良也。**疏**解「門子」至「賢良」○《周禮·小宗伯》鄭注：「正室適子也，將代父當門者也。」《內傳》鄭伯及晉盟於戲，六卿及門子皆從；又子孔爲載書，大夫與門子弗順，出列會盟，入參謀議。列國之重門子如此。長育其材，即下文「使惇惠者教之」之等也。**興舊族，出滯賞，****解**舊族，舊臣之子孫。滯賞，謂有功於先君未賞者，謂呂相之屬也。**畢故刑，赦囚繫，****解**故刑，若今被刑居作者。畢之，不復作也。囚繫者赦之，《傳》曰「宥罪戾」是也。**宥閒罪，薦積德，****解**閒罪，刑罰之疑者。宥，赦也。薦，進也，積德之士進用之。**逮鰥寡，****解**逮，及也，惠及之也。**振廢**

淹，解振，起也。淹，久也。謂本賢人，以小罪久見廢，起用之。**養老幼，**解養，有常餼。**恤孤疾，**解無父曰孤。疾，廢疾也。**年過七十者，公親見之，**解謂賢知事者。**稱曰王父，王父不敢不承。**解稱曰王父，尊而親之，所以盡其心也，故王父不敢不承命。**二月乙酉，公即位。**解先館于外，至此乃就公朝也。《傳》曰「館於伯子同氏」是也。疏「二月」至「即位」〇成十八年孔疏引《晉語》云：「正月乙酉公即位。」又引《國語》孔晁注：「二月即位。言『正月』者，記者誤也。」厲公被殺而嗣絶，故悼公自外而入，即位之日，即命百官，施布政教，與居喪即位其禮不同。是晁及穎達所見《國語》並是「正月」。今本作「二月」，後人依《内傳》擅改。此《傳》於義雖得，而非《傳》文之舊。**使呂宣子佐下軍，**解宣子，呂錡之子呂相也。**曰：「邲之役，呂錡佐知莊子於上軍，**解「上」當爲「下」字之誤也。呂錡，廚武子也。知莊子，荀首也。時爲下軍大夫，在魯宣十二年。唐尚書云「荀首時將上軍」，誤矣。**獲楚公子穀臣與連尹襄老，以免子羽。**解連尹，楚官名。子羽，知莊子之子罃之字也。邲之戰，楚人囚知罃，莊子以其族反之，廚武子御莊子射襄老，獲之，遂載其尸，射公子穀臣，囚之，以二者歸。魯成三年，晉人歸楚穀臣與襄老之尸，以求知罃，楚人許之，故曰「以免子羽」。**鄢之役，親射楚王而敗楚師，**解魯成公十六年，晉、楚戰於鄢陵，錡射楚共王，中目，楚師敗，楚養由基射呂錡，中項而死。**以定晉國而無後，**解無後，子孫無在顯位者。**其子孫不可不崇也。」**解崇，高也。**使彘恭子將新軍，曰：「武子之季，文子之母弟也。**解季，少子也。武子，士會。文子，士燮也。母弟，同母弟也。**武子宣法以定晉國，至於今是用。**解宣，明也。法，執秩之法。**文**

子勤身以定諸侯，至於今是賴。解定諸侯，謂爲軍帥能使諸侯事晉也。賴，蒙也。夫二三子之德，其可忘乎？」故以彘季屏其宗。解屏，藩也。使令狐文子佐之，解文子，魏犨之孫，魏顆之子魏頡也。令狐，邑名。疏解「令狐邑名」○文七年《傳》杜注：「令狐在河東，與刳首相接。」案：令狐在今山西平陽府猗氏縣境内。曰：「克潞之役，秦來圖敗晉功，魏顆以其身卻退秦師於輔氏，親止杜回，其勳銘於景鐘。解克，勝也。魯宣十五年六月癸卯，晉荀林父將滅赤翟潞氏。七月，秦桓公伐晉，次于輔氏，欲敗晉功。壬午，晉景公治兵以略翟土。及雒，魏顆敗秦師于輔氏，獲杜回。輔氏，晉地。杜回，秦力士也。勳，功也。景鐘，景公之鐘。疏解「魯宣」至「潞氏」○宣十五年《傳》：「潞子嬰兒之夫人，晉景公之姊也，酆舒爲政而殺之，又傷潞子之目。」伯宗數其五罪。「荀林父敗狄于曲梁。辛亥，滅潞」。杜注：「赤狄之别種。」《後漢・郡國志》引《上黨記》曰：「潞，濁漳也，縣城臨潞。荀林父伐曲梁，在城西十里，今名石梁。」○解「輔氏晉地」○宣十五年《傳》杜注「輔氏」：「晉地。」今陝西西安府朝邑縣西北十三里有輔氏城。○解「勳功」至「之鐘」○《文選》曹植《求自試表》引此「功銘著于景鐘」，吕延濟注：❶「景，大也。功勳銘于大鐘。」齡案：「景，大」，《爾雅・釋詁》文。吕氏雖與韋解異訓，然有《爾雅》文可據也。至於今不育，其子不可不興也。」解育，遂也。君知士貞子之帥志博聞而宣惠於教也，使爲太傅。解貞子，晉卿士穆子之子士渥濁也。帥，循也。宣，徧也。惠，順也。疏「使爲太傅」○《周官禮・典命》：「公之孤四命。」晉自僖二

❶「延」，原作「廷」，今據《六臣注文選》改。

十八年王命文公爲侯伯，因自設太師、太傅等官。宣十六年，范武子爲太傅。故《内傳》言使士渥濁爲太傅，使修范武子之法。彼《傳》孔疏言：「范武子爲太傅，孤也；士蔿爲司空，卿也。」士渥濁、右行辛「居其官而修其法」，二人皆大夫，非孤卿」。孔意以范武子將中軍且爲太傅，故知爲孤。士渥濁、右行辛之官皆非六軍之將，故言大夫，義或然也。**知右行辛之能以數宣物定功也，使爲司空。**解右行辛，晉大夫賈辛也。數，計也。宣，明也。物，事也。能以計數明事定功，故使爲司空。司空掌邦事，謂建都邑，起宫室，經封洫之屬。**疏**解「右行」至「賈辛」〇《内傳》孔疏：「僖二十八年，晉作三行，屠擊將右行，未知此人即屠擊之子孫也，爲是其祖，代屠擊也。正以荀林父將中行，遂以中行爲氏，此人之先將右行，因以爲氏耳。」〇解「數計」至「之屬」〇《吕氏春秋·季夏紀》：「命司空曰：『時雨將降，下水上騰，循行國邑，周視原野，修利隄防，導達溝瀆，開通道路，無有障塞。』」高注：「司空，主土官也。」《淮南·兵略訓》：「隧路亟，行輜治，賦丈均，❶處軍輯，❷井竈通，此司空之官也。」故知司空掌邦事也。**知欒糾之能御以和於政也，使爲戎御。**解欒糾，晉大夫卞糾也。政，軍政。戎御，御公戎車也。**知荀賓之有力而不暴也，使爲戎右。**解荀賓，晉大夫。戎右，公戎車之右。有力而不暴，故可親近之。**欒伯請公族大夫，**解欒伯，欒武子。公族大夫，掌公族與卿之子弟。**疏**解「公族」至「子弟」〇宣二年《傳》孔疏引《國語》孔晁注：「公族大夫，掌公族及卿大夫子

❶「丈」，原作「文」，今據《淮南子》改。
❷「軍」，原作「事」，今據《淮南子》改。

弟之官。」是晁即用韋解義也。《内傳》又云：「驪姬之亂，詛無畜羣公子。」自是晉無公族。「及成公即位，乃宦卿之適子而爲之田，以爲公族」。是公族大夫廢于獻末而復于成初也。蓋公族主教誨，有論教之事，位非卿而任特重，故欒伯請之。公曰：「荀家惇惠，解荀家，晉大夫。荀會文敏，解荀會，荀家之族。黶也果敢，解黶，欒書之子桓子也。無忌鎮靖，解無忌，韓厥之子公族穆子也。鎮，重也。靖，安也。使兹四人者爲之。解兹，此也。夫膏粱之性難正也，解膏，肉之肥者。粱，食之精者。言食肥美者率多驕放，其性難正也。故使惇惠者教之，解教之道藝。使文敏者道之，解道其志也。使果敢者諗之，解諗，告也，告得失也。使鎮靖者修之。解修治其氣性。惇惠者教之，則徧而不倦；解倦，懈也。文敏者道之，則婉而入；解婉，順也。果敢者諗之，則過不隱；鎮靖者修之，則壹。解壹，均一也。使兹四人者爲公族大夫。」知祁奚之果而不淫也，使爲元尉。解祁奚，晉大夫，高梁伯之子也。元尉，中軍尉也。疏解「祁奚」至「軍尉」○《吕氏春秋·去私》篇高注：「黄羊，祁奚字。」《淮南·兵略訓》：「夫論除謹，動静時，吏卒辨，兵甲治，正行伍，連什伯，明鼓旗，此尉之官也。」高注：「軍尉，所以尉鎮衆也。」知羊舌職之聰敏肅給也，使佐之。解羊舌職，晉羊舌大夫之子。敏，達也。肅，敬也。給，足也。知魏絳之勇而不亂也，使爲元司馬。解魏絳，魏犨之子莊子也。元司馬，中軍司馬也。疏解「魏絳」至「莊子」○《唐書·宰相世系表》：犨生悼子，悼子生昭子絳。《史記·魏世家》索隱引《世本》云「武仲生莊子絳」，無悼子。又《世本·居篇》「魏悼子徙霍」，則是有悼子。《世本》卿大夫代自脱耳，則絳當是魏犨之孫。

○解「元司」至「司馬」○《周禮·夏官》：「司馬，卿官。」今司馬在尉下，則非卿官。《韓非子》言晉國之法：下大夫一乘一輿，司馬專乘，是下大夫也。《淮南·時則訓》：「十月官司馬。」高注：「冬閒講武，故官司馬。」《内傳》孔疏：言此《傳》所言諸官，或是悼公新法，皆不得與《周禮》同也。**知張老之知而不詐也，使爲元候。** 解張老，晉大夫張孟也。元候，中軍候奄也。疏解「元候中軍候奄」○《淮南·兵略訓》：「前後知險易，見敵知難易，發斥不忘遺，此候之官也。」高注：「軍候，候望者也。」**知鐸遏寇之恭敬而信彊也，使爲輿尉。** 解遏寇，晉大夫。輿尉，上軍尉也。疏解「輿尉上軍尉」○《淮南·兵略訓》：「收藏於後，遷舍不離，無淫輿，無遺輜，此輿之官也。」高注：「輿，衆也。」候領輿衆在軍之後者，弘嗣以輿尉爲上軍尉。案：輿尉見于襄三十年《内傳》，主役屬徒衆，亦非專言上軍。蓋元尉統尉之事，猶啟行之元戎；輿尉分尉之任，猶羣臣所乘之小戎。《淮南·時則訓》：「八月官尉，十一月官都尉。」則尉固有尊卑之別，如以輿尉專屬上軍，則下軍尉又何名乎？**知藉偃之惇率舊職而共給也，使爲輿司馬。** 解藉偃，晉大夫，藉季之子藉游也。輿司馬，上軍司馬也。疏解「藉偃」至「司馬」○昭十五年《傳》孔疏引《世本》：「孫伯黶生司空頡，頡生南里叔子，子生叔正官伯，伯生司徒公，公生曲沃正少襄，襄生司功大伯，❶伯生侯季子，子生藉游。」輿司馬之名見于《周官禮》，亦大司馬屬官也。**知程鄭端而不淫，且好諫而不隱也，使爲贊僕。** 解程鄭，晉大夫，荀驩之曾孫，程季之子。端，正也。淫，邪也。贊僕，乘馬御也，六騶屬焉。疏解「贊僕」至「騶屬」○成十八

---

❶「功」，原作「馬」，今據《春秋左傳正義》改。

年《傳》孔疏：「《周禮》：齊僕，下大夫，掌馭金路。以賓朝覲宗遇饗食，皆乘金路。杜言『乘馬御，乘車之僕』，則當彼齊僕也。《月令》：『季秋，天子乃教田獵，命僕夫七騶咸駕。』則騶是主駕之官。鄭康成曰：『七騶謂趨馬，主爲諸官駕説者也。』《校人》職云：『良馬三乘爲皂，皂一趣馬，趣馬，下士。三皂爲繫，繫一馭夫，馭夫，中士。六繫爲廄，廄一僕夫，僕夫，上士。天子十有二閑，邦國六閑。』鄭注：『每廄爲一閑，閑有二百一十六匹。』如彼計之，每廄有趣馬十八人，六閑之騶有一百八人，皆屬程鄭，而使總領之也。」**始合諸侯於虛朾以救宋，**解虛朾，宋地。宋魚石叛宋而之楚，楚伐宋，取彭城以封之，故悼公合諸侯以救宋。在魯成十八年。**疏**解「虛朾」至「八年」〇虛朾，杜注「闕」。或云即宋之虛也。彭城，杜注「宋邑」，今彭城縣，項羽都此，謂之西楚。晉立徐州，唐、宋、元沿革不一，明初復爲徐州，今爲江蘇徐州府銅山縣地。**使張老延君譽於四方，且觀道逆者。**解延，陳也。陳君之稱譽于四方，且觀察諸侯之有道德與逆亂者。**呂宣子卒，**解宣子，呂相。**公以趙文子爲文也，**解文子，趙武也。文，有文德。**而能恤大事，使佐新軍。**解説云：「新軍，中軍也。」昭謂：時但言新軍，新軍無中。**三年，公始合諸侯。**解悼公三年，魯襄之二年也。悼公元年，始合諸侯于虛朾，此復言始合者，謂四年將會於雞丘，於此始命之。**四年，諸侯會於雞丘。**解雞丘，雞澤。在魯襄三年。**疏**解「雞丘雞澤」〇雞澤，杜注：「在廣平曲梁縣西南。」《後漢·郡國志》：「曲梁，侯國。有雞澤。」即春秋諸侯同盟處。《水經·濁漳水》注：「漳水又東入白渠，又東，故瀆出焉。一水東爲澤渚，曲梁縣之雞澤也。《國語》所謂雞丘矣。」案：曲梁故城在今直隸廣平府永年縣東北，設雞澤縣治。**於**

是乎布令結援，修好申盟而還。解令，謂朝聘之數，同好惡，救災患之屬。申，尋也。令狐文子卒，解文子，魏頡。公乃以魏絳爲不犯，解不犯，不可犯以非法也。使佐新軍。解《傳》曰：「魏絳多功，以趙武爲賢，而爲之佐。」然則讓武使爲將，而絳佐之。使張老爲司馬，解代魏絳也。使范獻子爲候奄。解代張老。候奄，元侯也。獻子，范文子之族昆弟士富也。公譽達於戎，解戎，諸戎，無終子之屬。五年，諸戎來請服，使魏莊子盟之，於是乎始復伯。解莊子，魏絳也。繼文公後，故曰「復伯」。

四年，會諸侯於雞丘，解述上會時。魏絳爲中軍司馬，公子揚干亂行於曲梁，解揚干，悼公之弟。行，行列也。曲梁，晉地。疏解「曲梁晉地」○曲梁在廣平，上已解訖，與宣十五年《傳》「荀林父敗翟于曲梁」之在上黨者異地。魏絳斬其僕。解僕，御也。公謂羊舌赤解赤，羊舌職之子銅鞮伯華也。曰：「寡人屬諸侯，解屬，會也。魏絳戮寡人之弟，爲我勿失。」解戮，辱也。爲我執之勿失也。赤對曰：「臣聞絳之志，有事不避難，有罪不逃刑，其將來辭。」解辭，陳其辭狀也。言終，魏絳至，授僕人書而伏劍。解僕人，掌傳命。聞公怒，欲自殺。疏「伏劍」○伏劍，伏辠而引劍自裁。《漢書·賈誼傳》：「聞譴何則白冠氂纓，盤水加劍，造請室而請辠焉。」如淳注：「加劍當以自刎也。」絳之伏劍，或用此制與。士魴、張老交止之。解交，夾也。僕人授公，公讀書曰：「臣誅於揚干，不忘其死。解誅，責也。日君乏使，使臣狃中軍之司馬，解日，前日也。狃，正也。臣聞師衆以順爲武，解順，順令也。軍事有死無犯爲敬，解有死其事，無犯其令，是爲敬命。君合諸侯，臣敢不敬？解敢不敬奉其職。君不説，請死之。」解請就死。公跣而出，解跣，徒跣也。曰：「寡人之言，兄弟之禮也。子之誅，軍旅之事也，請無重寡人之過。」反役，與之禮食，解反役，自役反也。禮食，公食大夫之禮。令之佐新軍。解上章曰「以魏絳爲不犯，使佐新軍」是也。

祁奚辭於軍尉，解辭，請老也。公問焉，曰：「孰可？」解誰可自代。對曰：「臣之子午可。解「臣之子午可」○《吕氏春秋·去私》篇平公問祁黄羊曰：「國無尉，其誰可而爲之？」對曰：「午可。」平公曰：「午非子之子邪？」對曰：「君問可，非問臣之子也。」平公曰：「善。」又遂用之。國人稱善焉。案：祁奚請老在魯襄四年，吕不韋誤以悼公爲平公也。人有言曰：『擇臣莫若君，擇子莫若父。』午之少也，婉以從令，解少，稚也。婉，順也。游有鄉，處有所，好學而不戲。解不戲弄也。其壯也，彊志而用命，解此壯謂未二十時。志，識也。命，父命也。守業而不淫。解業，所學事業也。其冠也，和安而好敬，解冠，二十也。柔惠小物，解柔，仁也。惠，愛也。而鎮定大事，解鎮，安也。言知慮能安定也。有直質而無流心，解流，放也。非義不變，解言從義也。非上不舉。解舉，動也。放上而動。若臨大事，其可以賢於臣也。解大事，軍事。臣請薦所能擇，而君比義焉。」解薦，進也。所能擇，父能擇子也。比，比方也。義，宜也。公使祁午爲軍尉。殁平公，軍無秕政。解殁，終也。平公，悼公之子彪也。秕，以穀喻也。疏解「秕以穀喻」○《吕氏春秋·辨土》篇：「凡禾先生者美米，後生者爲秕。」高注：「秕，不成粟也。」

五年，無終子嘉父使孟樂因魏莊子納虎豹之皮以和諸戎。 解悼公五年，魯襄四年。無終，山戎之國，今爲縣，在北平。子，爵也。嘉父，名。孟樂，嘉父之臣。莊子，魏絳也。和諸戎，諸戎欲服從于晉也。**疏**解「無終」至「北平」〇襄四年《傳》杜注：「無終，山戎國名。」《漢書・地理志》右北平郡無終縣：「故無終子國，浭水西至雍奴入海。」《水經・鮑丘水》注：「藍水注之，水出北山，❶東流屈而南，流逕無終縣故城東，故城，❷無終子國，故燕地矣。秦始皇二十二年滅燕，置右北平郡，治此。《魏土地記》曰：右北平城西北百三十里有無終城。」案：今爲順天府玉田縣境。〇解「莊子魏絳」〇《禮記正義》引《世本》曰「州生莊子降」，「州」即「犨」也，「降」即「絳」也。《史記・魏世家》：「魏絳卒，謚昭子。」索隱曰：《世本》錯也。《居篇》亦曰「昭子徙安邑」。齡謂：《内傳》及此《傳》並作「莊子」。《世本》正依兩《傳》，未可謂錯也。**公曰：「戎、翟無親而好得，不若伐之。」** 解無親，無恩親。好得，貪貨財。**魏絳曰：「勞師於戎，而失諸華，** 解諸華，華夏也。用師于戎，不得存恤諸侯，諸侯必叛，故失之。**雖有功，猶得獸而失人也，安用之？且夫戎、翟荐處，** 解荐，聚也。**貴貨而易土。** 解貴，重也。易，輕也。**與之貨而獲其土，其利一也。邊鄙耕農不儆，其利二也。戎、翟事晉，四鄰莫不震動，其利三也。** 解震，懼也。**君其圖之！」公説，故使魏絳撫諸戎，於是乎遂伯。**

---

❶「注之水」三字，原脱，今據《水經注》補。

❷「城」，原脱，今據《水經注》補。

韓獻子老，解韓獻子，韓厥也。說云：「爲公族大夫，老而辭位。」昭謂：韓厥，晉卿也。魯成十六年《傳》曰：「韓厥將下軍。」十八年，晉悼公即位，《傳》曰：「韓獻子爲政。」使公族穆子受事於朝，解穆子，厥之子無忌也。唐尚書云：「獻子致仕，而用其子爲公族大夫。」昭謂：悼公元年，使無忌爲公族大夫，後七年，獻子告老，欲使爲卿，有廢疾，讓其弟起，公聽之，更使掌公族大夫。在魯襄七年。辭曰：「厲公之亂，無忌備公族，不能死。解亂，謂見殺。公族，同姓也。疏「無忌備公族」○成十八年《傳》孔疏引《國語》孔晁注「備公族大夫」，則韓無忌先爲公族大夫，今言使爲之者，悼公始命百官，更改新授之。案：晁注義是。臣聞之曰：『無功庸者，不敢居高位。』解國功曰功，民功曰庸。疏解「國功」至「曰庸」○《周官禮·司勳》鄭注：「保全國家若伊尹，施法於民若后稷。」今無忌知不能匡君，使至於難，仁不能救，勇不能死，敢辱君朝，以忝韓宗，請退也。」固辭不立。悼公聞之曰：❶「難雖不能死君，而能讓，不可不賞也。」使掌公族大夫。解掌，主也。初爲公族大夫，今使主之，以是爲賞。

悼公使張老爲卿，解卿，佐新軍也。辭曰：「臣不如魏絳。夫絳之知能治大官，解大官，卿也。其仁可以利公室不忘，解不忘利公室也。其勇不疚於刑，解疚，病也。勇，能斷決也。其學不廢其先人之職。若在卿位，外内必平。且雞丘之會，其官不犯解不犯，戮揚干也。而辭順，不

❶「曰」，原無，今據宋公序本《國語》補。

可不賞也。」公五命之，固辭，乃使爲司馬。使魏絳佐新軍。解事已見上，欲見張老之讓，故復言之。

十二年，公伐鄭，軍於蕭魚。解悼公十二年，魯襄十一年。鄭從楚，故伐之。軍蕭魚，鄭服也。疏「軍於蕭魚」〇襄十一年《經》杜注：「蕭魚，鄭地。」《路史・國名紀》「少昊後，嬴姓國」：「修魚即蕭魚也。」**鄭伯嘉造，納女、工、妾三十人，女樂二八，**解嘉，鄭僖公子簡公也。女，美女。工，樂師。《傳》曰「賂晉以師悝、師觸、師蠲」是也。妾，給使者。女、工、妾凡三十人。女樂，今伎女也。八人爲佾，備八音也。或云：「女工，有伎巧者也。」與《傳》相違，失之矣。賈侍中云：「妾，女樂也。」下別有「女樂二八」，則賈君所云似非也。疏解「賂晉」至「八音」〇《内傳》孔疏引服虔《内傳》注：「三師：鐘師、鎛師、磬師，謂悝能鐘，觸能鎛，蠲能磬也。」「八人爲佾」者，佾，列也。《楚辭・招魂》王逸注：「二八，二列也。」蓋女樂非正樂，故不備六八也。**歌鍾二肆，**解歌鍾，歌時所奏。肆，列也。凡縣鍾磬，全爲肆，半爲堵。疏解「歌鍾」至「爲堵」〇《大司樂》：「奏黄鍾，歌大吕，以祀天神。奏大簇，歌應鍾，以祭地示。奏姑洗，歌南吕，以祀四望。奏蕤賓，歌函鍾，以祭山川。奏夷則，歌小吕，以享先妣。奏無射，歌夾鍾，以享先祖。」賈疏：「奏據出聲而言，歌據合曲而説。」故知歌時當奏鍾也。襄十一年《傳》孔疏引《國語》孔晁注：「歌鍾，鍾以節歌也。」疏又引《小胥》職云：「凡縣鍾磬，半爲堵，全爲肆。」鄭注：『鍾磬者，編縣之，二八十六枚。而在一簴謂之堵。鍾一堵，磬一堵，謂之肆。半之者，諸侯之卿大夫半天子之卿大夫，西縣鍾，東縣磬。士亦半天子之士，縣磬而已。』如鄭彼言，鍾與磬全，乃成爲肆。此《傳》於鍾即言肆者，十六枚而在一簴，古今皆同，其簴不可分也。簴不可分，而云有全有半，明如鄭言鍾磬相對，肆爲全，單爲半。此《傳》言歌鍾二肆，則兼有磬矣。此二肆皆爲編縣也。」**及寶鎛，**解鎛，小鐘也。寶，鄭所寶。**輅車十五乘。**解輅，廣車也。車，軘車也。十五，各十五也。《傳》曰：「廣車、軘車淳十五，凡兵車百乘。」淳，偶也。疏解「輅廣」至「淳偶」〇《夏官·車僕》鄭注：「廣車，横陳之車。」《内傳》孔疏引服虔曰：「軘車，屯守之車。」《射禮》數射算，「二算爲純，一算爲奇」，是淳爲偶也。案：《天官·内宰》「出其度、量、淳、制」，杜子春讀「淳」爲「純」，則「純」、「淳」古通字。《戰國策》：「錦繡千純。」昭二十六年《内傳》：「幣錦二兩。」❶蓋一匹分兩端，相對相合，故曰兩，亦曰純也。此以「淳」爲「偶」之義。**公賜魏絳女樂一八，歌鐘一肆，**疏「歌鐘一肆」〇《内傳》孔疏引劉炫云：「肆之爲名，實由鐘磬相對。若磬無二肆，則半賜魏絳無磬矣，安得云金石之樂也？」據此，則賜絳亦有磬一肆矣。**曰：「子教寡人和戎翟而正諸華，於今八年之中，七合諸侯，寡人無不得志，請與子共樂之。」**解八年，和戎翟後八年也。七合諸侯，一謂魯襄公五年會戚，二謂七年會於鄬，三謂八年會於邢丘，四謂九年同盟於戲，五謂十年會於柤，六謂十二年會於亳城北，七謂會於蕭魚。疏「七合諸侯」〇襄十一年《傳》悼公言「九合諸侯」，❷此《傳》言「七合」者，《内傳》孔疏引《國語》孔晁注：「不數救陳與戍鄭虎牢，餘爲七也。」孔疏又引《内傳》服虔注：「九合諸侯者，五年會於戚，一也；其年又會於城棣救陳，二也；七年會於鄬，三也；八年會於

❶「二」，原作「百」，今據《春秋左傳正義》改。
❷「襄」，原作「楚」，今據《春秋左傳正義》改。

邢丘，四也；九年會於戲，五也；十年會於柤，六也；又戍鄭虎牢，七也；十一年同盟於亳城北，八也。」案：《内傳》言「盟於戚，會吴，且命戍陳」，則盟戚即所以救陳，又言「諸侯之師城虎牢而戍之」，即會柤之諸侯，則會柤即所以戍虎牢，故此《傳》各并爲一事，不數之也。**魏絳辭曰：「夫和戎翟，臣之幸也。**解幸，幸而合也。**八年，❶七合諸侯，君之靈也，**解靈，神也。**二三子之勞也，**解謂諸軍帥也。**臣焉得之？」**解焉得專之。**公曰：「微子，寡人無以待戎，無以濟河，**解微，無也。濟河而服鄭也。**二三子何勞焉？子其受之。」君子曰：「能志善也。」**解志，識也。

悼公與司馬侯升臺而望，曰：「樂夫！」解司馬侯，晉大夫汝叔齊。樂，見士民之殷富也。**對曰：「臨下之樂則樂矣，德義之樂則未也。」**解善善爲德，惡惡爲義。**公曰：「何爲德義？」對曰：「諸侯之爲，日在君側，**解爲，行也。**以其善行，以其惡戒，可謂德義矣。」公曰：「孰能？」對曰：「羊舌肸習於《春秋》。」**解肸，叔向之名。《春秋》記人事之善惡而目以天時，謂之《春秋》，周史之法也。時孔子未作《春秋》。疏解「春秋」至「之法」○《春秋》，晉史，王應麟曰：「即《孟子》所謂『晉之《乘》』是也。」**乃召叔嚮使傅太子彪。**解彪，平公也。

❶「年」下，明道本《國語》有「之中」二字。

國語正義卷第十四

歸安董增齡撰集

晉語八

平公六年，解平公，悼公之子彪也。六年，魯襄二十一年。**箕遺及黃淵、嘉父作亂，不克而死。**解箕遺、黃淵、嘉父，皆晉大夫，欒盈之黨也。欒黶所取范宣子之女曰欒祁，生盈。黶卒，祁與其老州賓通，盈患之。祁懼，愬諸宣子，曰：「盈將爲亂。」盈好施，士多歸之。宣子執政，畏其多士，使城箸，將逐之，箕遺、黃淵等知之而作亂。宣子殺遺、淵、嘉父及司空靜、羊舌虎等十人。**公遂逐羣賊，**解羣賊，欒盈之黨，謂知起、中行嘉、州綽、邢蒯之屬。逐之出奔齊。**謂陽畢曰：「自穆侯以至於今，亂兵不輟，**解陽畢，晉大夫。穆侯，唐叔八世之孫，桓叔之父也。晉亂自桓叔始。輟，止也。疏解「穆侯」至「之父」○《晉世家》：「唐叔子燮，是爲晉侯。晉侯子甯族，是爲武侯。武侯子服人，是爲成侯。成侯子福，是爲厲侯。厲侯子宜臼，是爲靖侯。靖侯卒，子釐侯司徒立。卒，子獻侯籍立。卒，子穆侯費王立。穆侯十年，伐千畝有功，生少子，名曰成師。」即桓叔也。**民志無厭，禍敗無已。**解厭，極也。已，止也。**離民且速寇，恐及吾**

身，若之何？」解速，召也。陽畢對曰：「本根猶樹，解本根，亂本，謂欒氏猶尚樹立也。枝葉益長，本根益茂，是以難已也。今若大其柯，解柯，斧柄，操以伐木。疏解「柯斧柄」〇《考工記》「車人之事」：「半矩謂之宣，一宣有半謂之欘，一欘有半謂之柯。」鄭康成注：「伐木之柯柄長三尺。鄭司農云：《蒼頡篇》有柯欘。」去其枝葉，絕其本根，可以稍閒。解閒，息也。謂滅欒盈而去其黨。公曰：「子實圖之。」陽畢曰：「圖在明訓，解訓，教也。明訓在威權，解言既有明教，當有威權以行之。威權在君。解言不在臣。君掄賢人之後有常位於國者而立之，解掄，擇也。常位，謂世有功烈於國而中微者。亦掄逞志虧君以亂國者之後而去之，解逞，快也。是遂威而遠權。解遂，申也。遠權，權及後嗣。民畏其威而懷其德，莫能勿從。解言皆從君。若從，則民心皆可畜。解皆可畜養而教導之。畜其心而知其欲惡，民孰偷生？解欲惡，情欲好惡也。偷，苟也。若不偷生，則莫思亂矣。且夫欒氏之誣晉國也久矣，解誣，罔也。以惡取善曰誣。謂欒書雖殺厲公，然人被其德，不以爲惡。《傳》曰：「武子之德在人，如周人之思邵公。」欒書實覆宗，殺厲公以厚其家，解覆，敗也。宗，大宗也。謂殺厲立悼，取重於國，厚其家也。若滅欒氏，則民威矣。解威，畏也。今君若起瑕、原、韓、魏之後而賞立之，則民懷矣。解瑕，瑕嘉。原，原軫。韓，韓萬。魏，畢萬之後。皆晉之賢人有常位於國者。威與懷各當其所，則國安矣。君治而國安，欲作亂者誰與？」君曰：「欒書立我先君，解先君，悼公。欒盈不獲罪，如何？」解言盈不得罪於國，爲其母范祁所誣耳，如何可滅。陽畢曰：「夫正國者，不

可以暱於權，解暱，近也。言當遠權爲長久計也。**行權不可以隱於私。**解以私恩隱蔽其罪，無以正國也。**暱於權，則民不道；**解不可訓道也。**行權隱於私，則政不行。政不行，何以道民？民之不道，亦無君矣。**解與無君同。**則其爲暱與隱也，復產害矣，且勤君身。**解反，復也。勤，勞也。反害於國而勞君身。**君其圖之！若愛欒盈，則明逐羣賊，而以國倫數而遣之，**解羣賊，盈之黨。倫，理也。**厚戒箴國以待之。**解箴，猶敕也。待，備也。**彼若求逞志而報於君，罪孰大焉，滅之猶少。**解猶少，滅之恐少耳。**彼若不敢而遠逃，乃厚其外交而勉之，以報其德，不亦可乎？」**解謂賂其所適之國，厚寄託之而勸勉焉。**公許諾，盡逐羣賊，而使祁午及陽畢適曲沃逐欒盈，**解祁午，中軍尉。曲沃，欒盈邑。疏「適曲沃逐欒盈」○如此《傳》文，宣子殺十子在逐欒盈之前，《內傳》言「秋，欒盈出奔楚。宣子殺箕遺、黃淵、嘉父、司空靖、邴豫、董叔、邴師、申書、羊舌虎、叔羆」，❶如《內傳》，則先逐欒盈，後殺十子。《內傳》孔疏引賈逵云：「十子皆盈之黨，知范氏將害欒氏，故先爲之作難，討范氏，不克而死。」然則欒盈城著，十子在國謀殺宣子不克，宣子先殺之，乃使適著逐欒盈。非是欒盈既奔之後殺十子也。《內傳》言「城著而遂逐之」，此《傳》言「適曲沃逐欒盈」，彼疏云：「曲沃是欒氏之采邑，蓋就著逐其身，適曲沃逐其家也。」**欒盈出奔楚。遂令於國人曰：「自文公以來，有力於先君而子孫不育者，將授立**

❶「師」，原作「書」，今據《春秋左傳正義》改。

之，得之者賞。」解授之爵位而立之。居三年，解後三年。欒盈晝入，爲賊於絳，解欒盈在楚一年而奔齊。魯襄二十三年，齊侯使析歸父以藩載盈及其士，納之曲沃。夏四月，盈帥曲沃之甲因魏獻子以晝入絳。范宣子以公入於襄公之宫，解襄宫完固，故就之。《傳》曰：「奉公以如固宫。」欒盈不克，出奔曲沃。解《傳》曰：「晉人圍曲沃。」遂刺欒盈，滅欒氏。解刺，殺也。《傳》曰：「晉人克欒盈于曲沃，盡殺欒氏之族黨。」是以没平公之身無内亂也。欒懷子之出，解懷子，盈也，出奔楚。執政使欒氏之臣勿從，解執政，正卿，即范宣子。從欒氏者爲大戮施。解施，陳也，陳其尸也。欒氏之臣辛俞行，解行，從盈也。吏執而獻之公。公曰：「國有大令，何故犯之？」對曰：「臣順之也，豈敢犯之？執政曰『無從欒氏而從君』，是明令必從君也。臣聞之曰：『三世仕家，君之；解三世爲大夫家臣，事之如國君也。再世以下，主之。』解大夫稱主。疏解「大夫稱主」○昭元年《傳》：「醫和謂趙孟曰：❶『主是謂矣。』」襄二十八年《傳》：「魏戊曰：主以不賄聞於諸侯。」故知大夫稱主。閻若璩曰：「《周禮·大宰》職云：『主以利得民。』鄭注：『主謂公卿大夫。』是大夫稱主，周之制也。」事君以死，事主以勤，君之明令也。自臣之祖，以無大援於晉國，世隸欒氏，於今三世矣，臣故不敢不君。今執政曰『不從君者爲大戮』，臣敢忘其死而叛其君，以煩司寇！」解敢，不敢也。言不敢忘死而叛其君，煩

---

❶ 「孟」，《春秋左傳正義》作「文子」。

君司寇以刑臣也。公説。解説其執義。固止之，不可。解可，肯也。厚賂之，辭曰：「臣嘗陳辭矣，心以守志，辭以行之，所以事君也。若受君賜，是隋其前言。解隋，壞也。臣無二君，若受君賜，是有二心也。君問而陳辭，未退而逆之，何以事君？」解逆，反也。君知其不可得也，乃遣之。

叔魚生，其母視之，解叔魚，晉大夫，叔向母弟羊舌鮒也。視，猶相察也。曰：「是虎目而豕喙，解虎視眈眈。豕喙長而鋭也。鳶肩而牛腹，解鳶肩，肩井斗出。牛腹，脅張也。谿壑可盈，是不可饜也。解水注川曰谿。壑，溝也。必以賄死。」解後爲贊理，受雝子女而抑邢侯，邢侯殺之。遂弗視。解不自養視也。揚食我生，解揚，叔向邑也。食我，叔向子伯石也，其母夏姬女。疏解「揚叔向邑」○《漢書・地理志》：「河東郡揚縣。」應劭曰：「揚，侯國。」昭二十八年「僚安爲揚氏大夫」，杜注：「平陽揚氏縣。」襄二十九年《傳》：「霍揚。」杜注：「揚屬平陽郡。」《漢書・揚雄傳》：「其先出自有周伯僑，食采于晉之揚，揚在河、汾之閒。」應劭注：「揚，今河東揚縣。」蓋本揚侯國，晉獻滅之以爲邑，在今山西平陽府洪洞縣南二里，地名危城村。與昭二十二年《傳》「劉子奔揚」之爲周邑者，不同地。叔向之母聞之，疏「叔向之母聞之」○《論衡》曰：「叔向之母，姬姓。」劉向《列女傳》曰：「羊舌叔姬者，叔向之母也。」往，及堂，聞其號也，乃還，曰：「其聲，豺狼之聲也，疏「其聲豺狼之聲」○《大戴記・官人》篇：「以其聲處其氣，初氣生物，物生有聲。心氣鄙戾者，其聲斯醜。」《禮・内則》注：「沙猶嘶也。」孔疏：「嘶，謂酸嘶。」斯醜之聲，疑之以豺狼之嘷。《漢書·王莽傳》：「莽大聲而嘶。待詔曰：莽所謂『鴟目虎吻，豺狼之聲』者也。」顏注：「嘶，聲破也。」

終滅羊舌氏之宗者，必是子也。」解宗，同宗也。食我既長，黨於祁盈，盈獲罪，晉殺盈及食我，遂滅祁氏、羊舌氏，在魯昭二十八年。**疏**解「宗同宗」○昭五年《傳》：「羊舌四族。」杜注：「銅鞮伯華、叔向、叔魚、叔虎兄弟四人。」疏引《家語》：「孔子曰：『銅鞮伯華不死，天下其定矣。』」其人名赤，叔魚名鮒，見昭十三年《傳》，叔虎見襄二十一年《傳》。又引《世本》：「叔向兄弟有季夙。」劉光伯曰：「於時叔虎已死，別有季夙。」《唐書·宰相世系表》：「羊舌生職，五子赤、肸、鮒、虎、季夙。赤字伯華，肸字叔向，鮒字叔魚，虎字叔羆，號羊舌四族。」其母言「羊舌氏之宗」，當指四族之子孫言之。若昭三年《傳》叔向言「肸之宗十一族」，此與羊舌並生，皆肸之疎屬，當非其母所憂。且久別爲氏，罪亦不相及也。

魯襄公使叔孫穆子來聘。解聘在襄二十四年。**范宣子問焉，**解宣子，晉正卿士匄。**曰：「人有言曰『死而不朽』，何謂也？」**解言身死而名不朽滅。**穆子未對。宣子曰：「昔匄之祖，自虞以上爲陶唐氏，**解言在舜世不改堯號。**疏**「自虞」至「唐氏」○《漢書·高帝紀》注：「荀悦曰：『唐者，帝堯有天下之號。陶，發聲也。』韋昭曰：『陶、唐皆國名，猶湯稱殷商矣。』臣瓚曰：『堯初居於唐，後居陶，故曰陶唐也。』顔師古曰：『三家之説皆非也。《説文解字》云：陶，丘再成也。在濟陰。《夏書》曰：東至陶丘。陶丘有堯城，堯嘗居於此，後居於唐，故堯號陶唐氏。斯號得之矣。』」《内傳》孔疏：「舜受堯禪，封堯子丹朱爲王者之後，猶稱爲唐，其名不易，終虞之世，以陶唐爲號，故曰『自虞以上』也。」**在夏爲御龍氏，**解夏，夏后孔甲之世也。《傳》曰：「陶唐既衰，其後有劉累，學擾龍于豢龍氏，以事孔甲，能飲食龍，夏后嘉之，賜氏曰御龍。」**疏**「在夏爲御龍氏」〇《内傳》孔疏引服虔注：「御亦養也。養馬曰圉。御與圉同，言養龍猶養馬，故稱御。」《文選・石闕銘》注引《博物志》：「昔禹平天下，會諸侯會稽之野，防風氏後至，殺之。夏德盛，二龍降之，使范成克御之，以行域外。既周，南經防風氏之神，見禹使，怒而射之，有迅雷，二龍升去。」則夏初本有御龍之法，故以此名賜劉累也。〇解「傳曰」至「御龍」〇「其後有劉累」者，《夏本紀》集解引服虔《内傳》注：「後劉累之爲諸侯者，夏后賜之姓。」正義引《括地志》云：「劉累故城在洛州緱氏縣南五十里。」「學擾龍于豢龍氏」者，《内傳》言飂叔安有裔子曰董父，能擾畜龍，帝賜之姓曰董，氏曰豢龍。《夏本紀》集解引應劭曰：「擾音柔。擾，馴也。能馴養得其嗜慾。」「以事夏孔甲」者，《夏本紀》：「禹子帝啓，啓子帝太康，太康弟帝仲康，仲康子少康，少康子帝予，予子帝槐，槐子帝芒，芒子帝泄，泄子帝不降，不降弟帝扃，扃子帝廑，廑崩，立不降之子孔甲。」**在商爲豕韋氏，**解商，謂武丁之後爲豕韋氏。初，祝融之後彭姓爲大彭，大彭、豕韋二國爲商伯。❶其後商滅豕韋，劉氏自御龍代豕韋，故《傳》曰：「以更豕韋之後。」**疏**解「商謂」至「之後」〇《内傳》孔疏引《鄭語》云：「祝融之後八姓，『大彭、豕韋爲商伯矣』。又曰『彭姓，彭祖豕韋，則商滅之矣』。」賈逵云：「大彭、豕韋爲商伯，其後世失道，殷德復興而滅之。」然則商之初，豕韋國君爲彭姓也。其後乃以劉累之後代之，亦不知殷之何王滅彭姓而封累後也。昭二十九年《傳》稱夏王孔甲嘉劉累，賜氏曰御龍，以更豕韋之後，則賜劉累身封豕韋。而此云「在商爲豕韋氏」者，杜於彼注云：「劉累代彭姓之豕韋，累尋遷魯縣。豕韋

❶「大彭」二字，原脱，今據宋公序本《國語》補。

復國，至商而滅。累之後世復承其國爲豕韋氏。」是杜解劉累及其後世再封豕韋之事。案：《詩・殷武》「韋顧既伐」，是武丁之事，故此解云「商謂武丁之後」，是弘嗣以滅彭姓豕韋而封累後者，爲武丁也。《内傳》杜注：「豕韋，國名。東郡白馬縣東南有韋城。」案：隋置韋城縣，唐宋亦因之，金廢爲鎮，今在河南衛輝府滑縣東南五十里地。**在周爲唐、杜氏，****解**周，武王之世。唐、杜，二國名。豕韋自商之末改國於唐，周成王滅唐而封弟唐叔虞，遷唐於杜，謂之杜伯。**疏**解「周武」至「杜伯」〇滅唐封杜，《内傳》杜注與韋解同，然《内傳》孔疏引《國語》賈逵注：「武王封堯後爲唐、杜二國。」以爲並時爲國，非滅唐封杜。劉炫謂又據何文初封於唐，又封於杜乎？是炫力主賈議矣。案：昭元年《傳》：「成王滅唐。」《汲郡古文》：「成王八年冬十月，王師滅唐。」唐若果武王所封，則至成王時止一二代。《内傳》不當言「其季世曰唐叔虞」矣。《樂記》言武王封帝堯之後於祝，不言又封唐與杜，則唐非封自武王，且唐、杜果同時並封，兩國並在，則宣子自敘世系，究屬唐之子孫乎？抑屬杜之子孫乎？故此解不用賈注也。文六年杜祁見于《傳》：❶「杜伯之后祁姓也。」❷則杜伯雖被宣王所殺，而宗族之在周者未盡滅也，故曰「在周爲唐杜氏」。《漢書・高帝紀》顔注：「唐太原晉陽縣杜京兆杜縣。」案：秦置杜縣，漢改杜陵。今杜陵故城在陝西西安府城東南十五里。**周卑，晉繼之，爲范氏，其此之謂乎？」****解**卑，王室微也。晉繼之者，謂爲盟主總諸侯也。爲范氏者，杜伯爲宣王大

❶「六」，原作「七」，今據《春秋左傳正義》改。

❷「伯」、「后」，原作「國」、「女」，今據《春秋左傳正義》改。

夫，宣王殺之，其子隰叔去周適晉，生子輿，爲晉理官，其孫士會爲晉正卿，食邑於范，是爲范氏。疏解「食邑」至「范氏」〇范本晉地，戰國時屬齊。孟子「自范至齊」是也。《漢書・地理志》東郡范縣：「莽曰建睦。」唐改屬濮州，宋因之。今山東曹州府范縣東南二十五里有古范城。對曰：「以豹之所聞，此之謂世禄，非不朽也。解世禄，世食官邑。魯大夫臧文仲，其身没矣，其言立於後世，解言其立言可法者，謂若教行父事君，告糴於齊之屬。此之謂死而不朽。」

范宣子與和大夫争田，久而無成。解成，平也。和，晉邑之大夫也。争田之疆界，久而不平。宣子欲攻之，問於伯華，解伯華，羊舌赤也。魯襄三年代父職爲中軍尉之佐。伯華曰：「外有軍，内有事。赤也外事也，解言主軍也。不敢侵官。解非其官而與之爲侵官。且吾子之心有出焉，可徵訊也。」解出，以軍旅出也。徵，召也。訊，問也。問於孫林父，解林父，衛大夫孫文子，魯襄十四年逐衛獻公，立公孫剽。二十六年，甯喜殺剽而納獻公，林父遂以戚叛，事晉。孫林父曰：「旅人，所以事子也，唯事是待。」解旅，客也，言客寄之人不敢違命。問於張老，解三君云：「張老，中軍司馬也。」昭謂：襄三年，悼公以張老爲司馬，至襄十六年，平公即位，以其子張君臣代之，此時爲上軍將。張老曰：「老也以軍事承子，非戎則吾非所知也。」解戎，兵也。問於祁奚，解祁奚既老，平公元年，復爲公族大夫。祁奚曰：「公族之不恭，公室之有回，解回，邪也。内事之邪，解内，朝内也。大夫之貪，是吾皋也。解大夫，公族大夫，然則祁奚掌之。若以君官從子之私，懼吾子之應且憎也。」解外應受我，内憎其非。問於藉偃，解藉偃，上軍司馬藉游也。藉偃曰：「偃以斧鉞從於張孟，解孟，張老字。曰聽命焉，若夫子之命也，何二之有？解夫子，張孟也。釋夫子而舉，解釋，舍也。舉，動也。是反吾子也。」解吾子，宣子。宣子爲上卿，本使我聽命於張孟，今若背之而從子之私，是反子之前令。問於叔魚，解叔魚，叔向之弟。叔魚曰：「待吾爲子戮之。」叔向聞之，見宣子曰：「聞子與和未甯，解甯，息也。徧問於大夫，又無決，盍訪之訾祏？解訾祏，宣子家臣。訾祏實直而博，直能端辯之，解端，正也。辯，別也。博能上下比之，且吾子之家老也。解家臣、室老。吾聞國家有大事，必順於典刑，解典，常也。刑，法也。而咨訪於耇老，而後行之。」司馬侯見，解侯，女叔齊。曰：「聞吾子有和之怒，吾以爲不信。諸侯皆有二心，是之不憂，解二心，欲叛晉。而怒和大夫，非子之任也。」祁午見，解午，中軍尉。曰：「晉爲諸侯盟主，子爲正卿，若能靖端諸侯，使服聽命於晉，晉國其誰不爲子從，何必和？解言皆從子之命，何但和大夫乎？盍密和，解和，和平也。和大以平小乎？」解勸以大德平小怨。宣子問於訾祏，訾祏對曰：「昔隰叔子違周難於晉國，解隰叔，杜伯之子。違，避也。宣王殺杜伯，隰叔避害適晉。生子輿，爲理，解子輿，士蔿之字。理，士官也。

疏解「理士官」○《禮・月令》鄭注：「理，治獄官也。夏曰大理。」《漢書・胡建傳》顔注：「李者，法官之號，專主征伐刑戮之事。」案：定四年《傳》：「唐叔封於夏墟，啓以夏政。」故官制從夏。《史記・循吏傳》：❶「李離

❶「史」，原脱，今據《史記・循吏傳》引文補。

者，晉文公之理也。」故知晉國士官名之曰理也。以正於朝，朝無姦官。爲司空，以正於國，國無敗績。解績，功也。世及武子，佐文、襄爲諸侯，諸侯無二心。解父子爲世。及，至也。謂士蔿生成伯缺，成伯缺生武子士會。文公五年，士會攝右爲大夫，佐襄公以伯諸侯，諸侯無二心者。及爲卿，以輔成、景，軍無敗政。解文公生成公，成公生景公。及爲成師，居太傅，解唐尚書云：「爲成公軍師，居太傅之官。」昭謂：此「成」當爲「景」字誤耳。魯宣九年，晉成公卒，至十六年，晉景公請於王，以黻冕命士會將中軍，且爲太傅。端刑法，輯訓典，解輯，和也。國無姦民，解士會爲政，盜逃奔于秦是也。後之人可則，是以受隨、范，解隨、范，晉二邑也。疏解「隨范晉二邑」〇隱五年《傳》杜注：「隨，晉地。」今山西汾州府介休縣東有古隨城。范，上章已解。及文子成晉、荆之盟，解文子，武子之子燮也。晉使士燮盟楚于宋西門之外，在魯成十二年。豐兄弟之國，使無有閒隙，解豐，厚也。閒隙，瑕舋也。兄弟，鄭、衛之屬。晉、楚爲好，不相加戎，所以厚兄弟之國。是以受郇、櫟。解郇、櫟，晉二邑也。疏解「郇櫟晉二邑」〇郇，前已解訖。櫟，魯襄十一年《傳》：「秦、晉戰於櫟。晉師敗績。」《晉世家》：「悼公十一年冬，秦取我櫟。」索隱曰：「櫟音歷。《釋例》云：『在河北，地闕。』」案：此即范文子所食之邑，與左馮翊之櫟陽音「藥」者固不同。與潁川之櫟，見於桓十五年《經》者亦異也。今吾子嗣位，於朝無姦行，於國無邪民，於是無四方之患，而無外内之憂，賴三子之功而饗其禄位。解三子，子輿、文子、武子。今既無事矣，而非和，解非，恨也。於是加寵，將何治爲？」解晉加寵於子，將何所爲治乎？宣子説，乃益和田而與之和。解以所争田益之，與之平和。

訾祏死，范宣子謂獻子解獻子，宣子之子范鞅。曰：「鞅乎！　昔者吾有訾祏焉，吾朝夕顧焉，解顧，問也。以相晉國，且爲吾家。今吾觀汝也，專則不能，謀則無與，解無賢臣也。將若之何？」對曰：「鞅也居處恭，不敢安易，解易，簡也，不敢自安，而爲簡略。敬學而好仁，和於政而好其道，解言己爲政貴和，而好説其道。謀於衆不以賈好，解賈，求也。言心樂咨，不以求爲好。私志雖衷，不敢謂是也，必長者之由。」解衷，善也。由，從也。宣子曰：「可以免身。」

平公説新聲，解説，樂也。新聲者，衛靈公將如晉，舍於濮水之上，聞琴聲焉甚哀，使師涓以琴寫之。至晉，爲平公鼓之，師曠撫其手而止之曰：「止！　此亡國之音也。昔師延爲紂作靡靡之樂，後而自沈於濮水之中，聞此聲者，必於濮水之上乎！」疏「平公説新聲」○《淮南·泰族訓》説此事云：「師延爲平公鼓朝歌北鄙之音，師曠曰：『此亡國之樂也。』」高注：「衛靈公宿於濮水之上，聞琴音，召師涓而寫之。蓋師延所爲紂作朝歌北鄙之音也。」《史記·樂書》亦云：「靈公將之晉，至於濮水之上舍。夜半時聞鼓琴聲，問左右，皆對曰『不聞』。乃召師涓曰：『吾聞鼓琴音，其狀似鬼神，爲我聽而寫之。』師涓端坐援琴，聽而寫之。明日，曰：『臣得之矣，然未習也。請宿習之。』因復宿，明日，報曰：『習矣。』即去之晉。平公置酒於施惠之臺。酒酣，靈公曰：『今者來，聞新聲，請奏之。』平公令師涓坐師曠旁，援琴鼓之。未終，師曠撫而止之曰：『此亡國之音也，不可聽。師延所作也。與紂爲靡靡之樂，武王伐紂，師延東走，自投濮水之中，故聞此聲必於濮水之上，先聞此聲者國削。』」正義引《括地志》云：「濮水在曹州離狐縣界，即師延投處也。」師曠曰：「公室其將卑乎！解師曠，晉主樂太師子野。君之明兆於衰矣。解兆，形也。夫樂以開山川之風，解開，通也。故八音以通八風。以燿德於廣遠也。解燿，明也。風德以廣之，解風，風宣其德，廣之於四方。作樂各象其德，《韶》、《夏》、《濩》、《武》是也。風山川以遠之，解遠，遠其德也。周禮每樂一變，各有所致，謂鱗介毛羽之物，山林、川澤、天地之神祇也。風物以聽之，解言風化之動，物莫不傾耳而聽。修詩以詠之，修禮以節之。夫德廣遠而有時節，解作之有時，動有禮節。是以遠服而邇不遷。」

平公射鴳不死，解鴳，扈，小鳥也。疏解「鴳扈小鳥」○《爾雅・釋鳥》：「鳸，鴳。」是互爲訓。昭十七年《傳》孔疏引賈逵、服虔注：「鷃鷃，以聲音爲名也。」《莊子釋文》引司馬彪曰：「鷃鴳，雀也。」顏師古《急就篇》注：「今俗呼爲鴳爛堆。」《禮・内則》：以鴳爲庶羞，故知是小鳥也。使豎襄搏之，失。解豎，内豎。襄，名也。公怒，拘將殺之。叔向聞之，夕，解夕至於朝。君告之。叔向曰：「君必殺之。昔吾先君唐叔射兕於徒林，殪，以爲大甲，解兕，似牛而青，善觸人。徒林，林名。一發而死曰殪。甲，鎧也。疏解「兕似」至「甲鎧」○《説文》：「兕，似野牛，青毛，其皮堅厚，可制鎧。」宣四年《傳》孔疏引《交州記》曰：「兕出九德，有一角，長三尺餘，形如馬鞭柄。」《詩・吉日》：「殪此大兕。」兕爲難獲之物，故以其中雋也。《考工記・函人》：「犀甲壽百年，兕甲壽二百年。」則爲甲更勝于犀矣。以封於晉。解言有才藝以受封爵。今君嗣吾先君唐叔，射鴳不死，搏之不得，是揚吾君之恥者也。君其必速殺之，勿令遠聞。」解殺之益聞，詭辭以諫。君忸怩顏，乃趣赦之。解忸怩，慚貌。

叔向見司馬侯之子，撫而泣之，解撫，拊也。曰：「自此其父之死，吾蔑與比而事君矣！昔者此其父始之，我終之；解謂有所建爲及諫争，相爲終始，以成其事也。我始之，夫子終之，無不可。」解無不可，言皆從也。藉偃在側，曰：「君子有比乎？」解君子周而不比，故偃問之。叔向曰：「君子比而不别。比德以贊事，比也。解贊，佐也。引黨以封己，解引，取也。封，厚也。利己而忘君，别也。」解别，别爲朋黨也。

疏「吾蔑」至「事君」○《易・比》彖曰：「比，輔也。」《雜卦傳》：「比樂師憂。」此非阿黨爲比之謂。

秦景公使其弟鍼來求成，解景公，秦穆公之玄孫，桓公之子。鍼，后子伯車也。在魯襄二十六年。叔向命召行人子員。解行人，掌賓客之官。員，名也。行人子朱曰：「朱也在此。」叔向曰：「召子員。」朱曰：「朱也當御。」解當，直也。御，進也。言次應直事。疏解「當直」至「直事」○襄二十六年《傳》孔疏：「言當進侍君，受君命也。行人非一，遞進御。此日次朱當御，次而不使，是黜之也。」叔向曰：「肸也欲子員之對客也。」子朱怒曰：「皆君之臣也，班爵同，解與員同也。何以黜朱也？」解黜，退也。撫劍就之。叔向曰：「秦晉不和久矣，今日之事幸而集，解集，成也。子孫饗之，解饗，饗其福也。饗，或爲「賴」。不集，三軍之士暴骨。解必復戰鬭也。夫子員道賓主之言無私，子常易之。解易，變也。姦以事君者，吾所能禦也。」拂衣從之，解拂，褰也。人救之。平公聞之曰：「晉其庶乎，解庶幾於興。吾臣之所争者大。」師曠侍，曰：「公室懼卑其臣不心競而力争。」

諸侯之大夫盟於宋。解盟在魯襄二十七年。晉、楚始盟，以弭諸侯之兵。楚令尹子木欲襲晉，解子木，屈到之子屈建也。《傳》曰：「將盟，楚人衷甲。」襲，掩也。曰：「若盡晉師而殺趙武，則晉可弱也。」解趙武，晉正卿文子也。文子聞之，謂叔向曰：「若之何？」叔向曰：「子何患焉。忠不可暴，解不可侵暴。信不可犯，解犯，陵也。忠自中，解自中出也。而信自身，解身行信也。其爲德也深矣，其置本也固矣，故不可抈也。解抈，動也。今我以忠謀諸侯，解謀安諸侯。而以信覆之，解覆驗其忠。荆之逆諸侯也亦云，解亦云欲弭兵爲忠信。逆，迎也。是以在此。若襲我，是自背其信而塞其忠也。解塞，絶也。信反必斃，解斃，踣也。忠塞無用，解無以用諸侯也。安能害我？且夫合諸侯以爲不信，諸侯何望焉？此行也，荆敗我，諸侯必叛之。解以弭兵召諸侯，而衷甲以襲晉，故諸侯必叛之。子何愛於死，死而可以固晉國之盟主，何懼焉？」解言晉有信，諸侯必歸之。是行也，以蕃爲軍，解蕃，籬落也。不設壘壁。攀輦即利而舍，解攀，引也。輦，輦車也。即，就也。言人引車就水草便利之地而舍之。疏解「輦輦車」○《周官禮・鄉師》：「大軍旅、會同，正治其徒役與其輂輦。」鄭注：「輂，人輓行，所以載任器也。止以爲蓄營。《司馬法》曰：『夏后氏謂輦曰余車，殷曰胡奴車，❶周

❶「胡」上，原衍「故」字，今據《周禮注疏》删。

曰輜輦。輦，一斧、一斤、一鑿、一梩、一鋤。周輦加二版二築。』」《呂氏春秋・本生》篇高注：「人引車曰輦。」**候遮扞衛不行，**解候，候望。遮，遮罔也。晝則候遮，夜則扞衛。扞衛，謂羅闉、狗附也。張羅闉，去壘五十步而陳，周軍之前後左右，彍弩注矢以誰何，謂之羅闉。又二十人爲曹輩，去壘三百步，畜犬其中，或視前後，或視左右，謂之狗附。皆昏而設，明而罷。候遮二十人居狗附處，以視聽候望，明而設，昏而罷。不行者，不設之。**楚人不敢謀，畏晉之信也。**解畏晉守信，諸侯與之，故不敢謀也。**自是没平公無楚患矣。**

宋之盟，解弭兵之盟也。**楚人固請先歃。**解楚人，子木也。歃，飲血也。疏「楚人固請先歃」○《史記・平原君列傳》：「毛遂曰：『從定乎？』楚王曰：『定矣。』毛遂謂楚王之左右曰：『取雞狗馬之血來。』毛遂奉銅盤，而跪進之楚王曰：『王當歃血而定從，次者吾君，次者遂。』遂定從於殿上。毛遂左手持槃血而右手招十九人曰：『公相與歃此血於堂下。公等録録，所謂因人成事也。』」是歃以先爲尊也。

叔向謂趙文子曰：「夫伯王之勢，在德不在先歃，子若能以忠信贊君，解贊，佐也。**而裨諸侯之闕，**解裨，補也。闕，缺也。**歃雖後，諸侯將戴之，何争於先？若違於德而以賄成事，**解政以賄成。**今雖先歃，諸侯將棄之，何欲於先？昔成王盟諸侯於岐陽，**解岐山之陽。疏解「岐山之陽」○《汲郡古文》：「成王六年，盟諸侯于岐陽。」昭五年《傳》：「成有岐陽之蒐。」彼言蒐，而此言盟，盟畢遂蒐，一時事也。杜預彼注云：「岐山在扶風美陽縣西北。」案：漢之美陽在今武功縣境，今岐山正在武功之西北。彼時未有縣，故岐山在其境内。後周始置岐山縣，今屬陝西鳳翔府。山南曰陽。**楚有荆蠻，**解荆州之蠻也。**疏**解「荆州之蠻」○《職方氏》：「正南曰荆州。」荆，强也，言其氣躁强；亦曰警也，言有道後服，無道先叛，常警備也。《風俗通義》：「君臣同川而浴，極爲簡慢。蠻者，慢也。」淮南王曰：「楚地南卷沅、湘，北繞潁、泗，西包巴、蜀，東裹郯、淮，潁、汝以爲洫，江、漢以爲池，亘之以鄧林，緜之以方城。」故知楚爲荆蠻也。

置茅蕝，設望表，與鮮牟守燎，故不與盟。 **解**置，立也。蕝，謂束茅而立之，所以縮酒。望表，謂望祭山川，立木以爲表，表其位也。鮮牟，東夷國。燎，庭燎也。**疏**解「置立」至「縮酒」○立茅縮酒，此依僖四年《傳》「楚貢苞茅不入，無以縮酒」立義。然《説文》云：「束茅表位曰蕝。」《史記・叔孫通傳》：「爲緜蕞。」集解引如淳曰：「置設緜索，爲習肄處。蕞謂以茅翦樹地爲纂位。」尊卑之次也。《春秋傳》曰：「置茅蕝。」索隱又云：「韋昭云引繩爲緜，立表爲蕞。」又引賈逵云：「束茅以表位曰蕝。」《漢書》顔師古注「蕞與蕝同」，則蕝與束茅縮酒自是兩事。弘嗣于《史記》則注爲立表，于此《傳》則注爲縮酒，不應同文異解。襄十一年盟亳，《傳》「或間兹命，司慎、司盟，名山名川，羣神羣祀，先王、先公，七姓十二國之祖，明神殛之」，則盟時或當有祭而以茅莤酒。且下文「設望表」别爲一事，故解「蕝」爲「莤酒」與？然亦未敢遽定也。○解「望表」至「其位」○「立木爲表」者，昭元年《傳》孔疏引《春官・大祝》：「掌六祈以同鬼神，四曰禜。」賈逵以爲「營攢用幣」，日月山川之神，其祭非有常處，故臨時營其地，立攢表，用幣告之以祈福祥也。攢，聚也。聚艸木爲祭處耳。案：《儀禮・覲禮》言時會殷同，「加方明于壇上」，方明者，六宗也，其主方四尺木爲之。六宗，兼日月星辰而言。此解「望表」，言山川而不及日月星辰，文不具也。○解「鮮牟」至「庭燎」○鮮牟，未詳，或謂鮮牟即鮮卑，字形近似而譌。案：《楚詞・大招》云「小要秀頸若，鮮卑只」。王逸注：「鮮卑，衮帶頭也。」洪氏引《前漢・匈奴傳》注：「張晏曰：『鮮卑郭洛帶。』」又引《魏書》：「鮮卑，東胡之餘也。別保鮮卑山，因號焉。」蓋鮮卑因山得名，而衮帶頭又因所出之國得名，則鮮卑周世已有。然以「鮮牟」爲「鮮卑」，無文可證，或説非也。《周禮・司烜氏》鄭注：「樹於門外曰大燭，於門内曰庭燎。」賈疏謂：「依慕容所爲，以葦爲中心，以布纏之，飴蜜灌之，若今蠟燭。」守之者，備其風燥也。**今將與狎主諸侯之盟，唯有德也，**解狎，更也。**子務德無争先，務德所以服楚也。」乃先楚人。**解讓使楚先。

虢之會，解諸侯之大夫尋宋之盟，在魯昭元年。疏「虢之會」〇昭元年《傳》杜注：「虢，鄭地。」隱元年《傳》杜注：「虢國，滎陽縣。」案：此爲東虢，虢仲所封，後并於鄭，故城在今河南開封府汜水縣東十里，近滎陽界。**魯人食言，**解食，僞也。言魯使叔孫穆子如會，❶尋宋之盟，❷欲以修好弭兵，尋盟未退，而魯伐莒取鄆，是爲虚僞其言。疏解「食僞」〇《爾雅・釋詁》：「食，僞也。」僖二十八年《傳》：「背惠食言。」襄二十七年《傳》：「食言者不病。」哀二十五年《傳》：「是食言多矣。」杜注：「言而不行，❸如食之消散，後終不行，前言爲僞也。」〇解「魯伐莒取鄆」〇文十二年「城諸及鄆」。杜注：「城陽姑幕縣南有員亭。員即鄆。」《水經・

---

❶「穆子」二字，原脱，今據明道本《國語》補。

❷「尋」，原脱，今據明道本《國語》補。

❸「言而」至「爲僞也」十八字，非杜注，乃《左傳・僖公二十八年》孔氏正義語。

沂水》注引：❶「孟康曰：『東莞縣，故鄆邑，今鄆亭是也。《左傳》莒、魯争鄆，今城北鄆亭是。』京相璠曰：『琅邪姑幕縣南四十里員亭，故魯鄆邑，世變其字，非也。』」《郡國志》：「東莞有鄆亭。」今在團城東北四十里，猶謂之故東莞城。」齡案：《漢書・地理志》：「琅邪郡姑幕縣或曰薄姑。」應劭注引《左傳》：「薄姑氏因之。」當爲齊地，而非魯地，安得謂鄆在姑幕？則孟康及劉昭《郡國志》之説爲是。而京相璠、杜預之説爲非。凡此皆論東鄆也，在今山東沂州府沂水縣北。至成四年「城鄆」爲西鄆，在今濟甯直隸州境内。**楚令尹圍將以魯叔孫穆子爲戮，**解令尹圍，楚恭王之子。**樂王鮒求貨焉，弗與。**解鮒，晉大夫樂桓子也。疏「樂王鮒求貨」○《漢書・食貨志》：「貨謂布帛可衣，及金刀龜貝，所以分財布利者通有無者也。」**趙文子謂叔孫曰：「夫楚令尹有欲於楚，**解欲，欲得楚國也。**少懦於諸侯。**解懦，弱也。以諸侯爲弱。**諸侯之故求治之，不求致也。**解故，事也。必欲治之，非但求致而已。**其爲人也，剛而尚寵，**解尚，好也。好自尊寵。**若及，必弗避也。**解以事及於辠者，必加治戮，無所避也。**子盍逃之？不幸必及於子。」對曰：「豹也受命於君，以從諸侯之盟，爲社稷也。**解爲欲衛社稷也。**若魯有罪，而受盟者逃，魯必不免，**解不免於討。**是吾出而危之也。若爲諸侯戮者，魯誅盡矣，必不加師，請爲戮也。夫戮出於身實難，**解難，難居也。**自它及之何害？**解何害於義。**苟可以安君利國，美**

❶「沂」，原作「淮」，今據《水經注》改。

惡一也。」**解**美生惡死。文子將請之於楚，樂王鮒曰：「諸侯有盟，未退而魯背之，安用齊盟？**解**齊，一也。縱不能討，又免其受盟者，晉何以爲盟主矣？**解**言無以復齊一諸侯。必殺叔孫豹。」文子曰：「有人不難以死安利其國，可無愛乎！若皆卹國如是，則大不喪威，而小不見陵矣。若是道也果，**解**果，必行也。可以教訓，何敗國之有？吾聞之曰：『善人在患，弗救不祥；惡人在位，弗去亦不祥。』必免叔孫。」固請於楚而免之。

趙文子爲室，**解**室，宫也。斲其椽而礱之，**解**椽，榱也。礱，磨也。**疏**解「椽榱」○《文選・魯靈光殿賦》張載注：「榱亦椽也。有三名，一曰椽，二曰桷，三曰榱。」《釋名》：「椽，傳也，相傳次而布列也。或謂之榱，在檼旁，下列衰衰然垂也。」莊二十四年《穀梁》釋文：「方曰桷，圓曰椽。」是桷與椽有方圓之異，皆從棟而分列也。張老夕焉而見之，**解**見，見匠人爲之。不謁而歸。**解**謁，告也。文子聞之，駕而往，曰：「吾不善，子亦告我，何其速也？」**解**速，去速也。對曰：「天子之室，斲其椽而礱之，加密石焉。**解**密，密理。石，謂砥也。先粗礱之，加以密砥。**疏**解「密理」至「密砥」○《夏本紀》集解引《尚書》孔傳：「砥細於礪，皆磨石也。」《淮南・墬形訓》：「玄天六百歲生玄砥。」高注：「玄砥，黑石也。」諸侯礱之，**解**無密石也。大夫斲之，**解**不礱也。士首之。**解**斲其首也。備其物，義也。**解**物備得宜，謂之義。從其等，禮也。**解**從尊卑之等，謂之禮。今子貴而忘義，富而忘禮，吾懼不免，何敢於告。」文子歸，令之勿礱也。匠人請皆斲之，**解**通更斲之。文子曰：「止！爲後世之見之也。**解**爲，使也。

其斲者，仁者之爲也；其讎者，不仁者之爲也。」

趙文子與叔向游於九京，解京，當爲「原」。九原，晉墓地。疏解「京當」至「墓地」〇《禮·檀弓》鄭注：「晉卿大夫墓地在九原。『京』蓋字之誤。」《爾雅》：「絶高爲京，廣平曰原。」《檀弓》疏：「京非葬之處，原是墳墓之所。」齡案：《韓詩外傳》「晉趙武與叔向觀於九原」，直作「原」。《水經》：「汾水西逕京陵縣故城北，於《春秋》爲九原之地。其故京尚存，漢興，增陵於其下，故曰京陵。」則謂「原」爲「京」自漢始。曰：「死者若可作也，解作，起也。吾誰與歸？」叔向曰：「其陽子乎！」解陽子，處父。文子曰：「夫陽子行廉直於晉，不免其身，解廉直，剛而無謀，爲狐射姑所殺。其知不足稱也。」解稱，述也。叔向曰：「其舅犯乎？」文子曰：「舅犯見利不顧其君，其仁不足稱也。解見利，見全身之利。謂與晉文避難，至將反國，無輔佐安國之心，授璧請亡，故其仁不足稱也。鄭後司農以爲詐請亡，要君以利也。其隨武子乎！解武子，范會。納諫不忘其師，解言聞之於師也。言身不失其友，解身有善行，稱友之道。事君不援而進，解進，進賢也。不阿而退。」解阿，隨也。退，退不肖也。言不隨君，必欲進賢退不肖也。

秦后子來奔，解后子，景公之弟鍼。來奔在魯昭元年。趙文子見之，問曰：「秦君道乎？」解問有道否。對曰：「不識。」解難即言之，故曰不識。文子曰：「公子辱於敝邑，必避不道也。」對曰：「有焉。」解有不道事。文子曰：「猶可以久乎？」對曰：「鍼聞之，國無道而年穀龢熟，解言國無道而年穀和熟，天不譴覺，必恃而驕也。鮮不五稔。」解鮮，少也。稔，年也。少不至五年而亡。疏解

「稔年」○《説文》：「稔，穀熟也。」襄二十七年《傳》：「不及五稔。」杜注：「稔，年熟也。穀一熟爲一年也。」文子視日曰：「朝夕不相及，誰能俟五！」解言朝恐不至夕。文子出，后子謂其徒解徒，從者也。曰：「趙孟將死矣！夫君子寬惠以恤後，猶恐不濟。今趙孟相晉國，以主諸侯之盟，思長世之德，歷遠年之數，猶懼不終其身，今忨日而㵐歲，解忨，偷也。㵐，遲也。怠偷其甚矣，解怠，懈也。偷，苟也。非死逮之，必有大咎。」解逮，及也。大咎，非常之禍。冬，趙文子卒。

平公有疾，秦景公使醫和視之，解和，名也。出曰：「疾不可爲也。解爲，治也。是爲遠男而近女，解遠師傅，近女色也。惑以生蠱，解惑於女，以生蠱疾。疏解「惑於」至「蠱疾」○昭元年《傳》孔疏：「蠱者，心志惑亂之疾。若今昏狂失性，其疾名之爲蠱。公惑於女色，失其常性，如彼蠱惑之疾也。志之所失，不獨爲女。宣八年《傳》『胥克有蠱疾』，直是病而失性，不由近女爲之。」又云：「以毒藥藥人，令人不自知者，令律謂之蠱毒。」案：致蠱非盡由女色，而女色亦致蠱之一端。平公之病由此，故下文專以「穀明」、「蠱慝」言之。《靈樞·大惑論》：「岐伯曰：『志有所喜，神有所惡，卒然相感，則精氣亂，視誤故惑，神移乃復。』」是故閒者爲迷，甚者爲惑，此論積惑生蠱之義。非鬼非食，惑以喪志。解疾非鬼神，亦非飲食，生以淫惑，以喪其志。良臣不生，天命不佑，解佑，助也。良臣，謂趙孟。不生，將死也。若君不死，必失諸侯。」趙文子聞之曰：「武從二三子，解二三子，晉諸卿。以佐君爲諸侯盟主，於今八年矣，內無苛慝，諸侯不二。解苛，煩也。慝，惡也。疏解「苛煩」○《爾雅·釋言》：「苛，妎也。」郭注：「煩苛者多嫉妒。」邵疏引：「《方言》：『齘、苛，怒也。小怒曰齘。陳謂之苛。』又《内則》鄭注：『苛，疥也。』」《説文》：「苛，小草也。」細小之物，或假借以爲煩辟之名。**子胡曰『良臣不生，天命不佑』。」對曰：「自今之謂。**解從今以往。**和聞之曰：『直不輔曲，明不規闇，**解言文子不能以明直規輔平公之闇曲，使至淫惑也。**榣木不生危，**解榣木，大木。危，高險也。疏解「榣木大木」○《西山經》：「槐陰之山其陰多榣木之有若。」注：「榣木，大木也。其上復生若木。」**松柏不生埤。』**解埤，下溼也。以喻文子不久存也。疏解「埤下溼」○《爾雅·釋木》：「柀，煔。」《説文繫傳》引《爾雅注》云：「生江南，可作船，又耐埤。」則「埤」爲「卑溼」義。《荀子·非相篇》楊注：「埤、汙皆下也。」《漢書》劉向曰：「增埤爲高。」顔注：「埤，下也。」**吾子不能諫惑，使至於生疾，又不自退而寵其政，**解寵，榮也。**八年之謂多矣，**解已爲多矣。**何以能久？」文子曰：「醫及國家乎？」對曰：「上醫醫國，**解止其淫惑，是謂醫國。**其次疾人，固醫官也。」**解官，猶職也。**文子曰：「子稱蠱，何實生之？」對曰：「蠱之慝，穀之飛實生也。**解慝，惡也。言蠱之爲惡，害於嘉穀，穀爲之飛，若是類生蠱疾者。疏「蠱之」至「實生」○《史記·秦本紀》：「德公二年以狗禦蠱。」正義引顧野王云：「穀皆積變爲飛蠱也。」《爾雅·釋器》：「康謂之蠱。」《左傳》杜注：「穀積久則變飛蠱，名曰蠱。」《論衡·商蟲篇》：「穀蟲曰蠱，蠱若蛾矣。粟米饐熟生蠱。」「蛄䗐，强蛘。」❶郭注：「今米穀中

❶「蛄䗐强蛘」，爲《爾雅·釋蟲》文。

蠹小黑蟲是也。建平人呼爲蚌子。」是蟲出於穀，蟲生而穀敗矣。**物莫伏於蠱，莫嘉於穀，** **解**伏，藏也。嘉，善也。**穀興蠱伏而章明者也。** **解**穀氣起則蠱伏藏，穀不朽蠹而人食之，章明之道也。**故食穀者，晝選男德，以象穀明；** **解**選，擇也，擇有德者而親近之，以象人食穀而有聰明。**疏**「食穀」至「穀明」○《大戴禮・易本命》篇「食穀者智惠而巧」，故言穀明，然非得吉士以輔之，則明蝕矣。**宵靜女德，以伏蠱慝。** **解**靜，安也。伏，去也。言夜當安女之有德者，以禮自節，以去己蠱害之疾。言蠱害穀，猶女害男也。**疏**「宵静」至「蠱慝」○女以德重，故九嬪婦學首言德。《漢書・杜欽傳》：「后妃有貞淑之行，則胤嗣有聖賢之君；制度有威儀之節，則人君有壽考之福。廢而不由，則女德不厭。女德不厭，則壽命不究于高年。《書》云『或四三年』，言失欲之害生也。」又《李尋傳》：「日將入，專以壹，君就房，有常節。」凡此皆以去蠱惑也。**今君一之，** **解**一，一晝夜也。**是不饗穀而食蠱也，** **解**蠱，喻女也。**是不昭穀明而皿蠱也。** **解**皿，器也。言爲蠱作器而受之。**夫文蟲、皿爲蠱，吾是以云。」** **解**文，字也。**疏**「蟲皿爲蠱」○《内傳》言「皿蟲爲蠱」，此言「蟲皿爲蠱」者，蠱乃蟲之屬，非皿之屬，因蟲以見蠱也。**文子曰：「君其幾何？」對曰：「若諸侯服，不過三年；不服，不過十年。** **解**諸侯服，則專一於女色。**過是，晉之殃也。」** **解**過十年，荒淫之禍及國也。**疏**「過是晉之殃」○昭元年《内傳》孔疏引《國語》孔晁注：「人雖有命，荒淫者必損壽。無外患，則并心於内，故三年死。諸侯不服，則思外患，損其内情，故十年。無道之君，久在民上，實國之殃也。」案：晁義與韋義同也。**是歲，趙文子卒，諸侯叛晉，** **解**叛晉從楚。**十年，平公薨。** **解**十年，後十年也，事在魯昭十年。

秦后子來仕，解避景公，仕于晉。**其車千乘。**解從車千乘。**楚公子干來仕，其車五乘。**解子干，恭王之庶子公子比也。魯昭元年，楚公子圍殺郟敖，子干奔晉。**叔向爲大傅，實賦禄，韓宣子問二公子之禄焉，**解宣子，韓起也，代趙文子爲政。**對曰：「大國之卿，一旅之田，**解公之孤四命，五百人爲旅，爲田五百頃。**疏**「公之」至「百頃」○《王制》：「上農夫食九人。諸侯之下士視上農夫。中士倍下士，上士倍中士，下大夫倍上士，卿食四大夫禄。」由九人起數，等而上之，則卿食二百八十八人，而大國之孤無文。《傳》言「卿」而韋解言「孤」者，以下文上大夫知之也。五百人爲旅，《大司馬》文。廪人食者人四鬴，上也，謂每月一人所食，上熟當得二斛五斗六升，通一歲計之，每人當得三十斛七十二升，則五百人之食當得一萬五千三百六十斛，今云爲田五百頃。案：頃，一百畝。《史記・河渠書》：「上地畝一鍾，鍾六斛四斗，一頃百鍾。」則六百四十斛爲田五百頃，當得三十二萬斛，人所食者止須一萬五千三百六十斛，而賦禄者千之二十倍有贏。詔稍之典，不應如此之濫，五百頃之説，舊無此解，不敢遽定。**上大夫，一卒之田。**解上大夫一命，百人爲卒，爲田百頃。**疏**「上大」至「百頃」○昭三年《傳》「子皙。上大夫」。此對嬖大夫言。諸侯之大夫一命，《春官・典命》文。《鄭志》答臨碩曰：「下士食九人，中士食十八人，上士三十六人，下大夫七十二人，中大夫一百四十四人，卿二百八十八人。」若以上大夫爲卿，則當云二百八十八人，百人爲卒。叔向所言與《王制》異制，每人歲食三十斛七斗六升，則歲需三千七十六斛，百頃所收得粟六萬四千斛，賦禄者予以此數，其義亦未聞也。**夫二公子者，上大夫也，皆一卒可也。」宣子曰：「秦公子富，若之何其鈞**

之也？」解鈞，同也。對曰：「夫爵以建事，解事，職事也。祿以食爵，解隨爵尊卑。德以賦之，功庸以稱之，解稱，副也。若何其以富賦祿也？夫絳之富商，韋藩木楗以過於朝，解韋藩，韋蔽前後也。木楗，木檐也。疏解「韋藩」至「木檐」○《爾雅·釋器》：「輿革前謂之鞎，後謂之笰。」郭注：「以韋鞎車軾，以韋鞎後戶。」《漢書·景帝紀》「令長吏二千石車朱兩轓」，顏注：「據許慎、李登說：轓，車之蔽也。《左傳》『以藩載欒盈』，即是有鄣蔽之車也。」《史記》「虞卿躡蹻擔簦」，言以木爲檐之具也。唯其功庸少也，解言無功庸，雖富不得服其尊服過於朝，無爵位故也。而能金玉其車，文錯其服，解文，文織。錯，錯鏤也。言富商之財，足以金玉其車，文錯其服，以其無爵位，故不得爲耳。則上爲「韋藩木楗」是也。能行諸侯之賄，解言其財賄足以交於諸侯。而無尋尺之祿，無大績於民故也。解績，功也。八尺曰尋。且秦、楚匹也，若之何其回於富也。」解回，曲也。乃均其祿。

鄭簡公使公孫成子來聘，解簡公，僖公之子嘉也。成子，子產之謚，鄭穆公之孫，子國之子。平公有疾，韓宣子贊授客館。解贊，導也。客問君疾，對曰：「寡君之疾久矣，上下神祇無不徧諭也，解諭，謂祭祀告謝也。而無除。今夢黃能入於寢門，解夢，公夢也。能似熊。不知人殺乎，抑厲鬼邪？」解人殺，主殺人。厲鬼，惡鬼也。子產曰：「以君之明，子爲大政，其何厲之有？解大政，美大之政。僑聞之，解僑，子產名。疏解「僑子產名」○錢大昕曰：「《說文》：『山，產也。』《爾雅》：『山銳而高曰喬。』❶蓋子産名本是喬，後人加人旁。《後漢書・陳寵傳》：『美鄭喬之仁政。』」**昔者鯀違帝命，殛之於羽山，**解帝，堯也。殛，放殛而殺之。**化爲黄能，以入於羽淵。**解羽山之淵，鯀既死而神化也。

疏「昔者」至「羽淵」○《吕氏春秋・論行》篇：「堯以天下予舜，鯀欲得三公，怒甚猛獸。比獸之角，能以爲城；舉其尾，能以爲旌。召之不來，旁皇於野以患帝。舜於是殛之于羽山，副之以吴刀。」此違命而殛之事。《左傳釋文》：「熊音雄，獸名。亦作能，如字，一音奴來反，三足鼈也。案：《説文》及《字林》皆云『能，熊屬，足似鹿』。然則能既熊屬，又爲鼈類。今本作『能』者勝也。東海人祭禹廟，不用熊白及鼈爲膳，斯豈鯀化爲二物乎？」《左傳疏》引：「賈逵曰：『熊，獸也。』《説文》：『熊，獸，似豕，山居，冬蟄。』《爾雅・釋魚》：『鼈，三足能。』張衡《東京賦》：『能鼈三趾。』梁王云『鯀之所化，是能鼈也。若是熊獸，何以能入羽淵？但神之所化，不可以常而言之。若是能鼈，何以得入寢門？先儒既以爲獸，今亦以爲熊獸』是也。《汲冢書・瑣語》云：『晉平公夢見赤熊闚屏，惡之而有疾。使問子産，言闚屏牆必是獸也。』張叔皮論：『賓爵下革，田鼠上騰；牛哀虎變，鯀化爲熊；久血爲燐，積灰生蠅。』傅玄《潛通賦》：『聲伯忌瓊瑰而弗占兮，晝言諸而暮終。嬴正沈璧以祈福兮，鬼告凶而命窮。❷黄母化而爲黿兮，鯀殛變而成熊。』二者所韻不同。或疑張叔爲

---

❶「曰」，原脱，今據《潛研堂集》補。

❷「告」，原作「吉」，今據《春秋左傳正義》改。

『能』。著作郎王劭云：❶『古人讀雄與熊者皆于陵反。張叔用舊音，傅玄用新音。張叔亦作熊也。』《詩・無羊》與《正月》及襄十年衛卜禦寇之繇，皆以『雄』韻『陵』，劭言是也。」齡案：《釋文》兼獸、鼈兩義。孔仲達引《詩》及襄十年《傳》證王劭之言定爲熊獸，則「能」字宜依《左傳》作「熊」。「羽山之淵」者，《漢書・地理志》視其縣有羽山，昭七年《傳》杜注亦云：「在祝其縣西南。」今贛榆縣。《隋志》朐山縣有羽山，《元和郡縣志》：臨沂縣東南一百十里，與朐山分界。朐山，今海州。臨沂，今沂州也。郯城縣東北亦有羽山，接贛榆界。蓋一山跨四州縣之境，此《禹貢》蒙羽之羽山也。《博物記》云「山西南有淵水」。《左傳》「鯀化黃熊，入於羽淵」。酈道元亦主此說。皆以《禹貢》之羽山當殛鯀處。案：徐州地列東藩，非荒服放流之宅。《尚書》孔傳「羽山東裔在海中」。今登州府蓬萊縣有羽山。《寰宇記》云：「羽山在蓬萊縣南十五里，即殛鯀處。有鯀城在縣南六十里。」與孔傳謂在「東裔者」合，與《禹貢》徐州之羽山迥別。**實爲夏郊。** **解**禹有天下而郊祀之。**三代舉之。** **解**舉，謂不廢其祀。**疏**「實爲」至「舉之」〇《祭法》：「夏后氏禘黃帝而郊鯀。」言郊祭天而以鯀配，是夏家郊祭之也。《祭法》又云：「夫聖王之制祀也，能禦大菑則祀之，能捍大患則祀之。鯀鄣洪水而殛死，禹能修鯀之功。非此族也，不在祀典。」是言鯀有大功，而殷、周二代雖不配郊，而通在羣神之數，并見祀也。

夫鬼神之所及， **解**吉凶所及。**非其族類，則紹其同位，** **解**紹，繼也。殷、周祀之是也。**是故天子祀上帝，** **解**上帝，天也。**公侯祀百辟，** **解**以施勤事，功施于民者。**自卿以下，不過其族。** **解**族，親族也。

---

❶「郎」，原作「即」，今據《春秋左傳正義》改。

今周室少卑，解卑，微也。晉實繼之，解謂爲盟主統諸侯也。其或者未舉夏郊邪？」宣子以告。祀夏郊，解爲周祀也。董伯爲尸，解董伯，晉大夫。神不歆非類，則董伯其姒姓乎！尸，主也。疏解「董伯」至「姒姓」○昭十五年《傳》：「辛有之二子董之晉，於是乎有董史。」故知董伯爲晉大夫。《鄭語》：「己姓昆吾、蘇、顧、温、董。」韋解：「董姓，己姓之别，受氏爲國者。」案：《禮緯》：「禹母修己吞薏苡而生禹，故姓姒。」「薏」、「苡」古通作「意」。「㠯」，「㠯」從反「巳」。巳者，四月陽氣已出，陰氣已藏，萬物見成文章，故氏有夏，則㠯有終己之義。是己姓即姒姓，韋故以董伯爲姒姓也。五日，公見子產，解祭後五日，平公有瘳，故見之。賜之莒鼎。解莒鼎，鼎出於莒也。《傳》曰：「賜子產莒之二方鼎。」方鼎，鼎方上也。

叔向見韓宣子，宣子憂貧，叔向賀之，宣子曰：「吾有卿之名而無其實，解實，財也。無以從二三子，解從，隨也，隨其賻贈之屬。吾是以憂，子賀我何故？」對曰：「昔欒武子無一卒之田，解上大夫一卒之田，欒書爲晉上卿而又不及。其官不備其宗器，解宗，宗官。器，祭器。宣其德行，順其憲則，使越於諸侯，解越，發聞也。諸侯親之，戎狄懷之，解懷，歸也。以正晉國，行刑不疚，解疚，病也。以免於難。解免殺君之難。及桓子驕泰奢侈，貪欲無藝，解藝，極也。桓子，欒書之子黶也。略則行志，解略，犯也。則，法也。假貸居賄，解居，畜也。宜及於難，而賴武之德以沒其身。及懷子改桓之行，而修武之德，解懷子，桓子之子盈也。可以免於難而離桓之罪，以亡於楚。解亡，奔也。夫郤昭子，解昭子，郤至也。其富半公室，其家半三軍，恃其富寵以泰於國，解奢泰於國。**其身尸於朝，其宗滅於絳。不然，夫八郤五大夫三卿，**解三卿，郤錡、郤至、郤犨。又有五人爲大夫。**其寵大矣。一朝而滅，莫之哀也，唯無德也。今吾子有欒武子之貧，吾以爲能其德矣，**解能行其德。**是以賀。若不憂德之不建，而患貨之不足，將弔不暇，何賀之有？」宣子拜稽首焉，曰：「起也將亡，賴子存之，非起也敢專承之，**解專，獨也。承，受也。**其自桓叔以下，嘉吾子之賜。」**解桓叔，韓氏之祖曲沃桓叔也。桓叔生子萬，受韓以爲大夫，是爲韓萬。**疏**解「桓叔」至「韓萬」〇《史記·韓世家》：「韓之先與周同姓，姓姬氏。其後苗裔事晉，得封于韓原，曰韓武子。武子三世後，有韓厥。」據此則韓爲「邘、晉、應、韓」之「韓」，晉獻滅之，而子孫仕晉。是韓侯之後，別有桓叔，非關曲沃之桓叔矣。案：桓三年《傳》：「曲沃伐翼，韓萬御戎。」杜注：「韓萬，莊伯弟。」則萬爲曲沃桓叔之少子。《韓世家》索隱引《世本》曰：「萬生賕伯，賕伯生定伯簡，簡生輿，輿生獻子厥。」起即厥子。韋解多依《史記》，此獨違之者，遵《左傳》及《世本》也。

國語正義卷第十五

歸安董增齡撰集

晉語九

士景伯如楚，解景伯，晉理官士彌牟。如楚，聘也。**叔魚爲贊理。**解叔魚，羊舌鮒也。贊，佐也。景伯如楚，故叔魚攝其官也。《傳》曰：「叔魚攝理。」疏解「景伯」至「攝理」○《禮·月令》鄭注：「理，治獄官也。夏曰大理。」定四年《傳》：「唐叔封於夏墟，啓以夏政，故官制同夏。」昭十四年《傳》孔疏引孔晁《國語注》：「景伯，晉理官，叔魚佐之。景伯聘楚，叔魚專斷。」**邢侯與雝子争田，**解二子皆晉大夫也。邢侯，楚申公巫臣之子也。巫臣奔晉，晉與之邢。雝子，故楚大夫，奔晉，晉與之鄐。争鄐田之疆界也。疏解「鄐田之疆界」○《路史·國名紀》：「曲沃南二里有故鄐城。」昭十四年《傳》孔疏引孔晁注：「邢與鄐比争疆界。」**雝子納其女於叔魚以求直。**解不直，故納其女。《傳》曰：「罪在雝子。」**及蔽獄之日，叔魚抑邢侯，**解蔽，決也。抑，枉也。疏解「蔽決」○《周禮·大司寇》：「凡庶民之獄訟以邦成蔽之。」鄭衆云：「蔽之，斷其獄訟也。」《尚書·康誥》：「服念五六日，至于旬時，丕蔽要囚。」是「蔽」有「決」義。**邢侯殺叔魚與雝子於**

朝。韓宣子患之，叔向曰：「三姦同罪，請殺其生者，而戮其死者。」解陳尸爲戮。**宣子曰：「若何？」對曰：「鮒也鬻獄，**解鬻，賣也。疏「鮒也鬻獄」○《周書・酆保》曰「十敗，六曰佞説鬻獄」，是古有此罪名也。**雝子賈之以其子，邢侯非其官也而干之。**解官，司寇也。干，犯也。**夫以回鬻國之中，**解回，邪也。中，平也。疏解「回邪中平」○回，《説文》：「邪也，曲也。」《詩・小雅》：「其德不回。」《禮・禮器》：「禮，釋回。」叔魚乘景伯在楚，以佐貳竊正秩之權，受賄枉法，是回邪也。江永謂：「中，訓簿書。小司寇斷庶民獄訟之中，謂簿書，猶今之案卷，故掌文書者也。謂之史，从又从中。又者，右手以手持簿書也。」**與絶親以買直，與非司寇而擅殺，其罪一也。」邢侯聞之，逃。遂施邢侯氏，**解施，施劾捕也。疏「遂施邢侯氏」○昭十四年《傳》孔疏引孔晁《國語注》：「廢其族也。」則晁讀爲「弛」，訓爲「廢」。《家語》此事亦爲「弛」。王肅注：「弛，宜爲施，施行也。」韋不從《家語》爲「弛」者，《周禮》：「卿士辨其獄訟，異其死刑之罪而要之。」鄭注：「要之，謂其罪法之要辭，❶如今劾矣。」惠棟謂：「施，陳也，謂殺而陳其罪。哀二十七年《傳》『國人施公孫有施氏』是。❷羅泌曰：『施者，殺而肆之也。』《山海經》：『殺而施之。』『晉人殺冀芮而施之』，又『入從欒氏者，大戮施』。」案：邢侯聞言而逃，故須劾捕，捕得則殺而陳之。「昏墨賊殺」，賊指邢侯。《内傳》有明文也。**而尸叔魚與雝子於市。**解死時在朝，故尸於市。在魯昭十四年。疏「而尸」

---

❶ 「辭」，原缺，今據《周禮注疏》補。

❷ 下「施」字，《左傳補注》作「山」。

至「於市」〇《内傳》孔疏：「晉殺三郤，皆尸于朝，而此尸于市者，以其賤故也。」

中行穆子率師伐翟，圍鼓。解穆子，晉卿，中行偃之子荀吴中行伯也。翟，鮮虞也。鼓，白翟別邑。在魯昭十五年。疏解「翟鮮」至「別邑」〇鮮虞，杜注：「白狄別種，在中山新市縣。」今直隸正定府新樂縣西南有新市故城，俗名新城鋪，其地有鮮虞亭。《史記索隱》曰：「中山，古鮮虞國。姬姓也。」《後漢・郡國志》：「鉅鹿下曲陽有鼓聚，故翟鼓子國。」《水經・濁漳水》注：「濁漳水又東逕昔陽城南，本鼓聚矣。京相璠曰：『白狄之別也。下曲陽有鼓聚，故鼓子國也。』」案：下曲陽故城在今直隸正定府晉州西，今晉州治即鼓國，以鼓城山得名。**鼓人或請以城畔，穆子不受，**疏「鼓人」至「不受」〇《淮南・人間訓》説此事云：「中行穆伯攻鼓，弗能下。餽聞倫曰：『鼓之嗇夫，聞倫知之。請無罷武大夫，而鼓可得也。』穆伯弗應。左右曰：『不折一戟，不傷一卒，而鼓可得。君奚爲弗使？』穆伯曰：『聞倫爲人，佞而不仁。若使聞倫下之，吾可以勿賞乎？若賞之，是賞佞人。佞人得志，是使晉國之武，舍仁而後佞。雖得鼓，將何所用之！』」是請畔即鼓之嗇夫，因聞倫而請也。**軍吏曰：「可無勞師而得城，子何不爲？」穆子曰：「非事君之禮也。夫以城來者，必將求利於我。**解利，爵賞也。**夫守而二心，姦之大者。賞善罰姦，國之憲法也。許而弗予，失吾信也；若其予之，賞大姦也。姦而盈禄，善將若何？**解盈，滿也。**且夫翟之憾者，以城來盈願，**解憾，恨也。**晉豈其無？**解豈無恨也。**是吾以鼓教吾邊鄙貳也。**解貳，二心也。**夫事君者，量力而進，**解進，進取也。**不能則退，不以安賈貳。」**解賈，市也。安，謂不勞師而得鼓。**今軍吏呼城，儆將攻之，未傳而鼓降。**解傳，著也。

中行伯既克鼓，以鼓子宛支來，解宛支，鼓子鳶鞮也。穆子既克鼓，以鳶鞮歸，既獻而反之，其後又畔。魯昭二十二年，荀吴襲鼓，滅之，以鳶鞮歸，使涉它守之也。**令鼓人各復其所，非寮勿從。**解寮，官也。**鼓子之臣曰處沙釐，以其帑行，**解釐將妻子從鼓子也。**軍吏執之，辭曰：「我君是事，非事土也。名曰君臣，豈曰土臣？今君實遷，**解遷，徙也。**臣何賴於鼓？」**解賴，利也。**穆子召之，曰：「鼓有君矣，**解君，謂涉它也。**而止事君，吾定而爵禄。」**解定，安也。而，汝也。**對曰：「臣委質於翟之鼓，未委質於晉之鼓也。**解質，贄也。士贄以雉，委贄而退。疏解「質贄」至「而退」○僖二十三年《傳》杜注：「名書于所臣之策，屈膝而君事之。」孔疏：「質，形體也。謂拜而屈膝，委身體於地也。」陸氏《釋文》亦云「質如字」，然孔疏引服虔注：「古者始仕必先書其名於策，委死之質於臣，然後爲臣，示必死節也。」《尚書》「二生、一死贄」，故以雉爲死質。服注頗勝于杜。《管子》：「令諸侯之子將委質者，皆以雙虎之皮。」據此「贄」字皆作「質」字，弘嗣實宗服義矣。**臣聞之，委質爲臣，無有二心。委質而策死，古之法也。**解言委質于君，書名於策，示必死也。**君有烈名，臣無畔質。**解烈，明也。**敢即私利，以煩司寇而亂舊法，其若不虞何？」**解即，就也。虞，度也。若就私利，是爲畔君。畔君有辠，故煩司寇。舊法，策死之法也。若臣皆如是，是將有不意度而至之患者，晉其如之何？**穆子歎而謂其左右曰：「吾何德之務而有是臣也？」**解吾當修務何德，而得若此之臣乎？**乃使行。既獻，**解獻，獻功也。**言於頃公，**解言釐之賢于頃公。頃公，昭公之子去疾也。**與鼓子田於河陰，**解河陰，晉河南之田，使君而田之。**疏**解「河陰」至「田之」○《爾雅·釋地》「水南曰陰」，故至田在河之南也。**使夙沙釐相之。**

范獻子聘於魯，解獻子，范宣子之子士鞅也。聘在魯昭二十一年。**問具山、敖山，魯人以其鄉對。**解言其鄉之山也。**疏**「問具山敖山」○《水經·淮水》注：「谷水南出鮮金山，北流，琵水注之，水出西南具山東北。」《水經》：「濟水東逕敖山北。」注：「《詩》『薄狩於敖』。山上有城。」《括地志》：「滎陽故城在鄭州滎澤縣西南十七里。周時名北制，在敖山之陽。」宋武《北征記》曰：「秦時築倉于山上。」《郡縣志》：「敖山在鄭州滎澤縣西十五里，春秋時晉師在敖、鄗之間。」**獻子曰：「不爲具、敖乎？」對曰：「先君獻、武之諱也。」**解獻，伯禽之曾孫，微公之子獻公具也。武，獻公之庶子武公敖也。**疏**解「獻伯」至「公敖」○《史記·魯世家》：伯禽卒，子考公酋立。卒，立弟熙，是謂煬公。卒，子幽公宰立。弟潰殺幽公，自爲魏公。魏公卒，子厲公擢立。卒，立其弟具，是爲獻公。卒，子真公濞立。卒，弟敖立，是爲武公。徐廣曰：「魏公，《世本》作微公。」桓六年《傳》孔疏：「《禮》稱『舍故諱新』，親盡不復更諱。計獻子聘魯在昭公之世，獻、武之諱久已舍矣，而尚以鄉對者，當諱之時改其山號，諱雖已舍，❶山不復名。故依本改名，以其鄉對。然獻子言之不爲失禮，而云『名其二諱』以自尤者，禮，入國而問禁，入門而問諱。獻子入魯不問，故以之爲慚耳。」**獻子歸，徧戒其所知曰：「人不可以不學，吾適魯而名其二諱爲笑焉，唯不學也。**解言學則必

❶「已」，原作「又」，今據《春秋左傳正義》改。

知諱，不見笑也。禮，入境而問禁，入門而問諱。人之有學也，猶木之有枝葉也。木有枝葉，猶庇蔭人，而況君子之學乎？」

董叔將取於范氏，解董叔，晉大夫也。范氏，范宣子之女。叔向曰：「范氏富，盍已乎？」解言富必驕，驕必陵人。已，止也。曰：「欲爲繫援焉。」解欲自繫綴，以爲援助。它日，董祁愬於范獻子解祁，董叔之妻，獻子之妹也。范，姓；祁，名也。疏解「祁董」至「祁名」〇襄二十一年《傳》：「欒桓子娶于范宣子。桓子卒，欒祁與其老州賓通。」是欒祁與董祁同宣子女，決無姊妹同名祁之理。昭二十四年《傳》范宣子明言「晉主夏盟爲范氏」，則范其氏也，非姓也。杜預云：「欒祁，范宣子女，范氏，堯後，祁姓。」則董祁亦祁姓，而冠以夫之氏。又文六年《傳》：「杜祁讓偪姞而上之。」❶注：「杜祁，杜伯之後，祁姓。」蓋出于唐杜氏，實與董祁同姓。婦人例以姓稱，猶王姬、宋子也。今云范姓，是以其氏爲姓。又云祁名，是以其姓爲名矣。曰：「不吾敬也。」獻子執而紡於庭之槐，解紡，縣也。叔向過之，曰：「子盍爲我請乎？」叔向曰：「求繫，既繫矣；求援，既援矣。欲而得之，又何請焉？」

趙簡子曰：「魯孟獻子有鬭臣五人，我無一，何也？」解簡子，晉卿，趙文子之孫，景子之子趙鞅志父也。孟獻子，魯大夫仲孫蔑也。鬭臣，扞難之士。叔向曰：「子不欲也，若欲之，肸也待交捽

❶「讓」，原作「詐」，今據《春秋左傳正義》改。

可也。」解此言欲勇則勇士至。疏「待交捽可也」○《漢書・賈誼傳》顏注：「捽，持頭髮也。」

梗陽人有獄，將不勝，解梗陽，魏氏之邑。獄，訟也。疏解「梗陽魏氏之邑」○《漢書・地理志》：「太原榆次有梗陽鄉。」《水經・汾水》注引京相璠曰：「梗陽，晉邑也。今太原晉陽縣南六十里榆次界有梗陽城。」❶《趙世家》正義引《括地志》：「梗陽故城在并州清源縣南百二十步，分晉陽縣置，本漢榆次縣地。」**請納賂於魏獻子，獻子將許之。**解獻子，晉正卿，魏戊之父魏舒也。《傳》曰：「梗陽人有獄，魏戊不能斷，以獄上其大宗，賂以女樂，獻子將受之。」或云：「大宗，即舒也。」昭謂：大宗，訟者之大宗，爲訟者納賂。**閻沒謂叔寬曰：「與子諫乎！**解閻沒，閻明；叔寬，女叔齊之子叔褒也。皆晉大夫。《傳》曰：「魏戊使二子諫。」**吾主以不賄聞於諸侯，**解主，獻子也。不賄，不貪財也。**今以梗陽之賄殃之，不可。」**解殃，猶病也。**二人朝而不退，獻子將食，問誰在庭，曰：「閻明、叔褒在。」召之，使佐食。**解佐，猶勸也。**比已食，三歎。既飽，獻子問焉，曰：「人有言曰：『唯食可以忘憂。』吾子一食之間而三歎，何也？」同辭對曰：「吾小人也，貪。饋之始至，懼其不足，故歎。中食而自咎也，曰，豈主之食而有不足？是以再歎。主之既食，願以小人之腹，爲君子之心，屬厭而已，是以三歎。」**解屬，適也。厭，飽也。已，止也。適小飽足，則自節止。**獻子曰：「善。」乃辭梗陽人。**解善，二

❶「六」，原作「四」，今據《水經注》改。

子善論而不逆，獻子能覺改也。

下邑之役，董安于多。解下邑，晉邑。董安于，趙簡子家臣。多，功也。《周禮》曰：「戰功曰多。」魯定十三年，簡子殺邯鄲大夫趙午，午之子稷以邯鄲畔。午，荀寅之甥也。荀寅，士吉射之姻也。二人作亂，攻趙氏之宫。簡子奔晉陽，晉人圍之，時安于力戰有功也。疏解「多功」至「曰多」○「戰功曰多」，《夏官・司勳》文，鄭注：「克敵出奇若韓信、陳平。《司馬法》曰：『上多前虜。』」《墨子・魯問》篇：「攻其鄰國，殺其民人，取其牛、馬、粟、米、貨、財，銘于鐘鼎，傳遺後世子孫曰：莫若我多。」《漢書・周勃傳》「攻開封先至城下爲多」。是多指戰功也。**趙簡子賞之，辭。**解辭，不受也。**固賞之，對曰：「方臣之少也，進秉筆，贊爲名命，稱於前世，義於諸侯，**解言見稱譽於前世，諸侯以爲義也。**而主弗志。**解志，識也。**及臣之壯也，耆其股肱，以從司馬，**解耆，致也。司馬，掌兵也。疏「耆其股肱」○「耆，致」，《周頌》毛傳文義。穎達曰：「宣十二年《傳》引《詩》『耆定爾功』，耆，昧也。其意言致紂于昧，故以耆爲致。王肅云：『致定其大功。』」是耆有致義。《王制》「羸股肱」，是耆其股肱之義。**苛慝不産。及臣之長也，端委韠帶，以隨宰人，民無二心。**解端，玄端。委，委貌也。韠，韋蔽厀。帶，大帶。宰人，宰官也。**今臣一旦爲狂疾，而曰『必賞女』，**解言戰鬭爲凶事，猶人有狂易之疾相殺傷也。疏解「猶人」至「之疾」○宋氏《補音》引《漢書・王子侯表》：「『樂平侯訢病狂易，免。』顔注：『病狂而改易本性也。』又狂發而無慮，易於去就。字或作傷，《説文》『傷，輕也』。」宋氏雖兩義並列，而顔義爲長。**是以狂疾賞也，不如亡！」趨而**

出，乃釋之。

趙簡子使尹鐸爲晉陽，解尹鐸，簡子家臣。晉陽，趙氏邑。爲，治也。疏「晉陽」〇晉陽，一地六名：荀吴敗狄于大鹵，一也；命以唐誥而封以夏虚，二也；唐叔受分器以處參虚，三也；臺駘能業其官，以處太原，四也；遷實沈於大夏，五也；并晉陽爲六。其地在河東。鄭注引《地理志》：「太原今以郡名。」《續漢志》：太原郡屬并州，即《禹貢》「既修太原」之地。**請曰：「以爲繭絲乎，抑爲保鄣乎？」**解繭絲，賦税。保鄣，蔽扞也。小城曰保，《禮記》曰：「遇入保者。」疏解「繭絲」至「保者」〇《周禮·典絲》：「掌絲入而辨其物。」賈公彦曰：「歲之常貢之絲，若《禹貢》兖州貢漆絲之等也，❶且餘官更無絲入之文，亦當入此典絲也。」則繭絲古亦用以克貢賦税也。成二年《傳》「齊侯見保者」，哀十一年《傳》「公叔務人見保者」，故知保爲小城也。**簡子曰：「保障哉。」尹鐸損其户數。**解損其户，則民優而税少。**簡子誡襄子，**解襄子，簡子之子無卹也。疏解「襄子」至「無卹」〇《趙世家》：「孤布子卿見簡子，簡子徧召諸子使相之。子卿曰『無有司爲將軍者』，簡子召子毋卹，毋卹至，則子卿起曰：『此真將軍矣。』簡子曰：『此其母賤翟婢也。奚道貴哉？』子卿曰：『天所授，雖賤必貴。』簡子乃告示諸子曰：『吾藏寶符於常山上，❷先得者賞。』諸子馳至常山上，求無所得。毋卹還曰：『已得符矣。』簡子曰：『奏之。』毋卹曰：『從常山上臨代，代可取也。』簡子於是知

❶「等」上，原衍「類」字，今據《周禮注疏》删。

❷「山」上，原衍「朱」字，今據《史記·趙世家》删。

毋卹果賢，乃廢太子伯魯而以毋卹爲太子焉。」曰：「晉國有難，而無以尹鐸爲少，無以晉陽爲遠，必以爲歸。」解所謂保鄣。

趙簡子使尹鐸爲晉陽，曰：「必墮其壘培。解墮，壞也。壘，荀寅、士吉射圍趙氏所作壁壘也。吾將往焉，若見壘培，是見寅與吉射也。」解壘墼曰培。疏「是見」至「吉射」〇《趙世家》索隱引《世本》：「荀偃生穆伯吴，吴生寅。」又云：「范匄生獻子鞅，鞅生吉射。」尹鐸往而增之。解增高其壘，因以自備也。簡子如晉陽，見壘怒，解既不墮，又增之，故怒也。曰：「必殺鐸也而後入。」大夫辭之，解辭，請也。不可，解可，肯也。曰：「是昭余讎也。」解昭，明也，明我怨讎以辱我也。郵無正進，解無正，晉大夫郵良伯樂。疏解「無正」至「伯樂」〇《淮南·覽冥訓》高注：「王良，晉大夫郵無恤子良也，所謂御良也，一名孫無政，爲趙簡子御，死而托精于天駟星，天文有王良星是也。」《漢書·王褒傳》注：「張晏曰：『王良，郵無恤，字伯樂。』」顔師古曰：「參驗《左傳》、《國語》、《孟子》，郵無恤、郵良、劉無止、王良，總是一人也。《楚辭》云：『驥躊躇于蔽輂，遇孫陽而得代。』王逸曰：『孫陽，伯樂姓名也。』《列子》云：『伯樂，秦穆公時人。考其年代，不相當。』張説云『良字伯樂』，斯失之矣。」齡案：《吕氏春秋·精通》篇注：「伯樂善相馬，秦穆公之臣。」則在趙簡子前百餘年，安得謂良即伯樂。乃據此《傳》則郵無正亦字伯樂，晏説未可厚非也。曰：「昔先主文子少釁於難，解文子，簡子之祖趙武也。釁，猶讎也。難，謂莊姬之讒，趙氏見討。從姬氏於公宮，解姬氏，莊姬，趙朔之妻，文子之母，晉景公之姊也。姬淫於趙嬰，嬰兄趙同、趙括放之，姬讒同、括，景公殺之，文子從莊姬於公宮。**有孝德以出在公族，**解爲公族大夫也。**有恭德以升在位，**解在卿位也。**有武德以羞爲正卿，**解正卿，上卿。羞，進也。疏解「羞進」〇「羞，進也」者，《爾雅·釋詁》文。《説文》：「羞，進獻也。」《洪範》「使羞其行」。孔疏引王肅云「使進其行」是也。**有温德以成其名譽，失趙氏之典刑，**解典，常也。刑，法也。**而去其師保，**解在公宮，故無師保也。**基於其身，以克復其所。**解基，始也。始更修之於身，以能復其先也。**及景子長於公宮，**解景子，文子之子、簡子之父趙成也，從其王母在公宮。**未及教訓而嗣立矣，亦能纂修其身以受先業，無謗於國，順德以學子，**解學，教也。**擇言以教子，擇師保以相子。今吾子嗣位，有文之典刑，有景之教訓，重之以師保，加之以父兄，**解同宗之父兄。**子皆疏之，以及此難。**解荀、士之難。**夫尹鐸曰：『思樂而喜，思難而懼，人之道也。委土可以爲師保，吾何爲不增？』**解言見培壘可以戒懼，足當師保，何爲不增。

疏「委土」至「不增」〇《吕氏春秋·似順》篇説此事云：「孫明進諫曰：『鐸之言固曰，見樂則淫侈，見憂則諍治，此人之道也。今君見壘念憂患，而況羣臣與民乎？』」見壘念憂患，即所謂師保也。**是以修之，庶曰可以鑑而鳩趙宗乎！**解鑑，鏡也。鳩，安也。**若罰之，是罰善也。罰善必賞惡，臣何望矣？」**

簡子説，曰：「微子，吾幾不爲人矣！」解微，無也。**以免難之賞賞尹鐸。**解免難之賞，軍賞也。言見戒而懼，懼則有備，是爲免難也。疏解「免難」至「軍賞」〇襄二十七年《傳》疏引服虔《左傳》注：「向戌自以止兵，民不戰鬭，自矜其功，故求免死之賞。」免死即免難也。免主於難，則以此賞之。此春秋時所定之賞格，故云「軍賞」也。**初，伯樂與尹鐸有怨，**解伯樂，無正字。**以其賞如伯樂氏，**解如，之也。**曰：「子免吾死，敢不歸禄。」**解禄，所得賞也。**辭曰：「吾爲主圖，非爲子也。」怨若怨焉。**解若，如也。怨自如故也。

鐵之戰，趙簡子曰：「鄭人擊我，吾伏弢衉血，鼓音不衰。解鐵，衛地。弢，弓衣也。晉中行寅、士吉射以朝歌畔，齊、鄭與之。哀公二年，齊人輸范氏粟，鄭罕達、駟弘送之，范吉射逆之。簡子禦之，遇於戚，遂戰於鐵。鄭人擊簡子，中肩，斃于車中，伏弢上，猶能擊鼓。面污血曰衉。疏「鐵之戰」〇《水經・河水》注：「河水東逕鐵丘南。京相璠曰：『鐵，丘名也。』杜預曰：『在戚南。河之北岸，有古城，戚邑也。』」案：今直隸大名府開州北有戚城，其南爲王合里，即鐵丘也。**今日之事，莫我若也。」衛莊公爲右，**解莊公，衛靈公太子蒯瞶也，❶圖殺少君不成，奔晉，簡子許納之，時爲簡子車右。**曰：「吾九上九下，擊人盡殪。**解殪，死也。九上九下車以救簡子。**今日之事，莫我加也。」郵無正御，**解無正，王良也。御，御簡子也。**曰：「吾兩鞁將絶，吾能止之。**解鞁，靷也。能止馬徐行，故不絶。疏解「鞁靷」至「不絶」〇「鞁，靷也」者，哀二年《傳》孔疏：「古之駕四馬者，服馬夾轅，其頸負軛，兩驂在旁挽引助之。《説文》『靷，引軸也』。僖二十八年《傳》杜注：『在胸曰靷。』然則此皮約馬胸而引車軸也。兩靷將絶而能制焉，言其御

---

❶「瞶」，據宋公序本《國語》及《左傳》當作「聵」。下同。

之和也。『駕而乘材』，謂横地細小之木也。乘小木而靭絶，示其將絶之驗也。」今日之事，我上之次也。」解言次蒯聵。駕而乘材，兩鞁皆絶。解乘，轢也。材，横木也。衞莊公禱，解禱，謂將戰時請福也。曰：「曾孫蒯聵，以諄趙鞅之故，解諄，佐也。敢昭告于皇祖文王、解昭，明也。皇，大也。文王，康叔之父。烈祖康叔、解烈，顯也。文祖襄公、解言文，有文德也。襄公，蒯聵之祖父，靈公之考。昭考靈公，解昭，明也。靈公，蒯聵之父。夷請無筋無骨，解夷，傷也。戰鬬不能無傷。無筋，無絶筋。無骨，無折骨也。無面傷，解傷于面也。無敗用，解用，兵用也。無隕懼，解隕，隕越也。死不敢請。」解言不敢請，歸之神也。簡子曰：「志父寄也。」解志父，簡子之後名也。《春秋》書趙鞅入于晉陽以叛，後得反國，故改爲志父。寄，寄禱也。

趙簡子田於螻，解螻，晉君之囿。疏解「螻晉君之囿」○《淮南·原道訓》：「終身運枯形于連螻列埒之門。」高注：「連螻，猶離螻也，委曲之類。」囿之形，或取委曲，則「螻」當作「嶁」。史黯聞之，以犬待於門。解史黯，晉大夫史墨也，時爲簡子史。犬，田犬也。門，君囿門也。簡子曰：「何爲？」曰：「有所得犬，欲試之兹囿。」解兹，此也。簡子曰：「何爲不告？」對曰：「君行臣不從，不順。解言君從法，臣從君也。主將適螻而麓不聞，解麓，主君苑囿之官也。《傳》曰：「山林之木，衡麓守之。」臣敢煩當日。」解當日，直日也。言主將之君囿，不煩麓以告君，臣亦不煩主之直日以自白也。疏解「當日直日」○《禮·文王世子》：「問内豎之御者。」注：「御，如今小史直日矣。」《戰國策》高誘注：「直，當日直使也。」則知當日爲分日司事，而適當是日也。**簡子乃還。**

少室周爲趙簡子右，解少室周，趙簡子臣之姓名也。右，戎右也。**聞牛談有力，**解牛談，簡子臣。**請與之戲，**解戲，角力也。**疏**解「戲角力」○僖二十八年《傳》：「請與君之士戲。」《漢書・哀帝紀》：「時覽卞射武戲。」蘇林曰：「手搏曰卞，角力爲武戲也。」**弗勝，致右焉。**解致右於談。**疏**解「致右於談」○《韓非子・外儲說》：「少室周爲襄王驂乘，至晉陽，有力士牛子耕與角力而不勝，周言于主曰：『主之所以使臣騎乘者，以臣多力，今有多力于臣者，願進之。』」是子耕即談也。**簡子許之，使少室周爲宰，**解宰，家宰也。**曰：「知賢而讓，可以訓矣。」**

趙簡子歎曰：「吾願得范、中行之良臣。」解范吉射、中行寅。**史黯侍，曰：「將焉用之？」簡子曰：「良臣，人之所願也，又何問焉？」對曰：「臣以爲不良故也。夫事君者，諫過而賞善，**解諫過，匡救其過惡。賞善，將順其美。**薦可而替不，**解薦，進也。替，去也。《傳》曰：「君所謂可而有不焉，臣獻其不以成其可。君所謂不而有可焉，臣獻其可以去其不。」**獻能而進賢，擇才而薦之，朝夕誦善敗而納之。道之以文，行之以順，勤之以力，致之以死。**解死其難也。**聽則進，否則退。今范、中行之臣不能匡相其君，使至於難，**解難，謂爲亂見逐，伐君而敗，見討伐也。事在魯定公十三年。**疏**「今范」至「至於難」○《呂氏春秋・當染》篇：「范吉射染于張柳朔、王生，中行寅染于黃籍秦、高彊，所染不當，國皆殘亡，身或死辱，宗廟不血食，絶其後類，君臣離散，民人流亡。」高注：「張柳朔、王生二人者，吉射家臣。寅，中行穆子之子，黄籍秦、高疆其家臣。」《韓非子・説林》篇：「中行文子出亡，過于縣邑，從者曰：『此嗇夫，公之故人，公奚不休舍？且待後車。』文子曰：『我嘗好音，此人遺我鳴琴；吾好佩，此人遺我玉環。是振我過者也，以求容於我者，我恐以我求容于人也。』乃去之。果收文子後車二乘而獻之其君矣。」**君出在外，**解以朝歌畔魯。哀三年，又奔齊。**又不能定，而棄之，則何良之爲？若弗棄，則主焉得之？夫二子之良，將勤營其君，使復立於外，死而後止，何日以來？**解立於外，有爵禄于他國也。**若來，乃非良臣也。」簡子曰：「善。吾言實過矣。」**

趙簡子問於壯馳兹，解壯馳兹，晉大夫，蓋吴人也。**曰：「東方之士孰爲瘉？」**解瘉，賢也。疏「東方」至「爲瘉」○成十六年《傳》：「郤犨主東諸侯。」杜注：「主齊魯之屬。」則此亦言齊魯也。**壯馳兹拜曰：「敢賀！」簡子曰：「未應吾問，何賀？」對曰：「臣聞之，國家之將興也，君子自以爲不足；其亡也，若有餘。今主任晉國之政，而問及小人，又求賢人，吾是以賀。」**

趙簡子歎曰：「雀入於海爲蛤，雉入於淮爲蜃，解小曰蛤，大曰蜃，皆介物，蚌類也。疏「雀入」至「爲蜃」○《大戴禮・夏小正》篇孔廣森補注：「雀，黄雀也。」《通卦驗》曰：「立冬日，賓雀入水爲蛤。」《大戴禮・易本命》篇盧辯注：「以同生于陰而屬于陽，故有其形性也。」《淮南・道應訓》高注：「蛤棃，海蚌也。」《爾雅・釋鳥》：「雉之名十有二，而化蜃者名鷩雉。」郭注：「似山雞而小，冠背毛黄，腹下赤，項緑色鮮明。」《説文》：「鷩，赤雉也。」昭十七年《傳》：「丹鳥氏，司閉者也。」疏引樊光《爾雅注》：「丹雉也。少皞氏以鳥命名，丹鳥氏司閉，以立秋來，以立冬去，入水爲蜃。」是鷔雉爲候鳥，來去知時，故古以命名。《大戴禮・夏小正》篇：「雉入于淮爲蜃，蜃者蒲盧也。」孔廣森補注：「蜃，大蛤也。《國語》：『移就蒲嬴于東海之濱。』蒲盧，猶蒲嬴也。或曰：『蒲盧是變化之名，故果嬴亦爲蒲嬴。』」**黿鼉魚鼈，莫不能化。****解**化，謂蛇成鼈黿，石首成鵖之類也。**疏**解「化謂」至「之類」○《論衡・無形》篇云：「《禮》曰：水潦降不獻魚鼈。何則？雨水暴下，蟲蛇化爲魚鼈，離本真暫變之蟲，臣子謹慎，故不敢獻。」故知蛇能成鼈黿也。馬志《宋開寶本艸》：「石首魚，出水能鳴，夜視有光，頭中有石如碁子。一種野鴨，頭中亦有石，云是此魚所化。」李時珍曰：「石首魚扁身弱骨，細鱗黃色如金，首有白石二枚，瑩潔如玉，至秋化爲冠鳧，即野鴨有冠者也。」故云「石首成鵖」也。**唯人不能，哀夫！」竇犨侍，****解**竇犨，晉大夫。**疏**解「竇犨晉大夫」○《孔子世家》：「孔子將西見趙簡子，至河而聞竇鳴犢、舜華之死。孔子曰：『竇鳴犢、舜華，晉國之賢大夫也。』」集解引徐廣曰：「或作鳴鐸、竇犨。」索隱：「竇犨，字鳴犢。」王應麟曰：「《通鑑外紀》周敬王二十八年書『簡子殺鳴犢』，三十年書『竇犨對簡子』，誤也。」**曰：「臣聞之，君子哀無人，****解**人，賢人也。**不哀無賄；哀無德，不哀無寵；哀名之不令，不哀年之不登。****解**登，高也。**夫中行、范氏不恤庶難，而欲擅晉國，今其子孫將耕於齊，宗廟之犧爲畎畝之勤，****解**純色爲犧。諭二子皆名族之後，當爲祭主於宗廟，今反放逐畎畝之中，是亦人之化也。**疏**解「純色爲犧」○《詩・魯頌》「享以騂犧」。毛傳：「犧，純也。」《曲禮》：「天子以犧牛。」鄭注：「犧，純毛也。」《明堂位》：「夏后氏牲尚黑，殷白牡，周騂犅。」**人之化也，何日之有！」**

趙襄子使新穉穆子伐翟，**解**襄子，晉正卿，簡子之子無卹也。新穉穆子，晉大夫新穉狗也。伐翟在春秋後。**疏**「趙襄」至「伐翟」○《吕氏春秋・愛士》篇：「趙簡子有兩白騾而甚愛之。陽城胥渠處廣門之官，夜款門而謁曰：『主君之臣胥渠有疾。醫教之曰：得白騾之肝病則止，不得則死。』謁者入通。簡子曰：『殺畜以活人，不亦可乎！』召庖人殺白騾，取肝以與陽城胥渠處。無幾何，趙興兵而攻翟，廣門之官左七百人，右七百人，皆先登而獲甲首。」此即伐翟之事也。**勝左人、中人。****解**左人、中人，翟二邑也。**疏**解「左人」至「二邑」○《吕氏春秋・慎大》篇：「趙襄子攻翟，勝老人、中人。」高注：「今盧奴西山中有老人、中人城。」《淮南・道應訓》：「趙襄子攻翟而勝之，取尤人、終人。」高注：「尤人、終人，翟二邑。」《列子》説此事作「左人、中人」。則「老」與「尤」形近致譌也。《後漢・郡國志》：「中山國唐縣有中人亭，有左人鄉。」注引《博物記》曰：「唐關在中人西北百里，中人在縣西四十里。左人唐西北四十里。」《水經・滱水》注：「又東逕左人城。應劭曰：『左人城在唐縣西北四十里，有雹水，或謂之唐水，出中山城之西如北。❶城内有小山在城西側而鋭上，若委粟焉，疑即《地道記》所云望都縣有委粟關也。俗以山在邑中，故亦謂之中山城。以其城中有唐水，因復謂之廣唐城。《中山記》以爲中人城，又以爲鼓聚，殊爲乖謬矣。』言城中有山，故曰中山也，中山郡治。京相璠曰：『今中山望都東二十里，有故中人城。』望都縣東有一城名堯姑城，本無中人之傳，璠或以爲中人，所未詳也。《中山記》所言中人者，城東去望都故城十餘里，二十里則減，但苦其不東，觀夫異説咸爲爽矣。」昭十三年《傳》杜注：「中山望都縣西北有中人城。」案：唐縣本自望都分置，今屬直隸保定府。**遽人來**

❶「山」，原作「人」，今據《水經注》改。

告，解遽，傳也。疏解「遽傳」○《説文》：「遽，傳也。」《禮・玉藻》：「士曰傳遽之臣。」鄭注：「傳遽，以車馬給使者也。」❶僖三十三年《傳》「使遽告于鄭」，昭二年《傳》「乘遽而至」，皆言驛也。襄子將食，尋飯有恐色。侍者曰：「狗之事大矣，解大，謂勝二邑。而主色不怡，何也？」解怡，説也。襄子曰：「吾聞之，德不純解純，壹也。而福禄並至，謂之幸。夫幸非福，解德不能服，必致寇，故非福也。非德不當雝，解當，猶任也。雝，和也。言唯有德者任以福禄爲和樂也。雝不爲幸，解能和樂則不爲幸也。吾是以懼。」

知宣子將以瑤爲後，解知宣子，晉卿，荀躒之子申也。瑤，宣子之子襄子智伯也。知果曰：「不如宵也。」解知果，晉大夫，知氏之族也。宵，宣子之庶子也。宣子曰：「宵也很。」解很，很戾，不從人。對曰：「宵之很在面，瑤之很在心。心很敗國，面很不害。瑤之賢於人者五，其不逮者一。解不仁也。美鬢長大則賢，解鬢，髮類也。射御足力則賢，伎藝畢給則賢，解給，足也。巧文辨惠則賢，解巧文，巧于文辭。彊毅果敢則賢。如是而甚不仁，以其五賢陵人，而以不仁行之，其誰能待之？解待，猶假也。若果立瑤也，知宗必滅。」弗聽。知果别族於太史爲輔氏。解太史，掌氏姓。疏「知果」至「輔氏」○《韓非子・十過》篇：「知伯令人請地於韓，韓康子致萬家之縣一。又請地於

❶「者」，原缺，今據《禮記正義》補。

魏，魏宣子致萬家之縣一。知伯又令人至趙請蔡、皋狼之地，襄子弗與，知伯陰約韓、魏以伐趙。張孟談見韓、魏之君，二君因與張孟談約三君之反，與之期日。二君因朝知伯，而出遇知過於轅門之外。知過怪其色，因入見知伯曰：『二君貌將有變，其行矜而意高，非他時之節也。君不如先之。』君曰：『吾與二子約謹矣，破趙而三分其地，何乃將有他心？必不然。』明旦二主又朝而出，復見知過於轅門。過入見曰：『君以臣之言告二主乎？』君曰：『何以知之？』對曰：『今日二主朝而出見臣，而其色動而視屬臣，此必有變。君不如殺之。若不能殺，遂親之。魏宣子之謀臣曰趙葭，韓宣子之謀臣曰段規，此皆能移其君之計，君與其二臣約，破趙國因封二子者各萬家之縣一，如是則二主之心可以無變矣。』知伯曰：『破趙而三分其地，又封二子者各萬家之縣一，則吾所得者少，不可。』知過見其言之不聽也，出，因更其族爲輔氏。」《戰國策》亦言知過更姓在智伯立瑤之時。案：過即果也。立宵不聽，所億誠中，然尚非剥膚之災，必待韓、魏生心，瑤也垂斃，此真避禍之秋，《傳》繫别族于立瑤之後，終言果一生之事，非謂别族即在立瑤之年也。**及知氏之亡，唯輔果在。** **解**善其知人。

知襄子爲室美， **解**襄子，知伯瑤也。美，麗好也。**疏**解「襄子知伯瑤」○《趙世家》索隱引《世本》：「逝遨生莊首，首生武子醬，醬生莊子朔，朔生悼子盈，盈生文子櫟，櫟生宣子申，申生智伯瑤。」《吕氏春秋·當染》篇「知瑤染於知國、張武」是也。**士茁夕焉，** **解**士茁，知伯家臣。夕，夕往也。**知伯曰：「室美夫！」對曰：「美則美矣，抑臣有懼也。」知伯曰：「何懼？」對曰：「臣以秉筆事君。《志》有之曰：『高山峻原，不生艸木，** **解**志，記也。峻，峭也。原，陸也。言其高險不安，故不生艸木。**松柏之**

地，其土不肥。』解言上茂盛，冬夏有蔭，故土不肥。**今土木勝，臣懼其不安人也。」**解言不兩興。**室成三年而知氏亡。**解三年，知伯與韓、魏伐趙襄子，圍晉陽而灌之，城不浸者三版。知伯行水，魏桓子御，韓康子驂乘，知伯曰：「吾乃知水可以亡人國也。」汾水可以灌安邑，安邑，魏也；絳水可以灌平陽，平陽，韓也。桓子肘康子，康子履桓子跗。趙襄子夜使張孟私於韓、魏，韓、魏與之合，遂滅知伯而分其地。在春秋後。**疏**解「三年」至「其地」〇韋解所引並《韓非子・難篇》文「汾水可以灌安邑」者，《漢・地理志》河東郡安邑縣：「巫咸縣在南，❶鹽池在西南，魏絳自魏徙此。」《水經・涑水》注：「安邑，禹都也。禹娶塗山氏女，思戀本國，築臺以望之。今城南門，臺基猶存。魏絳自魏徙此。」《魏世家》正義：「安邑在絳州夏縣，本魏都。汾水東北歷安邑，西南入河。」「絳水可以灌平陽」者，《水經・汾水》注：「汾水南逕平陽縣故城。」《竹書紀年》：「晉烈公元年韓武子都平陽。」《魏世家》正義引《括地志》：「絳水一名白水，今名弗泉，源出絳山，飛泉奮涌，揚波北注，❷縣積壑二十許丈，望之極爲奇觀矣。」按引此以灌平陽城矣。

還自衛，三卿宴於藍臺，解還自衛，知襄子伐鄭自衛還也。三卿，知襄子、韓康子、魏桓子。藍臺，地名。**疏**解「魏桓子」〇《魏世家》：「魏絳卒，謚爲昭子，生魏嬴，嬴生獻子，獻子生魏侈，魏侈之孫曰魏桓子。」索隱引《系本》「獻子生簡子取，取生襄子多，襄子生桓子駒」，是與《史記》異。**知襄子戲韓康子而侮**

❶「縣」，《漢書》作「山」。

❷「北」，原無，今據《史記》補。

段規。解康子，韓宣子之曾孫，莊子之子虎也。段規，魏桓子之相也。疏解「康子」至「之相」○《韓世家》：「宣子卒，子貞子代立。貞子卒，子簡子代。簡子卒，子莊子代。莊子卒，子康子代。」索隱：「康子名虎。」《韓非子·十過》篇：「知過曰：韓康子之謀臣曰段規。」今云魏桓子之相，與《韓非》異義矣。知伯國聞之諫，解伯國，晉大夫，知氏之族。曰：「主不備，難必至矣。」曰：「難將由我，我不爲難，誰敢興之？」對曰：「異於是。解言所聞與此異。夫郤氏有車轅之難，解郤犨與長魚蟜争田，執而梏之，與其父母妻子同一轅。既，蟜嬖於厲公而滅三郤。在魯成十七年。趙有孟姬之讒，解趙，趙同、趙括也。孟姬，趙文子母莊姬也。通於趙嬰，兄同、括放之，孟姬慚怨，讒之於景公，景公殺之。事在魯成八年。欒有叔祁之愬，解欒，欒盈也。叔祁，范宣子之女，盈之母也。與其老州賓通，盈患之，祁愬之於宣子，遂滅欒氏。范、中行有函冶之難，解函冶，范皋夷之邑也。皋夷無寵於范吉射，而欲爲亂於范氏。中行寅與范氏相睦，故皋夷謀逐二子，卒滅之。在魯定十三年。皆主之所知也。《夏書》有之曰：『一人三失，解三失，三失人也。怨豈在明？解明，著也。不見是圖。』解不見，未形也。疏「一人」至「是圖」○《書傳》：「三失，過非一也。不見是謀，備其微。」案：《孟子》：「桀、紂之失天下也，失其民也。」唯失人故爲怨，若泛言過，則或止一身而與人無與矣。圖，《爾雅》與「謀」同訓，故《書傳》以「謀」釋之。《周書》有之曰：『怨不在大，解或大而不爲怨。亦不在小。』解禍難或起小怨。疏「怨不」至「在小」○《書傳》：「不在大，大起于小，不在小，小至於大。」蓋《傳》謂：「唯大患伏於小怨，故當懼。若云『或大而不爲怨』，則開不足懼之端矣。」韋義非也。**唯君子能勤小物，故無大患。**解物，事也。**今主一宴而恥人之君相，**解君，康子。相，段規。**又弗備，曰『不敢興難』，無乃不可乎？夫誰不可喜，而誰不可懼？蜹蛾蠭蠆，皆能害人，**疏「蜹蛾」至「害人」〇《荀子·勸學篇》：「醯酸而蜹聚焉。」《吕氏春秋·功名》篇「缶醯黄蜹聚之有酸」。《爾雅·釋蟲》「蠪，朾螘」。《釋文》：「『螘』，本作『蛾』，俗作『蟻』字。」戴侗云：「蛆螘狀如墨蟻，化而羽，能螫人。《爾雅》所謂『丁螘』也。」僖二十二年《傳》：「蠭蠆有毒。」《爾雅·釋蟲》：「土蠭。」郭注：「今江東呼大蠭在土中作房者。」❶陳藏器《本草注》：「土蠭穴居作房，赤黑色，最大者螫人至死。」《通俗文》曰：「蠆長尾謂之蠍，蠍毒傷人曰蛆。」故昭五年《傳》「鄭人謗子産曰已爲蠆尾」是也。**況君相乎！」弗聽。自是五年，乃有晉陽之難。**解自藍臺之後五年也。**段規反，首難而殺知伯于師，**解爲策作難，反知伯者。疏「段規」至「于師」〇《趙世家》：「知伯率韓、魏攻趙。趙襄子懼，乃奔保晉陽。原過從，後至於王澤，見三人，自帶以上可見，自帶以下不可見。與原過竹二節，莫通。曰：『爲我以是遺趙毋卹。』原過既至，以告襄子。襄子齊三日，親自剖竹，有朱書曰：『趙毋卹，余霍泰山山陽侯天使也。三月丙戌，余將使女反滅知氏。女亦立我百邑。』襄子再拜，受三神之令。三國攻晉陽，歲餘，引汾水灌其城。襄子懼，夜使相張孟同私於韓、魏。韓、魏與合謀，以三月丙戌，三國反滅知氏。」又《刺客列傳》：「趙襄子最怨知伯，漆其頭以爲飲器。」索隱引晉灼曰：「飲器，虎子也。」晉氏以爲褻器者，以《韓子》、《吕氏春秋》並云「襄子漆知伯

---

❶「呼」，原無，今據《爾雅注疏》補。

頭爲溲杯」故也。**遂滅知氏。**

晉陽之圍，解知襄子圍趙襄子於晉陽也，魯悼四年，知瑶伐鄭，恥襄子，襄子怨之。知瑶驕泰，請地于趙，趙弗與，瑶帥韓、魏攻趙襄子，襄子保晉陽，三家圍之。在春秋後。**疏**「晉陽之圍」○《内傳》哀公之四年：❶「晉荀瑶帥師伐鄭。將門。知伯謂趙孟：『入之。』對曰：『主在此。』知伯曰：『惡而無勇，何以爲子？』對曰：『以能忍恥，庶無害趙宗乎！』知伯不悛，襄子由是惎知伯。」杜注：「惎，毒也。」《韓非子·十過》篇：「知伯瑶令人請地於韓，韓康子欲弗與。段規諫曰：『不可不與也。知伯之爲人也，好利而鷙愎。彼來請地而弗與，則移兵於韓必矣。君其與之。與之彼狃，又將請地他國，❷他國且有不聽，不聽，則知伯必加之兵。如是則韓可以免於難而待其事之變。』康子曰：『諾。』因令使者致萬家之縣于知伯，知伯説。又令人請地於魏宣子，宣子欲勿與，趙葭諫曰：『彼請地於韓，韓與之。今請地於魏，魏勿與，則是魏自彊，而外怒知伯也。如勿予，❸其措兵於魏必矣。』宣子因令人致萬家之縣于知伯。知伯又令人之趙請蔡、狼皋之地，趙襄子弗與，知伯因陰約韓、魏將以伐趙。襄子召張孟談而告之曰：『夫知伯之爲人也，陽親而陰疏，三使韓、魏而寡人不與焉，其措兵于寡人必矣，今吾安居而可？』張孟談曰：『夫董閼于，簡子之才臣也，其治晉陽，而尹鐸

---

❶「哀公」，原作「悼」，今據《春秋左傳正義》改。
❷「又」，原作「人」，今據《韓非子》改。
❸「予」，原作「子」，今據《韓非子》改。

循之，其餘教猶存，君其定居晉陽而已矣。』君曰：『諾。』乃召延陵生，令將軍車騎先至晉陽，君因從之。居五日城郭已治，守備已具。君召張孟談而問之曰：『吾奈無箭何？』張孟談曰：『臣聞董子之治晉陽也，公宮之垣皆以荻蒿楛楚牆之，有楛高至於丈，君發而用之。』於是發而試之，其堅則雖箘簳之勁弗能過也。君曰：『奈無金何？』張孟談曰：『臣聞董子之治晉陽也，公宮令舍之堂，皆以鍊銅爲柱、質。』於是發之用之，有餘金矣。號令已定，三國兵果至，至則乘晉陽之城，遂戰，三月弗能拔。因舒軍而圍之，決晉陽之水以灌之，圍晉陽三年。城中巢居而處，縣釜而炊，財食將盡，士大夫羸病。張孟談曰：『亡弗能存，危弗能安，則無爲貴智矣。臣請試潛出而見韓、魏之君。』張孟談見韓、魏之君曰：『臣聞脣亡齒寒。今智伯率二君而伐趙，趙亡，二君爲之次。』二君曰：『我知其然也。雖然，知伯之爲人也，麤中而少親。我謀而覺，其禍必至。』張孟談曰：『謀出二君之口而入臣之耳。人莫知之。』二君因與張孟談約三君之反，與之期日。夜遣孟談入晉陽以報三軍之反於襄子，襄子迎張孟談而再拜之，且恐且喜。至於期日之夜，趙氏殺其守隄之吏而決其水灌知伯之軍，知伯軍救水而亂，韓、魏翼而擊之，襄子將卒犯其前，大敗知氏之軍而禽知伯。」案：事在晉懿公四年。**張談曰：「先主爲重器也，爲國家之難，**解張談，趙襄子之宰孟談也。重器，圭璧鐘鼎之屬。**盍姑無愛寶於諸侯乎？」**解欲令行賂以求助也。**襄子曰：「吾無使也。」張談曰：「地也可。」**解地，趙襄子之臣。**襄子曰：「吾不幸有疾，不夷於先子，**解夷，平也。疾，病也。言己行有闕病，不及先子也。**不德而賄。**解言無德而以賄求助也。**夫地也求飲吾欲，**解言地求飲食我以情欲，無忠諫也。**是養吾疾而干吾禄也，**解養，長也。干，求也。**吾不與皆斃。」**解皆，俱也。斃，踣也。**襄子出曰：**

「吾何走乎？」從者曰：「長子近，且城厚完。」解長子，晉别縣也。**疏**解「長子晉别縣」○《漢·地理志》上黨郡長子縣：「周史辛甲所封。」師古曰：「『長』讀曰『長短』之『長』，今俗爲『長幼』之『長』，非也。」案：今屬山西潞安府。**襄子曰：「罷民力以完之，又斃以守之，其誰與我？」**解斃，踣也。誰與我，誰與我同力也。**從者曰：「邯鄲之倉庫實。」**解邯鄲，晉别縣也。**疏**解「邯鄲晉别縣」○《漢·地理志》：「趙國邯鄲縣。」張晏曰：❶「邯鄲山在城東下。單，盡也。城郭从邑，故加邑云。」定十年《傳》杜注：「邯鄲廣平縣。」案：今直隸廣平府邯鄲縣西南有邯鄲故城，即俗名趙王城是也。**襄子曰：「浚民之膏澤以實之，**解浚，煎也，讀若濬。**又因而殺，其誰與我？其晉陽乎！先主之所屬也，**解先主，簡子也，謂無以尹鐸爲少，晉陽爲遠，必以爲歸。**尹鐸之所寬也，民必龢矣。」乃走晉陽。晉師圍而灌之，**解晉師，三卿之師也。灌，引汾水以灌之。**疏**解「灌引」至「灌之」○《水經》：「汾水東南過晉陽縣東，晉水從縣南東流注之。」又《水經·晉水》注：「昔知伯遏晉水以灌晉陽，其川上溯，後人踵其遺迹，蓄以爲沼。」案：酈氏言引晉水灌城而韋解言汾水者，晉水入汾則汾即晉之下流，故得通言之也。**沈竈産鼃，民無畔意。**解沈竈，縣釜而炊也。産鼃，鼃生於竈也。鼃，蝦蟆也。**疏**解「産鼃」至「蝦蟆」○《爾雅·釋魚》：「在水者黽。」郭注：「耿黽也，似青蛙，大腹，一名土鴨。」《漢書·武帝紀》顔注：「鼃黽也，似蝦蟆而長腳，其色青。」

❶「晏」，原作「宴」，今據《漢書》改。

國語正義卷第十六

歸安董增齡撰集

鄭語

桓公爲司徒，解桓公，鄭始封之君，周厲王之少子，宣王之弟桓公友也。宣王封之於鄭，幽王八年爲司徒。**疏**解「桓公」至「司徒」〇惠士奇引薛瓚《漢書注》：「『周自穆王以下都於西鄭，不得以封桓公。幽王既敗，虢、會又滅，遷居其地，國於鄭父之丘，是爲鄭桓公，無封於京兆之文。』其説本《穆天子傳》及《竹書》。又《世本》云：鄭桓公居棫林徙洛。《紀年》謂始居洛，後居鄭父之丘，是爲桓公。是西周畿内未聞有鄭國也。及桓公之子武公與晉文侯夾輔平王，始滅虢、鄶而都溱洧焉。後世遂有新鄭之目。而指漢之京兆鄭縣爲舊都，實出附會。」齡案：驪山之難，桓公死之，安得有幽王敗後，而桓公滅虢、鄶，遷居之事？《漢書·地理志》顔注駁之，良是。且桓公若未封國，則武公安能有兵送衛平王乎？《竹書》及《穆天子傳》未足據也。**甚得周衆與東土之人，**解周衆，西周之民。東土，陝以東也。**問於史伯曰：「王室多故，**解史伯，周太史。故，猶難也。**余懼及焉，其何所可以逃死？」史伯對曰：「王室將卑，戎狄必昌，不可偪**

也。**解**昌，盛也。偪，迫也。**當成周者，****解**成周，雒邑。**疏**解「成周雒邑」○隱三年《傳》杜注：「成周洛陽縣。」案：今河南河南府洛陽縣東北有洛陽故城。**南有荆蠻、申、吕、應、鄧、陳、蔡、隨、唐，****解**荆蠻，芈姓之蠻，鬻熊之後也。申、吕，姜姓。應、蔡、隨、唐，皆姬姓也。應，武王之子所封。鄧，曼姓。陳，嬀姓也。

疏「南有荆蠻」○《爾雅・釋地》：「漢南曰荆州。」《書疏》引李巡《爾雅注》：「荆州其氣燥剛，稟性强梁，故曰荆，荆，强也。」《釋名》：「荆，警也，南蠻數爲寇逆，常警備之也。」桓二年《傳》孔疏引《譜》云：「楚，芈姓，顓頊之後。其後鬻熊事周文王，早卒，成王封其曾孫熊繹於楚，以子男之田居丹陽，南郡枝江是也。武王居郢，江陵是也。」案：今江陵、枝江二縣，並隸湖北荆州府。○「申吕應鄧」○申、吕，《周語》已解訖。《漢・地理志》：「潁川郡父城縣應鄉，應故國。周武王弟所封。」顔注：「據《左傳》『邘、晉、應、韓，武之穆也』，是則應侯武王之子。又與《志》説不同。」《水經・滍水》注：「滍水又左合橋水，東南逕應山北，又南逕應城西，周武王封其弟爲侯國，戰國時范睢所封邑也。」《魏世家》正義引《括地志》：「故應城，故應鄉也。在汝州魯山縣東三十里。」僖二十四年《傳》杜注：「應國在襄陽城父縣西。」案：今河南汝州所屬魯山、寶豐二縣界有應城。《漢・地理志》：「南陽郡鄧縣。」應劭曰：「鄧侯國。」《秦本紀》：「昭王十六年，左更錯取軹及鄧。」正義引《括地志》云：「故鄧城在懷州河陽縣西三十一里。」杜氏《釋例》曰：「鄧國，義陽鄧縣。」案：今湖北襄陽府東北二十里有鄧城。鄧，曼姓，據莊四年及《世本》文。○「陳蔡隨唐」○陳，《周語》已解訖。《周本紀》正義引《括地志》：「豫州北七十里上蔡縣，古蔡國。武王封弟叔度於蔡是也。縣東十里有蔡岡，因名也。」案：今河南汝甯府上蔡縣十里，有故蔡國城。桓六年《傳》杜注：「隨義陽隨縣。」孔疏引賈逵注：「隨，姬姓。」《水經》：

「涓水東南過隨縣西。」酈注：「縣，故隨國，《左傳》所謂『漢東之國，隨爲大』者，楚滅之以爲縣。有溠水出縣西北黄山。莊四年《傳》『除道梁溠，營軍臨隨』，謂此水也。水側有斷虵丘，隨侯出而見大虵中斷，因舉而藥之。後虵銜明珠報德。丘南有隨季梁大夫池。」案：今隨州隸湖北德安府，古城在州南。宣十二年《傳》杜注：「唐，屬楚之小國。義陽安昌縣東南有上唐鄉。」《水經·涓水》注：「涓水逕上唐縣故城南，本蔡陽之上唐鄉，故唐之侯國。」**北有衞、燕、翟、鮮虞、路、洛、泉、徐、蒲，**解衞，康叔之封；燕，邵公之封，皆姬姓也。翟，北翟也。鮮虞，姬姓在翟者。路、洛、泉、徐、蒲，皆赤翟，隗姓也。**疏**「北有」至「鮮虞」〇衞、燕，《齊語》已解訖。《漢書·匈奴傳》：「匈奴，其先夏后氏之苗裔曰淳維，唐虞以上有山戎、獫狁、薰鬻，居於北邊，周西伯昌伐畎夷，武王放逐戎夷涇、洛之北，至穆王之孫懿王時，王室遂衰，戎、狄交侵，宣王興師命將以征伐之。至幽王，用寵姬褒姒之故，與申后有隙。申侯怒而與畎戎共攻殺幽王於麗山之下。」是對文則「西戎」、「北翟」，通言之則戎即翟也。《後漢書·郡國志》中山國新市縣：「有鮮虞亭，故國，子姓。」杜預曰：「白翟别種。」《史記索隱》：「中山，古鮮虞國，姬姓。」是司馬貞用弘嗣義矣。案：《漢·地理志》注引應劭曰：「鮮虞，子國，今鮮虞亭是。」是誤以子爵爲子姓也。今直隸正定府新樂縣西南有新市故城，俗名新城鋪，其地有鮮虞亭。〇「路洛泉徐蒲」〇路，即潞。《漢書·匈奴傳》及劉寬碑陰作「路」，《説文》及三體石經作「潞」。《後漢·郡國志》上黨郡潞本國，注引《左傳》哀四年傳杜注：「潞縣東有壺口關。」《上黨記》曰：「潞，濁漳也，縣城臨潞。」案：今山西潞安府潞城縣即其地，縣東北四十里有故潞城。洛即雒。宣十五年《傳》：「晉侯治兵於稷，以略狄土，立黎侯而還。及雒，魏顆敗秦師于輔氏。」杜注：「雒，晉地。」蓋洛本翟地，後屬于晉。《史記·匈奴傳》「晉文公攘戎翟，居于河西圁、洛之間」是也。泉，即前昭二十三年《傳》「司徒醜以王師敗績於前城」，孔疏引服虔注：「前讀爲泉，❶即泉戎。地在伊闕南。」《水經·伊水》注：「伊水自新城又北，經前亭西。」是泉即前也。徐未知何地。《漢·地理志》「河東郡蒲子縣」，應劭曰：「故蒲反。舊邑，武帝置。」師古曰：「重耳所居也，應説失之。」是蒲亦翟地，而晉并之者也。張洽曰：「赤狄，狄之別種。謂之赤狄、白狄，俗尚赤衣、白衣也。《地譜》洛州，春秋赤狄之地。」張氏之説未知是否。**西有虞、虢、晉、隗、霍、揚、魏、芮，**解八國，姬姓也。虞，虞仲之後。虢，虢叔之後，西虢也。**疏**「西有虞虢晉隗」○虞、虢、晉，《晉語》已解訖。僖二十三年《傳》杜注：「廧咎如，赤狄之別種，隗姓。」孔疏：「女曰叔隗、季隗，知爲隗姓。」《路史·國名紀》：「《山海經》有員神隗氏，春秋隗氏之地。」姑存其説，以俟審定。○「霍揚魏芮」○霍，《晉語》已解訖。昭二十八年《傳》：「僚安爲楊氏大夫。」杜注：「平陽楊氏縣。」襄二十九年「霍、揚」，杜注：「揚屬平陽郡。」《漢·地理志》「河東郡楊縣」，應劭曰：「揚，侯國。」《漢書·揚雄傳》：「其先出自周伯僑，以支庶初食采於晉之揚，揚在河汾之間。」應劭注：「揚即今之河東揚縣。」蓋本揚侯國，晉獻滅之以爲邑。在今山西平陽府洪洞縣南二里，地名危城村。鄭康成《詩譜》：「魏者，虞舜、夏禹所都之地。在《禹貢》冀州雷首之北，析城之西。周以封同姓焉。其封域南枕河曲，北涉汾水。」服虔曰：「魏在晉之蒲阪。」《漢·地理志》曰：「魏國在晉之南河曲，故其《詩》曰『彼汾一曲，寘之河之側』。」《魏世家》正義：「魏城在陝州芮城縣北五里。」今

❶「前讀」至「闕南」十二字，孔疏無，見於《水經注》。

山西解州芮城縣河北故城是也。《漢書・地理志》：「左馮翊臨晉縣有芮鄉，故芮國。」《後漢・郡國志》：「古芮國，與虞相讓者。」《水經・河水》注：「河水自河北城南，東逕芮城。」案：今陝西同州府朝邑縣有芮故城，在黄河西岸。**東有齊、魯、曹、宋、滕、薛、鄒、莒，**解齊，姜姓。魯、曹、滕，皆姬姓。宋，子姓。薛，任姓。鄒，曹姓。莒，己姓，東夷之國也。**疏**「東有」至「鄒莒」○齊，《周語》已解訖。魯，《齊語》已解訖。曹、宋，《晉語》已解訖。《漢・地理志》沛郡公丘縣：「侯國，故滕國，周懿王子錯叔繡所封，三十一世爲齊所滅。」顔師古曰：「《左傳》『郜、雍、曹、滕，文之昭也』。《系本》亦云：『錯叔繡，文王子。』而此《志》云『懿王子』，❶未詳其義。」《水經・泗水》注：「南梁水，分爲二水，北水枝出，西逕蕃縣北，又西逕滕城北，漢高祖封夏侯嬰爲侯國，號曰『滕公』。鄧晨曰：今沛郡公丘也，縣故城在滕西北，城周二十里，內有子城，按《地理志》即滕也，周懿王子錯叔繡文公之所封，齊滅之。」齡按：今山東兖州府滕縣西南十五里有古滕城。《水經・泗水》注：「漷水西南逕蕃縣故城南，又西逕薛縣故城北。《地理志》曰：夏車正奚仲之國也。《晉太康地記》曰：奚仲冢在城南二十五里山上。奚仲遷于邳，仲虺居之，其後當周爵稱侯，後見侵削，霸者所絀爲伯，任姓也。」案：今山東兖州府滕縣南四十里有薛城。《漢・地理志》魯國騶縣：「故邾國，曹姓，二十九世爲楚所滅。嶧山在北。」按今鄒縣屬山東兖州府。《漢・地理志》城陽國莒縣：「故國，盈姓，三十世爲楚所滅，少昊後。」按：今莒州屬山東沂州府。○解「鄒曹姓莒己姓」○隱元年《經》孔疏引《譜》云：「邾，曹姓，顓頊之後有陸

❶「子」，原脱，今據《漢書》補。

終，産六子，其弟五子曰安，邾即安之後，武王封其苗裔邾俠爲附庸，居邾。今魯國騶縣是也。」❶按哀二十三年《傳》：「宋景曹卒。」此邾女故曹姓足證史伯「曹姓鄒、莒」之文。乃《水經·河水》注：「漷水又東，逕鄒平縣故城北，古鄒侯國，舜後，姚姓也。」姑采其説以存舊聞。隱二年《經》孔疏：《世本》「莒，紀姓」。❷文八年《傳》：「穆伯奔莒，從己氏。」是莒已見於《傳》也。《譜》云：「莒，嬴姓，少昊之後。」《世本》自紀公以下爲己姓，不知誰賜之姓者。**是非王之支子母弟甥舅也，則皆蠻荊戎翟之人也。**解王支子母弟，姬姓是也。甥舅，異姓是也。蠻荊，楚也。戎翟，北翟，路、洛、泉、徐、蒲是也。戎或爲夷。**非親則頑，不可入也。**解親，謂支子甥舅。頑，謂蠻夷戎翟也。**其濟、洛、河、潁之間乎！**解言此四水之間可逃也，謂左濟、右洛、前潁、後河。疏解「言此」至「後河」○《漢書·地理志》：沇水出河東垣縣東王屋山，❸東至河内武德入河，泆爲滎。《水經》：「自王屋山東流爲沇水，至温縣西北爲濟水。」《夏本紀》正義：「濟水入河而南，截度河南岸溢滎澤，在鄭州滎澤縣西北四里。」按鄭州即春秋時鄭所都也。《水經·伊水》注：❹「洛水又東逕鞏縣故城南，又東北流入于河。《山海經》曰『洛水成臯西入河』是也。謂之洛汭，即什谷也。」虢、鄶居洛之

❶「鄒」，原作「騶」，今據《春秋左傳正義》改。
❷「世本莒紀姓」，此句非孔疏文。
❸「沇」，原作「流」，今據《史記》改。「河東」之「東」，原重，今據《史記》删其一。「縣東」二字，原缺，今據《史記》補。
❹「伊」，原作「洛」，今據《水經注》改。

東、河之南，洛水由西南而注東北，故曰「右洛」也。《水經》：「潁水出潁川陽城縣西北少室山，又東南過陽翟縣北。」酈注：「潁水又逕上棘城西，《左傳》楚師伐鄭，❶城上棘以涉潁者也。」按宣十年《傳》：「楚子伐鄭，晉士會救。鄭逐楚師于潁北。」是潁在鄭南，故曰「前潁」也。《考工記》：「匠人營國，左祖右社，面朝後市。」則後指北方。春秋時晉在鄭北。宣十二年《傳》：「晉師救鄭，及河，聞鄭既及楚平。」襄九年《傳》：「晉侯伐鄭，歸，以公宴於河上。」❷是鄭北境濱河也。**是其子男之國，虢、鄶爲大，****解**是，是四水也。虢，東虢，虢仲之後，姬姓也。鄶，妘姓也。當幽王時，於子男此二國爲大。**疏**「是其」至「爲大」○《漢書·地理志》「東虢在滎陽」，又「河南郡滎陽」應劭注：「故虢國，今虢亭是也。」僖五年《傳》賈逵注：「虢仲封東虢，制是也。」❸案今河南開封府汜水縣東十里，近滎陽界有虢故城。《水經·洧水》注：「洧水又東南經鄶城南。《世本》曰：『陸終氏娶于鬼方氏之妹，曰女隤，是生六子。孕三年，啓其左脅，三人出焉。破其右脅，出三人焉。其四曰萊言，是爲鄶人。』鄶人者，鄭是也。鄭桓公問於史伯，曰：王室多難，❹余安逃死乎？史伯曰：虢、鄶，公之民，遷之可也。鄭氏東遷，虢、鄶獻十邑焉。劉禎云：鄶在豫州外方之北，北鄰于虢，都滎之南，❺左濟

❶「鄭」，原作「潁」，今據《水經注》改。
❷「以」，原作「與」，今據《春秋左傳正義》改。
❸「制」上，原衍「虢」字，今據《春秋左傳正義》刪。
❹「多」，原作「少」，今據《水經注》改。
❺「之南」，原作「播之而」，今據《水經注》改。

右洛，居兩水之間，食溱、洧焉。❶徐廣曰：鄶在密縣，妘姓矣，不得在外方之北。」鄭康成《詩譜》：「鄶者，古高辛氏火正祝融之墟。其國北鄰于虢。」孔穎達謂：「鄶在密縣北，是其國北鄰于虢也。」**虢叔恃勢，鄶仲恃險，**解此虢叔，虢仲之後也。叔、仲皆當時二國君之字。勢，地勢阻固也。險，有險阨。皆恃之而不修德。**是皆有驕侈怠慢之心，而加之以貪冒。**疏「加之以貪冒」〇哀十一年《傳》：「貪冒無厭。」《漢書・翟方進傳》：「冒濁苟容。」顏注：「貪蔽也。」《漢・五行志》顏注：「冒，蒙也，蔽于義理。」**君若以周難之故，寄孥與賄焉，不敢不許。**解妻、子曰孥。賄，財也。**周亂而弊，是驕而貪，必將背君，君若以成周之衆奉辭伐罪，無不克矣。**解桓公甚得周衆，奉直辭，伐有辠，故必勝也。**若克二邑，**解二邑，虢、鄶。**鄢、蔽、補、丹、依、𥇖、曆、華，君之土也。**解言克虢、鄶，則此八邑皆可得也。疏「鄢蔽」至「之土」〇《漢・地理志》「潁川郡傿陵縣」，按隱元年《經》：「鄭伯克段于鄢。」今屬河南開封府。蔽未詳所在。《戰國策》：「昔者神農伐補遂。」羅泌指「補遂」爲「補」。《吕氏春秋・直諫》篇：「荆文王得丹之姬，淫朞年，不聽朝。」則丹後爲楚邑，當武公時屬鄶。一本作「舟」，或引昭十三年《傳》「克息舟城而居之」爲解。按《詩正義》引作「丹」，則作「舟」者非也。依、曆未詳所在。王應麟《詩地理考》：「《周語》『摯、疇之國也由大任』，注：『疇、摯二國，任姓。』」則𥇖即疇與？《水經・洧水》注：「黄泉東南流經華城西。」❷《史記・秦本

❶「溱」，原作「溙」，今據《水經注》改。

❷「泉」，原作「水」，今據《水經注》改。

紀》：「昭王三十三年，客卿胡傷擊芒卯華陽，破之。」司馬彪曰：「華陽在密縣。」正義引《括地志》：「故華城在鄭州管城南三十里。」一本作「莘」。案：莘爲西虢邑，即丹朱降神之地，安得移屬東虢乎？《鄭世家》虞翻注及《水經・洧水》注、《毛詩正義》並作「華」。弘嗣云「八邑」，《詩正義》云「八國」，按此八地皆屬虢、鄶，不得云國也。**若前華後河，右洛左濟，**解華，華國也。**主芣、騩而食溱、洧，**解芣、騩，山名。主，爲之神主也。孔子曰：「夫顓臾爲東蒙主。」食，謂居其土，食其水也。疏「主芣」至「溱洧」〇《漢書・地理志》河南郡密縣：「密，故國，有騩山，潩水所出，南至臨潁入潁。」《後漢・郡國志》：「密有大隗山。」注引《山海經》：「大騩之山，其陰多鐵。」《水經・潩水》注：「大騩即具茨山也。❶黄帝登具茨之山，升洪堤之上，❷受神芝圖於黄蓋童子，即此山也。」《元和郡縣志》：「大騩山在河南密縣東南五十里。」溱，《説文》作「潧」。《水經》：「潧水出鄭縣西北平地。」酈注：「潧水出鄶城西北，東南流，歷下田川，逕鄶城西謂之柳泉。水又南，縣流奔壑，崩注丈餘，其下積水成潭，廣四十許步，淵深難測。又南注于洧。《詩》所謂『溱與洧』也。世亦謂之鄶水。」昭十九年《傳》杜注：「洧水出滎陽密縣，東南至潁川長平入潁。」《水經・洧水》注：「洧水又東南逕鄶城南，又東逕新鄭縣故城中，又東爲洧淵水。今洧水自鄭城西北屈而東南流逕鄭城南。水南有鄭莊望母臺。」齡案：今洧水自密縣東流逕新鄭縣南門，又東會潧，謂之雙洎河，即春秋時龍闘之洧淵也。食，謂食其

❶「騩」，原作「隗」，今據《水經注》改。

❷「堤」，原作「隄」，今據《水經注》改。

征賦。昭七年《傳》「食土之毛」是也。**修典刑以守之，唯是可以少固。」**解其後卒如史伯之言。**公曰：「南方不可乎？」**解南方，當成周之南，申、鄧之間。**對曰：「夫荆子熊嚴生子四人：伯霜、中雪、叔熊、季紃。**解荆，楚也。熊嚴，楚子鬻熊之後十四世也。伯霜，楚子熊霜。季紃，楚子熊紃也。中不立，叔在濮耳。疏解「荆楚」至「在濮」〇《楚世家》：「周文王之時，季連之苗裔曰鬻熊，其子曰熊麗。麗生熊狂，狂生熊繹，繹生熊艾，艾生熊䵣，䵣生熊勝，勝以弟熊楊爲後。楊生熊渠，渠生熊毋康，康生熊摯，紅其弟，弑而代立曰熊延。延生熊勇，勇以弟熊嚴爲後。」則嚴爲鬻熊之十世孫，而勝、楊、摯、延、勇、嚴兄弟相及已更十四君，故言十四世也。《楚世家》又云：「熊嚴十年，卒。有子四人，長子伯霜，中子仲雪，次子叔堪，少子季徇。長子伯霜代立，是爲熊霜。熊霜元年，周宣王初立。熊霜六年，卒，三弟爭立。中雪死，叔堪亡，避難於濮；而少弟季徇立，熊徇十六年，鄭桓公初封於鄭。」昭元年《傳》杜注：「建甯郡南有濮夷。」張守節曰：「建甯，晉郡，在蜀南，與蠻相近。劉伯莊云：『濮在楚西南。』孔安國云：『庸、濮在漢之南。』按：成公元年『楚地千里』，孔説是也。」齡按：《爾雅》：「南至於濮鈆。」《周書》：「伊尹爲四方獻令，正南曰百濮。」文十八年《傳》：「麇人率百濮聚于選。」選在今湖北荆州府枝江縣南境，距楚都甚近。濮亦當距選甚近。若晉之建甯郡在今雲南界内，離楚太遠矣。**叔逃難於濮而蠻，季紃是立，薳氏將起之，禍又不克。**解叔，叔熊。濮，蠻邑。薳氏，楚大夫。克，能也。熊霜之世，叔熊逃奔濮而從蠻俗。熊霜死，國人立季紃，薳氏將起叔熊立之，又有禍難而不能立也。**是天啓之心也，**解啓，開也。天開季紃，故叔熊不得立。有「心」字誤。**又甚聰明和協，蓋其先王。**解言季紃又聰明，能和協其民臣之心，功德蓋其先王也。**臣聞之，天之所**

啓，十世不替。解替，廢也。**夫其子孫必光啓土，不可偪也。**解光，大也。**且重黎之後也，**解重黎，官名。《楚語》曰：「顓頊乃命南正重司天，北正黎司地。」言楚之先爲此二官。**疏**「重黎之後」○《楚世家》：「重黎爲帝嚳高辛居火正。」索隱：「此重黎爲火正，彼少昊氏之後重自爲木正，知此重黎即彼之黎也。」《文選》張平子《思玄賦》注：「有黎，高辛氏之火正，謂祝融也。楚靈王之世，衡山崩而祝融之墓壞，中有靈丘九頭圖。」是楚重黎後也。**夫黎爲高辛氏火正，**解高辛，帝嚳也。黎，顓頊之後，吴回也。顓頊生老童，老童生重黎及吴回，吴回生陸終，陸終産六子，其季曰季連，爲芈姓，楚之祖也。季連之後爲鬻熊，事周文王。其曾孫熊繹，當成王時，封於荆蠻，爲楚子。黎當高辛氏爲火正。《傳》曰：吴回爲黎，黎，火正也。**疏**「黎爲」至「火正」○《史記·楚世家》：「高陽生稱，稱生卷章，卷章生重黎，爲高辛氏火正。」此是重黎非單名證也。此文史伯言「黎」者，承上「重黎」而省文也。與昭二十九年《傳》「顓頊之子曰黎，❶爲祝融」者，決非一人。蔡墨言「世不失職，遂濟窮桑」，則黎之爲祝融子孫，世守其官。重黎既爲稱孫則亦是顓頊之裔，故重黎亦號祝融。先儒謂稱即昭二十九年《傳》之黎，高辛時重黎能繼之，亦號黎，而加「重」字以别之，則「重黎」二字爲名者，即黎之孫，自與句芒之重無涉。共工作亂，帝命重黎誅之而不盡，乃以庚寅日誅重黎，以其弟吴回爲火正，爲重黎後，是重黎無子，以弟爲後。吴回生陸終，陸終生季連，則楚乃重黎弟吴回所生。吴回繼重黎之後，且重黎世有大功，後世當興，故史伯據重黎言之。《楚語》觀射父言：「重實上天，黎實下地。」

---

❶「之」，《春秋左傳正義》作「氏有」。

重即《尚書》羲氏之祖，黎即《尚書》和氏之祖。又曰「寵神其祖」，夫曰「其祖」，則《楚語》之名重名黎者非楚祖矣。司馬遷誤憶射父之言，以司馬氏出自高辛所誅之重黎，是以和氏之黎與重黎合爲一人，故束晳譏之。史伯所言之重黎與蔡墨所言之黎有祖孫之别，猶穴熊與熊繹同名也。《孟子》「舜使益掌火」。昭元年《傳》：閼伯爲陶唐氏火正。此五行之官，非止司爟之職也。○解「黎顓」至「楚子」○《大戴禮·帝德》篇：「顓頊娶于滕隍氏，滕隍氏奔之子，謂之女禄，氏産老童。老童娶于竭水氏，竭水氏之子謂之高緺，氏産重黎及吴回。」《漢書·人表》：「媧極老童妃生重黎。」《山海經》郭注：「耆童，老童也，顓頊之子。」《楚世家》集解：「老童即卷章。」「鬻熊曾孫熊繹」者，《楚世家》：「季連生附沮，附沮生穴熊。其後中微，弗能紀其世。周文王之世，季連之苗裔曰鬻熊。」孔廣森《大戴禮補注》：「鬻熊即穴熊，聲讀之異，史誤分之。」《楚世家》「鬻熊子事文王，❶早卒，其子曰熊麗，麗生熊狂，狂生熊繹」，則熊繹爲穴熊曾孫也。**以淳燿惇大，天明地德，光昭四海，故命之曰『祝融』，其功大矣。**解淳，大也。燿，明也。惇，厚也。言黎爲火正，能治其職，以大明厚大，天明地德，故命之爲祝融。祝，始也。融，明也。大明、天明，若曆象三辰也。厚大地德，若敬授民時也。光昭四海，使上下有章也。**夫成天地之大功者，其子孫未嘗不章，**解章，顯也。**虞、夏、商、周是也。**解是成天地之功者。**虞幕能聽協風，以成樂物生者也。**解虞幕，舜後虞思也。協，和也。言能聽知和風，因時順氣，以成育萬物，使之樂生者也。《周語》曰「瞽告有協風至，王乃耕藉」之

❶「王」，原脱，今據《史記》補。

類是也。**疏**「虞幕」至「物生」〇《漢書・律曆志》：「至治之世，天地之氣合以生風；天地之風氣正，十二律定。」孟康曰：「律得風氣而成聲，風和乃律調也。」蓋風協則樂和，樂和則成樂，物生而風之協否，唯幕能聽之也。〇解「虞幕舜後虞思」〇《史記集解》引賈逵《左傳注》：「幕，舜後虞思也。至於瞽瞍，無間違天命以自廢絶。」❶弘嗣此注實本賈義。然鄭衆曰：「幕，舜之先。」杜注亦曰：「幕，舜之先。從幕至瞽瞍間無違天命廢絶者。」❷《魯語》：「幕能帥顓頊者也，有虞氏報焉。」孔穎達《禮疏》引孔晁《國語注》：「幕能修道，❸功不及祖，德不及宗，故每於歲之大烝而祭焉，謂之報。言虞舜祭幕，明幕是舜先矣。」《春秋命曆序》顓頊傳二十世，則所謂「顓頊生窮蟬」者，謂窮蟬是顓頊裔孫，非父子也。故《路史》言窮蟬出于虞幕，則幕在項後蟬前無疑。幕爲有功始封之君，舜所自出以王天下者也。故曰「虞幕」。哀元年《傳》：「少康逃奔有虞，虞思於是妻之以二姚。」❹杜注：「梁國有虞縣。」❺今河南歸德府虞城縣南三里有故虞城，本舊縣址，古虞國也。是思乃幕之子孫，非即幕也。若幕即思，則思與少康同時，安得有虞氏報焉？且虞思夏時一侯國耳，安得與夏禹、商契、周棄相提並論乎？ **夏禹能單平水土，以品處庶類者也；**解單，盡也。庶，衆也。品，高下

---

❶「間」，據《史記・陳杞世家》集解引賈逵注當作「聞」。

❷「間無」，原倒，今據《春秋左傳正義》乙正。

❸「幕能」至「舜先矣」一段引《國語注》文，孔穎達《禮疏》無，見於《春秋左傳正義》昭公八年孔疏。

❹「妻」，原作「取」，今據《春秋左傳正義》改。

❺「虞」下，原衍「城」字，今據《春秋左傳正義》删。

之品也。禹除水災，使萬物高下各得其所。**商契能和合五教，以保于百姓者也；**解保，養也。五教：父義，母慈，兄友，弟恭，子孝也。《魯語》曰：「契爲司徒而民輯。」**周棄能播殖百穀疏，以衣食民人者也。**解棄，后稷也。播，布也。殖，長也。百穀，黍、稷、稻、粱、麻、麥、荏、菽、雕胡之屬。疏，草菜之可食者。**其後皆爲王公侯伯。**解禹身王，稷、契在子孫。公侯伯，謂其後杞、宋及幕後陳侯也。**祝融亦能昭顯天地之光明，以生柔嘉材者也，**解柔，潤也。嘉，善也。善材，五穀材木也。**其後八姓，於周未有侯伯。**解八姓，祝融之後八姓：己、董、彭、秃、妘、曹、斟、芈也。侯伯，諸侯之伯。**佐制物於前代者，**解佐，助也。物，事也。前代，夏、殷也。**昆吾爲夏伯矣，**解昆吾，祝融之孫，陸終第一子，名樊，爲己姓，封於昆吾，昆吾衛是也。其後夏衰，昆吾爲夏伯，遷于舊許，《傳》曰：「楚之皇祖伯父昆吾，舊許是宅。」疏解「昆吾」至「是宅」〇《楚世家》集解引虞翻注：「昆吾名樊，爲己姓，封昆吾。」《世本》曰：「昆吾者，衛是也。」索隱引宋忠曰：「《左傳》衛侯夢見披髮登昆吾之觀。」今濮陽城中有昆吾臺。是正義引《括地志》：「濮陽縣，❶古昆吾國。昆吾故城在縣西三十里，臺在縣西百步，即昆吾墟也。」《淮南・墬形訓》：「昆吾丘在南方。」《漢書・人表》顏注：「昆吾，姒姓國。」按古「苡」、「姒」皆作「目」，「目」从反「巳」，則「姒」、「巳」通。**大彭、豕韋爲商伯矣，**解大彭，陸終第三子，曰籛，爲彭姓，封於大彭，謂之彭祖，彭城是也。豕韋，彭姓之別，封於豕

❶「縣」，原脱，今據《史記・楚世家》正義補。

韋者。殷衰，二國相繼爲商伯。**疏**解「大彭」至「商伯」○《楚世家》集解引虞翻注：「名翦，爲彭姓，封於大彭。」《世本》曰：「彭祖者，彭城是也。」正義引《括地志》：「彭城，古彭祖國。《神仙傳》：『彭祖諱鏗，帝顓頊之玄孫，至殷末年已七百六十七歲而不衰老，❶遂往流沙之西，非壽終也。』」齡按：《水經·獲水》注：「獲水於彭城西南迴而北流，逕彭城城西北，城之東北角起層樓於其上，號曰『彭祖樓』，下曰『彭祖冢』。」則《神仙傳》之説非也。《路史·後紀》：「籛封于彭，夏之中興，別封其孫元哲于韋，是爲豕韋。」襄二十四年《傳》杜注：「豕韋，國名。東郡白馬縣東南有韋城。」按在今河南衛輝府滑縣東南五十里。**當周未有。** **解**未有侯伯。**己姓：昆吾、蘇、顧、温、董，** **解**五國皆昆吾之後別封者，莒其後。**疏**「己姓」至「温董」○《尚書·立政》：「司寇蘇公。」隱十一年《傳》：「王與鄭人蘇忿生之田：温、原、絺、樊、隰郕、欑茅、向、盟、州、陘、隤、懷。」杜注：「十二邑皆蘇忿生之田。欑茅、隤屬汲郡，餘皆屬河内。」哀二十一年《傳》杜注：「顧，齊地。《商頌》『韋顧既伐』。」《漢書·人表》作「鼓」。顔師古曰：「即顧國。」今山東曹州府范縣東南五十里有顧城。《漢書·地理志》河内郡温縣：「温故國，己姓，蘇忿生所封。」隱三年《傳》：「鄭祭足取温之麥。」杜注：「河内温縣。」今屬河南懷慶府，古温城在縣西南三十里。文六年《傳》「改蒐于董」，宣十二年《傳》「董澤之蒲」，杜注：「河東汾陰縣有董亭。」按今山西絳州直隸州聞喜縣東北四十里有董澤。**董姓鬷夷、豢龍，則夏滅之矣。** **解**董姓，己姓之別受氏爲國者。有飂叔安之裔子曰董父，以擾龍服事帝舜，賜姓曰董，氏曰豢龍，封

❶「老」，原脱，今據《史記·楚世家》正義補。

之䰩川，當夏之興，别封䰩夷，於孔甲前而滅矣。孔甲不能食而未獲豢龍氏，劉累學擾龍于豢龍氏以事孔甲。**疏**解「董姓」至「孔甲」○《漢書・地理志》南陽郡湖陽縣：「故廖國也。」師古曰：「廖音力救反。《左氏傳》作『飂』字，其音同耳。」案：今河南南陽府唐縣南有湖陽故城。《夏本紀》集解引賈逵《左傳注》：「豢，養也。穀食曰豢。」又引應劭曰：「擾音柔。❶擾，馴也，能順養得其嗜欲。」案：《玉篇》：「『擾』當作『擾』。」張守節引《括地志》：「劉累故城在洛州緱氏縣南五十五里，乃劉累之故地。」**彭姓：彭祖、豕韋、諸稽，則商滅之矣。****解**彭祖，大彭也。豕韋、諸稽，其後别封也。大彭、豕韋爲商伯，其後世失道，殷復興而滅之。**疏**解「彭祖」至「滅之」○大彭、豕韋前已解訖。《路史・國名紀》：「諸，彭姓，密之諸城西北三十里，❷春秋之諸國。稽，彭姓，亳之譙有稽山。」案羅氏分諸、稽爲二地，然《吴語》「諸稽郢行成于吴」，必諸稽之後裔，則「諸稽」當合爲國名，羅説非是。**秃姓舟人，則周滅之矣。****解**秃姓，彭祖之别。舟人，國名。**疏**解「秃姓」至「國名」○昭十三年《傳》「楚有息舟」，哀二十一年《傳》「齊有舟道」，《博古圖》有舟姜敦，則舟爲國名，當以在楚者近之。**妘姓：鄔、鄶、路、偪陽，****解**陸終第四子曰求言，爲妘姓，封於鄶，鄶今新鄭也。鄔、路、偪陽，其後别封也。**疏**解「陸終」至「别封」○隱十一年《傳》杜注：「緱氏縣西南有鄔聚。」案：在今河南河南府偃師縣西南五十里。鄶、路，上已解訖。襄十年《經》：「偪陽。」杜注：「彭城傅陽縣也。」《漢・地理志》楚國傅

❶「音」，原作「者」，今據《史記》及本書卷第十四引改。

❷「諸城」二字，原脱，今據《路史》補。

陽縣：「故偪陽國。」顏師古注：「偪，音福。」章懷太子曰：「偪陽故城在氶縣南。」案：在今兗州府嶧縣南五十里。**曹姓：鄒、莒，**解陸終第五子曰安，爲曹姓，封於鄒。**皆爲采衛，**解皆，妘、曹也。采，采服，去王城二千五百里。衛，衛服，去王城三千里。**或在王室，或在夷翟，莫之數也，**解或，或六姓之後也。在王室，蘇子、温子也。在夷翟，莒、偪陽也。**而又無令聞，必不興矣。斟姓無後。**解斟姓，曹姓之别。或云夏少康滅之，非也。《傳》有斟灌、斟鄩，澆所滅，非少康，又皆夏同姓，非此也。疏解「斟姓」至「非此」○《漢・地理志》北海郡斟縣「故國，禹後」；「平壽」，應劭曰「古斟尋，禹後」；「壽光」，應劭曰「古斟灌，禹後」。然皆國名，非姓也。又皆禹後，非陸終後也，故韋解斥其非。**融之興者，其在芈姓乎！芈姓夔越，不足命也，**解夔越，芈姓之别國也。楚熊繹六世孫曰熊摯，有惡疾，楚人廢之，立其弟熊延。摯自棄於夔，其子孫有功，王命爲夔子。疏解「夔越」至「夔子」○僖二十六年《傳》：「夔子不祀祝融與鬻熊，楚人讓之。對曰：『昔我先王熊摯有疾，鬼神弗赦而自竄於夔。』」《楚世家》：「熊渠長子毋康蚤死，熊渠卒，子熊摯紅立，摯紅卒，其弟弑而代立曰熊延。」譙周《史考》、宋均《樂緯注》並言「摯有疾」，是當以《左傳》爲正，故韋解不從《楚世家》也。《左傳疏》引孔晁《國語注》：「熊繹玄孫曰熊摯，有疾，楚人廢之，立其弟熊延。熊摯自棄于夔，子孫有功，王命爲夔子。」是晁即用韋解也。《水經・江水》注：「江水又東過秭歸縣之南。」酈注：「縣故歸鄉也。《地理志》曰：歸子國也。《樂緯》曰：『昔歸典協聲律。』宋忠曰：『歸即夔，歸鄉蓋夔鄉矣。古楚之嫡嗣有熊摯者，以廢疾不立，而居於夔，爲楚附庸。後王命爲夔子。』」《左傳》杜注：「夔，楚同姓國，建平秭歸縣。」案：今湖北宜昌府歸州西南三里有夔子城，地名夔沱。《越世家》：「越，夏禹之後，少康少子也。封以會稽以奉禹祀。」杜氏《世族譜》：「越，姒姓。其先夏后少康之庶子，封於會稽，自號於越。於者，夷言發聲也。」杜即用《史記》説也。案：史伯言越，當兼百越而言之，非專指句踐之越。《漢書・地理志》臣瓚注：「自交趾至會稽七八千里，百越雜處，各有種姓，不得盡云少康之後。《世本》越爲羋姓，與楚同姓，❶然則越非禹後明矣。」顔師古注：「越之爲號，其來尚矣，少康封庶子以主禹祠，君於越地耳。豈謂百越之人皆禹苗裔？」《越世家》正義引《輿地志》：「『交阯，周時爲駱越，秦時曰西甌。』南越及甌駱皆羋姓也。」僖三十一年《傳》：❷「杞鄫何事？相之不饗，於此久矣。」越果少康之後，亦應數及。昭五年《經》「楚子、蔡侯、陳侯、許男、頓子、沈子、徐人、越人伐吴」，李廉謂：「通越制吴之始。」蓋晉通吴以獘楚，楚即通越以獘吴，各援同姓以相助也。**蠻羋蠻矣，** **解** 蠻羋，謂叔熊在濮從蠻俗也。 **疏** 「蠻羋蠻矣」◯《周官禮・職方氏》鄭康成注：「閩，蠻之别也。《國語》：閩，羋蠻矣。」孔穎達曰：❸「《鄭語》史伯曰『蠻，羋蠻矣』，注云：『謂上言叔熊避難於濮蠻，隨其俗如蠻人也。故曰蠻。』彼不作閩者，彼蓋後人傳寫者誤也。鄭康成以閩爲正。叔熊居濮如蠻，後子從分爲七種，故謂之七閩。」案：「閩」字訛作「蠻」，唐初已然，故孔仲達糾之。**唯荆實有昭德，若周衰，其必興矣。** **解** 昭，明也。**姜、嬴、荆羋，實與諸姬代相干也。** **解** 姜，齊姓。嬴，秦姓。羋，楚

❶ 「姓」，《漢書》作「祖」。

❷ 「一」，原脱，今據《春秋左傳正義》補。

❸ 「孔穎達」，據引文當是「賈公彦」之訛。

姓。代，更也。干，犯也。言其代彊，更相犯間也。**姜，伯夷之後也，****解**伯夷，堯秩宗，炎帝之後，四岳之族也。**疏**解「伯夷」至「之族」〇隱十一年《傳》孔疏：「《周語》稱堯命禹治水，共之從孫四岳佐之，胙四岳國，命爲侯伯，賜姓曰姜，氏曰有吕。賈逵注：『共，共工也。從孫，同姓末嗣之孫。四岳，官名，大岳也，主四岳之祭焉。姜，炎帝之姓，其後變易，至于四岳，帝復賜之祖姓，以紹炎帝之後。』以此知大岳是神農之後，❶堯四岳也。」伯夷，炎帝之後。姜自是其本姓。而《周語》稱「賜姓曰姜」者，黄帝之後，别姓非一，自以姜姓賜伯夷，使爲一姓之祖耳，非復因舊姓也。故曰「姜，伯夷之後也」。**嬴，伯翳之後也。****解**伯翳，舜虞官，少皞之後伯益也。**疏**解「伯翳」至「伯益」〇《秦本紀》：「秦之先，帝顓頊之苗裔，孫曰女修。女修織，玄鳥隕卵，女修吞之，生子大業。大業取少典之子，曰女華。女華生大費，與禹平水土。帝舜曰：『咨爾費，贊禹功，其賜爾皂斿。爾後嗣將大出。』乃妻之姚姓之玉女。大費拜受，❷佐舜調馴鳥獸，鳥獸多馴服，是爲伯翳。舜賜姓嬴氏。」索隱曰：「女修，顓頊之裔女，吞鳦子而生大業，其父不著。而秦、趙以母族而祖顓頊，非生人之義也。按：《左傳》郯國，少昊之後，而嬴姓蓋其族也，則秦、趙宜祖少昊氏。」齡按：《索隱》所引，足證韋解之義。**伯夷能禮於神以佐堯者也，****解**秩宗之宫，於周爲宗伯，漢爲太常，掌國祭祀。《書》曰：「典朕三禮。」謂天神、人鬼、地祇之禮。**伯翳能議百物以佐舜者也，****解**百物，草木鳥獸也。議，使各得其宜。**其**

---

❶「大」，原作「四」，今據《春秋左傳正義》改。

❷「受」，原作「舜」，今據《史記》改。

後皆不失祀而未有興者也，解興，謂爲侯伯也。**周衰其將至矣。」**解至於伯也。**公曰：「謝西之九州，何如？」**解謝，宣王之舅申伯之國也，今在南陽。謝西有九州，二千五百家曰州。何如，問可居不。疏解「謝宣」至「南陽」○《後漢・郡國志》南陽郡宛：❶「本申伯國。」棘陽東北百里有謝城。《水經・沘水》注：「沘水又西南流，謝水注之。水出謝城北。建武十三年，封樊重少子丹爲謝陽侯。」王應麟《詩地理考》引《輿地廣記》謝故城在今唐州湖陽縣西北。❷林氏曰：「楚經營北方，大抵用申、息之師，其君多居于申。漢高祖踰宛攻武關，張良謂：强秦在前，强宛在後，此危道也。楚與漢相持，常出武關，收兵宛、葉間；光武起南陽，以宛首事，申即宛也。」武公欲據南北之重地，故以謝西爲言。**對曰：「其民沓貪而忍，不可因也。**解沓，黷也。忍，忍行不義。因，就也。**惟謝、郟之間，**解間，謂郟南謝北，虢、鄶在焉。郟後屬鄭，鄭衰，楚取之。魯昭元年《傳》曰「葬王於郟，謂之郟敖」是也。疏解「郟後」至「是也」○昭元年《傳》杜注：「郟縣屬襄城。」按：今屬河南汝州直隸州，與春秋王城之郟在洛陽者異地。**其冢君侈驕，**解冢，大也。**其民怠沓其君，而未及周德，**解怠，慢也。忠信爲周。言民慢黷其君，而未及於忠信也。**若更君而周訓之，是易取也。**解更，更以君道導之，則易取也。**且可長用也。」**解長用，久處也。**公曰：「周其弊乎？」**解弊，敗也。**對曰：「殆於必弊者。**解殆，近也。**《太誓》曰：『民之所欲，天必從之。』**解《太誓》，《周

❶「宛」下，原衍「縣」字，今據《後漢書》删。

❷「理」，原脱，今據《詩地理考》補。

書》。言民惡幽王猶惡紂，欲令之亡，天必從之也。**今王棄高明昭顯，而好讒慝暗昧；**解王，幽王也。高明昭顯，謂明德之臣。暗昧，幽暝不見光明之道也。**惡角犀豐盈，而近頑童窮固；**解角犀，謂顏角有伏犀。豐盈，謂頰輔豐滿。皆賢明之相也。頑童，童昏。固，陋也。謂皆暗昧窮陋，不識德義者。疏解「角犀」至「德義」〇《後漢書·李固傳》：「固狀貌有奇表，鼎角匿犀。」章懷注：「鼎角者，頂角有骨如鼎足也。匿犀，伏犀也。謂骨當額上髮際隱起也。」齡案：角，指鼎角。《文選·王文憲集序》李善注引《論語撰考讖》曰「顏回有角」是也。犀，指伏犀。弘嗣謂「顏角有伏犀」，是止釋犀而未釋角，當從范蔚宗之訓爲正。《漢書·高帝紀》顏注：「頰權頔。」《易》「咸其輔」，「輔，口旁也」。《商書·伊訓》「比頑童」，孔傳：「童稚頑嚚親比之。」僖二十四年《傳》「心不則德義之經爲頑」，是頑有昏義。《漢書·哀帝紀》以董賢爲大司馬，賢時年二十二是也。「固，陋也」者，《論語》「學則不固」，孔安國注：「固，蔽也。」賈誼曰「反雅爲陋」，少不諳事爲頑童，不學無術爲窮固也。**去和而取同。**解和，謂可不以相濟。同，同欲也。君子和而不同。**夫和實生物，同則不繼。**解陰陽和而萬物生。同，同氣也。**以它平它謂之和，**解謂陰陽相生，異味相和也。**故能豐長而物生之，**解土氣和而物生之，國家和而民附之。**若以同裨同，盡乃棄矣。**解裨，益也。同者，謂若以水益水，盡乃棄之，無所成也。**故先王以土與金木水火雜，以成百物。**解雜，合也。成百物，謂若鑄冶煎亨之屬。疏「先王」至「百物」〇此釋「和」之義也。《禮·月令》正義引皇侃之説：「金木水火得土而成，以水數一，得土數五，故六也；火數二，得土數五，爲成數七，木數三，得土數五，爲成數八，金數四，得土數五，爲成數九。」先王法《洪範》而知五行之用實統：潤下、炎上、曲直、從革、稼穡而爲功。土，吐也，言土居中，總吐萬物也。以其包載四行，含養萬物，爲萬物之主，故金、木、水、火必雜和乎土而後成也。**是以和五味以調口，剛四支以衛體，**解剛，彊也。**和六律以聰耳，**解聽和則聰也。**正七體以役心，**解役，營也。七體，七竅也。目爲心視，耳爲心聽，口爲心談，鼻爲心芳也。**平八索以成人，**解平，正也。八索，謂八體，以應八卦也。謂乾爲首，坤爲腹，震爲足，巽爲股，離爲目，兑爲口，坎爲耳，艮爲手。疏解「八索」至「爲手」○昭十二年《傳》孔疏引賈逵曰：「八索，八王之法。」《文選注》引賈逵曰：「素王之法，孔子作《春秋》，素王之法也。」又引張衡曰：「八索，《周禮》八議之刑。索，空，空設之。」韋所以不從諸説者，《内傳》子革言「若問遠焉」，遠指典墳丘索。若《周禮》八議之刑是本朝之令，未可言遠。賈言八王之法，並不言八王爲何世。至於索爲素王之法，子革對靈王在昭十二年，孔子年方二十二歲，未作《春秋》。古者四十始仕，子革、倚相年長于孔子者倍，安得讀孔子之書？況史伯之對桓公在西周之時乎？《尚書》孔安國序「八卦之説謂之八索，求其義也」，馬融曰「八索，八卦」。弘嗣此解，實本孔、馬之義。孔穎達曰：「乾尊在上，故爲首；坤能包藏含容，故爲腹；震動用，故爲足；巽爲順，股順隨于足，故巽爲股；離南方主視，故爲目；兑爲説，口所以説言，故兑爲口；坎北方主聽，故爲耳；艮爲止，手亦主持于物，使不動，故艮爲手。」《漢上易》引鄭康成曰「兑上開如口」。此八索之義。**建九紀以立純德，**解建，立也。純，純一不尨駁也。九紀，九藏也；正藏五，又有胃、旁光、腸、膽也。紀，所以經紀性命，立純德也。《周禮》曰：「九藏之動。」賈、唐云：「九紀，九功也。」疏解「建立」至「九功」○《周官禮·疾醫》「九藏之動」鄭注：「正藏五，又有胃、旁光、大腸、小腸。」賈疏：「五藏，肺心肝脾腎，並氣之所藏，故得正藏之稱。六府，胃、小腸、大腸、旁光、膽、三焦，以其受盛，故謂之府。亦有藏稱，故入九藏之數。然六府取此四者，按《黄帝八十一難經》胃爲水穀之府，小腸爲受盛之府，大腸爲行道之府，旁光爲津液之府。氣之所生，下氣象天，故寫而不實，實而不滿。此其正府也。故入九藏。其餘，膽者清浄之府，三焦爲孤府，非正府，故不入九藏也。」弘嗣合大、小腸爲一，而以膽充其數，其説與《難經》及《周禮注》異。《素問・三部九候論》曰：「神藏五，形藏四。」神藏即正藏，形藏指胸中、頭、角、口、齒、耳、目而言，非《周禮》之九藏也。賈、唐云「九紀、九功也」者，文六年《傳》：「水、火、金、木、土、穀謂之六府，正德、利用、厚生，謂之三事。六府、三事謂之九功。」韋又引此者，亦得爲一義也。**合十數以訓百體。** **解** 此所謂「近取諸身，遠取諸物」。賈、唐云：「十數，自王以下，位有十等：王臣公，公臣大夫，大夫臣士，士臣皁，皁臣輿，輿臣隸，隸臣僚，僚臣僕，僕臣臺。百體，百官各有體屬也。合此十數之名，以訓導百官之體也。」**疏** 解「十數」至「之體」○昭七年《傳》孔疏：「王臣公者，謂上以下爲臣，文同而意異也。公者，五等諸侯之總名。《環齊要略》云：『自營爲厶，八厶爲公，言正無私也。大夫者，夫之言扶也，大能扶成人也。』」《説文解字》引孔子曰「推十合一爲士」，孔疏又言「士者，事也」，言能理庶事也。《史記・魯鄒列傳》索隱引韋昭云：「皁，養馬之官，下士也。養馬之官，其衣皁也。」又郭璞云：「皁，養馬之器。」孔疏又引服虔云：「皁，造也，造成事也。輿，衆也，佐皁舉衆事也。隸，隸屬於吏也。僚，勞也，共勞事也。僕，僕豎，主藏者也。臺，給臺下徵召也。」此釋十數之義。**出千品，具萬方，** **解** 百官，官有徹品，十於王，謂之千品。五物之官，陪屬萬位，謂之萬方。方，道也。**計億事，材兆物，收經入，行姟極。** **解** 計，算也。材，裁也。賈、唐説皆以萬萬爲億。鄭後司農云：「十萬曰億，十億曰兆，從古數也。」經，常也。姟，備也。數極于姟，萬萬曰姟。自十等至千品萬方，轉相生，故有億事、兆物。王收其常入，舉九姟之數也。**疏**解「計算」至「之數」○《詩·伐檀》、《豐年》毛傳並云：「萬萬曰億。」《伐檀》、《楚茨》鄭箋並云：「十萬曰億。」是賈、唐用毛義，韋用鄭義也。《伐檀》疏曰：「萬萬曰億，今數然也。倘以時事言之，故今《九章算術》皆以萬萬爲億。箋以《詩》、《書》古人之言，故以古數言之。知古億十萬者，以田方百里者，于今數爲九百萬畝，是億爲十萬也。」徐岳《數術記遺》言：「黄帝法有十數，數有三等。十數者，億、兆、京、垓、秭、壤、澗、溝、正、載；三等者，上、中、下也。下數十十變之，若十萬曰億，十億曰兆，十兆曰京也。中數萬萬變之，若萬萬曰億，億億曰兆，兆兆曰京也。」甄鸞曰：「毛注中數也，鄭注下數也。」上數宏廓，世不能用。古人淳樸，則用下數。至秦漢以後，始用中數也。「經，常也」者，《漢書·食貨志》：「自天子以至封君湯沐邑皆各爲私奉養，不領於天子之經費。」顔師古注：「經，常也。」韋解似本班義。李治《敬齋古今黈》謂：「經即京，❶十兆曰京。『京』、『經』字異義同。」今徐養原亦主此説。李治又謂：「『姟』即『垓』。」❷按《漢書》司馬相如《封禪書》服虔注：「垓，重也。天有九重。」義與韋異，並采其説，以俟審定。**故王者居九畡之田，收經入以食兆民，****解**九畡，九州之極數也。《楚語》曰：「天子之田九畡，以食兆民，王取經入焉，以食萬官。」**周訓而能用之，和樂如一。****解**忠信爲周。訓，教也。言以忠信教道之，其民和樂如一室也。**夫如是，和之至也。****解**至，極也。

❶「經即」至「義同」十三字，《敬齋古今黈》作「經正爲京耳」。

❷「垓」，原作「核」，今據《敬齋古今黈》改。

於是乎先王聘后於異姓，解同則不繼。**求財於有方，**解使各以其方賄來，方之所無，則不貢也。**擇臣取諫工，而講以多物，務和同也。**解工，官也。講，校也。多，衆也。物，事也。**聲一無聽，**解五聲雜，然後可聽也。**物一無文，**解五色雜，然後成文也。**味一無果，**解五味合，然後可食。果，美也。**物一不講。**解講，論校也。**王將棄是類，而與剸同，**解類，猶和也。疏「王將」至「剸同」○《荀子·富國篇》楊倞注：「剸與專同。」《漢書·蕭何傳》：「上以此剸屬任何關中事。」**天奪之明，欲無弊，得乎？夫虢石父，讒諂巧從之人也，而立以爲卿士，與剸同也。**解石父，虢君之名也。巧從，巧於媚從也。**棄聘后而立内妾，好窮固也。**解聘后，申后。内妾，褒姒。**侏儒戚施，實御在側，近頑童也。**解侏儒、戚施，皆優笑之人。御，侍也。**周法不昭，而婦言是行，用讒慝也。不建立卿士，而妖試幸措，行暗昧也。**解試，用也。措，置也。不建立有德以爲卿士，而妖嬖之臣用之於位，佞幸之人置之於側也。**是物也不可以久。且宣王之時有童謡，**解宣王，幽王之父。疏「宣王」至「童謡」○《漢書·五行志》：「宣王立，童女謡曰：檿弧箕服，實亡周國。」顔師古曰：「女童謡，閭里之童女爲歌謡也。」僖五年《傳》杜注：「童齔之子，未有念慮之感，而會成嬉戲之言，似若有馮者，其言或中或否。博覽之士，能懼思之人，兼而志之，以爲將來之驗，有益于世教。」**曰：『檿弧箕服，實亡周國。』**解山桑曰檿。弧，弓也。箕，木名。服，矢房也。疏解「山桑」至「矢房」○《漢書·五行志》：「檿弧，桑弓也。箕服，蓋以箕艸爲箭服，近射妖也。」服虔曰：「檿，檿桑也。」顔師古曰：「檿，山桑之有點文者也。❶木弓曰弧。服，盛箭者，即今之步叉也。箕艸，似荻而細，織之爲服也。」案：矢服佩於要間，《小雅》言「魚服」。《荀子·議兵篇》：「負服矢五十箇。」若以木爲之，則屈申旋轉皆礙。弘嗣以箕爲木名，不知所據何書。班氏所見之《國語》从艸从其，而韋注从竹从其，則此字譌于漢末也。**於是宣王聞之，有夫婦鬻是器者，**解鬻，賣也。**王使執而戮之。**解戮之于路。**府之小妾生女而非王子也，懼而棄之，**解府，王内之府藏也。**此人也收以奔褒。**解此人，賣弧服者。收，取也。**褒人有獄，而以爲入。**解褒人，褒君姁也。獄，罪也。入，進之於王。**天之命此久矣，其又可爲乎？**解爲，治也。**《訓語》有之**解《訓語》，《周書》。**曰：『夏之衰也，褒人之神化爲二龍，以同於王庭，**解褒人，褒君。共處曰同。**而言曰：「余，褒之二君也。」**解二先君也。疏「而言」至「二君」〇《周本紀》集解引虞翻注：「龍自號褒之二先君也。」**夏后氏卜殺之與去之與止之，莫吉。**解止，留也。**卜請其漦而藏之，吉。**解漦，龍所吐沫，龍之精氣也。疏「卜請」至「之吉」〇《漢書·五行志》：「漦，血也。」應劭曰：「漦，沫也。」鄭氏曰：「漦音牛齝之齝。」案：韋解與應氏同義。**乃布幣焉，而策告之。**解布，陳也。幣，玉帛也。陳其玉帛，以簡策之書告龍而請其漦。疏「布幣」至「告之」〇《漢書·五行志》顔注：「奠幣爲禮，讀策辭而告之也。說者以爲策者糈米，蓋失之

❶「點文」，原倒，今據《漢書》乙正。

矣。」龍亡而漦在，櫝而藏之，解櫝，櫃也。傳郊之。』解傳祭於郊。及殷、周，莫之發也。及厲王之末，發而觀之，解末，末年，流彘之歲也。疏「及厲」至「觀之」○《周本紀》集解引虞翻《國語注》：「末年，王流彘之歲。」是韋用虞注也。漦流於庭，不可除也。解言流於庭前，謂取而發之也。王使婦人不幃而譟之，解裳正幅曰幃。譟，讙呼也。疏「王使」至「譟之」○《文選》嵇康《送秀才入軍》詩李善注：❶「《方言》曰『袿謂之裾』，音圭。袿或爲褘。」《釋名》：「婦人上服曰袿，其下垂者，上廣下狹，如刀圭也。」是褘指衣言，非指裳言。故《史記》及《漢書》皆言「臝而譟之」。❷《周本紀》集解引唐固《國語注》：「羣呼曰譟。」《漢書·五行志》應劭注同。化玄黿，以入於王府。解黿，或爲「蚖」。蚖，蜥蜴也，象龍。疏解「黿或」至「象龍」○《漢書·五行志》引韋昭曰：「玄，黑。黿，蜥蜴也，似蛇而有足。」與此解象略不同。乃顏師古注《漢書·五行志》謂「黿似鼈而大，非蛇及蜥蜴」。此據《三蒼解詁》「黿，似鼈而大」立義。案：《爾雅翼》：「黿，鼈之大者，闊或至一二丈。黿爲介蟲之元。以鼈爲雌，黿鳴則鼈應。」則黿爲水族，安得入於王府乎？故《周本紀》索隱亦主蜥蜴之說。《漢書·東方朔傳》：「上置守宮盂下，令諸家射覆，皆不中。朔曰：『臣以爲龍，又無角；謂之爲蛇，又有足，跂跂脈脈善緣壁，是非守宮即蜥蜴。』」故弘嗣以蜥蜴爲象龍，《爾雅·釋魚》「蠑

❶「送」，《文選》作「贈」。

❷「臝」，《史記》作「裸」，《漢書》作「臝」。

螈、蜥蜴」，螈亦作蚖。《説文》：「蠑蚖，❶蛇醫，以注鳴者。」則元黿當作元蚖與？**府之童妾未既齔而遭之，**解既，盡也。遭，遇也。毁齒曰齔。未盡齔，毁未畢也。女七歲而毁齒。**既笄而孕，**解孕，任身也。女十五而笄。**當宣王而生。**解厲王流彘，共和十四年死。十五年宣王立，立四十六年，幽王在位，十一年而滅。疏「當宣王而生」◯《詩·正月》孔疏：「《帝王世紀》以爲幽王三年嬖褒姒，褒姒年十四。若然，則宣王立四十六年崩，是先幽王之立十一年而生，其生在宣王三十六年也。厲王流彘之歲，爲共和十四年，而後宣王立。自宣王三十六年，上距流彘之歲爲五十年。流彘時，童妾七歲，則生女時，母年五十六，凡在母腹五十年。其母共和九年而笄，年十五而孕，自孕後尚四十二年而生，作爲妖異，不與人道同。」❷**不夫而育，**解育，生也。**故懼而棄之。爲弧服者方戮在路，夫婦哀其夜號也，而取之以逸，逃於褒。**解逸，亡也。疏「逃於褒」◯王伯厚《詩地理考》：❸「《輿地廣記》：『興元府褒城縣，故褒國。漢置褒中縣。』《括地志》：『褒國故城在縣東二百步。』《水經注》：『褒水又東南，歷褒口，即褒谷之南口也。北口曰褒斜。水又南經褒縣故城東，褒中縣也，本褒國。又南流入于漢。』」**褒人褒姁有獄，而以爲入於王。**解褒姁，褒君也。**王遂置之，**解置，赦褒姁。**而嬖是女也，使至於爲后，而生伯服。**解以邪僻取愛曰嬖。使至，

❶「蠑」，孫氏本《説文解字》作「榮」。
❷「道」，原脱，今據《毛詩正義》補。
❸「理」，原脱，今據下引文補。

有漸之言也。天之生此久矣，其爲毒也大矣，將俟淫德而加之焉。解加，遺也。遺以褒姒也。毒之酋腊者，其殺也滋速。解精孰爲酋。腊，極也。滋，益也。申、繒、西戎方强，解申，姜姓，幽王前后太子宜咎之舅也。繒，姒姓，申之與國也。西戎亦黨於申。周衰，故戎、翟强也。王室方騷，解騷，擾也。將以縱欲，不亦難乎？王欲殺太子以成伯服，必求之申，解太子將奔申。申人弗畀，必伐之。解畀，與也。若伐申，而繒與西戎會與伐周，周不守矣！解言幽王無道，無與共守者。繒與西戎方將德申，解申修德于二國，二國亦欲助正，徼其後福。申、吕方强，解吕，申同姓。其隩愛太子，亦必可知也，解隩，隱也。王師若在，解在，在申也。其救之亦必然矣。王心怒矣，虢公從矣，解言石父亦從王而怒。凡周存亡，不三稔矣！解稔，年也。君若欲避其難，速規所矣，時至而求用，恐無及也！」解時，難也。用，備也。公曰：「若周衰，諸姬其孰興？」對曰：「臣聞之，武實昭文之功，解武，武王。文，文王也。文之胙盡，武其嗣乎！解文王子孫，魯、衛是也。胙盡，謂衰也。嗣，繼也。武王子孫當繼之而興。武王之子，應、韓不在，解三君云：「不在，時已亡也。」昭謂：若已亡，無宜説也。近宣王時，命韓侯爲侯伯，其後爲晉所滅，以爲邑，以賜桓叔之子萬，是爲韓萬，則其亡平王時也。應則存焉，上史伯云「南有應、鄧」是也。不在，言不在應、韓，當在晉也。其在晉乎！距險而鄰於小，解距險，距守之地險也。小，小國，謂虞、虢、霍、揚、韓、魏、芮之屬。若加之以德，可以大啓。」解國既險固，若增之以德，可以大開土宇。後魯閔元年，晉滅魏、霍；僖五年，滅虞、虢也。公曰：「姜、嬴其孰興？」對曰：「**夫國大而有德者近興，秦仲、齊侯，姜、嬴之儁也，且大，其將興乎！**」解秦仲，嬴姓，附庸秦公伯之子，爲宣王大夫。《詩序》云：「秦仲始大。」齊侯，齊莊公，姜姓之有德者。此二人爲姜、嬴之儁，且國大，故近興也。**疏**解「秦仲」至「近興」○《秦本紀》：「女修生大業，大業生大費，是爲伯翳，舜賜姓嬴氏。大費生大廉，大廉元孫曰孟戲中衍，其元孫曰中潏，生蜚廉，蜚廉生惡來，蚤死，有子曰女防。女防生旁皋，旁皋生太几，太几生大駱，大駱生非子，周孝王召使主馬於汧、渭之間，馬大蕃息。❶孝王分土爲附庸，邑之秦，號曰秦嬴。秦嬴生秦侯，秦侯生公伯，公伯生秦仲。秦仲立三年，厲王無道，西戎反王室，宣王即位，乃以秦仲爲大夫，誅西戎。秦仲立二十三年死於戎。」《齊世家》：「太公卒，子丁公呂伋立。丁公卒，子乙公得立。乙公卒，子癸公慈母立。癸公卒，子哀公不辰立。周烹哀公，立其弟静爲胡公，哀公母弟山殺胡公自立，是爲獻公。獻公卒，子武公壽立。武公卒，子厲公無忌立。齊人殺厲公，立厲公子赤爲文公。文公卒，子成公脱立。成公卒，子莊公購立。莊公二十四年，犬戎殺幽王，周東徙雒。」昭十年《傳》：「伯瑕曰：以其中儁也。」杜注訓「儁」爲「異」。千人曰俊，有異于衆也。**公説，乃東寄孥與賄，虢、鄶受之，十邑皆有寄地。**解十邑，謂虢、鄶、鄔、蔽、補、丹、依、𥇖、曆、華也。後桓公之子武公竟取十邑之地而居之，今河南新鄭是也。賈侍中云：「寄地，猶寄止也。」**疏**「十邑皆有寄地」○《韓非子・内儲説》：「鄭桓公將欲襲

---

❶「息」，原脱，今據《史記》補。

鄶，先問鄶之豪桀良臣、辨智果敢之士，盡與其名姓，擇鄶之良田賂之，❶爲官爵之名而書之，因爲設壇場郭門之外而埋之，釁之以雞豭，若盟狀。鄶君以爲内難也而盡殺其良臣，桓公襲鄶，遂取之。」此説寄地時之事也。**幽王八年而桓公爲司徒，**解即位八年。**九年而王室始騷，**解騷，謂適庶交争，亂虐滋甚也。**十一年而斃。**解幽王伐申，申、繒召西戎以伐周，殺幽王於麗山戲下，❷桓公死之。**及平王末，而秦、晉、齊、楚代興，**解代，更也。平王即位五十一年。**秦景、襄於是乎取周土。**解景，當爲「莊」。莊公，秦仲之子，襄公之父。取周土，謂莊公有功于周，周賜之土也。及平王東遷，襄公佐之，故得西周豐、鎬之地，始命爲諸侯。三君皆云：「秦景公宣王季年伐西戎，破之，遂有其地。」昭謂：幽王爲西戎所殺，故史伯云「申、繒、西戎方强」。至平王時，秦襄公猶征伐之，故《詩序》云襄公「備其兵甲，以討西戎。西戎方强，而征伐不休」是也。又景公乃襄公十世之孫，而云宣王時破之，遂有其地，誤矣。**疏**解「景當」至「誤矣」○《秦本紀》：「周厲王無道，西戎反王室，滅犬丘大駱之族。周宣王以秦仲爲大夫，誅西戎，西戎殺秦仲。秦仲有子五人，其長者曰莊公，宣王乃召莊公昆弟五人，與兵七千人，使伐西戎，破之。莊公立四十四年，卒，太子襄公代立。七年，西戎犬戎與申侯伐周，殺幽王酈山下。而秦襄公將兵救周，戰甚力，有功。周避犬戎難，東遷雒，襄公以兵送周平王。平王封襄公爲諸侯，賜之岐以西之地。襄公於是乎始國。」故知「景」當爲「莊」也。《秦

---

❶ 「擇」，原作「揮」，今據《韓非子》改。

❷ 「下」下，原衍「水」字，今據宋公序本及明道本《國語》删。

本紀》又言：「襄公生文公。文公生竫公。竫公生甯公。甯公生武公、德公、出子。德公生宣公、成公、穆公。穆公生康公。康公生共公。共公生桓公。桓公生景公。」故云「景公，襄公十世之孫也」。**晉文侯於是乎定天子，**解文侯，文侯仇也。定，謂迎平王定於雒邑。疏解「文侯」至「雒邑」○《晉世家》：「唐叔子燮是爲晉侯。晉侯子甯族是爲武侯。武侯子服人是爲成侯。成侯子福是爲厲侯。厲侯子宜臼是爲靖侯。靖侯卒，子釐侯司徒立。僖侯卒，子獻侯籍立。獻侯卒，子穆侯費王立。穆侯七年，伐條生太子仇。穆侯卒，弟殤叔自立。殤叔四年，太子仇率其徒襲殤叔而立，是爲文侯。文侯十年，犬戎弒幽王，周東徙。」定天子事，詳《尚書・文侯之命》及《史記・周本紀》。**齊莊、僖於是乎小伯，**解莊，齊太公後十二世莊公購也。僖，莊公之子禄父也。小伯，小主諸侯盟會。疏解「莊齊」至「盟會」○《齊世家》：「自太公、丁公、乙公、癸公、哀公、胡公、獻公、武公、厲公、文公、成公至莊公爲十二君。而哀、胡、獻三公爲兄弟，則莊實太公之九世孫也。莊公六十四年卒，子釐公禄父立。」隱八年《經》：「宋公、齊侯、衛侯盟于瓦屋。」《穀梁傳》曰：「諸侯之參盟于是始。」有參盟則必有主盟，主盟即伯之端。齊平宋、衛二國，則齊爲主盟。故孔疏引《鄭語》「小伯」以釋「瓦屋」。然是時僖公即位已十六年，況莊又爲僖父，在位六十四年之久，則小伯之事或有見于瓦屋之前者，未必專指瓦屋一事也。**楚蚡冒於是乎始啓濮。**解蚡冒，楚季紃之孫，若敖之子熊率。濮，南蠻之國，叔熊避難處也。疏解「蚡冒」至「難處」○《楚世家》：「熊繹至熊徇十一君。」上文已解訖。熊徇卒，子熊咢立。咢卒，子熊儀立，是爲若敖。若敖二十年，周幽王爲犬戎所弑，周東徙。若敖卒，子熊坎立，是爲霄敖。霄敖卒，子熊眴立，是爲蚡冒。是蚡冒若敖之孫，非子也。且蚡冒名眴，不名率也。弘嗣所引與《史記》違矣。濮，上文已解訖。啓是拓土，《魯頌》曰：「大啓爾宇。」僖二十五年《傳》「晉于是始啓南陽」是也。

國語正義卷第十七

歸安董增齡撰集

楚語上

莊王使士亹傅太子葴，解莊王，楚成王之孫，穆王之子旅也。士亹，楚大夫。葴，恭王名。**辭曰：「臣不材，無能益焉。」王曰：「賴子之善善之也。」**解賴，恃也。**對曰：「夫善在太子，太子欲善，善人將至，若不欲善，善則不用。故堯有丹朱，**解朱，堯子，封于丹。疏解「朱堯」至「于丹」○《漢書·律曆志》：「封堯子朱于丹淵爲諸侯。」《五帝本紀》正義引《帝王紀》：「堯娶散宜氏女，曰女皇，生丹朱。」《汲冢紀年》：「后稷放帝子丹朱。」范注《荆州記》云：「丹水縣在丹川，堯子朱之所封。」《括地志》云：「丹朱故城在鄧州内鄉縣西南百三十里，❶丹朱故爲縣。」案：今内鄉縣隸南陽府。**舜有商均，**解均，舜子，封於商。疏解「均舜」至「於商」○《五帝本紀》集解引皇甫謐曰：「娥皇無子，女英生商均。」正義引譙周云：「以虞

❶「朱」，《史記》引《括地志》作「水」。下「朱」同。

封舜子，今宋州虞城縣。《括地志》云：虞，國，舜後所封邑。或曰封舜于商，故號商均。」案：舜既以商封契，安得又以封均？虞城在《漢志》屬梁國，今虞城縣隸河南歸德府。**啓有五觀，**解啓，禹子也。五觀，啓子，太康昆弟也。觀，洛汭之地。《書序》曰：「太康失國，兄弟五人，須于洛汭。」《傳》曰：「夏有觀、扈。」**疏**解「啓禹」至「觀扈」○《水經·巨洋水》注引薛瓚《漢書集注》云：「《尚書序》『太康失國，兄弟五人，徯于洛汭』，此即太康之居爲近洛也。余考瓚所據，今衛國有觀土，五觀蓋其名也。所處之邑，其名爲觀。」《史記·魏世家》正義：「觀音館。魏州觀城縣，古觀國。《國語注》云：❶『觀國，夏啓子太康第五弟之所封也。夏衰，滅之矣。』」其文與士亹語異，殆逸文與？昭元年《傳》杜注：「觀國，今頓丘衛縣。」孔疏：「此《傳》所云四代有罪之國，三苗、有扈、徐、奄，《尚書》略有其事。其觀與邳、姺，則書傳無文。」是孔仲達不以五觀當太康之弟五人，已先不信韋氏之説矣。王應麟又曰：「漢東郡有畔觀縣，《書序》曰：『太康失國，兄弟五人須于洛汭。』愚謂五子述大禹之戒以作歌。『仁義之人其言藹如』，豈朱、均、管、蔡之比？韋氏説非也。」齡案：《周書·嘗麥》篇：「其在殷當作「夏」。之五子，忘伯禹之命，假國無正，用胥興作亂，遂凶厥國，皇天哀禹，賜以彭壽，思正夏略。」《竹書紀年》：「帝啓十一年，放王季子武觀于西河。十五年，武觀以西河畔。彭伯壽帥師征西河，武觀來歸。」注曰：「武觀即五觀也。」《離騷》：「啓九辨與九歌兮，夏康娛以自縱。不顧難以圖後兮，五子用失乎家巷。」《漢書·人表》「啓子兄弟五人，號五觀」，列下中。《夏本紀》索隱引皇甫謐曰：「太康兄弟號五

❶「注」，原脱，今據《史記·魏世家》正義補。

觀。」《水經·淇水》注亦言太康弟五君之名號「五觀」。其説皆與韋合，則韋解確本漢儒之義，未可輕議也。觀城縣今隸山東曹州府，古觀國城在縣西。《後漢·郡國志》：「雒出王城南，至相谷西，東北流，去虎牢城四十里，注河口，謂之洛汭。」則觀與洛汭爲兩地矣。《淮南·齊俗訓》高注：「有扈氏，夏啓之庶兄也。」《漢·地理志》扶風鄠縣：「古扈國，有户亭。」《訓纂》云：「扈、户、鄠三字一也，古今字不同耳。」今鄠縣隸陜西西安府。**湯有大甲，解**大甲，湯孫，大丁之子，不遵湯法，伊尹不能正，放之於桐。**文王有管、蔡。解**管、蔡，文王子，周公兄也。**疏**解「管蔡」至「公兄」〇《詩·思齊》疏引皇甫謐曰：「文王取太姒，生伯邑考、武王發，次管叔鮮，次蔡叔度，次郕叔武，次霍叔處，次周公旦，次曹叔振鐸，次康叔封，次聃叔季載。」孔穎達謂：「不知謐何據。《史記·管蔡世家》：『武王同母兄弟十人。母曰太姒，文王正妃。其長子伯邑考，次武王發，次管叔鮮，次周公旦，次蔡叔度，次曹叔振鐸，次郕叔武，次霍叔處，次康叔封，次聃季載。』」齡案：定四年孔疏云：「僖二十四年《傳》富辰言文之昭十六國，蔡在魯上，明以長幼爲次，賈逵等皆言蔡叔周公兄，故杜從之。」則韋此解亦從賈義也。**是五王者，皆元德也，而有姦子，夫豈不欲其善？不能故也。若民煩，可教訓。解**煩，亂也。**蠻夷戎翟，其不賓也久矣。解**賓，服也。**中國所不能用也。」王卒使傅之。問於申叔時，解**叔時，楚賢大夫申公也。**叔時曰：「教之《春秋》，而爲之聳善而抑惡焉，以戒勸其心；解**以天時紀人事，謂之《春秋》。聳，獎也。抑，貶也。**疏**解「以天」至「春秋」〇王應麟曰：「《春秋》，所謂楚之《檮杌》也。」**教之世，而爲之昭明德而廢幽昏焉，解**世，先王之世繫也。昭，顯也。幽，闇也。昏，亂也。爲之陳有明德世顯，而闇亂者世廢也。**疏**解「世先王之世繫」〇《荀子·禮論篇》

注：「繫世，謂書其傳襲，若今之譜牒也。」以休懼其動；解休，嘉也。動，行也。使之嘉顯而懼廢也。教之《詩》，而爲之道廣顯德，以耀明其志；解道，開也。顯德，謂若成湯、文、武、周、召、僖公之屬，《詩》所美者。教之禮，使知上下之則；解則，法也。教之樂，以疏其穢而鎮其浮；解疏，滌也。樂者，所以移風易俗，盪滌人之邪穢也。鎮，重也。浮，輕也。教之令，使訪物官；解令，先王之官法、時令也。訪，議也。物，事也。使議知百官之事業。教之語，使明其德，而知先王之務，用明德於民也；解語，治國之善語。教之故志，使知廢興者而戒懼焉；解故志，謂所記前世成敗之書。教之訓典，使知族類，行比義焉。解訓典，五帝之書也。族類，謂若惇敘九族。比義，義之與比也。若是而不從，解不見從也。動而不悛，解悛，改也。則文詠物以行之，解文，文詞也。詠，風也。謂以文詞風託事物以動行之。求賢良以翼之。解翼，輔也。悛而不攝，則身勤之，解攝，固也。勤，勤身以勗勉也。多訓典刑以納之，解刑，法也。務慎惇篤以固之。攝而不徹，解徹，通也。則明施舍以道之忠，解施己所欲，原心舍過，謂之忠恕。明久長以道之信，解有信，然後可長久。明度量以道之義，解義，宜也。言度量所宜也。明等級以道之禮，解等級，貴賤之品。明恭儉以道之孝，解恭儉，所以事親。明敬戒以道之事，解敬戒於事，則無敗功。明慈愛以道之仁，明昭利以道之文，解昭，明也。明利，言利人及物。明除害以道之武，解除害，去暴亂也。明精意以道之罰，解明盡精意，斷之以情。明正德以道之賞，解正德，謂不私所愛也。明齊肅以耀之臨。解齊，壹也。肅，敬也。耀，明也。臨，臨事

也。若是而不濟，不可爲也。解濟，成也。爲，爲師傅也。且夫誦詩以輔相之，威儀以先後之，體貌以左右之，明行以宣翼之，解宣，徧也。制節義以動行之，恭敬以臨監之，勤勉以勸之，孝順以納之，忠信以發之，德音以揚之，教備而不從者，非人也，其可興乎？解興，猶成也。夫子踐位則退，解夫子，太子也。退，謙退也。自退則敬，解自退，則見敬也。不則赧。」解赧，懼也。不自退則恒憂懼。

恭王有疾，解恭王，太子葴也。疾在魯襄十三年。召大夫曰：「不穀不德，失先君之業，解業，伯業也。覆楚國之師，不穀之罪也。解覆，敗也，謂鄢陵之戰爲晉所敗。若得保其首領以沒，解保首領，免刑誅也。唯是春秋所以從先君者，請爲靈若厲。」解亂而不損曰「靈」，殺戮不辜曰「厲」。言春秋禘、祫，當以主謚，序昭穆，從先君于廟堂也。大夫許諾。王卒，及葬，子囊議謚。解子囊，恭王弟令尹公子貞。疏「子囊議謚」○《曲禮》：「言謚曰類。」鄭注：「使大夫行象聘問之禮。」孔疏言：「將葬，就君請謚也。凡謚既是表德，故由尊者所裁，當未葬之前，親使人請之于天子。」楚以僭王猾夏，不通中國，故不知請謚之典，君生而自議其謚，臣即以卑而謚君，皆未合典章也。大夫曰：「君王有命矣。」子囊曰：「不可。夫事君者，先其善，不從其過。解先其善，先舉君之善事以爲稱，不從其過行也。赫赫楚國，而君臨之。解赫赫，顯盛也。撫征南海，訓及諸夏，其寵大矣。解撫，安也。征，正也。南海，羣蠻也。訓，教也。寵，榮也。教及諸夏，謂主盟會，頒號令也。疏解「南海羣蠻」○《禹貢》：「導黑水至于三危，入于南海。」《水經》：「葉榆河過交趾𡵓泠縣北，分爲五水，絡交趾郡中，至南界，復合爲三水，東入海。」此即《禹貢》之南海，故酈注引「《尚書大傳》『堯南撫交趾』，於《禹貢》荊州之南垂幽荒之外，故越也。《周禮》南八蠻，❶彫題、交趾有不粒食者焉。秦始皇開越嶺南，立蒼梧、南海、交趾、象郡」，此所謂南海之羣蠻也。

有是寵也，而知其過，可不謂恭乎？解《謚法》：「既過能改曰恭。」**若先君善，**解先其善事。**則請爲恭。」大夫從之。**

屈到嗜芰，解屈到，楚卿，屈蕩子子夕也。芰，蔆也。疏解「芰蔆」○《爾雅・釋艸》：「蔆，蕨攈。」郭注：「今水中芰。」《天官・籩人》鄭注：「蔆，芰也。」賈疏：「即蔆角也。」蘇頌《本草注》云：「蔆處處有之，葉浮水上，花黄白色，花落而實生，漸向水中乃熟，一種四角，一種兩角，兩角中有嫩皮而紫色者謂之浮蔆。」**有疾，召其宗老而屬之。**解家臣曰老。宗老，爲宗人者。**曰：「祭我必以芰。」及祥，**解祥，祭也。**宗老將薦芰，屈建命去之，**解建，屈到之子子木也。**宗老曰：「夫子屬之。」**解夫子，屈到也。**子木曰：「不然。夫子承楚國之政，**解承，奉也。**其法在刑民心，而藏在王府，上之可以比先王，下之可以訓後世，雖微楚國，諸侯莫不譽。**解微，無也。雖使無楚國之稱，諸侯猶皆譽之以爲善也。**其《祭典》有之曰：『國君有牛羊，**解諸侯以太牢也。**大夫有羊饋，**解羊饋，少牢也。疏解「羊饋少牢」

❶「周禮」，疑爲「禮記」之訛。引文約略《王制》文。

○《儀禮・少牢饋食》：「司馬刲羊。」又云：「司馬升羊右胖，髀不升，❶肩、臂、臑、膊、骼、正脊一、脡脊一、橫脊一、短脅一、正脅一、代脅一，皆二骨以並；腸三、胃三、舉肺一、祭肺三，實于一鼎。佐食遷肵俎于阼階西，西縮，乃反。佐食二人，上利升羊，載右胖，髀不升，肩、臂、臑、膊、骼、正脊一、脡脊一、橫脊一、短脅一、正脅一、代脅一，皆二骨以並；腸三、胃三，長皆及俎拒；舉肺一，長終肺；祭肺三，皆切。肩、臑、膊、骼在兩端，脊、脅、肩、肺在上。佐食尚利執羊俎，下利執豕俎，司士三人執魚、腊、膚俎，序升自西階，相從入。設俎，羊在豆東，豕亞其北，魚在羊東，腊在豕東，特膚當俎北端。」**士有豚犬之奠，**解士以特牲。**庶人有魚炙之薦，**解庶人祀以魚。**籩豆脯醢則上下共之。』**解共之，以多少爲差也。**不羞珍異，不陳庶侈，**解羞，進也。庶，猶衆也。侈，猶多也。**夫子不以其私欲干國之典。」遂不用。**解干，犯也。**疏**「夫子」至「不用」○《天官・籩人》蔆芡栗脯，分實八籩，天子之祭禮也。《特牲》兩籩棗烝栗擇，《有司徹》則糗蕡白黑棗糗而已，不聞有蔆芡，唯王者大饗得備四海九州之美味，故珍異庶侈，皆羞而陳焉。大夫而薦芰，是僭用天子之禮也，故曰「干國之典」。

湫舉娶於申公子牟，解湫舉，楚大夫，伍參之子，伍奢之父伍舉也。子牟，申公王子牟也。**子牟有辠而亡，**解亡，奔也。**康王以湫舉爲遣之，**解康王，恭王之子康王昭也。**湫舉奔鄭，將遂奔晉。**解鄭小而近，故欲奔晉。**蔡聲子將如晉，**解蔡聲子，蔡公孫歸生子家也。唐云：「楚滅蔡，蔡聲子爲楚大

---

❶「髀」上，原衍「體」字，今據《儀禮注疏》刪。

夫。」昭謂：蔡時尚存，聲子通使于晉、楚耳。在魯襄二十六年。**遇之於鄭郊，饗之以璧侑，**解饗，食也。璧侑，以璧侑食也。疏解「饗食」至「侑食」〇侑，訓「勸」，謂助歡也。僖二十八年《傳》：「王饗醴，命晉侯侑。」「侑」古通「右」。《詩・彤弓》「一朝右之」。毛傳：「右，勸也。」**曰：「子尚良食，**解尚，猶强也。良，善也。**二先子其皆相子，**解相，助也。二先子，謂湫舉之父伍參，聲子之父子朝也。《傳》曰：「楚伍參與蔡太師子朝友，其子伍舉與聲子相善。」**尚能事晉君以爲諸侯主。」**解主，盟主也。**辭曰：「非所願也。若得歸骨於楚，死且不朽。」**解自謂不朽。**聲子曰：「尚良食，吾歸子。」**解使子得歸。**湫舉降，三拜，**解拜善言也。**納其乘馬，聲子受之。**解四馬曰乘，受而不辭，定其心也。疏解「四馬曰乘」〇四馬曰乘，宗《詩》毛傳義。《後漢・輿服志》：「古文《尚書》曰：『凜乎若朽索之馭六馬。』《逸禮・王度記》曰：❶『天子駕六馬，諸侯駕四，大夫三，士二，庶人一。』《毛詩箋》『天子至大夫同駕四，士駕二』。《易》京氏、《春秋公羊》説皆云『天子駕六』，許慎以爲天子駕六，諸侯及卿駕四，大夫駕三，士駕二，庶人駕一。《史記》曰秦始皇以水數制乘六馬。❷鄭康成謂：天子四馬。《周禮》校人乘馬有四圉，各養一馬。諸侯亦四馬，《顧命》諸侯皆獻乘黃朱，乘亦四馬也。」❸由鄭説推之，則聲子大夫亦當四馬，故引以爲訓。**還，見令尹子木。**解子

❶「逸」，原作「速」，今據《後漢書》改。
❷「曰」，原脱，今據《後漢書》補。
❸「乘」，原脱，今據《後漢書》補。

木，屈建也。《傳》曰：「聲子通使於晉，還如楚。」**子木與之語，曰：「子雖兄弟於晉，然蔡吾甥也，**解晉、蔡同姓。謂吾舅者，吾謂之甥。**二國孰賢？」對曰：「晉卿不若楚，**解順說之辭也。時趙武爲晉正卿，不及子木之忠，然而有德。**其大夫則賢，**解賢於楚大夫也。**其大夫皆卿才也。若杞梓皮革焉，楚實遺之，**解杞梓，良材也。皮革，犀兕也。**疏**解「杞梓」至「犀兕」○《爾雅·釋木》：「杞，❶枸檵。」邵疏引《姤》九五：「以杞包瓜。」《小雅》：『集於苞杞。』陸璣疏云：『一名苦杞，一名地骨，其莖似莓子，秋熟正赤。』」《釋木》又云：「椅梓。」「《考工記》鄭注：『梓，榎屬。』榎即楸也。《齊民要術》云：『楸、梓二木相類，白色有角。生子者爲梓，或名子楸，或名角楸；黄色無子者爲柳楸，亦呼荆黄楸也。』」僖十四年《傳》：「皮之不存，毛將安傅？」《考工記》鮑人之事注：「鮑，故書或作鞄。」賈疏：「鮑乃從魚，此官治皮，宜从革。」是連毛未治者爲皮，刮毛已治者爲革也。**雖楚有才，不能用也。」子木曰：「彼有公族甥舅，若之何其遺之材也？」對曰：「昔令尹子元之難，**解子元，楚武王子，文王弟子善也，欲蠱文夫人，遂處王宫，鬭班殺之。在魯莊二十八年及三十年。**或譖王孫啓於成王，**解啓，子元子也。成王，文王子也。或譖啓與父同辠。**王弗是，**解是，理也。**王孫啓奔晉，晉人用之。及城濮之役，晉將遁矣，**解晉、楚戰於城濮，在魯僖二十八年。遁，逃退也。**王孫啓與於軍事，謂先軫**解先軫，晉中軍帥。**曰：『是師也，唯子玉欲之，**

❶「杞」下，原衍「梓」字，今據《爾雅注疏》删。

解子玉，楚令尹得臣也。**與王心違，**解王不欲戰，子玉固請，王怒，少與之師。**故唯東宮與西廣實來。**解東宮、西廣，楚軍營名。疏解「東宮」至「營名」〇僖二十八年《傳》孔疏：「文元年，商臣以宮甲圍成王，是東宮兵也。」宣十二年《傳》欒武子説楚事云：「其君之戎，分爲二廣，廣有一卒，卒偏之兩。」是楚有左右廣也。《周禮・車僕》：「掌廣車之萃。」鄭注：「廣車，横陳之車。」襄十一年鄭人賂晉侯以廣車。蓋兵車之名，名之爲廣，因即以車表兵，謂屬西廣之兵也。**諸侯之從者畔者半矣。**解畔，舍子玉也。**若敖氏離矣，**解若敖氏，子玉同族。離，謂不欲戰也。**楚師必敗，何故去之！』先軫從之，大敗楚師，則王孫啓之爲也。**

昔莊王方弱，解方弱，未二十也。**申公子儀父爲師，**解儀父，申公鬭班之子大司馬鬭克也。**王子燮爲傅，**解燮，楚公子。**使師崇、子孔帥師以伐舒。**解師崇，楚太師潘崇也。子孔，楚令尹成嘉也。舒，羣舒也。疏解「舒羣舒」〇文十二年《傳》杜注：「羣舒，偃姓，舒庸、舒鳩之屬。廬江南有舒城，西南有龍舒。」今安徽廬州府舒城、廬江二縣之境皆羣舒地也。**燮及儀父施二帥而分其室。**解施臯於二帥。二帥，潘崇、子孔也。室，家資也。**師還至，則以王如廬，**解師，子孔、潘崇之師也。二子懼，故以王如廬。廬，楚邑也。《傳》曰：「初，鬭克囚於秦，秦有殽之敗，使歸求成，成而不得志，公子燮求令尹不得，故作亂，城郢，而使賊殺子孔，弗克而還。」疏解「廬楚邑」〇廬即中廬，故城在今湖北襄陽府南漳縣東五十里。**廬戢黎殺二子而復王。**解戢黎，廬大夫也。二子，燮及儀父也。**或譖析公臣於王，**解析公臣，楚大夫也。或譖之，言與知二子之亂。疏解「析公」至「大夫」〇楚邑「尹」皆曰「公」，則臣即析尹。僖二十五年《傳》杜

注：「析，楚邑。一名白羽。」今河南南陽府淅川縣及内鄉縣之西北境，皆析地也。**王弗是，析公奔晉，晉人用之。實讒敗楚，使不規東夏，則析公之爲也。**解規，有也。東夏，蔡、沈也。《傳》曰：「繞角之役，晉將遁矣，析公曰：『楚師輕窕，易震蕩也。若多鼓鈞聲，以夜軍之，楚師必遁。』晉人從之，楚師宵潰。晉遂侵蔡，襲沈，獲其君。鄭于是不敢南面，楚失諸華。」繞角之役，在魯成六年。疏解「繞角之役」〇成六年《傳》杜注：「鄭地。」杜氏《通典》：「汝州魯山縣東南有繞角城。」**昔雝子之父兄譖雝子於恭王，**解雝子，楚大夫。父兄，同宗之父兄也。**王弗是，雝子奔晉，晉人用之。及鄢之役，晉將遁矣，**解鄢，鄢陵也。在魯成十六年。**雝子與於軍事，**疏「雝子與於軍事」〇襄二十六年《傳》以鄢陵敗楚之謀爲苗賁皇語，此以爲雝子語，劉炫據此異同，謂《國語》非左丘明作，此説非也。檢成十六年《傳》「塞井」、「夷竈」二語屬之士匄。襄二十六年《傳》又屬之苗賁皇，一書而互異。孔疏引鄭衆云「此范匄言之，苗賁皇亦言之」，則雝子奔晉，晉人既與之鄐，以爲謀主，安知非苗賁皇言之，雝子亦言之乎？疏引又謂：「左氏傳聞兩説，兩記之也。」則《國語》之出自左氏手，萬無可疑。**謂欒書曰：『楚師可料也，**解欒書，晉正卿。料，數也。**在中軍王族而已。**解唐云：「族，親族，同姓也。」昭謂：族，部屬也。《傳》曰「欒、范以其族夾公車」，時二子將中軍，中軍非二子之親也。疏解「唐云」至「之親」〇成十六年，孔疏引劉炫曰：「族也者，屬也，非謂公族之兵。」是劉説從韋義也。**若易中下，楚必歆之，**解中下，中軍之下也。歆，猶貪也。易欒、范之行，示之弱，以誘楚也。《傳》曰：「欒、范易行以誘之。」鄭司農以爲：易行，中軍與上下軍易卒伍也。中軍之卒良，故易

之。**疏**解「中下」至「易之」○成十六年《傳》孔疏引賈逵《左傳注》：「行，道也。欒爲將，范爲佐，二人分中軍別將之，欲使欒與范易道，今范先誘楚，欒以良卒從而擊之。」賈雖與鄭稍異，然皆讀爲「改易」之「易」。杜注：「欒書時將中軍，范燮佐之。易行，謂簡易兵備。欲令楚貪己，不復顧二穆之兵。」杜讀爲「簡易」之「易」。按：《傳》文「伯州犁以公卒告王」，且欒、范之强，著于列國，羸師誘敵，其誰信之？則杜説非也。中軍與上軍、下軍各有部曲，將卒相附，繫屬久矣，無客臨戰而改易，❶且聲子言欒、范易行，則總在中軍之事，不言郤錡、韓厥與欒、范易行也。則司農説亦未盡善也。宋公序《國語補音》「易」字無音，則當讀「亦」而不讀「異」。弘嗣此注深合《内傳》賈注之義。**若合而函吾中，**解合，合戰也。函，入也。中，中軍也。**吾上下必敗其左右，**解晉上下軍必敗楚之左右軍也。**則三萃以攻其王族，必大敗之。』**解萃，集也。時晉有四軍，言三集者，中軍先入，而上下及新軍乃三集以攻之。**疏**解「萃集」至「攻之」○襄二十六年《傳》：「吾乃四萃以其王族。」杜注：「四萃，四面集攻之。」此《國語》言「三萃」，檢成十六年《傳》「請分良以擊其左右，而三軍萃于王卒」，蓋是時荀罃佐下軍而居守，是下軍佐所統之卒不出也；郤至佐新軍而無帥，則將新軍者所統之衆而不出也，何以知一軍必將佐分領其半？宣十二年《傳》：「彘子以中軍濟。荀林父將中軍者不濟。」則中軍僅濟其半。鄢陵之役，晉止有三軍，古一、二、三、四皆積畫而成。襄二十六年《内傳》誤以「三」作「四」，故杜注亦但言四面合攻，不言四軍。弘嗣言晉時有四軍，未免依襄二十六年《傳》「四萃」望文生義

❶「客」，疑當作「容」。

也。欒書從之，大敗楚師，王親面傷，則郤子之爲也。 **解**王，楚恭王也。面傷，謂吕錡射其目。**疏**「王親面傷」○《淮南・氾論訓》：「楚恭王戰於陰陵，潘尪、養由基、黄衰微、公孫丙相與篡之。恭王懼而失體，黄衰微舉足蹵其體，恭王乃覺。怒其失禮，奮體而起，四大夫載而行。」高注：「恭王與晉厲戰于陰陵。吕錡射恭王中目，因而擒之。」按《内傳》不言擒恭王之事，當以《内傳》爲正。**昔陳公子夏爲御叔取於鄭穆公，** **解**公子夏，陳宣公之子，御叔之父也，爲御叔取鄭穆少妃姚子之女夏姬也。**生子南。子南之母亂陳而亡之，** **解**子南，夏徵舒之字也。御叔蚤死，陳靈公與孔甯、儀行父淫夏姬。徵舒殺靈公，楚莊王以諸侯討之，而滅陳。**疏**解「子南」至「之字」○錢大昕曰：「舒在南，故字子南。」齡案：《魯頌》「荆舒是懲」，《史記・魯世家》作「荆荼是徵」。❶「荼」，古「舒」字，則「徵舒」之「徵」，音義並當爲「懲」。**使子南戮於諸侯。** **解**言爲諸侯所戮。在魯宣十一年。**莊王既以夏氏之室賜申公巫臣，則又畀之子反，卒于襄老。** **解**畀，予也。巫臣，楚申公屈巫子靈也。子反，司馬公子側也。襄老，楚連尹也。初，莊王欲納夏姬，巫臣諫王曰：「不可。君召諸侯，以討辠也。今納夏姬，貪其色也，貪色爲淫，淫爲大罰。」王乃止，將以賜巫臣，則又與子反。子反欲取之，巫臣又難之，卒以與襄老。**疏**解「巫臣」至「子靈」○錢大昕曰：「王逸《楚辭注》『楚人謂巫曰靈子』，故巫臣字子靈。」**襄老獲於邲，二子争之，未有成，** **解**晉、楚戰於邲，在魯宣十二年。晉

---

❶「魯世家」，據引文當作「建元以來侯者年表第八」。「荼」，原作「茶」，今據《史記》改。下同。

知莊子射襄老，獲之，以其尸歸。二子，子反、巫臣也。争，争夏姬。成，定也。恭王使巫臣聘於齊，以夏姬行，解巫臣導夏姬使歸，託以求襄老之尸，恭王遣焉。巫臣聘諸鄭，鄭伯許之。及使適齊，至鄭，遂以夏姬行。遂奔晉。晉人用之，實通吴、晉。使其子狐庸爲行人於吴，解子反殺巫臣之族，巫臣在晉，請使于吴，吴子壽夢説之，乃通吴於晉，使其子爲吴行人。而教之射御，道之伐楚，至於爲患，則申公巫臣之爲也。今湫舉取於王子牟，子牟得辠而亡，執政弗是，解執政，卿也。謂湫舉曰：『女實遺之。』彼懼而奔鄭，緬然引領南望，解緬，猶邈也。領，頸也。曰：『庶幾赦吾辠。』又弗圖也，乃遂奔晉，晉人又用之矣。彼若謀楚，其亦必有豐敗也哉！」解豐，大也。子木愀然，解愀，愁貌。曰：「夫子何如，召之其來乎？」對曰：「亡人得生，又何不來爲？」子木曰：「不來，則若之何？」對曰：「夫子不居矣，解不居，言當奉命於它國。春秋相事，以還軫於諸侯，解軫，車後横木也。言四時相聘問之事，回車於諸侯也。若資東陽之盗使殺之，其可乎？解資，賂也。東陽，楚北邑。疏解「東陽楚北邑」○襄二十三年《傳》：「趙勝帥東陽之師以追之。」杜注：「晉之山東，魏郡廣平以北。」《水經・清水》注引馬季長曰：「晉地自朝歌以北至中山爲東陽。」則東陽爲晉地有明徵矣。不然，不來矣。」子木曰：「不可。我爲楚卿，而賂盗以賊一夫於晉，非義也。子爲我召之，吾倍其室。」解倍其室，益其家也。乃使湫鳴召其父而復之。

靈王爲章華之臺，解靈王，楚恭王之庶子靈王熊虔也。章華，地名。《吴語》曰：「乃築臺于章華之上。」**疏**解「章華」至「之上」〇昭七年《傳》杜注：「臺在今華容城内。」《水經・沔水》注：「又有胥瀆，蓋吴入郢之所開也。水東入離湖，湖在縣東七十五里，湖側有章華臺，臺高十丈，基廣十五丈。」按：今湖北荆州府監利縣東五里有華容城。**與伍舉升焉，曰：「臺美夫！」**解伍舉，湫舉也。湫，邑也。**對曰：「臣聞國君服寵以爲美，**解服寵，謂以賢受寵服是爲美也。**安民以爲樂，**解以能安民爲樂。**聽德以爲聰，**解聽用有德也。**致遠以爲明。**解能致遠人也。**不聞其以土木之崇高、彤鏤爲美，**解彤，謂丹楹。鏤，謂刻桷。**而以金石匏竹之昌大、囂庶爲樂；**解金，鐘也。石，磬也。匏，笙也。竹，簫管也。昌，盛也。囂，華也。庶，衆也。**不聞其以觀大、視侈、淫色以爲明，而以察清濁爲聰也。**解察，審也。清濁，宫羽也。**先君莊王爲匏居之臺，**解匏居，臺名。**高不過望國氛，**解氛，祲氛也。**疏**「高不過望國氛」〇《初學記》引《五經異義》：「天子有三臺，靈臺以觀天文，時臺以觀四時，囿臺以觀鳥獸魚鼈。諸侯無靈臺，但有時臺、囿臺也。」《吕氏春秋・重己》篇：「臺高則多陽，多陽則痿。」此言高不可過之義。「國氛」即《周禮》眡祲所掌也。**大不過容宴豆，**解言宴有折俎、籩豆之陳。**木不妨守備，**解不妨城郭守備之材。**用不煩官府，**解財用不出府藏。**民不廢時務，官不易朝常。問誰宴焉，則宋公、鄭伯；**解言二國朝事楚。**問誰相禮，則華元、駟騑；**解相，相導也。華元，宋卿，華御事之子右師元也。騑，鄭穆公之子子駟也。**問誰贊事，則陳侯、蔡侯、許男、頓子，**解贊，佐也。**疏**「則陳」至「頓子」〇《漢書・地理志》汝南郡南頓縣：「故頓子國，姬姓。」應劭曰：「頓迫於陳，其後南徙，故曰南頓，故城尚在。」案：今河南開封府項城縣北有南頓故城，陳、蔡、許，《周語》已解訖。其大夫侍之。解各侍其君。先君是以除亂克敵，而無惡於諸侯。今君爲此臺也，國民罷焉，財用盡焉，年穀敗焉，解敗，廢民之時務。百官煩焉，解爲之徵發。舉國留之，解留，治也。數年乃成。願得諸侯與始升焉，諸侯皆距，疏「諸侯皆距」〇《漢書·五行志》顏注：「距，雞附足骨，鬭時所用刺之。」則「距」訓「違抗」之義。無有至者。而後使大宰啓疆請於魯侯，解啓疆，楚卿薳子也。魯侯，昭公也。事在昭七年。懼之以蜀之役，解蜀，魯地。魯宣公使求好於楚，楚莊王卒，宣公薨，不克作好。至成公即位，受盟于晉。楚子怒，使公子嬰齊帥師侵魯至蜀，魯人懼，使孟孫賂楚以請盟，在魯成二年。疏解「蜀魯地」〇宣十八年《傳》杜注：「蜀，魯地，泰山博縣西北有蜀亭。」而僅得以來。解僅，猶劣也。使富都那豎贊焉，解富，富於容貌。都，閑也。那，美也。豎，未冠者也。言取美好不尚德也。疏解「富富」至「尚德」〇「都，閑也」者，《漢書·司馬相如傳》：「相如時從車騎，雍容閑雅，甚都。」注：「張揖曰：『甚得都士之節也。』顏師古曰：『都，閑美之稱也。《鄭風·有女同車》之篇曰「洵美且都」，《山有扶蘇》之篇曰「不見子都」，則知都者，美也。』」或謂「都」即訓「美」，「那」不得復言「美」。《爾雅·釋詁》：「那，多也。」《商頌》：「猗與那與。」毛傳「那，多也」。案：《文選·洛神賦》：「華容阿那。」是「那」亦得訓「美」也。而使長鬣之士相焉，解長鬣，美須顧也。疏「而使」至「相焉」〇《說文》引《内傳》作「長儠」，云：「長壯儠儠也。」則儠爲「壯佼」之稱。弘嗣訓「鬣」爲「須顧」，殊違許君之義矣。臣不知其美也。夫美也者，上下、外內、小大、遠邇皆無害焉，故曰美。若以目觀則美，解於目則美，德則不也。縮於財用則匱，解縮，取也。是聚民利以自封而瘠民也，胡美之爲？解封，厚也。胡，何也，何以爲美？夫君國者，將民之與處，民實瘠矣，君安得肥？解安得獨肥，言將有患。且夫私欲弘侈，則德義鮮少，德義不行，則邇者騷離，而遠者距違。解騷，愁也。離，畔也。邇，境内。遠，鄰國也。天子之貴也，唯其以公侯爲官正，解正，長也。而以伯子男爲師旅。解帥師旅也。其有美名也，唯其施令德於遠近，而小大安之也。若斂民利以成其私欲，使民蒿焉忘其安樂，而有遠心，解蒿，耗也。遠心，畔離也。其爲惡也甚矣，安用目觀？故先王之爲臺榭也，解積土曰臺，無室曰榭。疏解「積土」至「曰榭」○「積土曰臺」者，《爾雅·釋宮》「四方而高曰臺」。《釋名》：「臺，持也。築土堅高能自勝持也。」「無室曰榭」者，《爾雅·釋宮》文。《禮疏》引李巡曰：「但有大殿無室名曰榭。」《書疏》引孫炎曰：「榭但有堂。」宣十六年《傳》杜注：「宣榭，講武屋。無室曰榭，謂屋歇前。」孔疏「歇前者，無壁也，如今廳是也。❶《釋宮》又云『有木者謂之榭』」，與《國語》義異，故韋不據之也。榭不過講軍實，解講，習也。軍實，戎士也。臺不過望氛祥。解凶氣爲氛，吉氣爲祥。故榭度於大卒之居，解大卒，王士卒也。度，謂足以臨見之。臺度於臨觀之高。解足以臨下觀上，使屋榭不蔽目明而已。其所不奪穡地，解稼穡之地。其爲不匱財用，解爲，作也。其事不煩官業，解業，事也。其日不廢

❶ 「是」，原作「事」，今據《春秋左傳正義》改。

時務。解以農隙也。瘠磽之地，于是乎爲之；解不害穀土也。磽，确也。城守之木，於是乎用之；解城守之餘，然後用之。官寮之暇，於是乎臨之；解暇，間也。四時之隙，於是乎成之。解隙，空間之時也。故《周詩》曰：『經始靈臺，解經，謂經度之，立其基趾也。天子曰靈臺。疏解「經謂」至「靈臺」○「經，謂經度之，立其基趾也」者，《周頌》鄭箋：「文王應天命，度始靈臺之基趾，營表其位。」孔疏謂：「以繩度立表，以定其位處也。」「天子曰靈臺」者，服虔《左傳注》「天子曰靈臺，諸侯曰觀臺」是也。毛傳「神之精明者稱靈，四方而高曰臺」。服義似與毛異，孔疏通之曰：「此實觀氛祥之臺，而名曰靈者，以文王之化行，似神之精明，故以名焉。以此言文王之臺，故因言文王之化行耳。其實天子之臺皆名曰靈臺。僖十五年《傳》：『秦獲晉侯以歸，乃舍諸靈臺。』秦是諸侯而得有靈臺者，杜預曰：『在京兆鄠縣，周之故臺也。』哀二十五年《傳》：『衛侯爲靈臺於籍圃。』則是新造。其時僭名之也。」經之營之。庶民攻之，不日成之。解攻，治也。不日，不程課以時日也。疏解「攻治」至「時日」○「攻，治也」者，《周頌》毛傳：「攻，作也。」《考工記》：「百工之事，皆聖人所作也。」又云攻木、攻金、攻皮，以人言曰「作」，以事言曰「治」。事在人爲，故治之義本于「作」。「不日，不程課以時日也」者，❶鄭箋：「衆民則築作，不設期日而成之。」言說文王之德，勸其事，忘己勞也。」是不設程課之事也。經始勿亟，庶民子來。解亟，疾也。子來，如子爲父也。王在

❶「程課」，原倒，今據上注文乙正。下同。

靈囿，麀鹿攸伏。』解囿，域也。麀，牝鹿也。攸，所也。視牝鹿所伏，息愛牸任之類也。**疏**解「囿域」至「之類」○「囿，域也」者，《周頌》毛傳：❶「囿，所以域養禽獸者也。天子百里，諸侯四十里。靈囿，言靈道行于囿也。」孔疏：「《春秋》成十八年『築鹿囿』、昭九年『築郎囿』，則囿者，築牆爲界域而禽獸在其中。鄭《駁異義》云：『同言靈者，於臺下爲囿、沼，則似因臺而名，其實亦因相近，靈道偏行，故皆稱靈也。』」「麀，牝鹿也」者，《爾雅·釋獸》：「鹿：牡麚，牝麀。」《周頌》鄭箋：「攸，所也。文王親至靈囿，視牝鹿所遊伏之處，言愛物也。」**夫爲臺榭，將以教民利也，**解臺所以望氛祥而備災害，榭所以講軍實而禦寇亂，皆所以利民也。**不知其以匱之也。**解知，聞也。**若君謂此臺美而爲之正，**解以爲得事之正。**楚其殆矣！」**解殆，危也。

靈王城陳、蔡、不羹，解三國，楚别都也。魯昭八年，楚滅陳，使穿封戌爲陳公。十一年，滅蔡，使公子棄疾爲蔡公。今潁川定陵有東不羹城，襄城有西不羹亭。**疏**解「三國」至「羹亭」○昭十一年《内傳》杜注釋不羹與韋解同。西不羹在今許州襄城縣東南，東不羹在今南陽府舞陽縣北。《賈子書·大都》篇：「楚靈王問范無宇曰：『我欲大城陳、蔡、葉與不羹，賦車各千乘焉，亦足以當晉矣，又加之以楚，諸侯其來朝乎？』范無宇曰：『不可。臣聞大都疑國，大臣疑主。今大城陳、蔡、葉與不羹，或不充，不足以威晉。若充之以資

---

❶「周頌」，據下引文當是「大雅靈臺」。下《周頌》同。

財，實之以重禄之臣，是輕本而重末也。』靈王弗聽，果城陳、蔡、葉與不羹。居數年，陳、蔡、葉與不羹奉公子棄疾内作難。」是昭十二年《内傳》事。❶四國者，當兼葉而言，而不必分不羹爲二，此《國語》言三國，不兼葉而言，亦不必分不羹爲二國。**使僕大夫子晳問於范無宇，**解子晳，楚大夫僕晳父也。范無宇，楚大夫芋尹申無宇也。**曰：「吾不服諸夏而獨事晉，何也？**解不服，心不服也。**唯晉近我遠也。今吾城三國，賦皆千乘，亦當晉矣。**解禮，方十里爲成，出長轂一乘，馬四匹，牛十二頭，步卒七十二人，甲士三人。三國各千乘，其地三千成也。**又加之以楚，諸侯其來乎？」對曰：「其在《志》也，國爲大城，未有利者。**解志，記也。言在書籍所記，國作大城，未有利者。**昔鄭有京、櫟，**解京，莊公弟叔段之邑。櫟，鄭子元之邑。魯桓十五年，鄭厲公因櫟人殺檀伯，而遂居櫟。檀伯，子元也。疏解「京嚴」至「子元」○京，隱元年《傳》杜注：「鄭邑，今滎陽京縣。」❷按：今開封府滎陽縣東南二十里有京縣故城。櫟，桓十五年《傳》杜注：「鄭別都。」《水經·潁水》注引服虔曰：「『檀伯，鄭守櫟大夫；櫟，鄭之大都。』宋忠曰：『今陽翟也。周末，韓景侯自新鄭徙都之。』王隱曰：『陽翟本櫟也，故潁川郡治也。』」案：今開封府禹州爲櫟地。**衛有蒲、戚，**解蒲，甯殖之邑。戚，孫林父之邑。疏「衛有蒲戚」○桓三年《傳》杜注：「蒲，衛地。在陳留長

❶「事」，原作「是」，今據文義改。

❷「今」，原脱，今據《春秋左傳正義》補。

垣縣西南。」《水經・濟水》注：「濮渠又東逕蒲城北，故衛之蒲邑，孔子將之衛，子路出迎于蒲者也。」按：今直隸大名府長垣縣爲蒲地。戚，《史記・趙世家》正義引《括地志》云：「戚在相州澶水縣東三十里。」杜預云：「戚，衛邑，在頓丘縣西。」案：今直隸大名府開州北七里有古戚城。**宋有蕭、蒙，** **解**蕭、蒙，公子鮑之邑。**疏**「宋有蕭蒙」〇蕭，《項羽本紀》正義引《括地志》：「徐州蕭縣，古蕭叔之國，春秋時爲宋附庸。」莊十二年《傳》杜注：「蕭，宋邑，今沛國蕭縣。」❶今縣屬江蘇徐州府，縣北十里有古蕭城。蒙，《内傳》作「亳」，《後漢・郡國志》：「梁國蒙縣有蒙澤。」注引《帝王世紀》曰：「蒙有北亳，即景亳，湯所盟處。」則蒙、亳同地。案：今河南歸德府商丘縣北有蒙澤縣，南二十五里有蒙縣故城。**魯有弁、費，** **解**弁、費，季氏之邑。**疏**「魯有弁費」〇《漢・地理志》：「魯國卞縣。」顔注：❷「僖十七年『夫人姜氏會齊侯于卞』者也。」按今山東兖州府泗水縣東五十里有故卞城。《漢書・地理志》東海郡費縣：「故魯季氏邑。」《齊乘》云：「費城在費縣西北二十里。」**齊有渠丘** **解**渠丘，齊大夫雝廩之邑。**疏**「齊有渠丘」〇《後漢・郡國志》：「齊國西安縣有蘧丘里，古渠丘。」按：今山東青州府臨淄縣西三十里有西安故城，渠丘在其處。**晉有曲沃，** **解**曲沃，欒盈之邑。**秦有徵、衙。** **解**徵、衙，秦桓公之子、景公之弟公子鍼之邑。**疏**「秦有徵衙」〇徵，《漢・地理志》「左馮翊徵縣」，顔師古曰：「徵，音懲，即今之澄城縣是也。《左傳》所云『取北徵』，謂此地耳，而杜元凱未詳其處。」《地

---

❶「今」，原脱，今據《春秋左傳正義》補。

❷「顔注」二字，原脱，今據《漢書》補。

理志》又云：「左馮翊衙縣。」顔師古曰：「即《春秋》秦晉戰于彭衙。」文二年《傳》杜注：「馮翊郃陽縣西北有彭衙城。」❶《秦本紀》正義引《括地志》「彭衙故城在同州白水縣東北六十里」。按今陝西同州府白水縣東北六十里有彭衙城。

叔段以京患莊公，鄭幾不封，解叔段圖簒莊公，不克，出奔。在魯隱元年。封，國也。**櫟人實使鄭子不得其位。**解魯莊公十四年，厲公自櫟侵鄭，獲大夫傅瑕，與之盟而赦之，使殺鄭子而納厲公。鄭子，莊公子子儀也。**衛蒲、戚實出獻公，**解甯殖、孫林父逐衛獻公，獻公奔齊。在魯襄十四年。**宋蕭、蒙實殺昭公，**解昭公兄鮑殺昭公而自立，在魯文十六年。**魯弁、費實弱襄公，**解襄公十年，季武子卑公室，作三軍，而自征之。二十九年，又取弁以自予。**齊渠丘實殺無知，**解魯莊公八年，無知殺襄公而立。九年，雝廩殺之。**晉曲沃實納齊師，**解欒盈奔齊，齊莊公納之，盈以曲沃之甲晝入，爲賊于絳。在魯襄二十三年。**秦徵、衙實難桓、景，**解公子鍼有寵于桓，如二君于景。難，謂侵逼也。魯昭元年，鍼奔晉，其車千乘。**皆志於諸侯，此其不利者也。**解皆見記録于諸侯。**且夫制邑，若體性焉，有首領股肱，至於手拇毛脈，**解拇，大指也。毛，須髮也。疏❷「拇大」至「須髮」○《爾雅·釋訓》：「履帝武敏，敏，拇也。」《詩疏》引孫炎《爾雅注》：「拇，跡大指處。」《易》曰：「咸其拇。」虞翻云：「母，足大指處。」「拇」、「母」通。《子夏傳》作「踇，足大指」。《左傳》謂之「將指」。《漢書·高帝紀》顔注：「在頤曰須，在頰曰髥。」

❶「彭」，原脱，今據《春秋左傳正義》補。
❷「疏」下，據體例當有「解」字。

脈，《説文》：「血理分衺行體者。」《釋名》：「脈，幕也，幕絡一體也。」《周禮》「瘍醫以鹹養脈」。《漢書・藝文志》：「醫經者，原人血脈、骨髓、陰陽、表裏。」是脈爲流通一身者也。**大能掉小，故變而不勤。**解掉，作也。變，動也。勤，勞也。**地有高下，天有晦明，民有君臣，國有都鄙，古之制也。先王懼其不帥，**解帥，循也。**故制之以義，旌之以服，行之以禮，**解謂名位不同，禮亦異數。**辨之以名，**解名，號也。**書之以文，**解書其名位，及其所掌主。**道之以言。既其失也，易物之由。**解易物，易其尊卑服物之宜也。**夫邊境者，國之尾也，譬之如牛馬，處暑之既至，**解處暑，在七月節。處，止也。疏解「處暑」至「處止」〇《漢書・律曆志》：「鶉尾初張十八度立秋，中翼十五度處暑，于夏爲七月，于商爲八月，于周爲九月。」《後漢書・律曆志》：「處暑，日所在翼九度十六分退二，黄道去極七十八半强，晷景三尺三寸三分，晝漏刻六十，二分，夜漏刻三十九，八分。昏中星斗十少退，旦中星畢三大退三。」蓋是時暑當止也。**蝱蠭之既多，而不能掉其尾，臣亦懼之。**解大曰蝱，小曰蠭。不能掉尾，益重也，以言三國亦將畔也。疏解「大曰蝱小曰蠭」〇《漢書・項籍傳》：「搏牛之蝱不可以破蟣。」顔注：「言以手擊牛之背，可以殺其上蝱，而不能破蟣。」是蝱大於蟣也。《爾雅・釋蟲》：「蜚，蠦蜰。」郭注：「蜚即負盤，臭蟲。」《漢書・五行志》：「蜚。劉歆以爲負蠜也。」❶《廣雅》云：「負盤，蹠也。」蜰、蠭蓋古字通。**不然，是三城也，豈不使諸**

❶「歆」，原作「向」，今據《漢書》改。

侯之心惕惕焉。」解惕惕，懼也。子晳復命，王曰：「是知天咫，安知民則？解咫，言少也。言少知天道耳，何知治民之法。是言誕也。」解誕，虚也。右尹子革侍，解子革，楚大夫字，故鄭大夫子然之子然丹也。疏解「子革」至「然丹」○襄十九年《傳》：「子革、子良出奔楚，❶爲右尹。」昭十一年《傳》：「鄭丹在内。」昭十二年《傳》杜注：「子革，鄭丹。」曰：「民，天之生也。知天，必知民矣。是其言可以懼哉！」三年，陳、蔡及不羹人納棄疾而殺靈王。解城後三年也，在魯昭十三年。棄疾，恭王之子、靈王之弟平王也。靈王爲無道，棄疾入國爲亂，三軍畔之於乾谿，王自殺。言殺者，王之死由三國也。疏解「棄疾」至「三國」○《韓非子・十過》篇：「楚靈王爲申之會，宋太子後至，執而囚之，狎徐君，拘齊慶封。居未期年，靈王南遊，羣臣從而劫之，靈王餓而死于乾谿之上。」

左史倚相廷見申公子亹，解倚相，楚左史也。子亹，楚申公史老也。廷見，于廷見之。子亹不出，左史謗之，疏「左史謗之」○《論語》：「子貢方人。」鄭康成本作「謗人」，則「謗」乃公論其是非，非訕訐也。舉伯以告。解舉伯，楚大夫也。子亹怒而出，曰：「女無亦謂我老耄而舍我，而又謗我！」解八十曰耄。舍，棄也。左史曰：「唯子老耄，故欲見以交儆子。解交，夾也。若子方壯，能經營百事，倚相將奔走承序，解承受事業次第也。於是不給，而何暇得見？解給，共也。昔衛武公年數九十有五

❶「子良」二字，原脱，今據《春秋左傳正義》補。

矣，解武公，衛僖公之子，共伯之弟武公和也。**疏**解「武公」至「公和」○《衛世家》：「釐侯卒，太子共伯餘立爲君。共伯弟和有寵于釐侯，多予之賂，和以其賂賂士，以襲攻共伯于墓上，共伯入釐侯羨自殺，而立和爲衛侯，是爲武公。即位四十二年，犬戎殺周幽王，武公將兵往佐周平戎，甚有功，周平王命武公爲公。五十五年，卒。」索隱曰：「和殺共伯代立，此説蓋非也。季札美康叔、武公之德，又《國語》稱武公謂之叡聖，又《詩》著衛世子恭伯蚤卒，不云被殺。若武公殺兄而立，豈可以爲訓而形之國史乎？」按武公即位年已四十餘，共伯又是其兄，是年被弑，不得爲蚤卒。況「髧彼兩髦」，爲具父母者之飾，共伯果殺于釐侯，卒後何以言兩髦乎？**猶箴儆於國，**解箴，刺也。儆，戒也。**曰：『自卿以下至於師長士，**解師長，大夫。士，衆士也。**苟在朝者，無謂我老耄而舍我，**解舍，謂不諫戒也。**必恭恪於朝，朝夕以交戒我；聞一二之言，必誦志而納之，以訓道我。』**解言，謗譽之言也。志，記也。**在輿有旅賁之規，**解規，規諫也。旅賁，勇力之士，掌執戈盾，夾車而趨，車止則持輪。**位宁有官師之典，**解中庭之左右謂之位，門屏之間謂之宁。師，長也。典，常也。**疏**解「中庭」至「之宁」○《爾雅・釋宫》：「中庭之左右謂之位。」「庭」通作「廷」。《説文》：「廷，朝中也。」江永曰：「治朝外朝皆平地爲庭，無堂無階。《曾子問》『諸侯旅見天子，雨霑服失容，則廢』，明在庭中也。」按「位」，古通作「立」，《論語》「束帶立于朝」，即《左傳》所謂「有位于朝也」。《釋宫》又云：「門屏之間謂之宁。」宁爲將視朝宁立之處，設屏以蔽内外，故《釋名》云：「宁，佇也，將見君所佇立定氣之處也。」❶屏之内爲

---

❶「氣」，原脱，今據《釋名》補。

宁，通作「著」，昭十一年《傳》「朝有著定」，《周語》「大夫、士日恪位著以儆其官」。**倚几有誦訓之諫，**解誦訓，工師所誦之諫，書之以几也。**居寢有暬御之箴。**解暬，近也。疏解「暬近」〇暬御，内小臣之屬。《周禮·天官》：「内小臣，奄上士四人。」❶鄭注：「奄稱士者，異其賢。」賢則有箴規之獻，如巷伯之刺聽讒，頭須之諷心覆是也。**臨事有瞽史之道，**解事，戎、祀也。瞽，樂大師，掌詔吉凶。史，太史也，掌詔禮事。**宴居有師工之誦。**解師，樂師。工，瞽矇也。誦，謂箴諫也。疏「宴居」至「之誦」〇《禮記釋文》引鄭康成曰：「退朝而處曰燕居，退燕避人曰間居。」《周禮》：「瞽矇掌諷誦詩，❷世奠繫。」鄭司農云：「諷誦詩，主誦詩以刺君過。」杜子春云：「世奠繫，諸侯、卿、大夫世本之屬也。瞽矇掌誦詩，并誦世繫以勸戒人君也。」賈公彦曰：「背文曰諷，以聲節之曰誦。」**史不失書，矇不失誦，以訓御之，**解御，進也。**於是乎作《懿》戒以自儆也。**解三君云：「《懿》，戒書也。」昭謂：《懿》，《詩·大雅·抑》之篇也。「懿」讀曰「抑」，《毛詩敘》曰：「《抑》，衛武公刺厲王，亦以自儆也。」疏解「昭謂」至「自儆」〇「懿讀曰抑」者，《小雅》「抑此皇父」，箋「抑之言噫」，❸《論語》「抑與之與」，漢石經「抑」作「意」。《漢書·高帝紀》：「詔：『其有意稱明德。』」《文選注》引此詔「意稱」作「懿稱」。古「抑」、「意」、「懿」字皆相通。《詩序》「衛武公刺厲王，亦以自儆也」，疏申其

❶「上」，原脱，今據《周禮注疏》補。
❷「誦」，原作「謂」，今據《周禮注疏》改。
❸「言」，原作「曰」，今據《毛詩正義》改。

義，謂：「志在刺王，亦所以自儆戒己身。以爲王之惡，❶將致滅亡，羣臣隨之，己亦淪陷。」案：《衛世家》武公之立在宣王十年，武公之卒在平王十三年。左史言武公年九十五始作《懿》詩，當在平王之世，即以平王元年計之，上距厲王流彘之歲已六十七年。孔疏謂：「後世乃作，追刺之耳。」武公爲周卿士，不應於六十餘年之後暴揚先王之過惡，則序義、疏義未足據也。《詩》言「謹爾侯度」，又言「曰喪厥國」，則是諸侯自謂無疑。二《雅》皆王朝事，劉瑾謂：「武公爲王朝卿士，作詩故亦入於《雅》乎？篇中屢言小子，蓋使人日夕諷誦以儆己耳。夫差使人立庭且斥其名，則箴戒之體指武公爲小子亦無不可也。」**及其没也，謂之叡聖武公。**解叡，明也。《書》曰：「叡作聖。」《謚法》：「威强叡德曰武。」**子實不叡聖，於倚相何害！**解害，傷也。**《周書》曰：『文王至於日中昃，不皇暇食。**解日昳曰昃。《易》曰：「日中則昃。」疏「文王」至「暇食」○《尚書正義》：「昭五年《左傳》：『日上其中，食日爲二，旦日爲三。』則人之常食在日中之前，謂辰時也。《易·豐卦》彖曰：『日中則昃。』謂過中而斜昃也。『昃』亦名『昳』，言日蹉跌而下，謂未時也。故日十位，食時爲辰，日昳爲未。言文王勤于政事，從朝不食，或至于日中，或至于日昃，猶不暇食。『皇』亦『暇』也。重言之，古人複語，猶『艱難』也。」**惠於小民，唯政之恭。』文王猶不敢惰，今子老楚國而欲自安也。**解老，老恃楚國也。**以禦數者，王將何爲？**解禦，止也。數者，謂諸箴戒誹謗也。爲人臣尚如此，王將復何爲。**若常如此，楚其難哉！」**解難以爲治。**子亹懼，曰：「老之過也。」**解老，子亹名也。**乃驟**

---

❶「爲王之」，《毛詩正義》作「王之爲」。

見左史。

靈王虐，白公子張驟諫，解子張，楚大夫白公也。**疏**解「子張」至「白公」○楚縣尹皆曰「公」，故曰「白公」。哀十六年《傳》杜注：「白，楚邑。汝陰褒信縣西南有白亭。」**王患之，謂史老曰：「吾欲已子張之諫，若何？」**解史老，子亹也。已，止也。**對曰：「用之實難，已之易矣。若諫，君則曰：『余左執鬼中，右執殤宮，**解中，身也，《禮》曰「其中退然」。夭死曰殤。殤宮，殤之居也。執，謂把其録籍，制伏其身，知其居處，若今世云「能使殤也」。**疏**解「夭死」至「使殤」○《周禮・司巫》：「掌巫降之禮。」鄭康成謂：「巫下神之禮。今世或死既斂，就巫下禓，其遺禮。」蓋人無賢愚，皆有魂魄，魂魄分去則病，盡去則死。故分去則術家有録人之法，盡去則典禮有招魂之義。《春秋元命包》曰：「心者，火之精，上爲張星；腎者，水之精，上爲虛危；脾者，土之精，上爲北斗。」故「軫星逐鬼，張星拘魂，東井還魂」。禓之言强也，强死能爲神也。楚人名巫爲靈子，言靈降其身也，《離騷》、《九歌》皆歌其事。「殤」、「禓」古字通。「禓」讀爲「傷」。《淮南・俶真訓》曰：「傷死者其鬼嬈。」使殤猶下殤，即巫降之禮。《漢書・郊祀志》：「上求神君，舍之上林中磃氏館。神君者，長陵女子，以乳死，見神于先後宛若。宛若祠之其室，民多往祠。聞其言，不見其人云。」此即使殤之明徵也。**凡百箴諫，吾盡聞之矣，甯聞它言？』」**解不欲聞諫也。**白公又諫，王如史老之言。對曰：「昔殷武丁能聳其德，至於神明，**解武丁，高宗也。聳，敬也。至，通也。通于神明，謂夢見傳説。**疏**解「武丁高宗」○《史記・殷本紀》：「帝般庚崩，弟小辛立，小辛崩，弟小乙立，小乙崩，子武丁立。武丁祭成湯，明日有飛雉登鼎耳而呴，武丁懼。祖己乃訓王。武丁修政行德，天下咸驩，殷道復興。帝武丁崩，子祖庚立，祖己嘉武丁之以祥雉爲德，立其廟爲高宗，遂作《高宗肜日》及《訓》。」**以入於河，**解遷於河内。**自河徂亳，**解從河内往都亳也。疏「以入」至「徂亳」〇「遷于河内」，又云「從河内往都亳」者，《商書・説命》：「入宅於河，自河徂亳。」《汲郡古文》云：「小乙六年，命世子武丁居于河，學于甘盤。」閻若璩曰：「古所謂河内者，在冀州，三面距河之内，非若漢郡之但以懷、汲爲河内。《史記正義》：『古帝王之都，多在河東、河北，故呼河北爲河内，河南爲河外。又曰：河從龍門南至華陰，東至衛州，東北入海，曲繞冀州，故言河内。』般庚自河北而至河南，都亳殷。皇甫謐以爲今偃師，是三傳至于武丁，仍都亳殷。子張白公所謂『以入于河，自河徂亳』乃武丁爲王子時，其父小乙欲其知民之難苦，使居民間，遷徙不常，故自河外入河内，復自河内往河外。」齡按：武丁出王都，濟河北行，復自河内北轅向亳而歸都也。**於是乎三年默以思道。**解默，諒闇也。思道，思君人之道也。《書》曰：「高宗諒闇，三年不言，言乃雝。」疏解「默諒」至「乃雝」〇《尚書・無逸》篇作「其即位，乃或亮陰，三年不言」。《史記・魯世家》集解、《内傳》隱元年正義引鄭康成《書注》「諒闇」作「梁闇」，楣謂之梁，闇謂廬也。小乙崩，武丁立，憂喪三年之禮，居倚廬，拄楣，不言政事。又《内傳》隱元年正義、《晉書・禮志》、杜佑《通典・凶禮》篇並引馬融《書注》：「亮，信也。陰，默也。爲聽于冢宰，信默而不言。」又《論語》孔安國注：「諒，信也。陰，猶默也。」韋解不用鄭義者，亮陰爲宅憂所居之定名，非高宗所獨有，況萬幾之大不能曠縣一日，唯其有冢宰可信任，故王可不言，則唯能信，所以能默，故以諒闇釋默字。孔子答子張明言「百官總己以聽於冢宰，三年」，此正孔、馬之義所本，而弘嗣此解則又本孔、馬也。「三年不言，言乃雝」者，《書傳》「在喪則唯其不言，喪畢發言則天下和」。按：《大雅・思齊》毛傳

「靡靡，和也」，是以「和」釋「靡」之義。**卿士患之，**解患其不言。**曰：『王言以出令也，若不言，是無所稟令也。』**解令，命也。稟，受也。**武丁於是作書，**解以《書》解卿士也。賈、唐云：「《書》，《說命》也。」昭曰：非也。其時未得傅說。**曰：『以余正四方。余恐德之不類，茲故不言。』**解類，善也。茲，此也。**疏**解「類善」○《書傳》：「類，善也。」我正四方，恐德不善，此故不言。」《爾雅・釋詁》：「類，善也。」昭二十八年《傳》：「勤施無私曰類。」《呂氏春秋・重言》篇引高宗此言，高誘注：「類，善也。」**如是而又使以象夢求四方之賢聖，**解思賢而夢見之，識其容狀，故作其象，而使求之。**疏**解「思賢」至「求之」○《竹書紀年》：「武丁三年，夢求傅說，得之。」《尚書正義》引皇甫謐曰：「高宗夢天賜賢人，胥靡之衣蒙之而來，曰：『我徒也，姓傅名說，天下得我者豈徒也哉。』武丁悟而推之曰：❶『傅者，相也。說者，懽悅也。天下當有傅我而悅民者哉。』明以夢視百官，皆非也。乃使百工寫其形象，求諸天下，果見築者胥靡衣褐帶索，執役于虞、虢之間，傅巖之野，名說。以其得之傅巖，謂之傅說。」謚言初夢即自云「傅說」，又云「得之傅巖，謂之傅說」，自不相副，其言非也。**得傅說以來，升以爲公，**解公，上公也。《書序》曰：「高宗夢得說，使百工營求之野，得之傅巖，作《說命》。」**疏**「得傅」至「爲公」○《史記・屈賈列傳》：「傅說胥靡兮，乃相武丁。」徐廣曰：「腐刑也。」索隱引晉灼云：「胥，相也。靡，隨也。古者相隨坐輕刑之名。」《淮南・覽冥訓》高誘注：「武丁得傅說，遂以爲相，爲高宗成八十一符，致中興也。死託精于辰尾星，一名天策。」○解「公上」至「說命」

---

❶「悟」，原作「怪」，今據《尚書正義》改。

〇《書傳》：「傅氏之巖，在虞、虢之界，通道所經，有澗水壞道，常使胥靡刑人築護此道。説賢而隱，代胥靡築之以供食。」《韓非子・難言》篇：「傅説轉鬻。」《荀子・非相篇》：「傅説之狀，身如植鰭。」王應麟曰：「傅巖在陝州平陸縣北。」平陸，今屬山西解州。傅巖在縣東北二十五里，一名隱賢社。《水經・河水》注云：「沙澗水出虞山，東南逕傅巖，歷傅説隱室前，俗謂之聖人窟。巖東北十餘里，即《左傳》之巔軨阪，有東、西絶澗，左右幽空，❶窮深地壑，❷中則築以成道，指南北之路，謂之軨橋。」説執役正于此地。《墨子》、《尸子》並言「傅巖在北海之洲」，荒遠不足信。**而使朝夕規諫，曰：『若金，用女作礪；**解使磨礪己也。疏「若金」至「作礪」〇《書傳》：「鐵須礪以成利器。」**若津水，用女作舟；**解喻遭津水。疏「若津」至「作舟」〇《書傳》：「渡大水，待舟楫。」**若天旱，用女作霖雨。**解天旱，自比苗稼也。三日以上爲霖。❸疏「若天」至「霖雨」〇《書傳》：「霖以救旱。」**啓乃心，沃朕心。**解啓，開也。以賢者之心比霖雨也。**若藥不瞑眩，厥疾不瘳。**解以藥喻忠言也。瞑眩，頓瞀，攻己急也。瘳，愈也。**若跣不視地，厥足用傷。』**解以失道比徒跣而不視地，必傷也。疏「啓乃」至「用傷」〇《書傳》：「開女心，以沃我心，如服藥必瞑眩極，其病乃除。欲其出切言以自儆。跣必視地，足乃無害。言欲爲己視聽。」孔疏：「《方言》云：『凡欲飲藥而毒，東齊海岱

---

❶「空」，原作「室」，今據《水經注》改。

❷「地」下，原衍「穴」字，今據《水經注》删。

❸「三」上，明道本《國語》有「雨」字。

間或謂之瞑，或謂之眩。』郭璞曰：『瞑、眩，亦通語也。』」若武丁之神明也，解通於神明。其聖之叡廣也，其知之不疚也，猶自謂未乂，解乂，治也。故三年默以思道。既得道，猶不敢專制，使以象旁求聖人。既得以爲輔，又恐其荒失遺忘，故使朝夕規誨箴諫，曰：『必交修余，無余棄也。』今君或者未及武丁，而惡規諫者，不亦難乎！解難以保國。齊桓、晉文，皆非嗣也，解非嫡嗣也。還軫諸侯，不敢淫逸，解還軫，謂出奔也。心類德音，以得有國。解類，善也。近臣諫，遠臣謗，輿人誦，以自誥也。解輿，衆也。誦，誦善敗也。誥，告也。是以其入也，四封不備一同，解備，滿也。地方百里曰同。方欲善美之，故尤小焉。而至於有畿田，解方千里曰畿。以屬諸侯，解屬，會也。至於今爲令君。桓、文皆然，君不度憂於二令君，而欲自逸也，無乃不可乎？《周詩》有之曰：『弗躬弗親，庶民弗信。』解言爲政不躬親之，則衆民不信也。臣懼民之不信君也，故不敢不言。不然，何急其以言取罪也。」王病之，曰：「子復語。解病不能然，故復使語。不穀雖不能用，吾慭寘之於耳。」解慭，猶願也。寘，置也。對曰：「賴君之用也，故言。解賴，恃也。不然，巴浦之犀、犛、兕、象，其可盡乎，其又以規爲瑱也？」解犛，犛牛也。規，諫也。瑱，所以塞耳也。言四獸之牙角可以爲瑱難盡也，而又以規諫爲之乎？今象出徼外，其三獸則荆、交有焉。巴浦，地名。或曰：「巴，巴郡。浦，合浦。」疏解「犛犛」至「合浦」〇犀、兕、象，《晉語》已解訖。「犛，犛牛也」者，《漢書·司馬相如傳》張揖注：「犛，黑色牛也，出西南徼外。」李奇、郭璞並云「犛」音「狸」。顏師古注：「犛牛即今之貓牛。

犛字又音『茅』。」《漢書・郊祀志》顔師古注：「犛，西南夷長尾髦之牛也。」「瑱，所以塞耳也」者，《詩・淇澳》毛傳：「充耳謂之瑱。天子玉瑱，諸侯以石。」《儀禮・既夕・記》云：「瑱塞耳。」《冬官・玉人》職：「天子用全，上公用龍，❶侯用瓚，伯用將。」注：「公侯四玉一石，伯子男三玉二石。」諸侯既玉石雜用，今乃言「四獸之牙角可爲瑱」者，《齊風・著》首章「充耳以素」，正義謂：「素是象瑱。」此士大夫之制，國君亦得用之。「巴浦，地名。或曰：巴，巴郡。浦，合浦」者，桓九年《傳》：「巴子使韓服告於楚，請與鄧爲好。」《水經・江水》注：「巴水出晉昌郡宣漢縣巴嶺山，西南流歷巴中，經巴郡故城南，李嚴所築大城北，西南入江。」《史記・蘇秦列傳》索隱：「巴，水名，與漢水相近。」《説文》：「浦，瀕也。」《玉篇》：「水源枝注江海邊曰浦。」《風土記》：「大水有小口別通曰浦。」則巴浦者，巴水之浦也。其地爲藪，故多獸。《漢・地理志》「巴郡，秦置，屬益州。合浦郡，武帝元鼎六年開，屬交州」，則楚靈王時安得有此二郡乎？或説非也。**遂趨而退歸，杜門不出。七月，乃有乾谿之亂，靈王死之。****解**乾谿，楚東地也。**疏**解「乾谿楚東地」○陸賈《新語》：「楚靈王作乾谿之臺闕天文。」昭六年《傳》杜注：「乾谿，在譙國城父縣南。」今安徽潁州府亳州東南有乾谿，與城父村相近，即漢之城父縣。

司馬子期欲以其妾爲内子，**解**子期，楚平王之子，子西之弟公子結也，爲大司馬。卿之適妻曰内子。**訪之左史倚相，曰：「吾有妾而愿，欲笄之，其可乎？」****解**愿，愨也。笄，内子首服衡笄也。**疏**

---

❶「上」，原作「諸」，今據《周禮注疏》改。

解「笄内」至「衡笄」〇《内則》：「婦事舅姑櫛縰笄總。」鄭注：「笄，今簪也。」正義：「婦人之笄異于上男子笄縰，故於此始云『笄，今簪也』。則與《士冠禮》男子爵弁笄、皮弁笄同。❶故鄭注《冠禮》亦云『笄，今之簪也』。」案：男子之笄二，《内則》之笄，熊安生云「此笄爲安髻之笄」，即《士喪禮》「笄用桑，❷長四寸，纋中」是也。爵弁、皮弁之笄以固冠，則長尺二寸。婦人之笄一，《内則》「十有五年而笄」，此笄亦長尺二寸也。**對曰：「昔先大夫子囊違王之命謚，**解違「厲」以爲「恭」。**子夕嗜芰，子木有羊饋而無芰薦。**解子木違父命，以羊饋易芰薦。**君子曰：『違而道。』**解違命合道。**穀陽豎愛子反之勞也，而獻飲焉，以斃於鄢；**解穀陽豎，子反之内豎也。斃，踣也。魯成十六年，晉、楚戰於鄢陵，楚師敗，恭王傷目。明日，將復戰，王召子反，穀陽豎獻飲於子反，醉不能見，王曰：「天敗楚也。」乃宵遁。子反遂自殺。疏「穀陽」至「於鄢」〇《韓非子·十過》篇、《吕氏春秋·權勳》篇並言：「荆龔王與晉厲公戰於鄢陵，臨戰，司馬子反渴而求飲，豎陽穀穇黍酒而進之，❸子反叱曰：『訾，退！酒也。』豎陽穀曰：『非酒也。』子反曰：『亟退，卻也。』豎陽穀又曰：『非酒也。』子反受而飲之，子反之爲人也嗜酒，甘而不能絶於口，以醉。戰既罷，龔王欲復戰而謀，使召司馬子反。子反辭以心疾。龔王駕而往視之，入幄中，聞酒臭而還，曰：『今日之戰，不穀親傷，所

❶「皮弁笄」之「笄」，原作「簪」，今據《儀禮注疏》改。
❷「桑」，原作「喪」，今據《儀禮注疏》改。
❸「穇」，《韓非子》及《吕氏春秋》作「操」。

恃者司馬也。司馬又若此，是忘荊國之社稷，而不恤吾衆也。不穀無與復戰矣。』罷師而去之，斬司馬子反以爲戮。」《淮南・人間訓》：「楚、晉戰于鄢陵，戰酣，恭王傷而休，子反渴而求飲，豎陽穀奉酒而進之。」案：韓非、呂不韋言獻飲在初戰之前，與《內傳》不合，當以《淮南》爲正。

芋尹申亥從靈王之欲，以隕於乾谿。 **解**芋尹申亥，申無宇之子也。乾谿之役，申亥曰：「吾父再奸王命，王不誅，恩孰大焉。」乃求王，遇諸棘闈，以王歸。王縊，申亥以其二女殉而葬之。**疏**「芋尹」○《左傳釋文》：「芋，于付反。」昭六年《傳》孔疏：「芋是草名。哀十七年陳有芋尹，蓋皆以草名官，不知其故。」**君子曰：『從而逆。』** **解**從，從欲也。**君子之行，欲其道也，** **解**欲得其道。**故進退周旋，唯道之從。夫子木能違若敖之欲，** **解**若敖，子夕也。**以之道而去芰薦，吾子經楚國，** **解**經，經緯也。**而欲薦芰以干之，** **解**干，犯也。以妾爲妻，猶以芰當祭也。**其可乎？」子期乃止。**

國語正義卷第十八

歸安董增齡撰集

楚語下

昭王問於觀射父，解昭王，楚平王之子昭王熊軫也。觀射父，楚大夫也。曰：「《周書》所謂重、黎實使天地不通者何也？解《周書》，謂周穆王之相甫侯所作《吕刑》也。重、黎，顓頊掌天地之臣也。《吕刑》曰：「乃命重、黎，絶地天通。」謂少皞之末，民神雜糅，不可方物，顓頊受之，乃命南正重司天以屬神，火正黎司地以屬民，謂絶地與天相通之道也。若無然，民將能登天乎？」解若重、黎不絶天地，民豈能上天乎？對曰：「非此之謂也。古者民神不雜。解雜，會也。謂司民、司神之官各異。民之精爽不攜貳者，而又能齊肅衷正，解爽，明也。攜，離也。貳，二也。齊，一也。肅，敬也。衷，中也。其知能上下比義，解義，宜也。其聖能光遠宣朗，解聖，通也。朗，明也。其明能光照之，其聰能聽徹之，解徹，達也。如是則明神降之，解降，下也。在男曰覡，在女曰巫。解巫、覡，見鬼者。《周禮》男亦曰巫。疏解「巫覡」至「曰巫」〇《荀子·王制篇》注：「古者以廢疾之人主卜筮、巫祝之事，故曰『傴巫跛覡』。」

《漢書・郊祀志》顔注：「巫、覡亦通稱耳。覡音下狄反。」**是使制神之處位次主，**解處，居也。位，祭位也。次主，次其尊卑先後也。**而爲之牲器時服，**解牲，牲之毛色、小大也。器，所當用也。時服，四時服色所宜也。**而後使先聖之後之有光烈，**解烈，明也。**而能知山川之號、**解號，名位也。**高祖之主、**解高祖，廟之先也。疏解「高祖廟之先」○昭十五年《傳》「王謂籍談曰：而高祖孫伯黶」，昭十七年《傳》「郯子曰：我高祖少皞摯」，則「高」是「高遠」之稱，非專指曾祖之父，故曰「廟之先也」。**宗廟之事、昭穆之世、**解父昭，子穆，先後之次也。《春秋》躋僖公謂之逆祀。**齊敬之勤、**解齊，莊也。**禮節之宜、威儀之則、容貌之崇、**解崇，飾也。**忠信之質、**解質，誠也。**禋潔之服，**解潔祀曰禋。**而恭敬明神者，以爲之祝。**解祝，大祝也，掌祈福祥。**使名姓之後，能知四時之生、**解名姓，謂舊族，若伯夷，炎帝之後爲堯秩宗。生，嘉穀韭卵之屬。疏「使名」至「之生」○《周禮・大宗伯》疏引服虔《國語注》：「名姓之後，聖人大德之後。生謂粢盛。」孔晁注同。《漢書・郊祀志》：「神降之嘉生。」應劭注：「嘉穀也。」此言「韭卵之屬」，亦推言之耳。**犧牲之物、玉帛之類、采服之儀、彝器之量、**解彝，六彝。器，俎豆。量，大小也。疏「犧牲」至「之量」○《周禮・大宗伯》疏引服虔《國語注》：「犧，謂純毛色；牲，謂牛、羊、豕。『玉帛之類』者，禮神玉帛，謂若《宗伯》云『蒼璧、黄琮、牲幣各放其器之色』是也。」孔晁注同。彼疏又引服虔《國語注》：「采服之宜者，祭祀之所服色，謂若《司服》以衮冕以下是也。彝器之量者，量，數也。祭祀之器，皆當其數。」**次主之度、**解疏數之度。疏「次主之度」○《大宗伯》疏引服虔《國語注》：「次廟主之尊卑、先後、遠近之度。」**屏攝**

之位、解周氏云：「屏者，并。攝，主人之位。」昭謂：屏，屏風也。攝，形如今要扇。皆所以分別尊卑，爲祭祀之位。近漢亦然。**疏**解「周氏」至「亦然」○《大宗伯》疏引服虔《國語注》：「屏猶并也，謂攝主不備，并之，其位不得在正主之位。《曾子問》云：『若宗子有罪，居于他國，庶子爲大夫，其祭也，祝曰：孝子某使介子某執其常事。』又云：『攝主不厭祭，不旅，不假，不綏祭，不配。』是其攝主屏之事。《左氏》昭十八年，宋、衛、陳、鄭災，鄭子産使子寬、子上巡羣屏攝。彼鄭司農云：『束茅以爲屏蔽，祭神之處，草易然，故巡行之。』此屏攝義與《國語》異。」惠棟曰：「韋解所引『周氏』者，漢儒説《春秋》者，周仲文也。周説與服同義。」「屏，屏風也」者，《爾雅・釋宫》：「容，謂之防。」郭注「形如今牀頭小曲屏風」，以屏風况防，則古已有屏之制。翣以木衣布，其形如攝，漢之扇也，葬則置于牆，今謂宗廟亦然，於經未有明徵。服、周以攝爲攝主，然攝主非常有之事，且上犧牲、玉帛、采服、彝器皆是器物，則屏攝亦當爲物，故不從服、周之義。**壇場之所，**解除地曰場。**疏**「壇場之所」○《大宗伯》疏引孔晁《國語注》：「去廟爲祧，去祧爲壇，去壇爲墠。場，祭道神。《曾子問》『道而出』是也。」案：《説文》：道上祭謂之禓。一曰道神。「禓」、「場」古通字。此可證晁注之確。**上下之神，**疏「上下之神」○《大宗伯》疏引孔晁《國語注》：「上謂凡在天之神，天及日月星辰；下謂凡在地之神，謂地、山林、❶川谷、❷丘陵也。」《漢書・郊祀志》應劭注：「上下謂天地之屬神。」**氏姓之出，**解所自出也。

❶「林」，原脱，今據《周禮注疏》補。
❷「川」，原脱，今據《周禮注疏》補。

而心率舊典者爲之宗。解宗，宗伯也，掌祭祀之禮。疏「氏姓」至「之宗」〇《大宗伯》鄭司農注引作：「氏姓之所出，而心率舊典者爲之宗。」賈疏引孔晁《國語注》：「既非先聖之後，又非名姓之後，但氏姓所出之後，子孫而心常能循舊典者，則爲大宗。大宗者，於周爲宗伯。」《漢書・郊祀志》注：「應劭曰：『氏姓，王族之别也。宗，大宗也。』臣瓚曰：『宗，宗伯也。』顔師古曰：『二説皆非也。氏姓，謂神本所出及見所當爲主者也。宗，宗人，主神之列位、尊卑者也。《春秋左氏傳》：「虢公使祝應宗區享神。」又云「祝宗用馬于四墉」，並非宗伯及大宗也。』」案：顔説雖與韋、孔相歧，然亦得一解。於是乎有天地神民類物之官，謂之五官，解類物，謂别善惡，利器用之官。各司其序，不相亂也。民是以能有忠信，神是以能有明德，解明德，謂降福祥，不爲災孽也。民神異業，解業，事也。敬而不瀆，疏「敬而不瀆」〇《漢・郊祀志》瀆作黷。顔師古注：「黷，汙渫也。」故神降之嘉生，解嘉生，善物也。疏「神降之嘉生」〇《漢・郊祀志》顔師古注：「嘉生謂衆瑞。」民以物享，禍災不至，求用不匱。及少皞之衰也，九黎亂德，解少皞，黄帝之子金天氏也。九黎，黎氏九人也。疏解「少皞」至「九人」〇《漢・郊祀志》注：「孟康曰：『少皞時諸侯作亂者也。』」民神雜糅，不可方物。解同位，故雜糅。方，猶别也。物，名也。疏「民神」至「方物」〇《禮記》鄭注：「糅，雜也。」《漢・郊祀志》糅作擾，方作放。顔師古曰：「放，依也。物，事也。」夫人作享，家爲巫史，解夫人，人人也。享，祀也。巫，主接神。史，次位序。言人人自爲之。無有要質。解質，誠也。民匱於祀，而不知其福。解言民困匱於祭祀，而不獲其福。烝享無度，民神同位。民瀆齊盟，無有嚴威。

解齊，同也。嚴，敬也。威，畏也。**神狎民則，不蠲其爲。**解狎，習也。則，法也。蠲，潔也。其爲，所爲也。**嘉生不降，無物以享。禍災荐臻，莫盡其氣。**解荐，重也。臻，至也。氣，受命之氣。疏「莫盡其氣」〇《漢・郊祀志》顔師古注：「不究其性命也。」**顓頊受之，**解少皞氏没，顓頊氏作。受，承也。**乃命南正重司天以屬神，**解南，陽位。正，長也。司，主也。屬，會也。所以會羣神，使各有分序，不相干亂也。《周禮》則宗伯掌祭祀。疏「乃命」至「屬神」〇昭二十九年《傳》：少皞氏四叔重爲句芒。杜注：「木正。」案：少皞以爲名官，不得有木正，故知重居官在顓頊之世，重即《尚書》羲仲、羲叔之祖也。《漢書・郊祀志》顔師古注：「屬，委也，以其事委之也。屬音子欲反。」**命火正黎司地以屬民，**解唐尚書云：「『火』，當爲『北』。」北，陰位也。《周禮》則司徒掌土地人民也。疏「命火」至「屬民」〇《鄭志・答趙商》云：「火當爲北，則黎爲北正。」「北，陰位。以五行官有火正，祝融則火官之號。若天地之官，據陰陽之位，對南正爲文，則爲北正，是黎一人居二官。」❶唐尚書之義本此。《漢・郊祀志》應劭注：「黎，陰官也。火數二。二，地數也，故火正司地以屬萬民。」昭二十九年《傳》：「顓頊氏有子曰犂，爲祝融。」杜注「犂爲火正」，此黎也，非重黎也。《鄭語》：「且重黎之後也。」《史記・楚世家》：「高陽生稱，稱生卷章，卷章生重黎，爲高辛火正。」此以「重黎」二字爲名，楚國之祖也。此射父所言之黎，即昭二十九年蔡墨所言之黎，此以「黎」一字爲名，即《尚書》和仲、和叔之祖也。《太史公自序》以此單名「黎」者，與高辛火正而爲楚祖之重黎仍爲一人，故束晳譏其兩人

❶「是」下，原衍「重」字，今據《毛詩正義》删。

誤合爲一。司馬氏之祖，非木正之重，即火正之黎，乃張華等奏云：「大晉之德始自重黎，實佐顓頊。」房喬等撰《晉書·章宣帝紀》：「其先出自帝高陽之子重黎。」此皆承《史記》而誤者也。**使復舊常，無相侵瀆，**解侵，犯也。**是謂絶地天通。**解絶地民與天神相通之道。**其後三苗復九黎之德，**解其後，高辛氏之季年也。三苗，九黎之後也。高辛氏衰，三苗爲亂，行其凶德，如九黎之爲也。堯興而誅之。**堯復育重、黎之後不忘舊者，使復典之。**解育，長也。堯繼高辛氏，平三苗之亂，繼育重、黎之後，使復典天地之官，羲氏、和氏是也。**以至於夏、商，故重、黎氏世敘天地，而别其分主者也。**解敘，次也。分，位也。**其在周，程伯休父其後也，當宣王時，失其官守而爲司馬氏。**解程，國也。伯，爵也。休父，名也。失官守，謂失天地之官，而以諸侯爲大司馬。《詩》曰「王謂尹氏，命程伯休父」是也。**疏**解「程國」至「是也」〇《後漢書·郡國志》：「雒陽有上程聚。古程國，《史記》曰伯休父之國也。關中更有程地。《帝王世紀》曰『文王居程，徙都豐』，故此加爲上程。」《詩·常武》疏：「父宜是字，而韋昭以爲名，未能審之。」《太史公自序》云：「司馬氏世典周史，惠、襄之間，司馬氏去周適晉。」正義引司馬彪序云：「南正黎，後世爲司馬氏。」索隱曰：「司馬，夏官卿，不掌國史，自先代兼爲史。衛宏曰：『司馬氏，周史佚之後。』」**寵神其祖，以取威於民，曰：『重實上天，黎實下地。』**解寵，尊也。言休父之後世尊神其祖，以威耀其民，言重能舉上天，黎能抑下地，今相遠，故不復通也。**遭世之亂，而莫之能禦也。**解亂，謂幽、平以下也。禦，止也。**不然，夫天地成而不變，**解言天地體成，不復改變也。**何比之有？」**解言不相比近也。

子期祀平王，解子期，楚平王之子結也。平王，恭王子，昭王父也。**祭以牛俎於王，**解致牛俎於昭王。**疏**解「致牛俎於昭王」○《曲禮》：「大夫以索牛。」正義謂：「天子之大夫，若諸侯之大夫，即用少牢。其喪祭，大夫亦得用牛。故《雜記》云：『上大夫之虞也，少牢；卒哭成事，祔皆太牢。』」卒哭成事祔皆無致胙之文，知此祀平王爲吉祭也。宋祖帝乙，鄭祖厲王，諸侯得祀出王，而大夫必不得祖諸侯。子期之祀平王，爲公廟設於私家，而又上僭諸侯之牲，故用牛。《少儀》：「凡膳，告於君子，主人展之，以授使者于阼階之南，南面再拜稽首送，❶反命，主人又再拜稽首。其禮：太牢則以牛左肩、臂、臑折九箇。」祭時牛陳於俎，故「俎」與「牛」連文。**王問於觀射父曰：「祀牲何及？」**解王感俎肉，而問牲何所及。**對曰：「祀加於舉。**解加，增也。舉，人君朔望之盛饌。**天子舉以大牢，祀以會。**解大牢，牛羊豕也。會，會三大牢。舉，四方之貢。**疏**「天子」至「以會」○天子祀天於郊，則用犢，《郊特牲》、《王制》、《祭法》具有明文，不聞以三大牢祀天也。若宗廟之祭，則莫大於禘祫，《周禮·宗伯》所謂「以肆獻祼享先王」也。賈公彦謂：「體解之時，必肆解以爲二十一體，故云肆。」此據《特牲饋食》解九體、《少牢饋食》十一體等而上之，則爲二十一體。若三大牢並用，則肆解爲六十三體。薦孰時不太繁乎？《充人》「供其享牛、求牛」，鄭注：「享，獻也。獻神之牛，謂所以祭者也。求，終也。終事之牛，謂所以繹者也。」則正祭日用一牛，明日繹祭又用一牛，不聞一日並用三牛、三羊、三豕也。蓋「祀以會」者，指王齊之時而言，《膳夫》職：「王齊日三舉。」鄭康成引先鄭司農

❶「南」，原脱，今據《禮記正義》補。

云：「齊必變食。」賈公彦謂：「加牲體至三大牢。《玉藻》朔食加日食一等，❶則朔食當兩太牢。」由疏意推言，則與「舉以大牢」合。齊因祀而行，故言「祀以會」，言將祀之時，日食用三大牢也，與下文「祀」字異義。

諸侯舉以特牛，祀以大牢。解特，一也。**卿舉以少牢，祀以特牛。**解少牢，羊豕。**大夫舉以特牲，祀以少牢。**解特牲，豕也。**士食魚炙，祀以特牲。**疏「祀以特牲」〇《儀禮·特牲饋食禮》：「夙興，主人服如初，立于門外東方，❷南面，視側殺。」注：「側殺，殺一牲也。」賈疏引《士冠禮》注：「側，猶特也。無耦曰側。」《少牢》云：「司馬刲羊，司士擊豕。」以其二牲，不云側也。**庶人食菜，祀以魚。**疏「祀以魚」〇《王制》：「庶人夏薦麥，麥以魚。」哀五年《公羊傳》：「陳乞曰：『常之母，有魚菽之祭。』」謙言至薄，下同庶人也。**上下有序，民則不慢。」王曰：「其小大何如？」對曰：「郊禘不過繭栗，**解角如繭栗。郊禘，祭天也。**烝嘗不過把握。」**解握，長不出把者。**王曰：「何其小也？」對曰：「夫神以精明臨民者也，故求備物，不求豐大。**解備物，體具而精潔者。**是以先王之祀也，以一純、二精、**解一純，心純一而潔。二精，玉帛也。**三牲、四時、五色、六律、七事、八種、**解七事，天、地、民、四時之務也。八種，八音也。**九祭、十日、十二辰以致之，**解九祭，九州助祭也。十日，甲至癸也。十二辰，子至亥也。擇其吉日令辰以致神。疏解「九祭」至「致神」〇《周禮·春官·大祝》九祭：「一曰命祭，二曰衍祭，三曰炮

❶ 上「食」字，原作「日」，今據《周禮注疏》改。下「朔食」同。

❷ 「方」，原作「房」，今據《儀禮注疏》改。

祭，四曰周祭，五曰振祭，六曰擩祭，七曰絶祭，八曰繚祭，九曰共祭。」則九祭之名甚爲昭著。弘嗣以九祭爲九州助祭，未審所本。「十日，甲至癸也」者，《漢書·律曆志》：「出甲於甲，奮軋於乙，明炳於丙，大盛於丁，豐楙於戊，理紀於己，斂更於庚，悉新於辛，懷任於壬，陳揆於癸。」此即用《史記·律書》之義。《釋名》亦與班《志》略同。「十二辰，子至亥也」者，《史記·律書》：「子者，滋也。言萬物滋于下也。丑，紐也。言陽氣在上未降，萬物厄紐未敢出。寅者，萬物始生螾然也，故曰寅。卯之言茂也，言萬物茂也。辰者，言萬物之蜄也。巳者，言陽氣之已盡也。午者，陰陽交，故曰午。未者言萬物皆成有滋味也。申者言陰用事，申賊萬物。酉者，言萬物之老也。戌者，言萬物盡滅，故曰戌。亥者，該也，言陽氣藏于下，故該也。」《漢書·律曆志》、《説文》、《釋名》與《史記》略同。《少牢饋食禮》：「日用丁巳，筮旬有一日。」大夫如此，則天子、諸侯卜祭日可知。

百姓、千品、萬官、億醜、兆民經入畡數以奉之，解百姓，百官受氏姓也。千品，姓有徹品，十爲千品。五物之官，陪屬萬爲萬官。官有十醜爲億醜。天子之田九畡，以食兆民，王取經入，以食萬官也。**疏**解「百姓」至「萬官」〇《書》：「平章百姓。」傳云：「百姓，百官。」孔疏：「隱八年《左傳》：『天子建德，因生以賜姓。』謂建立有德以爲公卿，因其所生之地而賜之以爲其姓，令其收斂族親，❶自爲宗主。明王者任賢不任親，故以『百姓』言之。」《廣韻》：「徹，達也。」言姓之顯著。昭二十九年《傳》「物有其官，❷故有五行

---

❶ 「族親」，原作「宗族」，今據《春秋左傳正義》改。

❷ 「官」，原作「宫」，今據《春秋左傳正義》改。

之官」，是五物即五行。定四年《傳》杜注：「陪，增也。」「官有十醜爲億」者，《易·漸卦》疏：「醜，類也。」昭四年《傳》申無宇曰：「人有十等，下所以事上，上所以共神也。王臣公，公臣大夫，大夫臣士，士臣皂，皂臣輿，輿臣隸，隸臣僚，僚臣僕，僕臣臺。」則十等爲十類也。晐、垓蓋通字，《風俗通義》：「千生萬，萬生億，億生兆，兆生京，京生垓，垓生秭，秭生壤，壤生谿，谿生澗，澗生正，正生載。」則九晐即九州。《王制》：「四海之内，爲田八十萬億一萬億畝也。」**明德以昭之，**解昭，昭孝敬也。**龢聲以聽之，**解中和之聲，使神聽之。**以告徧至，則無不受休。**解至，神至也。休，慶也。**毛以示物，**解物，色也。**血以告殺，**解明不因故也。**疏**「毛以」至「告殺」○《禮·郊特牲》疏：「血，是告幽之物。毛，是告全之物。告幽者，言牲體肉裹美善；❶告全者，牲體外色完具。故鄭云『純，謂中外皆善』。言中善則血好，外善則毛好也。」《祭義》：「卿大夫袒，❷而毛牛尚耳。」鄭注：「以耳目爲尚。」疏：「耳主聽，欲使神聽之。」❸蓋充人掌辨牲色，如周公白牡，魯公騂犅，必薦其耳本之毛，使神知其爲白、爲騂也。《詩正義》云：「若不殺則無血，故以血告殺也。」《内則》「擣珍，取牛肉必新殺者」，是牲以新殺爲貴，以明敬也。**接誠拔取以獻具，❹爲齊敬也。**解接誠於

---

❶「裹」，原作「衷」，今據《禮記正義》改。

❷「袒」，原作「祖」，今據《禮記正義》改。

❸「神」，原作「人」，今據《禮記正義》改。

❹「具」，原作「其」，今據宋公序本《國語》改。

神也。拔毛取血，獻其備物也。齊，潔也。《詩》曰：「執其鸞刀，以啓其毛，取其血膋。」**敬不可久，民功不堪，故齊肅以承之。」**解肅，疾也。承，奉也。**王曰：「芻豢幾何？」**解草食曰芻，穀食曰豢。疏「芻豢幾何」○《文選·七發》李善注：「《國語》：『犓豢幾何。』」犓，《説文》：「以芻莖養國牛也。」是唐以前本皆作「犓」。**對曰：「遠不過三月，近不過浹日。」**解遠，謂三牲。近，謂雞鶩之屬。浹日，十日也。疏解「浹日十日」○《周禮·大宰》鄭注：「從甲至甲謂之挾日，凡十日。」賈疏：「若甲至癸仍有癸日，不得通挾，故以從甲至甲言之。」**王曰：「祀不可以已乎？」**解已，止也。**對曰：「祀所以昭孝息民，**解昭孝養，使民蕃息也。**撫國家，定百姓也，不可以已。夫民氣縱則底，**解氣，志氣也。縱，放也。底，箸也。**底則滯，滯久則震，**解滯，廢也。震，懼也。言無祭祀則民無所畏懼，無所畏懼則志放縱，志放縱則遂廢滯，難復恐懼也。**生乃不殖。**解生，人物也。殖，長也。不長神，不降以福也。**是用不從，**解不從上令。**其生不殖，不可以封。**解封，國也。**是以古者先王日祭月享，時類歲祀。**解以事類曰類。日祭於祖、考，月祭於高、曾，時類於二祧，歲祀於壇墠。疏「日祭」至「歲祀」○《祭法》：「王立七廟，一壇一墠。曰考廟，曰王考廟，曰皇考廟，曰顯考廟，曰祖考廟，皆月祭之。遠廟爲祧，有二祧，享嘗乃止；去祧爲壇，去壇爲墠，壇墠有禱焉，祭之，無禱，乃止。去墠曰鬼。」不言日與歲時者，文不具也。《尚書大傳》：「祭之言察也，察者，至也，言人事至於神也。」《周禮·司尊彝》鄭注：「享，獻也。蓋合四海九州之所有而獻之也。」《王制》鄭注：「類，祭名，其禮亡。」疏引《小宗伯》：「凡天地之大烖，類社稷宗廟，則爲位。」則宗廟亦可言類，不嫌與巡守之類、攝位之類、行師之類、戰勝之類同名也。《孝經疏》：「祀者，似也，似將見先人也。」以期日之疏數，別世次之遠近也。**諸侯舍日，**解有月享也。**卿大夫舍月，**解有時祭也。**士庶人舍時，**解歲乃祭也。**天子偏祀羣臣品物，**解品物，謂若八蜡所祭貓、虎、昆蟲之類也。疏「天子」至「品物」○偏祀，則天神、地祇、人鬼皆在其中，復言「羣臣品物」，舉卑以包尊。《月令》：「乃命百縣雩祀百辟卿士有益于民者。」《書·盤庚》：「茲予大享于先王，爾祖其從以享之。」是天子祀羣臣也。○解「品物」至「之類」○《郊特牲》：「迎貓，爲其食田鼠也。迎虎，爲其食田豕也。迎而祭之也。」鄭注：「迎其神也。」疏：「恐迎貓虎之身，故云迎其神而祭之。」《王制》：「昆蟲未蟄。」鄭注：「昆，明也。明蟲者，得陽而生，得陰而藏。」《祭統》鄭注：「昆蟲，謂溫生寒死之蟲也。」《漢書·成帝紀》：「昆，衆也。昆蟲言衆蟲也。」又許氏《説文》二虫爲䖵，讀與昆同，謂蟲之總名。兩義並通。而康成以昆蟲爲明蟲，失之矣。按《大戴禮·夏小正》篇：「昆者，衆也，由魂。句。魂也者，動也，小蟲動也。」則顏注本《戴記》之義。《荀子·富國篇》楊注：「昆蟲，蚔、蠬、蜩、范之屬。」**諸侯祀天地三辰及其土之山川，**解三辰，日、月、星也。祀天地，謂三王後也。非三王後，祭分野星、山川而已。疏「諸侯」至「山川」○昭十三年《傳》：「乃大有事於羣望。」杜注：「羣望，星辰、山、川。」疏引孔晁《國語注》與韋解同。昭元年《傳》：「辰爲商星，參爲晉星。」哀六年《傳》：「江、漢、睢、漳，楚之望也。」是諸侯得祭分野之星及山川也。○解「祀天」至「王後」○襄二十五年《傳》子產曰：「庸以元女大姬配胡公，而封諸陳，以備三恪。」孔疏引《郊特牲》云：「天子存二代之後，猶尊賢也。尊賢不過二代。」鄭康成謂，杞、宋二王之後，薊、祝、陳爲三恪。杜預以周封夏、殷之後爲二王後，又封陳，并二王後爲三恪。按：《禮運》：「杞之郊也，禹也。宋之郊也，契也。」而陳不聞有郊，則其禮不得同杞、宋可知，況薊、祝、陳並帝者之後，無緣降舜爲王，蓋韋解本作「二王後」，後人傳寫訛作「三」耳。**卿、大夫祀其禮，**解禮，謂五祀及祖所自出也。**疏**解「禮謂」至「自出」○昭二十九年《傳》孔疏引賈逵《内傳》注：「句芒祀於户，祝融祀於竈，蓐收祀於門，玄冥祀於井，后土祀於中霤。」《禮記》鄭注引《儀禮》逸《中霤》云：❶「凡祭五祀于廟，有主有尸，皆設席于奥。祀户之禮，南面設主於户内之西，乃制脾及腎爲俎，奠于主北。又設盛於俎西，祭黍稷，祭肉、祭醴，皆三，祭肉脾一，腎再。既祭徹之，更陳鼎俎，設饌于筵前，迎尸，略如祭宗廟之儀。祀竈之禮，先席于門之奥，東面，設主於竈陘，乃制肺及心肝爲俎，奠於主西；又設盛于俎南，亦祭黍三，祭肺、心、肝各一，祭醴三。亦既祭徹之，更陳鼎俎，設饌于筵前，迎尸如祀户之禮。祀門之禮，北面設主于門左樞，乃制肝及肺心爲俎，奠于主南；又設盛于俎東，其他皆如祀竈之禮。祀行之禮，北面設主于軷上，乃制及脾爲俎，❷奠于主南；又設盛于俎東，祭肉腎一、脾再，其他皆如祀門之禮。」祖所自出，謂曾祖也。《祭法》：「大夫立三廟二壇，❸曰考廟，曰王考廟，曰皇考廟，享嘗乃止。顯考、祖考無廟。」皇考爲王考之父，則曾祖也。王考之所出，故謂之「祖所自出」。近儒引《大傳》「別子爲祖」，謂別子所自出之君以喻之，則如「宋祖帝乙、鄭祖厲王」者。按《郊特牲》明言「大夫不得祖諸侯。公廟之設於私家，非禮也」，別子果得立諸侯之廟于家，何以《郊特牲》斥其非禮乎？

❶「禮記」，原作「周禮」，今據《禮記正義》改。
❷「及」上，據《禮記正義》當有「腎」字。
❸「二」，原作「一」，今據《禮記正義》改。

宋存殷祀，方且使祀成湯，何況帝乙？　鄭祖厲王，出于西周之末，已非禮制，子期之祀平王，其僭妄正同，故觀射父以此諷之。　蓋子期身存，當助昭王祭于平廟，子期身没，則子孫即奉之爲祖矣。　**士、庶人不過其祖。**解祖，王父也。　**日月會於龍狵，**解狵，龍尾也。　謂周十二月、夏十月也，日月合辰於尾上。《月令》曰：「孟冬，日在尾。」**疏**解「狵龍」至「在尾」○《吕氏春秋·十月紀》高誘注：「孟冬，夏之十月。尾，東方宿，燕之分野。是月，日躔此宿。」錢大昕曰：「《廣韻·四覺部》『豝』訓『龍尾』，又與『豚』同，乃知『狵』爲『豝』之譌。《廣雅》『豚，豰也』，故『龍尾』亦有『龍豝』之稱。然『豝』、『豚』皆漢人俗字，依《説文》當爲『涿』。涿者，流下滴，與『豰』義正相近也。」　**土氣含收，**解含收，收縮。　萬物含藏也。　**天明昌作，**解昌，盛也。作，起也。謂天氣上也。　是月，純坤用事。　**百嘉備舍，**解嘉，善也。　時物畢成，舍入室也。　**羣神頻行。**解頻，並也。並行，欲求食也。　**國於是乎烝嘗，家於是乎嘗祀。**解烝，冬祭也。嘗，嘗百物也。《月令》：「孟冬，大飲烝。」《傳》曰：「閉蟄而烝。」　**百姓夫婦，擇其令辰，**解辰，十二辰也。　**奉其犧牲，敬其齍盛，潔其糞除，慎其采服，禋其酒醴，帥其子姓，**解禋，潔也。子，衆子。　姓，同姓也。　**從其時享，虔其宗祝，**解宗，主祭祀。　祝，主祝祈也。　**道其順辭，以昭祀其先祖，肅肅濟濟，如或臨之。　於是乎合其州鄉朋友婚姻，比爾兄弟親戚。**解合，會也。　比，親也。　**於是乎弭其百苛，殄其讒慝，**解弭，止也。　苛，虐也。　殄，覆也。　止、覆，謂解怨除恨之辭。　**合其嘉好，結其親暱，**解合，結也。　謂於此更相申固之。　**億其上下，**解億，安也。　**以申固其姓。　上所以教民虔也，下所以昭事上也。　天子禘郊之事，必自**

射其牲，解牲，牛也。**疏**「必自射其牲」○《周禮・夏官・射人》：「祭祀，則贊射牲。」《司弓矢》：「供王射牲之弓矢。」❶《漢書・郊祀志》：「武帝令諸儒習射牛。」又云：「令侍中儒者皮弁搢紳，射牛行事。」則漢尚守周制也。《史記・封禪書》集解：「蘇林曰：『當祭廟，射其牲以除不祥。』臣瓚曰：『射牛示親殺也。』」索隱：「天子射牛示親殺也。」是司馬貞用瓚説也。**王后必自舂其粢。**解器實曰粢。**疏**「王后」至「其粢」○《周禮・小宗伯》鄭注：「六粢，謂黍、稷、稻、粱、麥、苽。」是諸穀皆名粢。《左傳釋文》：「糲米，一斛舂爲八斗。」古者后宫藏穜，生而獻之，取稼嫁滋生之義。帝耕於籍，后獻其種，及收而藏于神倉，則有王后親舂之禮，如天子三推而舂人終其事焉。**諸侯宗廟之事，必自射其牛，刲羊，擊豕，**解刲，刺也。擊，殺也。**疏**「諸侯」至「擊豕」○《禮記》鄭注引《儀禮逸烝嘗禮》云：「射豕者。」隱四年《傳》：「則公不射。」❷惠棟《左傳補注》曰「此指祭祀射牲」，引《夏官・射人》及《司弓矢》爲證。《少牢饋食禮》：「司馬刲羊，司士擊豕。司馬升羊右胖，髀不升，肩、臂、臑、膊、骼、正脊一、脡脊一、横脊一、短脅一、正脅一、代脅一，皆二骨以並；腸三、胃三、舉肺一、祭肺三，實于一鼎。司士升豕右胖，髀不升，肩、臂、臑、膊、骼、正脊一、脡脊一、横脊一、短脅一、正脅一、代脅一，皆二骨以並；舉肺一、祭肺三，實于一鼎。」諸侯祭禮亡，今約上大夫之制言之。❸《儀禮》言

❶「王」，原脱，今據《周禮注疏》補。

❷「公」，原作「君」，今據《春秋左傳正義》改。

❸「上」，原作「土」，今據文義改。

司馬、司士，而此言自擊、刲，蓋國君親涖之而司馬諸官終其事耳。**夫人必自舂其盛。**解在器曰盛。上言「粢」，此言「盛」，互其文也。疏「夫人」至「其盛」〇桓十四年《穀梁傳》：「甸粟而納之三宮，三宮米而藏之御廩。夫嘗必有兼甸之事焉。」范注：「夫人親舂，是兼甸之事。」《漢書·五行志》：「劉向以爲御廩，夫人八妾所舂米之藏以奉宗廟者也。」**況其下之人，其誰敢不戰戰兢兢以事百神！天子親舂，禘郊之盛，**解帥后舂之。**王后親繅其服，**解服，祭服也。《祭義》云「夫人繅，三盆手」，則王后其一盆與？《國語》曰：「王耕一墢，班三之。」疏「王后親繅其服」〇《祭統》：「王后蠶于北郊，以共純服。」《周禮·內宰》：「中春，詔后率外內命婦始蠶于北郊。」❶《祭義》：「世婦卒蠶，奉繭以示于君，遂獻繭于夫人。夫人繅，三盆手，遂布于三宮夫人世婦之吉者使繅，遂朱緑之，玄黄之，以爲黼黻文章。服既成，君服以祀先王先公。」鄭注：「三盆手者，三淹也。凡繅，每淹大總，而手振之以出緒也。」孔疏：「此雜互天子之禮而言之。」❷**自公以下至於庶人，敢不齊肅恭敬致力于神！民所以攝固者也，若之何其舍之也！」**解攝，持也。舍，廢也。**王曰：「所謂一純、二精、七事者何也？」對曰：「聖王正端冕，以其不違心，帥其羣臣精物以臨監享祀，無有苛慝於神者，謂之一純。**解端，玄端之服也。冕，大冠也。監，視也。不違心，謂心思端正，服則端冕。**玉、帛爲二精。**解明潔爲精。**天、地、民及四時之務爲七事。」王曰：**

---

❶ 「率」，《周禮注疏》作「帥」。

❷ 「之禮」二字，原脱，今據《禮記正義》補。

「三事者，何也？」對曰：「天事武，解乾稱剛健，故武。疏解「乾稱剛健故武」○《周易集解》虞翻注：「精剛自勝，行動不休，故健也。」地事文，解地質柔順，故文。《易》曰：「坤爲文。」疏解「地質」至「爲文」○《九家易》曰：「萬物相雜，故爲文也。」民事忠信。」解以忠信爲行。王曰：「所謂百姓、千品、萬官、億醜、兆民經入畡數者，何也？」對曰：「民之徹官百，解徹，達也。自以名達於上者，有百官也。王公之子弟之質能言能聽徹其官者，解質，有賢行也。能言，能言其官職也。而物賜之姓，以監其官，是爲百姓。解物，事也，以功事賜之姓。官有世功，則有官族，若司馬、大史之屬是也。姓有徹品，十於王謂之千品。解謂一官之職，其寮屬徹於王者有十品。百官，故有千品也。五物之官陪屬萬，爲萬官。解五官，謂天、地、人、民類物之官也。臣之臣爲陪屬，謂有僚屬轉陪貳相佐助，復有十等。千品，故萬官也。官有十醜，爲億醜。解醜，類也。以十醜，承萬爲十萬，十萬曰億，古數也。今人乃以萬萬爲億。疏解「醜類」至「爲億」○《詩・楚茨》箋、《伐檀》箋並云「十萬曰億」，知古億十萬者，以田方百里，於今數爲九百萬畝。而《王制》云「方百里者爲田九十億畝」，是億爲十萬，故《王制》注「億，今之十萬」，是以今曉古也。《豐年》毛傳：「數萬至萬曰億，數億至億曰秭。」陸德明曰：「毛傳以時事言之，故《九章算術》皆以萬萬爲億。」是漢晉以萬萬爲億也。天子之田九畡以食兆民，解九畡，九州之内有畡數也。食兆民，耕而食其中也。天子曰兆民。王取經入焉，以食萬官。」解經，常也。常入，征稅也。

鬬且廷見令尹子常，解鬬且，楚大夫。子常，子囊之孫囊瓦也。**子常與之語，問蓄貨聚馬。歸以語其弟曰：「楚其亡乎！不然，令尹其不免乎！吾見令尹，問蓄貨積實，如餓豺狼焉，**解實，財也。**殆必亡者也。夫古者聚貨不妨民衣食之利，聚馬不害民之財用，**解貨，珠玉之屬，自然物也。貨馬多則養求者衆，妨財力也。**國馬足以行軍，**解國馬，民馬也。十六井爲丘，有戎馬一匹，牛三頭，足以行軍也。**疏**解「國馬」至「行軍」○昭四年《傳》孔疏：「丘十六井，當出馬一匹，牛三頭。」《司馬法》文也。《周禮》：「有夫征、家征，謂出車徒給徭役。」❶此牛馬之屬則家征也。**公馬足以稱賦，**解公馬，公之戎馬也。稱，舉也。賦，兵賦也。**疏**解「公馬」至「兵賦」○《夏官・校人》：「天子十有二閑，馬六種。邦國六閑，馬四種。」鄭注：「諸侯有齊馬道馬田馬，大夫有田馬各一閑，其駑馬則皆分爲三焉。」據此則公馬當兼祀獵給使言之，未必專指戎馬也。**不是過也。公貨足以賓獻，**解賓，饗贈也。獻，貢也。**疏**「公貨」至「賓獻」○公貨，即《儀禮・聘禮》所言「公幣」，賈疏：「于君所得爲公幣。賓之公幣有八：郊勞幣，一也；禮賓幣，二也；致饔餼，三也；夫人歸禮幣，四也；侑食幣，五也；再饗幣，六也；夕幣，七也；贈賄幣，八也。此八者，皆主君禮賜使者，皆用束錦，故曰公幣。上介公幣則有五：致饔餼，一也；夫人致禮幣，二也；侑食

---

❶「謂」上，當有「家征」二字。

幣，三也；饗酬幣，❶四也；郊贈幣，五也。」是以賓獻謂足共獻賓而無闕也。**家貨足以共用，**解家，大夫也。**疏**「家貨」至「共用」〇家貨，即《儀禮·聘禮》所言「私幣」。賈疏：「於卿大夫所爲私幣。賓之私幣略有十九：主國三卿、五大夫皆一，食有侑幣，饗有酬幣，皆用束錦，則是十六；有三卿郊贈，則十九也。上介私幣有十一：主國三卿五大夫，或食或饗不備，要有其一，則其幣八也；又三卿皆有郊贈，如其面幣，通前則十一也。」共用，謂足共侑、酬郊、贈送往之用也。**不是過也。夫貨馬郵則闕於民，**解郵，過也。闕，缺也。**民多闕則有離畔之心，將何以封矣！**解封，封國也。**昔鬬子文三舍令尹，**解子文，鬬伯比之子於菟也。舍，去也。**無一日之積，恤民之故也。**解積，儲也。**成王聞子文之朝不及夕也，**解成王，楚文王之子頵也。**於是乎每朝設脯一束、糗一筐，以羞子文。**解糗，寒粥也。筐，器名也。羞，進也。**疏**解「糗寒」至「器名」〇糗，《説文》「熬米麥也」。又乾飯屑也。《周禮·籩人》鄭司農注：「糗，熬大豆與米也。」鄭康成注：「糗者，擣粉熬大豆爲餌。」《尚書·費誓》孔疏：「糗，擣熬穀也。熬米麥使熟，又擣之以爲粉。」哀十一年《傳》杜注：「糗，乾飯。」按：弘嗣訓爲寒粥，諸儒所未言者，且僅筐爲竹器，亦未可盛粥也。**至于今令尹秩之。**解秩，常也。**成王每出子文之禄，必逃，王止而後復。**解禄，奉也。復，反也。**人謂子文曰：『人生求富，而子逃之，何也？』對曰：『夫從政者以庇民也，**解庇，覆也。**民多曠**

---

❶「幣」，原脱，今據《儀禮注疏》補。

者而我取富焉，解曠，空也。**是勤民以自封也，**解勤，勞也。封，厚也。**死無日矣。我逃死，非逃富也。』故莊王之世滅若敖氏，唯子文之後在，至於今處鄖，爲楚良臣。**解莊王，成王孫也。若敖氏，子文之族也。魯宣四年，子文之弟子鬭椒爲亂，莊王滅若敖氏之族，子文之孫箴尹克黄使於齊還，而自拘於司敗。王思子文之治楚也，曰：「子文無後，何以勸善。」使復其所。其子孫當昭王時爲鄖公。❶疏「至於今處鄖」○《漢書・地理志》「江夏郡竟陵」注：「鄖鄉，楚鄖公邑。」又「江夏郡雲杜」注：「應劭曰：『若敖取于邔，今邔亭是也。』」桓十一年《傳》杜注：「鄖，國名。江夏雲杜東南有鄖城。」宣四年《傳》杜注又云：「邔，國名。」則鄖與邔雖同在江夏，而非一地矣。《水經・沔水》注：「巾水又西逕竟陵縣北，西注揚水，謂之巾口。水西有古竟陵大城，古鄖國也，鄖公辛所治，所謂鄖鄉。」《水經》又云：「沔水又東南過雲杜縣。」注云：「古邔亭。」則鄖非邔矣。鄖本小國，楚滅爲邑，在今湖北德安府安陸縣境内。**是不先恤民而後己之富乎？今子常，先大夫之後也，**解先大夫，子囊也。**而相楚君無令名於四方。民之羸餒，日日已甚。**解羸，瘠也。言日日又甚。**四境盈壘，**解盈，滿也。壘，壁也。言壘壁滿於四境之内。**道殣相望，**解道冢曰殣。《詩》曰：「行有死人，尚或殣之。」**盗賊司目，民無所放。**解放，依也。疏「盗賊」至「所放」○昭九年《傳》：「屠蒯曰：『女爲君目，將司明也。』」《漢書》汲黯曰：「外挾賊吏以爲重也。」《董仲舒傳》曰：「暴虐百姓，與姦爲市。」言子常以盗賊之人居君司目之任也。《檀弓》：「梁木其壞，則吾將安放。」注謂「梁

❶「鄖」，原作「勛」，今據宋公序本《國語》改。

木爲衆木所依」，是訓放爲依也。**是之不恤，而蓄聚不厭，其速怨於民多矣。****解**速，召也。**積貨滋多，蓄怨滋厚，不亡何待！夫民心之慍也，****解**慍，怒也。**若防大川焉，潰而所犯必大矣。****解**犯，敗也。**子常其能賢於成、靈乎？成不禮於穆，願食熊蹯，不獲而死。****解**成，成王，穆王商臣之父也，欲黜商臣而立其弟職。商臣圍成王，王請食熊蹯而死，不聽，遂自殺。蹯，掌也。**疏**解「蹯掌」○文元年《傳》杜注：「熊掌難熟。或云熊好舐其掌，故熊掌爲珍饍。」《説文》：「獸足謂之番。从采田，象其掌。」今經典通作「蹯」。**靈王不顧於民，一國棄之，如遺跡焉。****解**靈王不君，罷弊楚國，三軍叛之，如行人之遺棄其迹也。**子常爲政，而無禮不顧，甚於成、靈，其獨何力以待之！」****解**待，猶禦也。**期年，乃有栢舉之戰，子常奔鄭，昭王奔隨。****解**栢舉，楚地。隨，漢東國也。初，蔡昭侯朝于楚，子常欲其佩。唐成公亦朝焉，子常欲其驌驦馬。二君不予，而留之三年。後予之，乃得歸。歸與吴伐楚，大敗之。在魯定四年。奔隨，自鄖奔隨也。**疏**解「栢舉」至「奔隨」○《名勝志》：「麻城東北三十里有栢子山縣，東南有舉水，栢舉之名蓋合栢山、舉水而得之。」顧炎武《左傳杜解補正》引傳遜曰：「柏舉，楚地，在今河南西平縣。」今柏子國並録二説，以待審定。隨，《鄭語》解訖。定四年《傳》孔疏引賈逵注：肅霜，色如霜紈。馬融曰：「肅爽，雁也，其羽如練，高首而修頸。馬似之，天下稀有。」故子常欲之。《説文》：「鷫鷞，五方神鳥也。西方曰鷫鷞。」《淮南·原道訓》高注：「鷫鷞，鳥名，長頸緑身，其形似雁。」《文選注》引《三傳異同説》曰：「驌驦，鳥也，馬似之。」杜解但云駿馬名，殊未分晰。《淮南·泰族訓》：「闔閭伐楚，五戰及郢，燒高府之粟，破九龍之鐘，鞭荆平王之墓，舍昭王之宫，昭王奔隨。」定四年《傳》：「楚子涉睢，濟江，入於雲中。王奔鄖。鬭辛與其弟巢以王奔隨。」顧炎武《杜解補正》引傳遜曰：「睢、漢二水皆入江。楚子既涉睢而西，復還入睢，由睢而入江，繞吴兵之南而北濟以入鄖，自鄖奔隨也。」

吴人入楚，疏「吴人入楚」〇哀四年冬十一月庚辰，吴入郢。《穀梁傳》曰：「入易，無楚也。壞宗廟，徙陳器，撻平王之墓。」徐彦《公羊疏》引《春秋説》：「鞭平王尸，血流至踝。」按昭二十六年，楚子居卒，至今二十餘年，而言「血流至踝」者，非常之事，未可以常理測也。昭王出奔，濟於成臼，解吴人闔閭也。出奔隨也。濟，渡也。成臼，津名。疏解「成臼津名」〇定六年《傳》杜注：「江夏竟陵縣有臼水，出聊屈山，西南入漢。」按：今湖北漢陽府漢川縣有臼水，亦名臼子河，西南與漢水合。《水經·沔水》注：「言臼水入沔。」與元愷異。見藍尹亹載其孥，解藍尹亹，楚大夫也。妻子曰孥。疏「見藍」至「其孥」〇《廣韻》引《世本》云「楚大夫涉其孥」，則亹、孥爲二人名。今此《傳》言「載其孥」，則非人名，未知《世本》何據也。王曰：「載予。」對曰：「自先王莫隊其國，解隊，失也。當君之世而亡之，君之過也。」遂去王。王歸，又求見王，王欲執之。子西曰：「請聽其辭，夫其有故。」解子西，平王之子，昭王之庶兄，令尹公子申也。故，猶意也。王使謂之曰：「成臼之役，而棄不穀，今而敢來，何也？」解而，汝也。對曰：「昔瓦唯長舊怨，以敗於柏舉，故君及此。解瓦，子常名也。長，猶積也。今又效之，無乃不可乎？臣避於成臼，以儆君也，庶悛而更乎！解悛，改也。今之敢見，觀君之德也。曰庶懼而鑒前惡乎！解鑒，鏡也。君若不鑒而長之，君實有國而不愛，臣何有於死，解何惜於死。死在司敗矣！解楚謂司寇爲司敗。唯君圖之。」子西曰：「使復其位，以無忘前敗。」解言見亹則念前敗也。王乃見之。

吴人之入楚，楚昭王奔鄖，解鄖，楚邑也。鄖公之弟懷將殺王，解鄖公，楚令尹子文之玄孫之孫蔓成然之子鬬辛也。鄖公辛止之。懷曰：「平王殺吾父，解平王，昭王考也。父，蔓成然也。成然立平王，貪求無厭，平王殺之。在國則君，在外則讎也。見讎弗殺，非人也。」鄖公曰：「夫事君者，不爲外内行，解不爲外内易行。不爲豐約舉，解豐，盛也。約，衰也。舉，動也。苟君之，尊卑一也。且夫自敵以下則有讎，解敵，敵體也。非是不讎。下虐上爲殺，上虐下爲討，而況君乎？君而討臣，何讎之爲？若皆讎君，則何上下之有乎？吾先人以善事君，成名於諸侯，自鬬伯比以來，未之失也。今爾以是殃之，不可。」解殃，病害也。懷弗聽，曰：「吾思吾父，不能顧矣。」鄖公以王奔隨。解避懷也。王歸而賞及鄖懷，子西諫曰：「君有二臣，或可賞也，或可戮也。君王均之，羣臣懼矣。」解均，同也。賞罰無别，故懼也。王曰：「夫子期之二子邪？吾知之矣。解子期，蔓成然字。或禮於君，或禮於父，均之，不亦可乎？」

子西歎於朝，藍尹亹曰：「吾聞君子唯獨居思念前世之崇替，解崇，終也。替，廢也。《詩》云：「曾不崇朝。」與哀殯喪，解塗木曰殯。於是有歎，其餘則否。君子臨政思義，解思公義也。飲食思禮，同宴思樂，在樂思善，無有歎焉。今吾子臨政而歎，何也？」子西曰：「闔閭能敗吾師。解柏舉之戰。闔閭即世，吾聞其嗣又甚焉，解嗣，嗣子夫差也。甚，謂政德過於父也。吾是以歎。」對曰：「子患政德之不修，無患吴矣。夫闔閭口不貪嘉味，耳不樂逸聲，解逸，淫也。目不淫於色，身不懷於安，朝夕勤志，恤民之羸，解羸，病也。聞一善若驚，得一士若賞，解若受賞也。有過必悛，解悛，改也。有不善必懼，是故得民以濟其志。解濟，成也。志，戰克也。今吾聞夫差好罷民力以成私好，縱過而翳諫，解翳，障也。疏解「翳障」○《廣雅》：「翳，障也。」《廣韻》：「隱也，蔽也。」《急就篇注》：「翳，凡鳥之羽可隱翳者也。舞者所持羽翿以自隱蔽。」一夕之宿，臺榭陂池必成，六畜玩好必從。夫先自敗也已，焉能敗人？子修德以待，吴將斃矣。」

王孫圉聘於晉，解王孫圉，楚大夫也。疏解「王孫」至「大夫」○圉，明道本作「圄」。案：楚靈王雖無後，然楚大夫不應取先君之名爲名，則作「圄」者，非也。定公饗之，趙簡子鳴玉以相，解定公，晉頃公之子午也。簡子，趙鞅也。鳴玉，鳴其佩玉，以相禮。問於王孫圉曰：「楚之白珩猶存乎？」解珩，佩上之横者。對曰：「然。」簡子曰：「其爲寶也幾何矣。」解幾何世也。曰：「未嘗爲寶。楚之所寶者曰觀射父，解言以賢爲寶。不以寶爲寶。能作訓辭，以行事於諸侯，解言以訓辭交結諸侯。使無以寡君爲口實。解口實，毀弄也。又有左史倚相，能道訓典，以敘百物，解敘，次也。物，事也。以朝夕獻善敗於寡君，使寡君無忘先王之業，又能上下説乎鬼神，順道其欲惡，解説，媚也。使神無有怨恫于楚國。解痛，疾也。又有藪曰雲，連徒洲，金木竹箭之所生也。解楚有雲夢藪，澤也。連，屬也。水中之可居者曰洲，徒其名也。**疏**解「楚有」至「其名」○《夏官·職方》：「荆州其澤藪曰雲夢。」《爾雅·釋地》：「楚有雲夢。」邵晉涵曰：「雲夢本一藪。昭三年《傳》『王以田于江南之夢』，定四年《傳》：『楚子涉睢，濟江，入于雲中。』雲、夢二字分舉，從省文也。後人遂謂夢在江南，雲在江北。唐人改《禹貢》爲『雲土，夢作乂』，以從古本《尚書》。然《史記·夏本紀》述《禹貢》云『雲夢土爲治』，《漢書·地理志》引《禹貢》云『雲夢土作乂』，則唐人所云《尚書》古本未足據也。吴師五戰及郢，昭王自郢西走，涉沮水渡江而南，東行入雲中。故杜注云：『入雲夢中，所謂江南之夢。』是雲即江南之夢，後儒謂『雲在江北』者，非也。《漢書·地理志》南郡華容縣：『雲夢澤在南，荆州藪。』漢、晉華容縣，今爲荆州府監利、石首二縣。監利在江北，石首在江南。郭璞言『在華容縣東南巴丘湖』者，舉江南以該江北也。」齡謂：射父言雲，猶定四年《傳》之單言「雲中」，故弘嗣據《爾雅》、《職方》、《漢志》而以雲夢釋之。知「徒」爲洲名者，以《晉語》有「徒林」也。

龜、珠、齒、角、皮、革、羽、毛，所以備賦用，以戒不虞者也，解龜，所以備吉凶。珠，所以禦火災。角，所以爲弓弩。齒，象齒，所以爲弭。皮，虎豹皮，所以爲茵鞬。革，犀兕也，所以爲甲冑。羽，鳥羽也，所以爲旌。毛，旄牛尾，所以注干首。賦，兵賦。虞，度也。**所以共幣帛，以賓享於諸侯者也。**解享，獻也。**疏**「共幣」至「諸侯」○《儀禮·聘禮》：「受享束帛加璧，受夫人之聘璋，享玄纁束帛加琮。」鄭注：「享，獻也。既聘又獻，❶所以厚恩惠也。」《聘禮》又云：「賓裼，奉束帛加璧享。」是皆以幣、帛也。昭七年《傳》：「楚

❶「獻」，原作「享」，今據《儀禮注疏》改。

子享公于新臺，好以大屈。」《楚世家》集解、服虔《左傳注》：「大屈，❶寶金，可以爲劍。一曰大屈，弓名。《魯連書》曰：『楚子享魯侯，與之大屈之弓，既而悔之。』」是楚國賓享諸侯之事也。若諸侯之好幣具，而導之以訓辭，解導，行也。有不虞之備，而皇神相之，解能媚於神，故皇神相之。皇，大也。相，助也。寡君其可以免罪於諸侯，而國民保焉。解保，安也。此楚國之寶也。若夫白珩，先王之玩也，何寶焉？解玩，玩弄之物。圉聞國之寶六而已。聖能制議百物，以輔相國家，則寶之；玉足以庇蔭嘉穀，使無水旱之災，則寶之；解玉，祭祀之玉也。疏「玉足」至「則寶之」○《詩·雲漢》「圭璧既卒」，是禱水旱之祭用玉也。唐代宗即位，楚州獻定國寶十有二，其三曰穀璧，白玉也，如粟粒，無雕鐫之跡，王者得之五穀豐。是玉能庇穀也。龜足以憲臧否，則寶之；解憲，法也。取善惡之法。珠足以禦火災，則寶之；解珠，水精，故以禦火災。疏解「珠水」至「火災」○《説文》：「珠，蚌之陰精。」珠生于蚌，故曰陰精。金足以禦兵亂，則寶之；解金，所以爲兵也。疏「金足」至「寶之」○僖十八年《傳》：「鄭伯朝楚，楚子賜之金，既而悔之。與之盟曰『無以鑄兵』，故以鑄三鐘。」楚金利，懼鄭鑄兵，故盟之，是金即鋼也。山林藪澤足以備財用，則寶之。若夫譁囂之美，解譁囂，猶讙譊，謂若鳴玉以相。楚雖蠻夷，不能寶也。」解微刺簡子也。

惠王以梁與魯陽文子，解惠王，昭王子，越女之子章也。梁，楚北境也。文子，平王之孫，司馬子期

❶「大屈寶金可以爲劍」八字，爲賈逵注。

子魯陽公也。**文子辭曰：「梁險而在北境，懼子孫之有貳者也。**解貳，二心也。**夫事君無憾，憾則懼偪，**解憾，恨也。無憾，謂得志也。偪，偪上也。**偪則懼貳。**解偪則懼誅，故貳也。**夫盈而不偪，**解盈，志滿也。**憾而不貳者，臣能自壽也。**解壽，保也。**不知其它。**解它，子孫也。**縱臣而得以其首領以没，懼子孫之以梁之險，而乏臣之祀也。」**解恃險而貳，將見誅絶。**王曰：「子之仁，不忘子孫，施及楚國，敢不從子。」與之魯陽。**疏「與之魯陽」〇《汲郡古文》：「孔甲七年，劉累遷于魯陽。」班固曰：「南陽魯陽縣有魯山，古魯縣，御龍氏所遷。」昭二十九年《傳》「魯縣」。杜注：「今魯陽。」今河南汝州魯山縣西北有魯陽故城。《淮南・覽冥訓》：「魯陽公與韓搆難，戰酣日暮，援戈而撝之，日爲之反三舍。」高注：「公，楚平王之孫，司馬子期之子，《國語》所稱魯陽文子也。」《水經注》：「滍水又東逕魯陽縣故城南，昔在于楚，文子守之。」是説文子之事也。

子西使人召王孫勝，解王孫勝，故平王太子建之子白公勝也。初，費無極爲太子少師，無寵，太子取於秦而美，勸王納之，遂譖太子曰：「建將叛。」太子奔鄭。又與晉人謀鄭，鄭人殺之，勝奔吴。在魯哀十六年。**沈諸梁聞之，**解沈諸梁，左司馬沈尹戌之子葉公子高也。疏解「沈諸」至「子高」〇王符《潛夫論》：「左司馬戌者，❶莊王之曾孫。葉公諸梁者，戌之第三弟也。」《吕氏春秋》高注：「沈尹戌，莊王之孫，沈諸梁葉公子高之父。」昭十八年《傳》杜注：「沈尹戌，莊王曾孫，葉公諸梁父也。」是韋解用高説也。《荀子・非相

❶「左」上，原衍「在」字，今據《潛夫論》删。「戌」，原脱，今據《潛夫論》補。

篇》：「葉公子高微小短瘠，行若將不勝其衣。」宣三年《傳》杜注：「葉，楚地，南陽葉縣。」案：今河南南陽府葉縣南三十里有古葉城。**見子西曰：「聞子召王孫勝，信乎？」曰：「然。」子高曰：「將焉用之？」曰：「吾聞之，勝直而剛，欲寘之境。」**解寘，置也。《傳》曰：「君之使處吴境爲白公。」疏解「傳曰」至「白公」○哀十六年《傳》杜注：「汝陰褒信縣西南有白亭。」《史記·楚世家》：「子西召勝于吴，以爲巢大夫，號曰白公。」《伍子胥列傳》：「惠王召勝，使居鄢，號爲白公。」《楚世家》正義引《括地志》：「白亭在豫州褒信東南三十二里。褒信本漢鄎縣之地，後漢分鄎置褒信縣，在今褒信縣東七十七里。」《伍子胥傳》正義又引《括地志》：「故鄎城在豫州鄎城縣南五里，與褒信白亭相近。」鄢音偃，則《傳》所言吴境當爲鄎也。《後漢·郡國志》褒信侯國：「有賴亭，故國。」劉昭曰「楚封王孫勝爲白公」，則鄎、白一地也。**子高曰：「不可。其爲人也，展而不信，**解展，誠也。誠，謂復言非忠信之道。**愛而不仁，**解外愛人，内無仁心也。**詐而不知，**解以詐行謀，而非知道也。知人不詐。**毅而不勇，**解毅，果也。**直而不衷，**解衷，中也。君子惡訐以爲直者。**周而不淑。**解周，密也。淑，善也。**復言而不謀身，展也；**解復言，言可復，不欺人也。不謀身，不計身害也。**愛而不謀長，不仁也；**解外愛人，不計終身也。**以謀蓋人，詐也；**解蓋，掩也。**彊忍犯義，毅也；**解彊，彊力。忍，忍犯義也。❶**直而不顧，不衷也；**解不顧隱諱。**周言棄**

❶ 「忍」上，原衍「忍」字，今據宋公序本《國語》删。

德，不淑也。解取周其言，而不以德。是六德者，皆有其華而不實者，將焉用之？彼其父爲戮於楚，其心又狷而不潔。解狷者，直己之志，不從人也。不潔，非潔行也。若其狷也，不忘舊怨，而不以潔悛德，解悛，改也。思報怨而已。則其愛也足以得人，其展也足以復之，解復，復其前言也。其詐也足以謀之，其直也足以帥之，解帥，帥衆也。其周也足以蓋之，解言其周密足以覆蓋其惡也。其不潔也足以行之，而加之以不仁，奉之以不義，蔑不克矣。夫造勝之怨者，皆不在矣。解怨，謂譖太子，費無極之徒。若來而無寵，速其怒也。解速，疾也。若其寵之，毅貪而無厭。既而得入，而曜之以大利，解曜，示也。不仁以長之，解長其利欲。思舊怨以修其心，解修其報讎之心。苟國有釁，必不居矣。解釁，隙也。非子職之，其誰乎？解職，主也，言子西將主此禍。彼將思舊怨而欲大寵，解大寵，令尹、司馬也。動而得人，解愛，故得人。怨而有術，解父死而怨，故有術也。若果用之，害可待也。余愛子與司馬，故不敢不言。」解司馬，子西之弟子期。子西曰：「德其忘怨乎？解言綏之以德，必忘怨也。余善之，夫乃其甯。」解甯，安也。子高曰：「不然。吾聞之曰，唯仁者可好也，可惡也，可高也，可下也。好之不偪，惡之不怨，高之不驕，下之不懼。不仁者則不然，人好之則偪，惡之則怨，高之則驕，下之則懼。驕有欲焉，解欲專寵也。懼有惡焉，解惡其上也。欲惡怨偪，所以生詐謀也。子將若何？若召而下之，將戚而懼；爲之上者，將怒而怨。詐謀之心，無所靖矣。解靖，安也。有一不義，猶敗國家，今壹五六，疏「今壹五六」○昭二十年《傳》「若琴瑟之專一」，則「壹」訓「專」。《荀子·榮辱篇》：「恭儉者偋五六也。」楊倞注：「偋當爲屏，卻也。」則五六爲惡人之目，六即上華而不實之六德，五即所謂速怒、無厭、曜利、不仁、思怨也。**而必欲用之，不亦難乎？吾聞國家將敗，必用姦人，而嗜其疾味，其子之謂乎！** **解**嗜，貪也。疾味，味爲己生疾，喻好不善也。**夫誰無疾眚？** **解**眚，猶災也。**能者蚤除之。舊怨滅宗，國之疾眚也，爲之關籥藩籬而遠備閑之，猶恐其至也。** **解**藩籬，壁落也。閑，闌也。**是之爲日惕。** **解**惕，懼也。**若召而近之，死無日矣！人有言曰：『狼子野心，怨賊之人。』其又可善乎？若子不我信，盍求若敖氏與子干、子晳之族而近之？** **解**若敖氏，莊王所滅鬭椒也。子干、子晳，恭王庶子公子比、公子黑肱也。平王所殺而代之，何獨不召而近也？**安用勝也，其能幾何？** **解**言危不久。**昔齊騶馬繻以胡公入於貝水，** **解**騶馬繻，齊大夫也。胡公，齊太公玄孫之子胡公靖也。貝水，水名。胡公虐馬繻，馬繻殺胡公，內之貝水。**疏**「昔齊」至「貝水」○《齊世家》：「太公卒，子丁公伋立。卒，子乙公得立。卒，子癸公慈母立。卒，子哀公不辰立，周烹哀公而立其弟靜，是爲胡公。」是胡公爲太公玄孫，非玄孫之子也。「貝」，天聖本及宋公序本並作「貝」。《史記索隱》亦作「貝」，《齊世家》言：「哀公時，紀侯譖之周，周烹哀公而立胡公。哀公之同母少弟山怨胡公，乃與其黨營丘人襲攻殺胡公而自立，是爲獻公。」索隱引宋衷曰：「其黨周馬繻入將胡公於貝水殺之。」❶齡案：貝水，《水經》謂「出樂浪鏤方縣東南，過臨浿縣東入海」，

---

❶「周」，原作「騶」，今據《史記·齊世家》索隱改。

酈注：「昔燕人衞滿自浿水西至朝鮮。朝鮮，故箕子國也。其地今高句驪之國治。余訪蕃使，言城在浿水之陽，故《漢·地理志》曰：『浿水至增地縣入海。』」據酈氏此言，則浿水經齊遼遠，騶馬繻何能挾胡公至千餘里外而殺之乎？《世家》言帥營丘人攻之，則其所納之水，必在國都之側。《水經》言「巨洋水出朱虛縣泰山北」，酈注：「泰山，即東小泰山也。巨洋水，即《國語》所謂具水。」又言：「巨洋水又東逕臨朐縣故城東，城，古伯氏駢邑也。」其水實近齊都矣。可知北魏以前《國語》本作「具」。其後譌「具」爲「貝」。司馬貞不考其譌而轉據《國語》之「貝水」以釋《史記》也。當據酈氏《巨洋水》注作「具」爲正。**邴歜、閻職戕懿公於囿竹，**解戕，殘也。歜、職皆齊臣。懿公，齊桓公之子商人也。爲公子時，與邴歜之父争田，弗勝。及即位，乃掘而刖之，而使歜僕納閻職之妻，而使職驂乘。魯文公十八年，懿公游于申池，二人殺公，而納之竹中。**疏**「邴歜閻職」〇邴歜，《齊世家》作「丙戎」，集解引賈逵《左傳注》「御僕也」。閻職，《齊世家》作「庸職」，司馬貞謂：「庸非姓，❶蓋謂受雇職之妻，史意不同，字亦異耳。」齡案：錢大昕曰：「古書『庸』與『閻』通。《尚書》『毋若火始燄燄』，《漢書》引作『庸庸』，則『庸』即『閻』。」小司馬之説非也。〇解「戕殘」至「竹中」〇「戕，殘也」者，宣十八年《公羊傳》「戕鄫子于鄫」者戕，❷賊而殺之也。何休注：「支解節斷之，故變殺言戕。」《穀梁

❶「非」，原作「作」，今據《史記·齊世家》索隱改。
❷「八」，原作「六」，今據《春秋公羊傳注疏》改。下「戕」字，《春秋公羊傳注疏》作「殘」。

傳》：「戕，猶殘也。捝，❶殺也。」范甯注：「捝謂捶打殘賊而殺之。」蓋歜、職以枝撞擊殺之而刲割其尸，故易藏納也。《淮南・墬形訓》：「申池在海隅。」高注：「海隅，藪。」劉逵據以注《齊都賦》。案《水經・淄水》注：「水出齊城西南，❷東北流直申門西，京相璠、杜預並言：申門即齊城南面西第一門矣。爲申池，昔齊懿公游申池，邴歜、閻職二人，害公於竹中，今池無復髣髴，然水側尚有小小竹木，以時遺生也。左思《齊都賦》注『申池在海濱，齊藪也』。」余案：《春秋・襄公十八年》晉伐齊，戊戌，伐雍門之萩，❸己亥，焚雍門，壬寅，焚東北二郭，甲辰，東侵濰，南及沂。而不言北掠于海。且晉獻子尚不辭死以逞志，何容對仇敵而不懲，暴草木於海隅乎？又炎夏火流，非遠遊之辰，懿公見弒，蓋是白龍魚服，❹見困近郊矣。杜預之言，有推據爾。」是酈注不用高説也。**晉長魚蟜殺三郤于榭，**解長魚蟜，晉大夫也。殺三郤，錡、犨、至也。犨與蟜爭田，執而梏之，與其父母妻子同一轅。既，蟜嬖於厲公，譖而殺三郤于榭。**魯圉人犖殺子般於次，**解圉人，養馬者。子般，魯莊公太子。次，舍也。雩，講于梁氏，女公子觀之，犖自牆外與之戲，子般鞭之。莊公薨，子般即位，次于黨氏。公子慶父通於夫人，夫人欲立之，慶父使犖賊子般于黨氏。在魯莊三十二年。**夫是誰**

---

❶「捝」，原作「棁」，今據《春秋公羊傳注疏》改。下同。

❷「水」上，原衍「系」字，今據《水經注》删。「齊」，原脱，今據《水經注》補。

❸「萩」，原作「荻」，今據《水經注》改。

❹「是」，原作「自」，今據《水經注》改。

之故也，非唯舊怨乎？解故，事也。是皆子所聞也。人之求多聞善敗，以鑑戒也。今子聞而棄之，猶蒙耳也。解蒙，覆也。吾語子何益，吾知逃而已。」解逃勝之難也。子西笑曰：「子之尚勝也。」解子言議論好尚勝人也。不從，遂使爲白公。子高以疾閒居於蔡。解蔡，故蔡國，楚滅之，葉公兼而治焉。及白公之亂，子西、子期死。解白公請伐鄭以報父讎，子西既許之，未起師，晉伐鄭，楚又救之，與之盟。白公怒，遂作亂，殺二子於朝。在魯哀十六年。疏「及白公之亂」〇《淮南·道應訓》：「白公勝慮亂，罷朝而立，倒杖策，錣上貫頤，血流至地而弗知也。鄭人聞之，曰：『頤之忘，將何不忘哉！』」此言亂之事也。葉公聞之，曰：「吾怨其棄吾言，而德其治楚國，楚國之能平均以復先王之業者，夫子也。解夫子，子西也。以小怨寘大德，憂不義也，將入殺之。」解殺白公也。帥方城之外以入，殺白公而定王室。解定王室，謂兼令尹、司馬以平楚國也。既定，乃使子西之子甯爲令尹，子期之子寬爲司馬，而老於葉。疏「帥方」至「王室」〇《吕氏春秋·精諭》篇：「白公問于孔子曰：『人可與微言乎？』孔子不應。白公曰：『若以石投水奚若？』孔子曰：『没人能取之。』白公曰：『若以水投水奚若？』孔子曰：『淄、澠之合者，易牙嘗而知之。』白公曰：『然則人不可與微言乎？』孔子曰：『胡爲不可？唯知言之謂者爲可耳。』白公弗得也。此白公所以死於法室。」高注：「子高率方城之外衆攻白公，九日而殺之法室。法室，司寇也。一曰浴室，澡浴之室。」按：此與《内傳》「奔山而縊，其徒微之」不合，皆傳聞之異辭也。葬二子之族。解子期、子西之族多見害，故皆爲葬之。

國語正義卷第十九

歸安董增齡撰集

吴語

吴王夫差起師伐越，越王句踐起師逆之江。解夫差，泰伯之後、闔閭之子，姬姓也。句踐，祝融之後、允常之子，芈姓也。《鄭語》曰：「芈姓夔越。」《世本》亦云：「越，芈姓也。」魯定十四年，吴伐越，越敗之於檇李，闔閭傷而死。後三年，夫差伐越，報檇李也。越逆之江，至于五湖，吴人大敗之於夫椒，遂入越。越子以甲楯五千保於會稽。在魯哀元年。**疏**「吴王」至「之江」〇《吴世家》：泰伯至壽夢十九世。壽夢卒，長子諸樊攝行事當國。諸樊卒，有命授弟餘祭。卒，弟餘昧立。卒，立餘昧子僚爲王。公子光者，諸樊之子，弑王僚立爲王。闔閭十九年伐越，吴王病傷而死，使立太子夫差。二年，夫差悉精兵以伐越，敗之夫椒。《越世家》：越王句踐，其先禹之苗裔，少康之庶子也。封於會稽以奉守禹祀。後二十餘世，至於允常。卒，子句踐立。按僖三十年《傳》：「杞、鄫何事？相之不饗于此久矣。」越果少康之後，亦應數及，可知越非姒姓，故韋據《鄭語》及《世本》釋爲芈姓也。江，浙江也。《説文》：「江水至會稽山陰爲浙江。」《史記》晉灼注同。《漢・地理志》「石城」下注云：「分江水首受江，東至餘姚入海。」桑欽《水經》同。案：分江水即《禹貢》

之南江，非《國語》之浙江也。但分江水至山陰與浙江合流，故許慎、晉灼有分江水至山陰爲浙江之言。浙江即漸江水，《水經》：「漸江水出三天子都北，過餘杭，東入海。」胡渭謂「杭」字爲「姚」字之誤。酈道元注：「《山海經》謂之浙江。《漢・地理志》：『水出丹陽黟縣南蠻中。』」以今地名言之，黟縣隸今安徽徽州府，江源出黟境，而東經歙縣、淳安、建德、桐廬，分水富陽、錢唐、蕭山、餘姚入海。沈錡曰：「浙江至蕭山境浦江東北來注之，又東分江水東南來會合流，又東浦陽江東北來注之，又東至餘姚入海。」齡案：浙江，莊子謂之浙河。酈道元謂：「永建中，陽羨周嘉上書，以縣遠，赴會至難，求得分置，遂以浙江西爲吴，以東爲會稽。」此浙江即今錢唐江之明證。蓋錢唐爲西漢舊縣，自許郡議曹華信家輸錢築唐以備海水，遂以爲名。《水經注》又言：「句踐臣吴，吴王封句踐以百里之地，東至炭瀆，西至朱室，兩地並濱浙江。」臣吴當在會稽求成之後，是浙江以西盡爲吴有。蓋吴王志在耀武，突入越地，而句踐逆之浙江之上也。〇解「夫差」至「元年」〇《漢・地理志》：「會稽郡由拳，吴越戰地。」應劭曰：「古之槜李也。」定十四年《春秋》杜注：「槜李，吴郡嘉興縣南醉里城。」按其地當在今嘉興縣南境。哀元年《傳》杜注：「夫椒，吴縣西南太湖中椒山。」《通典》：「包山，一名夫椒山。」據此二家，則在今蘇州府吴縣西南。司馬貞曰：「太湖中椒山非戰所，且夫椒與椒山不得爲一。❶且夫差以報越爲志，又伐越當在越地，❷乃不離吴境，近在太湖中？」是夫椒在太湖中之説，司馬貞

❶「山」，原脱，今據《史記》補。

❷「在」，《史記・吴太伯世家》作「至」。

已不信之矣。《水經》：「浙江水即浙江。」酈注云：「浙江之上有大吴王村、小吴王村，並是闔閭、夫差伐越所舍處。昔越王爲吴所敗，以五千餘衆棲于稽山。」齡案：夫椒非必定是小吴王村，但兵甫敗而遂保會稽，料必離會稽不遠，必不遠在太湖中也。故服虔《左傳注》：「夫椒，越地。」深合《傳》義。《漢・地理志》：「會稽郡山陰，會稽山在南越王句踐本國。」《水經・漸水注》：「會稽之山，古防山也，亦謂之茅山。」又曰：「棟山，《越絶書》云：『棟，猶鎮也。』蓋《周禮》所謂『揚州之鎮』矣。」在今浙江紹興府會稽縣東南十二里。齡又案：夫椒兵敗乃魯哀元年事，是時越兵五千保棲會稽，皆散亡之餘卒，不得言起師，且敗之夫椒，明明先戰後敗矣。與此章之不戰求成不合。况吴伐齊，戰于艾陵，在魯哀十一年。夫椒蚤於艾陵十年，不應夫差此時已有伐齊之志。哀元年，行成使大夫種，此章乃使諸稽郢，人亦不同。郢言越國得皋于天王，明指檇李之事。又言心孤句踐，而又宥赦之，明指哀元年三月越及吴平之事。且郢言前盟口血未乾，明指會稽許成之盟，則此章之伐越當在魯哀八、九年之間，非哀元年會稽求成之事也。不告於魯，故《春秋》及《内傳》皆不見其事。韋引哀元年會稽事以釋此章之伐越，義可疑焉。韋又言「越逆之江至於五湖，吴人敗之夫椒」，五湖即太湖，遠在浙江之北，越果兵敗則應退而南，不應反進而北，殆誤以夫椒爲太湖中山，故爲此説耳。**大夫種乃獻謀**，**解**種，越大夫。獻，進也。**疏**解「種越大夫」○《越世家》索隱：「大夫，官。種，名。一云大夫姓，猶司馬、司空之比，非也。」《伍子胥傳》索隱：「今吴南有文種埭，則種姓文，爲大夫官也。」錢大昕曰：「文種，《吕氏春秋・當染》篇高注：『楚之鄒人。』《尊師》篇高注：『楚鄞人。』但鄞爲越地，鄒爲魯地，與楚皆不相涉。及讀《太平寰宇記》敘荊州人物云『文種，南郢人』，乃悟《吕覽》注本是『郢』字。又張守節注《史記》引《吴越春秋》：『大夫種姓文，字子禽，荆平王時爲宛令，至三户之里，范蠡從犬竇蹲而吠之，從吏恐，文種慚，令人引衣而鄣之。』是種曾爲宛令，因范蠡要之，乃棄楚適越，其爲楚人非越人，信而有徵。《會稽典録》載虞翻、朱育所説會稽先賢，未有一言及文種。《乾道四明圖經》、《寶慶四明志》初不列入《人物》。全祖望曰：『《越絶書外傳》范蠡始居楚，大夫種入其縣，得蠡，大説，相要而往，偕至于吴。吴任子胥，於是去吴之越。』又曰：『范蠡要種入越。越大夫石買曰，客歷諸侯，渡河津，無由自致，殆非真賢。』然則種非鄞人矣。」齡案：《吴越春秋》：「文種者，本楚南郢人。姓文，字少禽。」全氏、錢氏説是。**曰：「夫吴之與越，唯天所授，王其無庸戰。**解庸，用也。**夫申胥、華登簡服吴國之士，於甲兵而未嘗有所挫也。**解申胥，楚大夫伍奢之子子胥也，名員。魯昭二十年，奢誅於楚，員奔吴，吴子與之申地，故曰申胥。華登，宋司馬華費遂之子也。華氏作亂于宋而敗，登奔吴，爲大夫。簡，習也。挫，毁折也。疏「申胥華登」〇《吕氏春秋·異寶》篇：「五員亡，荆急求之，登太行而望鄭曰：『是國也，地險而民多知，其主俗主也，不足以舉。』去鄭而之許，見許公而問所之。許公不應，東南嚮而唾。五員載拜受賜曰：『知所之矣。』因如吴。至江上，欲涉，見一丈人，刺小船，方將漁，從而請焉。丈人度之，絶江，解其劍以予丈人，曰：『此千金之劍也。』丈人不肯受，曰：『荆國之法，得五員者，爵執圭，禄萬擔，金千鎰。昔者子胥過，吾猶不取，今我何以子之千金劍爲乎？』子胥過於吴，使人求之江上，則不能得。每食必祭之，祝曰：『江上之丈人。』」《韓非·説林》篇：「子胥出走，邊候得之。子胥曰：『上索我者，以我有美珠也。今我已亡之，我且曰子取吞之。』候因釋之。」《史記·范雎傳》：「伍子胥橐載而出昭關，夜行晝伏，至於陵水，無以餬其口，膝行蒲伏，稽首肉袒，鼓腹吹篪，乞食於吴市。卒興吴國，闔閭爲伯。」華登事見昭二十年《内傳》。**夫一人善射，百夫決拾，**解決，鉤弦也。拾，捍也。申胥、華登善用兵，衆必化之，猶一人善射，而百夫競箸決拾而放之。疏解「決鉤弦拾捍」○決，以象骨著右手巨指，所以鉤弦。拾，韝捍，著左臂也。《史記・蘇秦傳》「革抉」，索隱謂「以革爲射決」，則決亦有用革者。**勝未可成。**解成，猶必也。**夫謀必素見成事焉，而後履之，**解素，猶豫也。履，行也。**不可以授命。**解授命，猶鬬命也。**王不如設戎，約辭行成，以喜其民，**解戎，兵也。約，卑也。成，平也。言不如設兵自守，卑約其辭，以求平于吴，吴民必喜。**以廣侈吴王之心。**解侈，大也。**吾以卜之於天，天若棄吴，必許吾成而不吾足也。**解言越不足畏也。**將必寬然有伯諸侯之心焉。**解寬，緩也。**既罷弊其民，而天奪之食，安受其燼，**解奪之食，稻蟹之屬也。燼，餘也。疏解「燼餘」○「燼，餘」，《方言》文。成二年《傳》杜注：「燼，火之餘木。」《穀梁傳疏》：「樵燭既燒之餘名曰燼。」**乃無有命矣。」**解吴無復有天命矣。**越王許諾，乃命諸稽郢行成於吴，**解諸稽郢，越大夫。疏解「諸稽郢」○《鄭語》「彭姓豕韋、諸稽」，則郢蓋諸稽之裔，以國爲氏。如鄫太子巫子孫去邑爲曾氏之例，則諸稽郢當爲彭姓。**曰：「寡君句踐使下臣郢不敢顯然布幣行禮，**解布，陳也。幣，玉帛也。顯，猶公露也。**敢私告於下執事曰：昔者越國見禍，得罪于天王。**解見禍於天。得罪，謂傷闔閭也。言天王，尊之以名。疏「得罪於天王」○隱三年《穀梁傳》疏引賈逵《春秋三家訓詁》：「畿内稱王，諸夏稱天王。」《逸周書・王子晉解》：「善至于四海曰『天子』，達於四荒曰『天王』。」是天王更上於天子，故知尊之以名也。**天王親趨玉趾，以心孤句踐，**解趾，足也。孤，棄也。**而又宥赦之。**解宥，寬也。**君王之於越也，緊起死人而肉白骨也。**解緊，是也。使白骨生肉，德至厚也。**孤不敢忘天災，其敢忘君王之大賜乎？今句踐申禍無良，**解申，重也。良，善也。**草鄙之人，敢忘天王之大德，而思邊垂之小怨，**解遠邑稱鄙。言吴侵越之邊垂，心懷怨恨也。**以重得罪於下執事？**解重得罪，謂報見侵也。**句踐用帥二三之老，**解家臣稱老，言此謙也。**親委重罪，頓顙於邊。**解委，猶歸也。邊，邊境也。疏「頓顙於邊」〇顙，《玉篇》：「額也。」《儀禮·士喪禮》：「主人哭，拜稽顙。」注：「頭觸地無容。」《周禮·大祝》：「辨九𢷎，二曰頓首。」注「拜頭叩地」；「六曰凶𢷎」，注：「稽顙而后拜，謂三年服者。」僖六年「楚子克許，許男面縛，銜璧，大夫衰絰，士輿櫬，以見楚子」，蓋古者歸命乞降，多以喪禮自處，故不用平敵之頓首，而用三年喪之頓顙也。**今君王不察，盛怒屬兵，將殘伐越國。**解察，理也。屬，會也。殘伐，謂隳會稽也。**越國固貢獻之邑也，君王不以鞭箠使之，而辱軍士使寇令焉。**解若禦寇之號令。疏「君王」至「使之」〇《舜典》「鞭作官刑」，蓋木末垂革，故《周禮·司市》疏：「自繫鞘於上爲鞭也。」❶《漢·刑法志》：「笞者，箠長五尺，其本大一寸；其竹也，末薄半寸，皆平其節。皆輕刑也。」**句踐請盟：一介嫡女，執箕箒以晐姓於王宮；**解一介，一人。晐，備也。姓，庶姓也。《曲禮》曰：「納女於天子，曰備百姓。」疏「一介」至「王宮」〇《説文》：「箕，簸也。」「箒，糞

❶「於」，原作「以」，今據《周禮注疏》改。

也。」《文選》王景玄《雜詩》李善注：「箕箒，婦人所執也。」《管子・弟子職》：「執箕膺揭，厥中有帚。」《禮・少儀》疏：「箕是去物之具，賤者執之。」《曲禮》「於大夫曰備埽灑」，注：「納女猶致女也。酒漿埽灑，賤，婦人之職。」又《曲禮》注：「姓之言生也。」按《堯典》「辯章百姓」，《郊特牲》：「太廟之內戒百姓也。」皆指子孫之得姓者而言。故《説文》：「姓，人所生也。从女，从生。」昭四年《傳》：「問其姓。對曰：『余子長矣。』」《漢書・田蚡傳》：「跪起如子姓。」顔注：「姓，生也。」**一介嫡男，奉槃匜以隨諸御；**解槃，承盥器也。《晉語》曰：「奉匜沃盥。」御，近臣宦豎之屬。**疏**解「槃承」至「沃盥」○《禮・内則》：「進盥，少者奉槃。」注「槃，承盥水者」，韋解本此。一本作盟器，非。《説文》：「匜，似羹魁，柄中有道，可以注水。」**春秋貢獻，不解於王府。天王豈辱裁之？**解豈能辱意裁制也。**亦征諸侯之禮也。**解征，税也。此亦天子征税諸侯之禮。**夫諺曰：『狐埋之而狐搰之，是以無成功。』**解埋，藏也。搰，發也。**疏**解「搰發」○哀二十五年《傳》：「掘褚師定子之墓。」《玉篇》引作「搰」，云「掘也」。《吕氏春秋》：「葬淺則狐狸抇之。」高注：「抇讀曰掘。」《荀子・正論篇》注：「抇，穿也。謂發冢也。」**今天王既封殖越國，以明聞於天下，**解封殖，以草木喻也。壅本曰封，殖，立也。明，顯也。聞於天下，言天下備聞也。**而又刈亡之，是天王之無成勞也。**解芟草曰刈。勞，功也。**雖四方之諸侯，則何實以事吴？**解實，實事也。**敢使下臣盡辭，唯天王秉利度義焉！」**解秉，執也。義，宜也。

吴王夫差乃告諸大夫曰：「孤將有大志於齊，解欲伐齊也。**吾將許越成，而無拂吾慮。**解拂，絶也。若越既改，吾又何求？若其不改，反行，吾振旅焉。」解伐齊反，振旅而討之。申胥諫曰：「不可許也。夫越非實忠心好吴也，又非懾畏我甲兵之强也。大夫種勇而善謀，將還玩吴國於股掌之上，以得其志。解還，轉也。玩，弄也。脛本曰股。夫固知君王之蓋威以好勝也，解蓋，猶尚也。故婉約其辭，以從逸王志，解婉，順也。約，卑也。從，隨也。使淫樂於諸夏之國，以自傷也。使吾甲兵鈍弊，民人離落，而日以憔悴，解離，畔也。落，殞也。憔悴，瘦病也。然後安受吾燼。夫越王好信以愛民，四方歸之，年穀時熟，日長炎炎。解炎炎，進貌。及吾猶可以戰也，爲虺勿摧，爲蛇將若何？解虺小、蛇大也。《傳》曰：「封豕長蛇。」疏解「虺小蛇大」〇《爾雅·釋魚》：「蝮虺搏三寸，首大如擘。」郭注：「身廣三寸，頭大如人擘指，此自一種蛇，名爲蛇虺。」案：趙岐《孟子注》云：「巨擘，大指也。」《釋文》引《三倉解詁》云：「擘，大指也。」是郭意以虺爲土虺，而非鼻上有鍼，大者重百餘斤之蝮也。顏師古《漢書注》：「以今俗名證之，郭注得矣。❶虺若土色，所在有之，俗呼土虺。」應劭《漢書注》：「虺，蓋蟲也。」蓋虺在蛇類中爲最小，故與螣蛇、奔蛇之等對言之。吴王曰：「大夫奚隆於越，解奚，何也。隆，盛也。越曾足以爲大虞乎？解虞，度也。若無越，則吾何以春秋曜吾軍士？」乃許之成。將盟，越王又使諸稽郢辭曰：「以盟爲有益乎？前盟口血未乾，解未乾，喻近也。疏

❶「注」，《漢書》作「説」。

「前盟口血未乾」○《史記・平原君傳》：「毛遂曰：『從定乎？』楚王曰：『定矣。』毛遂謂楚王之左右曰：『取雞、狗、馬之血來。』毛遂奉銅盤而跪進之楚王曰：『王當歃血而定從，次者吾君，次者遂。』遂定從於殿上。」是染指于血盤而塗口也。足以結信矣。以盟爲無益乎？君王舍甲兵之威以臨使之，而胡重於鬼神而自輕也？」吳王乃許之，荒成不盟。解荒，空也。

吳王夫差既許越成，乃大戒師徒，將以伐齊。申胥進諫曰：「昔天以越賜吳，而王弗受。夫天命有反，解反，謂盛者更衰，禍者有福。今越王句踐恐懼而改其謀，舍其愆令，解舍，廢也。愆，過也。輕其征賦，施民所善，去民所惡，身自約也，裕其衆庶，解裕，饒也。其民殷衆，解殷，盛也。以多甲兵。譬越之在吳也，猶人之有腹心之疾也。夫越王之不忘敗吳，於其心也戚然，服士以司吾間。解戚，猶惕也。間，隙也。今王非越是圖，而齊、魯以爲憂。夫齊、魯譬諸疾，疥癬也，解疥癬在外，爲害微也。豈能涉江、淮而與我爭此地哉？將必越實有吳土。解壤地接而越修德也。王盍亦鑑於人，無鑑於水。解鑑，鏡也。以人爲鏡，見成敗，以水爲鏡，見形而已。《書》曰：「人無于水鑑，當于民鑑。」昔楚靈王不君，解不得爲君之道。其臣箴諫以不入。解入，受也。乃築臺於章華之上，解章華，地名。闕爲石郭，陂漢，以象帝舜。解闕，穿也。陂，壅也。舜葬九嶷，其山體水旋其丘下，故壅漢水使旋石郭，以象之。疏「闕爲」至「帝舜」○《水經・沔水》注：「子胥瀆水東入離湖，湖在縣東七十五里。《國語》所謂『楚靈王闕爲石郭，陂漢以象舜』者也。湖側有章華臺，高十丈，基廣十五丈，此瀆靈王立臺之日，漕運所由也。」**罷弊楚國，以間陳、蔡。**解間，候也，候其隙而取之。魯昭八年滅陳，十一年滅蔡。**不修方城之內，**解方城，楚北山。**踰諸夏而圖東國，**解諸夏，陳、蔡也。東國，徐、夷、吴、越也。**三歲於沮、汾以服吴、越。**解沮、汾，水名，楚東鄙沮、汾之間乾谿也。魯昭六年，楚令尹子蕩帥師伐吴，師於豫章，次於乾谿。疏解「沮汾」至「乾谿」○《漢・地理志》：「南郡臨沮縣。」應劭曰：「沮水出漢中，房陵東入江。」顏師古曰：「沮水即《左傳》所云『江、漢、沮、漳，楚之望也』。」襄十八年《傳》：「子庚治兵于汾。」杜注：「襄城東北有汾丘城。」乾谿，《楚語》解訖。**其民不忍饑勞之殃，三軍叛王於乾谿。**解殃，害也。民罷國亂，中外叛潰。事在魯昭十三年。**王親獨行，屏營傍偟於山林之中，**疏「屏營傍偟」○《廣雅》：「屏營，怔忪也。」偟通皇，《禮・檀弓》：「皇皇焉如有求而弗得。」**三日乃見其涓人疇。**解涓人，今中涓也。疇，名也。疏解「涓人今中涓」○《曹相國世家》集解引徐廣曰：「中涓，如中謁者，亦曰涓人。」顏師古《漢書注》云：「涓，潔也。主潔除之人也。」**王呼之曰：『余不食三日矣。』疇趨而進，王枕其股以寢於地。王寐，疇枕王以墣而去之。**解墣，塊也。**王覺而無見也，乃匍匐將入棘闈，棘闈不納，**解棘，楚邑也。闈，門也。疏解「棘楚邑闈門」○昭十三年《傳》杜注：「棘，里名。」孔疏引孔晁《國語注》：「棘，楚邑。闈，門也。」是晁即用韋義。襄二十六年《傳》杜注：「棘，楚邑。譙國酇縣東北有棘亭。」今在河南歸德府永城縣内。**乃入芋尹申亥氏焉。**解申亥，楚大夫芋尹無宇之子也。《傳》曰：「王沿夏將入鄢，芋尹無宇之子申亥曰：『吾父再干王命而弗誅，惠孰大焉。』乃求王，遇之棘闈。」**王縊，申**

亥負王以歸，而土埋之其室。解《傳》曰：「王縊，申亥以其二女殉而葬之。」此志也，豈遽忘于諸侯之耳乎？解志，記也。言此事皆見記于諸侯之耳而未忘也。今王既變鮌、禹之功，解王，夫差也。變，易也。《魯語》曰：「禹能以德修鮌之功。」而高高下下，以罷民於姑蘇。解高高，起臺榭。下下，深汙池也。姑蘇，臺名，在吴西，近湖。疏解「姑蘇」至「近湖」○《漢書·伍被傳》：「子胥諫吴王，曰：『臣今見麋鹿游姑蘇之臺。』」張晏注：「吴臺名。」顔師古注：「《吴地記》云：『因山爲名。西南去國三十五里。』」《文選·吴都賦》劉淵林注：「姑蘇，吴臺名。」李善注：「《越絶書》曰：『吴王起姑胥之臺，五年乃成，高見三百里。』」姑胥即姑蘇也。《韓非子·外儲説》：「越伐吴，乃先宣言曰：『我聞吴王築如皇之臺，掘深池，罷苦百姓，煎靡財貨，以盡民力，余來爲民誅之。』」則姑蘇臺，一名如皇也。天奪吾食，都鄙荐饑。解天奪吾食，稻蟹也。都，國也。鄙，邊邑也。荐，重也。今王將很天而伐齊。解很，違也。夫吴民離矣，解有離畔也。體有所傾，譬如羣獸然，一个負矢，將百羣皆奔，解傾，傷也。言衆獸羣聚其中，一个被矢，則百羣皆走。以言吴民臨陳就戰，或小有傾傷，亦復然也。王其無方收也。解方，道也。收，還也。越人必來襲我，王雖悔之，其猶有及乎？」王弗聽。十二年，遂伐齊，解夫差十二年，魯哀之十一年。齊人與戰於艾陵，解艾陵，齊地。疏解「艾陵齊地」○《史記·伍子胥傳》正義：「《括地志》云：『艾山在兖州博城縣南百六十里，本齊博邑。』」《淮南·繆稱訓》：「艾陵之戰也，夫差曰：『夷聲陽，句吴其庶乎？』」齊師敗績，吴人有功。解《傳》曰：「獲國書，革車八百乘，甲首三千。」

吴王夫差既勝齊人於艾陵，乃使行人奚斯釋言於齊，解奚斯，吴大夫。釋，解也。以言辭自解，歸非於齊。曰：「寡人帥不腆吴國之役，遵汶之上。解役，兵也。汶，齊水名。疏解「汶齊水名」○《水經》：「汶水出泰山萊蕪縣原山，西南入濟。東汶水出朱虚縣泰山入濰。」酈注：「又有北汶水合於入濟之汶。」周炳中曰：「齊有三汶，入濟者大。」齡案：是役魯會吴伐齊，必道吴自魯入齊，此入濟之汶在齊南魯北。《禹貢》所謂「浮汶達濟」者也。不敢左右，唯好之故。解不敢左右暴掠齊民，唯有恩好之故也。今大夫國子興其衆庶，以犯獵吴國之師徒，解國子，齊卿國書也。犯，陵也。獵，震也。天若不知有辠，何以使下國勝？」解下國，吴自謂也。言天若不知有辠，何以使吴國勝齊也。

吴王還自伐齊，乃訊申胥解訊，告讓也。曰：「昔吾先王體德聖明，達於上帝，解先王，闔閭也。上帝，天也。譬如農夫作耦，以刈殺四方之蓬蒿，解二耜爲耦。言子胥佐先王，其猶耕者之有耦，以成其事也。以立名於荆，此則大夫之力也。解立名於荆，謂敗楚于柏舉，昭王奔隨時也。今大夫老，而又不自安恬逸，解恬，猶静也。逸，樂也。而處於念惡，解處，居也。居則念爲惡于吴國。出則罪吾衆，解罪吾衆，謂「吴民離矣，體有所傾」之屬。撓亂百度，解撓，擾也。度，法也。以妖孽吴國。解妄爲妖言「越當襲吴也」。疏「以妖孽吴國」○《説文》：「衣服、謌謡、草木之怪謂之妖，禽獸蟲蝗之怪謂之孽。」《大戴禮·保傅》篇曰：「深爲計者，謂之訞言。」盧辯注：「伊尹諫夏桀，桀笑曰：『子爲訞言矣。』」莊辛諫襄王，襄王曰：『先生爲楚國訞與？』」蓋比子胥之言於妖孽也。今天降衷於吴，解衷，善也。齊師受

服。孤豈敢自多，先王之鐘鼓，實式靈之。解式，用也。靈，神也。**敢告於大夫。」申胥釋劍而對**解釋，解也。**曰：「昔吾先王世有輔弼之臣，**解言闔閭以前。**以能遂疑計惡，**解遂，決也。計，慮也。**以不陷於大難。今王播棄黎老，**解播，放也。黎，凍梨，壽徵也。疏「播棄黎老」〇《方言》：「燕代北鄙謂耇爲黎。」❶孫炎《爾雅注》：「面凍梨色似浮垢也。」郭璞《爾雅注》：「梨，面色似梨也。」《説文》：「老，考也。」七十曰老。**而孩童焉比謀，**解孩，幼也。比，合也。**曰：『余令而不違。』**解不違，言莫違也。**夫不違，乃違也。**解乃違道也。**夫不違，亡之階也。夫天之所棄，必驟近其小喜，**解小喜，勝敵之喜，謂有所克定也。**而遠其大憂。**解大憂在後，故遠也。**王若不得志於齊，而以覺寤王心，吳國猶世。**解世，繼世也。**吾先君之得也，必有以取之，**解得，謂克楚也。《傳》曰：「闔閭食不二味，勤卹其民。」取之，謂此也。**其亡之也，亦有以棄之。**解亡之，謂不正其師，以班處宮，復爲楚所敗也。**用能援持盈以没，**解盈，滿也。没，終也。**而驟救傾於時。**解以時，不失時也。**今王無以取之，**解言無政德。**而天禄亟至，**解亟，數也。**是吳命之短也。**疏「是吳命之短」〇《呂氏春秋・適威》篇：「魏武侯問李克曰：『吳所以亡者何也？』對曰：『驟戰則民罷，驟勝則主驕，驕則恣，恣則極物；罷則怨，怨則極慮。上下俱極，吳之亡猶晚。此夫差所以自没於干隧也。』」是其事也。**員不忍稱疾辟易，以見王之親爲越**

❶「代」，原作「伐」，今據《方言》改。

之禽也。員請先死。」解辟易，狂疾。**將死，曰：「而懸吾目於東門，以見越之入、吳國之亡也。」**

疏「將死」至「之亡」○《史記・伍子胥傳》正義：「東門，鱛門，謂鰟門也。今名葑門。鱛鰟隨濤入，故以名門。」顧野王云：「鱛魚，一名江豚，欲風則涌。」《吳世家》正義：「《吳俗傳》云：子胥亡後，越從松江北開渠至橫山東北，築城伐吳。子胥乃與越軍夢，令從東南入破吳。越王即移向三江口岸，立壇，殺白馬祭子胥，杯動酒盡，越乃開渠。子胥作濤盪，羅城東開，入滅吳。至今猶號曰示浦門、曰鱛鰟。是從東門入滅吳也。」**遂自殺。** **疏**「遂自殺」○《漢書・蒯伍江息夫傳贊》應劭注：「吳將伐齊，子胥諫之。宰嚭曰：『伍胥自以先王謀臣，心常怏怏，臨事沮大衆，冀國之敗。』夫差大怒，賜之屬鏤之劍。其明年越滅吳。」**王慍曰：「孤不使大夫得有見也。」乃使取申胥之尸，盛以鴟夷，而投之於江。**解鴟夷，革囊。**疏**「盛以鴟夷」○《史記・魯鄒列傳》索隱引韋昭云：「以皮作鴟鳥形，名曰鴟夷。鴟夷，皮榼也。」又引服虔云：「用馬革作囊，以裹尸投之於江。」《漢書・鄒陽傳》應劭注：「取馬革爲鴟夷，榼形。」顔師古注：「鴟夷即今之盛酒鴟夷幐。」《荀子・成相篇》：「子胥進諫不聽，剄而獨鹿棄之江。」楊注：「盛以罣麗，棄之江也。」賈云：「罣麗，小罟也。」《荀子・宥坐篇》：「伍子胥不磔姑蘇東門外乎？」楊注：「磔，車裂也。」《荀子》所記，傳聞異辭耳。《文選・吳都賦》李善注：「《越絕書》曰：『子胥死，王使捐於大江口，乃發僨馳騰，氣若奔馬，乃歸神大海。』蓋子胥水仙也。』」

吳王夫差既殺申胥，不稔於歲，解稔，孰也。謂後年不至於孰而北征也。夫差於哀十一年殺子胥，十二年會魯于槖皋。**乃起師北征，闕爲深溝於商、魯之間，**解闕，穿也。商，宋也。**疏**「起師」至

「之間」○胡渭《禹貢錐指》引林少穎曰：「禹時江淮未通，故揚之貢必由江入海，以達淮泗。至吳王夫差掘溝通水，與晉會于黄池，然後江淮始通。說本蘇《傳》。今案：溝通江淮事在《左傳》哀九年，黄池之會則在十三年。一自江通淮，一自淮通濟，本二役，亦二地。東坡誤合爲一。」齡案：胡氏駁之良是。《左傳》杜注：「黄池，陳留封丘縣南有黄亭，近濟水。」蓋沂水出蓋縣臨樂山，入於泗水。《水經·泗水》：「又屈東南，過湖陸縣南。」酈注引：「《地理志》曰：『其水西流注於濟渠。❶濟在湖陸西而左注泗，泗、濟合流，故《地記》或言『濟入泗』，泗亦言『入濟』，互受通稱，故有『入濟』之文。』戴延之《西征記》言：『湖陸之東南有涓涓水，謂是吳王所導之瀆。』」余案：湖陸之西南止有是水，謂吳王所掘，非也。以水路求之，止有泗川爾。蓋北達沂西北，逕于商、魯而接于濟矣。吳所浚，廣之爾，非謂東北受沂、西南注濟也。是時夫差于魯哀九年既通江淮，以爲餫糧之道。至哀十三年乃由廣陵東北出山陽白馬湖，逕山陽城西，又東而入淮口，由淮而入泗、入沂，復穿宋魯之境，連屬水道有不能容戰艦者，闢而廣之，浚而深之，以達于封丘之濟。此因天然之水道而加功，以其徒役衆盛，故云闕也。**北屬之沂，**解沂，水名，出泰山，蓋南至下邳入泗。疏解「沂水」至「入泗」○《水經》「沂水，出泰山蓋縣艾山」，酈注引鄭康成云：「出沂山，亦或云臨樂山，水有二源，南源所導，世謂之柞泉；北水所發，世謂之魚窮泉，俱東南流合成一川。」《水經》又言：「南過琅邪臨沂縣東，又南過開陽縣東，又東過襄賁縣東，屈從縣南北西流，又屈南過郯縣西，又南過良成縣西，又南過下邳縣西南入於泗。」**西**

---

❶「注」，原作「至」，今據《漢書》改。

屬之濟，解濟，宋水也。疏解「濟宋水」○《水經注》：「濟水又南逕封丘縣南，❶又東逕大梁城北，又東逕倉垣城，又東逕小黄縣之故城北，縣有黄亭，故濟又謂之黄溝。」《漢・地理志》傅瓚注：黄池，今陳留外黄有黄溝是也。《水經》又言：「濟水又東過湖陸縣南，東入于泗水。又東南過沛縣東北，又東南過留縣北，又東過彭城縣北，又東南過徐縣北，又東至下邳睢陵縣南，入於淮。」齡案：自睢陵之西北上至武父之東南，率皆宋境，故曰宋水。魯在齊南，宋在魯南，濟與淮、泗會合于宋。吴師逆流而上，由宋過魯而攻齊也。**以會晉公午於黄池。**解黄池，地名。晉公午，晉定公也。黄池事在魯哀十三年。疏解「黄池」至「三年」○《漢書・地理志》：「魏郡内黄。」應劭注：「吴子晉侯會於黄池。今黄澤在西。」顔師古曰：「應説失之。」傅瓚曰：黄池，今陳留外黄有黄溝是也。《史記》「伐宋取黄池」，則不得在魏郡明矣。故「陳留郡外黄」下，傅瓚注：「縣有黄溝，故氏之。」顔師古曰：「《左傳》『惠公敗宋師於黄』，杜預以爲外黄縣東有黄城，此地是也。」哀十三年《公羊傳》何注：「時吴彊而無道，敗齊臨菑，大會中國，齊、晉前驅，魯、衛驂乘，滕、薛夾載而趨。」是其事也。**於是越王句踐乃命范蠡、舌庸**解二子，越大夫。**率師沿海泝淮以絶吴路，**解沿，順也。逆流而上曰泝。循海而逆入於淮，以絶吴王還歸之路。疏解「沿順」至「之路」○「沿，順也。逆流而上曰泝」者，《禹貢》「沿於江海，達於淮泗」，孔傳：「順流而下曰沿，沿江入海，自海入淮。」正義：「文十年《左傳》『沿漢泝江』，泝是逆，沿是順。沿江入海，順也。自海入淮，逆也。」胡渭曰：「揚之貢道自常熟縣北之大江，順

❶ 上「南」字，原作「東」，今據《水經注》改。

流而下至太倉州北七鴉浦入海而東，北經通州東，又北經如皋、興化、鹽城、山陽縣東，而西入淮口，泝流而上，自江口以至淮口，汎海不過六七百里。」又引陳大猷曰：「循行水涯曰沿，水之險者莫如江海，遇風，多沿岸而行，所以獨言『沿』不言『浮』，以著其阻險也。」齡案：此説與舊説異，然胡渭謂「沿」對「泝」言，明是順逆之辭，知韋解爲諦當言也。**敗王子友於姑熊夷。**解姑熊夷，吴郊也。王子友，夫差太子也。夫差未反，越子伐吴，吴距之，獲太子友。**越王句踐乃率中軍泝江**解江，吴江也。或有「淮」字，誤耳。疏解「江吴」至「誤耳」〇「江，吴江也」者，言吴國之江，非以吴爲江名，蓋江即婁江。《史記・夏本紀》正義：「三江者，在蘇州東南三十里，名三江口。一江西南上七十里至太湖，名曰松江。一江東南上七十里至白蜆湖，名曰上江，亦曰東江。一江東北下三百餘里入海，名曰下江，亦曰婁江。」句踐令二帥沿海泝淮，距夫差于吴之北境，而身率中軍航海而達婁江，自南及北以擣吴之國都，蓋海口離國都止三百餘里，故乘虚而攻其不備也。今蘇州府吴江縣境，唐以前謂之松江。吴越王錢氏有國時，始立爲縣，未可據以釋《傳》也。**以襲吴，入其郛，**解郛，郭也。**焚其姑蘇，徙其大舟。**解大舟，王舟。徙，取也。疏解「大舟王舟」〇昭十七年《傳》：「楚司馬子魚大敗吴師，獲其乘舟餘皇。吴公子光曰：『喪先王之乘舟。』」則王舟即餘皇。《文選・吴都賦》所謂「邁餘艎於往初」是也。**吴晉争長未成，**解長，先也。成，定也。**邊遽乃至，以越亂告。**解遽，傳也。**吴王懼，乃合大夫而謀曰：「越爲不道，背其齊盟。**解齊，同也。**今吾道路悠遠，**解悠，長也。**無會而歸，與會而先晉，孰利？」**解先晉，令晉先歃。**王孫雄曰：「夫危事不齒，**解王孫雄，吴大夫也。齒，年也，不以年次對。疏解「王孫雄吴大夫」〇《呂氏春秋・當染》篇：「夫差染於王孫雄、太宰嚭。」則雄亦嚭之流也。《史記・越世家》作「公孫雄」。集解引虞翻曰：「公孫雄，吴大夫。」「雄」一本作「雒」，非。雄敢先對。二者莫利。無會而歸，越聞章矣。民懼而走，遠無正就。解正，適也。齊、宋、徐、夷曰『吴既敗矣』！解宋，今睢陽。徐，今大徐。夷，淮夷也。疏「齊宋徐夷」○宋，《鄭語》已解訖。徐偃王爲周所滅，後封其子宗爲徐子。僖三年《傳》杜注：「下邳僮縣東南有大徐城。」僖十年《傳》杜注：「淮夷，魯東夷。」將夾溝而㢊我。解旁擊曰㢊。疏「將夾」至「㢊我」○《説文》引作「俠溝而㢊我」，㢊，廣也。我無生命矣。會而先晉，晉既執諸侯之柄以臨我，將成其志以見天子。解以侯伯之禮見天子也。吾須之不能，解不能待見天子。去之不忍。若越聞俞章，解俞，益也。吾民恐畔，必會而先之。」解先使吴先歃也。王乃步就王孫雄曰：「先之，圖之將若何？」王孫雄曰：「王其無疑，吾道路悠遠，必無有二命，焉可以濟事。」解欲決一計，求先晉也。濟，成也。王孫雄進，顧揖諸大夫曰：「危事不可以爲安，死事不可以爲生，則無爲貴知矣。解言人不能以危易安，以死易生，則何貴於知矣。民之惡死而欲貴富以長没也，與我同。解長，老也。没，終也。雖然，彼近其國，有遷；我絶慮，無遷。解遷，轉退也。絶慮，道遠也。彼豈能與我行此危事也哉？解言晉不能以死與我争。事君勇謀，於此用之。解勇而有謀，此謂今時。今夕必挑戰，以廣民心。解挑晉求戰，以廣大民心，示不懼也。請王厲士，以奮其朋勢。解朋，羣也。勉厲士卒，以奮激其羣黨之勢，使有鬬心也。勸之以高位重畜，解重畜，寶財。備刑戮以辱其不厲者，解備，具也。令各輕其死。彼將不戰而先我，解推先我也。我既執諸侯之柄，解爲盟主，故執柄。以歲之不穫也，無有誅焉。解穫，收也。誅，責也。不責諸侯之貢賦。而先罷之，解罷遣諸侯，令先歸也。諸侯必説。解説，喜也。既而皆入其地，解入其國境。王安挺志。解挺，寬也。一日惕，一日留，解惕，疾也。留，徐也。以安步王志。解步，行也。必設以此民也，封於江、淮之間，乃能至於吴。」解設，許其勸勉者。以此民封之於江、淮之間，以恐之必速至也。疏「封於江淮之間」〇《水經·淮水》注：「吴將伐齊，自廣陵城東南築邗城，城下掘深溝，謂之韓江，亦曰邗溟溝。自江東北通射陽湖，西北至末口入淮。」此所謂「江、淮之間」也。吴王許諾。

吴王昏乃戒，令秣馬食士。解秣，粟也。疏「昏」〇《説文》：「昏，日冥也。」《爾雅·釋詁》：「昏，代也。」郭注：「代明也。」《淮南·天文訓》：「日至虞淵，是謂黄昏；至於蒙谷，是謂定昏也。」《周官禮·司寤氏》注：「日入三刻爲昏。」《儀禮·士昏禮》注：「日入三商爲昏。」夜中，乃令服兵擐甲，解夜中，夜半也。服，執也。擐，貫也。甲，鎧也。疏「夜中乃令」〇夜半，丙夜也。《尹文子》曰：「將戰，有司讀誥誓，三令五申之，既畢，然後即敵。」是令在戰之前也。係馬舌，出火竈，解係，縛也。縛馬舌，恐有聲也。出火於竈外，以自燭也。疏解「出火」至「自燭」〇《詩·白華》毛傳：「煁，烓竈也。」疏引舍人《爾雅注》：「烘，以火燎也。」郭璞《爾雅注》：「今之三隅竈。」然則烓者，無釜之竈，其上燃火謂之烘。本謂此竈上亦燃火照物，若今之火鑪也。案：吴軍用此制。陳士卒百人，以爲徹行百行。解徹，通也。以百人通爲一行，百行爲萬人，謂之方陳。**疏**「陳士」至「徹行」○《史記・張馮列傳》索隱引賈逵《國語注》：「百人爲一隊也。」**行頭皆官師，擁鐸拱稽，****解**三君皆云：「官師，大夫也。」昭謂：下言「十行一嬖大夫」，此一行宜爲士。《周禮》：「百人爲卒，卒長皆上士。」擁，抱也。拱，執也。抱鐸，亦恐有聲也。唐尚書云：「稽，棨戟也。」鄭後司農以爲：「稽，計兵名籍也。」《周禮》：「聽師徒以簡稽。」**疏**解「三君」至「簡籍」○《史記・張馮列傳》索隱引作「行頭皆官師」。裴駰又引晉灼云：「百人爲徹行，亦皆師將也。」一本作「帥」，非。《祭法》：「適士二廟，❶官師一廟。」則官師中、下士也。與《周禮》「卒長皆上士」異制。《周官禮・小宰》注：「鄭司農云：簡稽士卒、兵器、簿書。簡猶閱也。稽猶計也，合也。合計其士之卒伍，閱其兵器，爲之要簿也。」稽之爲戟，經傳無文，故韋用鄭義也。**建肥胡，奉文犀之渠。****解**肥胡，幡也。文犀之渠，謂楯也。文犀，犀之有文理者。**疏**解「肥胡」至「文理」○《文選・吴都賦》：「建祀姑。」劉逵注：「祀姑，旛也，麾旗之屬也。《國語》曰『建祀姑』也。」惠士奇曰：「左、劉所見本爲『祀姑』，韋所見本爲『肥胡』，形聲相似也。」《淮南・氾論訓》高注引作「奉文渠之甲」，渠，甲名。《文選》鮑照《擬古》詩：「解佩囊犀渠。」李周翰注：「犀渠，甲也。」齡案：甲衣於身，故曰襲。若楯則當言建，況犀甲掌之函人，弘嗣以渠爲楯，以諸家異義矣。**十行一嬖大夫。****解**十行，千人。嬖，下大夫也。子産謂子南曰：「子皙，上大夫。女，嬖大夫。」**建旌提鼓，****解**析羽爲旌。提，挈也。**挾經秉枹。****解**在腋曰挾。經，兵書也。秉，執也。**疏**解「在腋」至「兵書」○《漢書・藝文志》：兵權謀十三家，二百五十

❶「廟」，原脱，今據《周禮注疏》補。下「一廟」之「廟」同。

九篇。兵形勢十一家，九十二篇。圖十八卷。陰陽十六家，二百四十九篇。兵技巧十三家，百九十九篇。范蠡二篇。大夫種二篇。在權謀家中。《漢書·甘延壽傳》張晏注引《范蠡兵法》。《春秋正義》：「賈逵以旝爲發石，一曰飛石，引《范蠡兵法》以證之。」所挾皆其類也。**十旌一將軍，**解十旌，萬人也。將軍，命卿也。**載常建鼓，挾經秉枹。**解日月爲常。鼓，晉鼓也。《周禮》：「將軍執晉鼓。」建謂爲之楹而樹之。**爲萬人以爲方陳，**解百行，故曰萬人，正四方也。**皆白常、白旆、素甲、白羽之矰，望之如荼。**解交龍爲旆。素甲，白甲也。矰，矢名也。以白羽爲衛。荼，茅秀也。疏解「矰矢」至「茅秀」〇《留侯世家》索隱引馬融《周禮注》：「矰者，繳繫短矢謂之矰。一説矰一弦，可以仰射高者。」「荼，茅秀也」者，《爾雅·釋草》「蔈荂，荼」，《詩·鄭風》毛傳：「荼，英荼。」孔疏云：「荼是茅草秀出之穗。言『英荼』者，英是白貌。」《漢書·禮樂志》：「顔如荼。」應劭曰：「野菅，白華也。」顔師古曰：「菅，茅也。」《考工記·鮑人》：「望而眡之，欲其荼白也。」茅秀色白，故言白者多取象焉。**王親秉鉞，載白旗以中陳而立。**解熊虎爲旗。此王所帥中軍。疏「王親」至「而立」〇《書·牧誓》：「王左杖黄鉞。」《周禮·巾車》：「大白以即戎。」隱五年《傳》孔疏：「王若親軍，則建大白。」蓋吴以王禮自居也。**左軍亦如之，**解亦如中軍「載常建鼓，挾經秉枹」之屬。**皆赤常、赤旟、丹甲、朱羽之矰，望之如火。**解鳥隼爲旟，尚赤。左，陽也。丹，彤也。朱羽，染爲朱也。**右軍亦如之，皆玄常、玄旗、黑甲、烏羽之矰，望之如墨。**解黑，漆甲也，尚黑。右，陰也。**爲帶甲三萬。**解帶甲，衿鎧。**以勢攻，雞鳴乃定。既陳，去晉軍一里。昧明，王乃秉枹，親就鳴鐘鼓、**

丁甯、錞于，振鐸，解丁甯，謂鉦也。唐尚書云：「錞于，鐲。」非也。錞于與鐲各異物，軍行鳴之，與鼓相應也。疏「昧明」至「振鐸」○昧明，朏明也。《淮南·天文訓》：「日登于扶桑，爰始將行，是謂朏明。」高注：「朏明，將明也。」鐘鼓、丁甯、錞于、鐲，《晉語》解訖。勇怯皆應，三軍皆譁釦以振旅，解譁釦，讙呼也。其聲動天地。晉師大駭不出，周軍飭壘，解周，繞也。飭，治也。乃令董褐請事，解董褐，晉大夫司馬演。請，問也。曰：「兩君偃兵接好，日中爲期。解偃，匽也。接，合也。今大國越録，解録，第也。而造於弊邑之軍壘，敢請亂故。」解敢問先期亂次之故。吴王親對之曰：「天子有命，周室卑約，貢獻莫入，上帝鬼神而不可以告。解言無以告祭於天神人鬼。無姬姓之振也，解振，救也。徒遽來告。孤日夜相繼，解徒，步也。遽，傳車也。匍匐就君。疏「匍匐就君」○《詩·谷風》鄭箋：「匍匐，盡力也。」《玉篇》：「匍匐，伏也，手行盡力也。」《史記·范雎傳》：「膝行蒲伏。」今君非王室不安平是憂，億負晉衆庶，不式諸戎、翟、楚、秦；解億，安也。負，恃也。安恃其衆而不用征伐戎、翟、楚、秦卑周者。將不長弟，以力征一二兄弟之國。解弟，言幼也。言晉不帥長幼之節，而征伐同姓兄弟之國，謂魯、衛之屬。或云：謂晉滅虞、虢、韓、魏。然虞、虢、韓、魏皆在春秋之始，非所以責定公也。孤欲守吾先君之班爵，解爵次當爲盟主。進則不敢，解不敢過先君也。退則不可。解亦不可不及也。今會日薄矣，解薄，迫也。恐事之不集，以爲諸侯笑。解集，成也。孤之事君在今日，不得事君亦在今日。解言欲戰以決之。不勝，則服事君；若勝，則爲盟主。爲使者之無遠也，孤用親聽命於藩籬之外。」解藩籬，壁落也。董褐將還，王稱左畸曰：「攝少司馬兹與王士五人，坐於王前。」解賈、唐二君云：「稱，呼也。左畸，軍左部。攝，執也。少司馬兹與王士五人，皆臯人死士。」乃皆進，自剄於客前以酬客。解賈、唐二君云：「剄，剄也。酬，報也。將報客，使死士自剄，以示其威行，軍士用命也。」昭謂：魯定十四年，吴伐越，越王使臯人自剄以誤吴。故夫差效之。董褐既致命，解致命于晉君。乃告諸趙鞅解趙鞅，晉正卿趙簡子也。曰：「臣觀吴王之色，類有大憂，解類，似也。《傳》曰：「肉食者無墨，今吴王有墨。」墨，黑氣也。小則嬖妾、嫡子死，不則國有大難，解大難，反畔。大則越入吴。將毒，不可與戰。解毒，猶暴也。言若猛獸被毒悖暴也。主其許之先，無以待危，解主，趙鞅也。然而不可徒許也。」解徒，空也。不空許，謂有辭義。趙鞅許諾。晉乃令董褐復命曰：「寡君未敢觀兵身見，解觀，示也。使褐復命曰：『曩君之言，解曩，向也。周室既卑，諸侯失禮於天子，解謂不朝貢也。請貞於陽卜，收文、武之諸侯。解貞，正也。龜曰卜，以火發兆，故曰陽。言吴欲正陽卜，收復文王、武王之諸侯，以奉天子。疏「請貞於陽卜」〇《春官·大卜》：「凡國大貞，則眡高作龜。」鄭司農注：「貞，問也。國有大疑，問於蓍龜。」康成謂：「貞之爲問，問於正者，必先正之，乃從問焉。《易》曰：『師貞，丈人吉。』」賈疏謂：「正意問龜，非謂訓貞爲問也。」是韋用康成義也。故哀十七年《傳》：「衛侯貞卜。」杜注亦云：「正卜夢之吉凶也。」《春官·天府》賈疏：「問卜，内曰陰，外曰陽。」言吴以諸侯失禮于天子，當問於龜，言我當收文武之諸侯矣。」齡案：龜卜未有不以火發兆者，不得于此文獨言陽卜。且《洪範》五行，地二生火，亦不得以火屬陽。蓋合諸侯朝天子爲外事，故曰「陽卜」也。**孤以下密邇於天子，無所逃罪，**解孤以下，晉辭也。密，比也。邇，近也。**訊讓日至，**解訊，告也。**曰：「昔吴伯父不失，春秋必率諸侯以顧在予一人。**解此晉述天子告讓之言也。同姓元侯曰伯父。吴伯父，吴之先君也。不失，四時必率諸侯修朝聘之禮，以顧在予一人。**今伯父有蠻、荆之虞，禮世不續。」**解今，謂夫差也。虞，度也。言夫差有蠻、荆之備，廢朝聘之禮，不得繼世續前人之職。**用命孤禮佐周公，以見我一二兄弟之國，以休君憂。**解休，息也。周公，周之太宰，諸侯之師也。君有蠻、荆之虞，故命晉以禮佐助周公，與兄弟之國相見，令朝聘天子，息君憂，周之憂也。**今君掩王東海，以淫名聞於天子，**解掩，蓋也。淫，猶僭也。名，號也。**君有短垣，而自踰之，**解垣者，踰禮防雖短，不可踰也。王室雖卑，不可僭也。**況蠻、荆則何有於周室？**解言吴姬姓，而自僭號，況於蠻、荆，有何憚於周室而不爲乎？**夫命圭有命，固曰吴伯，不曰吴王。**解命圭，受賜圭之策命。《周禮》：「伯執躬圭。」吴本稱伯，故曰吴伯。**諸侯是以敢辭。**解辭不事吴也。**夫諸侯無二君，而周無二王，君若無卑天子，以干其不祥，**解干，犯也。**而曰吴公，孤敢不順從君命長弟許諾。』」**解長，先也。弟，後也。**吴王許諾，乃退就幕而會。**解幕，帳也。**吴公先歃，晉侯亞之。**疏「吴公」至「亞之」〇黄池之盟，《公羊傳》及《吴世家》並言先晉，與《内傳》合。《晉世家》則言先吴，與《國語》合。司馬遷謂：「左丘喪明，厥有《國語》。」則同出一手，不應兩歧。陸淳引趙匡説，據《左氏》有單平公而不書於《經》者，緣吴、晉敵禮而會，如今之賓、主對舉酒，自然單子無坐位，故不書。且

《經》文兩「及」字，是兩伯之義分明也。許翰曰：「先晉、先吴，兩國史籍之異詞。」據翰之説，則《内傳》、《外傳》各據一國之史，故一手而辭異。齡案：《吴世家》集解引賈逵曰：「《外傳》云：『吴先歃，晉亞之。』先敘晉，晉有信，又所以外吴。」則先吴是實事。及孔子修《春秋》尊晉抑吴，故先書晉，左氏《内傳》因之。趙、陸不考賈景伯之正論，而臆造模棱之説，不足據也。**吴王既會，越聞愈章，恐齊、宋之爲己害也，乃命王孫雄先與勇獲帥徒師，以爲過賓於宋，以焚其北郛焉而過之。**解勇獲，吴大夫也。徒師，步卒也。郛，郭也。託爲過賓而焚其郭，去其守備，使不敢出。**吴王夫差既退於黄池，乃使王孫苟告勞於周，**解王孫苟，吴大夫。勞，功也。**曰：「昔者楚人爲不道，不承共王事，以遠我一二兄弟之國。**解遠，疏也。**吾先君闔廬不貫不忍，**解貫，赦也。**被甲帶劍，挺鈹搢鐶，**解挺，拔也。搢，振也。疏「被甲」至「搢鐶」〇鈹，《説文》：「劍如刀裝者。」昭二十七年《傳》：「夾之以鈹。」孔疏：「鈹是劍之别名。」則劍與鈹似爲一類。然哀十一年《傳》：「王賜之甲劍、鈹。」❶既言劍，又言鈹，當爲二物。揚子《方言》：「鍦謂之鈹。」《説文》：「鍦，長矛也。」此文既言帶劍，不應又言挺劍，矛長故可言挺。《尚書》「立爾矛」，則鈹當爲長矛矣。鐶者，《正字通》：「凡圜郭有孔可貫繫者，謂之鐶。」**以與楚昭王毒逐於中原柏舉。**解柏舉之戰，在魯定四年。毒，暴也。中原，原中也。**天舍其衷，**解衷，善也，言天舍善於吴。**楚師敗績，王去其國，**

---

❶「甲劍」，原倒文，今據《春秋左傳正義》乙正。

解昭王奔隨。**遂至於郢。**解郢，楚都也。疏解「郢楚都」○《漢・地理志》南郡江陵：「故楚郢都也，楚文王丹陽徙此，後九世平王城之，後十世秦拔我郢，徙東。」**王總其百執事，**解賈侍中云：「王，往也。百執事，百官也。」昭謂：王，闔閭也。賈君以爲告天子，不宜稱王，故云往也。下言「夫概王」，不避天子，故知上王爲闔閭也。**以奉其社稷之祭。**解言修楚祭祀也。**其父子、昆弟不相能，夫概王作亂，是以復歸於吴。**解昆，兄也。夫概王，闔閭之弟也。《傳》曰：「夫概王先歸，自立。」故不能定楚而歸。**今齊侯任不鑒於楚。**解任，齊景公孫，悼公之子簡公任也。不鑒，不以楚敗爲鑒戒也。**又不承共王命，以遠我一二兄弟之國。**解説云：「謂齊納欒盈以伐晉。」昭謂：兄弟，魯也。哀十一年春，齊伐魯，故其年吴會魯以伐齊。**夫差不貫不忍，被甲帶劍，挺鈹搢鐶，遵汶伐博，**解博，齊別都。疏解「博齊別都」○《漢・地理志》泰山郡博縣：「有泰山廟，岱山在西北，求山上。」《水經・汶水》注「汶水又南逕博縣故城東」是也。案：在今山東泰安府泰安縣境内。**簦笠相望於艾陵。**解唐尚書云：「簦，夫須也。」昭謂：簦笠，備雨器也。相望，言不避暑雨。艾陵之戰在上，《傳》曰「五月克博，至于嬴」是也。疏解「簦夫」至「是也」○《爾雅・釋艸》「臺，夫須」。《毛詩・都人士》傳「臺所禦暑」。❶此唐義所本。《南山有臺》疏引陸璣疏「夫須，莎艸，可以爲蓑笠」。《史記・平原君傳》集解：「簦，長柄笠。笠有柄者謂之簦。」韋言「備雨器」，增成唐

❶「士」，原脱，今據《毛詩正義》補。

義也。哀十一年《傳》杜注：「嬴，齊邑，屬泰山。」《水經・汶水》注：「汶水又西南逕嬴縣故城南，桓三年『公會齊侯於嬴』也。」天舍其衷，齊師還。解言敗而還。夫差豈敢自多，文、武實舍其衷。解文、武，二后也。歸不稔於歲，解言伐齊之明年，不至于穀熟而復出師也。余沿江泝淮，闕溝深水，出于商、魯之間，以徹於兄弟之國。解兄弟，諸姬也。夫差克有成事，敢使苟告於下執事。」解克，能也。成事，成功也。周王答曰：「苟伯父命女來，明紹享余一人，若予嘉之。解周王，景王之子敬王丐也。紹，繼也。享，獻也。繼先王之禮，獻我一人，我心誠嘉之也。昔周室逢天之降禍，遭民之不祥，解說云：「謂民流王于彘也。」昭謂：子朝篡立，敬王出奔。民，成周之民，助子朝者。余心豈忘憂卹，不唯下土之不康靖。解不但憂四方，乃憂王室也。今伯父曰：『戮力同德。』解戮，并也。伯父若能然，余一人兼受而介福。解而，女也。介，大也。伯父多歷年以没元身，解元，善也。伯父秉德已侈大哉！」解侈，猶廣也。

吴王夫差還自黄池，息民不戒。解戒，儆也。越大夫種乃倡謀解發始爲倡。曰：「吾謂吴王將遂涉吾地，今罷師而不戒以忘我，我不可以怠也。日臣嘗卜於天，解日，昔日也。卜於天，「天若棄吴，必許吾成；既罷弊其民，天奪之食，安受其燼」之言者。今吴民既罷，解罷，勞也。而大荒荐饑，市無赤米，解赤米，米之奸者，今尚無有。疏解「赤米」至「無有」○《文選》張景陽《雜詩》：「紅粒貴瑶瓊。」李善注引《漢書》曰：「太倉之粟，紅腐而不可食也。」劉良注：「紅粒，米也。米溼則赤，故云奸也。」而

困鹿空虚，解員曰囷，方曰鹿。疏解「員曰」至「曰鹿」〇《詩・伐檀》毛傳：「圓者爲囷。」《考工記・匠人》注：「圓曰囷，方曰倉。」《説文》：「廩之圓者，從禾在囗中。圓謂之囷，方謂之京。」説者謂鹿善聚亦善散，故囷亦謂之鹿。是取鹿獸爲義。齡案：《補音》本云「鹿」通「簏」。《説文》：「簏，竹高篋也。」《楚辭・九歎》：「弃雞駭于筐簏。」注：「篋簏，竹器。」篋形多方，未必取義鹿獸也。**其民必移就蒲嬴於東海之濱。**解蒲，深蒲也。嬴，蚪蛤之屬。濱，涯也。疏解「蒲深」至「濱涯」〇《詩・韓奕》孔疏：「深蒲，謂蒲蒻入水深。《醢人》鄭注：『深蒲，蒲始生水中。』是也。陸璣疏云：『蒲始生，取其心中入地蒻，大如匕柄，正白。生噉之，甘脆。鬻而以苦酒浸之，如食筍法。』」《爾雅・釋魚》：「蚌含漿。」《説文》：「蚌，蜃屬。」鄭注《天官・鼈人》以含漿爲貍物之屬。《釋魚》又云「嬴小者蜬」，郭注：「螺大者如斗，出日南漲海中。」案：鄭注所言海嬴也。《韓非・外儲説》「澤之魚、鹽、龜、鼈、嬴、蚌」，是澤國所資也。《淮南・修務訓》：「古者民茹艸飲水，食嬴蠬之肉。」今嬴蚌種類各異，海濱人皆食之。**天占既兆，**解兆，見也。**人事又見，**解謂怨誹也。**我蔑卜筮矣。王若今起師以會，奪之利，無使失悛。**解悛，改也。**夫吳之邊鄙遠者，罷而未至，**解罷，歸也。**吳王將恥不戰，必不須至之會也。**解不待遠兵。**而以中國之師與我戰。**解中國，國都也。**若事幸而從我，**解言從我而戰。**我遂踐其地，其至者亦將不能之會也已，**解言吳邊鄙雖來，將不能會戰。**吾用禦兒臨之，**解禦兒，越北鄙，在今嘉興。言吳邊兵若至，吾以禦兒之民臨敵之。疏解「禦兒」至「敵之」〇《水經・漸江水》注：「浙江又東逕禦兒鄉。《萬善曆》曰：『吳黄武六年，由拳西鄉有産兒，墮地便能語，云：「天方明，河欲清，鼎折腳，金乃生。」因是詔爲語兒鄉。』非也。禦兒之名遠矣，蓋無智之徒，因籍地名，生情穿鑿爾。《國語》北至禦兒，安得引黄武證地哉？」《漢書·閩越傳》孟康注：「語兒，越中地也，今吴南亭是。」顏師古注：「語字，或作『篽』，或作『籞』。」《史記·東越傳》正義：「禦字今作『語』，語兒鄉在今蘇州嘉興縣南七十里臨官道。」案：禦兒今爲浙江嘉興府石門縣東北二十里石門鎮。吴王若愠而又戰，解愠，怒也。幸遂可出。解使出奔。若不戰而結成，解成，平也。王安厚取名而去之。」越王曰：「善。」乃大戒師，將伐吴。楚申包胥使於越，解申包胥，楚大夫王孫包胥也。越王句踐問焉，曰：「吴國爲不道，求殘我社稷宗廟，以爲平原，弗使血食。吾欲與之儌天之衷，解儌，要也。唯是車馬、甲兵、卒伍既具，無以行之。解行，猶用也。請問戰奚以而可？」解以，用也。包胥辭曰：「不知。」解謙也。王固問焉，乃對曰：「夫吴，良國也，解良，善良也。能博取於諸侯。解取貢賦也。敢問君王之所以與之戰者？」解問政惠所行也。王曰：「在孤之側者，觴酒、豆肉、簞食，未嘗敢不分也。解觴，爵名。豆，肉器。簞，飯器。飲食不致味，解致，極也，不極五味之調。聽樂不盡聲，解不盡五聲之變。求以報吴。願以此戰。」包胥曰：「善則善矣，未可以戰也。」王曰：「越國之中，疾者吾問之，死者吾葬之，老其老，解敬長老也。慈其幼，長其孤，問其病，求以報吴。願以此戰。」包胥曰：「善則善矣，未可以戰也。」解此小惠未偏，故未可用也。王曰：「越國之中，吾寬民以子之，忠惠以善之，吾修令寬刑，施民所欲，去民所惡，稱其善，掩其惡，求以報吴。願以此戰。」包胥曰：「善則善矣，未可以戰也。」王曰：「越國之中，富者吾安之，解不專取也。貧者吾予之，救其不足，裁其有餘，**解**裁，謂有餘則税之。使貧富皆利之，求以報吳。願以此戰。」包胥曰：「善則善矣，未可以戰也。」王曰：「越國南則楚，西則晉，北則齊，**解**西、南、北皆以中國言之。春秋皮幣、玉帛、子女以賓服焉，未嘗敢絶，求以報吳。願以此戰。」包胥曰：「善哉，蔑以加焉，然猶未可以戰也。夫戰，知爲始，仁次之，勇次之。不知，則不知民之極，**解**極，中也。無以銓度天下之衆寡；**解**銓，稱也。不仁，則不能與三軍共饑勞之殃；不勇，則不能斷疑以發大計。」越王曰：「諾。」越王句踐乃召五大夫，**解**五大夫，舌庸、苦成、大夫種、范蠡、皋如之屬。曰：「吳爲不道，求殘吾社稷宗廟，以爲平原，不使血食。吾欲與之徼天之衷，唯是車馬、兵甲、卒伍既具，無以行之。吾問於王孫包胥，既命孤矣。**解**命，告也。敢訪諸大夫，問戰奚以而可？句踐願諸大夫言之，皆以情告，無阿孤，孤將以舉大事。」**解**阿，曲從也。

大夫舌庸乃進對曰：「審賞可以戰乎？」王曰：「聖。」**解**審賞，賞不失勞。聖，通也。大夫苦成進對曰：「審罰則可以戰乎？」王曰：「猛。」**解**能罰則嚴猛也。**疏**「審罰」至「曰猛」〇《淮南・人間訓》：「越王句踐一決獄不辜，援龍淵而切其股，血流至足，以自罰也。」此越王審罰之事也。大夫種進對曰：「審物則可以戰乎？」王曰：「辨。」**解**説云：「別物善惡。」昭謂：物，旌旗，物色徽幟之屬。辨，別也。大夫蠡進對曰：「審備則可以戰乎？」王曰：「巧。」**解**備，守禦之備。巧，審密不可攻入也。大夫皋如進對曰：「審聲則可以戰乎？」王曰：「可矣。」**解**聲，謂鉦鐸進退之聲，聲不審則衆惑也。**疏**

「審聲」至「可矣」○《史記・律書》正義引《兵書》云：「夫戰，太師吹律合商則戰勝，軍事張强；角則軍擾多變，失志；宫則軍和，主卒同心；徵則將急數怒，軍士勞；羽則兵弱少威焉。」《文選》鍾士季《檄蜀文》李善注引《黄帝出軍決》曰：「始立牙之日，金鐸之聲揚以清，鼓鞞之聲婉而鳴，此大勝之徵也。」是審音之事也。乃命有司大令於國曰：「苟任戎者，皆造於國門之外。」解國門，城門也。疏「苟任」至「之外」○王肅《易注》：「造，就也，至也。」《般庚》「其有衆咸造」，孔疏「造」爲「至」義。王乃令於國曰：「國人欲告者來告，解三君云：「告不任兵事也。」昭謂：告者，謂有善計策及職事所當陳白者。不任兵事，則下所謂「眩瞀之疾、筋力不足以勝甲兵者告」是也。告孤不審，將爲戮不利，解不審，謂欺詐非實也。過及五日必審之，解使孰思計之也。過五日，道將不行。」解道，術也。過五日則晚矣，軍當出也，故術將不行。王乃入命夫人。王背屏而立，夫人向屏。解屏，寢門内屏也。王北向，夫人南向。王曰：「自今日以後，内政無出，外政無入。解内政，婦職。外政，國事。内有辱，是子也；外有辱，是我也。我見子於此止矣。」王遂出，夫人送王，不出屏，解婦人禮，送迎不出門。乃闔左闔，填之以土，解閉陽開陰，示幽也。疏「乃闔左闔」○《爾雅・釋宫》：「闔謂之扉。」《荀子・儒效篇》：「外闔不閉。」楊注：「闔，門扉也。」是闔即門扇也。去笄側席而坐，不埽。解笄，簪也。去笄，去飾也。側，猶特也。《禮》：「憂者側席而坐。」疏解「側猶」至「而坐」○《曲禮》注：「側，猶特也。憂不在接人，不布他面席也。」正義：「案《聘禮》云，公禮賓，『公側受醴』，是側猶奪也。」王背檐而立，大夫向檐。解説云：「檐，屋外邊壇也。」唐尚書云：「屋名也。」昭謂：檐謂之樀。樀，門户掩陽也。**疏**解「説云」至「掩陽」〇《爾雅·釋宮》：「檐謂之樀。」《説文》：「檐，㮰也。檣，樀也。」《説文》又云：「楣，秦名屋櫋也，齊謂之檐，楚謂之梠。」《釋名》：「簷，檐也，接簷屋前後也，謂承檐行材者也。」**王命大夫曰：「食土不均，地之不修，内有辱於國，是子也；**解均，平也。修，墾也。**軍士不死，外有辱，是我也。自今日以後，内政無出，外政無入，**解内，國政。外，軍政也。**吾見子於此止矣。」王遂出，大夫送王不出檐，**解示當守備也。**乃闔左闔，填之以土，側席而坐，不埽。**解示憂戚無飾也。**王乃之壇列，**解壇在野，所以講列士衆誓告之處。**鼓而行之，至於軍，**解軍，所軍之地也。**斬有罪者以徇，曰：「莫如此以環瑱通相問也。」**解環，金玉之環。瑱，塞耳。問，遺也。通，行賂以亂軍也。**明日徙舍，斬有罪者以徇，曰：「莫如此不從其伍之令。」**❶**明日徙舍，斬有罪以徇，曰：「莫如此不用王命。」明日徙舍，至於禦兒，斬有罪者以徇，曰：「莫如此淫逸不可禁也。」王乃命有司大徇於軍，曰：「有父母耆老而無昆弟者，以告。」**解六十曰耆，七十曰老。**王親命之曰：「我有大事，子有父母耆老，而爲我死，子之父母將轉于溝壑，**解轉，入也。**子爲我禮已重矣。**解重矣，去父母而來也。**子歸，没而父母之世。**解没，終也。**後若有事，吾與子圖之。」明日徇於軍，曰：「有兄弟四五人皆在此者，以告。」王親命之**

❶「伍」下，原衍「王」字，今據宋公序本《國語》删。

曰：「我有大事，子有昆弟四五人皆在此，事若不捷，則是盡也。解捷，勝也。擇子之所欲歸者一人。」明日徇於軍，曰：「有眩瞀之疾者，告。」王親命之曰：「我有大事，子有眩瞀之疾，其歸若已。解若，汝也。已，止也。後若有事，吾與子圖之。」明日徇於軍，曰：「筋力不足以勝甲兵，志行不足以聽命者歸，莫告。」明日，遷軍接龢，解上下皆龢也。斬有罪者以徇，曰：❶「莫如此志行不果。」解果，勇決也。於是人有致死之心。王乃命有司大徇於軍，曰：「謂二三子歸而不歸，處而不處，解處，止也。進而不進，退而不退，左而不左，右而不右，身斬，妻子鬻。」解鬻，賣也。於是吴王起師，軍於江北，解江，松江，去吴五十里。疏解「江松」至「十里」〇《漢書·地理志》吴縣注：「南江在南，東入海。」班氏之南江即《左傳》之笠澤。《後漢書·左慈傳》：「曹操曰：今日高會，所少松江鱸魚耳。」李賢注「松江在今蘇州東南，首受太湖」，則松江之名始有于漢末，而吴則指其郡名也。《陳書·侯瑱傳》：瑱追侯景，與戰，敗于吴松江，始有吴松之名。則漢以後之吴松江，即漢以前之松江。《水經·沔水》注引庾仲初《揚都賦》：「今太湖東注爲松江，下七十里有水口，分流東北入海爲婁江，東南入海爲東江，與松江而三也。」陸氏《釋文》引顧夷《吴地記》説同。《夏本紀》正義：「三江者，在蘇州東南三十里，名三江口，一江西南上七十里至太湖，名曰松江；一江東南七十里至白蜆湖，名曰上江，亦曰東

---

❶「曰」，原脱，今據宋公序本《國語》補。

江；一江東北下三百餘里入海，名曰下江，亦曰婁江。」錢大昕曰：「松江首受太湖，經吳江、崑山、嘉定、青浦至上海縣，合黃浦入海。」則松江上流爲吳縣南境。**越王軍於江南。越王乃中分其師以爲左右軍，**解《傳》曰：「越子伐吳，吳子禦之笠澤，夾水而陳。」在魯哀十七年。**以其私卒君子六千人爲中軍。**解私卒君子，王所親近有志行者，猶吳所謂賢良，齊所謂士也。疏「以其」至「中軍」○《越世家》集解引虞翻《國語注》：「君子言國君養之如子也。」索隱曰：「君子謂君所子養有恩惠者。」昭二十七年《傳》「沈尹戌帥都君子」。杜注：「都君子，在都邑之士有復除者。」是杜說亦得爲一義也。**明日將舟戰於江，及昏，乃令左軍銜枚，**疏「左軍銜枚」○《周禮・大司馬》鄭注：「枚如箸，銜之，有繣結項中。」賈公彥曰：「繣，兩頭繫也。以組爲之，兩頭交於項後結之。」**泝江五里以須；**解須，須後命也。**亦令右軍銜枚踰江，五里以須。**解踰，度也。**夜中，乃令左軍、右軍涉江，鳴鼓，中水以須。**解夜中，夜半也。中水，水中央。**吳師聞之，大駭，曰：「越人分爲二師，將以夾攻我師。」乃不待旦，亦中分其師，將以禦越。**解不知越復有中軍，故中分其師以禦之。**越王乃令其中軍銜枚潛涉，**解潛，默也。涉，度也。**不鼓不譟，以襲攻之，吳師大北。**解軍奔敗走曰北。北，古之「背」字。**越之左、右軍乃遂涉而從之，又大敗之於没，**解没，地名也。**又郊敗之，**解郊，郭外也。**三戰三北，**解三戰，笠澤也、没也、郊也。**乃至於吳。越師遂入吳國，圍王宮。**解王宮，姑蘇。疏「越師」至「王宮」○《越絶書》曰：「吳郭周匝六十八里六十步，大城周四十七里二百一十步。水門八，陸門八，其二有樓。」名門者，車船並入。昌門今見在，銅柱石填池。大城中又有小城周十二里，亦有水陸城門，皆闔閭宮在焉。高平里王宮，即小城也。一本作「王臺」，非也。姑蘇臺在國外三十五里。吴王懼，使人行成，曰：「昔不穀先委制於越君，解不言越委制於吴，謙言而反之也。君告孤請成，男女服從。孤無奈越之先君何，解言越先君與吴有好。畏天之不祥，不敢絶祀，許君成，以至於今。今孤不道，得罪於君王，君王以親辱於孤之弊邑。孤敢請成，男女服爲臣御。」越王曰：「昔天以越賜吴，而吴不受；今天以吴賜越，孤敢不聽天之命，而聽君之令乎？」乃不許成。因使人告於吴王曰：「天以吴賜越，孤敢不受。以民生之不長，解長，久也。王其無死！民生於地上，寓也，解寓，寄也。其與幾何？解言幾何時。寡人其達王於甬句東，解達，致也。甬句東，今句章東海口外洲也。疏解「甬句」至「外洲」○《吴世家》集解引賈逵曰：「甬東，越東鄙，甬江東也。」哀二十二年《傳》杜注：「甬東，會稽章縣東海中洲也。」案：句章，今浙江甯波府慈谿、鎮海二縣地，海中洲即舟山，今之定海縣也。縣東三十里有翁山，一名翁洲，即春秋之甬東也。夫婦三百，唯王所安，以没王年。」解夫婦各三百人以奉之，在所安可與居者。夫差辭曰：「天既降禍於吴國，不在前後，當孤之身，實失宗廟社稷。凡吴土地人民，越既有之矣，孤何以視於天下！」夫差將死，使人説於子胥解説，告也。曰：「使死者無知，則已矣；若其有知，吾何面目以見員也！」遂自殺。越滅吴，解在魯哀二十二年冬十一月。疏「夫差」至「滅吴」○《越世家》正義引《越絶書》云：「吴王曰：『聞命矣。以三寸帛幎吾兩目，使死者有知，吾慚見伍子胥、公孫聖；以爲無知，吾恥生者。』越王則解綬以幎其目，遂伏劍而死。」《蘇秦列傳》：「句踐禽夫差于干遂。」正義曰：「在蘇州吳縣西北四十餘里萬安山西南一里太湖。❶夫差敗于姑蘇，禽于干遂，相去四十餘里。」《越世家》又言「越王乃葬吳王而誅太宰嚭」，是其事也。上征上國，解上國，中國也。疏「上征上國」○《越世家》說此事云：「句踐已平吳，乃以兵北渡淮，與齊、晉會於徐州，致貢於周。周元王使人賜句踐胙命爲伯，句踐已去。渡淮南，以淮上地與楚，歸吳所侵宋地，與魯泗東地方百里。當是時，越兵横行於江淮，東諸侯畢賀，號稱霸王。」宋、鄭、魯、衞、陳、蔡執玉之君皆入朝。解玉，珪璧也。疏「宋鄭」至「入朝」○陳初亡在昭八年，陳後亡在哀十七年，說者謂昭九年《傳》鄭裨竈曰：「封五十二年而遂亡。」則陳後亡之後不復封矣。越滅吳在哀二十二年，斯時安得有陳君？或又謂「陳之初亡，楚使穿封戌爲陳公」。則後亡後亦必有爲陳公者，即陳君也。案：陳公爲楚之邑令，不應外交于越，亦不應執玉。且戰國時列國之臣有稱君者，春秋時則無之。兩說義無明證，姑録其說以俟審定。夫唯能下其羣臣，以集其謀故也。解集，成也。言下其羣臣，以明吳不用子胥之禍。

---

❶「西南」上，原有「前壚」二字；「一里」，原作「山」，今據《史記》改。

國語正義卷第二十

歸安董增齡撰集

越語上

越王句踐棲於會稽之上，解山處曰棲。會稽，山名，在今山陰南七里。吴敗越於夫椒，遂入越，越子保于會稽。在魯哀元年。疏解「山處」至「元年」○《越世家》：「越王以餘兵五千人保棲于會稽。」索隱引鄒誕云：「保山曰棲，猶鳥棲于木，以避害也。」故《六韜》曰：『軍處山之高者則曰棲。』」會稽，《魯語》解訖。夫椒，《吴語》解訖。乃號令於三軍，解號，呼也。曰：「凡我父兄昆弟及國子姓，解號令三軍而言父兄昆弟者，方在危阨，親而呼之也。國子姓，年在衆子同姓之列者。有能助寡人謀而退吴者，吾與之共知越國之政。」解知政，謂爲卿。大夫種進對曰：「臣聞之賈人，解賈人，買賤賣貴者。夏則資皮，解資，取也。冬則資絺，解絺，葛也。精曰絺，麤曰綌。旱則資舟，水則資車，以待乏也。夫雖無四方之憂，然謀臣與爪牙之士，不可不養而擇也。譬如蓑笠，時雨既至必求之。今君王既棲於會稽之上，然後乃求謀臣，無乃後乎？」解後，晚也。句踐曰：「苟得聞子大夫之言，何後之有？」執其手而與之謀。遂使之行成於吳，解《傳》曰：「使種因吳太宰嚭以求成也。」曰：「寡君句踐乏無所使，使其下臣種，不敢徹聲聞於天王，解徹，達也。私於下執事曰：寡君之師徒不足以辱君矣，解不足以屈辱君親來討也。願以金玉、子女賂君之辱，請句踐女女于王，解進女爲女。大夫女女於大夫，士女女於士。越國之寶器畢從，寡君帥越國之衆，以從君之師徒，唯君左右之。解左右，在君所用也。若以越國之罪爲不可赦也，將焚宗廟，解爲將不血食也。係妻孥，解係，繫也。死生同命，不爲吳所禽虜。沈金玉於江，解不欲吳得之。有帶甲五千人將以致死，乃必有偶。解偶，對也。疏解「偶對」○「偶，對也」者，言相當也。《越世家》：「五千人觸戰，必有當也。」索隱言：「悉五千人觸戰，或有能當吳兵者。」下云：『無乃傷君王之所愛乎。』是有當則傷也。」是以帶甲萬人以事君也，解言赦越辠，是得帶甲萬人事君也。無乃即傷君王之所愛乎？與其殺是人也，寧其得此國也，其孰利乎？」解寧，安也。言戰而殺是萬人，與安而得越國，誰爲利乎？夫差將欲聽與之成，子胥諫曰：「不可。夫吳之與越也，仇讎敵戰之國也。三江環之，民無所移，解環，繞也。三江，松江、錢唐、浦陽江也。言此二國之民，三江繞之，遷徙非吳則越也。疏解「環繞」至「則越」○《水經·沔水》注：「松江，上承太湖，東逕五澤。」錢大昕曰：「松江，首受太湖，經吳江、崑山、嘉定、青浦至上海縣，合黃浦入海，亦名吳松江。錢唐江即浙江，以漢許郡議曹華信輸錢築唐故名。酈道元謂：『浙江于餘暨東合浦陽江。』」案：錢唐江發源黟縣，浦陽江發源烏傷，然合流之後則同至餘姚入海。是言錢唐已包浦陽，不得分而爲二。《漢·地理志》：「毗陵縣，季札所居，北江在北。」酈道元云：「大江經流則東逕毗陵，至江都入海。毗陵江都最北，故謂之北江。」是岷江正環吴之境，不得獨遺之也。《水經注》引郭璞曰：「三江者，岷江、松江、浙江也。」胡渭曰：「以此當《國語》之『三江』則長于韋矣。」案：此言環吴越之三江，與《禹貢》「左合漢爲北江，右會彭蠡爲南江，岷江爲中江」，固屬風馬牛不相及也。即與庾仲初《揚都賦》松江、東江、婁江爲三江者，其義亦别。**有吴則無越，有越則無吴，**解言勢不兩立也。**將不可改於是矣。**解言滅之之計，不可改易也。**員聞之，陸人居陸，水人居水。夫上黨之國，**解黨，所也。上所之國，謂中國也。**我攻而勝之，吾不能居其地，不能乘其車。**解言習俗之異也。説云：「吴是時未知以車戰，申公巫臣使其子狐庸教之。」昭謂：狐庸教吴，魯成公時也，至此哀元年，歷五公矣。非未知也，吴地勢自習水耳。疏「我攻」至「其車」〇《吕氏春秋》説此事云：「子胥曰：『夫齊之與吴也，習俗不同，言語不通，我得其地不能處，得其民不能使。』」故謂之「石田」。**夫越國吾攻而勝之，吾能居其地，吾能乘其舟。**疏「越國」至「其舟」〇《吕氏春秋》説此事云：「子胥曰：『夫吴之與越，接土鄰境，壤處通屬，習俗同，言語通，我得其地能處之，得其民能使之，越于我亦然。』」故云「有欲于我也」。**此利也，不可失也已，君必滅之。失此利也，雖悔之，亦無及已。」越人飾美女八人，納之太宰嚭，**解上言「請大夫女女於大夫」，故因此而納美女于太宰嚭，以求免也。嚭，吴正卿，故楚大夫伯州黎之子也。魯昭元年，州黎爲楚靈王所殺，嚭奔吴。唐尚書云「平王殺之」，非也。疏解「上言」至「非也」〇鄭人賂晉悼公以女樂二八，齊人歸魯定公女樂八十人。以八人備八音，蓋女樂也。惠氏《左傳補注》引王符云：「郤宛直而和，故爲子常所妬，受誅。其子嚭奔吴爲太宰。」《吴越春秋》：「伍子胥對吴王曰：『帛否者，楚州犂孫。』」《吴世家》注引徐廣曰：「伯州黎之子曰郤宛，郤宛之子曰伯嚭。宛亦姓伯，亦别氏郤。」司馬貞曰：「郤宛，州犂子。伯嚭，郤宛子。伯氏别族。」惠棟曰：「定公四年《傳》：『楚之殺郤宛也。伯氏之族出。』注云『郤宛黨』。又云『伯州犂之孫嚭爲吴太宰』。《楚世家》：『宛之宗姓，伯氏子嚭。』則嚭乃宛之族也。與《左傳》合。王符、徐廣、司馬貞皆以爲郤宛子，非也。弘嗣又以爲伯州犂之子，未知何本。」**曰：「子苟赦越國之辠，又有美於此者將進之。」太宰嚭諫曰：「嚭聞古之伐國者，服之而已。今已服矣，又何求焉。」夫差與之成而去之。**解成，平也。**句踐説於國人。**解説，解也。**曰：「寡人不知其力之不足也，而又與大國執讎，**解執，猶結也。**以暴露百姓之骨於中原，此則寡人之辠也。寡人請更。」**解更，改也。**於是葬死者，問傷者，養生者，弔有喪，賀有喜，送往者，迎來者，去民之所惡，補民之不足。然後卑事夫差，宦士三百人於吴，**解將三百人以入事吴，若宦豎然。疏解「將三」至「豎然」〇《周禮》酒人、漿人、籩人、醢人之等皆用奄。鄭注：「奄，精氣閉藏者，今謂之宦人。」又《周禮·寺人》疏引僖二十四年《傳》寺人披自稱刑臣，則寺人與宦官、奄同，必是被刑之後者。但僖十七年「梁嬴女入秦爲宦女」，孔疏謂「宦事秦公子」，則女稱宦非必被刑之人。《周禮·内豎》注：「豎，未冠者之官名。」疏引昭四年《傳》叔孫穆子幸庚宗婦人而生牛，以爲豎官，則童豎未冠者。對文則宦長豎幼，通言之，則宦可包豎也。**其身親爲夫差前馬，**解前馬，前驅，在馬前也。疏解「前馬」至「馬前」〇《日知録》：「《韓非子》云：『爲吴王洗馬。』『洗』音『銑』。《淮南子》：『爲吴兵先馬走。』《荀子》：『天子出門，諸侯持輪挾輿先馬。』賈誼《新書》：『楚懷王無道，鑄金人以象諸侯人君，令大國之君編而洗馬。』然則洗馬者，馬前引導之人也。亦有稱馬洗者。《六韜》：『賞及牛豎、馬洗、廄養之徒。』《漢書・百官表》：『太子太傅、少傅屬官有先馬。』張晏曰：『先馬員十六人，秩比謁者。』『先』或作『洗』。《周禮・齊右》職：『凡有牲事則前馬。』注：『王見牲則拱而式，居馬前，卻行，備驚奔也。』又《道右》職：『王式則下前馬。』是此官古有之。《莊子》：『黃帝將見大隗乎具茨之山，張若、謵朋前馬。』」則其名不始于周矣。**句踐之地，南至於句無，**解今諸稽有句無亭是也。疏解「今諸」至「是也」○《後漢・郡國志》：「會稽郡諸暨，《越絶書》曰：『興平二年，分立吴寧縣。』」《水經・漸江水》注：「江水又東逕諸暨縣南，縣臨對江流，江南有射堂。縣北帶烏山，故越地也，先名上諸暨，亦曰句無矣。」案：諸暨縣，今隸浙江紹興府。**北至於禦兒，**解今嘉興語兒鄉是也。**東至於鄞，**解今鄞縣是也。疏解「今鄞縣是也」○《漢書・地理志》會稽郡鄞縣有鎮亭，有鮚埼亭，東南有天門水入海，有越天門山。服虔曰「鄞」音「銀」。案：今鄞縣隸浙江甯波府。**西至於姑蔑，**解姑蔑，今太湖是也。疏解「姑蔑」至「是也」○哀十三年《傳》杜注：「姑蔑，越地，今東陽太末縣。」按：《漢・地理志》會稽太末：「縠水東北至錢唐入江。」《後漢書・郡國志》：「太末，《左傳》謂『姑蔑』。初平三年，分立新安縣。建安四年，孫氏分立豐安縣。二十三年，立遂昌縣。」《水經・漸江水》注：「浙江又東北流至錢唐縣，縠水入焉，水源西出太末縣，縣是越之西鄙，姑蔑之地也。」則姑蔑爲今浙江衢州府龍游縣境，與太湖相去六百餘里，故王應麟曰：「太湖即太末之誤。」**廣運百里。**解言取境内近者百里之中耳。東西爲廣，南北爲運。**乃致其父兄昆弟而誓之曰：「寡人聞，古之賢君，四方之民歸之，若水之歸下也。今寡人不能將帥二三子夫婦以蕃。」**解蕃，息也。**命壯者無取老婦，命**

老者無取壯妻。女子十七不嫁，其父母有辠。丈夫二十不取，其父母有辠。解禮：三十而娶，二十而嫁。今不待禮者，務育民也。疏解「禮三」至「育民」〇《素問·上古天真論》：「岐伯曰：『女子七歲，腎氣盛，齒更髮長。二七而天癸至，任脈通，伏衝脈盛，月事以時下，故有子。』」《大戴禮·本命》篇：「女七月生齒，七歲而齔，二七十四然後其化成。」則十七已任爲人母之道。今急于生聚，故早于常制。又《上古天真論》：「岐伯曰：『男子八歲，腎氣實，髮長齒更。二八腎氣盛，天癸至，精氣溢寫。陰陽和，故能有子。』」《大戴禮·本命》篇：「二八十六然後情通，其施行。」則十六已有任爲人父之道，故亦令是時而取也。將免者以告，解免，免乳也。公令醫守之。解醫，乳醫也。生丈夫，二壺酒，疏「二壺酒」〇《大戴禮·投壺》篇：「壺脰修七寸，口徑二寸半。壺高尺二寸，受斗五升，壺腹修五寸。」何休《春秋解詁》：「腹方、口圓曰壺，反之曰方壺。」一犬；生女子，二壺酒，一豚。解犬，陽畜，知擇人。豚，主內，陰類也。生三人，公與之母；解母，乳母也。人生三者亦希耳。生二人，公與之餼。解餼，食也。當室者死，三年釋其政；解當室，適子也。禮：爲適子三年。支子死，三月釋其政。解支子，庶子。必哭泣葬埋之，如其子。令孤子、寡婦、疾疹、貧病者，納宦其子。解宦，仕也。仕其子而教之，廩以食之也。其達士，潔其居，解潔其館舍。美其服，解賜衣服也。飽其食，解稟餼多也。而摩厲之於義。四方之士來者，必廟禮之。解禮之於廟，告先君也。句踐載稻與脂於舟以行，解稻，糜。脂，膏也。疏解「稻糜脂膏」〇《爾雅·釋言》：「鬻，糜也。」《說文》：「糜，糝也。」《釋名》：「糜，煮米使糜爛也。」《爾雅·釋器》：「冰，脂也。」郭注：「冰雪，脂膏也。」《釋文》：「『冰』，孫炎本作『凝』，膏凝曰脂。」國之孺子之游者，無不餔也，無不歠也，疏「國之」至「不歠」〇七歲以下曰孺子。《漢書・高帝紀》：「有一老父過，請飲，呂后因餔之。」顔注：「以食食人謂之『餔』。《呂氏春秋》『下壺飱以餔之』是也。」《説文》：「啜，嘗也。」《釋名》：「啜，絶也，乍啜而絶于口也。」必問其名，解爲後將用之。非其身之所種則不食，非其夫人之所織則不衣，十年不收於國，民居有三年之食。❶解古者三年耕，必餘一年之食。國之父兄請曰：「昔者夫差恥吾君於諸侯之國，今越國亦節矣，❷解有節度也。請報之。」句踐辭曰：「昔者之戰也，非二三之辠也，寡人之辠也。如寡人者，安與知恥？請姑無庸戰。」解姑，且也。庸，用也。父兄又請曰：「越四封之內，親吾君也，猶父母也。子而思報父母之仇，臣而思報君之讎，其有敢不盡力者乎？請復戰。」句踐既許之，乃致其衆而誓之曰：「寡人聞古之賢君，不患其衆之不足也，而患其志行之少恥也。解少恥，謂進不念功，臨難苟免。今夫差衣水犀之甲者億有三千，解言多也。犀形似豕而大，今徼外所送，有山犀、有水犀。水犀之皮有珠甲，山犀則無。億三千，所謂賢良也，若今備衛士。不患其志行之少恥也，而患其衆之不足也。今寡人將助天滅

❶「居」，明道本《國語》作「俱」。

❷「今」，原作「令」，今據宋公序本《國語》改。

之。解言夫差天所不與，故曰助天也。吾不欲匹夫之勇。解匹夫，輕儳徼功要利者。欲其旅進旅退也。解旅，俱也。進則思賞，退則思刑，如此則有常賞。進不用命，解離伍獨進也。退則無恥，解不畏戮辱。如此則有常刑。」果行，國人皆勸，父勉其子，兄勉其弟，婦勉其夫，解言得一國之歡心。曰：「孰是君也，而可無死乎？」解孰，誰也。誰有恩惠如是君者，可不爲之死乎？是故敗吴於囿，解囿，笠澤也。在魯哀十七年。疏解「囿笠澤」○《水經·沔水》注：「松江上承太湖，更逕笠澤，在吴南松江左右也。江側有丞、胥二山，山各有廟。下有九折路，南出太湖，闔閭造，以遊姑胥之臺，以望太湖者也。」按《說文》：「囿，苑有垣也。一曰禽獸曰囿。」《周禮·囿人》注：「古謂之囿，漢謂之苑。」九折路，闔閭所造，故言囿在笠澤左右，故以笠澤言之也。又敗之於没，解没，地名。在哀十九年。又郊敗之。解在哀二十年十二月，越圍吴。夫差行成，曰：「寡人之師徒，不足以辱君矣。請以金玉、子女賂君之辱。」句踐對曰：「昔天以越與吴，而吴不受；今天以吴與越，越可以無聽天之命，而聽君之令乎？吾請達王甬句東，解甬，甬江。句，句章也。達王出之東境。吾與君爲二君乎。」解待之若二君然。夫差對曰：「寡人禮先壹飯矣，解言己年長於越王，覺差壹飯之間，欲以少長求免也。君若不忘周室，而爲弊邑宸宇，解宸，屋霤；宇，邊也。言越君若以周室之故，以屋宇之餘庇覆吴也。亦寡人之願也。君若曰：『吾將殘女社稷，滅女宗廟。』寡人請死，余何面目以視於天下乎！」越君其次也，解次，舍也。遂滅吴。

國語正義卷第二十一

歸安董增齡撰集

越語下

越王句踐即位三年而欲伐吴，解句踐三年，魯哀之元年。**疏**「越王」至「伐吴」○《越世家》：「句踐三年，聞吴王夫差日夜勒兵，且以報越。越欲先吴未發往伐之。」《韓非子·内儲説》：「越王慮伐吴，欲人之輕死也，出，見怒蛙乃爲之式。從者曰：『奚敬于此？』王曰：『爲其有氣故也。』明年，請以頭獻者歲十餘人。」是其事也。**范蠡進諫曰：「夫國家之事，有持盈，**解持，守也。盈，滿也。**有定傾，**解定，安也。傾，危也。**有節事。」**解節，制也。**王曰：「爲三者奈何？」范蠡對曰：「持盈者與天，**解與天，法天也。天道盈而不溢，盛而不驕。**疏**「持盈者與天」○《越世家》索隱：「與天，天與也。言持滿不溢，與天同道，故天與之。」**定傾者與人，**解與人，取人之心也。人道好定傾危之中，當卑辭尊禮，玩好女樂，尊之以名。**疏**「定傾者與人」○《越世家》集解引虞翻《國語注》：「人道尚謙卑以自牧。」索隱：「人主有定傾之功，故人與之。」**節事者與地，**解與地，法地也。時不至不可彊生事，不究不可彊成之屬。**疏**「節事者與地」○《越世家》索隱：「言地能財成萬物，人主宜節用以法地，故地與之。韋昭等解恐非。」齡按：索隱之義爲長。王不問，蠡不敢言。天道盈而不溢，解陽盛則損，月滿則虧。盛而不驕，解盛，元氣廣大時也。不驕，不自縱弛也。勞而不矜其功，解勞動而不已也。矜，大也。不自大其功，施而不德也。夫聖人隨時以行，是謂守時。解隨時，時行則行，時止則止。天時不作，弗爲人客。解作，起也。攻者爲客。起，謂天時利害災變之應。人事不起，弗爲之始。解人事，謂怨畔逆亂之萌也。先動爲始。今君王未盈而溢，解未盈，國未富實，而君意溢也。未盛而驕，解道化未盛而自驕泰也。不勞而矜其功，解未有勤勞而自大其功也。天時不作而先爲人客，解吴未有天災而欲伐之。人事不起而創爲之始，此逆於天而不和於人。解天應未至，人事不起，故逆於天而失人和也。王若行之，將妨於國家，靡王躬身。」解妨，害也。靡，損也。王弗聽。范蠡進諫曰：「夫勇者，逆德也。解德尚禮讓，勇則攻奪。兵者，凶器也。解言害人也。爭者，事之末也。解言賢者修其政德，而遠方附事之。德不行，然後用武。故曰「爭者，事之末也」。陰謀逆德，好用凶器，解陰謀，兵謀也，勇爲逆德也。始於人者，人之所卒也。解始以伐人，人終害之。淫佚之事，上帝之禁也。解淫佚，放濫也。先行此者不利。」王曰：「無是貳言也。吾已斷之矣！」解貳，二也。二言，陰謀、淫佚也。果興師而伐吴，戰於五湖。解五湖，今太湖也。疏解「五湖今太湖」○《水經·沔水》注「南江」下既引韋氏此解，又引虞翻曰「是湖有五道，故曰五湖」。五湖，酈氏舉長塘湖、太湖、射貴湖、上湖、滆湖以實之，故曰引郭景純《江賦》注「五湖以漫漭」，言江水經緯五湖而苞注太湖也。《越絶書》云「太湖周三萬六千頃」。《太平寰宇記》引虞翻《川瀆記》云：「太湖東通松江，南通霅溪，西通荆溪，北連韭谿，❶凡五道，謂之五湖。」《史記・夏本紀》正義：「太湖西南湖州諸谿從天目山下，西北宣州諸山有谿，並下太湖，太湖東北流，各至三江口入海。五湖者，菱湖、游湖、莫湖、貢湖、胥湖，皆太湖東岸，五灣爲五湖，蓋古時應別，今並相連。菱湖在莫里山東，周迴三十餘里，西口闊二里，其口南則莫里山，北則徐侯山，西與莫湖連。莫湖在莫里山西及北，北與胥湖連，胥湖在胥山西，南與莫湖連，各周迴五六十里，西連太湖。游湖在北二十里，在長山東，湖西口闊二里，其口東南岸樹里山，西北岸長山，湖周迴五六十里。貢湖在長山西，其口闊四五里，口東南長山，山南即山陽村，西北連常州無錫縣老岸，湖周迴一百九十里已上，湖身向東北，長七十餘里。兩湖西亦連太湖。」按吴越水鄉，濤湖汎决，觸地成川，交渠故瀆，難以取悉。今太湖在江蘇蘇州府吴縣南四十五里，其水綿亘江蘇常州府及浙江湖州府烏程、長興二縣境。推韋氏之意，以太湖總攝五湖，用虞翻説也。不勝，棲於會稽。王召范蠡而問焉，曰：「吾不用子之言，以至於此，爲之奈何？」范蠡對曰：「君王其忘之乎，持盈者與天，定傾者與人，節事者與地。」王曰：「與人奈何？」**解**已在傾危，故先問與人。范蠡對曰：「卑辭尊禮，**解**言當卑約其辭，尊重其禮以求平也。玩好女樂，**解**玩好，珍寶也。女樂，謂士女女於士，大夫女女於大夫。尊之以名。**解**謂之天王也。如此不已，**解**不已，謂吴不釋也。又身與之市。」**解**市，利也。謂委管籥，

❶「北」，原作「東」，今據《水經注》改。

屬國家，以身隨之。疏「又身與之市」○《越世家》正義：「卑作言辭，厚遺珍寶，不許平。越王身往事之，如市賈貨易以利也。此是定傾危之計。」王曰：「諾。」乃令大夫種行成於吳，曰：「請士女女於士，大夫女女於大夫，隨之以國家之重器。」解重器，寶器也。吳人不許。大夫種來而復往，曰：「請委管籥，屬國家，以身隨之，君王制之。」解委，歸也。屬，付也。管籥，取鍵器也。《月令》曰：「修鍵閉，慎管籥。」疏解「管籥」至「管籥」○僖三十年《傳》杜注：「管，籥也。」《淮南·説林訓》：「盜跖見飴，曰：『可以黏牡。』」高注：「牡，門户籥牡也。」《漢·五行志》顔注：「牡所以下閉者也。亦以鐵爲之。」則「籥」即「牡」也。吳人許諾。王曰：「蠡爲我守於國。」范蠡對曰：「四封之内，百姓之事，蠡不如種也。四封之外，敵國之制，立斷之事，種亦不如蠡也。」王曰：「諾。」令大夫種守於國，與范蠡入宦於吳。解宦，爲臣隸也。疏「與范」至「於吳」○《水經·漸江水》注：「句踐臣吳，吳王封句踐於越百里之地。東至炭瀆，西至朱室。」三年而吳人遣之。解句踐於魯哀元年棲會稽，吳與之平而去之。句踐改修國政，然後卑事夫差，在吳三年，而吳人遣之，此則魯哀五年。歸反至於國，王問於范蠡曰：「節事奈何？」解欲更修政，故曰節事。范蠡對曰：「節事者與地。唯地能包萬物以爲一，其事不失，解爲一，不偏也。不失，不失時也。生萬物，容畜禽獸，然後受其名而兼其利。解受其名，受其功名也。利，謂萬物終歸于地也。美惡皆成，以養生。解物之美惡，各有所宜，皆成之以養人也。時不至，不可彊生；解物生各有時也。事不究，不可彊成。解究，窮也。窮則變，生可因而成也。自若以處，解若，如也。自如，無妄動也。**以度天下，待其來者而正之，**解不先唱，待其來而就正之。**因時之所宜而定之。同男女之功，**解功，農穡、絲枲之功也。**除民之害，以避天殃，田野開闢，府倉實，**解貨財曰府，米粟曰倉。**民衆殷。**解殷，盛也。**無曠其衆，以爲亂梯。**解曠，空也。梯，階也。無令空日廢業，使之困乏，以生怨亂，爲禍階也。**時將有反，事將有間，**解時，天時。事，人事也。反，還也。間，隙也。時還則胙在越，而吴事有釁隙也。**必有以知天地之恒制，乃可以有天下之成利。**解恒，常也。制，度也。**事無間，時無反，**解吴事無釁隙，天時未在越。**則撫民保教以須之。」**解保，守也。**王曰：「不穀之國家，蠡之國家也，蠡其圖之。」范蠡對曰：「四封之内，百姓之事，時節三樂，**解三樂，三時之務，使之勸事樂業也。**不亂民功，不逆天時，**解從事有業，故功不亂。因時順氣，故不逆也。**五穀稑孰，民乃蕃滋。**解稑，和也。蕃，息也。滋，益也。**君臣上下，交得其志，蠡不如種。**解交，俱也。**四封之外，敵國之制，立斷之事，因陰陽之恒，順天地之常，**解陰陽，謂剛柔晦明、三光贏縮、用兵利鈍之常數也。**柔而不屈，**解外雖柔順，内不可屈。**彊而不剛，**解内雖彊盛，行不以剛。**德虐之行，因以爲常；**解唐尚書云：「言無德行，虐習以爲常。」昭謂：德，有所懷柔及爵賞也。虐，謂有所斬伐及黜奪也。以爲常，以爲常法也。**死生因天地之刑，**解死，殺也。刑，法也。殺生必因天地四時之法，推亡固存亦是也。**天因人，**解因人善惡而禍福之。**聖人因天；**解「天垂象，聖人則之。」**人自生之，天**

地形之，❶解形，見也，見其吉凶之象。聖人因而成之，解因吉凶以誅賞。是故戰勝而不報，解敵家不能報也。取地而不反，解不復反敵家也。兵勝於外，福生於内，用力甚少，而名聲章明，種亦不如蠡也。」王曰：「諾。」令大夫種爲之。解爲，治國也。

四年，王召范蠡而問焉，解説云：「魯哀三年。」昭謂：四年，反國四年，魯哀九年。曰：「先人就世，不穀即位。解先人，允常。就世，終世也。疏解「先人」至「終世」〇《越世家》：「允常卒，子句踐立。」正義引《輿地志》云：「越侯傳國三十餘葉，歷殷至周敬王時，有越侯夫譚，子曰允常，拓土始大，稱王。《春秋》貶爲子，號爲於越。」吾年既少，未有恒常，出則禽荒，入則酒荒，吾百姓之不圖，唯舟與車。解好游田，故唯舟與車。上天降禍於越，委制於吴。解委，歸也。吴人之那不穀，亦又甚焉。解那，於也。甚焉，言見困苦也。❷吾欲與子謀之，其可乎？」范蠡對曰：「未可也。蠡聞之：『上帝不考，時反自守。』解考，成也。言天未成越，當守天時，天時没，乃可以動也。彊索者不祥。解索，求也。得時不成，反受其殃。解言得天時而人弗能成，則反受其殃。夫差克越，可取而不取，後反見滅是也。失德滅名，流走死亡。有奪，有予，有不予，❸解有奪，予而復奪也。有予，天所授也。不予，

---

❶「形」，原作「刑」，今據宋公序本《國語》改。下同。
❷「困」，原作「因」，今據宋公序本《國語》改。
❸「予」，原作「子」，今據宋公序本《國語》改。

天所去也。王無蚤圖。夫吴，君之吴也，王若蚤圖之，其事又將未可知也。」解未可知，或時不得也。王曰：「諾。」

又一年，解反國五年，魯哀十年。王召范蠡而問焉，曰：「吾與子謀吴，子曰『未可也』。今吴王淫於樂而忘其百姓，解樂聲色也。亂民功，逆天時，信讒喜優，解優，謂俳優也。憎輔遠弼。解相道爲輔，矯過爲弼。疏解「相道」至「爲弼」〇《爾雅·釋詁》：「弼，輔，俌也。」《尚書大傳》：「天子有四輔臣，前曰疑，右曰丞，左曰輔，後曰弼。」《荀子·臣道篇》注：「弼，所以輔正弓弩者也。或讀爲佛，違君之意也。」聖人不出，解聖，通也。通知之人皆隱遁也。忠臣解骨，解賈、唐二君云：「解骨，子胥伏屬鏤也。」昭謂：是時子胥未死。解骨，謂忠良之臣見其如此，皆骨體解倦，不復念忠。疏解「昭謂」至「復念」〇解，《玉篇》：「緩也。」《博雅》：「散也。」《漢書·張耳陳餘傳》：「今獨王陳，恐天下解也。」解骨，謂弛其股肱之力，不復竭盡也。皆曲相御，莫適相非，上下相偷，其可乎？」解御，猶將也。言將曲意取容，轉相將望，無復相非以不忠正者也。偷，苟且也。范蠡對曰：「人事至矣，天應未也，王姑待之。」王曰：「諾。」

又一年，解反國六年，魯哀十一年。王召范蠡而問焉，曰：「吾與子謀吴，子曰『未可也』。今申胥驟諫其王，王怒而殺之。其可乎？」解子胥數諫，王不聽，知吴必亡，使於齊，屬其子於鮑氏。王聞之，賜之屬鏤以死。在魯哀十一年。范蠡對曰：「逆節萌生，解殺害忠正，故爲逆節。萌，兆也。

天地未形，而先爲之征，解形，見也，天地之占未見。征，征伐也。疏解「形見」○《荀子・彊國篇》：「刑范正。」楊注：「『刑』與『形』同。刑范，鑄劍規模之器。」則「刑」即「形」，故訓爲「見」也。其事是以不成，雜受其刑。解雜，猶俱也。刑，害也。王姑待之。」王曰：「諾。」

又一年，解反國七年，魯哀十一年。王召范蠡而問焉，曰：「吾與子謀吴，子曰『未可也』。今其稻蟹不遺種，其可乎？」解稻蟹，食稻也。疏解「稻蟹食稻」○《廣雅》：「蟹雄曰蜋螘，雌曰博帶。」蘇頌《圖經本草》：「俗傳八月一日，蟹取稻芒兩枚，❶長一二寸許，東行輸送其長。故今南方捕蟹差早則有銜芒須，霜後輸芒方可食之。」是蟹以稻爲食也。《易》「其於稼也爲反生」。蓋初閒生意實從種子中出，而下著地以爲根，然後種中萌芽乃自舉。不遺種者，今秋稻被蟹食盡，明春無以爲種。范蠡對曰：「天應至矣，人事未盡也。」解謂飢困愁怨之事未盡極也。王姑待之。」王怒曰：「道固然乎？解固，故也。妄其欺不穀耶？吾與子言人事，子應我以天時。今天應至矣，子應我以人事，何也？」范蠡對曰：「王姑勿怪。夫人事必將與天地相參，然後乃可以成功。解參，三也。天、地、人事三合，乃可以成功。今其禍新民恐，解稻蟹新也。其君臣上下，皆知其資財之不足以支長久也，解支，猶堪也。彼將同其力，致其死，猶尚殆。解殆，危也，言伐吴於事尚危也。王其且馳騁弋獵，無

---

❶「枚」，原作「枝」，今據《圖經本草》改。

至禽荒，解使越王爲此者，示不以吴爲念一也。**宮中之樂，無至酒荒，肆與大夫觴飲，無忘國常。**解肆，放也。常，典法也。**彼其上將薄其德，民將盡其力，**解言吴王見越馳騁射獵，不以爲意，必不修德而縱私好，以盡民力也。**又使之望而不得食，**解怨望於上，而天又奪之食也。**乃可以致天地之殛。**解殛，誅也。**王姑待之。」**解且待時也。自此後四年，乃遂伐吴。

至於玄月，解《爾雅》曰：「九月爲玄。」謂魯哀十六年九月。至十七年三月，越伐吴也。疏解「爾雅」至「伐吴」○《詩疏》引李巡《爾雅注》：「九月萬物草盡，陰氣侵寒，其色皆黑。」孫炎《爾雅注》：「物衰而色玄也。」顧炎武曰：「韋解謂魯哀十六年九月，非也。當云『魯哀十六年十一月，夏之九月也』。」齡案：句踐言歲晚，當是斗柄建戌之月，《蟋蟀》之詩所言歲暮也。若周之九月，則火初流，不得言晚，顧説是。**王召范蠡而問焉，曰：「諺有之**解諺，俗之善謡也。**曰：『觥飯不及壺飧。』**解觥，大也。大飯，謂盛饌。❶未具，不能以虚待之，不及壺飧之救飢疾也。言己欲滅吴，取快意得之而已，不能待有餘力也。疏「觥飯不及壺飧」○《説文》引《國語》作：「侊飯不及一食。侊，小貌。」齡案：《曲禮》：「小飯而亟之。」❷小飯言進粒少也，粒少則飽遲。一食猶言大嚼，言小飯不如大嚼之速得飽也。喻時不能久待。弘嗣訓觥爲「大」，與許叔重異義。**今歲晚矣，子將奈何？」范蠡對曰：「微君王之言，**解微，無也。**臣固將謁之。**解謁，請也。

---

❶「盛饌」二字，明道本《國語》重。

❷「亟」，原作「剌」，今據《禮記正義》改。

請伐吳也。**臣聞從時者，猶救火、追亡人也。蹶而趨之，唯恐弗及。」****解**蹶，走也。**王曰：「諾。」遂興師伐吳，至於五湖。吳人聞之，出挑戰，****疏**「出挑戰」〇《文選》李陵《答蘇武書》李善注引《説文》曰「挑，相呼也」，李奇曰：「挑身獨戰不須衆。」臣瓚曰：「挑，挑敵求戰也，古謂之致師。」呂延濟注：「挑弄引之，欲其戰也。」**一日五反。王弗忍，欲許之。****解**不忍其忿也。**范蠡進諫曰：「謀之廊廟，失之中原，其可乎？王姑勿許也。臣聞之，得時無怠，時不再來，天予不取，反爲之災。****疏**「天予」至「爲災」〇《漢書·蕭何傳》引《周書》曰「天予不取，反受其咎」，顔注：「《周書》者，本與《尚書》同類。孔子所刪百篇之外，劉向所奏有七十一篇。」蠡所聞蓋《周書》也。**贏縮轉化，後將悔之。****解**贏縮，進退也。轉化，變易也。**天節固然，****解**固然，有轉化也。**唯謀不遷。」****解**謀必素定，不可遷易也。**王曰：「諾。」弗許。范蠡對曰：「臣聞古之善用兵者，****解**謂若黄帝、湯、武也。**贏縮以爲常，四時以爲紀，****解**以爲常，隨其贏縮。紀，猶法也。四時有轉運，用兵有利鈍也。《周語》曰「王欲合是五位三所而用之」是也。**無過天極，究數而止。****解**極，至也。究，窮也。無過天道之所至，窮其數而止也。**天道皇皇，日月以爲常，****解**皇皇，著明也。常，象也。**明者以爲法，微者則是行。****解**明，謂日月盛滿時也。微，謂虧損薄食也。法其明者以進取，行其微時以隱遁。**陽至而陰，陰至而陽，****解**至，極也。**疏**解「至極」〇《神農本草》：「春夏爲陽，秋冬爲陰。」《尚書大傳》：「陽盛則吁荼萬物而養之外也，陰盛則呼吸萬物而藏之内也。故曰呼吸也者，陰陽之交接，萬物之終始。」《詩疏》：「物積而後始極，既極而後方衰。從旦積暖，故日中之後乃極熱。從昏積涼，故半夜之後始極寒。計一歲之日分，乃爲陰陽，當以中冬極寒，中夏極暑，而六月始大暑，季冬乃大寒。」案：襄三年《傳》張趯曰：「火中，寒暑乃退。」此其極也，故以「極」訓「至」。**日困而還，月盈而匡。**解困，窮也。匡，虧也。疏「日困」至「而匡」○《呂氏春秋》：「日窮于次。」高注：「是月日周于牽牛，故曰日窮于次。一説十二次窮于牽牛，故曰窮于次。」案：萬物始于牽牛，故「物」从「牛」。始于牽牛者，復至于牽牛，故云「還」也。《禮·月令》正義引《周髀》云：「月當日則光盈，近日則明盡。」案：既望而生魄，至次月朔始蘇，故云「虧」也。**古之善用兵者，因天地之常，與之俱行。**解隨其運轉虧盈，晦朔之常也。**後則用陰，先則用陽，**解後，後動。先，先動也。用陰，謂沈重固密。用陽，謂輕疾猛厲。**近則用柔，遠則用剛。**解敵近則用柔順，示之以弱；遠則抗威厲辭以亢禦。**後無陰蔽，先無陽察，**解後動者泰舒静，爲陰蔽也。先動者泰顯露，爲陽察也。**用人無藝，往從其所。**解藝，射的也。無藝，無常所也。行軍用人之道，因敵爲制，不豫設也，故曰「往從其所」。**剛彊以禦，陽節不盡，不死其野。**解言敵以剛彊來禦己，其陽節未盡，尚未可克，故曰「不死其野」。**彼來從我，固守勿與。**解勿與之戰也。**若將與之，必因天地之災，**解彼有災變，則可。**又觀其民之饑飽勞逸以參之，**解言雖有災，民尚逸，飽則未也。**盡其陽節，盈吾陰節而奪之。**解彼陽勢已盡，而吾陰節盛滿，則能奪之也。**宜爲人客，剛彊而力疾，陽節不盡，輕而不可取。**解先動爲客。於時宜爲人客，剛彊力疾，陽數未盡，雖輕易人猶不可得取也。**宜爲人主，安徐而重固，陰節不盡，柔而不可迫。**解時宜爲主人，安徐重固，陰數未盡，雖柔不可困迫也。凡陳之道，設右以爲牝，設左以爲牡，解陳有牝牡，使相受也。在陰爲牝，在陽爲牡。疏解「陳有」至「爲牡」〇《文選》陳孔璋《爲曹洪與魏文帝書》李善注引《雜兵書》曰：「八陳，一曰方陳，二曰圓陳，三曰牡陳，四曰牝陳，五曰衝陳，六曰輪陳，七曰浮沮陳，八曰雁行陳。」蚤晏無失，必順天道，解晏，晚也。周旋無究。解究，窮也。無窮，若日月然也。今其來也，剛彊而力疾，解言吴陽勢未盡，未可擊也。王姑待之。」王曰：「諾。」弗與戰。居軍三年，吴師自潰。解魯哀二十年冬十一月，越圍吴。二十二年冬十一月丁卯，越滅吴。疏「吴師自潰」〇文三年《傳》：「凡民逃其上曰潰。」杜注：「潰，衆散流移，若積水之潰，自壞之象也。」孔疏引《公羊傳》曰：「潰者何？下叛上也。國曰潰，邑曰叛。」《左氏》無此義也。吴王帥其賢良，與其重禄，以上姑蘇。解姑蘇，宫之臺也，在吴昌門外，近湖。或云：「賢，賢妃。良，良貨。」唐尚書云：「重禄，寶璧。」昭謂：賢良，親近之士，猶越言君子，齊言士也。《吴語》曰：「越王以其私卒六千人爲中軍。」賈侍中云：「重禄，大臣也。」使王孫雄行成於越，解雄，吴大夫；王孫，姓也。疏解「雄吴」至「孫姓」〇王孫，吴先王之孫，與夫差同族，非姓也，姓則姬耳。《越世家》作「公孫雄」，則王孫非姓矣。曰：「昔者上天降禍於吴，得罪於會稽。解使越棲於會稽時也。今君王其圖不穀，不穀請復會稽之和。」王弗忍，欲許之。范蠡進諫曰：「臣聞之，聖人之功，時爲之庸。解庸，用也。因天時以爲功用。得時弗成，天有還形。解還，反也。形，體也。天節不遠，五年復反，解節，期也。五年再閏，天數一終，故復反也。疏解「節期」至「復反」〇日與天會而多五日九百四十分日之二百三十五者爲氣盈，月與日會而少五日九百四十分日之五百九十二者爲朔虛，合氣盈、朔虛而閏生焉。故一歲閏率則十日九百四十分日之八百二十七三，歲一閏則三十二日九百四十分日之六百一五，歲再閏則五十四日九百四十分日之三百七十五也。小凶則近，大凶則遠。解小凶，謂危敗。大凶，謂死滅。近，五年。遠，十年或二十年也。先人有言曰：『伐柯者其則不遠。』解先人，詩人也。「執柯以伐柯，其法不遠」，以言吴昔不滅越，故有此敗，此戒亦不遠也。今君王不斷，其忘會稽之事乎？」王曰：「諾。」不許。使者往而復來，辭俞卑，禮俞尊，解俞，益也。王又欲許之。范蠡諫曰：「孰使我蚤朝而晏罷者，非吴乎？與我争三江、五湖之利者，非吴邪？夫十年謀之，一朝而棄之，其可乎？解十年不收於國，勤身以謀吴也。王姑勿許，其事將易冀已。」解冀，望也。易望已，不勤難也。王曰：「吾欲勿許，而難對其使者，子其對之。」范蠡乃左提鼓，右援枹，以應使者，解提，挈也。疏「左提鼓右援枹」○《周禮・大司馬》：「師旅執提。」注：「提馬上鼓，有曲木提持立馬髦上者，故謂之提。」成二年《傳》釋文：「枹，鼓槌也。」《字林》：「擊鼓柄也。」孔疏引《説文》云：「援，引也。枹，擊鼓杖也。」曰：「昔者上天降禍於越，委制於吴，而吴不受。今將反此義以報此禍，吾王敢無聽天之命，而聽君王之命乎？」王孫雄曰：「子范子，先人有言曰：『無助天爲虐，助天爲虐者不祥。』今吾稻蟹不遺種，子將助天爲虐，不忌其不祥乎？」解忌，惡也。范蠡曰：「王孫子，昔吾先君固周室之不成子也，解子，爵也。言越本蠻夷小國，於周室爵列不能成子。《周禮》諸子之國，封疆方二百里。疏「昔吾」

至「成子」〇《周禮・大宗伯》：「五命賜則。」鄭注：「則，地未成國之名。王之下大夫四命，出封加一等，五命，賜之以方百里、二百里、三百里之地，方四百里以上曰成國。」據此則唯公、侯成國。襄十四年《傳》：「成國不過半天子之軍。」蠡言「不成子」，言不成國之子爵，非謂不能成子爵也。哀十三年《傳》稱句踐爲越子，固明明子爵矣。

故濱於東海之陂，解濱，近也。陂，崖也。**黿鼉魚鼈之與處，而鼃黽之與同陼。**解鼃黽，蝦蟇也。水邊亦曰陼。疏解「水邊亦曰陼」〇《禮運》釋文：「『陼』又作『渚』。」《爾雅・釋水》：「小洲曰陼。」《召南・江有渚》毛傳：「水歧成渚。」《釋文》引《韓詩》云：「一溢一否曰渚。」《釋名》云：「渚，遮也。體高能遮水，使從旁過也。」故以水邊釋之。**余雖靦然而人面哉，吾猶禽獸也，又安知是諓諓者乎？」**解靦，面目之貌也。諓諓，巧辨之言也。方欲拒吴之請，故自卑薄以不知禮義也。疏解「靦面」至「禮義」〇《爾雅・釋言》：「靦，姡也。」《説文》：「靦，面見也。姡，面醜也。」《釋文》引舍人《爾雅注》：「靦，擅也。一曰：面，貌也，謂自專擅之貌。」《公羊傳釋文》引賈逵《國語注》：「諓諓，巧言也。」案：文十二年《公羊傳》：「惟諓諓善諍言。」《尚書》作「截截」。《説文》作「戔戔」。《後漢書・樊準傳》：「習諓諓之辭。」章懷太子注：「諂言也。」此指上文「辭俞卑，禮俞尊」言。

王孫雄曰：「子范子將助天爲虐，助天爲虐不祥，雄請反辭於王。」解謂以辭告越王。

范蠡曰：「君王已委制於執事之人矣。解執事，蠡自謂也。**子往矣，無使執事之人得辠於子。」**解無使我爲子得辠也。疏「君王」至「於子」〇《越世家》「范蠡曰：使者去，不者且得辠」，集解引虞翻《國語注》：「執事，蠡自謂也。我爲子得辠。」是韋氏即用虞注也。索隱曰：「虞翻注蓋依《國語》之文。今望此文，謂使者宜速去，不去得辠于越。義亦通。」齡案：索隱説是。**使者辭**

反。解反，報吴也。范蠡不報於王，擊鼓興師以隨使者，至於姑蘇之宫，不傷越民，遂滅吴。解「事將易冀」是也。反至五湖，范蠡辭於王曰：「君王勉之，臣不復入於越國矣。」解勉王以德，欲隱遁也。王曰：「不穀疑子之所謂者何也？」范蠡對曰：「臣聞之，爲人臣者，君憂臣勞，君辱臣死。昔者君王辱於會稽，臣所以不死者，爲此故也。今人事已濟矣，蠡請從會稽之罰。」王曰：「所不掩子之惡，揚子之美者，使其身無終没於越國。子聽吾言，與子分國。不聽吾言，身死，妻子爲戮。」范蠡對曰：「臣聞命矣。君行制，臣行意。」解制，法也。意，志也。遂乘輕舟以浮於五湖，莫知其所終極。疏「遂乘」至「終極」〇《越世家》：「范蠡報會稽之恥，裝其輕寶、珠玉，自與其私徒屬乘舟浮海以行，終不反。浮海出齊，變姓名，自謂鴟夷子皮，耕于海畔，齊人聞其賢，以爲相。閒行以去，止于陶，致貲累巨萬，天下稱陶朱公。」《貨殖傳》索隱引：「《韓子》云：『鴟夷子皮事田成子，成子去齊至燕，子皮從之。』蓋范蠡也。」《越世家》集解引張華曰：「陶朱公冢在南郡華容縣西，樹碑云是越之范蠡也。」正義又引《括地志》云：「濟州平陰縣三十里陶山南五里有陶朱公冢。」據《貨殖傳》及《越世家》所記，皆蠡去越後之事。然隨地改名，跡行詭秘，當時載筆者疑以傳疑，故云「莫知其所終極」也。王命工以良金寫范蠡之狀而朝禮之，解以善金鑄其形狀，而自朝禮之。浹日而令大夫朝之。解從甲至甲爲浹。浹，匝也。環會稽三百里者以爲范蠡地，解環，周也。疏「環會」至「蠡地」〇《越世家》：「句踐表會稽山以爲范蠡奉邑。」《水經·漸江水》注：「浙江又逕會稽山陰縣，有苦竹里，里有舊城，言句踐封范蠡子之邑。」

曰：「後世子孫，有敢侵蠡之地者，使無終没于越國，解誓，告也。皇天后土、四鄉地主正之！」解鄉，方也。天神地祇、四方神主當征討之，正其封疆也。疏「四鄉地主正之」○天子六鄉，諸侯三鄉。春秋宋爲王者之後，獨立四鄉，二師掌之。六鄉有六卿，四鄉有四正。三公領六鄉之卿，二鄉則公一人；二師令四鄉之正，二鄉則師一人，分掌其方，各司其訓。句踐自滅吴，會齊、晉，王命爲伯，諸侯畢賀，號曰霸王，已不用侯國之制，故仿宋制立四鄉之官。地主者，官其地而爲之主也，則四鄉專屬人事矣。

《儒藏》精華編選刊即出書目（二〇二三）

白虎通德論
誠齋集
春秋本義
春秋集傳大全
春秋左氏傳賈服注輯述
春秋左氏傳舊注疏證
春秋左傳讀
道南源委
桴亭先生文集
復初齋文集
廣雅疏證
龜山先生語録
郭店楚墓竹簡十二種校釋
國語正義
涇野先生文集
康齋先生文集
孔子家語　曾子注釋
禮書通故
論語全解
毛詩後箋
毛詩稽古編
孟子正義
孟子注疏
閩中理學淵源考
木鐘集
群經平議

三魚堂文集　外集
上海博物館藏楚竹書十九種校釋
尚書集注音疏
詩本義
詩經世本古義
詩毛氏傳疏
詩三家義集疏
書疑　東坡書傳　尚書表注
書傳大全
四書集編
四書蒙引
四書纂疏
宋名臣言行録
孫明復先生小集　春秋尊王發微
文定集

五峰集　胡子知言
小學集註
孝經注解　温公易説　司馬氏書儀　家範
雩經室集
伊川擊壤集
儀禮圖
儀禮章句
易漢學
游定夫先生集
御選明臣奏議
周易口義　洪範口義
周易姚氏學